新曲綫 | 用心雕刻每一本......
New Curves

http://site.douban.com/110283/
http://weibo.com/nccpub

用心字里行间　雕刻名著经典

聪明的投资者

第4版

［美］本杰明·格雷厄姆 著

［美］贾森·兹威格　沃伦·巴菲特 注疏

王中华　黄一义 译

刘建位 审校

人民邮电出版社

北　京

图书在版编目（CIP）数据

聪明的投资者：注疏点评版／（美）格雷厄姆 著；王中华，黄一义 译．—4版．
—北京：人民邮电出版社，2016.3（2025.3重印）
ISBN 978-7-115-41358-1

Ⅰ．聪⋯　Ⅱ．①格⋯②王⋯③黄⋯　Ⅲ．①投资－通俗读物　Ⅳ．① F830.59-49

中国版本图书馆 CIP 数据核字（2016）第 009039 号

Benjamin Graham

The Intelligent Investor, Fourth Edition
ISBN 0-06-058328-2
THE INTELLIGENT INVESTOR, Revised Edition, Copyright © 1973 by Benjamin Graham.
New material: Copyright © 2003 by Jason Zweig.
Simplified Chinese Translation copyright © 2016 by Posts & Telecom Press. Published by arrangement with HarperCollins Publishers, Inc., USA. ALL RIGHTS RESERVED.

本书中文简体字翻译版由哈珀柯林斯出版公司授权人民邮电出版社出版。未经出版者书面许可，不得以任何形式复制或传播本书的任何部分。
版权所有，侵权必究。

聪明的投资者（第 4 版，注疏点评版）

◆ 著　　　　［美］本杰明·格雷厄姆
　 注　疏　［美］贾森·兹威格　沃伦·巴菲特
　 译　　　　王中华　黄一义
　 审　　校　刘建位
　 策　　划　刘　力　陆　瑜
　 责任编辑　王涧秋　王伟平　徐向娟
　 装帧设计　陶建胜

◆ 人民邮电出版社出版发行　北京市丰台区成寿寺路 11 号
　 邮编　100164　电子邮件　315@ptpress.com.cn
　 网址　http://www.ptpress.com.cn
　 电话（编辑部）010-84931398　（市场部）010-84937152
　 三河市少明印务有限公司印刷
　 新华书店经销

◆ 开本：710×1000　1/16
　 印张：33
　 字数：660 千字　　2016 年 3 月第 1 版　　2025 年 3 月第 23 次印刷
　 著作权合同登记号　图字：01-2010-1446

定价：88.00 元

本书如有印装质量问题，请与本社联系　电话：（010）84937152

内 容 提 要

这是一本证券投资实务领域的世界级和世纪级的经典著作,自从1949年首次出版以来,在股市上一直被奉为"股票投资圣经"。本修订版在完整保留格雷厄姆原著1973年第4版的基础上,由贾森·兹威格根据近40年尤其是世纪之交全球股市的大动荡现实,对格雷厄姆的原著作了大量的注释和章后点评,进一步检验和佐证了价值投资理论。股神巴菲特为本书撰写的序言和评论是这个版本的又一个亮点。

本书首先明确了"投资"与"投机"的区别,指出聪明的投资者当如何确定预期收益。本书着重介绍防御型投资者与积极型投资者的投资组合策略,论述了投资者如何应对市场波动。本书还对基金投资、投资者与投资顾问的关系、普通投资者证券分析的一般方法、防御型投资者与积极型投资者的证券选择、可转换证券及认股权证等问题进行了详细阐述。

本书主要面向个人投资者,全面体现了格雷厄姆的价值投资思想,为普通人在证券投资策略的选择和执行方面提供了重要指导。

英文原版编辑评论

根据当今市场情况对格雷厄姆永恒的智慧
及经典著作所作出的最新诠释

作为20世纪最伟大的投资顾问,本杰明·格雷厄姆带给了世界各地的人们教育和启发。格雷厄姆的"价值投资"理念使《聪明的投资者》自1949年首次出版以来,一直被公认为"股市投资圣经"。

多年以来,市场的变化已经证明了格雷厄姆策略的正确性。在完整保留格雷厄姆原著的同时,这次修订版还包含了著名的财经记者兹威格所作的最新点评。兹威格介绍了当今的市场现实,指出了格雷厄姆书中的案例与当今头条金融新闻之间的相似性,从而使读者能更透彻地理解如何去利用格雷厄姆提出的原则。

这本《聪明的投资者》,将是你有史以来在如何实现理财目标方面读到的一本最好著作。

"完整地传达了(格雷厄姆)的巨大成功以及广受欢迎的投资方法中包含的基本原则。"

——《货币》杂志

Through chances various, through all
vicissitudes, we make our way. . . .
Aeneid

To E.M.G.

目 录

巴菲特会如何解读《聪明的投资者》	x
译者序	xvii
第4版序　　　　　　　　　——沃伦·巴菲特	xviii
本杰明·格雷厄姆生平简介　　——贾森·兹威格	xx
导言　本书的目的	1
导言点评	9
第1章　投资与投机：聪明投资者的预期收益	15
第1章点评	28
第2章　投资者与通货膨胀	39
第2章点评	48
第3章　一个世纪的股市历史：1972年年初的股价水平	54
第3章点评	66
第4章　防御型投资者的投资组合策略	74
第4章点评	85
第5章　防御型投资者与普通股	95
第5章点评	105
第6章　积极型投资者的证券组合策略：被动的方法	113
第6章点评	123
第7章　积极型投资者的证券组合策略：主动的方法	132
第7章点评	151

第 8 章	投资者与市场波动	160
	第 8 章点评	180
第 9 章	基金投资	192
	第 9 章点评	206
第 10 章	投资者与投资顾问	219
	第 10 章点评	231
第 11 章	普通投资者证券分析的一般方法	238
	第 11 章点评	254
第 12 章	对每股收益的思考	261
	第 12 章点评	271
第 13 章	对四家上市公司的比较	278
	第 13 章点评	286
第 14 章	防御型投资者的股票选择	294
	第 14 章点评	309
第 15 章	积极型投资者的股票选择	318
	第 15 章点评	335
第 16 章	可转换证券及认股权证	341
	第 16 章点评	354
第 17 章	四个非常有启发的案例	358
	第 17 章点评	372
第 18 章	对八组公司的比较	380
	第 18 章点评	405
第 19 章	股东与管理层：股息政策	418
	第 19 章点评	426
第 20 章	作为投资中心思想的"安全边际"	439
	第 20 章点评	449

后　记　　　　　　　　　　　　　　　　　455
　　对后记的点评　　　　　　　　　　　457

附　录

1. 格雷厄姆 – 多德式的超级投资者　　——沃伦·巴菲特　459
2. 与投资收入和证券交易税相关的重要规则（1972 年）　478
3. 投资税的基本内容（2003 年更新）　479
4. 普通股领域新的投机　480
5. Aetna Maintenance 公司的历史　489
6. NVF 公司收购 Sharon 钢铁股份的税收会计　491
7. 技术类公司的投资　492

尾　注　494
致　谢　504

巴菲特会如何解读《聪明的投资者》
——解读巴菲特序言

1949 年,《聪明的投资者》第 1 版出版。1950 年,19 岁的大四学生巴菲特读到此书,猛然顿悟:原来这才是真正的投资之道,这绝对是最伟大的投资书。

于是巴菲特申请到哥伦比亚大学商学院读研究生,目的就是去听格雷厄姆讲的投资课。一年后毕业,巴菲特申请到格雷厄姆的投资公司无偿工作,但遭到拒绝,因为格雷厄姆想给犹太人更多工作机会。巴菲特回到老家,在父亲开的证券经纪公司工作,坚持经常写信给格雷厄姆,汇报自己的投资见解。又过了三年,格雷厄姆终于同意,于是巴菲特来到纽约,进入格雷厄姆的投资公司工作,看老师做投资,跟着老师做投资,两年时间就把个人资产从 9 800 美元增长到 17 400 美元。

1956 年格雷厄姆宣布退休。巴菲特重回家乡,组建了自己管理的投资公司,完全模仿格雷厄姆投资公司的运作模式和投资策略。结果青出于蓝而胜于蓝,到 1969 年,巴菲特十三年的年收益率为 29.8%,个人财富超过 2 500 万美元,是导师退休时一生累计财富的 10 倍以上。

1970 年格雷厄姆准备修订《聪明的投资者》第 4 版,由于身体欠佳,钦点巴菲特修订。后来他身体康复之后,还是自己亲自做修订。这就是我们现在看到的 1972 年本书的第 4 版。

1969 年巴菲特关闭投资公司,控股伯克希尔,开始更伟大的投资传奇。从 1965 年到 2014 年这 50 年,巴菲特管理的伯克希尔公司盈利增长超过 7 500 倍,股价累计增长超过 1.86 万倍;2015 年巴菲特的个人财富超过 720 亿美元,成为有史以来赚钱最多的投资人。2008 年巴菲特登上《福布斯》杂志富豪榜世界首富的位置。

距离 1970 年 76 岁的格雷厄姆邀请巴菲特修订《聪明的投资者》,时间又过去了 45 年,巴菲特的投资业绩又增长了 3 000 多倍,年纪从 40 岁到了 85 岁,最有资格修订格雷厄姆《聪明的投资者》的肯定是他。我想，巴菲特会做出哪些修订呢？

我个人认为，巴菲特会像他在怀念恩师去世的文章中总结的那样，建议投资者学习格雷厄姆，做好三件事：

第一，做些傻事——防御型做分散投资，定期定额投资指数基金

格雷厄姆把投资者基本上分成两大类型——"防御型"和"进攻型"。"防御型（或者说消极型）投资者的第一大目标是避免重大错误和重大亏损，他最主要的精力当然都放在防守上；第二个目标是轻松自由，不需要经常分析决策，省心省力，省时省事。"（导言）

显然大多数业余投资者，更适合做防御型投资者。格雷厄姆建议防御型投资者要遵循四大选股原则：适当分散投资 10 到 30 只股票；选股要选大型企业、杰出企业、融资保守的企业；股息持续发放 20 年以上；市盈率不超过 25 倍。（第 5 章）

事实上对于业余投资者来说，这样操作还是有些复杂。1976 年，指数基金问世，一切都简单了。

巴菲特从不推荐买入任何股票，过去 20 年却 10 次推荐指数基金："对于绝大多数投资者来说，成本费率低的指数基金就是股票投资的最佳选择。我的导师格雷厄姆在很多年前就坚持这样的立场，而此后我经历的一切进一步证实了这一看法的真实可靠性。"

巴菲特（1993）说："透过定期投资指数基金，一个什么都不懂的投资人通常都能打败大部分专业经理人，很奇怪的是，当傻钱了解到自己的极限之后，它就不再傻了。"

即使你什么也不懂，在投资上像个傻子，不懂宏观经济，不懂行业，不会分析公司基本面，不会选股，也不会择时，只需要定期定额投资一只全市场指数基金（如美国的标准普尔 500 和中国的沪深 300 指数基金），什么都不用管，就相当于那些非常专业的基金经理的平均业绩水平，因为这些基金经理管理的资金占市场的大头，其平均业绩水平就是市场平均业绩水平。

巴菲特用十年时间和百万美元打赌，结果他选择的指数基金大胜专家选择

的对冲基金组合，这证明巴菲特（1996）说的是对的："最好的投资股票方法是购买管理费很低的指数基金。通过投资指数基金，在扣除管理费和其他费用之后，所获得的净收益率肯定能够超过绝大多数投资专家。"

第二，做些趣事——进攻型做价值投资，强调安全边际

如果你属于少数进取心非常强的人，不满足于追平市场平均业绩，有时间、有精力、有野心去战胜市场，那么你可以选择做进攻型投资者。格雷厄姆这样定义："进攻型（或者说积极型、进取型）投资者的最核心特征是，愿意花费大量时间和精力，选择比一般证券更加稳健可靠而且潜在回报更有吸引力的证券。"（导言）

"按照定义，进攻型投资者会比防御型投资者多付出很多时间和精力，多用很多分析技能，目标是多赚一些钱，取得更好的投资业绩。而防御型投资者不想多花时间精力，只要取得市场平均业绩就行。"（第7章）

格雷厄姆在第7章首先分析并否定了两种特别流行的投资策略，采用技术分析及采用成长投资选股，都不靠谱。然后格雷厄姆根据自己超过50年的证券投资经验，加上自己做的很多研究，向进攻型投资者推荐以下三种投资策略：第一种策略是购买相对不受市场追捧的大公司股票；第二种策略是买进被严重低估的便宜货股票；第三种策略是特殊情况或"破产债务重组"股票套利。三种策略彼此有很大不同，每一种策略都要求实践者具备不同类型的知识背景和情绪性格。

格雷厄姆本人是买便宜货股票为主，特殊情况套利为辅。巴菲特早期完全模仿格雷厄姆，但是后来他发现，非常低估的便宜货股票后来变得很少，于是转向第一种策略，购买相对不受市场追捧的大公司股票。

巴菲特后来总结自己的选股之道是寻找超级明星股："我们始终在寻找那些业务清晰易懂、业绩持续优异、由能力非凡并且为股东着想的管理层来经营的大公司。这种目标公司并不能充分保证我们投资盈利——我们不仅要在合理的价格上买入，而且我们买入的公司的未来业绩还要与我们的估计相符。寻找超级明星股的投资之道，给我们提供了走向真正成功的唯一机会。"

"我们的投资仍然是集中于很少的几只股票，而且在概念上非常简单——真

正伟大的投资理念常常用简单的一句话就能概括。我们寻找的是一个具有持续竞争优势并且由一群既能干又全心全意为股东服务的人来管理的企业。当发现了具备这些特征的企业，而且我们又能以合理的价格购买时，我们几乎不可能出错。"

不管什么选股策略，格雷厄姆强调最根本的投资基本原则都是安全边际："有一个古老的传说，有一位最智慧的智者，看透人世间种种生死大事，最终归结成短短一句话：'一切都会过去。'我在证券市场摸爬滚打五十多年，回顾一生经历过的、看到过的种种投资大事，也面临类似的挑战，如何把稳健可靠的投资理念归结成同样短短的一句话，我们知难而进，勇敢地提出一个投资座右铭——安全边际。"（第 20 章）

安全边际的功能是让你能够安心："安全边际的功能基本上可以概括成一句话，有了充足的安全边际，就用不着准确预测公司的未来盈利了。只要安全边际很大，就足以让投资者假定公司未来盈利不会远远低于过去的平均水平，面对投资世界沧海桑田变幻无常，感觉盈利相当有保证了，心里就踏实多了。"（第 20 章）

基于安全边际进行价值投资，用巴菲特的话来说就是："用 4 毛钱的价格去购买价值 1 元钱的股票。"巴菲特在 19 岁时就从格雷厄姆书中读到了安全边际原则，做了一辈子投资的他感叹道："安全边际原则仍然非常正确，非常有效，永远是投资成功的基石。"所以巴菲特特别强调一定要好好阅读本书的第 20 章，也是最重要的一章，这是格雷厄姆所有门徒的成功基石。

"我坚信股票市场中存在着许多无效现象。格雷厄姆与多德部落的投资人之所以成功就在于他们利用市场无效性产生的价格与价值之间的差异。在华尔街上股价会受到羊群效应的巨大影响，当最情绪化、最贪婪的或最沮丧的人决定股价的高低时，所谓市场价格是理性的说法很难令人信服。事实上，市场价格经常是荒谬愚蠢的。……如果你以 6 毛钱买进 1 元钱的纸币，其风险大于以 4 毛钱买进 1 元钱的纸币，可是后者的预期报酬却更高。基于价值构造的投资组合风险更小，预期报酬却高。"（附录巴菲特演讲）

其实价值投资就是逆向投资，在股市过于低估时买入，而在股市过于高估、安全边际太小甚至消失时卖出。这正符合格雷厄姆所说的，做些与众不同有新意的趣事。

第三，做些好事——帮助别人，成就自己，利人利己

找到好公司容易，找到具有相当大安全边际的好公司的股票也不太难，难的是情绪，无论是市场过于低估的大盘股，还是严重低估的便宜货股票，都是市场非常不看好的，看好就不会过于低估，不会过于便宜了。能不能克服人性的从众心理，隔绝市场巨大的情绪影响力，保持理性，这是最大的挑战。投资者最大的敌人也是他最好的朋友，就是市场。格雷厄姆称它为市场先生。他在第8章讲了市场先生的寓言。

巴菲特特别强调理性的重要性。他在1987年重讲市场先生的故事：

"本·格雷厄姆，对我来说亦师亦友，他在很久以前就描述过对待市场波动的正确态度应该是什么，我认为这种态度是最有助于取得投资成功的。……要让市场服务你而不是指导你。你会发现，对你有用的是市场先生的钱包，而不是市场先生的智慧。如果某一天他表现出沉浸在一种特别愚蠢的情绪中，你完全可以自由地选择你的反应模式，你可以完全忽视他的报价，不买也不卖，也可以乘机大占他的便宜，高价卖出或低价买入。但是，如果你受到他的影响而追随他的一举一动，结果会是灾难性的，让你损失惨重。其实，如果你不能确定你很理解这家企业，你对这家企业的估值远远好于市场先生，你就别和市场先生玩这个股票投资游戏了。就像那些玩扑克牌游戏的人说的那样：'如果你玩了30分钟的扑克牌游戏，还不知道谁是容易上当受骗的笨蛋，那么你就是那个笨蛋。'……在我看来，神秘公式、电脑程序或者是股票和市场价格走势闪现出来的信号指标，都不能让你取得投资成功。相反，一个投资者必须既具备良好的企业分析判断能力，又具备一种能把自己的思想行为和那些在市场上盘旋而且极易传染的情绪隔绝开来的能力，只有企业分析能力和情绪控制能力同时具备，才能取得投资成功。从我自己尽力保持和市场情绪隔绝的努力来看，我发现始终牢记格雷厄姆的市场先生概念非常有用。遵循格雷厄姆的教导，我和芒格分析我们的流通股票投资是否成功，使用的衡量指标是这些股票公司的经营业绩好坏，而不是这些股票每天的股价，甚至是每年的股价高低。市场可能会在一段时间短期忽视企业的成功，但是最终一定会用股价上涨来确认企业的成功。正如格雷厄姆所说：'市场短期是一台投票机；但长期是一台称重机。'"

巴菲特多次公开宣称："我买入股票奉行一个简单的信条——在别人贪婪时

恐惧，在别人恐惧时贪婪。"

在 2008 年金融危机爆发股市一片恐慌中，巴菲特写道："我无法预测股市的短期波动，对于股市未来一个月或一年会涨会跌我一无所知。但是，很有可能，即在市场恢复信心或经济恢复之前，股市将会上涨，而且可能是大涨。因此，如果你要等到知更鸟报春，那时春天已经结束了。"

小成功靠小聪明足矣，但大成功必须靠天时、地利、人和。所以巴菲特在本书序言中说："至于你不能取得非常出色的投资业绩，大幅跑赢市场，从内因来看这取决于你在投资上用了多少功夫，花了多少心思，从外因来看这也取决于你做投资一辈子股票市场行为表现得有多么愚蠢。股票市场行为表现得越愚蠢，学习格雷厄姆像做企业一样做投资的人赚大钱的机会就越大。遵循格雷厄姆提出的投资基本原则，你就不会跟随股市也做蠢事，而是会利用股市的愚蠢行为从中投资获利。"

一句话概括，要想投资成功，一要智商，二要情商。智商不是聪明，而是正确的思考框架；情商不是战胜别人，而是战胜自己。让我们再次重读巴菲特的序言："要一生投资成功，并不需要有天才般的超高智商，也不需要神人般的非凡商业洞察力，更不需要独有你知的内幕消息。要一生投资成功，只需要两个因素——有一个正确合理的思考框架让你能够做出正确的投资决策；有一种能力让你控制住自己的情绪以避免情绪破坏这个思考框架。本书精确又清晰地总结提炼出投资成功必需的正确思考框架。但是控制好情绪遵守纪律还得你自己来。要想投资成功，智商与情商，一个也不能少。如果你遵循格雷厄姆提倡的行为原则与商业原则，而且你特别注意尽力遵循格雷厄姆在本书第 8 章与第 20 章里无比珍贵的建议，你的投资业绩就不会太糟糕。（你也许没想到，投资业绩不会太糟糕是个相当了不起的成就，因为大多数人投资业绩都不及市场平均水平。）"

最后，我们再次重复巴菲特 1972 年对本书的评论："我读到《聪明的投资者》这本书第 1 版，是在 1950 年年初，那时我才 19 岁。当时我就认为《聪明的投资者》是最好的投资书。现在，过了二十多年，我依然认为《聪明的投资者》是最好的投资书。"

这是最好的投资书，没有之一。巴菲特成为世界首富，而这本书就是巴菲特一生信奉的投资圣经。

最后说明一下，兹威格对格雷厄姆这本书所有章节都做了解读，唯一没有解读的是巴菲特的序言，本文是对巴菲特序言的解读，提供一些巴菲特本人对格雷厄姆投资理念的阐释。[1]

刘建位

汇添富基金公司首席投资理财师

邮箱：bftqqq@qq.com

1　本文引用格雷厄姆本书内容及巴菲特年报等内容，均为本人翻译。

译者序

一提起股市，人们自然会想到"股神"沃伦·巴菲特。然而，许多人并不知道，巴菲特的投资理念主要来自他的一位老师——本杰明·格雷厄姆。巴菲特曾经说过：在我的血管里，百分之八十流淌的是格雷厄姆的血液。

实际上，作为价值投资理论的开山鼻祖，格雷厄姆对于价值投资的理解以及投资安全性的分析策略，影响了包括内夫（John Neff）、卡恩（Irving Kahn）以及艾维拉德（Jean-Marie Eveillard）等在内的整整三代华尔街基金经理人。目前，华尔街所有标榜价值投资法的经理人，都称自己是格雷厄姆的信徒。因此，格雷厄姆享有"华尔街教父"的美誉。

《聪明的投资者》这本书是面向普通大众的，但同样也受到了证券、金融专业人士的青睐与赞赏。正是在阅读了该书之后，年轻的巴菲特才毅然决定选择哥伦比亚大学就读，并终生追随格雷厄姆。成名之后，巴菲特在大学讲授"投资学原理"时，也曾以此书作为教材。《聪明的投资者》不仅为读者提供了一系列的实际操作原则，而且更重要的一点在于，它是一部开启人们智慧的投资哲学。

如今的投资环境与格雷厄姆时代已经大不相同，但是，格雷厄姆所建立的智慧型投资原则，至今仍然是无懈可击的。关于这一点，我们可以从本书每一章的点评中看到——结合当今股市的实际情况，这部修订版对格雷厄姆的投资理念作出了最新诠释。这也是该版本与以前版本的最大区别。

本书的翻译分工如下：序言、作者简介、引言、第 1 章～第 6 章以及附录 1 的内容，由黄一义研究员完成；其余的内容由王中华完成。由于译者水平有限，再加上书中涉及大量的名著和典故，因此，难免会有翻译不当之处，我们诚恳地欢迎读者批评指正。最后，我们要衷心地感谢北京新曲线出版咨询有限公司的领导和编辑们，他们为本书的出版付出了辛勤的劳动，做出了巨大的努力。

王中华
天津商业大学经济学院金融学教授
2010 年 6 月

第4版序

——沃伦·巴菲特

1950年年初，我阅读了本书的第一版，那年我19岁。当时，我认为它是有史以来投资论著中最杰出的一本。时至今日，我仍然认为如此。

要想在一生中获得投资成功，并不需要顶级的智商、超凡的商业头脑或内幕消息，而是需要一个稳妥的知识体系作为决策基础，并且有能力控制自己的情绪，使其不会对这种体系造成侵蚀。本书能够准确和清晰地提供这种知识体系，但对情绪的约束是你自己必须做到的。

如果你遵从格雷厄姆所倡导的行为和商业准则（而且，如果你重点关注第8章和第20章给出的极为宝贵的建议），那么，你将会获得不错的投资结果。（这种结果所反映出的更多成就，要超出你的想象。）能否获得优异的投资成果，这既取决于你在投资方面付出的努力和拥有的知识，也取决于在你的投资生涯中股市的愚蠢程度。股市的行为越愚蠢，有条不紊的投资者面对的机会就越大。遵从格雷厄姆的建议，你就能从股市的愚蠢行为中获利，而不会成为愚蠢行为的参与者。

我认为，格雷厄姆并非仅仅是一位作者或老师。他对我一生的影响，仅次于我的父亲。格雷厄姆1976年去世后不久，我写下了下面这篇纪念短文，发表在《金融分析师杂志》上。我相信，当你阅读本书时，一定能感受到这篇文章中所提到的关于格雷厄姆的一些优秀品质。

怀念本杰明·格雷厄姆
（1894~1976年）

——沃伦·巴菲特

几年前，在即将80岁之际，格雷厄姆向一位朋友表达了他的想法：希望每天都做一些"傻事、有创造性的事和慷慨的事"。

他的第一个奇怪目标反映了这样一个事实：他善于使自己的想法不带有任何说教或傲慢成分。尽管他的想法是强有力的，但是，它们的表达方式无疑是温和的。

本杂志的读者无须我们对格雷厄姆的创造性成就进行细致介绍。在绝大多数情况下，某一学科的创始人都会发现，自己的研究成果很快就会被后继者超越。然而，这本书对一种混乱和令人困惑的业务领域进行了系统化和逻辑化分析；与此同时，在本书出版后的40年里，人们很难想出，有哪一个人能够在证券分析领域曾经达到过格雷厄姆的水平。在这一领域，许多研究成果发表之后，仅在几个星期或几个月内就会看上去非常可笑；然而，格雷厄姆提出的原则却一直是稳妥的。在金融风暴摧毁不可靠的知识体系之后，这些原则所具有的价值经常会得到提升，并且能得到更好的理解。他的稳妥建议给他的追随者们带来了可靠的回报，甚至使那些天资赶不上聪慧的从业者（他们因为追求卓越或赶时髦而摔了跟头）的人，也获得了可靠的回报。

关于格雷厄姆在自己的专业领域拥有的支配地位，最突出的一个方面在于，这并不是从全神贯注地关注某一个目标的狭隘思维活动中取得的。相反，他的这种地位是几乎无法定义的广泛的智力活动带来的副产品。毫无疑问，我从未遇到过思维如此广泛的人。惊人的记忆力，对新知识一如既往的着迷，并且能够把这些知识重新应用于表面上不相关联的问题，所有这一切使他的思维方式在任何领域都会受到人们的喜爱。

但是，他的第三项责任（慷慨），正是他比所有其他人都做得更成功的地方。我是以一个学生、一个雇员和一个朋友的身份认识格雷厄姆的。无论从哪一种关系来看（在他所有的学生、雇员和朋友看来），格雷厄姆在自己的想法、时间和精力等方面都表现出了毫无保留的慷慨。如果想寻求一种明晰的思维，那么没有比格雷厄姆更好的人选了。而且，如果需要获得鼓励和忠告，就可以随时去找格雷厄姆。

沃尔特·李普曼（Walter Lippmann）曾经说起过那些为后人栽树的人。格雷厄姆就是这样的人。

——《金融分析师杂志》，1976年11/12月刊。

本杰明·格雷厄姆生平简介

——贾森·兹威格

本杰明·格雷厄姆何许人也？为什么我们要倾听他的建议？

格雷厄姆不仅是他生活的那个时代最佳投资人之一，而且是有史以来最伟大的实践投资思想家。在格雷厄姆之前，资金管理活动在很大程度上就像中世纪的行会，为迷信、臆测和神秘的巫术所左右。格雷厄姆的《证券分析》[1] 作为一部教科书，把这个乌烟瘴气的圈子转变成了一种现代职业。

而格雷厄姆的这部《聪明的投资者》，则是有史以来第一本面向个人投资者并为其提供投资成功所需的情绪框架和分析工具的专业图书。至今，它仍然是面向投资大众最好的一本书。《聪明的投资者》是我在1987年作为一名涉世未深的记者加入《福布斯》杂志后阅读的第一本书。格雷厄姆坚信，任何牛市最终都将遭遇惨败；这一说法给了我极大的冲击。那年10月，美国股票市场遭遇了有史以来最大的单日暴跌，而我也被套牢其中。（如今，在经历了20世纪90年代末期狂猛的牛市和2000年年初开始的熊市之后，《聪明的投资者》读起来显得比以往更具预见性。）

格雷厄姆深刻的见解来之不易：它来自于他本人投资失败的惨痛经历，以及对市场心理学数十年历史的孜孜研究。1894年5月9日，格雷厄姆出生于伦敦，当时名叫本杰明·格罗斯鲍姆（Benjamin Grossbaum）；他的父亲是一个瓷器餐具和小塑像经销商。[2] 在格雷厄姆一岁时，他们举家迁往纽约。起初，他们的生活很优越：有一个女佣、一名厨师和一个法国女管家，并且住在第五大道北区。但格雷厄姆的父亲于1903年去世了，其瓷器生意亦摇摇欲坠，一家人的生活也逐渐陷入了困顿。格雷厄姆的母亲把自己的家变成了廉价的寄宿公寓，然后借

---

1 该书由格雷厄姆与戴维·多德（David Dodd）合著，于1934年出版。
2 在第一次世界大战期间，格罗斯鲍姆家族将其姓氏Grossbaum改为Graham，因为原名像是一个德国姓氏，招人疑忌。

钱进行股票的"保证金"交易。1907年的股灾把她的本金一扫而光。格雷厄姆有时会回想起那段屈辱的日子，当他的母亲兑付支票时，银行出纳员会讥讽地问道："多萝西·格罗斯鲍的信用能值5美元吗？"

幸运的是，格雷厄姆赢得了哥伦比亚大学的奖学金，他的才华也在这里结出了硕果。1914年，格雷厄姆以全班第二名的成绩毕业。在他的最后一个学期，该校有三个系（英语系、哲学系和数学系）邀请他担任教职。当时，他只有20岁。

格雷厄姆并没有从事教学生涯，而是决定到华尔街闯荡一番。起初，他加入了一家债券交易公司担任文员，旋即成为一名分析师，然后是合伙人。不久以后，他开始经营自己的合伙投资机构。

如今互联网股票的暴涨暴跌并不会令格雷厄姆感到惊讶。1919年4月，他在Savold轮胎公司上市的第一天大赚了250%。当时，正是汽车企业大受追捧的时代。同年10月，该公司爆出欺诈丑闻，其股票变得一文不值。

格雷厄姆变成了一个对股票进行微观研究（甚至是细致研究）的大师。1925年，他与美国的州际商业委员会合作，对石油管道公司晦涩难懂的年报进行了深入研究。他发现，北部管道公司拥有至少价值每股80美元的高等级债券，而当时该公司的股价仅为65美元。（他买进了该只股票，敦促该公司的管理层提高分红率，然后在3年以后以110美元卖掉了该股。）

尽管在1929~1932年大萧条期间，格雷厄姆的亏损接近70%，但他闯过了这一关，并在其后的岁月卷土重来，在大牛市的废墟上收获了大量有利的交易。格雷厄姆的早期收益记录如今已经散失，但从1936年起直至1956年退休，他的格雷厄姆–纽曼公司的年收益率不低于14.7%，高于同期股票市场12.2%的整体收益率——这一成绩可以跻身于华尔街有史以来最佳的长期收益率之列。[3]

格雷厄姆是怎样做到的呢？凭借非凡的智慧，敏锐的判断力，再加上丰富的经验，格雷厄姆建立了一套自己的核心原则。这些原则至今仍然适用，一如其在格雷厄姆的时代：

---

[3] 格雷厄姆—纽曼公司是一家开放式基金（参见第9章），是格雷厄姆与一位资深的投资人杰罗姆·纽曼（Jerome Newman）合伙开办的。在大多数时间里，该基金都不接受新的投资者。感谢沃尔特·施洛斯（Walter Schloss）为我提供的数据，这对我测算格雷厄姆的收益率是必不可少的。在其后记中，格雷厄姆提到其收益率达20%，这大概是未扣除管理费之前的收益。

- 股票并非仅仅是一个交易代码或电子信号,而是表明拥有一个实实在在的企业的所有权;企业的内在价值并不依赖于其股票价格。
- 市场就像一只钟摆,永远在短命的乐观(它使得股票过于昂贵)和不合理的悲观(它使得股票过于廉价)之间摆动。聪明的投资者则是现实主义者,他们向乐观主义者卖出股票,并从悲观主义者手中买进股票。
- 每一笔投资的未来价值是其现在价格的函数。你付出的价格越高,你的回报就越少。
- 无论如何谨慎,每个投资者都免不了会犯错误。只有坚持格雷厄姆的所谓"安全性"原则——无论一笔投资看起来多么令人神往,永远都不要支付过高的价格——你才能使犯错误的几率最小化。
- 投资成功的秘诀在于你的内心。如果你在思考问题时持批判态度,不相信华尔街的所谓"事实",并且以持久的信心进行投资,你就会获得稳定的收益,即便是在熊市亦如此。通过培养自己的约束力和勇气,你就不会让他人的情绪波动来左右你的投资目标。说到底,你的投资方式远不如你的行为方式重要。

这本修订版的《聪明的投资者》,旨在将格雷厄姆的理念运用于当代金融市场的同时,保留其原文的完整性。为了便于理解,我在格雷厄姆的原文页下增加了一些注释,而格雷厄姆的原文中注释则移至书后的"尾注"中。[4] 在格雷厄姆原著的每一章之后,你都会看到一篇新增的评论。在这些引导读者的内容中,我将添加一些新的例证,以此来说明,对今天的投资者来说,格雷厄姆的原则仍然是那么贴切(以及那么使人思路开阔)。

第一次乃至第三次或第四次阅读格雷厄姆的这部杰作,你都会有一种兴奋和愉悦的感觉,这令我非常羡慕。像所有的经典著作一样,本书会改变我们看待世界的方式;而且,通过教育我们,本书也能够获得新生。你读得越多,就理解得越深刻。以格雷厄姆为向导,你必定会成为一个非常聪明的投资者。

---

4 本书是经过修订后的第 4 版,它是格雷厄姆在 1971~1972 年更新后,最初于 1973 年出版的。

导 言

本书的目的

本书的目的，是为普通人在投资策略的选择和执行方面提供相应指导。相比较而言，本书很少谈论证券分析的技巧，而将注意力更多地集中于投资的原理和投资者的态度方面。然而，我们也会对一些特定的证券进行简单的比较（主要以一对一的形式，对纽约股票交易所上市的股票进行比较），从而以具体的形式，让人们理解普通股选择中涉及的一些重要内容。

我们将以很大的篇幅讨论金融市场的历史演变模式，有时还要追溯到几十年以前的陈年往事。要想聪明地进行证券投资，你必须事先对不同的债券和股票在不同条件下的表现有足够的知识，至少其中某些条件会在一个人的经历中反复重演。对于华尔街来说，没有哪一句话比桑塔耶纳（George Santayana，1863~1952年；美国著名的自然主义哲学家，著名的诗人，文学批评家，美国美学的开创者——译者注）的告诫再真切和适用不过了："忘记过去的人，必将重蹈覆辙。"

本书的内容是面向那些和投机者有区别的投资者的，而我们要做的第一件事，就是阐明并强调这一几乎被人们遗忘了的区别。我们首先要指出的是，这并不是一本教人"如何成为百万富翁"的书。在华尔街，就像在其他任何地方一样，并没有一条可靠和简单的致富之路。最好是以一点金融史的内容，来说明我们刚才提出的观点——尤其是因为，我们可以从这一点历史中得到更多的教训。在股市投资狂热的1929年，一位享誉华尔街乃至全美国的大人物约翰·拉斯科布曾经在为《女士之家杂志》（*Ladies' Home Journal*）撰写的一篇题为"每个人都应该成为富人"的文章中，为资本主义的美好前景大唱赞歌。*他的说法是：如果你每月储蓄15美元，并将其投资于某一只优质的普通股，同时将其红利用于再投资，那么，20年后你累计投入的3 600美元将变成80 000美元。如果通用汽车这样的企业巨头真能一路走好，这确实不失为一条简单易行的致富之路。这一建议有多大的正确性呢？我们对此进行了一番粗略的估计：以道琼斯工业平均数的30只成分股为投资标的，如果按照拉斯科布的办法，在1929~1948年间进行投资，那么，1949年年初你将拥有8 500美元。这笔钱比这个大人物所允诺的80 000美元要少得多，它也说明，任何乐观的预测和保证，都是多么的不可信。但是，同时我们也可算出，这一投资的实际回报折合为年复合收益率后高达8%以上；考虑到该投资是在道琼斯工业指数为300点时开始买进，而1948年年底其投资截止日的点数仅为177点，这一收益率就显得更不容易了。这一记录表明，不管市场如何，每月定期买入优质股的这种原则是很有说服力的，这种方案被称为"美元成本平均法"（dollar-cost averaging，也叫"定期定额投资法"——译者注）。

既然本书并不是写给投机者的，因而对于短线投资者并无意义。大多数投机者都是根据走势图或其他大致机械的方法，来决定买入或卖出的恰当时机的。几乎所有这些"技术方法"均采用这样的原则：因为股市上涨而买进，同时因为股市下跌而卖出。这种做法是与其他商业领域的合理经营原则背道而驰的，而且很难在华尔街取得长久的成功。根据我们自己长达50余年的市场经验和观察，我们从来没有发现过一个依据这种"追随市场"的方法而长期获利的投资者。我们可以大胆地认为，此种方法无疑是荒谬的，虽然它仍然十分流行。随后，我们将通过简要分析著名的股市交易道氏理论来说明我们的这种观点，当然，这不能被看成是一种证明。+

---

* 约翰·拉斯科布（John J. Raskob）曾经是化工巨头杜邦公司的董事，以及通用汽车公司财务委员会的主席。他还曾担任过美国民主党的全国委员会主席，并且是建造帝国大厦的主要推手。根据金融学教授西格尔（Jeremy Siegel）的测算，拉斯科布的投资组合在20年后，将会增值到接近9 000美元，但是，其中相当一部分收益会被同期通货膨胀抵消。关于近期对拉斯科布股票长期投资观点的最佳分析，可参见金融顾问伯恩斯坦（William Bernstein）的文章（网址为：www.efficientfrontier.com/ef/197/raskob.htm）。

+ 格雷厄姆关于道氏理论的"简要分析"有两部分，分别出现在第1章和第8章。关于该理论更详细的分析，请参见：http://viking.som.yale.edu/will/dow/dowpage.html。

导言：本书的目的

自从1949年第1版问世以来，我们对《聪明的投资者》这本书的修订大约每5年进行一次。在这一修订版中，我们要对1965年版问世以来出现的许多新情况进行分析。其中包括：

1. 高等级债券利率的空前上涨。
2. 截止到1970年5月，一些龙头股的价格下跌了35%。这是近30年以来的最大跌幅（大批低质股的跌幅更大）。
3. 批发和零售物价的持续上涨，即使在1970年出现经济整体衰退的情况下，物价上涨的势头还在增强。
4. "综合性"企业、特许经营以及其他较为新颖的商业和金融模式的快速发展（其中包括某些带有欺诈性的手段，如存信股、[1] 大量出现的股票期权、误导性的名称、利用外国银行，等等）。*
5. 美国最大铁路公司的破产，许多以前强大而稳固的大公司的短期和长期债务过多，乃至华尔街的一些机构所面临的令人烦恼的清偿能力问题。+
6. 投资基金，包括某些银行经营的信托基金，由于普遍开始追逐"业绩"而导致的一些令人担心的后果。

我们将对这些现象进行仔细考察，其中有些现象还会改变以前版本的一些结论和侧重点。稳健投资的基本原理是不会随着年代的更替而改变的，但这些原理的应用，则必须随着金融机制和金融环境发生重大变化而作出相应调整。

在这一版写作之时，上面的最后一句话得到了检验，本次修订版的初稿完成于1971年1月。在此期间，道琼斯工业指数从1970年的最低点（632点）开始强劲反弹，并于1971年达到了最高点（951点）；与此同时，整个市场出现了

---

* 共同基金会通过私下交易的方式买进"存信股"（letter stock），然后立即以较高的公开交易价对这些股票进行重估（参见格雷厄姆在本书尾注的定义）。这使得那些"投机性的"基金能够在20世纪60年代中期，报告自己拥有异常高额的回报。美国证券和交易委员会于1969年对这种违规行为进行了治理，因此，基金投资者不必担心这个问题。对股票期权的分析，将在第16章进行。

+ 美国最大的铁路公司宾州中央运输公司（Penn Central Transportation Co.）于1970年6月21日申请破产保护，这一事件令美国投资者深感震惊。他们从来没想到，如此巨大的公司也会破产（参见本书第17章）。Ling-Temco-Vought 和 National General Corp. 这两家公司，也属于格雷厄姆所说的债务"过多"的企业（参见本书第17章和第18章）。华尔街的"清偿能力问题"发生在1968年和1971年，当时几家颇有声望的经纪商突然破产了。

乐观情绪。1971年11月，在本修订的最后一稿完成之时，市场正在经受着新一轮下跌的阵痛——指数已经跌到了797点，人们再次对市场前景感到惶惶不安。我们一直没有让这种波动影响我们对稳健投资策略的总体看法，自从本书初版于1949年问世以来，这些策略并没有发生重大的改变。

1969~1970年间的市场下跌，有助于驱散在过去20年间逐渐形成的一种幻觉：在任何时间以任何价位买入大盘蓝筹股最后肯定都能够获利，其间发生的任何损失都会随着市场的再创新高而得到弥补。这种说法未免有些夸张。从长期来看，股票市场最终会"回归正常"，这意味着，无论是投机者还是股票投资者，都不得不准备承受其股票市值的大幅缩水乃至长时间的被套；反之亦然。

对于许多二线乃至三线股，特别是那些新上市的股票来说，上一次市场崩盘带来的损失是灾难性的。这并不是什么新鲜事儿，1961~1962年股市下跌造成的损失，在程度上亦与此相当。但这一次也有一些新情况：某些投资基金大量地介入了这种高度投机且价值明显高估的股票。虽然热情在其他行业是一项必不可少的品质，但在华尔街却总会招致灾难；显然，这一警告并非仅仅只适用于那些新手。

高等级债券利率的大幅上升，也是我们必须加以讨论的一个重大问题。自1967年年底以来，投资者从这种债券所获得的收益，相当于一般普通股股息的两倍多。在1972年，最高等级债券的利息高达7.19%，而工业股的股息仅为2.76%。（1964年年底，这两种收益率分别为4.4%和2.92%）。令人难以置信的是，在本书第一版出版的1949年，这两个数字几乎完全相反：债券的收益率仅为2.66%，而股息则为6.82%。[2] 在本书的上一版，我们曾多次指出，对于保守的投资者来说，其股票投资比例至少应为25%；一般来说，这两种证券的投资比例应各占50%。鉴于目前债券利息远高于股票红利的现实，我们现在必须考虑是否应将债券投资的比例扩大为100%，直至这两种投资工具的收益回归合理的比率——就像我们预期的那样。显然，持续的通货膨胀对我们的这一决策具有重要影响。我们将专辟一章来讨论这一问题。*

---

* 参见第2章。2003年年初，10年期的美国国债的利率为3.8%，而股息收益率为1.9%（按道琼斯工业平均数来衡量）。（请注意，这种关系与格雷厄姆提到的1964年的情况相差无几。）自1981年以来，高等级债券的收益率一直在稳步走低。

以前我们曾把本书所面向的投资者分为两个基本类型:"防御型"和"进取型"。防御型(或被动型)投资者的首要目的是避免重大错误或损失;其次则是不必付出太多的努力、承受太大的烦恼去经常性地作出投资决策。进取型(或积极型或激进型)投资者的主要特点是,他们愿意为挑选合理且更具吸引力的股票而付出时间和精力,以获取超出平均水准的回报。经过几十年的耕耘,这种进取型的投资者可以期望他们的额外努力和技能有一个相应的回报,并且有比被动型投资者更高的平均回报。在现今的形势下,我们对积极的投资者是否能获得相当的超额收益,确实颇感怀疑。但明年或许多年以后,情况会有所不同。因此,我们将继续对进取型投资的可能性予以关注;这些可能性过去曾经存在过,今后也可能会再度出现。

长期以来,有一种流传甚广的观点认为:成功的投资技巧首先在于找出未来最有可能增长的行业,然后再找出其中最有前途的公司。例如,精明的投资者或其精明的顾问很早就会发现整个计算机行业,尤其是 IBM 公司,巨大的增长潜力。同样的情形也适用于其他诸多成长性行业,以及其中的成长性公司。但事先发现这些行业和企业,并不像事后看到的那样简单。为了一开始就说明这一点,我们不妨回顾本书 1949 年头一版中的一段话:

> 这种投资者也许会买进——比如说——航空股,因为他认为,该行业的前景会比其当前的市场估值更为看好。对这种类型的投资者而言,本书的价值与其说在于其介绍的备受推崇的投资技术,毋宁说在于它对这种投资方法潜在危险的警告。*

事实证明,这种危险在我们提到的行业表现得尤为突出。当然,我们很容易地算出,航空运输量会在未来数年获得长足的增长。正因为如此,航空股亦成为投资基金的最爱之一。但是,尽管该行业的业务收入不断增长,其速率甚

---

* 20 世纪 40 年代末和 50 年代初,"航空运输股"也曾令投资者兴奋不已,就像半个世纪后的互联网股一样。当时,最热门的共同基金,当属航空证券基金(Aeronautical Securities)与飞行器和自动化基金(Missiles-Rockets-Jets & Automation Fund)。与其拥有的股票一样,这些基金最终演变为一种投资灾难。如今人们普遍认为,航空业自其诞生以来的累计盈余要少于其累计亏损。格雷厄姆在这里要说明的并不是不要购买航空股,而是告诉你,千万不要"肯定地"认为,某个行业的未来前景一定要好于其他行业。

至高于计算机行业，但由于技术问题，再加上产能的过度扩张，该行业的利润十分不稳定，有时会非常糟糕。1970年，尽管该行业的运输量创下了新高，但却为其股东带来了2亿美元的亏损。（1945年和1961年，该行业同样也出现过亏损。）与此相应，这些公司的股价在1969~1970年再次出现超出市场整体水平的跌幅。这一业绩记录表明，即使是拿着高薪的全职投资基金专家，也会把这样一个并不奥妙的重要行业的短期未来完全搞错。

另一方面，虽然投资基金对IBM公司投入了相当多的资金，并取得了不菲的收益，但是，其股价过高，再加上其未来的增速不确定，从而使得基金在这家业绩极佳的公司的投入还不到3%。因此，他们对这只表现优异的股票的投资，并不能使其整体业绩增加多少。此外，他们对IBM公司以外的许多（如果不是大多数话）计算机公司的投资，似乎并不赚钱。从这两个实例中，我们的读者可以得出如下两条教训：

1. 某一行业显而易见的业务增长前景，并不一定会为投资者带来显而易见的利润。
2. 即使是专家，也没有什么可靠的方法，能使其挑出前景光明的行业中最有前途的公司，并将大量的资金投入该股票。

在笔者的基金经理生涯中，从未遵循过这种方法，因此，我不能向那些企图尝试此种方法的人士，提供任何具体的建议或鼓励他们这样做。

那么，本书的宗旨究竟何在？本书的目的在于，指导读者避免陷入严重的错误，并建立一套令其感到安全放心的投资策略。我们将以较大的篇幅讨论投资者的心理问题。因为，实际上，投资者的最大问题甚至是最可怕的敌人，很可能就是他们自己。（"亲爱的投资者，问题不在我们的命运，也无关乎我们的股票，而在于我们自己。……"）近几十年来，这一点尤其得到了事实的证明。因为，即使是保守型的投资者，也不得不更多地投资于普通股，因此，必然会受到股市的刺激和诱惑。通过说理、举例和劝告，我们力图使读者在其投资决策方面，形成一种恰当的心智和情绪。我们已经看到，那些情绪适合于投资活动的"普通人"，比那些缺乏恰当情绪的人，更能够赚取钱财，也更能够留住钱财，尽管后者拥有更多的金融、会计和股票市场知识。

此外，我们希望读者能够建立度量或量化的观念。对于99%的股票而言，我们都可以发现，它们在某些价位相当便宜，值得购买；在另一些价位上则过于昂贵，应当抛出。将所付出的与所得到的进行比较，这种习惯是投资方面的一种宝贵特征。许多年前，我们曾在一本妇女杂志中劝告读者，购买股票要像购买食品杂货一样，而不要像买香水一样。过去的几年（以前也发生了许多类似的情况），我们之所以会在股票投资中遭受惨重的损失，都是因为我们在买股票时忘了问一声："它价值几何？"

1970年6月，这个"价值几何"问题的答案就是9.4%这个奇妙的数字，即新发行的高等级公用事业公司债券的收益率。这一收益率目前已降至7.3%，但即使这一收益率仍然值得我们去问："为什么要给出其他的答案呢？"但是，还存在其他一些可能的答案，因此我们必须对它们加以认真的考虑。此外，我们要再次指出的是，无论是我们自己还是我们的读者，都必须事先考虑一些与此完全不同的情况，比如，1973~1977年可能出现的情况。

因此，我们将较为详细地提出我们的普通股投资方略，其中部分内容适合上述两种类型的投资者，另一些内容则仅适合进取型的投资者。奇怪的是，我们将建议我们的读者，只买那些价格不高于其有形资产价值太多的股票，* 并以此作为我们的第一项要求。这种看上去有些过时的建议，是出于实践和心理两方面的考虑。经验告诉我们，尽管有许多成长性突出的企业的价值数倍于其净资产，但这种股票的买家会过分地受制于股票市场的变化和波动。与此相反，那些以大致接近净资产价值买进——比如说公共事业公司——股票的投资者，则总是可以把自己视为稳健和成长企业的权益拥有者，而不管股票市场对此有什么不同的看法。这种保守策略的最终效果，可能会超过极其兴奋地涉足于预期增长十分看好的危险行业所获得的结果。

投资艺术具有一种并不广为人知的性质。普通投资者只需付出很小的努力和具备很小的能力，就可以取得一种可靠（即便并不壮观）的成果；但是，要想提高这一可轻易获得的成果，却需要付出大量的努力和非同小可的智慧。如果你只想为你的投资计划付出一点额外的知识和智慧，却想取得大大超出一般的投资成果，你很可能会发现自己陷入一种更糟糕的境地。

---

* 有形资产包括企业的实物资产（不动产、厂房、设备、存货等）和金融资产（现金、短期投资和应收账款等）。有形资产不包括品牌、版权、专利、特许权、商誉和商标等资产。关于如何计算有形资产的价值，请参见第8章的相关注释。

既然任何人均可通过买入并持有一批代表性的股票，取得相当于市场平均水平的成绩，那么，"超越平均水平"似乎就是一件相当容易的事情。但实际上，那些试图这么做的聪明之士的失败比率却相当高。多年以来，大多数投资基金也不能击败市场，尽管它们拥有经验丰富的专家。与此同时，证券经纪公司所公布的股市预测结果也不能够令人满意，因为强有力的证据表明，它们精心预测出的结果，还不如简单的掷硬币方法可靠。

在本书的写作过程中，我们一直试图把这种基本的投资陷阱牢记在心。我们一直在强调简单证券组合策略（购买若干高等级债券的同时，持有一组多样化的龙头股）的优点——只要得到专家的一点帮助，任何投资者都可以这样去做。任何越出这一合理而安全区域的投资冒险，均会遭遇许许多多难以逾越的障碍，尤其是性格方面的障碍。在尝试这种风险投资之前，投资者及其顾问必须考虑清楚，尤其是，是否能够准确区别投资和投机，以及股票的市场价格与内在价值。

深思熟虑的投资方法，是稳固建立在安全边际原则基础上的，这种方法能够为我们带来可观的收益。但是，在缺乏大量自我检验的情况下，不是确保防御型投资的收益而贪图这种可观回报的决策不要做。

最后，我们将以如下回顾来结束这篇导言。当年轻的作者在 1914 年 6 月投身于华尔街时，他对未来半个世纪将发生何种变化一无所知。（华尔街甚至没有猜到，第一次世界大战将于两个月后爆发，并且会迫使纽约股票交易所暂时停业。）目前（1972 年），我们发现自己已经成为世界上最富有和最强大的国家，但仍然面临一系列重大问题的困扰；而且，对未来多有忧虑，而不是更具信心。然而，如果我们集中关注美国的投资经历，仍然可以从过去的 57 年中获得一些安慰。尽管经历了与地震一样无法预测的波折和事故，但是这一点是不会改变的：稳健的投资原则一般会带来稳妥的结果。在以后的行动中，我们仍然必须坚持这些原则。

读者须知，本书针对的不是储蓄者和投资者所面临的总体财务策略；它只针对那些准备投入交易（或流通）证券的资金，即投入债券和股票的资金。因此，诸如储蓄和定期存款、储蓄和贷款协会账户、人寿保险、年金以及不动产抵押和股权投资等各种重要的理财方式均不在本书的讨论之列。读者还应记住，本书中的"现在"一词指的是 1971 年年底或 1972 年年初。

导言点评

> 如果你造了空中楼阁，你的劳苦并不是白费的；楼阁应该造在空中，现在要做的是在其下方建造地基。
>
> ——亨利·戴维·梭罗，《瓦尔登湖》

请注意，格雷厄姆开门见山地指出，本书并不会告诉你如何去战胜市场。任何讲真话的书，都不会这样去做。

相反，本书的真正目的，是教你掌握以下3个重要的投资方法：

- 如何使你的投资亏损的概率最小化。
- 如何使你获得持续收益的机会最大化。
- 如何约束你的自我挫败行为，这种行为使大多数投资者无法完全发挥自己的潜能。

让我们回到牛气冲天的20世纪90年代后期。技术股一路高歌猛进，似乎每天都在翻番；所谓"你可能几乎会赔光自己所有的钱"的说法似乎很荒诞。但到了2002年年底，许多网络股和电信股的市值损失了95%甚至更多。一旦你的亏损达到95%，你必须挣得1 900%才能回到原来的起点。[1] 承担愚蠢的风险，会使你坠入几乎无法走出的深渊。这就是格雷厄姆（不仅在本书第6章、第14章和第20章，而且贯穿全书的）反复强调避免损失的重要性的缘由。

但是，无论如何小心谨慎，你投资购买的证券的价格仍将会不时走低。虽然无人能够根除此种风险，格雷厄姆却可以告诉你如何管理它，以及如何控制

---

[1] 为了直观起见，不妨设想一下，你花30美元买进的一只股票，在600美元的价位卖出的机会有多大。

你的恐惧。

你是一个聪明的投资者吗

现在，我们来回答一个至关重要的问题：格雷厄姆所说的"聪明的投资者"，到底是什么意思？在本书的第一版，格雷厄姆曾给出过定义，并且明确地指出，这种品质与智商（IQ）或学术能力评估考试（SAT，美国教育考试服务中心举办的考试，其成绩是世界各国高中生申请美国名校学习及奖学金的重要参考——译者注）毫不相干。它的确切含义只是，要有耐心，要有约束，并渴望学习；此外，你还必须能够驾驭你的情绪，并进行自我反思。格雷厄姆解释说，这种智慧"与其说是表现在智力方面，不如说是表现在性格方面。"[2]

事实证明，高智商或较高的学历，并不足以使投资者变聪明。1998年，长期资本管理公司（由一群数学家、计算机专家以及两名诺贝尔经济学奖获得者管理的对冲基金）进行了一场豪赌，赌债券市场将回归"正常"状态，结果在几个星期内就损失了20多亿美元。但是，债券市场却仍然朝着不正常的方向发展。由于长期资本管理公司以前曾经借入过巨额的资金，因此，它的倒闭几乎使全球的金融体系倾覆。[3]

让我们回到1720年的春天。当时，牛顿爵士拥有一些英国最炙手可热的南海公司股票。看到股票市场正在失去理智，这位伟大的物理学家声称，他"可以计算出天体的运动，却无法揣摩人类的疯狂"。牛顿清空了所有南海公司的股票，获利7 000英镑，回报率达100%。但仅过了一个月，在市场狂热情绪的感染下，牛顿又以高得多的价格买回了这只股票，结果赔了20 000英镑（换算成现在的货币价值，大约相当于300万美元）。此后终其一生，他都不许任何人再在他面前提及"南海"二字。[4]

---

2 本杰明·格雷厄姆：《聪明的投资者》，1949年Harper & Row出版社出版，第4页。

3 "对冲基金"是一种资金的集合，主要为富人所设，投资风格较为激进，且很少受政府监管。关于长期资本管理公司的故事，请参见：Roger Lowenstein, When Genius Failed (Random House, 2000)。

4 参见：John Carswell, The South Sea Bubble (Cresset Press, London, 1960), pp.131, 199。同时可以参见下列网站：www.harvard-magzine.com/issues/mj99/damnd.html。

按照绝大多数人对于"聪明"一词的定义,牛顿肯定是有史以来最聪明的人士之一。但按照格雷厄姆的说法,牛顿与聪明的投资者还有很大的差距。由于被群体的狂热蒙蔽了自己的理智,这位世界上最伟大的科学家的行为就像是一个傻瓜。

简言之,如果你未能在投资领域取得成功,这并不是因为你愚笨,而是因为你像牛顿那样,没有为自己建立投资成功所需的心理约束。在第8章,格雷厄姆介绍了如何通过驾驭自己的情绪、避免陷入市场的非理性狂热来扩展自己的智慧。那时你将真正体会到,要想成为一个聪明的投资者,重要的是性格而不是智力。

一系列的灾难

现在,让我们简要地回顾一下最近几年发生的一些重大金融事件:

1. 自大萧条以来最大的股市崩盘——在2000年3月至2002年10月期间,美国股票的总市值损失了50.2%或7.4万亿美元。
2. 20世纪90年代的热门股票,包括美国在线、思科、JDS Uniphase、朗讯和高通的价格出现更严重下跌,另有数百只互联网股票惨遭毁灭。
3. 美国的一些备受尊敬的大公司(其中包括安然、泰克和施乐等)因严重的财务欺诈而受到指控。
4. 曾经辉煌一时的公司,如Conseco、Global Crossing以及世通等,纷纷宣告破产。
5. 会计事务所炮制报表,甚至销毁记录,以帮助其客户误导公众而招致指控。
6. 一些大公司的高管侵吞公司数亿美元资金而被指控。
7. 有证据表明,华尔街的一些证券分析师在公开场合大肆推荐一些股票,私下里却承认这些股票是垃圾。
8. 尽管经过一轮暴跌,从历史标准来看,股票价值似乎仍然被高估;因此,在许多专家看来,这些股票还要进一步下跌。
9. 利率的大幅下跌,令股票以外的证券对投资者亦缺乏吸引力。

10. 全球恐怖活动和中东战争带来的不可预料的危险，仍然令投资环境有风声鹤唳之感。

对于那些学习过并遵从格雷厄姆投资原理的投资者来说，这些损失大部分是应该可以避免的（而且事实上有的就避免了损失）。正如格雷厄姆指出的，"虽然热情在其他行业是一项必不可少的品质，但在华尔街却总会招致灾难。"虽然有些投资者一度撤出了互联网股票、高"增长"股票乃至整个股票市场，但他们最终仍然重犯了牛顿爵士的愚蠢错误。他们任由其他投资者的判断来左右自己的看法。他们无视格雷厄姆的如下警告："可怕的损失"总是由于"投资者在买入时忘了问一下'价值几何？'而造成的。"最令人痛心的是，这些投资者总是在其最需要自制力的时候失控；这恰恰证明了格雷厄姆的如下论断："投资者的最大问题甚至是最可怕的敌人，很可能就是他们自己。"

未曾兑现的确定之事

他们中的许多人，对科技和互联网股票尤其痴迷，认为这些高科技产业将在未来数年内（如果不是永远的话）继续超常增长，并对此神话深信不疑：

- 1999年中期，在该年前5个月就赚了117.3%之后，Monument互联网基金的证券经理亚历山大·张预言，其基金在未来3~5年的年收益率将达到50%，在"未来20年"的年均收益率将达到35%。[5]
- 在1999年基金净值暴增248.9%之后，美印基金（Amerindo Technology Fund）的证券经理阿尔巴托·维拉这样嘲笑那些胆敢怀疑互联网会永远赚

---

[5] 参见：Constance Loizos, "Q&A: Alex Cheung," *InvestmentNews*, May 17, 1999, p. 38。共同基金历史上，最高的20年期回报为每年25.8%；这是传奇人物彼得·林奇（Peter Lynch）领导的富达麦哲伦基金，在截止于1994年12月31日的20年内所取得的收益。林奇的这一收益率可以使10 000美元在20年内变成982 000美元。张的说法相当于宣称，他可以在20年内把10 000美元变成400万美元。但投资者并没有将其视为可笑的妄言，反而在次年给Monument基金追加了1亿美元的投资。结果，到2002年年底，你在1999年投入的10 000美元，将会缩水到约2 000美元。（Monument基金如今已不再按照原来的形式存在，并更名为Orbitex Emerging Technology Fund。）

大钱的人:"如果你不投资这一类股票,你的业绩就会落后。你是骑着马或坐在一辆老爷车上,而我则是开着一辆保时捷。你不想拥有赚10倍的机会?那么,你就去听别人的吧。"[6]

- 在2000年2月,对冲基金经理詹姆斯·克拉默宣称,与互联网有关的公司"是现在惟一值得拥有的"。他把这些公司称之为"新世界的赢家",认为它们"无论在牛市还是熊市期间,都会一路上涨,是惟一具有此种属性的股票"。克拉默甚至将矛头指向了格雷厄姆:"你必须抛弃互联网出现之前的所有教条、公式和教科书。……如果遵照格雷厄姆和多德的指教——哪怕是一星半点——我们管理的基金将不会赚到任何钱。"[7]

所有这些所谓的专家,都忘记了格雷厄姆严肃的忠告:"某一行业显而易见的增长前景,并不一定会为投资者带来显而易见的利润。"虽然预测哪些行业会出现最为快速的增长似乎并非难事,但如果大多数投资者均有相同的预期,这种预见就不会具有真正的价值。如果所有人均确信某一行业"显而易见"已成为最佳投资对象,那么,其价格就会被捧得高高在上,未来的上升空间亦荡然无存,因而只可能下跌了。

至少在目前,已经无人再宣称高科技仍然是世界上增长最快的行当了。但你一定要记住:那些被封为下一批"确定之事"的东西,如医疗保健、能源、房地产和黄金等行业,其结果也不会比高科技的神话好多少。

困难时刻要看到光明

如果说人们在20世纪90年代似乎觉得所有的股票价格都不高,到2003年

---

[6] 参见:Lisa Reilly Cullen, "The Triple Digit Club," *Money*, December, 1999, p. 170。如果你在1999年年底给维拉的基金投入10 000美元,到2002年年底,将只能剩下1 195美元,这是共同基金有史以来的最差业绩。

[7] 参见:www.thestreet.com/funds/smarter/891820.html。克拉默钟情的股票,并没有"无论在牛市和熊市都一路上涨",到了2002年年底,其十分之一的股票已经破产;如果将10 000美元平均投入克拉默所选择的股票,损失将高达94%,你的本金将总共只剩下597.44美元。或许,克拉默真正的意思是,他的股票不是"新世界"的"赢家",而是未来世界的"赢家"。

时，则觉得所有的股票价格都不低了。正如格雷厄姆一向指出的那样，钟摆又摆回来了——从非理性的兴奋，摆向了毫无根据的悲观。在2002年，投资者从股票型基金抽回了270亿美元的资金；另据证券业协会的调查，已有十分之一的投资者，将其股票投资减少了25%以上。那些在20世纪90年代末疯抢股票——当时其价格正一路走高，因而越趋昂贵——的人，开始随着股价的一路走低而抛售股票，而在我们看来，此时的股价已变得较为低廉了。

正如格雷厄姆在本书第8章中生动描述的那样，这种做法完全是南辕北辙。随着股价的走高，聪明的投资者会认识到风险在加大，而不是减少；反之，股价的走低，也会使风险随之减少，而不是增加。聪明的投资者在牛市中反而会忧心忡忡，因为它会使股票变得昂贵；相反（只要你手上持有足够应付日常生活所需的资金），你应该欢迎熊市，因为它会把股价拉回到低位。[8]

所以，不要沮丧：牛市的结束并不像人们认为的那样是一个坏消息。由于股价下跌，现在已经进入一个相当安全和理性的财富积累时期。继续往下读，让格雷厄姆告诉你如何去做。

---

8 这一规则的惟一例外，是那些退休已经很长时间的投资者——他们可能无法承受长期的熊市。但即使是年长的投资者，也不应仅仅因为其股票的下跌而将其卖出；这种做法不仅会将其浮亏变成实实在在的损失，而且会使其继承者无法以较低的税收成本来继承这些股票。

第1章

投资与投机：聪明投资者的预期收益

本章将简要介绍其余各章要论述的主要观点。尤其是我们希望在本书的一开始，就针对个人及非专业投资者，确立恰当的证券组合策略这一概念。

投资与投机

何谓"投资者"？在本书中，这一说法始终是与"投机者"相对应的。早在1934年我们撰写的那部《证券分析》[1]教科书中，就试图准确地定义两者之间的差别："投资操作是以深入分析为基础，确保本金的安全，并获得适当的回报；不满足这些要求的操作就是投机。"

尽管在随后的38年中，我们一直坚守这一定义，但是值得注意的是，在这一时期使用"投资者"这一术语时，情况发生了重大改变。在1929~1932年的市场大崩溃之后，所有的普通股都被看成是投机性的。（一位知名的权威人士直言不讳地宣称，只有购买债券才能称之为投资。[2]）因此，那时我们不得不为自己的定义进行辩护，因为人们认为，我们的投资定义过于宽泛。

现在，我们却不得不做相反的事情。我们必须告诫读者不要受流行语的影响，把股票市场上的每一个人都视为"投资者"。在本书的上一版，我们曾引用过一家著名财经报刊在1962年6月一篇头条文章中的标题：

小投资者看空后市，他们正在进行小额股票的卖空交易

1970年10月，该报刊发表了一篇关于"鲁莽投资者"的编辑部评论文章，这次他们是竞相抢购股票。

以上引文很好地说明了投资与投机这组术语多年来在使用中的混乱情形。看看我们在前文给出的投资定义，再将其与某些缺乏经验的公众投资者卖空股票的行为对比一下，这些人甚至会卖出自己并不拥有的股票，而大多在心里认为可以在低得多的价位上再将其买回来。（应当指出的是，就在1962年的那篇文章发表之时，市场已经经历了一次大跌，正在酝酿一次更大幅度的上升，在此时做空，可以说是最坏的时机。）从更广的意义上讲，刊物中后来使用的"鲁莽投资者"这一术语，可以看成是一个可笑的矛盾，有些类似于"挥金如土的守财奴"，只要这种语言误用不是恶意中伤。

该报刊之所以会在这样的场合使用"投资者"一词，是因为在华尔街，所有的证券交易者均被简单地冠以这一称呼，而无论他们买的是何种证券，出于何种目的，以何种价格，也不论他们是在做现金交易，还是在做保证金交易。与此相对照，在1948年时，公众对普通股的态度则与此大相径庭。当时，有90%以上被访者不赞成购买普通股。[3] 大约一半人给出的理由是，买股票"像赌博一样，不安全"；也有一半左右的人的理由是，"对此不熟悉"。* 具有讽刺意味（但并不令人意外）的是，就在公众普遍认为所有的股票投资均具有高度投机性和巨大风险之时，股票价格其实相当有吸引力，而且，很快就会出现有史以来的最大涨幅。相反，当按过去的经历来看，股票价格已被推升到危险的高度时，买进股票反而被称为投资，所有购入股票的大众反而被称之为"投资者"了。

区分普通股买卖中的投资与投机总是具有重要意义的。因此，这种区别的

---

* 格雷厄姆的引述来自密歇根大学为美联储所作的调查，该调查刊登在1948年7月的《美联储公告》（*Federal Reserve Bulletin*）上。受访者被问到的一个问题是："假如有一个人不想花掉自己的钱，他可以将其放在银行、购买债券或进行投资。你认为现在以下哪一种方式最明智：存入银行、购买储蓄债券、投资房地产，还是购买普通股？"只有4%的受访者认为股票可以提供"满意的"回报；26%的人认为，买股票"不安全"，或像是一种"赌博"。从1949年到1958年，股票市场取得了有史以来最高的10年期回报率，平均年收益率高达18.7%。与这份早期调研形成对比的是《商业周刊》于2002年年底所作的调查；该调查显示，只有24%的受访者愿意对其共同基金和股票组合投入更多的资金，而在3年前，这一比例高达47%。

消失会引起人们的担心。我们经常指出,整个华尔街系统应当不断重申这一区别,并在与公众的交往中对此反复加以强调。否则,人们早晚会把惨重的投机损失归咎于股票买卖,那些承担此种损失的人,未曾得到过适当的警示。另外,具有讽刺意味的是,许多证券公司最近的窘境,似乎正是由于它们再次把一些投机性很强的股票纳入到自己的资本金之中。我们相信,本书的读者将对普通股买卖所隐含的风险获得相当清晰的了解,这种风险与股票的高盈利机会是密不可分的,因此,在投资核算中必须同时考虑这两个方面。

以上论述表明,那种买入一组代表性普通股的纯正投资策略已经不复存在了。这种策略认为,人们总可以在没有令人担心的市场或"报价"风险的情况下购买股票。大多数时期,投资者必须认识到,所持有的普通股经常会包含一些投机成分。自己的任务则是将投机成分控制在较小的范围,并在财务和心理上作好面对短期或长期不利后果的准备。

就股票投机本身而言,需要补充两段话——股票投机有别于包含在大部分代表性普通股中的投机成分。直接的投机并不违法,也与道德无关,而且(对大多数人而言)也不会充实你的腰包。此外,某些投机是必然的和不可避免的,因为就大多数普通股而言,其赚钱和亏损的机会同在,所以必须有人去承担这些风险。* 就像投资一样,投机也可以是明智的。但在很多时候,投机并非明智之举,尤其是在下列情况下:(1)自以为在投资,实则投机;(2)在缺乏足够的知识和技能的情况下,把投机当成一种严肃的事情,而不是当成一种消遣;(3)投机投入的资金过多,超出了自己承担亏损的能力。

根据我们较为保守的观点,任何从事保证金交易[+]的非专业人士都应认识到,

---

[*] 投机从以下两个方面来说是有益的:首先,没有投机,那些未经检验的公司[如亚马逊网站和早期的爱迪生电气(Edison Electric Light Co.)],就永远无法筹集其发展所需的资本金。其令人垂涎的巨额收益前景,正是推动创新机器得以运转的润滑剂。其次,股票的每一次买卖都是一种风险的交换(但并不会因此而消失)。买家必须承担股票的下跌风险,而卖家也承担着对应的风险,即卖出后股票上涨的风险。

[+] 保证金账户使你可以通过向经纪商借钱来购买股票。利用借钱投资的方式,如果你的股票上涨,你就会赚得更多;但如果下跌,你可能会血本无归。贷款的担保物是你账户中的投资价值,因此,当这笔价值低于你的借款额时,你就必须追加资金。关于保证金账户的详细说明,请参见:www.sec.gov/investor/pubs/margin.htm、www.sia.com/publications/pdf/MarginsA.pdf,以及 www.nyse.com/pdfs/2001_factbook_09.pdf。

事实上他是在进行投机,而且其经纪人有义务对此加以提示。任何抢购所谓"热门"股票或有类似行为的人也是在投机,或者说是在赌博。投机总是令人兴奋的,如果你能成为赌场上的赢家,其乐趣尤其妙不可言。如果你想试试运气,不妨拿出一部分资金——越少越好——并为此单开一个账户。千万不要因为市场的上涨或利润的激增而加大对该账户的投入。(此时,应考虑把资金撤出投机账户。)不要把你的投机操作与投资操作放在一个账户中进行,也不能在思想上将二者混为一谈。

防御型投资者的预期投资成果

我们已经将防御型投资者定义为关心资金安全同时又不想多花时间和精力的人。那么,总体上他们应遵循何种路线,并且在"一般正常条件"下(如果这种条件确实存在的话),可以期望获得什么样的投资成果呢?要回答这一问题,我们首先来看7年前对这一话题的讨论,然后我们将分析影响投资者预期收益率的基本因素在后来发生了哪些重大变化,最后,我们介绍在当今(1972年早期)条件下,投资者应当做些什么并抱有怎样的预期。

1.6年前的探讨

我们曾建议投资者将其资金分配于高等级债券和蓝筹股上;其中,债券所占的比例不低于25%,且不高过75%,而股票的比例则与之相适应。最简单的选择则是,两者各占一半,并根据市场情况的变化进行小幅(比如5%左右)调整。另一种策略是,当"感觉市场已处于危险的高位时",将股票持有比例减少到25%;并在他"感到股价的下跌已使其吸引力与日俱增时",将持股量提升到最大限度,即75%的比例。

1965年,投资者可以从高等级应税债券中获得4.5%的收益率,或从免税债券中获得3.25%的收益率。当时(道琼斯指数892点),主要蓝筹股的股息率大约只有3.2%。这一事实以及其他一些情况,要求我们保持谨慎。我们的意思是,在"正常的市场水平",投资者应从其购入的股票获得3.5%~4.5%的股息;另外，还应该稳步获得代表性股票内在价值（在"正常市场价格"下）的等额增加，从而使股息和价值增值合起来达到每年大约 7.5%。债券和股票的对半分配，将获得大约 6% 的税前收益。此外，我们认为股票部分的收益，可以在很大程度上弥补大幅通货膨胀所造成的购买力损失。

应该指出，上述计算得出的预期收益率，要远远低于 1949～1964 年这一时期股票市场的实际上升幅度所带来的回报。那一时期上市股份的整体收益率要大大高于 10%，而且人们普遍认为，股市未来的收益率也应当达到与此类似的水平。但是，很少有人愿意认真地设想这样的可能性：既然过去多年的上涨幅度已相当可观，这意味着股价"现在已经太高了"，因此，"1949 年以来的优异回报，意味着未来的收益不会太好，而是很差。"[4]

2. 1964 年以后的实际情况

1964 年以后的一个重大变化是，最高等级债券的利率达到了创纪录的水平，尽管其价格在 1970 年之后有大幅度回升。优质的公司债券收益率目前可达 7.5%，甚至更高，而 1964 年时仅为 4.5%。与此同时，在 1969~1970 年的市场下跌期间，道琼斯股票的股息收益率也有相当大的提升，但在本书写作之时（道琼斯指数为 900 点），其股息收益率还不到 3.5%，而 1964 年年底的股息收益率为 3.2%。现行利率的变化，使中期（比如 20 年期）债券市场价格的最大下跌幅度接近于 38%。

这些变化有些令人困惑的地方。1964 年，我们曾经详尽地讨论过，股票价格过高最终会导致价格大幅下跌的可能性，但是却没有特别关注，高等级债券的价格也可能出现同样的情况。（据我们所知，其他人也没有注意到这一点。）我们确实曾警告过（参见本书第 4 章），"随着利率的变动，长期债券的价格会有相当大的波动。"鉴于此后发生的情况，我们认为，这一警告及其相关的例证是不够充分的。其原因在于，如果投资者在 1964 年年底道琼斯指数收于 874 点时拥有一定数量的成分股，那么他在 1971 年年底仍会获得少量的利润。即使在 1970 年的最低点位（631 点），其亏损也会小于优质长期债券带来的损失。另一方面，如果其债券投资全部为美国储蓄债券、短期公司证券或储蓄账户，其本金的市场价值在这一时期就不会有任何损失，并且会获得比投资优质股票更高的收益。因此，结果证明，从投资角度来看，如果在1964年持有"现金等价物"，就会比投资股票获得更好的回报，尽管从理论上讲，在通货膨胀时代持有股票比现金更有利。优质长期债券本金价值的下跌是货币市场的变化所致，这是一个相当深奥的问题，与个人投资者的投资策略没有太大的关系。

这只不过是过去的经验带给我们的无数例证之一，它再次证明，未来的证券价格是根本无法预测的。[*]债券的波动幅度几乎总会大大低于股票，而且一般说来，投资者购买任何期限的优质债券，都不用担心其市场价值的变化。但这一规则也有例外，而1964年以后的这段时间，恰恰属于此种例外。在以后的章节，我们将对债券价格的变动进行更多的讨论。

3. 1971年年底和1972年年初的预期和投资策略

在临近1971年年底时，优质中期公司债券的税前收益率可达8%，优质的州或市政证券的税后收益则可达5.7%。至于较短期的债券，如美国政府发行的5年期债券，其收益率为6%。在后一种情况下，债券购买者用不着担心债券市场价值缩水的问题，因为他总是可以确定，在相对较短的债券持有期间到期时，其投资（连同6%的利息）会得到全额偿还。与此同时，1971年道琼斯指数重返900点时，其成分股的股息率仅为3.5%。

像过去一样，现在让我们假定，我们需要做出的最基本的投资决策，仍然是如何在高等级债券（或其他所谓的"现金等价物"）和道琼斯成分股之类的蓝筹股之间分配资金。在目前的情况下，如果我们既没有强有力的理由预计股市会在未来一段时间出现大幅上涨，同时也无法预测它会出现大幅下跌，那么，投资者应采取何种策略呢？首先我们要指出，如果不会出现重大的负面影响，防御型投资者可以期望获得3.5%的股息收入，外加平均4%的股票增值收益。这种增值主要来自于各上市公司未分配利润的再投资，我们将在以后解释这一

---

[*] 不妨重温一遍格雷厄姆的这句话，注意这位最伟大的投资家是怎么说的：未来的证券价格是根本无法预测的。继续阅读下去，你会发现格雷厄姆所讲的其他内容，都是为了便于你把握这一真理。既然你无法预测市场的走势，你就必须学会预测和控制自身的行为。

点。这样，投资者股票的税前收益率大约为7.5%，略低于高等级债券的收益。*按税后收益计算，其股票收益率为5.3%，与优质免税中期债券的收益相同。[5]

与债券相比，股票预期收益率远逊色于我们在1964年所作的分析。（这是自从1964年来债券利息的升幅远高于股息的增长这一基本事实的必然推论。）我们也不能忽略以下事实，即优质债券的利息和本金偿付的可靠性，要远高于股息和股价增值。因此，我们不得不得出以下结论：现在（1971年即将结束之时），投资债券显然要比投资股票更为有利可图。如果我们可以确定此结论的正确性，我们将劝告防御型投资者将全部资金投入债券，而不要购买任何股票，直至债券利息与股息的关系发生有利于股票的转变。

但是，我们显然不能就此认定，今后债券的表现肯定会好于股票。读者马上会想到，通货膨胀将是一个重要的不利因素。在下一章，我们将根据美国20世纪通货膨胀的经验，说明在目前的利差条件下，该因素并不支持偏向于股票的选择。但通货膨胀加速的可能性总是存在的，尽管我们认为它还比较遥远，它将使股票资产比固定利率的债券更具吸引力。+ 此外，还有另一种可能性（对此，我们同样认为出现的几率不高），即美国企业的利润大增，同时不会出现通货膨胀，从而使未来几年内，普通股的价值大幅增长。最后，我们可能会目睹另一种更常见的情况，即在没有内在价值支持的条件下，股票市场出现巨大的投机浪潮。以上任何一种情况的出现，以及其他我们可能想到的原因，都可能导致投资者后悔把100%的资金投入债券，尽管其当前的利率较股票更具吸引力。

---

* 格雷厄姆预测的准确性如何？大致说来，相当不错：从1972年年初到1981年年底，股票市场的年平均收益率为6.5%。（格雷厄姆并没有给出其预测的时间跨度，但似乎可以认为，他的预测期限为10年。）不过，这一时期的年平均通货膨胀率高达8.6%，足以吃掉股票投资的全部收益。在本章的这一节，格雷厄姆总结了"戈登方程"（Gordon equation）的内容。该方程认为，股市的未来收益，等于当前的股息收益率加上公司的预期利润增长率。鉴于2003年年初上市公司的股息收益率略低于2%，公司利润的长期增长率在2%左右，再加上略高于2%的通货膨胀率，可以推算出未来的年均回报率大致为6%（参见第3章点评）。

+ 1997年，随着通货膨胀保值国债（Treasury Inflation-Protected Securities，TIPS）的推出，对于那些预期通货膨胀会增加的投资者来说，股票已不一定就是比债券更可取的选择了。与其他债券不同，TIPS的价值会随着消费者价格指数的上升而上升，从而有效地预防投资者因通货膨胀而蒙受损失。股票则无法提供此种保证；而且，实际上对于恶性通货膨胀而言，股票是一种相当糟糕的对冲工具。（关于这一问题的更多讨论，请参见第2章点评。）

因此，经过对以上诸种主要可能性的简要分析，我们将再次呼吁防御型投资者执行同样的基本折衷策略，即在把相当一部分资金投入债券的同时，继续保留相当一部分的股票投资。他们仍然可以按对半开的比例来投资这两种证券，或根据其判断将每一种投资的比例限定在 25%~75% 之间。在以后的章节中，我们将对此进行更详细的说明。

既然目前股票的收益率与债券大体相当，那么，不管如何在这两种证券之间配置资金，投资者现在的预期回报率（包括股票价值的增长在内）都不会有多大的改变。根据上述计算，这两部分投资的总体收益率在税前为 7.8%，在免税（或税后）的情况下为 5.5%。从历史来看，这一收益比防御型投资者过去很多时候的收益都高出不少。与 1949 年后 20 年内这一主要牛市时期 14% 左右的股票回报相比，这一回报似乎并不令人振奋。但我们应当记住，在 1949 ~ 1969 年间，道琼斯工业指数已经上涨了 4 倍，而公司的利润和红利大约只增长了 1 倍。因此，这一时期股市的大幅上涨，在很大程度上是由于投资者和投机者的态度转变，而非公司内在价值的提升。从这个角度看，这种上涨可称之为"自我膨胀"。

在论及防御型投资者的股票投资组合时，我们只列举了道琼斯工业指数的 30 只成分股。这样做只是为了方便起见，并不意味着只有这 30 只股票适合人们购买。实际上，还有许多其他股票的质量也相当于甚至超过这 30 只成分股，其中包括一批公用事业股（它们包含在道琼斯公用事业股指数中）。* 但这里的主要问题是，无论防御型投资者的股票投资组合如何配置，其总体投资成果都不会有太大的区别；更准确地说，他们的投资顾问都无法确切地预测这些组合会带来怎样的差别。诚然，通过精明或熟练的投资技术进行选股，可以为投资者带来超过市场平均水平的收益。但是，出于某种原因（我们将在别处展开论述），我们并不认为防御型投资者可以获得超出平均数的收益，超出平均数实际上就

---

* 如今，除道琼斯工业平均指数外，标准普尔 500 股票指数（S&P）和威尔逊（Wilshire）5000 指数也得到广泛的应用。S&P 是由 500 家著名大公司股票组成的，其市值占到美国股票市场的 70% 左右。威尔逊 5000 指数几乎反映了所有较大的上市公司的利润（美国股市的全部上市公司约为 6 700 家）。但由于那些规模最大的公司囊括了该指数总价值的绝大部分，因此，威尔逊 5000 的回报与标准普尔 500 大致相当。一些低成本的共同基金使投资者可以很方便地持有由这些指数成分股构成的投资组合（参见第 9 章）。

意味着他们的业绩能够超出自己的整体表现。*（我们的这种怀疑，也适用于那些专门管理的大型基金。）

让我们通过一个似乎相反的例子说明这一点。在1960年12月到1970年12月之间，道琼斯工业指数从616点上涨到839点，涨幅为36%。但在同一时期，包含更多股票的标准普尔500指数从58.11点上涨到92.15点，涨幅达58%。显然，与前者相比，后者是一个更好的购买对象。但是，当时谁敢断言，由一堆杂七杂八的股票构成的后一项指数，肯定会超越精英荟萃的"30巨头"呢？我们坚持认为，所有这一切都证明，人们几乎无法对价格变化（无论是相对变化，还是绝对变化）作出可靠的预测。

我们将毫不犹豫地重申（因为对这一告诫如何重申也不过分）：投资者不能期望通过买任何新股或"热门"股（那些被人们认为可以迅速致富的股票），而获得优于平均水平的收益。+ 从长远来看，这几乎无疑会产生相反的结果。防御型投资者只应购买那些长期具有盈利记录和强有力的财务状况的重要公司的股票。（任何称职的证券分析师都可以为他开列这样一份清单。）激进型投资者可以购买其他类型的普通股，但它们的吸引力一定要建立在理智分析的基础上。

在本节的结尾，我们将向防御型投资者简要介绍三个相互补充的概念或做法。首先，他可以买入一只地位稳固的投资基金的股份，以代替自己亲自构建股票组合的做法。他也可以利用许多州的信托公司或银行经营的"共同信托基金"（common trust funds）或"混合基金"（commingled funds）。如果资金规模较大，他也可以聘用一家知名的投资咨询公司，从而使其投资得到按标准程序进行的专业化管理。第三种做法是采取"美元成本平均法"，即每月或每季度投入同等数额的美元资金来购买股票。采用这种方法，投资者可以在市场低迷时买到比市场高位时更多的股票；而且，他还有可能为自己所持股份最终获得满意的总体价格。严格地说，这是所谓的"程式投资"（formula investing）这种更一般方法的应用。我们建议投资者将其资金投资于股票的比例限制在25%~75%之间，并根据股市的动向进行反向操作，这种策略正是"程式投资"原理的体现。这

---

* 参见第306~307页和第318~321页。

+ 关于更详细的分析，请参见第6章。

些想法对防御型投资者很有益处，在以后的章节中，我们将对此进行更详细的讨论。*

激进型投资者的预期投资结果

我们的激进型投资者当然会期望自己取得比防御型或被动型投资者更好的收益。但是，他必须首先确定，自己不会收获更糟的结果。我们经常会看到，投入更多的精力、进行大量的研究同时具备很好天赋的人，在华尔街不仅没赚到钱，反而亏损了。如果用力的方向是错误的，这种力量就好比是一种障碍。因此，激进型投资者必须首先搞清楚，什么样的行动方针能提供合理的成功机会，什么样的行动方针是无法成功的。

首先让我们来看一看，投资者乃至投机者为取得优于平均水平的成果而经常采取的几种方法，其中包括：

1. **择时交易**。这通常是指在股价上升时买进股票，而在其掉头向下时抛出。他们选择的大多数是那些"表现"优于市场平均水平的股票。少数专业投机者经常会进行卖空交易。他们会卖出他们并不拥有而是从股票交易机构借入的股票，其目的是在其随后下跌时以更低价格把它们买回来，并从中获利。（正如我们在本章前面《华尔街日报》的引文中看到的，甚至一些"小投资者"——他们不配称为"投资者"！——有时也会笨拙地染指卖空交易。）

2. **短线择股**。买进那些已经报告或预计将报告业绩增长，或有其他利好消息的公司股票。

3. **长线择股**。此种方法看重公司过去拥有的良好成长纪录，而且这种成长很可能会延续到未来。有时，"投资者"也会选择那些尚未取得优良业绩，但预计以后会形成高盈利能力的公司。（这些公司往往属于高技术行业，如计算机、医药、电子等，而且它们通常正在开发一些被认为是大有前途的新工艺和新产品。）

---

* 关于"地位稳固的投资基金"的更多说明，请参见第9章。关于"知名投资咨询公司"的"专业化管理"的讨论，请参见第10章。对"美元成本平均法"的阐述，将在第5章中进行。

从总体上来看，投资者能否通过以上方法获得较大的成功机会呢？我们已经对此表示过否定。无论从理论抑或实践角度来看，第一种方法都算不上投资。股票交易并不是"经过彻底分析，就能够保证本金的安全并获得满意回报"的一种操作。在以后章节中，我们将对此给予更多的论述。*

至于那些力求发现最有前景的股票的投资者，无论其着眼于短期还是长期，他们都会面临两重障碍：首先，人总是会犯错误；其次，人的竞争能力有限。他也许会错误地预测未来；即使其判断无误，当前的市场价格也许已经充分体现了他的这种预测。就短线择股而言，公司当年的业绩已经成为华尔街众所周知之事了；公司次年的业绩——如果能够预测的话——也已经被人们仔细考虑过了。因此，那些主要根据公司当年的优秀业绩或被告知的来年预期增长率进行股票选择的投资者，会发现其他人也在基于同样的理由做同样的事。

基于长期前景选择股票的投资者，也会面临同样的障碍。其预测完全错误的可能性（我们已在前文以航空业的例子作过说明），无疑会比那些只根据短期业绩行事的投资者更大。由于专家经常会在此种预测上误入歧途，因此，从理论上来说，如果投资者能在华尔街整体出现错误时作出正确预测，那么肯定能大赚一笔。但是，这只是一种理论上的可能。估算未来的长期利润是专业分析师最喜欢的游戏。那么，有多少激进投资者可以指望自己在聪明才智和预测能力上超过专业分析师呢？

由此，我们将得出以下合乎逻辑但令人不安的结论：要想能够持续并合理地获得优于平均业绩的机会，投资者必须遵循以下两种策略：（1）具有内在稳健性和成功希望的策略；（2）在华尔街并不流行的策略。

对于进取型投资者而言，这样的投资策略是否存在？从理论上来说，其答案仍然是肯定的；从实践上来看，我们也拥有很多理由对此给出肯定的答案。众所周知，投机性股票的价格往往会走过头——就市场整体而言，经常是这样；对某些个股而言，则任何时候都是这样。此外，某些股票会因为无人关注或毫无根据的普遍偏见而受到低估。我们还可进一步断言，就相当多的股票交易而言，其交易者似乎并不知道（说得文雅一点）最简单的区别。本书中，我们将通过许多（以往的）实例来说明，股票的市场价格与其价值之间是有差价的。

---

* 参见第 8 章。

由此看来，似乎任何具有良好计算能力的聪明之士都能在华尔街通过别人的愚蠢行为而稳定地获得一笔收益。但这只是表面上的东西，实际上并没有这么容易。要想通过买入一只受到忽略因而被低估的股票赚钱，通常需要长期的等待和忍耐；而卖空一只过去热门因而被高估的股票，则不仅是对卖出者胆略和毅力的考验，而且也是对其财力的考验。*这种投资原则是稳健的，其成功的运用也并非是不可能的，但它绝不是一种可以轻易掌握的技术。

由于存在很多的"特殊情况"，因此，驾轻就熟的老手只需承担最低的风险，即可以期望在许多年内获得 20% 以上的年收益率。这包括不同证券的交叉套利、资产清算、某些种类的保护性对冲等。其中最典型的是即将发生的并购，并购方往往会提出比其公告日股价高出相当幅度的报价。近年来，这种类型的交易急剧增加，为这一领域的行家带来了丰厚的利润。但随着并购交易的成倍增加，其面临的障碍也成倍增长，并导致许多交易流产。不少人因而在这种曾一度稳赚不赔的操作中赔钱。或许，过多的竞争也已使这种交易的整体利润下降了。+

这些特殊情况下盈利能力的下降，似乎说明存在着某种（类似于收益递减法则的）自我衰减过程，自本书出版以来，这一过程一直在不断发展。1949 年，我们可以对此前 75 年内的股市波动进行研究。该研究证实，根据利润和当期利率得出的一个公式，可以用来确定买进和卖出道琼斯成分股的价格水平（在价格低于其"中心"价值或"内在"价值时买入，高出时卖出）。这正是罗思柴尔德行为法则的应用：

---

* 所谓"卖空"一只股票，就是你赌该股票会下跌，而不是上涨。卖空包括 3 个步骤：首先，你从拥有该股的某人那里借入此股票；然后，马上将其卖出；最后，再用你以后买进的股票将其归还。如果该股下跌了，你就可以以较低的价格买进该股。所借入股票的卖出价和用于偿还的股票的购买价之差，就是你的毛利（未扣除借股人的股息或利息以及经纪费用）。但如果该股上涨了，你的损失可能非常巨大，因此，卖空对大多数散户投资者来说，是一种玩不起的投机游戏。

+ 在 20 世纪 80 年代末期，由于敌意收购和杠杆收购的叠加作用，华尔街纷纷建立了专门的套利机构，以便从这些复杂交易可能产生的定价错误中获取利益。这些机构的套利活动非常成功，从而使得套利空间随之消失，许多机构也被迫关闭了。虽然格雷厄姆在后面对此还有进一步的讨论（参见第 6 章相关内容），但对大多数投资者而言，这种类型的交易已不再可行，因为只有规模达到几百万美元的交易才能够获得较好的利润。富翁和机构投资者，可通过专门从事并购或"事件"套利的对冲基金来继续运用此种策略。

"贱买贵卖",*该法则与华尔街一贯奉行且遗祸无穷的法则——追涨杀跌——是完全相反的。令人惊奇的是,1949 年以后,这一公式已不再适用了。第二个例证是关于股票市场运行的"道氏理论"。该理论在 1897~1933 年间确实取得了辉煌的成果,但在 1934 年以后的表现则颇受质疑。

关于这种绝佳机会近年已不再存在的第三个也是最后一个例证,来自我们自己在华尔街的证券投资:其中相当一部分投资集中于购买廉价证券(bargain issues),这些证券的特征是,其售价低于净流动资产(营运资本)本身的价值(不包括厂房等其他资产,但要扣除求偿权优先于该股票的所有债务)。显然,这种证券的卖价远远低于其作为一家非上市企业的价值。任何私人业主或大股东,都不会在如此荒谬的低价位出售其拥有的股份。奇怪的是,这种异常的股票并不难找。从 1957 年的一份上市股份清单中可以看到,当时市场上有近 200 只这样的股票。通过不同的实际操作,这些廉价证券最终都是有利可图的,而且其平均年收益率会远远高于其他方式的投资。但在接下来的 10 年内,这些股票也消失了,同时,进取型投资者因而也丧失了一块可以进行明智和成功操作的领地。不过,在 1970 年的股市低点,这种"低于营运资本"的股票再次大批涌现了,虽然后来出现了强劲的反弹,但年底股市上仍有不少此类股票,足以构成一个完整的投资组合。

在当今形势下,进取型投资者仍然可以取得优于平均水平的投资成果。从逻辑标准和合理的可靠性标准来看,大量上市交易的证券中一定会包含相当多被低估的证券。从整体上来看,这些股票的收益率将比道琼斯指数或其他一组代表性的股票更令人满意。我们认为,除非投资者能从中获得比平均水平高出 5% 以上的税前收益,否则是不值得费心费力去发掘此类证券的。我们将力求为积极投资者设计出更多类似的选股方法。

---

* 在 19 世纪,以内森·迈耶·罗思柴尔德(Nathan Mayer Rothschild)为首的罗思柴尔德家族,是欧洲投行和证券经纪业的垄断寡头。关于其历史的生动介绍,请参见:Niall Ferguson, *The House of Rothschild: Money's Prophets, 1798-1848* (Viking, 1998)。

第1章点评

> 人类所有的不快乐，均来自一个原因：不知道如何安静地待在家里。
>
> ——布莱斯·帕斯卡尔

为什么你会认为，无论当天的市场表现如何，每当交易结束的钟声响起时，纽约股票交易所的场内经纪人总会心情愉悦？因为只要你进行了交易，他们就会赚钱——不论你是否赚到了钱。一味投机而不是投资，你将减少自己的致富机会，同时增大别人的机会。

关于投资的定义，格雷厄姆说得再明白不过了："投资操作是建立在透彻分析的基础之上的，目的是要保证本金的安全并获得适当的回报。"[1] 请注意，根据格雷厄姆的定义，投资包括以下三个同等重要的因素：

- 在你买进一只股票之前，要对该公司及其基础业务的稳妥性进行彻底分析。
- 你必须细心地保护自己，以免遭受重大损失。
- 你只能期望获得"适当的"业绩，不要期望过高。

投资者会根据公司的业务状况计算一只股票的价值；投机者则会打赌股票价格的上涨，因为他们认为，其他人会出更高的价格来购买这只股票。正如格

---

[1] 为了进一步的阐述，格雷厄姆对其定义的各个关键词给出了说明："透彻分析"是指，"根据公认的安全和价值标准，对事实进行研究"；而"本金的安全"是指，"防止在正常或合理的条件与市场变化下出现亏损"；"适当的"（或"满意的"）回报是指，"投资者愿意接受任何的回报率或回报额（无论多么低），只要他做出的是理智的行为。"（参见：Security Analysis, 1934 ed., pp.55-56）。

雷厄姆曾经说过的,投资者会"根据公认的价值标准"来判断"股票的市场价格",而投机者则是"根据市场价格来确定价值标准"。[2] 对于投机者来说,连续不断的报价好比是氧气,"切断它就会出人命";而投资者对股票的价格走势则不那么看重。格雷厄姆敦促你,只有在下列情况下才去进行投资:即使不知道股票每日的价格,你对所持有的股票也是放心的。[3]

就像在赌场下注或赌马一样,股票市场的投机也是令人兴奋甚至有利可图的(如果你运气够好的话)。但这是一条最糟糕的致富之路,因为华尔街就像拉斯维加斯或跑马场一样,已经把输赢的概率确定在有利于庄家的刻度上,因此,它最终能够在自己的投机游戏中战胜任何试图取胜的人。

另一方面,投资是一种独特的赌博游戏,只要你按照有利于自己的规则去参与,最终就不会赔钱。投资者是为自己赚钱,而投机者则是为其经纪人赚钱。这就是为什么华尔街总是一贯贬低脚踏实地的投资,而吹捧华而不实的投机的原因所在。

高速行驶的危险

格雷厄姆警示我们,任何时候把投机与投资混为一谈都是错误的。在20世纪90年代,这种混淆造成了巨大的破坏。所有人似乎都失去了耐心,美国则变成了一个投机王国。急不可耐的交易者就像是夏日田野里呼啸的蝗虫,从一只股票跳到另一只股票。

人们开始认为,投资技术的试金石仅仅在于其是否"管用"。如果某种技术能够在某一时期战胜市场,它就是"正确的",而不论其危险有多大或是多么愚蠢。但聪明的投资者并不计较一时的对错,要达到你的长期财务目标,必须一直坚持正确的做法。20世纪90年代盛行一时的策略——短线交易、忽视投资的分散化、追逐热门基金、按选股"系统"操作——似乎是正确的,但这些东西不可能获得长期的成功,因为它们不完全符合格雷厄姆为投资制定的三项标准。

---

[2] 参见:*Security Analysis*, 1934 ed., pp. 310。

[3] 就像格雷厄姆在一次访问中建议的那样:"问一问你自己:如果没有交易这些股票的市场,你还愿意以此种条件投资这家公司吗?"(参见:*Forbes*, January 1, 1972, p. 90。)

为了说明这种短暂的高收益不能证明什么，让我们想象两个相隔130英里的地方。如果我遵守时速65英里的限速规定，我会用2个小时行驶完这段路程。但如果我以130英里的时速行驶，一个小时即可。假如我按照后一种方法做了，并且没有出事故，我是否"正确"呢？因为听到我夸耀它"管用"，难道你也忍不住想试一试吗？那些关于战胜市场的浮华噱头大多也是如此：就短途旅行而言，如果你够幸运，它是管用；但从长期来看，它会要了你的命。

1973年，当格雷厄姆最后一次修订《聪明的投资者》一书时，纽约股票交易所的年换手率为20%，即股东的平均持股时间为5年。到了2002年，年换手率达到了105%，平均持股时间缩短到11.4个月。早在1973年，共同基金的平均持股期接近3年；到了2002年，其持股期减至10.9个月。这就好比基金经理琢磨了好长时间，最后发现他们原来不该购进这些股票，然后立刻将其倾销一空，并从头开始买进新的股票。

即使信誉最为卓著的基金管理公司，也表现得像一只热锅上的蚂蚁。1995年年初，在富达麦哲伦基金（当时世界上最大的共同基金）的经理杰弗里·韦尼克持有的总资产中，科技股的占比高达42.5%。韦尼克宣称，其基金持有人"投资本基金志在长远，其目标是几年之后的盈利。……我相信他们的目的与我的是相同的，而且他们相信长期投资才是最佳策略——就像我一样。"但就在这番信誓旦旦的话发表6个月以后，韦尼克就售出了几乎所有的科技股，在忙乱的8个星期内变现资金近190亿美元。这就是他所谓的"长期"。到了1999年，富达基金的折扣经纪部推荐其客户使用Palm手持电脑，以便随时随地买卖股票，这种做法倒是与该公司新的口号"争分夺秒"颇为合拍。

如图1-1所示，在纳斯达克交易所，换手率达到了惊人的速度。[4]

例如，在1999年，彪马（Puma）科技公司的股票，平均5.7天就换手一次。尽管纳斯达克的座右铭"未来100年的股票市场"十分冠冕堂皇，但其许多客户持有一只股票的时间还不到100个小时。

---

[4] 资料来源：Steve Galbraith, Sanford C. Bernstein & Co. research report, January 10, 2000。该表列举的股票在1999年的平均收益率为1 196.4%。它们在2000年的平均亏损率为79.1%，2001年为35.5%，2002年为44.5%，不仅把1999年的赚头全部赔光，而且还赔得更多。

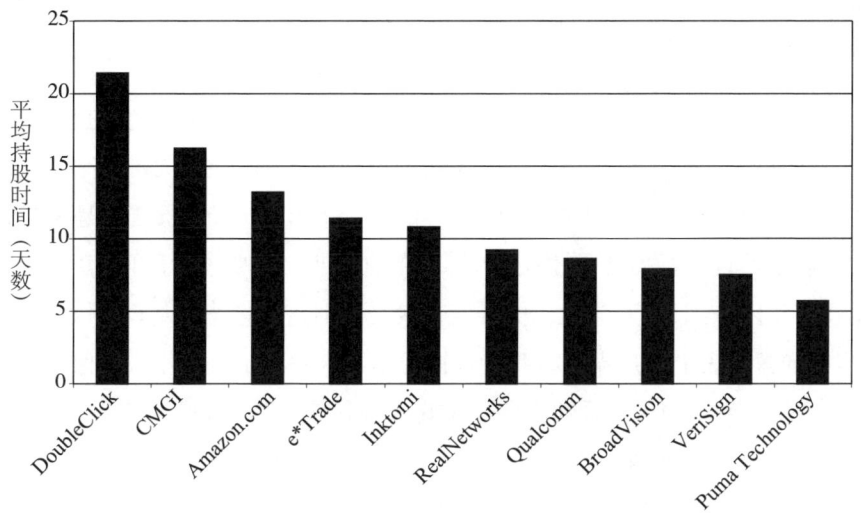

图 1-1 快速换手的股票

金融视频游戏

  华尔街的宣传把网络交易吹得天花乱坠,就好像它是一架快速印钞机一样。发现经纪行(Discover Brokerage)是证券业的老字号摩根士丹利公司专营网络交易的分支机构。在它推出的一则电视广告中,一位衣衫褴褛的拖车司机途中搭载上了一位春风得意的高级经理。在看到贴在仪表板上的一幅热带海滨风景图后,经理问道:"去度假吗?""实际上,这是我的家。"司机回答说。西装革履的经理有些吃惊地说:"看起来像是一座岛屿。""严格地讲,这是一个国家。"司机得意地回答道。

  这种宣传甚至宣称,网络交易无需任何劳作,也不用动脑子。一家网络经纪公司美国交易(Ameritrade)的电视广告中,出现了这样的画面:两个家庭主妇刚刚结束了慢跑,其中一个打开电脑,摆弄了几下鼠标,然后惊呼道:"我想,我刚赚了1 700美元!"在水房(Waterhouse)经纪公司的一则广告中,有人问篮球教练菲尔·杰克逊:"你对网络交易有所了解吗?"他回答说:"我正准备去做这种交易。"(如果他把这种哲学运用于篮球场,杰克逊的NBA球队能赢得几场比赛?对其他球队的情况一无所知,但是却说:"我已经准备好跟他们开赛了，"——这可不像是一个可以拿冠军的方法。）

1999年，网络交易的人数至少有600万，其中大约有十分之一是日间交易者，他们借助互联网进行闪电般的股票买卖。从娱乐圈的著名女歌手芭芭拉·史翠珊，到25岁的尼古拉斯·伯巴斯（以前是纽约昆斯地区的一位餐饮服务生），他们这些人都在极其频繁地从事股票交易。"以前，"伯巴斯嘲笑说，"我是做长线投资的，后来发现这种做法并不明智。"现在伯巴斯一天要买卖股票10次，并且希望在一年内赚到10万美元。史翠珊在接受《财富》杂志的访问时无奈地说："每当我的盈亏表上出现赤字，我就觉得受不了。我属于金牛座，就像是一头对红色敏感的公牛。如果我看到赤字，我就会马上卖出我的股票。"[5]

通过连续不断地把股票信息倾泻到酒吧、理发店、厨房、餐厅、出租车站点和公共汽车站等各种场所，财经网站和财经电视节目把股票市场变成了一个永无休止的全国性视频游戏。公众感觉到，他们比以前任何时候都更了解股市了。不幸的是，虽然公众已经被信息所淹没，但真正的知识却无处可觅。股票已经与发行股票公司完全脱节，变成了纯粹的抽象物，一条在电视或电脑屏幕上漂移的曲线。如果这一曲线在向上移动，则万事大吉。

1999年12月20日，Juno网络服务公司披露了一项开创性的商业计划——一项旨在尽可能陷入亏损的计划。Juno宣布，从此以后它将免费提供一切零售服务，无论是电子邮件还是互联网接入，并且还要在翌年花费数百万美元对此进行广告宣传。在公司宣布该项"剖腹自杀"计划后，其股价在两天内从16.375美元涨到66.75美元。[6]

为什么要费神去了解公司的盈利情况、产品和服务、管理层甚至名称呢？你需要知道的只是公司的股票交易代码：CBLT、INKT、PCLN、TGLO、VRSN、WBVN。[7]这样，你就可以更快地买进这些股票，省得再多花两秒钟用网络搜索引擎去查阅其全称。1998年年底，Temco服务公司（股票交易量很少的一家小型房屋维修企业）的股票突然在几分钟内上涨了近3倍，并爆出历史天量。为什么会这样？由于股票代码的怪异难解，数以千计的交易者把Temco公司的股

---

[5] 史翠珊不应该紧盯着电脑屏幕，而应当接受格雷厄姆的指导。聪明的投资者永远不会仅仅因为股价下跌而抛售手中的股票，她始终应该首先考虑公司的基础业务是否发生了改变。

[6] 仅仅12个月以后，Juno的股价跌到了1.093美元。

[7] 股票交易代码是由1~4个字母组成的公司名称缩写，以便在股票交易中对其加以识别。

票交易代码 TMCO 错误地当成了 Ticktmaster Online 公司的代码（TMCS），后者是互联网宠儿，其股票在同一天首次公开发行。[8]

奥斯卡·王尔德（Oscar Wilde）曾嘲讽那些玩世不恭者，"知道所有事物的价格，却不知道任何事物的价值。"根据这一说法，股票市场永远是玩世不恭的；但是，在 20 世纪 90 年代后期发生的情况，将使王尔德本人也感到震惊。在股价方面的一个不成熟的看法，也能带来公司股价的翻番——即使对公司的价值完全没有进行考察。1998 年年底，CIBC Oppenheimer 公司的分析师亨利·布洛杰特称，"就所有互联网公司的估值而言，更重要的显然是艺术，而非科学。"然后，仅以未来增长的可能性为基础，他一下子就把亚马逊公司的"目标价"提升到了 150 ~ 400 美元。亚马逊的股价当天就上涨了 19%；尽管布洛杰特声称，他的目标价是对一年期的价格预测，但该公司的股价在 3 个星期后就超过了 400 美元。一年以后，普惠公司（PaineWebber）的分析师沃尔特·皮斯克预测，高通公司（Qualcomm）的股价，将在随后 12 个月内达到 1 000 美元（该股票在这一年已经上涨了 1 842%），结果，股价当天又上涨了 31%，达到每股 659 美元的价位。[9]

模式化操作的失败

但是，像热锅上的蚂蚁一样急匆匆地进行交易，并非投机的惟一形式。在过去的 10 来年，一个又一个投机模式被相继推出，流行开来，然后被扔进垃圾堆。所有这些模式均具有一些共同的特点——这样赚钱快！这样赚钱轻松！这样不会赔一分钱！它们至少违背了格雷厄姆在区分投资与投机时所提出的某一项标准。以下是曾经流行一时的投机模式：

- **赚特定日子的钱。**"一月效应"——20 世纪 80 年代，一些学术论文和畅销书籍普遍认为，小盘股在岁末年初一般会出现大幅上涨。这些研究表明，

---

8 这并不是一个孤立的事件。在 20 世纪 90 年代末，短线交易者误把某公司的代码当做新上市的互联网公司而使其股价飙升的情况，至少发生了 3 次。

9 在 2000 和 2001 年，亚马逊和高通公司的市值分别损失了 85.8% 和 71.3%。

如果你在 12 月的下半月买进小盘股，并持有到 1 月份，你的收益将超过市场整体水平 5~10 个百分点。这种说法令许多专家感到惊讶。毕竟，如果这种方法如此简单，肯定每个人都会听说过，也有很多人会采用这种方法，这样，这种机会将逐步消失。

是什么因素引起了这种一月效应？首先，许多投资者会在年底卖出低价劣质股，以锁定其亏损，从而减少应缴税款。其次，基金的专业管理人会在年终即将到来时更加小心谨慎，以保住其业绩的领先地位（或使其落后地位尽量缩小）。这使他们不愿意购买（或继续持有）正在下跌的股票。如果走势不佳的股票是一只不知名的小盘股，基金经理就更不愿其出现在年终公布的持股名单中了。所有这些因素都会使小盘股暂时成为廉价的交易对象。当税收因素导致的抛售在一月份止步时，这些股票通常会出现反弹，迅速带来巨大的收益。

如今，一月效应并没有完全消失，但已经弱化了。根据罗切斯特大学教授威廉姆·施沃特的研究，如果你在 12 月下旬买进小盘股，并在 1 月初将其卖出，你在 1962~1979 年间的收益，将超过市场平均水平 8.5 个百分点；在 1980~1989 年间，将超出 4.4 个百分点；在 1990~2001 年间，将超出 5.8 个百分点。[10]

随着一月效应被更多的人所了解，在 12 月买入小盘股的人越来越多，其股价因此变得不那么便宜，收益亦随之减少。此外，一月效应主要表现在小盘股上，而根据 Plexus 集团（研究经纪费用的领先权威机构）的测算，买进然后卖出此种小盘股的费用，相当于其投资总额的 8%。[11] 不幸的是，在支付了经纪费用之后，你从一月效应中得到的收益已完全付之东流了。

- 只按"管用的方法"行事。1996 年，一个叫做詹姆斯·奥肖内西的不知名的基金经理出版了一本名为《华尔街的有效策略》的书。在该书中，他声称"投资者的成绩可以比市场好得多。"奥肖内西提出了一个令人瞠目的观点：从 1954 到 1994 年，投资者可以将其 10 000 美元的本钱变成 8 074 504 美元，

---

10 施沃特在其精辟的研究文章中对这些情况进行了讨论。请参见："Anomalies and Market Efficiency," available at http://schwert.ssb.rochester.edu/papers.htm.

11 参见：Plexus Group Commentary 54, "The Official Icebergs of Transaction Costs," January, 1998, at www.plexusgroup.com/fs_research.html.

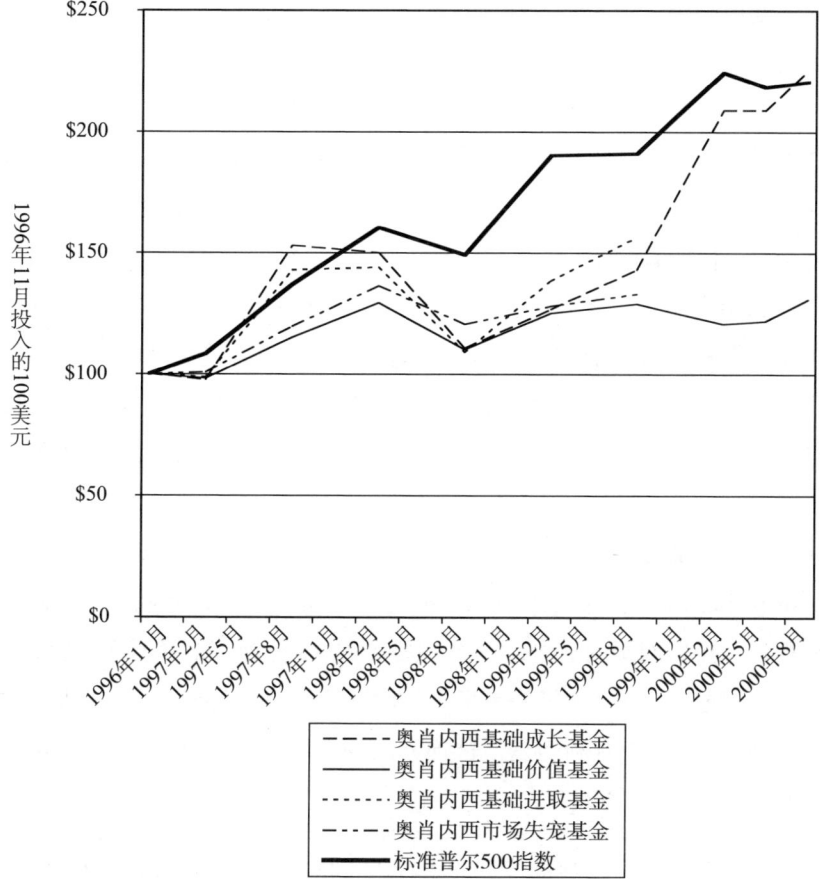

图 1-2 曾经在华尔街行之有效的策略

资料来源：Morningstar, Inc.

达到市场总体收益率的 10 倍以上，年均回报率高达 18.2%。怎样才能做到这一点呢？他的方法是：买进 50 只股票，这些股票的年回报率最高，5 年内的利润一直在上涨，而且股价与公司销售收入之比（市销率）小于 1.5 倍。[12] 就像是华尔街的爱迪生一样，奥肖内西还专门到美国专利局为其所谓的"自动投资策略"申请了第 5 979 778 号专利，并根据自己的发现成立了 4 家共同基金。1999 年年末，他公开募集了 1.75 亿美元资金，而且，在寄给股东

---

[12] 参见：James O-Shaughnessy, *What Works on Wall Street* (McGraw-Hill, 1996), pp. xvi, 273-295。

的年度信函中，他大言不惭地宣称："像过去一样，通过既定路线，并坚持我们久经考验的投资策略，我们一定会达到我们的长期目标。"

但是出版之后，《华尔街的有效策略》立刻就不管用了。如图 1-2 所示，其中的两只基金简直烂透了，不得不在 2000 年年初关门；而在奥肖内西的基金运营的 4 年间，市场总体业绩（以标准普尔 500 指数来衡量）几乎一直领先于他所有的基金。

2000 年 6 月，奥肖内西更接近其"长期目标"了——把他的基金交给了新的管理者，从而使他的客户只能以那些"久经考验的策略"来进行自我防卫了。[13] 如果奥肖内西把自己的书名改成一个更贴切的名称，比如，《曾经在华尔街行之有效的策略……在我写作本书之前》，其股东也许就不那么郁闷了。

- **按照"傻瓜四部曲"进行操作**。20 世纪 90 年代中期，傻瓜投资（Motley Fool）网站（以及一些书籍）大肆吹嘘一项叫做"傻瓜四部曲"的投资技术。根据傻瓜投资网站的说法，"一年只需要花 15 分钟"来规划你的投资，就可以"大大超过过去 25 年的市场平均收益率"，而且还可以"大大超过你的基金业绩"。最为有利的是，这种方法的"风险是最低的"。你只需要做如下几件事：

    1. 在道琼斯工业指数的成分股中找出价格最低且股息最高的 5 只股票。
    2. 去掉其中价格最低的一只股票。
    3. 把 40% 的资金投入价格第二低的股票。
    4. 对其余的 3 只股票各投入 20% 的资金。
    5. 一年以后，按同样的方法筛选道琼斯成分股，并按照上述 1～4 步来重新构建你的投资组合。
    6. 重复上述方法，直至变成富翁。

---

13 颇为讽刺的是，在宣布将其管理权转让给另一家公司后，幸存下来的两只基金（现在的名称为 Hennessy 基金）表现得相当不错。基金的股东非常气愤。在晨星公司网站的聊天室，一位网民气愤地说："我估计奥肖内西所谓的'长期'只有 3 年的时间。……我能够感受到你的痛苦。我也曾经相信过奥肖内西的方法。……我曾经向几个亲戚朋友介绍过这家基金，但是，现在我高兴地看到，他们并没有接受我的建议。"

傻瓜投资网站称，在25年内，运用此种技术，你的年均收益率将比市场平均水平高出10.1个百分点。他们说，在未来20年内，"傻瓜四部曲"将使你的20 000美元投资变成1 791 000美元。（他们还称，如果你从道琼斯成分股中选出股息与股价平方根之比最高的5只股票，然后剔除其中最高的1只并买入其余的4只，你的收益会更高。）

让我们来看看这种"策略"是否与格雷厄姆的投资定义相吻合。

- 剔除股价和股息均最具有吸引力的一只股票，并选择其余4只不那么优秀的股票。请问，有哪一种"透彻分析"能够支持这种做法吗？
- 把全部资金的40%投入其中的一只股票，这难道是"风险最低"的做法吗？
- 只购买4只股票，这种做法能够达到保证"本金安全"的分散化程度吗？

一言以蔽之，"傻瓜四部曲"堪称有史以来最荒谬的选股方法之一。它所犯的错误与奥肖内西相同：如果你对长期内大量的历史数据进行分析，仅凭运气，就会发现其中有许多规律。仅仅出于偶然的运气，你就会发现，能够产生超常收益的公司具有许多共同点。但是，这些因素并不能用来预测未来的收益，除非是它们导致了股价的超常上涨。

傻瓜投资网站所吹嘘的种种"发现"——剔除一只分数最高的股票，加倍投资于分数第二高的股票，以及将股息除以股价的平方根等——都不可能影响或解释股票的未来表现。《货币》杂志发现，由一批公司名称不包含重复字母的股票组成的投资组合，其表现与傻瓜四部曲选出的股票几乎相同，而且两者均出于同一理由：纯属运气。[14] 正如格雷厄姆反复提醒我们的：股票未来表现的好坏，是由其背后公司业务的好坏决定的——仅此而已。

毫无疑问，"傻瓜四部曲"并没有征服市场，倒是征服了数以千计误信其模式有效的投资者。仅在2000年，四只傻瓜股——卡特皮勒、柯达、SBC和通用汽车——就亏损了14%，而同年道琼斯指数只下跌了4.7%。

这些事例表明，在华尔街只有一种东西从来不会陷入熊市，那就是愚蠢的

---

14 参见：Jason Zweig, "False Profits," *Money*, August, 1999, pp. 55-57. 对"傻瓜四部曲"的透彻分析，也可以从下列网站看到：www.investorhome.com/fool.htm。

想法。这些所谓的投资方法，都将输给格雷厄姆的法则。这些旨在赢得超额收益的机械方法，都将沦为"一种自我毁灭的过程，就像收益递减规律那样。"收益的递减是由于以下两个原因：首先，如果此种方法纯粹出于统计上的侥幸（如"傻瓜四部曲"那样），单凭时间的推移，就可以证明它原本就是一种没有意义的方法；其次，如果此种方法过去确实有效（如一月效应），随着广为人知，市场精英们总是会削弱其未来的效力，而且通常会使其完全失效。

所有这些都进一步验证了格雷厄姆的警告，即在进行投机时，你必须像有经验的赌徒走进赌场时那样：

- 投机就是投机，千万不要自以为是在投资。
- 如果把投机看得太认真，它就会变得十分危险。
- 你必须严格限定你的赌注。

就像精明的赌徒只带（比方说）100美元下赌场，而把其余资金都锁在旅店的保险箱里一样，聪明的投资者只会把其很少一部分资金拨入"赌资"账户。对于我们大多数人来说，总资产的10%已经是我们甘愿冒投机的风险上限了。永远不要把你的投机账户与投资账户混为一体；永远不要在思想上把投机与投资混为一谈；无论如何，永远不要使投入"赌资"账户的资产超出10%。

不管怎样，赌博总是人类天性的一部分。因此，对大多数人来说，甚至对其稍加抑制都是一种徒劳之举。但是，你必须限制和约束它。为了确保自己永远不会把投机与投资相混淆，这种约束是惟一最好的办法。

第 2 章

投资者与通货膨胀

近年来,通货膨胀以及反通货膨胀的斗争已经成为公众非常熟悉的事情。美元购买力的缩水,特别是对其未来购买力还将进一步大幅下降的担心(也许,投机者正希望如此),已经对华尔街的思维模式产生了巨大的影响。显然,随着生活费用的上涨,以美元计息的固定收益将遭受损失,而且固定的本金也将面临同样的问题。但对于股票持有者来说,红利和股价的上涨,有可能会抵消美元购买力的下降。

根据这一不可否认的事实,许多金融权威已经得出了以下结论:(1)债券本质上是一种不可取的投资形式;(2)因此,就其性质而言,股票是一种比债券更可取的投资。我们看到,有人建议慈善机构的投资组合应全部由股票组成,而债券的比例应为零。*这种观点与以前的看法完全相反,那时,根据法律,信托投资只能用来购买债券(以及少量的优先股)。

我们的读者必须具有足够的智慧认识到,即使是优质股票,也不可能在任何条件下都优于债券。我们不能认为,无论股市已经涨到多高,股息收益比债券利率低多少,优质股票都是比债券更好的投资。相反的论断(任何债券都比

---

* 20 世纪 90 年代后期,这一建议(它适合于投资期限无限的基金会或慈善捐赠)也在个人投资者中间传播开来,后者的投资期是有限的。1994 年,沃顿商学院的金融学教授杰里米·西格尔出版了颇有影响的《长线投资》(*Stocks for the Long Run*)一书。他建议"能够承受风险"的投资者借钱购买股票,其借入量应超过其净资产的三分之一,即将其 135% 的资产投入股市。甚至有些政府官员也加入了这种鼓噪:1999 年 2 月,马里兰州颇受尊敬的财政部长里查德·狄克逊在一个投资报告会上对听众说:"无论是谁,都不应当再投资于任何一只债券基金。"

股票安全,就像我们前几年经常听到的那样),同样是错误的。本章,我们将采用不同的衡量标准来观察通货膨胀,以确定未来物价上升的预期会对投资者产生多大的影响。

就像对许多其他金融问题的探讨一样,关于这一问题,我们也必须根据对以往经验的了解,来确定我们对未来策略的看法。对于美国来说,通货膨胀(尤其是 1965 年以来发生的严重通货膨胀)是一种新事物吗?如果我们在现实生活中经历过类似(或更为严重)的通货膨胀,那么,在面对如今的通货膨胀时,以往的经历能够带给我们什么教训呢?我们首先从表 2-1 开始。该表简要地列出了许多历史数据,其中包括总体价格水平的变化,同期的利润和股市价值的变化。所列数据从 1915 年开始,因此一共包含了 55 年,并以 5 年期为时间间隔。

表 2-1 1915~1970 年的总体价格水平、股票利润和股票价格(时间间隔为 5 年)

年份	价格水平[a]		标准普尔 500 指数[b]		环比变化幅度			
	批发	消费	利润	价格	批发价格(%)	消费价格(%)	股票利润(%)	股票价格(%)
1915	38.0	35.4		8.31				
1920	84.5	69.8		7.98	+96.0	+96.8		−4.0
1925	56.6	61.1	1.24	11.15	−33.4	−12.4		+41.5
1930	47.3	58.2	0.97	21.63	−16.5	−4.7	−21.9	+88.0
1935	43.8	47.8	0.76	15.47	−7.4	−18.0	−21.6	−26.0
1940	43.0	48.8	1.05	11.02	−0.2	+2.1	+33.1	−28.8
1946[c]	66.1	68.0	1.06	17.08	+53.7	+40.0	+1.0	+55.0
1950	86.8	83.8	2.84	18.40	+31.5	+23.1	+168.0	+21.4
1955	97.2	93.3	3.62	40.49	+6.2	+11.4	+27.4	+121.0
1960	100.7	103.1	3.27	55.85	+9.2	+10.5	−9.7	+38.0
1965	102.5	109.9	5.19	88.17	+1.8	+6.6	+58.8	+57.0
1970	117.5	134.0	5.36	92.15	+14.6	+21.9	+3.3	+4.4

a. 年平均数。表中的价格以 1957 年为 100;如果选择新的基期,以 1967 年为 100,那么,1970 年的消费价格平均数为 116.3,批发价格指数为 110.4。

b. 1941~1943 年的平均数为 10。

c. 采用了 1946 年的数字,以剔除价格管制因素的影响。

（我们用 1946 年来代替 1945 年，以消除战时价格管制的影响。）

我们首先发现，在过去几十年间，我们经历过许多次通货膨胀，其中最严重的一次发生在 1915~1920 年间。那几年，生活费用几乎上涨了一倍。相对而言，1965~1970 年间只上涨了 15%。在这两个时期之间的几十年中，我们有过 3 次价格下降期，接着是 6 次不同程度的价格上涨，其中有几次上涨幅度相当微弱。这表明，今后通货膨胀仍将继续或再次发生，投资者显然应该对此有所预期。

我们能否知道将来的通货膨胀率有多高？表格中并没有给出明确的答案，它显示了多种可能的变化。然而，我们似乎可以从过去 20 年较为一致的记录中得到一些线索。在此期间，消费价格的平均年上涨率为 2.5%；其中 1965~1970 年间为 4.5%，1970 年这一年为 5.4%。政府的官方政策具有强烈的反通货膨胀倾向，而且我们有理由相信，未来美联储的政策会比近几年更有效。[*]我们认为，此时，投资者可以设想未来若干年通货膨胀率可能在（比如）3% 左右（这一点很难肯定），并据此进行思考和决策。（整个 1915~1970 年期间的年通货膨胀率为 2.5%。）[1]

这种上涨幅度意味着什么？由此导致的较高生活费用，将使中期免税优质债券（或高等级公司债的税后）利息的一半化为乌有。这确实是一个严重损失，但也不要过分夸大。它并不意味着，投资者财富的真正价值或其购买力在此期间会有所减少。如果考虑税后利息收益一半的支出，他仍然能够维持其原先的购买力，即使年通货膨胀率达到 3%。

但接下来人们自然会问："买入并持有高等级债券以外的证券，是否肯定会获得更好的收益，即使前者在 1970~1971 年的利率达到了前所未有的高度？"比方说，全部投资股票不比部分股票、部分债券的投资组合更好吗？股票不是具有某种内在的防护机制，可以抵御通货膨胀吗？而且从长期角度来看，其收益不是几乎肯定会比债券更高吗？从我们所观察的 55 年来看，股票给投资者带来的收益难道不是远远高于债券吗？

---

[*] 这是格雷厄姆的少数误判之一。就在尼克松总统对工资和物价实施管制两年后的 1973 年，通货膨胀水平达到了 8.7%，这是第二次世界大战以后的最高点。1973~1982 年是美国现代史上通货膨胀率最高的 10 年，其间生活费用增加了一倍以上。

这些问题的答案有些复杂。从过去几十年来看，普通股的表现确实优于债券。道琼斯指数从1915年的平均77点，上涨到了1970年的平均753点，其年复合增长率达4%，此外还获得了大约4%的股息收益（标准普尔指数的情况与此类似）。以上两者相加共8%的收益，当然远远优于这55年的债券收益。但这一数字并没有超过目前高等级债券所提供的收益。由此会顺理成章地引出以下问题：我们是否具有充分的理由相信，未来年份普通股的表现要大大超过过去的55年？

我们对这一关键问题的回答是否定的。普通股的表现也许会比以前更好，但这种结果是高度不确定的。在此，我们必须考虑两个与投资结果有关的时间因素。首先，从长期角度（比如今后25年）来看，未来会发生什么情况；其次，从短期或中期（比如5年或更短的时间）来看，投资者的财务和心理状况会发生什么变化。他的想法，他的希望和担心，他对以前结果的满意与否，尤其是他的下一步打算，所有这一切都不是通过思考以往的投资来决定的，而是通过年复一年的经历来决定的。

关于这一点，我们的态度是明确的。从时间上看，通货膨胀（或通货紧缩）状况与普通股的利润和价格之间并不存在密切联系。最近的1966~1970年就是一个明显的例子。在此期间，生活费用上涨幅度达22%，是自1946~1950年以来最大的一个5年期涨幅。但是从整体上来说，自1965年以来，无论股票的利润还是价格均有所下降。在此前的几个5年中，也有类似相反的变化。

通货膨胀与公司利润

关于这一话题的另一个极为重要的研究角度，是观察美国公司的资本利润率。当然，这种利润率会随着经济水平的总体变化而波动，但它并没有随着批发价格或生活费用的上涨而呈现出一般趋势。实际上，过去20年内，尽管存在通货膨胀，但是公司的利润率却有明显的下降。（在某种程度上，这种下降应归因于较高的折旧率。参见表2-2）。更广泛的研究表明，投资者不能期望其收益比近5年道琼斯成分股的收益——大约为这些股票有形资产（账面值）的10%——高出多少。[2] 由于这些股票的市值远远高于其账面值（比如，1971年中

表 2-2 公司债务、利润和资本利润率（1950~1969 年）

年份	公司净债务（10 亿美元）	公司利润（百万美元）		资本利润率	
		税前	税后	"标普"数据[a]（%）	其他数据[b]（%）
1950	140.2	42.6	17.8	18.3	15.0
1955	212.1	48.6	27.0	18.3	12.9
1960	302.8	49.7	26.7	10.4	9.1
1965	453.3	77.8	46.5	10.8	11.8
1969	692.9	91.2	48.5	11.8	11.3

a. 标准普尔工业指数的利润，除以同年平均账面值。
b. 1950 年和 1955 年的数据，来自于 Cottle and Whitman；1960~1969 年的数据，来自于《财富》杂志。

期，市值为 900，而账面值为 560），因此，按当期市价计算出的利润率仅有大约 6.25%。（通常，人们会用相反的形式"利润乘数"（市盈率）来表达这种关系，即道琼斯 900 点的价格，为截止于 1971 年 1 月的年利润的 18 倍。）

我们的这些数字与上一章提出的建议[*]是完全一致的，即投资者可以期望得到相当于股票市值 3.5% 的股息收益，另外再加上来自于利润再投资的 4% 的股票增值收益。（请注意，这里假定，股票账面价值每增加 1 美元，其市价将增加约 1.6 美元。）

读者也许会反驳说，我们的最终计算结果并没有将预计每年 3% 的通货膨胀率所导致的股票收益和价值增加考虑进来。我们这样做的理由是：根据历史数据，通货膨胀率的高低对公司每股收益并没有任何直接影响。确凿的数据表明，过去 20 年道琼斯成分股所有大幅增长的利润，都来自于利润再投资所形成的投资资本的大幅增长。如果通货膨胀是一个独立的有利因素，它将促进公司此前资本"价值"的上升，继而提升这种已有的资本利润率，并因此使已有资本与新形成资本的利润率都增加。但在过去 20 年，这种情况从来没有发生过，尽管在此期间批发价格指数上升了 40%。（批发价格对公司利润的影响要大于"消费价格"。）通货膨胀能够促进股票价值增加的惟一途径，就是提升企业资本投资的

---

* 参见本书第 1 章相关内容。

利润率。但是，根据历史纪录，这种情况并没有出现过。

按照以往经济周期的情况来看，企业的好年景与通货膨胀是同时出现的，而坏年景则与价格的下跌如影随形。人们通常认为，"适度的通货膨胀"对企业利润是有益的。这种看法与1950~1970年的历史相一致，在此期间，从整体上来看，持续的繁荣与物价的上涨是相辅相成的。但数据显示，通货膨胀对股本（权益资本）盈利能力的影响并不大；事实上，它甚至不能维持投资原先的利润率。显然，这里一定有某些重要因素妨碍了美国公司整体实际利润率的增长。或许，最重要的因素是：（1）工资的增长超过了生产率的增长；（2）对巨额新增资本的需要压低了销售额与投入资本的比例。

表2-2的数据所显示的情况，与通货膨胀有利于企业及其股东的说法相去甚远，其实际效应恰恰相反。该表最突出的数据，是1950~1969年间公司债务的增长。奇怪的是，经济学家和华尔街对此很少关注。公司的债务在此期间增长了近4倍，而其税前利润仅增加了一倍多一点。由于利率的大幅增加，现在，公司的总体债务水平显然成了较为重要的负面经济因素，而对许多具体的公司来说，则是一个真正的麻烦。（请注意，公司1950年的息后税前利润大约为其债务额的30%，而1969年仅为13.2%。1970年的情况一定会更不令人满意。）从总体上看，11%的公司资本利润率中，有很大一部分来自其巨额的新增债务（这些债务的成本为4%，考虑税收优惠后要更低一些）。尽管存在通货膨胀，但如果我们的公司债务仍保持在1950年的水平，则其股权资本的利润还会进一步下降。

股票市场认为，公用事业公司是通货膨胀的最大牺牲者。一方面，其债务成本大幅上升；另一方面，由于价格管制的存在，其服务价格很难提高。但这里应该说明的是，电力、天然气和电信服务的单位成本的增长，要远低于同期价格指数的增长，从而使这些公司在未来处于很强的战略地位。[3]根据法律，它们有权收取足以使其资本投资获得适当回报的费用，这会令其股东像过去一样，免受通货膨胀之害。

所有这些分析，把我们带回到以前曾得出过的结论：投资者没有理由期望，按照1971年下半年的股价水平购买道琼斯成分股，能够获得高于8%的总体平均回报。但是，即使事实证明这些期望被大大低估了，这种低估现象也不会发生在完全进行股票投资的人的身上。如果未来有一种事情是确信无疑的，那就是：股票组合的利润和年均市场价值，将不会统一地按照4%这个速度（或统一的按照其他任何的速度）增长。用摩根这位老前辈的名言来说就是："它们会起伏不定"。*首先，这意味着，以今天或明天的股价买进股票的人，在此后多年都可能无法获得满意的回报。自1929~1932年股市崩盘以来，通用电气的股票（以及道琼斯工业指数）费时25年才收复失地。其次，这意味着，如果投资者将其资金全部集中于股票，他很可能被股市亢奋的上涨或惨痛的下跌所左右而误入歧途。特别是当他认为通货膨胀会进一步深化时，这种情况出现的可能性更大。因为此时，如果新一轮牛市降临，他不会把大幅上涨看成是终将下跌的危险信号以及赚取丰厚利润的机会；而反过来认为，这是对通货膨胀假说的证明，并且因此而不断地购买普通股，既不管市场水平有多高，也不管股息回报有多低。这种做法必将带来懊悔。

股票以外的防通货膨胀方法

购买并持有黄金，是世界各地通货膨胀保值的标准策略。自1935年以后，这种做法是违背美国法律的，这对美国公民来说未尝不是一件好事。在过去35年，公开市场上的黄金价格，从35美元一盎司，涨到1972年的48美元一盎司，升幅仅为35%。但在此期间，黄金的持有者没有获得任何资本收益，反而要每年为此付出一定的维护费用。显然，如果他们把钱存入银行，其收益也会好得多，尽管在此期间总体价格水平有所上升。

黄金在防止美元购买力贬值方面几近完全失败，这必定会使普通投资者对以"实物"来预防通货膨胀的能力产生严重怀疑。⁺多年以来，许多贵重物品市

---

* 约翰·皮尔庞特·摩根（John Pierpont Morgan）是19世纪末和20世纪初最有权势的金融家。由于其影响巨大，他经常被问到股票市场以后将如何运行的问题。摩根想出了一句非常简短且永远正确的答案："它会起伏不定（It will fluctuate.）"。参见：Jean Strouse, *Morgan: American Financier* (Random House, 1999), p. 11.

⁺ 投资哲学家彼得·伯恩斯坦（Peter L. Bernstein）认为，格雷厄姆关于贵重金属，特别是黄金的看法，堪称"大错特错"。事实证明，黄金的上涨速度要大大超出通货膨胀（至少在本章完成之后的数年间是如此）。金融顾问威廉·伯恩斯坦（William Bernstein）同意这一看法。他指出，如果黄金

价出现了大幅上涨，如钻石、名家的画作、头版书、罕见的邮票和钱币等。但在许多乃至大多数情况下，其报价往往是人为的、不可靠甚至不真实。花67 500美元买一枚标注日期是1804年（但并不是该年铸造）的硬币，这种做法很难被想象为一种"投资行为"。[4]我们承认，自己并不是这一领域的专家；我们的绝大多数读者也会发现，这并不是一个安全且可轻松掌握的行当。

多年以来，直接拥有房地产也一直被认为是一种长期投资，且具有通货膨胀保值的作用。不幸的是，房地产的价格同样相当不稳定；买家在地理位置、支付价格等方面可能会犯下严重的错误；销售商的误导也可能使人失足；最后，对于资金不是太多的投资者来说，房地产投资很难实现分散化，除非你与他人进行各种合伙投资——这会涉及新的筹款所带来的一些特殊麻烦（与股票所有权并无太大的差别）。这也不是我们擅长的领域，我们只能对投资者提出以下忠告："在介入之前，首先要确定自己是熟悉这一领域的。"

结　论

自然而然地，我们又回到前一章所推荐的策略。正是由于未来是不确定的，投资者才不能把其全部资金都放入一个篮子里：既不能完全放入债券篮子里——尽管最近利息达到了前所未有的高度；也不能完全放入股票篮子里，尽管通货膨胀有望继续下去。

投资者越是依赖自己的证券组合及其所产生的收益，就越要预防出人意料的结果及其给自己的生活造成的不安定。显然，防御型投资者必须力图使自己的风险最小化。我们强烈认为，买进年收率近7.5%的一家（比如）电话公司的债券，其风险要远小于在道琼斯指数900点时买进其成分股（或任何类似的股

表现欠佳，将少量资金（比如总资产的2%）投资于贵重金属基金，并不会对整体回报造成多大的影响；但如果黄金表现优异，其收益往往会十分出色（甚至会超过100%的年涨幅），因此，单凭一己之力，就足以使一个本来黯淡无光的投资组合变得熠熠生辉。但聪明的投资者不会直接投资贵重金属，以规避其高昂的存储和保险费用。相反，他们会寻求一家投资分散化的共同基金，该基金专门购买生产贵重金属的公司的股票，而且其年费在1%以下。把这方面的投资限制在自己金融资产总额的2%以内（如果你已经超过65岁，也许可以提升到5%）。

票组合）。但大规模通货膨胀的可能性依然存在，投资者必须对此有所防范。一种股票并不能够恰当地确保对此类通货膨胀风险的防范，但是它带来的保护程度要大于一种债券。

以下是我们在本书 1965 年的版本中，关于这一话题的阐述；今天，我们要说的与此完全相同：

> 读者应该清楚地看到，在现在的市场水平下（道琼斯指数 892 点），我们对普通股是缺乏热情的。但是，出于已经给出的理由，我们感觉到，防御型投资者不得不在其投资组合中配置相当一部分股票，尽管我们把这种做法看成是两害相权取其轻，即完全持有债券的风险更大。

第 2 章点评

> 美国人变得更强壮了。20 年前，两个人才拿得动 10 美元买的食品杂货；如今，一个五岁儿童就可以搞定。
>
> ——亨尼·扬曼

通货膨胀？谁还理会这个？

毕竟，从 1997 到 2002 年，商品和服务价格的年上涨率只有 2.2%；而且，经济学家认为，实际通货膨胀率也许还要低一些。[1]（例如，不妨回想一下，这些年电脑和家用电器价格的跳水，以及许多产品品质的提高，意味着消费者的支出换回了更高的价值。）近几年来，美国的实际年通货膨胀率也许只有 1% 左右，涨幅如此之小，因此许多权威人士甚至开始宣称，"通货膨胀已经死亡了"。[2]

货币幻觉

投资者之所以忽视通货膨胀的重要性，还有另一个原因，即心理学家所说

---

[1] 美国劳工部统计局负责消费物价指数的计算——通货膨胀程度以该指数来衡量。该机构拥有一个很有用的综合性网站：www.bls.gov/cpi/home.htm。

[2] 关于"通货膨胀已经死亡了"这一观点的生动探讨，请参见：www.pbs.org/newshoure/bb/economy/july-dec97/inflation_12-16.html。1996 年，Boskin 委员会（由一群经济学家组成，政府要求他们调查官方的通货膨胀统计数据是否准确）认为，通货膨胀率被高估了，每年被高估近 2%。关于该委员会的报告，参见 www.ssa.gov/history/reports/boskinrpt.html。许多投资专家现在认为，通货紧缩（或价格走低）的威胁比通货膨胀更大；对冲此种风险的最佳方法是，在证券组合中始终包含一部分的债券。（参见第 4 章点评。）

的"货币错觉"。如果你的年收入增加了2%，而同年通货膨胀率为4%，你肯定会觉得，这比收入减少2%而通货膨胀率为零的情形要好。实际上，这两种变化导致的结果是一样的，扣除通货膨胀因素，你的生活水平下降了2%。只要名义（或绝对数）的变化为正数，我们就会觉得是一件好事，即使实际（或扣除通货膨胀因素后）的结果是负数。较之一般物价水平的变化，你对自己薪资收入变化的感觉要更加明显和具体一些。[3] 同样，投资者在1980年拿到利率达11%的银行定期存单（CD）时，会感到由衷的喜悦；而在2003年看到利率仅为2%左右时，则会心生沮丧，尽管扣除通货膨胀因素后，前者的实际利率是负数，而后者的利率则与通货膨胀相当。我们所获得的名义利率，是银行在各种场合公布出来的利率，这一利率较高时，会令我们感觉良好。但通货膨胀会悄悄蚕食我们的高额利息；通货膨胀没有大张旗鼓地显示出来，但却拿走了我们的财富。这就是人们为何会轻易忽视通货膨胀的缘由。因此，衡量你是否投资成功的尺度，并不是你挣了多少，而是在扣除通货膨胀的影响后，你还剩下多少。

更要紧的是，聪明的投资者必须始终提防那些意外的和估计不足的事情。以下三个理由足以令我们相信，通货膨胀并没有死亡：

- 就在不久之前的1973~1982年间，美国经历了有史以来最严重的通货膨胀。以消费价格指数来衡量，该时期物价水平上涨了一倍，年均上涨近9%。仅1979年的通货膨胀率就高达13.3%，从而使美国经济陷入了所谓"滞胀"，而且，许多权威评论家开始质疑，美国是否还拥有全球市场竞争力。[4] 1973年年初，价值100美元的产品或服务，到1982年年末变成了230美元，就是说，一美元的购买力变成了不到45美分。凡是经历过这段时期的人，无不对自己的财产损失感到痛心；所有谨慎之士，都不能不提防此种情况的再次发生。
- 自1960年以来，69%的市场经济国家都至少经历过一年通货膨胀率高达

---

[3] 对这种行为陷阱更透彻的分析，请参见：Eldar Shafir, Peter Diamond, and Amos Tversky, "Money Illusion," in Daniel Kahneman and Amos Tversky, eds., *Choices, Values, and Frames* (Cambridge University Press, 2000), pp. 335-355。

[4] 在那一年，卡特总统发表了著名的"悲观"演说。他指出，"信心危机"正在侵蚀"我们国家意志的核心部分"，并且会形成"对美国社会和政治肌体的毁灭性威胁"。

25%及以上的时光。从总体上来看，这些通货膨胀使投资者的购买力损失了53%。[5] 我们当然希望美国不会经历此种灾难；但如果认为此种灾难已一去不复返，那可就大错特错了。[6]

- 价格的上涨，可以让山姆大叔（意指美国政府——译者注）以贬值的美元来偿付其债务。彻底根除通货膨胀，与任何经常举债的政府的经济自利倾向是背道而驰的。[7]

部分保值

那么，聪明的投资者应该怎样做，才能抵御通货膨胀呢？通常的回答是："购买股票"；但是，经常如同普通的答案一样，这种说法并不完全正确。

图2-1显示了1926~2002年间，各年的通货膨胀与股票价格之间的关系。

从图的左边可以看到，在消费品和服务价格下跌的各年，股票收益相当糟糕——股票总市值的下降幅度，最多可达43%。[8] 如果通货膨胀率超过6%，股票走势亦欠佳，如图右边部分所示。通货膨胀率超过6%的情况出现过14年，其中8年股票市场的收益是负数；这14年的平均收益仅为2.6%。

虽然温和的通货膨胀可以使公司把原材料的新增成本转移给消费者，但恶性通货膨胀则会造成灾难。它迫使消费者节衣缩食，并使经济各个环节的活动

---

5 参见：Stanley Fischer, Ratna Sahay, and Carlos A. Vegh, "Modern Hyper and High Inflations," National Bureau of Economic Research, Working Paper 8930, at www.nber.org/papers/w8930。

6 实际上，美国曾经历过两次恶性通货膨胀。在美国大革命时期的1777~1779年，物价每年上涨大约3倍，在大革命发生地马萨诸塞州，1磅黄油的价格达12美元，1桶面粉的价格将近1 600美元。在美国内战期间，通货膨胀率分别为29%（北方）和近200%（邦联）。1946年，美国的通货膨胀率曾达到了18.1%。

7 关于这一颇为愤世嫉俗然而不失准确的见解，我要感谢福特基金会的劳伦斯·西格尔。相反，在通货紧缩（价格稳步走低）的时代，借出资金比借入更有利；这就是很多投资者至少应该将一小部分资产投入债券的原因——作为防范物价下降的一种手段。

8 当通货膨胀为负数时，其准确的称呼为"通货紧缩"。乍一看，这似乎是一件好事，但日本的例子却告诉你，实则不然。日本在1989年步入物价紧缩的时代，房地产和股票的价值年年走低，对于这个世界第二大经济体来说，这实在是一种无情的折磨。

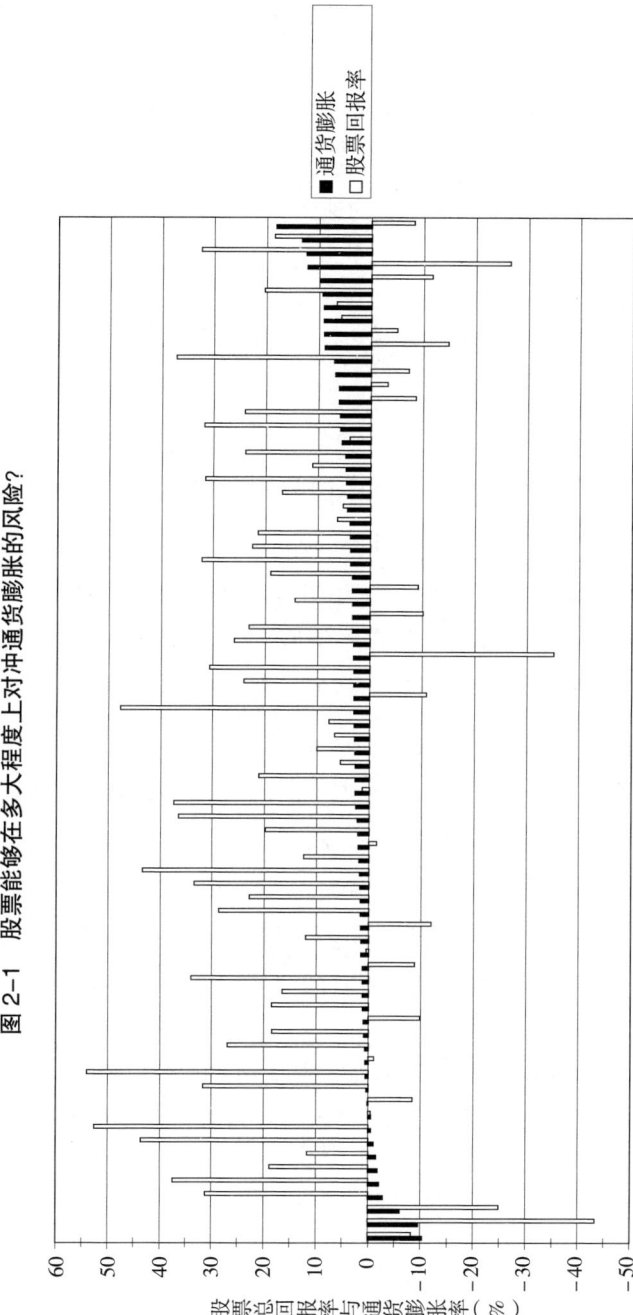

图 2-1 股票能够在多大程度上对冲通货膨胀的风险？

本图显示了 1926~2002 年间历年的通货膨胀率和股票回报率，它不是按日历顺序，而是按通货膨胀率从低到高的顺序逐年排列的。当通货膨胀率为负数时（见图最左端），股票的表现很差；当通货膨胀较为温和时（大部分时段均如此），股票通常表现良好；但是当通货膨胀率达到非常高的水平时，股票的走势则起伏较大，经常会出现 10% 以上的亏损。

资料来源：Ibbotson Associates

受到抑制。

历史给出的结果是明白无误的：自准确的股票市场数据在1926年出现以来，我们一共获得了64个五年期的数据（1926~1930年，1927~1931年，1928~1932年，等等，直到1998~2002年），其中有50个五年期（占总数的78%）的股票收益，超过了同期通货膨胀率。[9] 这确实不错，但并不完美，因为在这一时期大约五分之一的时段，股票的收益没有赶上通货膨胀的速度。

两种补救方式

幸运的是，你可以在股票之外寻找防御通货膨胀的工具。在格雷厄姆最后一次修订本书之后，出现了两种为投资者普遍采用的通货膨胀保值工具：

REITs。这是"不动产投资信托"（Real Estate Investment Trusts）的缩写（其读音等同于"reets"），指那些拥有商业和住宅房产，并收取租金的公司。[10] 通过与房地产共同基金结合，REITs在通货膨胀保值方面干得相当不错。其中最佳的选择是先锋REIT指数基金，其他低成本的选择还有Cohen & Steers Realty Shares、哥伦比亚房地产产权基金和富达不动产投资基金等。[11] 虽然REITs基金并不是一种十全十美的通货膨胀保值工具，但从长远来看，它多少能保护你免受购买力下降之苦，同时又不影响你的总体收益。

TIPS。这是"通货膨胀保值国债"（Treasury Inflation-Protected Securities）的缩写，它是美国政府于1997年首次发行的一种债券，其利率会随着通货膨胀率的上升而自动增加。由于有国家担保，所有的国债都不存在逾期不还（或不

---

9 参见：Ibbotson Associates, *Stocks, Bonds, Bills, and Inflation, 2003 Handbook* (Ibbotson Associates, Chicago, 2003), Table 2-8. 同样的模式在美国以外的国家表现得也很明显。在20世纪，比利时、意大利和德国的通货膨胀率也很高，"通货膨胀无论对股票还是债券，均会产生负面影响。"参见：Elroy Dimson, Paul Marsh, and Mike Staunton in *Triumph of the Optimists: 101 Years of Global Investment Returns* (Princeton University Press, 2002), p. 53。

10 关于REITs的详细资料（有的资料是过时的），请参见：www.nareit.com。

11 更多的信息，请参见：www.vanguard.com、www.cohenandsteers.com、www.columbiafunds.com和 www.fidelity.com。如果拥有住房，你就已经拥有了不动产方面的所有权，这会降低你投资REIT基金的必要性。

能支付利息）的风险。但 TIPS 还能保证你的投资价值不会受到通货膨胀的侵蚀。通过这样一种简便易行的方式，你就可以确保自己不会遭受购买力下降带来的财务损失了。[12]

但这里也有一个问题。在你的 TIPS 价值随着通货膨胀率的升高而增加后，美国国税局会把这种增值看成是应税所得，尽管这种收益完全是账面上的（除非你在其新近达到的较高价格上将其卖出）。美国国税局为什么要这样做？对此，聪明的投资者最好记住金融分析师马克·施韦伯（Mark Schweber）的告诫："永远不要问官僚机构'为什么？'"由于这种恼人的税收问题，TIPS 最适合那些税收递延的退休账户，如 IRA、基奥账户（Keogh）和 401（k）账户等，这些账户不会抬高你的应税收入。

你可以在政府网站直接购买 TIPS，也可通过某些低成本的互助基金，如先锋通货膨胀保值证券基金或富达通货膨胀保值债券基金来购买。[13] 无论是直接购买还是通过基金购买，TIPS 都是你必须持有的退休基金的理想替代品。不要把它卖掉：从短期来看，TIPS 容易波动，因此，最好是终生持有。对于大多数投资者来说，至少把 10% 的退休资产配置于 TIPS，不失为一种明智之举，它可以让你的部分资金处于绝对安全状态，从而完全脱离长期通货膨胀的无形魔掌。

---

12 关于 TIPS 较好的入门读物，请参见下列网站：www.publicdebt.treas.gov/ of/ofinflin.htm。关于更深入的探讨，请参见下列网站：www.federalreserve.gov/Pubs/feds/2002/200232/200232pap.pdf、www.tiaa-crefinstitute.org/Publications/resdiags/73_09-2002.htm 和 www.bwater.com/research_ibonds.htm。

13 关于这些基金的详情，请参见：www.vanguard.com 或 www.fidelity.com。

第 3 章

一个世纪的股市历史：
1972 年年初的股价水平

投资者持有的普通股组合只是股市这一庞大机体的一个小小断面。为谨慎起见，投资者应当具备一些股票市场的历史知识，特别是有关其价格的重大波动，以及股价整体水平与股票利润和股息的各种关系的知识。在此基础上，他就能够对不同时期股价水平的吸引力和危险性得出某种有价值的判断。恰巧，关于股票价格、利润和股息较为完备的统计数据起始于 100 年前的 1871 年。（前 50 年的资料不如后 50 年完整可靠，但也可以利用。）在本章，我们将以高度简化的形式给出这些数据，目的有两个：第一，说明过去一个世纪股票所经历的一系列周期及其反复上升的基本格局；第二，连续以 10 年期平均数来显示市场的状况，其中既包括股价，也包括利润和股息，以得出这三个重要因素之间各种不同的关系。有了如此丰富的背景资料，我们就可以对 1972 年年初的股价水平做出适当的分析了。

以下两张表格和一幅曲线图，概括了股票市场近一个世纪的历史。表 3-1 给出了过去 100 年内，19 次熊市和牛市周期中的最低点位和最高点位。这里我们采用了两种指数。一是来自考勒斯（Cowles）委员会的早期研究（始于 1870 年），它是著名的标准普尔 500 指数的前身，并与后者构成一个连续的整体。二是名气更大的道琼斯工业平均指数（简称 DJIA 或"道氏指数"），它诞生于 1897 年，由 30 只成分股组成，其中 29 只为大型工业公司，另一只为美国电话电报公司。[1]

表 3-1　1871~1971 年间的主要市场波动

年份	考勒斯—标准普尔 500 指数			道琼斯工业平均指数		
	最高	最低	降幅（%）	最高	最低	降幅（%）
1871		4.64				
1881	6.58					
1885		4.24	28			
1887	5.90					
1893		4.08	31			
1897					38.85	
1899				77.6		
1900					53.5	31
1901	8.50			78.3		
1903		6.26	26		43.2	45
1906	10.03			103		
1907		6.25	38		53	48
1909	10.03			100.5		
1914		7.35	29		53.2	47
1916~1918	10.21			110.2		
1917		6.80	33		73.4	33
1919	9.51			119.6		
1921		6.45	32		63.9	47
1929	31.92			381		
1932		4.40	86		41.2	89
1937	18.68			197.4		
1938		8.50	55		99	50
1939	13.23			158		
1942		7.47	44		92.9	41
1946	19.25			212.5		
1949		13.55	30		161.2	24
1952	26.6			292		
1952~1953		22.7	15		256	13
1956	49.7			521		
1957		39.0	24		420	20
1961	76.7			735		
1962		54.8	29		536	27
1966~1968	108.4			995		
1970		69.3	36		631	37
1972 年年初	100		—	900		—

表3-1由标准普尔公司提供，显示了其工业指数（由425只工业股组成）1900~1970年的波动情况。（道琼斯工业指数的走势与此基本相同。）读者会注意到，这70年包括了三个不同的阶段，每一个阶段分别占了大约三分之一的时间。1900~1924年是第一个阶段，它大多是由一系列走势十分相似的3~5年市场周期组成的。这一阶段的年均上涨幅度只有大约3%。然后进入到了牛市的"新纪元"：它在1929年达到顶点，接着是大崩溃的可怕梦魇，随后以十分不规则的波动一直持续到1949年。从1924年到1949年，股票指数年均上涨率仅为1.5%，因此在这一阶段结束时，公众对股票已经毫无兴趣。由于物极必反，有史以来最大牛市出现的时机已告成熟，这可以从该图最后的第三个时期看到。这一波牛市可能已经随着1968年12月标准普尔425工业指数达到118点（标准普尔500指数的108点）而达到了顶峰。如表3-1所示，在1949~1968年间，市场走势曾出现相当大的后挫（特别是在1956~1957年和1961~1962年），但此后的上涨更加迅猛，因此（按照长久以来的说法）我们可将其视为同一牛市周期中的回调，而不是一个单独的周期。从1949年中期的163点，到1966年年初的995点，道琼斯工业指数在17年上涨了5倍，年平均复合增长率达11%，此外每年还有3.5%左右的股息。（标准普尔500指数的上涨幅度比道琼斯工业指数更大，实际上，从14点涨到了96点。）

1963年出现了高达14%以上的收益记录，后来这些收益又出现在一项广受关注的研究中。[*2]这自然使华尔街对这一优异的成就感到满意，同时也期待这种高水平的收益在未来仍将延续，这是一个十分不符合逻辑的危险结论。很少有人想到，这种大幅上涨已经显得过头了。随后（按1968年的最高点和1970年的最低点计算），标准普尔指数出现了高达36%的下跌（道琼斯指数下跌了37%）。最大的一次下跌发生在1939~1942年，跌幅达44%，它反映的是对珍珠港事件之后的风险和不确定性的担忧。然而，华尔街充满了戏剧性：这两个指数又从1970年5月的最低点开始急速回升，而且标准普尔工业指数还在1972年年初创出了历史新高。在1949~1970年期间，以头尾这两个年份的平均点位

---

* 关于该研究的最终成果，请参见：Lawrence Fisher and James H. Lorie, "Rates of Return on Investments in Common Stock: the Year-by-Year Record, 1926-65," *The Journal of Business*, vol. XLI, no. 3 (July, 1968), pp. 291-316. 另有一篇文章总结了这项研究的广泛影响，请参见：http://library.dfaus.com/reprints/work_of_art/。

第 3 章 一个世纪的股市历史：1972年年初的股价水平

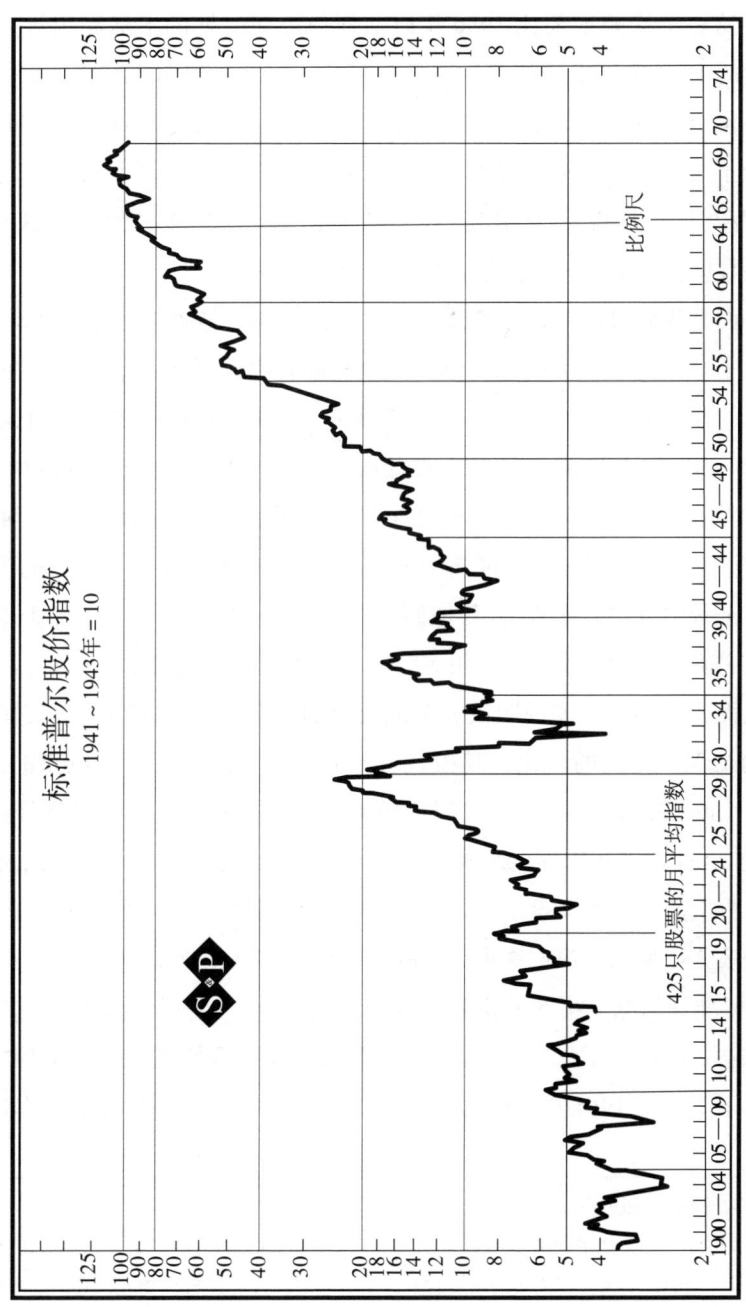

图1

计算，标准普尔500指数（或标准普尔工业指数）的年均增长率大约为9%。显然，这一上涨幅度要比1950年以前任何类似时期的上涨高出许多。（但是，在最后的10年中，上涨幅度则要低得多——标准普尔500综合指数的年均增长为5.25%，道琼斯指数的年均增长仅为3%——这种情况人们只看见过一次。）

为了对过去100年的股票经济得出全面的认识，除了股价走势之外，还必须了解相应的利润和股息情况。表3-2给出了一个概貌。我们希望读者仔细研究这些数据，其中有些数据很有意思，而且颇有启发性。

下面是我们对这些数据的分析：所有10年期的数据使各年的波动趋于平滑，并构成了一幅持续上涨的总体画面。就利润和股价平均水平而言，在第一个10年以后的九个10年中，只有两个是下降的（1891~1900年和1931~1940年），而且1900年以后，各10年的平均股息从未出现过下降，但这三种数据的增长速率却相差很大。一般说来，它们在第二次世界大战以后的表现，要强于此前的各个10年，但是，20世纪60年代的增长率要低于50年代。今天的投资者无法从这些记录中看出，未来10年他们可以期望从股息和股价的上涨中得到多少收益，但它确实在股票投资的一贯策略方面提供了足够的启示。

然而，我们在此要说明该表未能揭示的一个问题。1970年，美国公司的整体利润出现了明显的恶化，其投资资本利润率下降到了二战以来的最低水平。同样令人吃惊的是，该年有相当多的公司出现了亏损，其中许多公司陷入了"财务困境"，进入破产程序的公司也创下了近30年之最。这些事实以及其他许多情况，再次证明了前面得出的结论[*]：大繁荣的时代在1969~1970年已告结束。

如表3-2所示，第二次世界大战以来市盈率的变化尤为引人注目。[+]1949年6月，标准普尔综合指数的市盈率仅为最近12个月公司利润的6.3倍；1961年3月，这一比率达到了22.9倍。同样，标准普尔指数的股息率，从1949年的7%以上，下降到了1961年的仅为3.0%。与此同时，高等级债券的利率则从2.60%

---

[*] 参见本书第2章相关内容。

[+] 一只股票或一种市场平均数（比如标准普尔500指数）的"市盈率"，是衡量股市状况的一种简单工具。例如，某家公司去年的每股收益为1美元，其股价为8.93美元，其市盈率即为8.93倍。但如果该股票的售价为69.7美元，其市盈率即为69.7倍。一般说来，市盈率（P/E）不到10倍为较低，10~20倍为适中，大于20倍则被认为是过高的。（关于市盈率的进一步介绍，请参见本书第7章相关内容。）

表 3-2　1871~1970 年的股票市场概况 [a]

时期	平均价格	平均利润	平均市盈率	平均股息	平均收益率（%）	平均股息支付率（%）	年增长率[b] 利润（%）	股息（%）
1871~1880	3.58	0.32	11.3	0.21	6.0	67	—	—
1881~1890	5.00	0.32	15.6	0.24	4.7	75	-0.64	-0.66
1891~1900	4.65	0.30	15.5	0.19	4.0	64	-1.04	-2.23
1901~1910	8.32	0.63	13.1	0.35	4.2	58	+6.91	+5.33
1911~1920	8.62	0.86	10.0	0.50	5.8	58	+3.85	+3.94
1921~1930	13.89	1.05	13.3	0.71	5.1	68	+2.84	+2.29
1931~1940	11.55	0.68	17.0	0.78	5.1	85	-2.15	-0.23
1941~1950	13.90	1.46	9.5	0.87	6.3	60	+10.60	+3.25
1951~1960	39.20	3.00	13.1	1.63	4.2	54	+6.74	+5.90
1961~1970	82.50	4.83	17.1	2.68	3.2	55	+5.80[c]	+5.40[c]
1954~1956	38.19	2.56	15.1	1.64	4.3	65	+2.40[d]	+7.80[d]
1961~1963	66.10	3.66	18.1	2.14	3.2	58	+5.15[d]	+4.42[d]
1968~1970	93.25	5.60	16.7	3.13	3.3	56	+6.30[d]	+5.60[d]

a. 以下数据大多来自 N. Molodovsky 的文章："股票价格与股票价值",《金融分析师杂志》,1960 年 5 月。该文章中的数据,则来自考勒斯委员会的《普通股指数》(1926 年以前),以及与之相衔接的标准普尔 500 综合指数(1926~1970 年)。
b. 年增长率来自 Molodovsky 的计算,它涵盖了 21 个连续的 10 年期(分别截止于 1890 年和 1900 年等年份)。
c. 1968~1970 年的增长率与 1958~1960 年的增长率的比较。
d. 这些增长率分别是：1954~1956 年与 1947~1949 年的比较,1961~1963 年与 1954~1956 年的比较,1968~1970 年与 1958~1960 年的比较。

上升到了 4.50%。这无疑是有史以来股票市场公众态度最引人注目的转变。

对于具有长期经验且天性谨慎的人来说,股票市场从一个极端蹦到另一个极端的走势,正是未来可能出现大麻烦的不祥之兆。他们会满怀忧虑地想起 1926~1929 年的熊市及其悲剧性的后续走势,但这种担忧并没有变成现实。实际上,1970 年道琼斯指数的收盘价与其 6 年半之前的水平相当,而曾经饱受吹捧的"呼啸的 60 年代",则不过是系列的小幅上涨继而下跌的现象而已。但无论企业还是股价,均未出现与1929~1932年的大熊市相提并论的情况。

1972年年初的股价水平

借助长达一个世纪的股票、股价、利润和股息情况的概览,让我们对1972年1月道琼斯指数900点和标准普尔综合指数100点的股市做出几点分析。

在本书以前的诸版本中,我们都对当时的股市价格水平进行了讨论,试图说明它对保守型投资者买入股票来说是否过高。读者也许会发现,重温这些以前的结论是有益的。这并不是一种自找麻烦的做法,它将提供一种联结机制,把过去20年股票市场的不同阶段结合为一个整体,同时也以活生生的事实告诉人们:试图对当前股市水平做出完整和敏锐的判断是很困难的。首先,让我们重温1965年的版本中给出的关于1948、1953和1959年股市分析的结论:

> 1948年,道琼斯指数为180点,根据保守的观点,我们认为不难得出以下结论:"从其内在价值来看,当时的股价并不算高。"当我们在1953年再度讨论这一问题时,道指已升至275点,五年间上涨了50%。我们对自己提出了同样的问题,即"对于稳健的投资来说,道琼斯工业指数275点是否过高?"从事后出现的大幅上涨来看,下列说法似乎有些奇怪:关于1953年股价水平的吸引力,我们的确无法给出确切的答案。我们确实曾肯定地指出:"从我们首要的投资准则——价值含量——的观点来看,1953年的股价水平是可取的。"但我们也担心,到1953年为止,市场上涨的持续时间已超过了历史上的大多数牛市,而且其绝对点位已创出历史新高。参照我们推崇的价值判断,这些事实促使我们提醒投资者,要谨慎行事并采取混合型策略。事实证明,这并不是一个十分出色的建议。一个优秀的预言家本应当预见到,市场将在未来五年上涨100%。也许我们应该以如下说辞来进行自我辩解:在从事股市预测的人当中,几乎没有什么人对未来的看法比我们更具逻辑性。
>
> 1959年年初,我们看到道琼斯指数已处于有史以来的最高点——584点。我们从各个角度展开的详尽分析,可以概括如下:"总而言之,我们不

得不得出这样的结论：目前的股价水平是相当危险的，其危险在于股价水平已经过高。但即使不是这样，市场自身的动能也会将其推向不合理的高度。坦白地说，我们无法对未来的股市做出这样的想象：今后再也不会出现严重亏损了；通过购买股票，每一个新的入市者必将可以获得丰厚的利润。"

比起我们1954年的观点，我们在1959年得出的谨慎判断表现得稍好一点，但仍与后来的发展相去甚远。道琼斯指数在1961年升到685点，然后回落到比我们（得出上述判断时）的584点稍低的位置（566点），接着在1961年年底冲到了735点，最后在1962年5月恐慌性地下跌到536点，在短短的6个月内下降了27%。在此期间，那些广受追捧的"成长股"跌得最狠，其无可争议的龙头股IBM即是一例：它从1961年12月的607美元，跌到了1962年6月的300美元。

与此同时，一些新上市的小型企业股票——所谓的热门股——出现了崩盘。其发行价本来就高得离谱，上市后又被投机浪潮推向几近疯狂的价位；其中许多股票在短短几个月跌幅即达90%，乃至更多。

对许多自觉的投机者以及自称为"投资者"的莽撞之徒来说，1962年上半年的下跌即使不是灾难性的，也足以令其惶惶不安。但同年下半年的转折也是无可争议的。股票市场指数恢复了上升势头，其结果如下：

	道琼斯工业平均指数	标准普尔500股综合指数
1961年12月	735	75.64
1962年6月	536	52.32
1964年11月	892	86.28

股票价格的复苏和新的上升确实相当显著，这同时使华尔街的情绪发生了转变。在1962年6月的股市最低点，关于后市的预测大都以空头为主，但在部分收复失地后的同年年底，关于后市的预测则变得喜忧参半——倾向于怀疑的态度。从1964年开始，经纪公司的乐观情绪再度高涨，关于后市的预测几乎是一边倒的看多，这种看法随着1964年股市的上升而始终存在。

然后，我们着手评估1964年11月的股价水平（道琼斯指数为892点）。经过多方考证，我们达成了三点主要结论。第一个结论是，"原有的标准（价值）

似乎已不再适用,而新的标准尚未经过时间的检验。"第二个结论是,投资者"必须根据某些重大的不确定因素来规划其投资策略。要考虑极端的可能性:一方面,股市价格有可能进一步上涨,比如说,再涨50%,使道琼斯指数达到1 350点;另一方面,则有可能突然出现同样大幅度的暴跌,从而使道琼斯指数降到(比如)450点左右。"第三个结论则口气更为肯定。我们认为:"坦率地讲,如果1964年的指数还不算过高,那就没有任何过高的点位了。"原书中这一章的内容是这样结尾的:

何去何从?

投资者不应仅凭本书的内容就认定1964年的股价水平过高,他们应当把我们的论证与华尔街其他资深专家的相反论证加以比较。归根结底,每个人都必须做出自己的决断,并对此负责。然而,如果投资者对选择何种路线心存疑虑,我们建议他选择一条谨慎的路线。本书所倡导的投资原则,要求投资者在1964年的形势下采取以下策略:

1. 不要借钱购买或持有证券。
2. 不要增加购买股票的资金所占的比重。
3. 减少股票的持仓量,使之降低到总投资的50%以下。要尽量利用资本利得税方面的优惠,并将资金投入最高等级的债券或储蓄存款。

从逻辑上讲,坚持使用美元成本平均方案的投资者可以继续定期买入股票,也可以在感觉市场价格较为安全时改变做法。我们强烈建议,投资者不要在1964年年末的股价水平推出新的美元成本平均方案,因为假如在这种方案推出不久就出现严重的不利,那么他们就不会继续坚持这种做法了。

我们可以说,这一次的谨慎被证明是合理的。道琼斯指数继续上涨了11%,达到了995点,但接着反复下跌到1970年的632点,并在同年底收于839点。所谓的"热门股"再次出现了同样的崩盘——下跌幅度达90%——与1961~1962年的那次下挫毫无二致。与此同时,就像本书导言指出的那样,整个金融领域的气氛开始变得消沉和疑虑。整件事情可以用一个简单的事实来概括:1970年道琼斯指数的收盘价,比其6年前的点位还低——自1944年以来,这还是第一次。

　　这就是我们对此前股市价格水平所做的分析。读者和我们可以从中获得哪些教训呢？我们认为，1948和1953年的价格水平是可取的（但1953年的观点过于谨慎），而1959年的股价水平（道指在584点）是"危险的"，1964年的股价（892点）则显得"过高"。即使在今天，这些判断也完全是有道理的，但它们似乎并不像我们以下这些平实的劝告那样更有用：一方面，我们倡导一致且可控的投资策略；同时，我们不鼓励"战胜市场"和"挑选赢家"的做法。

　　不过，我们认为，读者可以从我们对股指水平的最新估计（这次是关于1971年年底的点位）来获得某些教益——即使我们分析的趣味性要大于实用性，或启发性要大于结论性。在亚里士多德《伦理学》的开篇有这样一段精辟的论述："探讨特定论题本身所包含的数量精确性是训练有素的头脑的一个基本特征。不能要求数学家接受模棱两可的结论，正如不能要求雄辩家进行严格的论证一样。"金融分析的工作，则处于数学家和雄辩家之间。

　　在1971年的不同时段，道琼斯工业指数大约在892点，相当于我们上一版本讨论过的1964年11月的水平。但参照现在的统计研究，我们决定采用标准普尔综合指数（标准普尔500指数）的股价及相关数据，因为它比由30只股票组成的道琼斯指数更具综合性和代表性。我们要把以前版本的四组数据（1948、1953、1958和1963年年底的数据），与1968年年底的数据进行比较。关于当期价格水平，为方便起见，我们将采用100点这一数据，它在1971年和1972年年初曾多次出现过。主要数据列在表3-3中，其中的利润既采用了上一年的数据，也采用了最近三年的平均数。1971年的股息是指最近12个月的数据，1971年的债券利率和批发价格采用的是该年8月份的数据。

　　1971年10月，股市近三年的价格收益比（市盈率）要低于1963和1968年年底时的数据。它与1958年的水平大致相当，但比本轮长期牛市开始时的那几年高得多。这些重要的指标本身并不能说明1972年1月的股价水平太高，但如果把高等级债券的利率考虑进去，情况就不那么乐观了。读者可能已从我们的表格中看到，与债券收益相比，这一时期的股票回报率（市盈率）已趋于恶化，因此，以这一标准衡量，1972年1月股票的数据比此前诸年份更加不利。把股息收益率与债券收益率进行比较，我们发现，两者的关系在1948~1972年间完全颠倒了。在前一个年份，股息收益率是债券的两倍，而现在债券收益率已经

表 3-3　标准普尔综合指数各年份的相关数据

年份 [a]	1948	1953	1958	1963	1968	1971
收盘价	15.20	24.81	55.21	75.02	103.9	100[d]
当年利润	2.24	2.51	2.89	4.02	5.76	5.23
最近 3 年的平均利润	1.65	2.44	2.22	3.63	5.37	5.53
当年股息	0.93	1.48	1.75	2.28	2.99	3.10
高等级债券利息 [b]	2.77%	3.08%	4.12%	4.36%	6.51%	7.57%
批发价格指数	87.9	92.7	100.4	105.0	108.7	114.3
比率：						
股价 / 上一年的利润	6.3 倍	9.9 倍	18.4 倍	18.6 倍	18.0 倍	19.2 倍
股价 / 3 年的利润	9.2 倍	10.2 倍	17.6 倍	20.7 倍	19.5 倍	18.1 倍
3 年的利润率 [c]	10.9%	9.8%	5.8%	4.8%	5.15%	5.53%
股息收益率	5.6%	5.5%	3.3%	3.04%	2.87%	3.11%
股票利润率 / 债券收益率	3.96 倍	3.20 倍	1.41 倍	1.10 倍	0.80 倍	0.72 倍
股息收益率 / 债券收益率	2.1 倍	1.8 倍	0.80 倍	0.70 倍	0.44 倍	0.41 倍
利润 / 账面值 [e]	11.2%	11.8%	12.8%	10.5%	11.5%	11.5%

a. 标准普尔 AAA 级债券的收益率。
b. 1948~1968 年采用自然年度，1971 采用截止于 6 月的财务年度。
c. 这里的"利润率"是指利润与股价的百分比。
d. 1971 年 10 月的股价相当于道琼斯指数 900 点。
e. 3 年的平均数。

是股息收益率的两倍，甚至更多了。

　　我们的最终结论是：以 3 年平均利润为基准，债券收益与股票收益比率的逆转足以抵消 1971 年年末股票市盈率的下降。因此，我们关于 1972 年年初股价水平的判断，与 7 年以前完全一样：从保守的投资观点来看，此时的估值是缺乏吸引力的。（这种观点同样适用于 1971 年大部分时段的道琼斯指数，此时，其振荡范围大约在 800~950 点之间。）

　　从股市历史波动的角度来看，1971 年的股市走势，似乎仍然处于 1969~1970 年股市大幅下跌后不稳定的恢复阶段。过去，这种复苏曾经导致 1949 年再次出现持久的牛市。（1971 年的华尔街对此充满期待。）鉴于许多买家因在 1968~1970 年期间买进了低等级的新股而遭受了惨重损失，要想在 1971 年再度掀起新股发行的浪潮显然为时过早。因此，股市目前尚未出现即将发生危险的可靠信号——如同我们在本书上一版讨论的，1964 年 11 月道指位于 892 点时的情况那样。这样，严格地讲，在下一轮的严重下挫或崩盘发生之前，道指似乎要再一次大幅超过 900 点水平。但是，我们还不能够完全对此坐视不管——或许应该如此。在我们看来，1971 年年初的市场对不到一年前的惨痛教训视而不见，这显然是一个令人不安的信号。这种粗心大意会逃脱惩罚吗？我们认为，投资者必须事先想到即将面临的困难时期——也许会迅速重演 1969~1970 年的暴跌；也许会先来一轮牛气十足的上冲，然后继之以灾难性的崩盘。[3]

何去何从

重温我们上一版的结论。现在，当道琼斯指数在 1972 年年初回到与 1964 年年底相同的点位（大约 900 点）时，我们的看法依然如故。

第 3 章 点评

> 当你方向不明时，务必小心谨慎，因为你有可能不能到达目的地。
>
> ——约吉·贝拉

牛市呓语

在本章，格雷厄姆显示了他的预测才能。他展望了两年后的股市，成功地预见了1973~1974年的"灾难性"熊市——在此期间美国股市下跌了37%。[1] 而且，他的目光还透过未来20年，完全揭穿了当今市场大师和畅销书作家们的伎俩，尽管这些伎俩在格雷厄姆时代尚未登场。

聪明的投资者绝不能只靠过去的推测来预测未来，这是格雷厄姆的一个核心观点。不幸的是，这正是20世纪90年代的饱学之士一犯再犯的错误。继沃顿商学院金融学教授杰里米·西格尔1994年出版《股票长期走势》之后，出现了一系列关于股市的书籍，其中最醒目的是詹姆斯·格拉斯曼和凯文·哈西特的《道指36 000点》、戴维·伊莱亚斯的《道指40 000点》，以及查尔斯·卡德里克的《道指10万点》（均在1999年出版）。预言家们强调，自1802年以来，在扣除通货膨胀因素后，股票的年均回报率高达7%。因此他们断定，投资者在未来也可期望同样的回报。

有些牛市论者甚至走得更远。既然在过去30年里，股票"总是"能够战胜债券，那么，其风险必定小于债券，甚至小于银行里的现金。如果持有股票的

---

[1] 如果不计股息，股市在那两年的跌幅达47.8%。

时间足够长久，就可以消除任何风险，那为何还要首先计较购买价呢？（要知道其原因，请参阅后文的专栏内容。）

在1999年和2000年年初，关于牛市的呓语随处可见。

- 1999年12月7日，Firsthand共同基金的投资经理凯文·兰蒂斯，出现在CNN的"货币在线"（Moneyline）访谈节目中。当被问到无线电信股的市盈率如此之高是否有高估之嫌时，他回答说："这不算过分。看看它们的高速增长，其增长的绝对价值是非常巨大的。"
- 2000年1月18日，Kemper基金的投资战略分析师罗伯特·弗勒利希在《华尔街日报》撰文宣称："这是一种新的世界秩序。我们看到，由于股价太高，人们把令人满意的公司（有一个满意的管理层，有一个满意的前景）的股票抛售了，这是投资者犯的最愚不可及的错误。"
- 在2000年4月10日出版的《商业周刊》中，时任雷曼兄弟公司投资战略分析师的杰弗里·阿普尔盖特故弄玄虚地说："仅仅因为价格比两年前更高，股票市场的风险就更大了吗？答案是否定的。"

但是，答案是肯定的。过去是这样，将来也永远如此。

当格雷厄姆问道："这种粗心大意会逃脱惩罚吗？"他知道，其答案永远是否定的。就像一位被激怒的希腊神，股票市场会使每一个认为20世纪90年代末期的高回报具有某种正当性的人倾家荡产。让我们来看一看兰蒂斯、弗勒利希和阿普尔盖特等人的预测结果：

- 从2000年到2002年，兰蒂斯最钟爱的无线通信股诺基亚"仅仅"下跌了67%，而最惨的Winstar通信公司则下跌了99.9%。
- 弗勒利希最看好的股票——思科系统公司和摩托罗拉——在2002年暴跌了70%以上。投资者仅在思科这一只股票上的损失即高达4 000亿美元，比中国香港、以色列、科威特和新加坡四地的国民生产总值加起来还多。
- 2002年4月，当阿普尔盖特提出其故弄玄虚的问题时，道琼斯工业指数在11 187点，纳斯达克综合指数位于4 446点；到2002年年底，道琼斯工业指数徘徊在8 300点上下，纳斯达克综合指数更退缩到1 300点，前6年的涨幅至此已荡然无存。

胖者生存

股票从长远来看会"永远"战胜债券的说法,有一个致命的缺陷:1871年以前的可靠数据并不存在。用来反映美国股票市场最初回报的指数仅包含了7只股票。(是的,只有7只。)[1] 可是到了1800年,美国已经有大约300家公司(许多公司相当于杰弗逊时代的互联网,如木制车轮和运河开发公司)。后来,其中很多公司破产了,其投资者亦随之颗粒无收。

但是,股票指数并没有把早期的这些破产公司包括在内,这就是所谓"生存偏见"。因此,这种指数严重高估了投资者的实际收益——他们并没有完全的先见之明,能够确切地知道应该购买哪7只股票。只有很少一部分公司,如纽约银行和J.P.摩根大通银行,能够自18世纪90年代以来一直兴旺发达。但相对于每一家奇迹般的幸存者而言,陷入财务灭顶之灾的公司不下千家,其中包括 Dismal Swamp 运河公司、宾州葡萄种植公司以及 Snicker's Gap Turnpike 公司等等,这些公司都没有包含在"历史"股价指数中。

杰里米·西格尔的数据表明,在扣除通货膨胀因素后,股票在1802~1870年的年收益率为7%,债券为4.8%,现金为5.1%。但伦敦商学院的埃尔罗伊·蒂姆森及其同事的研究认为,西格尔关于1871年以前的股票收益,至少被高估了两个百分点。[2] 因此,在现实世界,股票的收益并不强过债券和现金,也许还差一点。只有无知者才会宣称,历史已经"证明",股票的表现肯定优于债券和现金。

---

[1] 到了19世纪40年代,这些指数已有所扩展,纳入了7只银行股和27只铁路股——对于年轻的美国股市来说,这样样本股的选择相当荒谬,且缺乏代表性。

[2] 参见:Jason Zweig, "New Cause for Caution on Stocks," *Time*, May 6, 2002, p. 71。正如格雷厄姆在本书前文所暗示的,1871年至20世纪20年代的股票,仍然受"生存偏见"的影响,因为这一时期有数百家汽车、飞机和广播公司半途而废,并被历史湮灭。这一时段的股票收益,可能也被高估了两个百分点。

爬得越高，摔得越狠

作为这种牛市癔症的长效良药，格雷厄姆要求聪明的投资者对自己提出一些简单的疑问：为什么股票的未来回报总是与过去相同？如果所有的投资者都确信，从长线角度来看，股票肯定会赚钱，股价会不会因此而被严重高估呢？如果这种情况已经发生，未来的回报又怎么可能会很高呢？

格雷厄姆的答案，总是来自于逻辑分析和常识判断。任何投资的价值都是而且必定永远是依存于你的买入价格。在20世纪90年代末，通货膨胀已经消退，公司盈利欣欣向荣，而且世界大部分地区都处于和平状态。但这并不意味着而且永远不意味着在任何价位买入股票都是物有所值的。既然公司能够挣到的利润是有限的，投资者为其支付的价格就应当适可而止。

不妨这样来考虑：迈克尔·乔丹也许是有史以来最伟大的篮球运动员，他像一块巨大的磁铁，把球迷吸入芝加哥体育馆。芝加哥公牛队为此向他支付了高达3 400万美元的年薪，但这并不意味着，公牛队值得为他付出每赛季3.4亿、34亿或340亿美元的薪水。

乐观主义的局限性

在谈到股票近期的好收成时，格雷厄姆警告道："期待这种高收益在未来仍将延续是一个不合逻辑且危险的结论。"从1995到1999年，股市每年的上涨幅度均在20%以上，这在美国历史上是前所未有的高速增长，股票买家变得更为乐观了：

- 1998年中期，在盖洛普公司为PaineWebber经纪公司所做的投资者调查中，投资者预期其股票未来一年的平均收益大约在13%左右。到2000年年初，他们的预期收益率更激增到了18%以上。
- "资深专业人士"同样乐观，调高了他们对未来收益的预期。例如，在2001年，SBC通信公司将其养老金的预期收益率从8.5%调高到了9.5%。到了2002年，标准普尔500指数成分公司养老金计划的平均回报率提升到了9.2%这一最高记录。

随后进行的跟踪调查显示了这种过度乐观导致的可怕后果：

- 盖洛普在 2001 和 2002 年的调查发现，投资者关于未来一年收益率的预期急降至 7%，尽管他们现在买进股票的价格仅为 2000 年的一半。[2]
- 根据华尔街专业机构的估计，各公司关于其养老金收益的乐观估计，将使其付出至少 320 亿美元的代价。

虽然投资者都知道他们应该低买高卖，但实际结果却往往背道而驰。格雷厄姆在本章中给出的警示十分简明："根据物极必反的规则"，投资者越看好股票市场的长期走势，他们短线出错的可能性就越高。在 2000 年 3 月 24 日，美国股票市场总市值达到了 14.75 万亿美元的峰值。仅仅过了 30 个月，到了 2002 年 10 月 9 日，其总市值下降到 7.34 万亿美元，降幅达 50.2%，7.41 万亿美元的市值化为乌有。与此同时，许多市场权威人士显得非常悲观，他们预计今后几年乃至几十年，股票市场会收益平平，甚至会出现负的回报。

此时，格雷厄姆会问一个简单的问题：既然"专家们"上一次的判断如此糟糕，聪明的投资者现在为什么要去相信他们呢？

下一步怎么办

现在，让我们排除干扰，像格雷厄姆那样设想一下未来的收益。股票市场的走势依赖于以下三个要素：

- 实际的增长（公司利润和股息的增加）。
- 通货膨胀的增长（物价的总体上涨）。
- 投机活动的增长或下降（投资大众对股票兴趣的上升或下降）。

从长期来看，公司每股收益的年增长率为 1.5%~2%（不计通货膨胀）。[3] 2003 年年初，年通货膨胀率大概为 2.4%，股息收益率为 1.9%。因此：

---

[2] 当然，此时股票的低廉价格并不意味着年收益率 7% 的期望就一定能够实现。

[3] 参见：Jeremy Siegel, *Stocks for the Long Run* (McGraw-Hill, 2002), p. 94, and Robert Arnott and William Bernstein, "The Two Percent Dilution," working paper, July, 2002。

$$
\begin{array}{r}
1.5\% \sim 2\% \\
+2.4\% \\
+1.9\% \\
\hline
= 5.8\% \sim 6.3\%
\end{array}
$$

从长期来看，这意味着你对股票年回报率的合理期望值应当在 6% 左右（或扣除通货膨胀因素后为 4%）。如果投资大众再度贪婪，并将股票推入上升通道，这种投机狂热会把回报率短暂推高。与此相反，如果投资者被恐惧左右，就像他们在 20 世纪 30 年代和 70 年代那样，股票的回报率会出现暂时性的下降。（这正是我们在 2003 年面临的局面。）

耶鲁大学的金融学教授罗伯特·希勒（Robert Shiller）称他的估值方法源自格雷厄姆：他把标准普尔 500 指数现在的价格水平，与过去 10 年公司的平均利润（扣除通货膨胀因素后）进行比较。通过对历史数据的检验，希勒指出，当此种市盈率高于 20 倍时，股市此后的回报率通常会较低；当此种市盈率降到 10 倍以下时，股票此后的回报率则会相当出色。按希勒的算法，2003 年年初的股价，为公司过去 10 年内平均通货膨胀调整利润的 22.8 倍——仍然处于危险区域，但已经比 1999 年 12 月的 44.2 倍下降了不少。

当价格水平处于当今的高位时，2003 年年初的股市表现如何？图 3-1 给出了当过去股价处于类似位置时，股市此后 10 年的收益情况：

因此，从 2003 年年初与此类似的估值水平来看，股票市场在此后 10 年的表现，有时相当出色，有时又很糟，其他时期则表现平平。我认为，出于其保守谨慎的一贯作风，格雷厄姆会对过去的最高和最低回报加以平均，并预测此后 10 年股票的年回报率为 6%，或扣除通货膨胀因素后的 4%。（有趣的是，这一预测正好与我们前文把实际增长、通货膨胀增长和投机情绪的增长相加得出的数目一致。）与 20 世纪 90 年代相比，6% 的收益只是小菜一碟，但比债券产生的收益可能要稍好一些——对大多数投资者来说，这已足以构成他们把股票纳入其投资组合的理由了。

但从格雷厄姆的论述中，我们还可以得到第二点教益。对于未来股票回报的预测来说，惟一确定之事，就是你可能会得出错误的结论。历史告诉我们的惟一无可争议的真理，就是未来总会出乎我们的意料，永远是这样。金融史这

图 3-1

年份	市盈率	此后 10 年的总回报平均数
1898	21.4	9.2
1900	20.7	7.1
1901	21.7	5.9
1905	19.6	5.0
1929	22.0	−0.1
1936	21.1	4.4
1955	18.9	11.1
1959	18.6	7.8
1961	22.0	7.1
1962	18.6	9.9
1963	21.0	6.0
1964	22.8	1.2
1965	23.7	3.3
1966	19.7	6.6
1967	21.8	3.6
1968	22.3	3.2
1972	18.6	6.7
1992	20.4	9.3
平均数	**20.8**	**6.0**

资料来源：http://aida.econ.yale.edu/~shiller/data/ie_data.htm; Jack Wilson and Charles Jones, "An Analysis of the S & P 500 Index and Cowles' Extensions: Price Index and Stock Returns, 1970-1999," *The Journal of Business*, vol. 75, no. 3, July, 2002, pp. 527-529; Ibbotson Associates。

说明：市盈率是根据希勒的算法得出的（标准普尔 500 指数的 10 年平均实际利润除以 12 月 31 日的指数市值）。总回报是名义年均增长率。

一法则的一个推论是：对股票市场最感到惊讶的，正是那些自以为其未来预测确定无误者。像格雷厄姆一样保持谦逊，将使你免受自以为是而结果却满盘皆输之苦。

所以，你要尽量降低自己的期望值，但不要因此而泄气。在聪明的投资者看来,希望始终是存在的,因为理应如此。就股票市场而言,未来看起来越糟,其结果通常会越好。一位愤世嫉俗者曾对英国小说家兼散文家切斯特顿(G.K.Chesterton)说:"上帝会赐福于无所求的人,因为他将不会感到失望。"切斯特顿是怎么回答的? "上帝会赐福于无所求的人,因为他会享受任何事物。"

第4章

防御型投资者的投资组合策略

　　一般来说,投资组合的基本特征,是由投资所有者的立场及特点决定的。储蓄银行、人寿保险公司和所谓的法定信托基金,能够为我们提供最具安全性的投资工具。在30多年以前,许多州的法律规定,这些机构只能投资高等级的债券,有时也可包括高等级的优先股。另一方面,对于那些能干且富有经验的商业人士来说,任何类型的债券和股票均在其投资范畴之内,只要他们认为买入这些证券具有足够的吸引力即可。

　　如果你不能承受风险,就应当满足于较低的投资回报——这是一个由来已久,且听起来十分合理的原则。由此可以得出这样的结论:投资者能够期望的回报,在一定程度上是与其承担的风险成正比的。对此,我们不能苟同。投资者的目标收益率,更多地是由他们乐于且能够为其投资付出的智慧所决定的:图省事且注重安全性的消极投资者,理应得到最低的报酬,而那些精明且富有经验的投资者,由于他们付出了最大的智慧和技能,则理应得到最大的回报。在1965年,我们曾说过:"在许多时候,买入那些'廉价证券'的实际风险反而更小,其获得利润的机会,要比买入年息4.5%的常规债券更大。"在接下来的几年间,由于利率的上涨,即使最高等级的长期债券的市值,也出现了大幅缩水,这更加证明了我们以上论断的正确性。

债券与股票配置的基本问题

我们已经以最简洁的方式,概括说明了防御型投资者的投资组合策略。* 他应当将其资金分散投资于高等级的债券和高等级的普通股。

作为一项基本的指导原则,我们建议这种投资者投资于股票的资金,决不能少于其资金总额的 25%,且不得高于 75%;与此相应,其债券投资的比例则应在 75% 和 25% 之间。这里的含义是,两种主要投资手段之间的标准分配比例,应该是各占一半。根据传统,增加普通股比重的合理理由是,持续的熊市导致了"低廉交易价格"的出现。反之,当投资者认为市场价格已经上升到危险高度时,则应将股票投资的比例减至 50% 以下。

这种规范的原则说起来容易,做起来难——因为它与过度看涨牛市或过度看跌熊市这一人类的本性相抵触。要一个普通的股票投资者在市场超过某一点位时减仓,或在市场持续下跌后增仓,这似乎并不是一个切实可行的策略。正是由于普通投资者的相反操作(他们似乎必须这样去做),才使过去出现了大幅的上涨和下跌;而且(作者认为)未来还会发生类似的涨跌。

如果投资与投机操作的划分仍然像过去那样泾渭分明,我们也许可以认为,精明而老练的投资者会在股价处于高位时,把股票甩给那些盲目且运气欠佳的投机者,并在股价大跌后将其买回来。这种情形在从前也许是真实的,但在 1949 年以后,金融领域的一些新的变化,却使其踪迹难觅。如今,共同基金一类的专业投资者,已经很少如此操作了。年复一年,两种最主要的基金,即"平衡型"和"股票型"基金的持股比例,变化甚微。它们之所以卖出股票,主要是为了调仓换股,以便买入前景更佳的股票。

长期以来,我们一直认为,如果失去了债券这一参照物,我们就无法设定一个可靠的规则,以确定何时应将股票投资份额降至 25% 这一最小比例,并在以后将其提升到 75% 的最高比例。我们只能大体上要求投资者,不要轻易地让其股票投资超过资金总额的 50%,除非他充分确信,其股票持仓比例具有足够的合理性,而且可以坦然面对 1969~1970 年这样的股市大跌。按照 1972 年初的股价水平,我们很难看到有这样的强烈信心。因此,我们不建议,此时投资者

---

* 参见格雷厄姆第 2 章结论部分。

的持股比例超过其资金量的50%。但是，由于类似的理由，我们也很难要求投资者将其股票投资比例降至50%以下，除非他自己的内心对当前的股价水平深感忧虑，并且满足于自己只有（比如）25%的资金来参与未来可能出现的上涨。

因此，我们将向读者提出（两种投资）对半开的规则，尽管它看起来似乎过于简单。根据这一规则，投资者应在其实际操作中，保持对债券和股票的均等投资。比方说，如果股价水平使股票投资的比例提高到55%，他们就应准备卖出十一分之一的股票，并将该笔资金投入债券，以恢复两者之间的均衡。反之，如果其持股比例仅为资金总额的45%，他就应当考虑拿出十一分之一的债券，将其转为股票投资。

在1937年以后，耶鲁大学一直遵循类似的规则，不过其限定的股票投资比例，即所谓"正常持仓"，大约为35%。然而，从20世纪50年代初以来，耶鲁似乎已放弃了这个一度颇为著名的准则；到1969年，其股票投资比例高达61%（包括一部分可转换债券）。（与此同时，71家类似机构总共76亿美元的投资中，股票投资比例为60.3%。）耶鲁的例子说明，股票市场的巨大发展，已经使这个流行一时的标准方法不再时兴了。但我们仍然认为，对半开的资金分配法则，对防御型投资者仍然具有实质性的意义。它非常简单；其操作方向无疑是正确的；它使其遵循者感到，自己至少是在对市场变化作出某种反应；最重要的是，它可以避免投资者在市场日益走高直至危险的程度时，仍不断加大自己的股票投资。

此外，真正的保守型投资者，将会对自己的一半资金在牛市中的收益感到知足；而在深陷熊市时，比照那些冒险型投资者的处境，他们也会从自己相对较好的境况中获得安慰。

虽然这种对半开的资金分配法则无疑是一种最简单的"万能"装置，但它不一定会取得最优的结果。（显然，任何手段，无论机械与否，都不能宣称自己就一定比其他手段更优）。就目前而言，高等级债券比大型蓝筹股的收益要高得多，由此而形成了增加债券投资比重的有力理由。投资者究竟应将其股票投资限制在50%，还是更低，这要根据他自己的性格和态度来决定。如果他能像一个全然不受情绪影响且精于计算的赌徒一样，此时，他也许会将其股票投资比例减至25%，直到道琼斯工业指数成分股的红利达到债券利率的2/3时，再将其股票投资比例提升至50%。目前，道琼斯工业指数为900点，其单位红利为36

美元，这就意味着，债券的税前收益要从目前的 7% 降到 5.5%，同时大型蓝筹股的收益保持不变；或者是在债券的收益和股票的红利水平保持不变的条件下，道琼斯工业指数下降至 660 点。这些数据的其他变动组合，也会导致同样的"买点"出现。这种策略并不特别复杂，其难点在于，接受它并坚持下去，而不在乎其结果可能会证明这种策略过于保守。

债券的构成

投资者证券组合的债券投资部分，要解决两个主要问题：首先，他应该购买含税债券，还是免税债券？其次，他应该购买短期债券，还是长期债券？税收决策主要是一个数学计算问题——根据投资人的纳税等级，会产生不同的收益结果。1972 年 1 月，在到期期限为 20 年的债券中，可以选择收益率为 7.5% 的 Aa 级公司债券，以及收益率为 5.3% 的优质免税债券（所谓"市政债券"一词适用于所有的免税债券，其中包括州债务）。因此，就这种期限的债券而言，公司债券的收益要比市政债券高出 30% 左右。如果投资者的适用税率在 30% 以上，投资市政债券比较划算；反之则相反。对一个单身者来说，其收入超过扣税额 10 000 美元的部分，须交纳 30% 的所得税；对一个已婚者而言，共同应税收入超过 20 000 美元的部分，亦适用这一税率。显然，从税后收益的角度来看，大部分投资者购买市政债券要比购买公司债券更有利。

至于应选择长期债券还是短期债券，则是另外一个问题，即投资者是否想确保其债券的交易价格不会出现下降？如果是，那么其代价是：(1) 较低的年收益率；(2) 放弃债券本金部分可能出现的升值。我们认为，关于这一问题的讨论，最好是在第 8 章（投资者与市场波动）进行。

在过去的许多年内，个人投资者只能合理地选择购买美国储蓄债券。这种债券的安全性是无疑的（包括过去和现在）；它们的收益要高于其他最优级别的债券投资；它们用提前取款和其他便利，极大地增加了它们的吸引力。在本书以前的版本中，我们用完整的一章（美国储蓄债券：投资者的福音）来介绍这一内容。

正如我们将要说明的那样，美国储蓄债券仍然具有某些独特的优点，因而对任何个人投资者来说,都不失为一种可取的投资方法。对于一个只拥有少量资金(比如,10 000美元以内)的投资者来说,购买此种债券仍然是其最便利且最佳的选择。但是,拥有更多资金的投资者也许会发现,其他的投资工具更有吸引力。

我们将列举一些值得投资者关注的债券类型,然后对它们的一般性质、安全性、收益、市场价格、风险、所得税状况以及其他相关特征分别予以简要的说明。

1. E系列和H系列的美国储蓄债券　　首先,我们将对其一般特点进行简单概括,然后对这种很特别、很有吸引力且极为便利的投资工具的诸多优点加以说明。如同其他债券一样,H系列美国储蓄债券也是每半年付息一次。其第一年的利率为4.29%,其余9年的利率均为5.1%。E系列美国储蓄债券不付利息,而是逐步加大持有者的赎回价值。该债券通常以票面价值75%的价格发行,5年零10个月到期时,则以100%的票面价值兑现。如果在到期前一直持有该债券,收益率能够达到5%——每半年付息一次(按复利计)。如果提前兑现,其第一年的利率为4.01%,其余4年零10个月的平均收益为5.2%。

该债券的利息收入须交纳联邦所得税,但免征州所得税。E系列美国储蓄债券的联邦所得税的缴纳方式是可以选择的:每年按照(以更高的赎回价值所显示的)利息来缴纳,或者是在到期日一次性缴纳。

E系列债券的持有人,可以在(购买后不久的)任何时候,按当时的赎回价值兑现。H系列债券的持有人,也享有按票面价值(成本价)兑现该债券的权利。E系列债券可以转换成H系列债券,并享有某些税收优惠。该债券如有遗失、损坏或被盗,均可重新申领,且无需任何费用。关于该债券的年购买量有一定的限制,但关于家庭成员共同所有的规定十分宽松,从而使大多数投资者的购买愿望都能完全得到满足。

评论:没有任何其他的投资同时具备以下条件:(1)其本金和利息的支付具有绝对的保障;(2)可以在任何时候收回全部本息;(3)在至少10年的期间内,获得至少5%的利息。E系列债券的所有人,有权在其债券到期日要求展期,并在后续时期以更高的利率继续提升其票面价值。在如此漫长时期缓缴所得税的实际利益相当可观;据我们的计算,在通常情况下,其好处相当于使税后净收益提高了三分之一。与此同时,由于拥有以成本价或更高的价格兑现债券的权利，因此，在最初几年利率较低时，投资者的本金价值可以完全免受缩水之苦；这一优点是其他债券所不具备的。换句话讲，通过将低利率债券逐步转变为息票率很高的债券，它使投资者有可能受益于利率的上涨。

我们认为，目前持有储蓄债券享有的独特优势，足以弥补其当期收益较低（与其他直接的政府债券相比）这一缺陷。

2. 其他的联邦政府债券　此类债券品种繁多，其利率和存续期亦各不相同。就本息的支付而言，所有这些债券都十分安全。其收益须交纳联邦所得税，但免征州所得税。在 1971 年年末，长期（高于 10 年）债券的平均收益为 6.09%，中期（3~5 年）债券的平均收益为 6.35%，短期债券的收益为 6.03%。

在 1970 年，投资者可以以很大的折扣买到一些以前发行的债券。其中有些债券是可以按票面价值来缴纳财产税的。1990 年到期（利率为 3.5%）的美国国债就是这种债券；其 1970 年的销售价曾经为其面值的 60%，但是年终的收盘价却在 77% 以上。

同时值得指出的是，许多情况下，一些间接政府债券的收益，要明显高于期限相同的直接债券。在我们写作本书时，一种名为"美国交通部长全额担保债权凭证"的债券正在发行。该债券的收益率达 7.05%，比期限相同（1986 年到期）的直接政府债券的利率高出整整 1%。实际上，该债权凭证是以宾州中央运输公司受托人的名义发行的，但凭证上却载有美国司法部长的声明，称该债券所获得的担保，"已使其成为了能够获得联邦政府全部信用担保的一般债务"。过去，许多这样的间接债务都是由美国政府来担保的，并且都得到了很好的履行。

读者也许会感到奇怪，为什么会有这种噱头：看上去是以美国交通部长"个人名义担保"的债券，最终却加重了纳税人负担？其主要原因在于，这种间接发行的债券，可以使政府规避国会对债务设定的限额。显然，政府的担保并不能视为政府的负债——这种政府担保的说法，会给更加精明的投资者带来意外的收获。或许，这方面最主要的影响是，导致了联邦住房管理局免税债券的产生——它相当于获得了政府担保，而且实际上是惟一等同于政府债券的免税债券。另一种由政府担保的债券，是最近出现的新社区信用债券，其收益率为 7.6%，于 1971 年 9 月发行。

3. 州债券和市政债券 这些债券可免征联邦所得税，通常也可在其发行所在州免征州所得税，但在其他州则无此待遇。这种债券不仅包括州或其下属机构的直接债务，也包括所谓"收入债券"——其还款来源于收费公路、桥梁或建筑物的租赁。并非所有的免税债券都十分安全，可以让保守型投资者放心购买。他们可根据穆迪或标准普尔对各债券给出的评级，来决定自己的投资。只要是这两家机构给出三个最高等级——Aaa（AAA）、Aa（AA）或 A 其中之一，该债券通常就具有足够的安全性。根据其等级和期限的长短，这些债券的收益也有所不同，期限较短的债券利息则较低。在 1971 年年末，名列标准普尔市政债券指数中的各种债券的平均等级为 AA，平均期限为 20 年，平均收益率为 5.78%。一个典型的例子，就是新泽西州 Vineland 市发行的市政债券，这批债券发行时的级别为 A 级或 AA 级，最低的收益率只有 3%（1 年到期），最高的达 5.8%（1995 或 1996 年到期）。[1]

4. 公司债券 这种债券既要缴纳联邦所得税，也要缴纳州所得税。在 1972 年年初，从穆迪 Aaa 公司债券指数公布的收益率来看，期限为 25 年的最高级别公司债券的收益率为 7.19%。而所谓的中低等级（Baa 级）长期公司债券的收益率为 8.23%。无论何种等级的债券，期限较短者的收益率，都在一定程度上低于期限较长者。

评论：上述简介说明，一般的投资者可以在不同的高等级债券中进行选择。毫无疑问，边际税率较高的投资者，能从优质免税债券中获得更高的净收益。其他投资者则可选择，1972 年年初应税的美国储蓄债券以及高等级公司债券，前者的利率为 5%（因为享有特殊的选择权），后者大约为 7.5%。

高收益债券的投资

如果肯在债券安全性上有所让步，投资者可能会从其债券投资中获得更高的收益。历史经验表明，就普通投资者而言，规避此种高收益债券不失为明智之举。尽管就总体而言，这种债券的收益要高于高等级债券，但它们会使所有者面临各种不利的风险——既包括令人心烦的债券价格下跌，也包括实际的违约（是的，低等级的债券经常会带来廉价交易的机会，但成功地开发需要进行专门的研究和拥有专门的技能）。*

或许，我们在此应该指出的是，国会对直接国债发行的限制，至少会给购买政府担保债权的投资者，带来两种"廉价交易的机会"。一个是免税的"新房"债券的发行，另一个是新近面世的"新社区信用债券"（应税债券）。1971 年 6 月发行的"新房"债券的利率为 5.8%，免征联邦和州所得税；而同年 9 月发行的"新社区信用债券"的利率为 7.6%。对这两种债务，美国政府均以其"全部信誉和信用"提供担保，其安全性是没有疑问的。就价值而言，这两种债券的收益均显著高于其他品种的美国国债。+

作为债券替代物的储蓄存款

现在，投资者可从商业银行或储蓄银行的储蓄存款（或银行定期存单）中，获得与短期高等级债券相等的收益。今后，银行储蓄账户的利率可能会有所下降，但目前仍不失为个人投资短期债券的一种很好的替代品。

可转换债券

相关讨论见第 16 章。关于该债券价格波动性的讨论见第 8 章："投资者与市场波动"。

赎回条款

在本书以前的版本中，我们曾就这一问题长篇讨论，因为这种做法对投资人相当不公平，却从未引起足够的注意。通常情况下，债券在发行不久后即可

---

* 如今，在拥有"垃圾债券"方面，由于众多的共同基金可以进行风险的分散化和从事相关的研究，因此，格雷厄姆批评的这种高收益债券的风险已有所降低。详情参见第 6 章点评。

+ "新房"债券和"新社区信用债券"已不再发行了。"新房"债券是由美国住房和城市发展部（HUD）担保的，其收益免征所得税，但自 1974 年以后就不再发行了。新社区信用债券也是由该部担保的，其发行授权来自 1968 年通过的联邦法律。截至 1975 年，该债券的总发行量为 3.5 亿美元，但该计划已于 1983 年结束。

赎回，其赎回价值略高于其发行价——比如，只有5%。这意味着，当基准利率出现剧烈的波动时，投资者必须自行承担负面冲击，但是几乎无法使自己获得有利变化带来的好处。

例如，美国煤气和电力债券就是一个典型例子——期限100年，票面利率为5%。该债券于1928年以101美元的价格向公众发行。4年后，在恐慌的氛围下，这一优质债券的价格跌到了62.5美元，收益率为8%。到了1946年，经过一轮强劲反弹后，此类债券出售时的收益仅为3%，因此其5%的利率的对应价格应该接近160美元。但此时，该公司利用其赎回条款，仅以106美元的价格将其赎回。

这种债券发行合约中的赎回条款，几乎是公然宣称："我总是赢家，而你总是输家"。在其问世很久以后，债券购买机构开始拒绝接受此种条款；近年来，大多数长期高息债券通常禁止发债机构在发行后的10年，乃至更长的时间内赎回该债券。这种做法仍然会有碍于债券价格的上涨，但已经比较公平了。

从现实的角度来说，我们建议长期债券的投资者宁肯收益率低一点，也要确保购买的债券是不可在短期内赎回的，其赎回期应在债券发行20~25年以后。同理，折价买进低息票率债券，* 要比购买息票率较高但大致按票面价发行且短期内即可赎回的债券更有利。因为，折扣部分（例如，息票率为3.5%的债券，按面值的63.5%出售时，其收益率可达7.85%）足以保护赎回行为造成的不利。

不可转换的优先股

首先，我们对优先股的一般特点作若干说明。真正好的优先股可能且确实存在，这种投资工具是好的，但本质上是不好的。优先股的安全性，来自其发行公司支付普通股股息的能力和意愿；一旦公司董事会决定不分配普通股息，或公司没能力分配股息，优先股就会变得岌岌可危，因为在不支付普通股息的情况下，公司的董事们亦无义务偿付优先股。此外，优先股通常只能够获得固定比率的股息。因此，优先股持有者既没有债券持有人（或债权人）的法定求

---

* 债券的"息票率"就是债券的利率；"低息票率"债券的利率，要低于市场平均水平。

偿权，也不能像普通股股东（或合伙人）那样分享公司的利润。

在经济萧条时期，优先股在法律地位上的这种缺陷，会不断地暴露出来。只有很少的优先股，才有足够的实力来始终确保自己的投资地位。经验告诉我们，只有因暂时的危机致使优先股的价格跌至不合理的价位时，才可买入这种证券。（此时，它们也仅适合那些进取型的投资者，而非保守型的投资者。）

换言之，这种证券只可以按照廉价的交易条件买进，要么就干脆不买。以后，我们还将讨论可转换证券以及具有类似优先权的证券——某些特殊条款使它们有可能分享公司的利润。这些证券一般不会被纳入到保守的投资组合中去。

优先股还有另一项值得一提的特点：其税收地位更适合公司投资者，而不太适合个人投资者。公司获得的红利只需按照其总额的15%缴纳所得税，而其利息收入则须按全额纳税；自1972年以后，公司的税率高达48%。这意味着，公司每收入100美元的优先股股息，只需缴纳7.2美元的税金；而每收入100美元的债券利息，则须缴48美元的税金。另一方面，个人投资者优先股投资的收入和利息收入须缴纳的税率完全相等，直至近年才出台了一些小额的减免。因此，严格说来，公司投资者应该购买优先股，而须交纳所得税的个人投资者，则应购买免税的债券。*

证券的类型

这里讨论的债券和优先股这两种证券形式，均易于理解，而且较为简单。债券持有人可以按固定利率得到利息，并在约定的日期偿还其本金。优先股的所有者可以按固定利率收到股息，但不能得到更多的股息——可在普通股之前得到股息。优先股的本金价值是没有到期期限的。（优先股的股息是可以累积的，也可以是非累积的；优先股股东可以拥有投票权，也可以不拥有投票权。）

以上是它们的一般特性，而且这两种形式的证券比比皆是。但不可否认，

---

* 虽然格雷厄姆的这一说法现在仍然成立，但具体数值已经变化。目前公司的红利所得可按7折征税，而公司的所得税率为35%。这样，公司每从优先股得到100美元的红利，大约需缴纳24.5美元的税金；而100美元的利息收入，则需缴纳35美元的所得税。个人投资者的红利所得税与利息所得税相同，因此优先股对于他们来说并没有税收上的好处。

还有一些与其颇有差别的证券。其中最著名当属可转换的同类债券和收益债券。后者只有在其发行公司有利润时，才支付利息。(其利息可以累积，从公司未来的利润中支取；但累积期限通常仅限于 3 年。)

公司应当更多地运用收入债券的融资方式。在历史上，这种债券起初是在铁路重组活动中得到大规模运用，因而往往是与财务上的弱势地位和投资不利等因素紧密相关的——这正是许多公司不愿采用这种融资工具的原因。但这种证券实际上是很有优势的，特别是与近年大量发行的优先股相比，它们可作为替代品。这种证券的最大好处是，利息可以冲抵应税收入，从而可以使该证券的资本成本减少一半。对投资者而言，这种债券具有以下优点：(1) 只要发行公司有利润，他就可以无条件地获得利息；(2) 如果发行公司没有利润或不支付利息，除了破产保护以外，他还有其他的保护形式。收益债券的条款可以灵活商定，以使债权人和债务人均感到满意。(当然，也可以包括转换权在内。) 人们总是乐于接受安全性较差的优先股，而拒绝接受安全性更优的收益债券，这充分地说明，华尔街总是存在着一些传统的做法和习俗，而无视在新的条件下需要新的观点。随着每一次新的乐观和悲观情绪的潮起潮落，我们会忘记历史并抛弃一些久经考验的原则，但是，却往往会顽固地坚持自己的偏见，并对其深信不疑。

第 4 章点评

> 如果你只想撞大运，那么，你就会突然失去所有的好运。
>
> ——篮球教练帕特·莱利

你的投资组合应当承担多大的风险？

格雷厄姆的见解是，这首先取决于你是何种类型的投资者，而不是取决于你拥有怎样的投资品种。要成为一个聪明的投资者，有两种做法：

- 对一组由股票、债券和共同基金构成的动态投资组合，进行不断的研究、筛选和监控。
- 或者，以某种自动的方式，创建一个恒久的投资组合，不再付出更多的努力（但是，这会显得有些枯燥）。

格雷厄姆把第一种做法，叫做"积极的"或"进取的"的方法，它需要投入大量的时间和精力；而"被动的"或"防御型的"投资策略，无须花费多少时间，但要求投资者始终不为市场喧嚣所动；正如投资思想家查尔斯·埃利（Charles Ellis）表明的那样，积极的方式是劳心费力的，而防御型的方式则要求控制好自己的情绪。[1]

如果你时间充裕，具有高度的竞争性，像一个球迷一样乐此不疲，而且对智力挑战颇有兴趣，那你不妨采用积极的路线。如果你总是觉得太过匆忙，渴望简单的生活，且不愿为金钱操心，则较适合被动的投资方式。（有些人也许更

---

[1] 关于这两种方式的区别，详见第 8 章和下列文献：Charles D. Ellis, "Three Ways to Succeed as an Investor," in Charles D. Ellis and James R. Vertin, eds., *The Investor's Anthology* (John Wiley & Sons, 1997), p. 72。

愿意把这两种方式结合起来，从而创建一个以积极为主被动为辅的投资组合；反之亦然。）

这两种方式同样明智，无论采取何种方式均可取得成功。但前提是，你必须对自己有深入的了解，从而采用适合自己的方式，并在自己的整个投资生涯中坚持下去，而且善于控制自己的投资成本和情绪。格雷厄姆对主动投资和被动投资的区分再次提醒我们，财务风险并非只存在于大多数人所关注的地方（经济形势和投资品种），而且也存在于我们的内心。

是勇猛出击，还是防守

那么，防御型投资者应当怎样入手呢？首先，而且是最基本的决策是，确定股票投资与债券和现金的分配比例。（请注意，格雷厄姆将这部分论述放在通货膨胀的章节之后，是为了让你事先了解，通货膨胀是你面对的其中一个最危险的敌人。）

最突出的一点是，格雷厄姆关于股票和债券资产分配的讨论中，根本没有提到"年龄"这一字眼。这使他与时下流行的庸俗看法区别开来。后者认为，你所承担的投资风险，主要取决于你的年龄。[2] 有一种传统的经验公式认为，你的股票投资所占的百分比，应当是 100 减去你的实际年龄，其余部分则应该以债券和现金的形式持有。（假如你 28 岁，应当将 72% 的资金投资于股票；如果是 81 岁，则只应把 19% 的资产投在股市。）像其他所有时髦说法一样，在 20 世纪 90 年代末期，这种观点曾风靡一时。1999 年，一部通俗著作甚至宣称，如果你不到 30 岁，你可以把 90% 的资金投入股市——即便你的风险承受力很"薄弱"！[3]

除非你把自己的智商数减去 100，否则，你一定会发现此类建议有什么地方不对。为什么你的年龄应当决定你可以承受多大的风险？一个拥有 300 万美元、丰厚的退休金和一群子孙的老太太，把她的大部分资产投资于债券的做法，无

---

2 最近，到谷歌上搜索一下"年龄与资产配置"这一词条，会出现 30 000 个网页。

3 参见：James K. Glassman and Kevin A. Hassett, Dow 36,000: *The New Strategy for Profiting from the Coming Rise in the Stock Market* (Times Business, 1999), p. 250。

疑是愚蠢的。她已经拥有不菲的收入，而她的孙辈（他们最终将继承她的遗产）未来还有几十年的投资生涯。另一方面，一位年仅25岁，但正攒钱准备结婚买房的年轻人，也决不会打算将其全部资金投入股票。一旦股票市场上演高台跳水，他既没有债券的收益来弥补其损失，也没有钱以备不时之需。

此外，无论你多么年轻，你都可能会突然需要一大笔钱——不是在40年以后，而是在40分钟以后。在毫无先兆的情况下，你可能会失业、离婚、身受伤残，或遭受什么天晓得的意外。这些意外会突袭任何人，不管其年龄几何。每个人都应当将其资产的一部分，以现金的形式存放在无风险的安全地方。

最后，有些人正是因为股票市场的下跌，而终止其投资的。心理学家指出，大多数人都不善于预测自己将来遭遇令人沮丧之事时会感觉如何。[4] 当股票每年上涨15%或20%时（就像其20世纪80年代和90年代那样），不难想象，你会认为，你将与你的股票厮守终生。但是，当你看到你的每一美元投资，都缩水成了一毛钱时，你就很难抗拒将其变成"安全的"债券或现金的诱惑。因此，许多人不是买进并持有其股票，而是以贵买贱卖的痛心结果告终。正因为能够在熊市中有胆量坚守股票的投资者少之又少，格雷厄姆才坚决要求，每个投资者都至少应保持将资产的25%投资于债券。他认为，投资于债券的这部分缓冲资产，将使你有勇气在股市不景气时，继续持有其余的股票。

为了更好地理解你可能承担的风险，不妨审视一下自己生活的基本环境：什么时候会出现新的情况，什么时候情况会发生变化，这些情况将如何影响到你的现金需求：

- 你是单身还是已婚？你的配偶或同居者以何为生？
- 你已有或将会有子女吗？他们的学费什么时候会成为家庭的必要开支？
- 你会继承一些财产吗？抑或你还要赡养年迈或有病的父母？
- 哪些因素会对你的工作带来负面影响？（如果你供职于一家银行或建筑公司，利率的突然跳升可能会令你失去工作；如果你供职于一家化工企业，油价的飙升可能是一个坏消息。）
- 如果你自己从事经营，与你的生意类似的企业，能够存续多长时间？

---

4 关于这种心理现象，有一篇很有意思的论文，请参见：Daniel Gilbert and Timothy Wilson's "Miswanting," at www.wjh.harvard.edu/~dtg/ Gilbert_&_Wilson (Miswanting).pdf.

- 你需要你的投资所得,来补贴你的日常开支吗?(一般说来,债券可以补贴你,而股票则不能。)
- 考虑到你的薪水和开支情况,你可以承受多大的投资损失?

如果在审视了所有这些因素之后,你觉得自己可以承担拥有较多股票的较大风险,那么你就可以按照格雷厄姆给出的最低比率(25%),来持有债券和现金。如果不是这样,你最好还是卖掉你的大部分股票,按照格雷厄姆给出的最高比率(75%),来持有债券和现金。(要知道自己是否应百分之百地持有债券,请参见本书随后的专栏内容。)

一旦你确定了资产配置的最终比例,就不要轻易改动,除非你的生活状态出现了重大变化。既不要因为股市的上涨而加大其投资比例,也不要因为其下跌而更多地卖出。用约束取代猜想,这正是格雷厄姆投资法的精髓。幸运的是,通过你的410(k)账户,你可以很方便地以一种固定的程式,自动调整你的投资组合。假如你可以承受,比方说,70%的资金投资于股票、30%投资于债券的较高风险;如果股市上涨了25%(而债券价格保持不变),此时你的资产中股票的比重已接近75%了。[5]登录你的410(k)账户的网站(或拨打其免费的电话号码),然后卖出一些股票,使自己的资产比例重新回到70比30的比例。其要点在于,要以一种可预见的、持之以恒的方法,来重新调整你的资产配置:既不要过于频繁,使自己抓狂,也不要过于稀少,使你预定的投资比例长期失衡。我想可以正好每六个月进行一次调整——具体日期可选择一个容易记住的日子,如元旦或7月4日美国国庆节。

这种定期平衡的妙处在于,它强迫你根据一个简单而客观的标准——我的此项资产是否已超过预定的计划——来决定自己的投资,而不是对利率的走势或道琼斯指数的动向妄加猜测。某些基金公司,如T. Rowe Price,会很快推出一种服务,自动平衡你的401(k)证券组合账户,使其满足你事先确定的目标,这样你就再也不用进行主动决策了。

---

[5] 为方便起见,本例假定股票的上涨是瞬时性的。

> **为什么不能把全部资产投资于股票**
>
> 格雷厄姆奉劝你投入股市的资金，永远不要超过自己总资产的75%。但是，是不是每个人，都不适合把全部资金投入股市呢？对极少数投资者来说，全额投入也许是可行的。如果你属于下列群体，你也许可以这样做：
>
> - 已经为自己的家庭准备好至少一年生活所需的全部资金
> - 准备在未来20年一直坚持投资
> - 已经成功度过2000年开始的熊市
> - 没有在2000年开始的熊市期间卖出股票
> - 在2000年开始的熊市期间，买入了更多的股票
> - 已经阅读了本书的第8章，并且已开始执行约束自身投资行为的正式计划
>
> 除非你确实通过了以上诸项测试，你决不能把自己的钱全部投入股票。在上一轮熊市中曾经陷入恐慌的人，在下一轮熊市仍将再次恐慌，并会因为没有债券和现金作为缓冲而深感懊悔。

债券投资的细节

在格雷厄姆的时代，债券投资者面临的基本选择是：购买免税的还是应税的债券？购买短期的还是长期债券？如今还需增加一项：购买债券还是债券基金？

购买免税债券还是应税债券？ 除非身处最低的纳税等级，[6]否则，你必须将你退休账户以外的资金全部投入免税债券；不然的话，你的许多收益将被国税局

---

[6] 在2003财税年度，联邦纳税级别的底线（免税收入标准）是：单身28 400美元，已婚家庭（联合申报时）47 500美元。

拿走。惟一可用来购买应税债券的账户，是你的401（k）账户，或其他无须纳税的账户——此时你的收益不必缴纳当期税款（在这方面，市政债券发挥不了作用，因为无法利用它们的税收优惠）。[7]

购买短期债券还是长期债券？债券与利率的关系，就像一个跷跷板的两端：如果利率上扬，债券的价格就会下降，尽管短期债券的下降幅度远低于长期债券。另一方面，如果利率下跌，债券价格就会上涨，而且长期债券的上涨幅度会大于短期债券。[8]你也可以通过购买5~10年到期的中期债券来缩小这种差别。这种债券既不会在利率飙升时大幅上涨，也不会在利率暴跌时一蹶不振。对大多数投资者来说，中期债券是一种最简单的选择，因为它可以使你不再为猜测未来利率的走势而烦恼。

购买债券还是债券基金？债券通常是以10 000美元为单位出售的，而你需要购买至少10种债券，才能将某种债券的违约风险分散掉。除非你至少有10万美元的投资，否则，购买单个债券的做法是不可取的。（惟一的例外是美国长期国债，因为它是由美国政府担保的，没有违约的问题。）

债券基金可以方便、廉价地提供分散化的好处；而且可以每月拿到利息收入，然后按照现行利率将其再投入该基金，且不收手续费。对于一般投资者来说，债券基金显然要优于直接购买单个债券（国库券和某些市政债券是一个主要的例外）。一些大型基金公司，如先锋（Vanguard）、富达（Fidelity）、嘉信（Schwab）

---

[7] 有两个很好的在线计算器，可以帮助你比较市政债券和应税债券的税后收益。这两个计算器可以从下列网站找到：www.investingbonds.com/cgi-bin/calculator.pl，以及 www.lebenthal.com/index_inforcenter.html。为了了解"市政债券"是否适合于你，首先利用那些计算器计算出"应税等值收益率"，然后将其与现有长期国债的收益率（http://money.cnn.com/markets/bondcenter/ 或者 www.bloomberg.com/markets/C13.html）进行比较。如果长期国债的收益率高于应税等值收益率，就说明市政债券不适合于你。无论如何，要记住：与大多数应税债券相比，市政债券和基金的收益率要低一些，价格波动性要大一些。同时，现在许多中等收入的美国人，都面临的是最低等级的税率，因此，这会削弱市政债券的优势。

[8] 关于债券投资的最佳入门读物，请参见 http://flagship.vanguard.com/web/planret/AdvicePTIBInvestmentsInvestingInBonds.html#InterestRates。关于债券更简单的解释，请参见：http://money.cnn.com/pf/101/lessons/7/。一种"梯级"组合（将债券分布于各种不同的期限），是防范利率风险的另一种方法。

和 T. Rowe Price 等，均可提供诸多债券投资组合，而且费用低廉。[9]

由于各种债券品种层出不穷，我们有必要对格雷厄姆给出的债券清单进行一番更新。2003 年，利率已降至非常低的水平，投资者无不渴望能够获得较高的收益，但也有一些可以提升你的利息收益且无须承担更多风险的投资品种。[10] 表 4-1 概括了这些品种的利弊。

现在，让我们来了解几种能够满足特殊需求的债券投资。

现金也有其价值

怎样才能从你的现金中挤出更多的收益？聪明的投资者应当考虑，跳出银行定期存单和货币市场账户之类的传统工具（它们近年来的收益太低了），转向以下现金投资品种：

各种国债 作为美国政府的债务，这些债券实际上没有违约风险，因为山姆大叔用不着赖帐——它随时可以通过增税或多印钞票来还债。短期国库券（T-bills）的偿还期为 4 周、13 周或 26 周。由于期限短暂，它对利率的变化不敏感——当利率急升，使其他债券的价格大跌时，其跌幅相对微小，而长期国债却跌势惨重。国债的利息收入通常免征州所得税（但要缴联邦税）。目前，各种国债的存量高达 3.7 万亿美元，因此，如果你在债券到期前需要现金，总可以在市场上找到相应的买家。你可以通过专门的网站（www.publicdebt.treas.gov）直接从政府手中购买到各种期限的国债，不用支付任何佣金。（关于可防止通货膨胀损失的 TIPS，请参见第 2 章点评。）

储蓄债券 与国债不同，储蓄债券是不可交易的；你无法把它卖给其他投资者。如果提前支取，你还会损失三个月的利息。因此，它通常只适合作为"预备资金"，以备将来的某种需要，比如用作若干年以后某种宗教仪式的礼物，或你新出生的孩子将来上哈佛大学的费用。储蓄债券的最小面值仅为 25 美元，因此很适合作为给你孙子孙女的礼物。对于那些完全有能力长期持有一部分闲置

---

[9] 更多的信息，请查阅下列网站：www.vanguard.com，www.fidelity.com，www.schwab.com，and www.troweprice.com。

[10] 关于债券投资的总结，请参见下列网站：www.aaii.com/promo/20021118/bonds.shtml。

表 4-1 债券大家族

类型	期限	最低购买量	违约风险	利率上升时的风险	到期前售出的难易程度	是否豁免州所得税	是否豁免联邦所得税	比较基准	收益（2002年12月31日）
短期国债	少于1年	1 000美元（D）	极低	很低	高	是	否	90天	1.2
中期国债	1～10年	1 000美元（D）	极低	不大	高	是	否	5年	2.7
								10年	3.8
长期国债	10年以上	1 000美元（D）	极低	高	高	是	否	30年	4.8
储蓄债券	最多30年	25美元（D）	极低	很低	低	是	否	1995年5月后购买的EE债券系列	4.2
定期存单	1个月至5年	通常为500美元	很低：100 000美元以内有保险	低	低	否	否	1年期全国平均收益	1.5
货币市场基金	397天以内	通常2 500美元	很低	低	高	否	否	应税货币市场平均收益	0.8
抵押债券	1～30年	2 000～3 000美元（F）	一般来说不大，但也可能很高	中等以上	中等以下	否	否	雷曼兄弟MBS指数	4.6
市政债券	1～30年或以上	5 000美元（D）2 000～3 000美元（F）	一般来说不大，但也可能很高	中等以上	中等以下	否	是	全国长期共同基金平均收益	4.3
优先股	无限期	无	高	高	低	否	否	无	极不稳定
高收益（"垃圾"）债券	7～20年	2 000～3 000美元（F）	高	不大	低	否	否	美林高收益债券指数	11.9
新兴市场债券	最多30年	2 000～3 000美元（F）	高	不大	低	否	否	新兴市场债券基金平均收益	8.8

资料来源：Bankrate.com, Bloomberg, Lehman Brothers, Merrill Lynch, Morningstar, ww.savingsbonds.gov

说明：（D）：直接购买；（F）：通过基金购买。"到期前售出的难易程度"是指在到期日前能否以公允的价值售出；一般说来，共同基金要比债券更容易出手。如果你的货币市场基金是通过联邦存款保险公司的会员银行购买的，联邦机构将为其提供10万美元以下的保险；通过其他途径购买，则只能得到隐含的担保。储蓄债券赎回或到期时缴纳，可以推迟到期时缴纳的联邦所得税。市政债券通常只在其发行所在州免征州所得税。

现金的人来说，近年出现的具有防通货膨胀功能的"I-债券"，能够为其提供不俗的收益（4%）。欲知详情，请参见：www.savingsbonds.gov。

国债以外的选择

抵押证券 它是由全美数千种抵押贷款打包形成的，由联邦国民抵押贷款协会（"房利美"）或政府国民抵押贷款协会（"吉利美"）这类机构发行。然而，它们没有美国财政部的担保，因而其收益率定得较高，以体现其较高的风险性。当利率走低时，抵押债券通常会跌得更凶，但利率上升时也涨得更猛。（从长期来看，其波动会被熨平，总的来说平均收益较高。）先锋、富达和 Pimco 等基金公司均设有质量不错的抵押债基金。但如果有经纪人试图劝说你购买单个抵押债券或"CMO"，你不妨赶紧找个借口逃之夭夭。

年金 这种类似于保险的投资，可以帮助你把当前需缴纳的税金递延到将来，并在你退休后为你提供收入流。固定年金的收益率是固定的，而可变年金的收益率是浮动的。但防御型投资者真正要提防的，是那些以极高的成本来推销年金的保险代理、证券经纪人和金融规划师。在多数情况下，购置年金的高额费用——包括提前退出的"解约金"——会远远超出该年金带来的好处。优质年金为数不多，都是精心选购出来的，推销的没好货。如果某只年金会给卖方带来丰厚的佣金，它就不可能给买方带来好的收益。你惟一可以考虑的是，直接从 Ameritas、TIAA-CREF 和先锋之类的机构，以最低的费用直接购买年金产品。[11]

优先股 优先股是身兼两种缺点的投资。一是安全性不如债券，如果公司破产，其偿还权排在债权人之后。二是获利潜力低于普通股，因为如果利率下

---

11 一般说来，可变年金对下列投资者是没有吸引力的：未满 50 岁，且退休后可能会处在最高的纳税等级，或者未在其 401（k）账户和个人退休账户（IRA）中投入全额的资金。固定年金可能会改变其"担保"收益率，并在你解约时收取高额的费用——教师保险年金协会和大学退休股票基金（TIAA-CREF）是明显的例外。关于年金的全面和客观的分析，请参见以下两篇精彩的文章：Walter Updegrave: "Income for Life," *Money*, July, 2002, pp. 89-96, and "Annuity Buyer's Guide," *Money*, November, 2002, pp. 104-110。

降或公司信用级别改善，发行公司通常会"赎回"或强行回购这些优先股。而且发行公司支付的股息，不能像其支付的债券利息那样，从应税利润中扣除，冲抵一部分所得税。问问你自己：如果这样的公司足够健康、值得我们投资，它为什么要发行优先股，为之支付高额的红利，而不发行债券并享受其带来的减税好处呢？其答案很可能是，该公司的财务状况不够健康，市场对其债券没有胃口；因此，你在接近其优先股时，应该像在菜市场上碰见一条未冷冻的死鱼一样。

普通股　登录雅虎的股票网站（http://screen.yahoo.com/stocks.html），你会看到，在2003年年初，标准普尔500指数中，有115只股票的股息收益率达到或超过了3%。一个聪明的投资者，不论多么渴望获得股息，都不会只为了股息而购买一只股票；标的公司及其业务必须足够坚实强劲，其股价必须足够合理。但是，由于从2000年开始进入熊市，目前有些龙头股的收益率已超过了长期国债。因此，即便是最保守的投资者，也应该意识到，在全部持有债券或以债券为主的投资组合中，有选择地加入一些股票，会增加其收益率，并提升整个组合的潜在回报。[12]

12　关于股息在投资组合中的作用的更多介绍，请参见第19章的内容。

第 5 章

防御型投资者与普通股

普通股投资的优点

在本书 1949 年的第一版中,我们发现,必须在此加入一段详细的解说,才能说明所有的投资组合,均须包含相当一部分的普通股。* 人们通常认为,普通股具有高度的投机性,因而是不安全的。股市曾经从 1946 年的高位经历了一次深幅下跌,但投资者们并没有因其价位更趋合理而被吸引,反而因其下跌造成的负面效应而心有余悸,丧失了对股权资产的信心。我们已对股市后 20 年的逆转进行了阐述:股价的大幅上升,使股票成为这一时期最安全且获利最丰的投资品种,但目前股价已被推升至历史最高水平,其中已蕴含了大量的风险。+

我们关于 1949 年的股票市场的评论,可以归结为以下两点。首先,股票很大程度上使投资者得以免受通货膨胀的损失,而债券却完全不能提供这种保护。普通股的第二个优点在于,它可为投资者提供较高的多年平均回报;这不仅来

---

* 截至 1949 年年初,此前 20 年的股票年平均回报率为 3.1%,而长期国债的回报率为 3.9%;这意味着投资 10 000 美元于股票,期末会变成 18 415 美元,而投资债券会变成 21 494 美元。事实证明,1949 年是一个投资股票的绝佳时机,在此后的 10 年,标准普尔指数的年平均收益率高达 20.1%,堪称美国股票史上最佳的长期收益之一。

+ 格雷厄姆此前关于这一话题的评论,见本书的前文。试想格雷厄姆对 20 世纪 90 年代后期的股票市场会有怎样的感想:此时股市每一次再创新高,都被人们视作股票是一种无风险的财富积累方式的又一次"证明"!

自其较优质债券利息更高的平均红利水平，也来自因未分配利润的再投资而产生的市场价值上扬的长期趋势。

虽然这两项优势十分重要，而且确实令普通股的收益在过去很长一段时间，远远超过了债券，但我们仍然会继续提出如下警告：如果投资者以过高的价格买进股票，这些优势就会烟消云散。1929年的情况显然就是这样——此后经过25年，市场才恢复了元气（1929~1932年的股市出现了大幅跳水）。* 由于价格过高，1957年，普通股再次失去了其传统的股息收益率高于债券利率的优势。+ 今后，通货膨胀和经济增长因素是否能够弥补这一重大转变带来的差距，仍将有待观察。

1971年年底，道琼斯指数已达900点，读者显然知道，我们对此点位的普通股没有多大兴趣。++ 根据已经给出的理由，我们认为，防御型投资者不能忍受不在其投资组合中持有一部分普通股，虽然这只是一种两害相权取其轻的做法，因为全部持有债券的风险更大。

---

* 1929年9月3日，道琼斯工业指数达到了创纪录的381.17点。直到1954年11月23日，即长达四分之一个世纪后，该指数才达到了382.74点。（当你企图"长期"持有股票时，你是否意识到这个"长期"有多长？是否想到，一些在1929年买进股票的投资者，到1954年时已不在人世？）但对于将投资收益不断进行再投资的有耐心的投资者来说，即使在这样一个悲惨时期，其投资收益仍然是正数，因为当时的年均股息收益率达5.6%。根据伦敦商学院三位教授（Elroy Dimson, Paul Marsh, Mike Staunton）的研究，如果你在1900年投资1美元于股票，并将股息全部花掉，到2000年时，这笔投资会变成198美元；但如果你把分得的股息全部用于再投资，你的股票组合市值将达到16 797美元。显而易见，股息才是股票投资的最大吸引力。

+ 为什么"高股价"会影响其股息收益率呢？股票的收益率是其现金股息与股价之比。假如某公司每年支付2美元的股息，而其股价为100美元，股票收益率为2%；如果股价上升一倍而股息不变，股息收益率就会降为1%。到了1959年，当格雷厄姆在1957年指出的此种趋势已引起投资界的广泛注意时，华尔街的许多权威人士认为，这种现象是不可持续的。在此之前，股票的收益率从未低于债券利率；既然股票的风险高于债券，如果其收益低于债券利息从而不能补偿其额外的风险，谁还会买这种证券呢？这些专家认为，债券的利率高于股票红利的时间只会延续数月，此后两者的关系就会重归"正常"。如今四十多年过去了，但它们之间的关系再也没恢复"正常"。迄今为止，股票的收益率仍然低于债券利率。

++ 参见本书前文。

普通股的投资规则

对于防御型投资者而言，挑选普通股是一件相对容易的事情。在此我们给出四项可资遵循的规则：

1. 适当但不要过分分散化，你的持股数应限制在最少 10 只，最多 30 只不同的股票之间。*
2. 你挑选的每一家公司应该是大型的、知名的，在财务上是稳健的。这些形容词必然会有一定的含糊性，但其基本意义是十分清楚的。关于这一问题的进一步讨论见本章的结尾部分。
3. 每一家公司都应具有长期连续支付股息的历史。（在 1971 年，道琼斯指数的成分股均满足这一条件）。具体说来，我们建议连续支付股息的历史，至少应该从 1950 年开始。+
4. 投资者应将其买入股票的价格限制在一定的市盈率范围，其参照的每股收益，应取过去 7 年的平均数。我们认为，针对这一平均数，其市盈率应控制在 25 倍以内；如果是过去 12 个月的利润，则应控制在 20 倍以内。但这一限制会把所有最强势且最受欢迎的股票，排除在我们的投资组合之外。实际上，这将把几乎所有的"成长股"都排除在外，而这些股票正是过去若干年来股市的最爱，无论是投机者还是投资者均对其趋之若鹜。为此，我们必须对这种彻底的排除给出理由。

成长股与防御型投资者

所谓"成长股"，是指那些在过去每股收益增长显著超过所有股票的平均水

---

* 关于分散化的另一种解释，请参见第 14 章点评中的专栏内容。

+ 如今，防御型投资者也许可以要求其投资的公司，至少具有连续 10 年的股息支付记录（这将会排除道琼斯工业指数成分股中的一只股票——微软公司；而在标准普尔 500 指数的成分股中，仍有 317 只股票符合要求）。即使要求具有连续 20 年的股息支付记录，也不会过于苛刻——根据摩根士丹利的报告，在 2002 年底，标准普尔 500 指数的成分股中，有 255 只股票符合这一要求。

平，并且预计未来仍将如此持续下去的股票。（某些专家会说，真正的成长股至少会在未来 10 年内，每股收益翻一番，就是说，其年复合增长率为 7.1%。）* 显然，这样的股票是值得购买和拥有的，只要其价格不是太高。当然，也存在着问题，因为相对当期利润而言，成长股的价格一直都很高；相对于过去某一时期的利润而言，其市盈率更高。因此，在成长股投资方面带来很大的投机成分，从而使得此种投资的操作很难成功。

长期以来，IBM 一直是成长股的龙头，而且确实为多年前买进并一直持有它的投资者带来了丰厚的回报。但是我们已经指出，[+] 这只所谓"最佳普通股"，曾在 1961~1962 年的 6 个月下跌中，折损一半；在 1969~1970 年间，也曾下跌几乎同样的幅度。其他成长股在逆境中的走势更糟；有时不仅股市在走低，这些公司的利润也在下降，由此会对持有这种股票的投资者造成双重打击。德州仪器是另一个可以佐证这一观点的良好例子：该股在 6 年间，从 5 美元涨到 256 美元，其间没有支付过一次股息，而其每股收益从 40 美分上升到 3.91 美元。（请注意，其股价的上涨幅度，相当于利润上升幅度的 5 倍；这是此类热门股的一般特征。）但两年以后，其利润下降了近 50%，股价则下降了五分之四，跌至 49 美元。[++]

从以上例子读者可以看出，我们为什么会认为，对于防御型投资者来说，成长股的不确定性过高、风险过大。当然，如果股票选对了，买入的价格适当，并且在巨大的上涨之后、可能的下跌出现之前将其卖出，则会出现奇迹。但对于一般投资者而言，这种事情是可遇而不可求的。与此相比，我们认为，那些

---

* "72 法则"（Rule of 72）是一种很方便的心算工具。要想估算出一笔钱多久可以翻倍，只要用 72 来除以给定的增长率。例如，如果以 6% 的年复合增长率增长，你的钱将在 12 年翻一番（72÷6=12）。按照格雷厄姆所说的 7.1% 的增长率，成长股的利润将在 10 年多一点的时间翻倍（72÷7.1=10.1）。

+ 格雷厄姆在本书前文提出了这一观点。

++ 为了证明格雷厄姆这一观点长期有效，我们可以用微软来代替 IBM，用思科代替德州仪器。30 年以后，其结果仍惊人的相似：在 2000~2002 年间，微软的股价下跌了 55.7%，而思科的股价则下跌了 76%——此前的 6 年间，它上涨了 50 倍。像德州仪器一样，思科的股价下跌也超过了其利润的下跌——利润只下跌了 39.2%（1997~1999 年 3 年的平均数与 2000~2002 年 3 年的平均数对比）。与过去一样，它们总是涨得更快，也跌得更狠。

不那么热门，因此利润乘数*较为合理的大型公司，反而是一种对大多数投资者更为合适的选择，尽管它们看上去不那么光彩夺目。在关于投资组合选择的章节中，我们将进一步阐述这一观点。

投资组合的改变

目前，很多投资者会将其证券投资组合定期送检，以确定其是否具有某种改善的余地。显然，这已成为投资顾问为其客户提供的一项主要服务了。几乎所有的经纪公司都可以提供相关建议，而且无需特别收费，以此来争取其他收费业务。也有一些经纪公司是以收费的方式提供该服务的。

我们的防御型投资者也应当寻求这种改进投资组合的建议——至少每年一次——就像其初次投资时会寻求建议一样。由于他缺乏关于哪些顾问可以信赖的专业知识，因此只能找那些声望最高的机构，否则，他很可能会遭到一些"二把刀"的糊弄。重要的是，他必须向其提请咨询的每一个顾问，申明自己要坚持本章开头提出的几项选股原则。需要说明的是，如果一开始选定的股票组合很恰当，就没有必要对其进行频繁或大规模的改变了。+

美元成本平均法

纽约股票交易所在推广"月度购买计划"方面，已付出了相当大的努力。这种计划要求，投资者每个月投入同样数额的资金买进一只或多只股票。它是所谓的美元成本平均法（定期定额投资法）这种"程式化投资法"的一种特例。在始自1949年的股市大幅上涨期间，这种做法的效果相当令人满意，特别是在

---

* "利润乘数"也叫市盈率（P/E）或股价利润比，用来表示投资者愿意为标的公司目前业务的利润水平支付多高的价格（参见第3章58页的脚注+）。

+ 目前，像www.quicken.com, moneycentral.msn.com、finance.yahoo.com 和 www.morningstar.com 这样的网站，均设有"投资组合追踪器"这样的装置。投资者可利用这种互动性服务，来建立监控自己股票质量的自动系统。但格雷厄姆曾警告我们，不要完全依赖这种系统。你必须运用自己的判断来弥补软件的不足。

有效防止投资者在错误的时间大量买入股票方面。

露西尔·汤姆林森（Lucile Tomlinson）对这种程式化投资法进行了全面的研究[1]。她以构成道琼斯工业指数成分股为样本，计算了美元成本平均法的效果。她的检测覆盖了 23 个十年期：头一个十年截止于 1929 年，最后一个十年截止于 1952 年。每一项检测都给出了期末或此后 5 年的利润情况。第 23 个购买期末的平均利润达 21.5%——股息不包括在内。显然，其中有些时期，投资者的股票市值会出现明显下降。汤姆林森小姐以如下惊人之语，结束了对这种极其简单的投资法的讨论："无论证券价格出现怎样的波动，这种投资法都能使人满怀信心地取得最终的成功；迄今为止，尚无任何可与美元成本平均法相媲美的投资法问世。"

人们也许会对这种方法提出以下质疑：此法虽然言之有理，但实际上却很不现实，因为能够在连续 20 年内，每月拿出同样数额资金来购买普通股的人，实在少之又少。在我看来，这种显而易见的质疑近年来已不那么有力了。作为储蓄投资计划的必要成分，普通股已获得人们广泛的认同。因此，就像连续不断地买进美国储蓄债券和人寿保险一样，系统而一贯地购买股票，也不会对投资者造成多少心理和财务上的困扰了，后者可以看成是对前者的补充。如此购买股票，虽然每月投入的金额不大，但 20 年下来或者更长，其总量会相当可观，对投资者的意义也相当重大。

投资者的个人情况

在本章的开头，我们曾简单地提到过资产组合所有者个人的情况。出于下文讨论一般投资策略的需要，我们现在回过头来详细研究这一问题。投资者的个人状况，会在多大程度上制约其证券类型的选择？我们给出了三个例子，以此来代表各种不同情况：（1）一个拥有 20 万美元，以此来养活自己及其子女的寡妇；（2）一个正处于职业生涯中期的成功医生，拥有 10 万美元存款，而且每年还会增加 1 万美元；（3）一个周薪 200 美元的年轻人，每年储蓄 1 000 美元。*

---

* 将格雷厄姆给出的上述数字乘以 5，即可用来说明 21 世纪初的情况。

对于那个寡妇来说,单凭其收入来养家糊口十分不易。另一方面,其投资必须采取保守策略。将其资金大致等比例投入美国政府债券和最高级别的普通股,就能够兼顾各个目标,并且符合我们对防御型投资者做出的一般规定。(股票投资的比例最高可达75%,其前提是投资者对此具有足够的心理准备,并且有足够的把握确定其买入的价格不是很高。显然,1972年初的股市,并不满足这一要求。)

我们并不排除这个寡妇也有能力成为一名进取型的投资者;此时她的目标和投资法会有很大的不同。有一件事她是不能去做的,那就是为了赚取一些"额外的收入"而进行投机性操作,即在缺乏必要的知识和经验,无法确信自己的投资能够取得整体成功的情况下,追求某种利润或高收益。为了维持生计,她最好是每年从自己的本金中获取2000美元,而不要将一半的本金冒险投入到不可靠因而具有投机性的活动中去。

那位收入不错的医生没有寡妇面临的压力和制约,但我们仍然认为,他的(投资)选择也是大致相同。他愿意认真对待投资业务吗?如果他缺乏动力或能力,最好接受做一个防御型投资者的简单角色。他的资金配置与那个"典型的"寡妇并无二致;他也会面临如何确定股票投资比例的问题。他每年新增存款的投资配置,也应该大致采取原先的投资比例。

这个医生也许比那位寡妇更乐意成为一名进取型的投资者,而且成功的机会也较大。但他有一个重大的局限性,那就是他缺乏足够的时间来接受投资教育,照管自己的投资。实际上,医务人员在处理证券事务方面的无能是众所周知的。其原因在于,他们通常对自己的智力极具信心,且获利之心迫切,而没有认识到,投资的成功需要付出大量的精力和对证券价值做出专业判断。

最后,那个每年储蓄1 000美元,并且希望逐年有所进展的年轻人,会发现自己面临同样的选择——虽然其理由会有所不同。他的一部分储蓄资金应直接投入E系列债券。由于他本钱太少,不值得为此接受严格的教育和训练使自己成为一名合格的进取型投资者,因此,采用我们给出的防御型投资者的标准做法,无疑是一种最简单、最合理的策略。

在此,我们也不能忽视人性的因素。对于许多聪明但资金有限的年轻人来说,金融投资是一种颇有吸引力的事务。在投资方面,他们希望自己能做到既聪明又有进取性,虽然其收益对于他们来说远不如工资重要。这种态度大有好处。

对于一个年轻的投资者来说，及早开始自己的投资教育和实践是很有利的。如果他以进取型投资者的方式进行操作，肯定会犯一些错误，并遭受某种程度的损失。年轻可以承受这些失败，并从中获益。我们奉劝那些初学者：不要把自己的精力和金钱浪费在试图战胜市场上。他们应当对证券的价值加以研究，并以尽可能小额的资金，对自己在价格和价值方面的判断进行尝试性检验。

这样，我们要再次重申本章开头提出的论断，这就是说，投资者应买入何种证券以及追求多高的投资回报率，不能以个人的资金多寡为依据，而要看自己在金融方面的能力，其中包括知识、经验和性格等。

关于"风险"的说明

一般说来，优质债券的风险要小于优质的优先股；而后者的风险，要小于优质的普通股。由此引申出人们对普通股的流行偏见，即认为股票是不"安全"的。联邦储备委员会 1948 年的调查报告证实了此种偏见的存在。我们要指出的是，在证券投资领域，"风险"和"安全性"具有两种不同的含义，会在人们的思想中造成混乱和歧义。

显然，到期不能支付利息和本金的债券是不安全的。同样，如果期望某只优先股甚至普通股会持续支付股息，结果其股息却被削减甚至取消了，那么它也是不安全的。如果某个证券持有人，很有可能不得不在其价格大大低于买价时抛售该证券，这也说明该证券含有风险。

不过，人们往往会把风险的概念，扩展到所持有的证券可能会出现下跌的情况，即使这种下跌只是周期性的和暂时性的，而且他无需在此时卖出。除了联邦储蓄债券，任何证券都可能出现此种情况；比起高等级的债券，普通股的波动幅度会更大。但从实际意义上来看，我们认为这并非真正的风险。持有住房抵押贷款的人，如果在不利的时机被迫出售房屋，将会遭受重大亏损。但是，在进行不动产抵押贷款时，人们通常不会以此来判定该项贷款是否安全；其安全性惟一的标准是，他能否按时还本付息。同理，判断一项普通的经营业务的风险时，要看其亏损的可能性有多大，而不是看其所有者被迫出售业务时情况会怎样。

在第8章，我们将明确提出自己的观点：就真正的投资者而言，单是市场价格的下跌，并不会导致他的亏损；因此，市场可能出现下跌这一事实，并不意味着他面临着实际的亏损风险。如果以合理的投资年限来衡量，一组精心挑选的股票投资组合，能为我们提供满意的整体回报，那么，这一组合实际上就是"安全"的。在此期间，其市场价值肯定会有所波动，但投资者同样有可能不会在成本价之下卖出股票。如果这一事实给投资造成了"风险"，那么，这种投资既应被称作是有风险的，同时也应被称作是安全的。假如我们仅把风险这一概念应用于价值损失（证券的实际售出，公司地位的严重恶化，或者更常见的是由于买价相对于债券的内在价值过高而出现了亏损），那么，这种混淆就可以避免。[2]

许多普通股确实会有这种贬值的风险。但我们的观点是，一组经过适当挑选的投资组合，是不会含有此种风险的，至少其程度不会很高，因此不应仅仅因为其价格的波动而宣称"股票有风险"。不过，如果相对于股票的内在价值而言，买入价格过高，这种风险就会因此而呈现，即使出现严重下跌的股市在多年后能够收复失地。

何谓"大型的、知名的和财务稳健的公司"

上述引语出自本章前半部分，它被用来形容防御型投资者应该购买的股票类别。此外，这些公司还应当具有连续多年派发股息的记录。任何以形容词为基础的标准都总是含混不清的。究竟应如何来界定大型的、知名的和财务稳健的公司呢？关于最后一项限定，我们能够给出一个具体的标准——尽管有些随意性，但却是普遍接受的。对一家工业企业来说，其普通股的账面价值必须不低于其总资本（包括全部的银行债务）的一半，才称得上是财务稳健的。[3]对铁路或公用事业公司来说，这一界限是不低于30%。

"大型的"和"知名的"含有规模可观和行业地位领先的意思。这些公司通常被认为是"主要的"，而业内的其他企业则是"次要的"。当然，在成长股的投资者看来，成长股是一个例外。具体说来，我们不妨把"大型"界定为，公司目前的资产不低于 5 000 万美元，或营业额不低于 5 000 万美元。*此外，作为一家"知名的"公司，其规模应位于所在行业的前四分之一或三分之一。

然而，过于执著如此随意性的标准则是愚蠢的。这一标准的提出只是参考性的。只要不违背关于"大型"和"知名"的公认含义，投资者为自己设定的任何标准都是可以接受的。由于这种定义固有的模糊性质，在那些适合防御型投资者的公司中，必定会有一部分被选中，另一部分则被淘汰。这种意见分歧和不同的选择不会带来不利影响。实际上，它对股票市场交易是有益的，因为这将使龙头股和次一级股票之间的差别，变得更微妙，层次更丰富。

---

* 就当今的市场而言，所谓"大型"公司，其市值（或"市场资本化"价值）至少应达到 10 亿美元。根据网络股筛选网站（http://screen.yahoo.com/stocks.html）提供的信息，2003 年，大约有 300 只股票符合这一标准。

第5章点评

> 人类的幸福，大多不是来自罕见的鸿运，而是来自于每天的一点点所得。
>
> ——本杰明·富兰克林

最好的防御就是有力的进攻

经历了前几年股市的血雨腥风之后，防御型投资者为什么还要投资股市呢？

首先，要记住格雷厄姆所坚持的观点：你应该有多大的防御性，这并不取决于你对风险的容忍程度，而是取决于你愿意在自己的投资组合方面花多少时间和精力。如果你的方法恰当，投资股票就会像持有债券和现金一样轻松容易（在第9章我们将看到，你可以非常轻松地购买股票型指数基金）。

很容易理解的是，身处2000年开始的此轮熊市，你会为此感到焦灼，因此决定从此再也不买股票；这种反应是可以理解的。就像一句古老的土耳其谚语所说的那样——"被热牛奶烫过嘴之后，再喝酸奶也会用嘴去吹。"由于2000~2002年的股市崩溃是如此恐怖，许多投资者现在都觉得股票会烫伤自己。但是，殊不知，正是此种下跌已使股票市场的大部分风险得到了释放。在此之前，它确实是一杯烫牛奶，但现在已降到室温了。

由此可知，如今你是否应继续拥有股票，与几年前拥有的股票给你带来了多大的损失并无关系。如果股票的价格已变得相当合理，足以使你的财富今后得以增值，那你就应当购买它们，而不论其是否曾令你在不久前亏损过。尤其是在当今债券的收益率很低，从而减少你未来的投资回报的时候。

我们在第3章已经指出，与历史平均水平比较，2003年年初的股价只处于略高一点的价位。与此同时，从目前的价格来看，债券的收益率很低；因此，那些出于安全性购买债券的人，就好比一些烟民认为吸焦油含量较低的香烟可以避免肺癌一样。无论你是具有多大防御性的投资者——按照格雷厄姆的观点，即无论将持有的股票降低到多少；按照现在的观点，即无论将风险控制在多低的水平——为了保持今天的价值，你都必须至少拿出一部分钱来购买股票。

幸运的是，如今防御型投资者购买股票比以往任何时候都更容易了。目前有一种持久的自动投资组合系统，它可以使你毫不费力地把自己的钱，按月投入预先设定的投资品种，从此无须为选股浪费大量的时间。

应该"买自己熟悉的股票"吗

但是，首先让我们来看防御型投资者始终反对的一种观点：你无须为选股做任何功课。在20世纪80年代和90年代初期，"购买自己熟悉的股票"是当时最流行的投资口号。曾在1977~1990年间执掌富达麦哲伦基金，并获得共同基金最佳投资战绩的彼德·林奇就是这一信条最有力的鼓吹者。林奇认为，业余投资者拥有业内投资者已然忘却的一项优势，即知道如何去利用"常识的力量"。如果你发现一个很棒的新餐馆、一种新款汽车、牙膏或牛仔裤，或者你看到你家附近的一家店铺的停车场总是车水马龙，或一家公司的总部直到午夜电视剧播完后仍有人在加班，那么，你就会对某只股票形成一种专业分析师和基金经理人都不具备的亲身感受。正如林奇所指出的："有了多次买汽车和照相机的经验，你会对商品的好坏以及是否好卖，形成自己的感觉……最重要的是，你比华尔街更早获知这一信息。"[1]

林奇的规则——"如果利用自己的优势，投资于所熟悉的公司或产业，你就可以比专业人士做得更好"——并非毫无道理，而且多年来确实有成千上万的投资者从中受益。但林奇的这一法则，只有在你遵循以下结论时才有效："找到一家看似有前途的公司只是第一步。下一步是对它进行研究。"他的真正意思是，在对一家公司的财务报表进行研究，并对其商业价值进行估量之前，决不

---

1 参见：Peter Lynch with John Rothchild, *One Up on Wall Street* (Penguin, 1989), p. 23。

能购买股票，无论其产品看起来有多棒，或他家的停车场停了多少辆顾客的汽车。

不幸的是，大多数股票投资者都忽略这一方面。

歌舞剧明星芭芭拉·史翠珊以其个性化的方式，诠释了人们如何曲解林奇的教导。她在1999年宣称，"我们每天都要去星巴克，所以我买星巴克的股票。"但这位歌舞剧明星却忘记了以下事实：无论你多么喜欢那里的牛奶咖啡，你仍然要对其财务报表加以分析，以确保其股价的高估程度不会超过咖啡。许多投资者因为喜欢亚马逊网站而购买了其股票，也有许多人因为e-Trade是他们的网络经纪商而投资其股份；这些做法与芭芭拉·史翠珊的错误如出一辙。

一些所谓的"专家"也在鼓吹这种说法。在CNN举行的一次电视访谈中，有人向Firsthand基金的股票投资经理凯文·兰蒂斯提问："凯文，你是怎样做到的？为什么我就做不到？"（从1995年到1999年年底，Firsthand技术价值基金的年均收益率高达58.20%。）"哦，你也能够做到，"兰蒂斯兴奋地回答说，"你惟一要做的是，盯住你熟悉的事物，保持与该行业的密切联系，并经常跟业内人士交谈。"[2]

对林奇法则的最大误用，出现在公司养老金计划上。如果你应当"购买你熟悉的公司"，那么最好的投资莫过于，把你在401（k）账户中的养老基金，用来购买你所在公司的股票。毕竟，你在那里工作，难道你对该公司的了解不比对外面任何一家的公司更充分吗？不幸的是，安然、Global Crossing和世界通信公司的员工们（其中很多人几乎将其全部退休金都投入了自家公司的股票，结果全军覆没）却发现，内部人所掌握的往往是一堆假象，而非真实情况。

以卡内基梅隆大学的菲斯霍夫为首的一批心理学家，已经证明了这样一种令人不安的事实：对某一事物了解的加深，并不会显著减少人们夸大自己实际所知的倾向。[3] 这就是为什么"投资于自己所了解之股票"的危险之所在。你掌

2　1999年10月5日上午11时（东部时间），凯文·兰蒂斯接受了CNN的投资节目（In the Money）的访问。从兰蒂斯自己的业绩记录来看，在成功选股方面，"你真正需要做的所有事情"，并非只是关注"你所熟悉的事物"。从1999年年底到2002年年底，兰蒂斯的基金（其投资对象大多为他自称拥有第一手资料的技术公司）价值损失了73.2%，比这一时期高科技投资基金的平均损失幅度还要大。

3　参见：Sarah Lichtenstein and Baruch Fischhoff, Do Those Who Know More Also Know More about How Much They Know? *Organizational Behavior and Human Performance*, vol. 20, no. 2, December, 1977, pp. 159-183。

握的情况越多,你对该股票缺点的把关就可能越松懈。这种有害的过度自信,被称之为"本土偏见"(home bias),即一种痴迷于自己已熟知事物的习惯:

- 散户投资者拥有本地电话局股票的数量,相当于外地电话局股票数量总和的 3 倍。
- 共同基金拥有的股票,其标的公司距该基金总部的距离,比美国所有公司距其总部的距离要短 115 英里。
- 401(k)账户的投资者,把其退休资产的 25%~30% 投资于自己所在的公司。[4]

简言之,熟悉会使人安于现状。在电视新闻中,我们总是看到那些罪犯的邻居、好朋友或父母会深感震惊地叹道:"他以前看起来是一个多好的人啊!"这是因为,每当我们对某些人和事过于接近,我们就会想当然地以一种接受而非质疑的心态对待之,而不是像面对某些较为遥远的事物那样心存疑虑。同理,对某只股票越熟悉,就越可能会使一个防御型投资者变得懒惰,认为自己无须为此费神了。不要让这样的事情发生在自己身上。

你可以自行投资吗

幸运的是,对那些乐意在选股时作一些必要的功课的防御型投资者来说,现在正好是一个"黄金时代":股票已变得比以往任何时代都要便宜,而且投资也更加便利了。[5]

自己动手 通过专门的经纪网站,如 www.sharebuilder.com,www.foliofn.

---

[4] 参见:Gur Huberman, "Familiarity Breeds Investment"; Joshua D. Coval a obias J. Moskowitz, The Geography of Investment; and Gur Hubnd Paul Sengmuller, Company Stock in 401(k) Plans, all available 网址:http://papers.ssrn.com。

[5] 根据哥伦比亚商学院金融学教授琼斯(Charles Jones)的研究,纽约股票交易所上市股票的小额单向交易的成本,已从格雷厄姆时代的 1.25%,下降到了 2000 年的 0.25%。对于共同基金之类的机构投资者来说,实际成本会更高一些。(请参见:Charles M. Jones, "A Century of Stock Market Liquidity and Trading Costs," at http://papers.ssrn.com。)

com 和 www.buyandhold.com，你可以自动地购买股票，即使你可以拿出的资金很少也无妨。这些网站收费低廉，在几千种美国股票中，每一期的购买只需支付 4 美元的佣金。你可以每周或每月都进行投资，把你分得的红利进行再投资，甚至通过电子取款机把你银行账户或支票直接储蓄账户里的小额现金取出来，投入股票投资。Sharebuilder 经纪网站在卖出时收取的佣金，要高于买进时的佣金——要注意，快速卖出是股票投资的大忌。FolioFN 经纪网站将提供很好的税收跟踪工具。

传统的经纪商和共同基金，对 2 000 或 3 000 美元以下的小额投资者不屑一顾，而这些网络经纪商却没有对资金量的最低要求，而且可以量体裁衣，为这些投资新手提供自动导航式的服务。你一定要注意，如果你每个月只能省出 50 美元来投资股票，4 美元的佣金相当于这笔钱的 8%——但对于小额投资者来说，这种微型投资网站恐怕是你实现股票投资多元化的惟一途径了。

你也可以直接购买某家公司新发行的股票。1994 年，美国证券交易委员会放松了以往长期实行的向公众直接销售股票的限制。为此，数以百计的公司开始在互联网发行股票，使投资者可以不经过经纪商直接购买其股份。欲了解直接购买股票的相关信息，可以登录 www.dripcentral.com、www.netstockdirect.com (Sharebuilder 的分支机构) 和 www.stockpower.com 等网站。你可能经常会被收取一些令人讨厌的费用，其总额可能超过 25 美元 / 年。即便如此，这种直购买方式通常也比通过经纪人购买省钱。

要当心的是，这种每年购买一些小额股票的方式，会带来很多税收方面的麻烦。如果你懒得对自己购买的股票持续进行详尽记录，你就不应投资股票。其次，不要只买一只股票——甚至是少数几种股票。如果你不想分散下注，就干脆不要下注。格雷厄姆关于投资者必须分散持有 10~30 只股票的要求，仍然是股票投资的基本法则，而且你不能使这些股票过于集中于某一行业。[6]（关于如何挑选个股来组建你的股票投资组合，参见本书后文以及第 11 章、第 14 章和第 15 章的相关内容。）

---

6 要想知道你的股票是否在行业方面足够分散化，可登录晨星网站，利用其免费的"即时扫描"（Instant X-Ray）功能。你也可通过 www.standardandpoors.com 网站的"全球行业分类标准"来加以确定。

在你建立了这种自动导航式的网络投资组合后，如果你发现一年内交易的次数超过了两次，或每月为自己的股票投资花费的时间超过了一至两个小时，就说明有什么地方出问题了。切莫让互联网带给你的轻松和即时的感觉，使你沦为一个投机者；防御型投资者是靠冷静和耐心成为最后赢家的。

寻求帮助 防御型投资者也可通过贴现经纪人、金融规划师或全方位服务的股票经纪人来投资股票。如果是通过贴现经纪人，你需要自己来完成大部分选股工作；此时，格雷厄姆的投资教导将帮助你建立一个维护工作最少，并且最有可能获得稳定收益流的投资组合。另一方面，如果你没有时间或兴趣亲自动手，你完全可以雇请某人或某基金来为你挑选股票。但有一件责任你无论如何也不能够交给他人，那就是（在把你的资金委托出去之前）对顾问的信誉及其收费的合理性进行充分调查。（有关这一问题的其他讨论，参见第10章。）

借鸡下蛋 对于防御型投资者来说，共同基金是一种既可获得股票投资的好处，又可避免其带来麻烦的理想途径。你只需花费较低的费用，即可购得一个高度分散化的投资组合，而且十分便利——让那些专家来为你挑选并监控你的股票。其分散化和便利性最佳的形式，是购买所谓的指数基金——它根本无须基金对其进行任何监控和调整。指数投资基金是一种黄粱美梦式的投资，它无需任何劳作，也几乎不会带来任何意外，即使你像华盛顿·欧文笔下的那个懒惰的农夫瑞普·凡·温克那样一觉睡了20年。它们是防御型投资者实现自己梦想的地方。关于这一话题更多的讨论，请参见第9章的内容。

填平补齐

虽然股票市场总是日复一日地上下波动，防御型投资者却有办法控制这种无序的状态。你拒绝采取主动，而且从不假装具有预测未来的能力，这恰恰会成为你最有力的武器。你的每一个投资决策都是按既定程序自动做出的，因此你可以排除那种自以为能够预知市场走势的幻觉，不为市场力量所左右，无论其走势如何异乎寻常。

正如格雷厄姆指出的，"美元成本平均法"使你可以定期将一定数额的资金用于投资。无论股市已经（或者即将）上涨、下跌还是横盘，你都将按周、按月或者按季度买进股票。所有大型共同基金公司和经纪公司，都会为你提供安全的自动电子转账服务，这样你就不必动手填写支票，并为金钱的支出感到心痛了，正所谓"眼不见，心不烦。"

最为理想的美元成本平均法是投资于一组指数基金，从而将所有具有投资价值的股票和债券都一网打尽。这样的话，你就可以摆脱诸如预测股市的走向、了解哪些板块以及其中的哪些股票会表现最好之类的猜谜游戏。

假定你每个月可结余 500 美元，你可以借助美元成本平均法拥有三只指数基金。其中 300 美元投资于美国股票市场指数基金，100 美元投资于外国股票指数基金，还有 100 美元投资于美国债券市场指数基金，这样你就可以确信囊括这个星球上几乎所有值得拥有的投资了。[7] 精确得像时钟一样，每个月你都会买进更多的股票；如果市场下跌，你预定的投资金额就会比前一月买入更多的股份；如果市场上涨，同样的金额所能买到的股份就会少于前一个月。以这种近乎自动的方式处置你的投资组合并持之以恒，就可以避免以下两种情形的出现：在市场似乎最具吸引力（实际上最危险）的时候，将手中的货币随意投向市场，抑或是在市场崩溃，股价确实便宜（但似乎更具"风险"）的时候，拒绝买进更多的股票。

根据一家颇有影响力的金融研究公司（Ibbotson Associates）的研究，如果你在 1929 年 9 月初，以 12 000 美元买进标准普尔 500 指数基金，十年之后你的手中将只剩下 7 223 美元。但是如果你以区区 100 美元起步，以后每月追加投入 100 美元，到 1939 年 8 月，你的资金就会增至 15 571 美元！这就是按照规则买进的威力——即便是面临大萧条这样有史以来最糟糕的熊市。[8]

图 5-1 显示了美元成本平均法在最近一次熊市中的魔力。

最有利的是，一旦你以指数基金为核心，建立起一个具有永久性且自动导航式的投资组合，你就能够在面对所有相关市场的问题时，给出一个防御型投资者可能给出的最有力的回答："我不知道，也不在乎。"如果有人问，债券的收益是否会好于股票，你只需回答："我不知道，也不在乎。"——毕竟，你已

---

7 关于你需要投资一部分外国股票的理由的更多论证，参见本书后文。

8 资料来源：Ibbotson Associates 提供的电子表格中的数据。虽然在 1976 年以前，散户投资者无法购买整个标准普尔 500 指数基金，这一事例还是可以说明，大盘越低越购买的做法是对的。

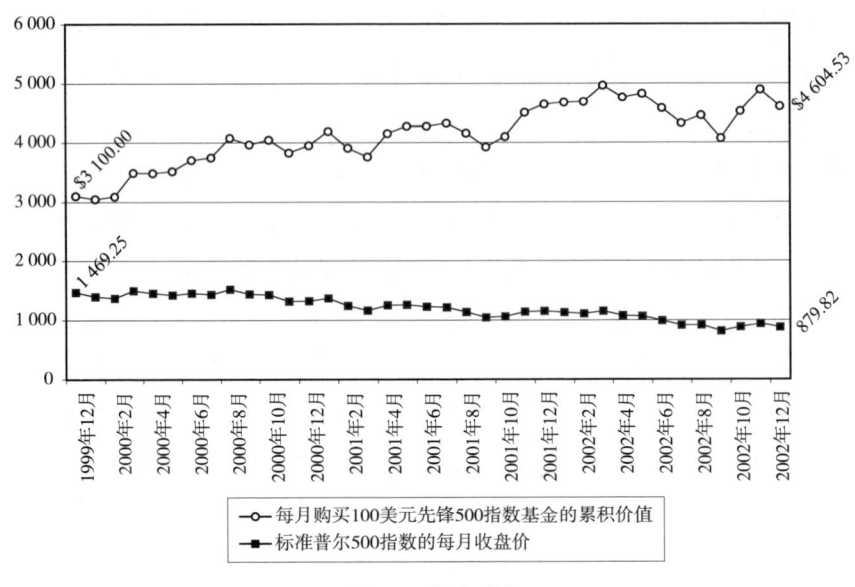

图 5-1 积少成多

从 1999 年年底到 2002 年年底，标准普尔 500 指数出现了持续的下跌，但如果你以 3 000 美元的最低限额开立了一个指数基金账户，并每月追加投入 100 美元，那么你总计 6 600 美元的总投资，将亏损 30.2%——明显低于大盘 41.3% 的跌幅。此外，你在较低价位的持续补仓，将使你在市场出现反弹时获得丰厚的利润。

资料来源：先锋集团

经自动拥有这两个投资品种了。医疗保健股是否会令技术股黯然失色？"我不知道，也不在乎。"——你已经是这两类股票的长期拥有者了。谁会是下一个微软？"我不知道，也不在乎。"——只要它规模够大，你的指数基金就会买进它，而你将搭上这班车。明年外国股票是否会强于美国股票？"我不知道，也不在乎。"——如果真是这样，你将从中获利；如果不是，你将以较低的价格买进更多。

让你能够理直气壮地宣称"我不知道，也不在乎"这种永久性且自动导航式的投资组合会令你获得解放，再也无须为预测市场走势而殚精竭虑，尽管其他人仍沉溺于这种不切实际的追求中。承认自己对未来所知甚少，以及对这种无知的心安理得，正是防御型投资者最强大的武器。

第 6 章

积极型投资者的证券组合策略：
被动的方法

"进攻型"或积极型投资者首先要遵循的策略，应该与防御型投资者基本相同，即以合理的价格，将其资金分别投入高等级债券和高等级普通股。* 他还会把他的一部分资金，投入其他种类的证券，但每一笔这种性质的投资，都必须有充分的依据。关于这一话题很难给出确切的论述，因为积极投资并不存在某种惟一的或理想的模式。其可供选择的领域十分宽广；其选择不仅有赖于投资者的个人能力和知识，而且同样地依赖于他的兴趣和偏好。

对积极型投资者最有用的总结是，指出他们不应该去做哪些事。他们通常不会购买高等级的优先股，宁愿将其让给公司购买者；他们也会回避那些等级较低的债券和优先股，除非其价格有相当大的折扣——以高息证券为例，其价格至少应比票面价值低30%；至于低等级债券，其折扣还应大得多。† 他们宁愿

---

* 格雷厄姆在这里出现了笔误。在本书第 1 章，格雷厄姆坚称是按照愿意付出的工作量，而非愿意承担的风险来定义"进取型"投资者的。但在这里，他又退回到这一定义的常规含义，即认为进取型投资者更具有"进攻性"。不过在本书其他章节，格雷厄姆始终明确坚持其最先给出的定义。伟大的英国经济学家约翰·梅纳德·凯恩斯，似乎是首先使用"进取心"（enterprise）这一术语来代表理智投资的。

† "高息证券"是指，利率高于平均水平的公司债券（在如今的市场上至少达 8%），以及股息收益率较高（10% 及以上）的优先股。如果某公司必须支付很高的利息才能借到钱，这无疑是一个反映该公司风险较高的信号。关于高收益或"垃圾"债券更多的介绍，请参见本书后文。

让其他人购买外国政府债券，即使其收益率看起来相当不错。他们还会小心对待各种新发行的证券，其中包括很有吸引力的可转换债券和优先股，以及近期利润状况很好的普通股。

就通常的债券投资而言，积极型投资者会遵循与防御型投资者相同的原则，将其选择限于高等级的应税债券——其收益率现为7.25%；以及优质的免税债券——其较长期限的品种的收益率目前为5.3%。*

二级债券和优先股

自1971年年末以来，一级公司债的收益率经常可达7.25%，甚至更多，因此仅仅为了更高的收益而购买二级债券似乎并无多大意义。实际上，近两年信用等级相对较低的公司，通常很难向公众出售"普通债券"（不可转换债券）。所以，它们的债务融资，大多是以可转换（或附带权证）的债券形式进行的，因此被单独归为一类。这样，早先发行的所有不可转换债券或低等级债券，几乎都是以较大的折扣售出的。因此，如果条件有利，就是说，如果该公司的财务信用评级有所提高以及总体利率水平下降，这种高折扣的债券可能会在本金方面带来可观的收益。

但即使在价格折扣及与之相应的本金收益方面，二级债券也面临着高级债券的竞争。1970年，某些相当可靠且息率较为"传统"（2.5%~4%）的债券，经常是以五折左右出售的。例如，美国电话电报公司1986年到期、票面利率为2.625%的债券，其售价为面值的51%；Atchison Topeka & Santa Fe RR公司1995年到期、利率为4%的债券，其售价为面值的51%；麦格劳-希尔1992年到期、利率为3.875%的债券，其售价为面值的50.5%。

因此，在1971年年末的时候，无论从利率还是债券升值的角度来看，积极型投资者都可以合理地期望，通过购买这些大幅折价的高等级债券，可以获得

---

* 2003年年初，高等级公司债的等值收益率大约为5.1%，20年期的免税市政债券的利率为4.7%。想了解它们最新的收益情况，可登录下列网站：www.bondsonline.com/asp/news/composites/html、www.bloomberg.com/markets/rates.html 和 www.bloomberg.com/markets/psamuni.html。

良好的收益以及升值的机会。

本书曾多次指出,过去曾经在一定时期内明显存在的任何市场形势,均有可能在未来重现。因此,我们应当想到,假如在债券投资领域,高等级债券的价格和收益重新回到过去的通常情况,积极型投资者应当采取何种策略。基于这一理由,我们将重申本书1965年版的看法,而当时高等级债券的收益率仅为4.5%。

关于投资二级债券,还需要补充说明一点——这种债券的收益经常可达8%,甚至更多。一级债券和二级债券的主要区别,体现在发债公司的利润与其全部利息费用的比值(利息保障倍数)上。例如,在1964年年初,Chicago、Milwaukee、St. Paul and Pacific 铁路公司息票率为5%的信用债券的售价为面值的68%,收益率为7.35%;但该公司1963年的税前利润仅为其全部利息费用的1.5倍,而我们对财务充分安全的铁路公司的要求是5倍。[1]

许多投资者之所以购买此种债券,是因为他们"需要收入",而且不能接受最优级债券提供的较低利率。历史经验清晰地表明,仅仅因为其利率较高而购买这种缺乏安全性的债券或优先股是不明智的。*(在这里,"仅仅"一词意味着,这种债券的票面折扣不是很大,因此无法在票面价值上获得可观的收益。)如果以票面价格,即完全没有折扣的价格买入此种证券,+其持有者将来很可能遭遇其票面实际成交价大幅缩水的窘境。一旦经济形势变坏或市场走软,这种证券很容易为此种形势左右;其利息或红利经常会停止发放,至少会有此种担忧;而且其交易价格也会走低,即使发行公司的实际经营状况全然没有受到影响。

为了说明这种二级债券的特征,我们可以观察一下1946~1947年10家铁路公司所发行的收入债券的价格走势。所有这10种债券的售价均在96以上,其平均数高达102.5。翌年,这组债券降至平均68的水准,在很短的时间内市值损失了三分之一。奇怪的是,该年(1947)美国铁路的经营业绩要比上一年度好得多。因此,其债券的大幅下跌是与行业的形势背道而驰的;它反映了整个

---

* 近期发生的一个令人痛心的例子,可以佐证格雷厄姆的这一观点——请参见后文相关内容。

+ 债券的价格是按照其"票面价值"的百分比定价的。如果某债券的价格被定为"85",就是说其售价为票面价值的85%。售价低于100的债券被称之为"折价"债券,售价高于100的债券被称之为"溢价"债券。

资本市场的疲软走势。应该指出的是，这些收益债券的缩水幅度，要大于当年道琼斯工业指数中普通股的下跌幅度（大约为23%）。显然，那些以100的价格买进此种债券的投资者，是不能指望在证券市场的未来反弹中收复失地了。这些债券的惟一可取之处，是其平均4.25%的利率（比一级债券2.5%的年收益率高1.75%）。但与这一点好处相比，其下跌的时间是如此之短且幅度如此之大，其持有人在本金方面会蒙受巨大损失。

上述事例使我们想起了所谓"商业性投资"（businessman's investment）这一流行谬误。这种投资法会购买那些利息高于高等级债券的证券，同时承担与此相应的更高风险。但这种仅仅为了每年多得到1%或2%的利息收益，而承受本金损失的做法，显然是一个糟糕的商业决定。如果你愿意承担一定的风险，你必须确定你能够在票面价值上获得实实在在的收益——如果经济走势不错的话。因此，以票面价格出售的年利率为5.5%或6%的二级债券，几乎肯定是不能买进的；以70的价格买入这种债券还差不多。如果你有足够耐心，就很有可能以这一价位买到此种债券。

二级债券和优先股具有两种相互矛盾的性质，对此聪明的投资者必须牢记在心。当市场不景气时，几乎所有这些品种都会遭到重创；另一方面，一旦市场形势好转，这些证券就会出现巨大反弹，最终的结果还算不错。即使一些多年不派发红利的优先股也是这样。在20世纪40年代初，由于此前30年代的长期萧条，这样的证券比比皆是。在二战后1945~1947年的繁荣时期，它们累积的巨额欠息大都以现金或新发证券的形式弥补了，其本金也大都收复了失地。结果，在此前不久，那些当价格低廉且无人问津时买进此类证券的投资者，都获得了巨大的收益。[2]

诚然，如果算总账的话，二级证券的较高利率，最终会弥补其在票面价值上的损失。换言之，以票面价格买进这种证券的投资者，从长远来看，是可以像那些只买进一级债券的投资者一样获利，甚至有可能做得更好一些。[3]

但从现实的角度来看，这种说法是不着边际的。当价格暴跌时，不计后果地以票面价值买入二级证券的投资者，会变得沮丧和惶惶不安；而且，他不可能买进所有品种，以保证能够获得平均收益；他也无法事先预留一大笔钱，来补充或"摊低"其本金方面的永久性损失。最后，根据长期的经验数据，既然投资者总能够在下一轮熊市中以70甚至更低的价格买到这些品种，又何必现在以 100 左右的价格买进？这种做法是违背常识的。

外国政府证券

所有的投资者，即使是那些新手也知道，从总体上讲，自 1914 年以来，外国债券投资状况就一直不佳。这显然与两次世界大战及在此期间史无前例的全球性萧条有关。但每隔若干年，市场形势又会变得比较有利，使外国债券能够以票面价格发行。这种现象可以告诉我们很多有关一般投资者如何思考的教训，而且不仅是在债券投资领域。

对于澳大利亚或挪威这样的高等级外国债券，我们没有具体的理由来担心其未来的支付能力。但我们确实知道，一旦出现违约情况，外国债券的拥有者缺乏法律或其他手段来主张自己的权利。1953 年，那些以高达 117 美元的价格买进古巴共和国利率为 4.5% 的债券的投资者，后来发现这些债券无力支付利息，其价格也在 1963 年跌到了面值的 20%。同年，在纽约股票交易所上市的其他外国债券包括：利率为 5.25% 的比属刚果（扎伊尔——译者注）债券，价格为 36 美元；利率为 7% 的希腊债券，价格为 30 美元；而波兰的各种债券的价格竟低至 7 美元。许多读者还记得，利率为 8% 的捷克斯洛伐克债券的走势是何等的大起大落：1922 年它首次在美国发行，价格为 96.5 美元；然后在 1928 年涨到 112 美元，1932 年跌到 67.75 美元，1936 年又回到了 106 美元，1939 年一泻千里，跌到了 6 美元，然后在 1946 年又奇迹般地涨回到 117 美元，紧接着在 1948 年又跌到 35 美元，1970 年的价格仅为 8 美元。

多年以前，美国出现了这样一种观点，认为像我们这样富有的债权人借钱给外国是义不容辞的。随着时间的流逝，我们现在的资产负债表的问题已积重难返，这在一定程度上应归咎于，美国投资者为了一点点利率上的好处，而大规模购买外国债券的行为。多年以来，我们一直从债券购买者的角度，质疑这种投资的吸引力。现在我们也许还应补充一点：如果投资者拒绝这种债券，这不仅有利于自己，而且有利于自己的国家。

新发行证券的总体情况

对于新发行证券，就其整体而言，是很难给出一般性的评论的，因为各种债券的质地和优点是如此的不同。显然，这里我们给出的任何规则都会有例外。我们的建议是，投资者应当对新发行的证券采取审慎的态度，其意思很简单，就是要在下单前，对其进行仔细的评估和非寻常的严格测试。

这一建议基于如下两个理由：首先，新品种的发行总会有一个承销商，因此会出现一定程度的销售阻力。* 其次，新品种总是在"市场有利"时发行，而这种"有利"是相对于卖方而言的，因此对买家就不那么有利了。+

从安全性的角度依次审视，即按照从最高信用等级的债券、二级债券、再到普通股的次序来看，这种效应会变得越来越突出。过去数年，我们目睹了各式各样的大额融资，包括已发行债券按规定赎回价的赎回并代之以较低息率的新债券发行。这种融资大都是以高等级债券或优先股的形式进行的。其买家大多是金融机构，拥有保护自己利益方面的能力。因此，这些证券的发行价定得比较谨慎，与当时类似产品的利率相适应，承销商对发行价格的影响十分有限。随着利率逐步走低，买家当初为这些债券所支付的价格最终会显得过高，而这些债券的市场价格也会出现较大回落。所有在市场环境最有利时新发行的证券，几乎都会呈现出这种趋势；但是，对于顶级的证券品种来说，这种负面效应虽然令人不快，但并不十分严重。

如果我们观察1945~1946年和1960~1961年较低等级债券的走势，情况就会不同。在这里，承销商的影响力更为显著，因为这些证券大都是面向那些散户和非专业投资者的。这些证券的特征是，从公司多年的业绩来判断，结果并不能令人满意。它们之所以看起来大体上是安全的，是因为人们假定，公司目

---

* 新发行的股票，即所谓首次公开发行（IPO），通常是以7%的"承销折扣"（价内佣金）出售的。与此相对照，已上市股票的买方佣金大都在4%以下。就是说，华尔街卖新股要比卖老股多收大约一倍的佣金，销售新证券会比销售旧的困难一些。

+ 最近，两位金融学教授，芝加哥大学的拉蒙特和圣母大学的舒尔茨指出，公司会在股市接近最高点时向公众出售股份。关于这一问题的专业探讨，请参见：Lamont, "Evaluating Value Weighting: Corporate Events and Market Timing" and Schultz, "Pseudo Market Timing and the Long-Run Performance of IPOs" at http://papers.ssrn.com。

前的优良业绩可以一直延续到未来，其间不会出现大的滑坡。承销这些债券的投资银行会把这种假定视作理所当然，其推销人员也会轻易地说服自己及客户相信这种假设。然而，这种投资方法是不可靠的，有可能使投资者付出代价。

牛市期间，大批的非上市公司通常会乘机上市；这在1945~1946年间曾发生过，在1960年又再度重演。随后，这一过程使新发行的股票过多，达到市场无法承受的地步，最终导致了1962年5月的灾难性结局。经过几年的"忍耐"期，这样的悲喜剧在1967~1969年间，又一幕接一幕地再次上演。*

新股的发行

以下段落全部来自本书的1959年版，未作任何改动，但增加了一些评论文字：

> 普通股的融资有两种形式：对已上市公司而言，它们会向现有的股票持有者按一定比例配售增发的股票。其发行价通常会低于现行市场价，因此其认购"权"会有一定的货币价值。[+] 这些股票通常会由一家或多家投

---

* 从1960年6月到1962年5月的两年间，超过850家公司首次公开发行股票，平均每天超过一家。1967年年末，IPO市场再度火爆；1969年的新上市公司多达781家。这种股票的过度供给造成了1969年和1973~1974年间的熊市。1974年，IPO市场变得十分消沉，全年只有9家公司上市；1975年，新上市公司也仅为14家。相应地，这种股票的超低供给又助燃了20世纪80年代的牛市；在此期间，共有4 000只新股潮水般地涌向市场。这种狂热导致了1987年股市的崩盘。接下来，钟摆又指向了另一极端：1988~1990年IPO再度归于沉寂。股票供给的匮乏推动了20世纪90年代牛市的兴起；不出所料，华尔街再度大力推进新股的发行，推出了近5 000只股票。这样，在2000年股市泡沫破裂之后，2001年的新股发行数降到了88只——这是1979年以来的最低数。投资大众每一次都会被新股的大发行灼伤；他们因此会观望至少两年，然后重新回来，并再度受伤。自从股票市场创立以来，投资者始终陷于这种狂热和沮丧的循环而不能自拔。早在1825年，即美国历史上第一次股票发行高潮期间，据说在抢购南瓦克银行（Bank of Southwark）的股票时，一个男子竟然被挤死——那些富有的买家为了挤到购买队列的前面而雇佣了暴徒。结果，到了1829年，这些股票下跌了四分之一。

+ 格雷厄姆这里说的是认股权发行的方式，即已拥有该股票的投资者被要求追加资金投入，以使自己占该公司的股权份额不变。这种融资方式目前仍广泛流行于欧洲，但在美国采用此种方式已不多见，除了封闭式基金外。

资银行承销，但一般情况下，所有的新股会被行使认购权的人购买。因此，已上市公司的新增股票的发行，并不需要发行商的大力推销。

另一种形式是，原先的非上市公司向公众发行股票。这种股票大多是根据控股方的需要发行的，以使其可以在市场有利时兑现股票，并使自己的融资渠道多样化。（如前所述，这些企业往往会通过优先股的形式进行再融资。）这种发行活动方式周密，由于证券市场的固有性质，它必然会给投资大众带来诸多亏损和失望。其风险不仅来自进行圈钱活动的公司业务，而且来自使这种圈钱得以发生的市场环境。

20世纪初，美国的主要公司大批上市。随着时间的流逝，仍然由少数人把持的一流大公司已趋于消亡，因此股票一级市场越来越集中于那些规模较小的公司。不幸的是，在此期间，购买股票的公众已养成了一种根深蒂固的习惯，即偏爱那些大公司，对小公司则心存偏见。随着牛市的纵深推进，这种偏见——正如其他许多看法那样——会有所缓和；股票带来的横财和迅速致富的效应，足以令公众变得不再挑剔，就像它会激发他们贪婪的本能一样。与此同时，众多非上市公司会享受股票溢价发行的快感，尽管大部分公司的业绩并不怎么样——如果向前追溯十年或更长时间的话。

当这些因素交织在一起时，就会产生如下结果：在牛市的中途将出现第一批新股，其定价会较具吸引力，早期的购买者会从中获得巨额收益。随着市场升势的继续，这种类型的融资会愈演愈烈，而公司的质量会逐步走低，但其要价和实际成交价却越来越夸张。最后，一些不知名的小公司的发行价，会高出那些已上市多年的中型公司的当期价格，这正是牛市开始由盛而衰的一个相当可信的信号。（还应该补充一点，这些新股的发行，很少是由信誉较高的大型投行操作的。）*

公众的粗心，以及承销机构只要有钱赚就愿意出售任何东西的做法，只会造成一个结果，即价格崩盘。许多时候，这些新股会从其发行价跌掉

---

* 在格雷厄姆时代，那些最有声望的投资银行，会回避IPO业务，因为它有蒙骗投资新手之嫌。但在1999年年末到2000年年初的IPO高峰期，华尔街那些最大的投行也疯狂地加入了这一行列。历史悠久的投行抛开了一贯的谨慎，其行径就像是一群泥地摔跤手，把一些价值高估的股票硬塞给热情高涨的投资大众。格雷厄姆关于IPO过程的描述相当经典，应该被列为投资银行道德课的必读物——如果它们有这种课程的话。

75%甚至更多。雪上加霜的是，正如我们此前指出的那样，在股价的底部区域，公众对这些小盘股会非常厌恶，其程度就如他们当初买进时的狂热。因此，这些股票的价格会大大低于其实际价值，就像当初远远高于其价值一样。

能够在牛市期间抵御新股发行商的花言巧语，这是成为一个聪明投资者的基本条件。即使其中有一两只股票能够通过我们关于品质和价值的严格测试，不介入其销售仍不失为一项明智的策略。当然，经销商会指出这些股票具有许多市场优点，其中有些优点在当时看起来令人眼花缭乱。但所有这些都是投机气氛的一个组成部分。这是一种"快钱"。你从中赚到每一块钱时，都会赔掉两块钱，这还算是幸运的。

事实证明，其中有些股票是极好的购买对象。若干年后，在它们无人问津时，其真实价值会显现出来。

在本书的1965年版中，我们继续对这一问题进行了讨论：

总体来看，1949年以来的股市行为，并没有转到基于长期经验的分析，新一轮的新股发行仍然在照搬古已有之的老套路。在历史上，我们似乎从未见过像1960~1962年这样如此之多的新股发行，且质量如此之差，其股价的暴跌幅度又如此之大。[4] 从整体上看，股票市场能够如此迅速地从这场灾难中缓过来真是一个奇迹，这使我们不由想起很久以前的1925年佛罗里达房地产崩盘后类似的情形。

在当前的牛市走到其终点之前，一定会重现新股疯狂发行的一幕吗？天晓得。但我们确信，聪明的投资者不会忘记1962年的教训，不会像其他人那样，去赚那些短线利润并承受随之而来的巨额损失。

在1965年版中，我们接着又引用了一个"恐怖的实例"，即1961年Aetna Maintenance公司以每股9美元的价格发行新股的故事。像许多新上市股票一样，该股一度涨到15美元。次年该股跌到2.375美元（译者注：此数据与490页数据不一致，可能原书数据有误），1964年又跌到0.875美元。该公司后来的发展颇为奇特，体现了美国企业——无论其大小——近年来不时上演的变戏法。有兴趣的读者可从本书的附录5中，看到这家企业以前和近期的历史。

要从1967~1970年的"新版老故事"股市上找到比这更恐怖的例子，恐怕并不是什么难事。AAA企业是一个最适合的例子，该公司当时被列在标准普尔出版的《股票指南》的第一位。该股的发行价为14美元，上市后迅速窜升至28美元。到了1971年初，该股的交易价为25美分。（即使是这一价位也有高估之嫌，因为该公司已绝望地进入了破产程序。）在新股发行方面，有许多值得汲取的教训和具有启示意义的事例，本书第17章还将对此进行详细的讨论。

第 6 章点评

> 如果不能躲过那些重拳，你就会被击倒。
>
> ——拳击教练安杰洛·邓迪

无论是进取型（积极型）投资者，还是防御型投资者，知道哪些该做以及哪些不该做，这对于你的成功都是很重要的。在本章，格雷厄姆列举了进取型投资者不应做的事情。以下是针对如今的情况列出的。

垃圾场的野狗？

格雷厄姆把高收益债券称之为"二级债券"或"低等级债券"，今天，我们则称之为"垃圾债券"。在格雷厄姆的时代，散户投资者要想通过多元化的投资来分散其违约风险是非常麻烦的，且成本高昂。[1]（欲知违约会带来怎样的恶果，以及即使是"资深"的专业债券投资人，也会粗心大意地买进这种债券，请参见下文中的专栏内容。）然而，如今超过130多家专门投资此种债券的基金；他们大量地吃进这些垃圾债券，并且持有10多种不同的债券。这种情况缓解了格雷厄姆关于其无法分散化的担心。（但他对高收益优先股的此种担心依然有效，因为在分散其风险方面，至今仍缺乏成本低廉且普遍可行的手段。）

自1978年以来，年均利率达4.4%的垃圾债券市场曾多次出现过违约。即

---

[1] 20世纪70年代早期，格雷厄姆写本书的时候，市场上的垃圾债券不过10来种，其销售佣金高达8.5%；其中有些品种甚至要向投资者收取额外的费用，以换取将其每月的利息再投入该基金的权利。

使如此，其年回报率仍可达到 10.5%，而当时 10 年期国债的年回报率为 8.6%。[2] 不幸的是，这些垃圾债券基金大都要收取高额的佣金，而且往往无法保证你的本金不受损失。垃圾债券基金也许适合那些已经退休，且试图增加自己的月收入以弥补退休金之不足，同时能够承受其价值波动的投资者。如果你在一家银行或金融机构工作，利率的大幅上升会使你的职位升迁受到影响，甚至威胁到你的工作。因此，由于垃圾债券在利率上升时的表现会好于大多数债券，也许可以将其作为一种对冲手段纳入你的 401（k）账户。但对于聪明的投资者来说，垃圾债券只是一种可供选择的权利，并不是一种非买不可的义务。

世界通信公司的债券造成的伤害

只是为了收益而买入一种债券，就像是仅为了性生活而结婚一样荒谬。当起初吸引你的东西渐渐消失时，你会问自己："还剩下什么？"如果答案是"什么也没有了"，夫妻双方以及债券持有者最终得到的都只是令人心碎的结局。

2001 年 5 月 9 日，世界通信公司启动了美国公司有史以来最大的一笔债券公开发行，其价值为 119 亿美元。受到其高达 8.3% 的收益率的吸引，众多机构投资者蜂拥而至，其中包括一些著名机构：加州公务员退休系统（美国最大的养老金机构），阿拉巴马退休系统（其经理事后曾解释说，发行时"较高的收益率对我们相当有吸引力"），以及 Strong 公司债基金（其经理对该债券推崇备至，并称："我们从中得到的额外收益，足以抵偿其风险。"）[1]

但是，只需花 30 秒看一眼世界通信公司的债券发行说明书，就可以发现，除了收益率之外，这些债券并没有任何吸引人的地方。在此前的 5 年中，有两年世界通信公司的税前收益（公司向国税局缴纳税款之前的利润），要低于其必须支付给债券持有人的固定利息——缺口高达 41 亿美元。该公司只能通过向银行借入更多的钱来支付这笔利息。现在，由于借入了巨额新增贷款，

---

2 参见：Edward I. Altman and Gaurav Bana, "Defaults and Returns on High-Yield Bonds," research paper, Stern School of Business, New York University, 2002。

世界通信每年的利息成本又增加了9亿美元！² 正像《人生七部曲》（*Monty Python's The Meaning of Life*）中的 Creosote 先生一样，世界通信的这种狼吞虎咽，使自己的肚皮快要爆裂了。

无论多高的收益，也无法补偿这种毁灭性的风险。世界通信公司确实支付了几个月的高收益——最高收益率高达8%。接下来，就像格雷厄姆所预料的那样，这一收益突然变得无能为力了：

- 2002年6月，世界通信公司申请破产。
- 2002年8月，世界通信公司承认，以前将公司的利润夸大了70多亿美元。³
- 当公司无力支付利息时，其债券违约了；债券的价值比最初的发行价下跌了80%。

---

1 参见：www.calpers.ca.gov/whatshap/hottopic/worldcom_faqs.htm and www.calpers.ca.gov/whatsnew/press/2002/0716a.htm; Retirement Systems of Alabama Quarterly Investment Report for May 31, 2001, at www.rsa.state.al.us/Investments/quarterly_report.htm; and John Bender, Strong Corporate Bond Fund comanager, quoted in www.businessweek.com/magazine/content/01_22/b3734118.htm。

2 这些数据均来自于世界通信公司的债券发行说明书。该说明书与2001年5月11日公布；可以通过下列网站查看到：www.sec.gov/edgar/searchedgar/companysearch.html（在"公司名称"这一栏中输入"世界通信"）。如今回过头来，我们能够清楚地看到世界通信的利润有很大的欺骗性。即便不是如此，该公司的债券发行额也会令格雷厄姆感到惊讶。

3 关于世界通信公司倒闭情况的记载，请参见：www.worldcom.com/infodesk。

内外兼顾的组合

格雷厄姆认为，外国债券与垃圾债券差不多，均非优质投资目标。³ 但是，对那些具有较高风险承受能力的投资者而言，如今外国债券已变得较具吸引力

---

3 格雷厄姆并不是在随意批评外国债券，因为在其职业生涯的早期，他曾经为日本设在纽约的债券发行代理机构工作过。

了。目前大约有十来只共同基金，专门从事新兴市场国家（或第三世界国家），如巴西、墨西哥、俄罗斯、尼日利亚和委内瑞拉等国的债券投资。明智的投资者购买此类烫手资产的数量，通常不会高于其总资产的10%。但新兴市场国家的债券，一般不会与美国股票市场同步运行，因此，它们属于那种不会随道指下跌而下跌的少数品种之一。如果你确实需要此种资产，可以考虑将其少量纳入你的投资组合。[4]

致命的短线交易

正如我们在第1章指出的，短线交易，即持有股票的时间在几小时左右，是有史以来人类发明的最佳自杀武器。你的某些交易会赚钱，你的大多数交易会赔钱，但你的经纪人却永远会从中获利。

而且你急于买进或卖出某只股票的行为，也会降低你的收益。如果你一定要买入某只股票，你的出价就会比大多数卖家乐意接受的价格高出10美分。这一额外成本，被称作"市场冲击"（market impact），它虽然不会出现在经纪商的账面上，但确实要耗费你的真金白银。如果你过于急切地想购进1 000股股票，并因此驱使该股的价格上涨了5美分，你就会为此多支出一笔无形但却实实在在的50美元。另一方面，如果一个恐慌的投资者急于卖出其持股，并且以低于其最近的市场价抛售，这种市场影响成本便会再次令你蒙受损失。

就像受到多层砂纸的打磨一样，交易成本会使你的收益层层流失。买进或卖出一只小盘热门股的交易成本达2%到4%（"全程成本"，即一买一卖的成本，

---

[4] 以下两只基金堪称低成本且管理有方的新兴市场基金：富达新市场收益基金（Fidelity New Markets Income Fund）以及 T. Rowe Price 新兴市场债券基金（T. Rowe Price Emerging Markets Bond Fund）。更多的信息可参见：www.fidelity.com, www.troweprice.com, and www.morningstar.com。不要购买那些管理年费超过 1.25% 的新兴市场基金，而且要注意，这些基金有时为了限制投资者的持有期不足3个月，会向其收取短期赎回费用。

高达4%至8%）。[5] 如果你在某只股票上投入1 000美元，它就会使你在起步之前就付出40美元的代价；卖出这只股票，你还要支付另外4%的费用。

哦，此外还有这么一件事：如果你只是交易而非投资，你就会把长期所得（应交纳资本利得税，最高税率为20%）变成普通收入（其最高税率为38.6%）。

把所有这些考虑进来，短线交易者至少需要获得10%的收益，才能在一买一卖的过程中打个平手。[6] 单凭运气，每个人都能够碰上一次；但要经常性的获利，以补偿为此付出的高度紧张（以及由此带来的噩梦般的压力），这是不可能的。

成千上万的投资者对此进行了尝试，但结果是毋庸置疑的：交易越频繁，自己得到的就越少。

加利福尼亚大学的金融学教授布拉德·巴伯和特伦斯·奥丁考察了一家大型折扣经纪商的66 000名客户的交易记录：从1991年到1996年，这些客户共完成了190万次交易。在考虑交易成本对其利润的侵蚀之前，他们的收益要比市场平均收益高出半个百分点，但在考虑此种成本之后，其中买卖最频繁的两成交易者（他们每个月的股票周转率达20%以上）的年收益率，就从超出市场平均水平，降到了比该水平低6.4%。最有耐心的投资者（其月平均持仓周转率低于0.2%）的收益，却略高于市场——即使在考虑交易成本之后。他们几乎将所有的收益都收入了囊中，而不是将其大把地贡献给了经纪商和税务部门。[7] 关于这一研究的主要成果，请参见图6-1。

由此得出的结论是显而易见的：不要急于操作，耐心等待即可。所有人都要认识到，所谓"长期投资者"是一个啰嗦的说法。只有长期投资者才是真正的投资者。持股时间连几个月都达不到的人，最终不可能成为获胜者，而将成为牺牲品。

---

5 关于经纪费用最确切的数据，来自加利福尼亚的一家机构（Plexus Group of Santa Monica，其网址为www.plexusgroup.com）。该机构令人信服地指出，就像大多数潜伏在海里的冰山一样，经纪费用的大头也往往是无形的——如果佣金较低，就会误导投资者，使其认为他们的交易成本是微不足道的。通常，纳斯达克市场的交易成本，会显著高于纽约主板市场（参见本书下文）。

6 实际情况会更糟，因为在这个例子中，我们没有考虑各州的所得税。

7 关于巴伯和奥丁的研究成果，请参见：http://faculty.haas.berkeley.edu/odean/Current%20Research.htm and http://faculty.gsm.ucdavis.edu/~bmbarber/research/default.html。另有多项研究表明，专业的资金管理者也有类似的情况，因此这种情形决非"无知"的散户所特有。

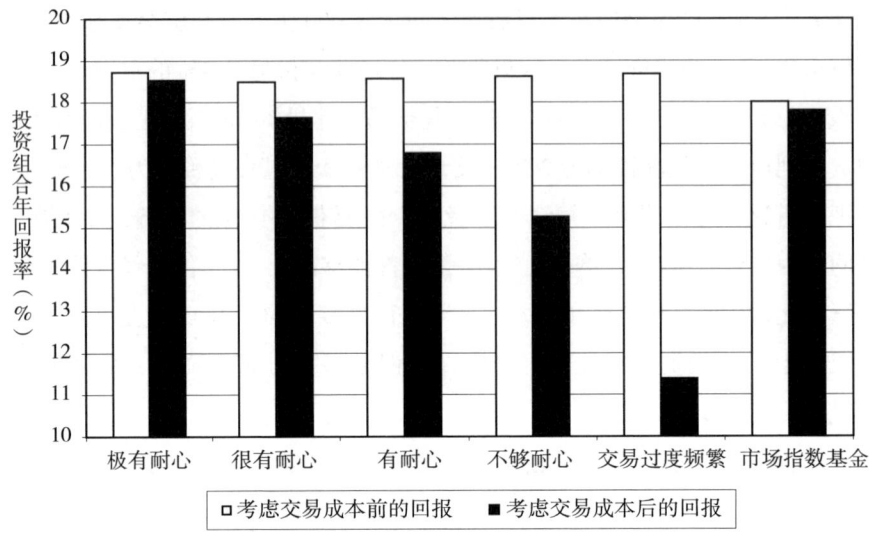

图 6-1　交易越频繁，回报越落后

根据其持股的周转率，巴伯和奥丁把数以千计的交易者分成 5 个类别。那些交易最少的类别（位于图左端）收益最高，而不够耐心和交易频繁的两类交易者则使其经纪人而非他们自己致富。（图的最右端是作为比较基准的市场指数基金）

资料来源：Profs. Brad Barber, University of California at Davis, and Terrance Odean, University of California at Berkeley

早起的鸟儿被虫咬

20 世纪 90 年代，对投资大众毒害最烈的一种观点，莫过于那种声称申购 IPO 产品可快速致富的说法了。所谓"IPO"是指"首次公开发行"，即把公司股票首次出售给公众。初看起来，投资 IPO 似乎是一个很棒的主意：至少，假如你在 1986 年 3 月 13 日买进 100 股微软公司的新股，到 2003 年年初，你这笔当初 2100 美元的投资将变成 72 万美元。[8] 两位金融学教授（Jay Ritter 和 William Schwert）的研究表明，如果你在 1960 年 1 月投入 1 000 美元，以发行价购买当月每次发行的所有新股，并在月底卖出，然后连本带利相继投入此后发行的所

8　参见：www.microsoft.com/msft/stock.htm, "IPO investment results."

有新股，到 2001 年年底，你的资产组合的价值将是一个天文数字：

533 000 000 000 000 000 000 000 000 000 000 美元

遗憾的是，每出现一次像微软那样让你赚得盆满钵满的 IPO，就会出现数千次令你亏损的 IPO。两位心理学家（Daniel Kahnerman 和 Amos Tversky）的研究表明，人们在估计某种事件发生的概率或频率时，往往做判断依据的不是其实际发生的频率，而是自己对过去事例的印象程度。我们都想买到"下一个微软"，恰恰是因为我们错失了购买第一个微软。但我们却很容易忽略这样一个事实，即大多数 IPO 都是一些很烂的股票。要想获得上述天文数字的财富，你必须逮住 IPO 市场上每一只大牛股；由于这些股票十分稀少，这种情况是不可能发生的。最后，那些高收益的 IPO 股票，大多被专门的小团体拿走了，这个由投资银行和基金公司组成的小圈子，在这些股票出售给公众之前，就以所谓的"包销"价将其吃进了。此外，涨得最猛的股票，通常是一些小盘股，即使大机构也拿不到其新股；市场上根本没有足够的股票可供你去参与。

如果几乎像每一个投资者那样，你只能在这些 IPO 暴涨之后才能够买进的话，那么，你的结局会相当悲惨。假如你在 1980 至 2001 年间以新股上市头一天的收盘价，买进一只典型的新股，并持有 3 年，你的年收益率将低于市场 23 个百分点。[9]

也许最能说明 IPO 白日梦性质的事例，当属 VA Linux 股票的发行。"Linux 是下一个微软"，该股的认购者宣称，"现在就买进，5 年之后你就有足够的钱退休了。"1999 年 12 月 9 日，该股以每股 30 美元价格发行。对该股的需求非常火爆，在其登陆纳斯达克的那天早上，该股的开盘价一直飙升到 299 美元才有人愿意卖出。其上市当日最高价达 320 美元，收盘价为 239.25 美元，单日涨幅高达 697.5%。但能获得这一高额收益的只是一小撮机构投资者，散户投资者基本被排除在外。

更重要的是，买进新上市的股票之所以是一个坏主意，是因为它严重违反

---

[9] 参见：Jay R. Ritter and Ivo Welch, "A Review of IPO Activity, Pricing, and Allocations," *Journal of Finance*, August, 2002, p. 1797. 对所有关心 IPO 的人来说，可以从下列网站中找到大量宝贵的数据：Ritter's website, at http://bear.cba.ufl.edu/ritter/, and Welch's home page, at http://welch.som.yale.edu/。

了格雷厄姆的如下基本原则：只有当你可以廉价地拥有一家理想的企业时，才能买进那只股票，无论有多少其他人想购买这只股票。以该股上市首日的高价买进 VA Linux 的股票，意味着其市值总额高达 127 亿美元。该公司的商业价值是多少？自其创业后近 5 年的时间内，VA Linux 的软件和服务销售额总计为 4 400 万美元——但是同期亏损额为 2 500 万美元。在其最近的一个财务季度，VA Linux 共实现了 1 500 万美元的销售额，亏损却高达 1 000 万美元。就是说，该公司每实现 1 美元的销售，就要亏损近 0.7 美元。VA Linux 的累计赤字（总支出超出总收入的金额）已达 3 000 万美元。

如果 VA Linux 是一家非上市公司，其老板就住在你的隔壁。有一天，他倚着两家的栅栏问你，愿意出多少钱来接手他的这家处境艰难的公司。你会这样回答吗："噢，在我看来，127 亿美元是一个合适的价格"？或者，反过来，你会面带微笑，走回自家的厨房，同时对其提议感到不解？如果完全依照我们自己的判断，我们决不会同意以近 130 亿美元的价格，买进一家已累计亏损达 3 000 万美元的公司。

但是，当我们面对的是一家上市公司而非私人企业，且企业的估值突然演

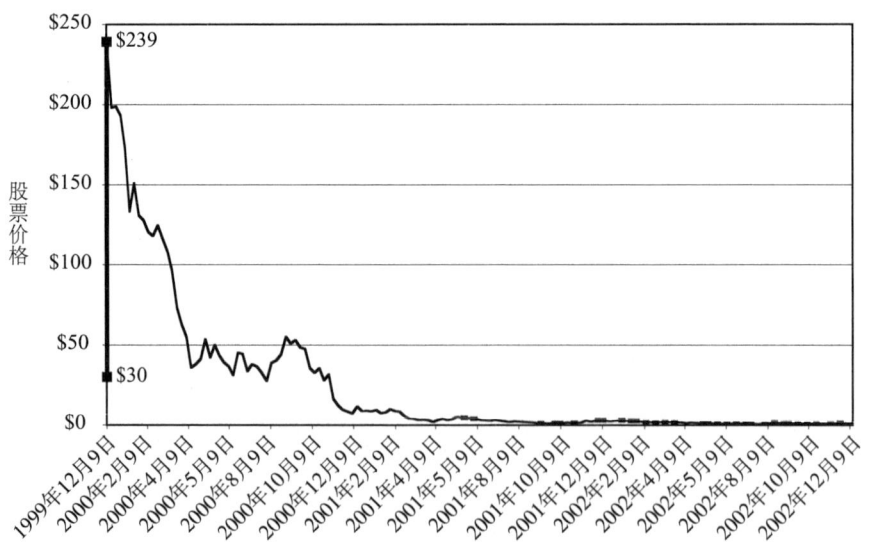

图 6-2　VA Linux 公司的传奇经历

资料来源：VA Linux Systems Inc.; www.morningstar.com。

变成了一场公开拍卖时，股票的价格似乎就比公司业务的价值更重要了。只要有人愿意以比你的买价更高的价格来接手你的股票，你为什么要关心企业的价值是多少？

从图 6-2 中可以看到，这种关心是很重要的。

上市首日像火箭一样上升之后，VA Linux 公司的股票开始急速下滑。到 2002 年 12 月 9 日，即以 239.5 美元的价格收盘 3 年以后，VA Linux 股票的收盘价为 1.19 美元。

客观地讲，通过这些事实，聪明的投资者会发现，IPO 的含义不仅是指"首次公开发行"，它还可以是以下短语的缩写：

很有可能被高估了（It's Probably Overpriced）

只是幻想中的利润（Imaginary Profits Only）

内部人的专有机会（Insiders' Private Opportunity）

愚蠢、荒谬和疯狂（Idiotic, Preposterous, and Outrageous）

第 7 章

积极型投资者的证券组合策略：主动的方法

根据定义，积极型投资者将花相当多的注意力和精力，来获得比普通投资更好的结果。对一般的投资策略进行介绍时，我们在针对债券投资的建议中包含了一些主要面向积极型投资者的建议。积极型投资者可能会对下列各种特殊机会感兴趣：

（1）能获得美国政府有效担保的免税新房债券。
（2）应税的高收益新社区信用债券——这也能得到美国政府的担保。
（3）市政当局发行的免税产业债券——通过大公司支付的租金来偿还。

这几种特殊的债券在第 4 章中已经介绍过。*

另一方面，存在着许多价格非常低的低等级债券，它们为购买真正的廉价债券提供了机会。但是，这些债券处在"特殊"领域，即债券与普通股之间没有实际区别的领域。+

---

* 我们已经讲过（参见第 81 页的注释），新房债券和新社区信用债券已不再发行了。
+ 如今，处在"特殊"领域的这些"低等级债券"，被称为廉价债券或违约债券。当某一公司处于（或即将）破产时，其普通股实际上已经一文不值，因为美国破产法赋予债券持有者的法律求偿权要优于股东。可是，如果该公司成功重组后走出破产，债券持有者经常会获得新组建的企业股份，因此一旦公司能够再次支付利息，这些债券的价值一般就可以收回。因此，公司陷入困境时的债券的表现，几乎类似于正常企业的普通股。正如格雷厄姆所说的，在这些特殊情况下，"债券和普通股之间实际上没有区别。"

普通股业务

积极型投资者在普通股领域的特定业务，可以分为以下 4 个方面：

1. 低价买入，高价卖出
2. 购买仔细挑选出的"成长股"
3. 购买各种廉价证券
4. 购买"特殊"股票

一般的市场策略——不同时期的方法

关于低价买入、高价卖出策略的可能性和局限性，我们留到下一章讨论。过去许多年里，这个聪明的想法看起来既简单又可行，至少从反映股市周期波动的市场走势图中可以一眼看出。我们已经痛心地看到，过去 20 年的市场行为并没有使这种业务建立在某种数学规律的基础之上。发生的波动尽管达到了较大程度，但是要想从这种交易中获利，必须拥有特殊的才能或"感觉"。这完全不符合我们对读者智力所作出的假设，因此，在我们推荐的方法中，必须排除基于此类技巧的业务。

在前文中，我们向防御型投资者提出的对半开方案，大致可以看作是最具体或最直接的方法——根据 1972 年的情况，我们可以向所有投资者推荐这一方法。但是，我们在普通股选择方面留下了很大（25%~75%）的余地，这种余地使那些对一般市场水平的风险或吸引力有强烈判断的人可以做出选择。大约 20 年以前，我们可以详细地探讨在普通股持股比重方面存在的一些明确方法。我们确信，这些方法具有实用性。[1] 时间的变化似乎使此类方法过时了，而且，想要根据 1949 年以来的市场格局决定新的买卖水平似乎站不住脚了。这一时间太短，无法对未来提供任何可靠的指导。*

---

* 请仔细关注格雷厄姆说的这一番话。1972 年写作本书时，他认为自 1949 年以来的这一段时期（22 年以上的时间）太短，因此无法从中得出可靠的结论。由于精通数学，格雷厄姆从未忘记这样的事实：客观结论需要从长时期大量的样本数据中获得。那些兜售"经过时间检验的"选股方法的骗子们，几乎总是将其发现建立在格雷厄姆永远也不会认可的少数样本的基础之上。（格雷厄姆经常会使用 50 年的期限来分析过去的数据。）

成长股投资

每一位投资者都喜欢选择几年内业绩超过平均水平的公司股票。成长股的定义是：不仅过去的业绩超过了平均水平，而且预计将来也会如此。[2] 因此，聪明的投资者重点选择成长股，似乎是惟一符合逻辑的做法。实际上，正如我们将要看到的，这一问题较为复杂。

确定哪些公司过去的业绩"超过了平均水平"，这只不过是一项统计任务。投资者可以从自己的经纪人那里获得50家或100家这样的公司。* 那么，他为什么不仅仅从这类股票中挑选出最看好的15种或20种股票，从而保证自己的股票组合获得成功呢？

这种简单的想法面临两种意料不到的复杂情况。首先，业绩记录很好而且看上去很有前途的普通股，其价格也相应很高。投资者即使对其前景的判断是正确的，也仍然有可能得不到好的结果。原因就在于，预期收益已经完全包含在他所支付的股价中了（或许，他支付的股价还超出了预期收益）；其次，他对未来的判断有可能是错误的。一般情况下，公司的快速增长不可能永久持续下去。当一家公司已经获得了非常显著的扩张时，仅仅因为其规模扩大，就使它很难再取得以往的成就。达到某一时点，增长曲线就会平缓下来，而且许多情况下会转为下降。

显然，如果某人根据事后的判断将自己局限于几种选择的情况，那么从他的结果中将很容易看到，成长股领域的投资既有可能成功，也有可能失败。人们如何较好地判断这种投资的总体结果呢？我们认为，通过研究专门从事成长股投资的基金公司所获得的结果，就可以得出比较可靠的结论。《投资公司》（*Investment Commpanies*）这本权威手册（由纽约股票交易所的会员公司Arthur Wiesenberger每年出版一册），对大约120家这样的"成长基金"在一定期限内的年度业绩进行了计算。其中，有45家公司的记录长达10年或10年以上。在1961~1970年的10年间，这45家公司总体的平均收益为108%，而同期标准普

---

* 如今，积极型投资者可以通过访问如下网站获取这样一份公司名单：www.morningstar.com［使用股票快速排名（Stock Quickrank）工具］、www.quicken.com/investments/stocks/search/full 和 http://yahoo.marketguide.com。

尔综合指数的收益约为105%,道琼斯工业平均数的收益为83%。[3] 1969和1970年这两年,在126种"成长型基金"中大多数的业绩都不如标准普尔和道琼斯这两种指数。从我们以前的研究中,可以看到类似的结果。这就说明,与一般的普通股投资相比,对成长型公司股票的分散化投资并不能带来优异的回报。*

根本没有理由使人相信,一个智力一般的投资者(即使投入了大量的精力)购买成长股的结果,会好于专门在这一领域投资的基金公司。显然,这些机构可以利用更多的智慧和更好的研究手段。因此,我们不赞成积极投资者通常所从事的成长股投资。+ 在这种投资领域,极好的未来前景已经完全被市场发现了,而且已经通过当期的市盈率(比如,20倍以上的市盈率)得到了反映。(我们建议,防御型投资者股票购买价的上限为过去7年平均利润的25倍。这两个标准在大多数情况下都是一样的。)++

成长股这一类股票的一个显著特点,就是其市场价格的波动幅度一般较大。

---

* 在截止于2002年12月31日的10年内,针对成长型大公司的基金投资(相当于格雷厄姆所说的"成长型基金")赚取的年均回报为5.6%,比总体股市的年均回报低3.7个百分点。然而,针对定价较为合理的大公司的"高价值"基金投资,也不如同期的市场业绩(每年要低整整一个百分点)。问题仅仅是在于成长型基金不能可靠地挑选出未来业绩会超过市场水平的股票,还是在于基金管理总体较高的成本(无论是对成长型公司还是对"价值"公司的投资)超过了经理们挑选出的股票所带来的回报呢?想要知道各类基金新的业绩记录,请查看网站 www.morningstar.com 中的"Category Returns"这一栏。想要较好地了解各种不同投资方式的业绩是多么不可靠,请查看下列网站:www.callan.com/resource/periodic_table/pertable.pdf。

+ 格雷厄姆所说的这一点是想提醒你,"积极型"投资者并不是指比一般人愿意冒更大风险的人,也不是指那些购买"快速成长"股的人。积极型投资者仅仅是指那些愿意在证券组合的研究方面投入更多时间和精力的人。

++ 请注意,格雷厄姆坚持以过去多年的平均利润来计算市盈率。这样,就会使以暂时性的高利润为基础而高估公司价值的机会下降。可以设想,如果一家公司前12个月的每股收益为3美元,但前6年的平均每股收益只有50美分,那么哪一个数(突然出现的3美元,还是长期存在的50美分)更有可能代表长期趋势呢?以最近一年3美元的利润来计算,25倍的市盈率将使该股的定价达到75美元。但是,以过去7年的平均利润(总共6美元的利润除以7,得出每股年均利润为85.7美分)来算,25倍的市盈率得出的该股价格只有21.43美元。不同的选择之间存在着很大的差别。最后要指出的是,华尔街如今普遍使用的方法(主要以"下一年的利润"来计算市盈率)是格雷厄姆极力反对的——你怎能以尚未获得的利润来对公司进行估价?这就好比根据灰姑娘将在某个角落建新的城堡这种谣言来确定房屋的价格。

对于历史悠久的大公司（比如通用电气和 IBM 等）而言，情况是这样的；对于历史较短、规模较小的成功企业而言，情况更是如此。它们证明了我们如下的观点：1949 年以来，股市的主要特征是，一种高度投机性的因素进入了某些公司的股票之中，这些公司取得了非常显著的成功，而且，它们本身享有很高的投资信用级别。（它们拥有最佳的信用地位；而且，它们的借款利率是最低的。）这种公司的投资质量，或许在很多年内都不会发生改变，但是，其股票的风险特征却是依赖于股市变化的。公众对这种股票的热情越高，股价上涨的速度相对于其实际利润的增长就越快，同时，这种股票的风险也就越大。*

读者可能会问，情况难道不是这样吗？普通股真正的巨额收益落到了下列人的手中，他们在早期对未来非常看好的公司投入大量的股本，并坚定不移地持有这些股份，直到其价值上涨 100 倍或更高。答案是肯定的。但是，从一家公司的投资中获取的巨额财富，几乎总是由下列人来实现的：他们与特定公司有密切联系（通过雇用关系和亲属关系等），从而使他们将自己大部分的资金以一种方式投入进去，并且在各种情况下都始终持有这部分投资——尽管一直都有许多似乎能按高价出售的机会在引诱着他们。没有这种密切的个人联系的投资者，会不断地面临着这样的问题：以这种方式投入的资金是否过多？+ 每一次的价格下跌（无论事后证明这种下跌是多么短暂）都会加重这一问题，而且内部和外部压力都有可能迫使他去接受看上去已经不错的利润，但这一利润

---

* 最近的例子正好证明了格雷厄姆的观点。2000 年 9 月 21 日，计算机芯片制造商英特尔公司宣布，预计下一季度的销售收入将上涨 5%。乍一看，这是一个极好的消息。仅仅 3 个月内，许多大公司的销售收入就将上涨 5%，这是一件令人高兴的事。但是，市场反应使英特尔的股价下降了 22%，一天内总市值损失了将近 910 亿美元。这是为什么？华尔街的分析师们原来预计英特尔的销售收入将上涨 10%。同样，2001 年 2 月 21 日，数据存储公司 EMC 宣布，预计 2001 年的销售收入至少将增加 25%——但是，客户们新的谨慎态度"将导致销售周期的延长"。由于这一点点疑虑，EMC 的股价在一天内下降了 12.8%。

+ 如今，"与特定公司具有密切联系"的投资者被称为控制人，即那些管理着公司和拥有公司大量股份的高级经理或董事。像微软公司的比尔·盖茨和伯克希尔哈撒韦公司的沃伦·巴菲特等高管们可以直接控制公司的命运——外部投资者希望看到这些高管们持有公司大量的股份，以作为对公司的信任。但是，级别较低的经理和普通的劳动者不能通过个人决策来影响公司的股价，因此，他们只应该投入少量的资产去拥有自己雇主的股票。对外部投资者来说，无论他们认为自己是多么了解该公司的情况，都不应该持有该公司太多的股份。

表 7-1 "成长型基金"的平均收益（1961~1970 年）[a]

	1 年 （1970 年） （%）	5 年 （1966~1970 年） （%）	10 年 （1961~1970 年） （%）	1970 年 股息回报率 （%）
17 种大型成长基金	-7.5	+23.2	+121.1	2.3
106 种小型成长基金（A 组）	-17.7	+20.3	+102.1	1.6
38 种小型成长基金（B 组）	-4.7	+23.2	+106.7	1.4
15 种以"成长"相称的基金	-14.2	+13.8	+ 97.4	1.7
标准普尔综合指数	+3.5	+16.1	+104.7	3.4
道琼斯工业平均指数	+8.7	+ 2.9	+ 83.0	3.7

a. 数据来源于 Wiesenberger Financial Services。

却大大低于最终能获取的巨额财富。[4]

推荐三个可用于"积极投资"的领域

为了在长时间内获得比一般投资更好的结果，一种选择或操作策略必须具备两项优势：（1）它必须能达到基本稳健所要求的客观或合理标准；（2）它必须有别于大多数投资者或投机者采用的策略。根据经验和研究，我们推荐满足这些标准的三种投资方法。这些方法相互之间有很大的不同，而且每种方法都要求其分析者具有不同的知识和禀性。

不太受欢迎的大公司

如果我们认为，市场习惯于高估那些增长极快或在其他方面很出色的普通股，那么我们自然可以预计到，相对而言，市场至少会对那些因为发展不令人满意而暂时失宠的公司做出低估。这可以作为股市的一条基本规律，而且它向人们提供了一种既稳妥又有希望的投资方式。

在此，关键性的要求是，积极投资者要关注那些在一段时间内已不受欢迎的大公司。虽然小公司也会因为同样的原因被低估，而且许多情况下它们的利润和股价后来也会上涨，但是它们会导致这样的风险：始终没有盈利能力；尽管利润已经改善，但却长期被市场所忽视。因此，与其他公司相比，大公司有两个优势。首先，它们可以借助于资本和人力资源来渡过难关，并重新获得令人满意的利润。其次，市场有可能对公司表现出的任何改善做出较为迅速的反应。

对道琼斯工业平均指数中不受欢迎的股票的价格行为所作的研究，可以很好地证明这种理论的可靠性。在这些研究中，我们假设每年投资于道琼斯工业平均指数中价格最低的6种或10种股票（股票价格与当期或前一年的利润之比为最低）。上市名单中的这些股票可以称为"最廉价的"股票，而其低廉的价格显然表明，它们不太受投资者或交易商的欢迎。我们还进一步假设，购买的这些股票有1~5年的持有期。然后，把这些投资的结果与整个道琼斯工业平均指数，或市盈率最高的（最受欢迎的）股票所显示的结果进行对比。

我们所获得的详细资料包括了过去53年内每一年的投资结果。[5] 早期（1917~1933年）的情况证明，这种方法并不赚钱。可是从1933年开始，这种方法却十分成功。在Drexel公司（现在的Drexel Firestone公司[*]）对一年持有期所进行的34次检验中（从1937年到1969年），廉价股的结果明显次于道琼斯工业平均指数的只有3次；两者持平的有6次；而廉价股在25年中明显超过了平均水平。将5年期的平均结果与道琼斯工业平均指数和10种高市盈率股票进行对比后可以看到，低市盈率股票的业绩始终要更好一些（参见表7-2）。

从Drexel公司的计算结果中还可以看到，如果在1936年以10 000美元投资于低市盈率股票，并且在此后每一年都根据这一原则而转向低市盈率股票，那么，到了1962年，这笔投资将上涨到66 900美元。对高市盈率股票的等额投资，最终将只获得25 300美元；而对道琼斯所有30种股票的投资，将使最初的10 000美元上升到44 000美元。[+]

---

[*] Drexel Firestone是位于费城的一家投资银行。1973年与Burnham公司合并后的名称为Drexel Burnham Lambert公司。20世纪80年代并购业务繁荣时期，该公司因为其垃圾债券融资业务而闻名于世。

[+] 购买道琼斯工业平均指数中最廉价股票的策略，现在被人们称为"道氏失宠股"投资法。关于"道氏10种廉价股"的信息，可以从下列网站获得：www.djindexes.com/jsp/dow510Faq.jsp。

表 7-2　所检验股票的年均损益（%，1937~1969 年）

时期	10 种低市盈率股票	10 种高市盈率股票道指	30 种道指股票
1937~1942	-2.2	-10.0	-6.3
1943~1947	17.3	8.3	14.9
1948~1952	16.4	4.6	9.9
1953~1957	20.9	10.0	13.7
1958~1962	10.2	-3.3	3.6
1963~1969（6 年）	8.0	4.6	4.0

上面介绍的以群体为基础购买"不太受欢迎的大公司"股票的方法，其概念和实施都显得十分简单。但是在考虑每一个公司的情况时，可能需要对具有相反意义的特殊因素进行分析。利润的极不稳定，必然导致某些公司的股票具有投机性。在形势不错的年份里，这些公司的股票价格较高，市盈率较低；而在形势较差的年份里，这些公司的股票价格较低，市盈率较高。这些关系可以从表 7-3 中看到（反映了克莱斯勒公司普通股的价格波动情况）。在这些情况下，市场对其异常的高利润的持久性十分怀疑，因此会做出保守的估价。当利润较低或不存在时，会出现相反的情况。（请注意，从数学上讲，如果某公司的利润"接近于 0"，那么，其股票的市盈率一定会很高。）

结果表明，在道琼斯工业平均指数所包含的大公司中，克莱斯勒一直都很独特，因此它并不会对低市盈率股票的考虑产生很大影响。想避免将这种异常股票纳入到低市盈率股票的名单中，方法很简单，即同时还要求股价相对于过去的平均利润较低，或者采用一些类似的标准。

在对本书进行修订时，我们检验了把这种低市盈率方法应用于道琼斯工业平均指数的一组股票获得的结果（假设在 1968 年年底购买股票，1971 年 6 月 30 日对股票进行重新估价）。这次得出的数据相当令人失望：6 种或 10 种低市盈率股票有巨额亏损，而所选择的高市盈率股票则获得了很高的利润。这个不好的结果不会推翻以 30 多年的检验为基础而得出的结论。但是，最近出现的情况给其造成了特别不利的影响。或许，在选择证券组合时，积极型投资者应该这样去做：首先采用"低市盈率"的想法，然后再增加一些其他的定量和定性要求。

表 7-3 克莱斯勒公司普通股的价格和利润（1952~1970 年）

年份	每股收益（$）	最高价（H）或最低价（L）	市盈率
1952	9.04	H 98	10.8
1954	2.13	L 56	26.2
1955	11.49	H 101.5	8.8
1956	2.29	L 52（1957 年）	22.9
1957	13.75	H 82	6.7
1958	(def.) 3.88	L 44[a]	—
1968	24.92[b]	H 294[b]	11.8
1970	def.	L 65[b]	—

a. 1962 年的最低价是 37.5。
b. 考虑到了股票分割。 def.：净亏损。

购买廉价证券

我们对廉价证券的定义是：根据分析确立的事实，这种证券的价值似乎要大大高于其售价。这一类证券中，既包括售价低于面值的债券和优先股，也包括普通股。为了尽可能具体一些，我们假设真正的"廉价"证券显示的价值，至少要比其价格高出 50%。哪些事实能够证明存在如此巨大的差异？廉价证券是如何产生的？投资者又如何从中获利？

有两个标准可以用来寻找廉价普通股。首先是采用评估法。这主要是在对未来利润做出估计之后，再乘以与特定证券相适应的一个系数。如果得出的价值足以高出证券的市场价（而且假如投资者对所使用的方法有信心），那么他就可以将这种股票称为廉价股。第二项标准是私人所有者从企业中获得的价值。这种价值通常也主要由未来的预期利润决定——这种情况下得出的结果可能与第一个标准是一样的。但是在第二个标准中，更关注的可能是资产的可实现价值，尤其强调的是净流动资产或营运资本。

按照这些标准来衡量，当市场总体处于低价位时，大量的普通股就成了廉价股。（一个典型的例子就是通用汽车：1941 年，其股价还不到 30 美元，只相当于 1971 年 5 美元的股价。它当时的每股收益比 1971 年还多 4 美元，支付的股息比 1971 年高出 3.5 美元以上。）的确，当期利润和近期前景都不太好，但是，通过对未来总体情况的冷静分析可以看出，公司的价值大大高于当时的市场价格。因此，在廉价证券市场表现出的勇气，并不仅仅来自于以往的经验，而且还依赖于合理的价值分析方法的运用。

从一般市场环境下经常发生的廉价交易情况可以看到，几乎所有的市场层面中也都同样存在着许多单个的廉价证券。市场喜欢小题大做，使普通的波动夸大为严重的倒退。*即使只是缺乏一点兴趣或热情，也会使价格降到荒谬的水平。因此，我们可以看到，价格被低估有两个重要因素：（1）当期令人失望的结果；（2）长期被忽视或不受欢迎。

可是，如果单独来考虑的话，这两个因素都不可能成功地指导普通股的投资。我们如何确信，目前令人失望的结果的确只是短暂的现象？是的，在这方面，我们能够提供一些非常好的例子。钢铁股曾经以其周期性波动而闻名，精明的买主可以在利润低下时低价购买这些股票，等到繁荣年份将其出售，以获得丰厚的收益。从表 7-3 中的数据可以看到，克莱斯勒公司就是一个突出的例子。

如果这是利润波动的股票所表现出的一致行为，那么在股市赚钱就很容易了。遗憾的是，我们可以说出许多这样的例子：利润和股价下降之后，两者并没有在随后自动出现大规模反弹。Anaconda 电缆公司就是这方面的一个例子。1956 年之前，该公司的利润一直都在快速上涨，当年的股价达到了 85 美元的最高位。随后 6 年内，利润出现了不规则的下降；股价于 1962 年跌到了 23.5 美元；而且，在 1963 年，它被母公司（Anaconda 集团）以每股仅 33 美元的价格收购了。

这方面的许多经历表明，投资者要进行稳妥的投资，仅仅观察利润和股价的同时下跌是不够的。他还应该要求，过去 10 年或更长时间内的利润至少具有较好的稳定性（没有利润赤字的年份）；同时，还要要求公司具备足够的规模和

---

* 近期有一个最为严重的小题大做事件：1998 年 5 月，辉瑞公司和美国食品药品管理局宣布，有 6 个正在服用伟哥治疗阳痿的人，在过夫妻生活时心脏病发作死亡。辉瑞的股价立即下跌，在交易频繁的一天中损失了 3.4%。可是，当后来的研究表明不必对此担心时，辉瑞的股价又急剧上涨；随后的 2 年内，该股票大约上涨了三分之一。1997 年年底，Warner-Lambert 公司的股价在一天之内下跌了 19%——当时，其治疗糖尿病的新药暂时在英国被禁止销售。6 个月后，该股票的价格几乎增加了一倍。2002 年年底，游客因严重腹泻和呕吐而病倒之后，经营游艇的 Carnival 公司的股价大约下降了 10%，而这些游客乘坐的是其他公司经营的游艇。

财务实力，以应对未来有可能出现的困难。因此，这里的理想状态是：一家著名大公司的股价，既大大低于其过去的平均价，又大大低于其过去平均的市盈率。这无疑会把许多公司（比如克莱斯勒）的赚钱机会排除在外，因为这些公司在股价较低的年份里，一般也伴随着较高的市盈率。但是，现在我们要明确地告诉读者（无疑，我们还将这样去做），"事后看到的利润"和"实际得到的利润"是不同的。我们十分怀疑，像克莱斯勒这样不稳定的公司，是否可以被我们的积极投资者加以恰当利用。

我们已经指出过，长期被忽视或不受欢迎是导致股价偏低的另一个原因。目前这方面的一个例子就是 National Presto Industries 公司。1968 年牛市期间，它的最高股价为 45 美元，这只是当年每股 5.61 美元利润的 8 倍。1969 年和 1970 年的每股收益都上涨了，但股价在 1970 年降到了只有 21 美元。这个价格还不到当年利润（记录）的 4 倍，而且也低于其净流动资产的价值。1972 年 3 月，该股票的售价为 34 美元，仍然只相当于上一次报告利润的 5.5 倍，而且大约相当于增长后的净流动资产价值。

目前，这方面的另一个例子是加州标准石油这家重要的企业。1972 年年初，其股价（为 56 美元）大约与 13 年前的一样。整个时期，公司的利润一直都在稳步增长，尽管增长速度相对较慢，但只有一次小幅下降。公司的账面值大约与市值相当。虽然公司 1958~1971 年期间一直拥有非常好的记录，但是，其年均股价从未达到过当期利润的 15 倍。1972 年年初的市盈率仅有 10 倍左右。

导致普通股价格偏低的第三个原因，有可能是市场没有了解公司的实际利润状况。这方面的一个典型例子就是北太平洋铁路公司——1946~1947 年，该公司的股价从 36 美元跌到了 13.5 美元。公司 1947 年的实际利润接近于每股 10 美元。股价受到抑制，主要来自其 1 美元的股息。被忽视的另一个原因在于，铁路公司特定的会计方法，掩盖了公司的大部分盈利能力。

最容易识别的一类廉价证券是这样一种普通股：售价比公司（扣除所有优先债务后）的净营运资本本身还要低。*这意味着，股票的买主根本没有支付固定资产（房屋和机器设备等）的价格，以及任何形式的商誉价格。公司的价

---

* 格雷厄姆所说的"净营运资本"，指的是公司的流动资产（比如现金、可售证券和存货等）减去其全部负债（包括优先股和长期债务）。

表 7–4　被低估的股票的盈利情况

市场所在地	公司数	每股净流动资产总和	1957 年 12 月的总价格	1959 年 12 月的总价格
纽约股票交易所	35	$ 748	$ 419	$ 838
美国股票交易所	25	495	289	492
中西部股票交易所	5	163	87	141
场外市场	20	425	288	433
合计	85	$1 831	$1 083	$1 904

值最终低于其营运资本本身这样的情况是极少发生的——尽管可以看到少数的几个例子。可是，令人惊讶的是，市场上许多企业的股票都可以以这种廉价的条件获得。1957 年（当时的市场水平并不是很低）的一项统计表明，大约存在 150 种这样的普通股。在表 7–4 中，我们对下列结果进行了归纳：1957 年 12 月 31 日，从每家公司（一共 85 家公司，公司的相关数据可以从标准普尔出版的《股票指南月刊》中查到）购买到一股，并将其保留 2 年时间。

出于某种巧合，两年之内，这组股票中的每一种价格，都上涨到了大约相当于净流动资产总价值的水平。这一时期整个"股票组合"的价值上涨了 75%，而标准普尔 425 种工业股的价值只上涨了 50%。更突出的一点在于，没有哪一种股票出现过严重亏损，7 种股票大约持平，78 种出现了明显的上涨。

在 1957 年之前的许多年内，这种建立在分散化基础上的投资选择方法都能收到很好的效果。我们可以毫无保留地说，这是在发现和利用证券低估机会时的一种安全并有利可图的方法。可是，在 1957 年之后的整体市场上升时期，此类机会已非常罕见，而且许多可以利用的机会最终也只带来了少量的操作利润，有的甚至出现了亏损。1969~1970 年的市场下跌，导致了新的一批"价格低于营运资本"股票的出现。在第 15 章介绍积极型投资者的股票选择时，我们将探讨这一类股票。

二类企业廉价证券的情况　我们所定义的二类企业，是指没有在重要行业中占据领导地位的企业。因此，这类企业通常都是自己业务领域的一些小企业，但是同样也包括非重点业务领域的一些主要企业。为了区别，任何已被称为成长股的企业，一般都不看作是"二类企业"。

20世纪20年代牛市强劲时期，人们一般不对行业领导者和其他上市公司做出区分——只要后者达到了一定的规模。公众认为，中等规模的企业有足够的实力度过难关，而且它们比已有的大企业有真正更好的增长机会。可是，1931~1932年的萧条，给规模不是很大或内在稳定性不是很强的企业以沉重打击。有了这一番经历之后，投资者开始明显偏好行业领头羊，同时对处于次要地位的普通企业大多失去了兴趣。这意味着后一类企业的股价一般会比前者低许多（相对于利润和资产而言）。同时，这更进一步意味着，许多情况下，股价会下降到廉价股的水平。

当投资者拒绝二类企业的股票时，尽管这些股票的价格相对较低，但他们却认为或担心此类公司的前景不好。实际上，至少在下意识里，他们认为这些股票的任何价格水平都太高，因为它们是走向消亡的——正如1929年的类似理论，那时人们认为对"蓝筹股"而言，任何价格都不高，因为它们的未来前景是无限的。这两种观点都被夸大了，同时会带来严重的投资失误。事实上，与普通的非上市公司相比，规模中等的上市公司一般都称得上是大企业。我们没有正当理由认为：这类公司的业务将无法持续下去；并且在经历了经济特有的波动之后，这类公司的投资资本总体上不能获得较好的回报。

这种简要的分析表明，股市对二类企业的态度一般是不切实际的，因此，这会导致一般情况下出现众多的价格严重低估。正如我们看到的，二战时期及战后繁荣时期对规模较小的企业更加有利，其原因在于，通常存在的销售竞争被终止了，这样，小企业可以更快地扩展其销量和利润空间。因此，1946年的市场情况与战前的完全不同了。按1938年年底的股价和1946年的最高股价来看，道琼斯工业平均指数中大企业的股价在这一时期只上涨了40%，而同一时期标准普尔指数中的低价股的涨幅超过了280%。投机者和许多以自己的方式从事投资的人（众所周知，股民的记忆是短暂的），开始以高估的价格积极购买一些次要企业的新旧股份。所以，摆锤又明显地偏向了另一个极端。以前的二类股份绝大部分都能提供廉价交易的机会，而现在这类股份，绝大多数都因为人们的过度热情而被高估了。这种现象在1961年和1968年又以不同的方式出现了——这时的重点转向了更小的一些企业发行的新股，以及绝大多数受欢迎的领域的企业（电子企业、计算机企业和特许经营企业等）发行的股票。*

正如人们所预料的，这些被高估的证券随后在市场上会出现大幅下跌。有时候价格的摆动将造成明显的被低估。

如果大多数二类证券通常都倾向于被低估，那么，投资者为什么会认为可以在这种情况下获利呢？因为，如果这种情况一直持续下去，投资者不是始终处在与购买这些证券时相同的市场状况吗？这个问题的答案有点复杂。廉价购买二类企业证券的巨额利润来自于许多方面。首先，股息回报比较高。其次，用于再投资的利润相对于支付的价格而言比较大，因此最终会影响股价。在5~7年内，这些优势会在精心挑选的股票中明显反映出来。第三，牛市期间，低价证券的价格一般也会比较高，因此，这会使一般的廉价证券的价格至少上升到一个合理水平。第四，即使在市场相对平淡的时期，也会不断出现价格调整过程，这样，被低估的二类证券至少会上升到这类证券通常应有的价格水平。第五，导致利润记录令人失望的许多特定因素，会因为新情况的出现、新政策的采纳和管理层的变动而得到纠正。

最近几年出现的一个重要的新因素，就是大企业对小企业的收购——这通常是作为多元化方案的一部分。在这些情况下，人们几乎总是会对此类证券表现得相当慷慨，从而使价格大大高于不久前的廉价水平。

当利率水平比1970年低许多的时候，廉价证券的范围扩展到了债券和优先股——它们的售价大幅度低于其求偿额。目前，我们面临着一种不同情况：如果息票率为4.5%或更低，即使很有保障的证券也会大幅折价销售。比如，美国电话电报公司息票率为2.625%的证券（1986年到期），1970年的售价仅为其面值的51%；Deere公司息票率为4.5%的证券（1983年到期），售价降低到了仅为其面值的62%。不久就会看到，这是一些廉价证券投资机会——如果现在

---

* 从1975年到1983年，小企业（"二类企业"）股票的年均回报率要大大高于大企业的股票（高出17.6%）。投资大众急于购买小企业股票，共同基金公司设立了几百家新的基金专门从事小企业股的交易。这样，在随后的10年内，小企业股的年均回报率比大企业股要低5%。1999年，又出现了这种周期性的事件：小企业股的业绩比大企业股几乎高出9个百分点，从而使投资银行首次向公众发行了几种热门的高科技（小企业）股份。不再是："电子""计算机"和"特许经营"这些名称了，新的流行词是"网络""光纤"和"无线"，以及像"电子"和"信息"这样的前缀。投资领域的流行词总是会变成电锯，将相信它们的任何人都切成两半。

的市场利率大幅下降的话。关于更传统的廉价债券，或许我们又要谈到现在面临财务困难的铁路企业在20世纪20和30年代所发行的首次抵押债券。这种情况不适合缺乏专业知识的投资者：由于不能真正理解这一领域债券的价值，他有可能遭受惨败。然而，在这一领域，市场的过度下跌是一种基本趋势，因此，总体上这类债券会给那些做出细致和大胆分析的人带来特殊回报。在截止于1948年的10年内，数十亿美元的违约铁路债券，给廉价证券这一领域带来了众多极好的投资机会。从那以后，此类机会变得极其罕见，不过20世纪70年代似乎又重现苗头。*

一些"特殊"情况

不久以前，这一领域几乎可以保证那些懂行的人获得可观的回报，而且几乎在任何一般市场环境下都是如此。对于一般公众而言，这实际上并非一块禁地。具有这方面天赋的人，可以在没有经过长期学术研究或学习指导的情况下掌握其中的窍门，并且成为能力很强的从业者。其他人能够敏锐地了解这种方法的基本可靠性，并且使自身依赖于一些聪明的年轻人（这些人管理的资金主要用于那些"特殊情况"）。可是，最近几年，由于一些原因（将在后面分析），"套利和特殊情况"这一领域风险增大，也更无利可图。也许几年之后，这一领域的条件会变得更有利。无论怎样，我们都有必要通过一两个例子，来简要说明这些业务的总体特点及起源。

"特殊情况"一般来自于大企业对小企业收购的不断增加，这是由于越来越多的管理层采纳了业务多元化的信条。如果一个企业想进入某一领域，人们经常认为采用收购现有公司的办法，比从头开始建立一个新公司的做法更好一些。为了使这种收购成为可能，以及为了得到小公司的大多数股东对交易的认可，收购企业总是要提出一个大大高于现有水平的价格。这种公司行为会给一些人

---

* 如今，违约铁路债券并不能提供重要的机会了。然而，正如我们已经讲过的，2000~2002年股市崩盘后，一些廉价和违约的垃圾债券，以及高科技企业发行的可转换债券，都能提供真正有价值的投资。但是，这一领域投资的分散化十分重要——至少要有10万美元专门用于廉价证券的投资才有实际意义。除非你拥有几百万美元的资金，否则就无法做出这种分散化的选择。

带来具有诱惑力的盈利机会（这些人对该领域有所研究，并且有大量的实际经验来支持可靠的判断）。

就在几年以前，一些精明的投资者花大量的钱购买了破产铁路企业的债券。他们知道，铁路公司最终重组后，这些债券的价值会大大高于其购买成本。重组计划公布之后，出现了一个针对新发售证券的"发行前"市场。这些证券的售价必将大大高于购买旧证券的成本。尽管也存在计划未实现或被意外推迟的风险，但是总体上讲，这种"套利业务"都是非常有利可图的。

1935 年的法律要求对公用事业控股公司进行拆分，这也带来了类似的机会。从控股公司转变为一群独立经营的公司之后，几乎所有这些企业的价值都大幅度上升了。

这里的根本原因在于，证券市场倾向于低估涉及任何复杂法律诉讼的证券。华尔街有一句古老的格言："永远不要购买涉及法律诉讼的证券。"对于寻求短期购买行为的投机者而言，这可能是一个稳妥的建议。但是，如果公众采用这种态度，必然会使受影响的证券成为廉价投资机会，因为对这些证券的偏见会使其价格降到不恰当的低水平。*

对特殊情况的利用是一种投资技巧，它要求的智力和操作都有些不寻常。或许只有一少部分积极型投资者才愿意从事这项业务，因此，这不是本书要深入分析的一种投资方法。[6]

我们的投资法则所具有的更广泛含义

这里介绍的投资策略，首先依赖于投资者做出的选择：是想充当防御型（被动）投资者，还是想充当进取型（积极）投资者。实际上，积极投资者必须拥

---

* 近期的一个典型例子是菲利浦莫里斯（Philip Morris）公司。在佛罗里达法院要求陪审员考虑针对该公司的 2 000 亿美元的惩罚性赔偿之后，该公司的股价在两天之内下降了 23%——公司最后承认，烟草会导致癌症。一年之后，菲利浦莫里斯的股价增长了一倍——但后来伊利诺伊州几百亿美元的判决使其股票又下降了。另有几家股份公司因为承担法律诉讼责任而几乎被毁灭了，其中包括 Johns Manville、W. R. Grace 和 USG 公司。因此，"永远不要购买涉及法律诉讼的证券"，对所有的人来说都仍然是一个有效的生存法则（最大胆的投资者除外）。

有大量的证券估价知识,才能把自己的证券业务看成一种事业。被动地位和主动地位之间,并不存在着一种或一系列中间概念。许多,或许大多数投资者,都想将自己置身于这样的一种中间地位;但我们认为,这种折衷态度更有可能带来的不是收获,而是一种令人失望的结果。

作为一名投资者,你不可能成为较好的"半个经营者",并因此而期望你的投资带来相当于正常业务一半的利润。

根据这一推论,大多数证券所有者都应该选择防御型投资者这一类别。他们没有时间、决断力和精力,来像经营企业那样从事投资活动。因此,他们应该满足于现在从防御型证券组合中获得的优越回报(甚至是较低的回报);而且,他们还应该坚定地抵制不断出现的诱惑——为了增加回报,而偏离到其他道路上去的诱惑。

积极型投资者应该从事一些恰当的证券业务,即自己的知识和判断力足以应对这些业务;而且,按已有的商业准则来看,这些业务有足够好的前景。

在向这类投资者提供建议和忠告时,我们都力求采用此类商业准则。在向防御型投资者提出建议和忠告时,我们主要遵循(心理上和数学上的)三个要求:基本安全性,选择方法简单,以及有望获得满意的结果。利用这些标准,我们可以在所建议的投资领域排除几类证券(这些证券通常被看作是适合各种不同投资者的)。第 1 章列出了这些被排除的证券。

关于为什么要排除这些证券,让我们进行更全面的分析。我们建议,人们不要按"全价"购买三类重要的证券:(1)外国债券;(2)一般的优先股;(3)二类普通股。(当然也包括这几类证券的初始发行。)我们所说的"全价",是指接近于债券和优先股面值的价格,以及大约相当于企业公允业务价值的普通股价格。大多数防御型投资者会回避这几类证券(无论价格如何);积极投资者只会按低廉的价格购买它们——我们定义的低价,是指价格不超过证券评估价值的三分之二。

如果所有的投资者都采纳我们给出的这些建议,情况会怎样呢?在本书前面章节介绍外国债券时,我们考虑过这一问题,因此,这里我们不再多说了。投资级优先股只会被一些公司(比如保险公司)购买,因为它们可以从所持股票的特殊所得税地位中受益。

在我们的排除策略中,二类普通股这一领域是最麻烦的。如果绝大多数投资者都是防御型投资者而根本不去购买它们，那么这一领域可能的买主将会十分有限。此外，如果积极型投资者只是在廉价水平购买它们，那么这些证券的售价必定会低于其公允价值，除非有一些不明智的人去购买它们。

这听起来非常严重，甚至隐约感到有些不道德。然而事实上，我们只是认识到了过去40年的大多数时间里这一领域实际发生的情况。在大多数时间里，二类证券的确会围绕某一中心水平（它大大低于其公允价值）而波动。有时它们的价格会达到甚至超过公允价值，但这只会发生在牛市的上升阶段，此时，实际经验中获得的教训，将会与按市场价格购买普通股的理性观点相抵触。

因此，我们的建议只是要求积极投资者应该认识到二级证券所处的客观现实，并且以此类证券通常的中心市场价格水平为指导，来确定自己的购买价。

然而，这里也存在着一个矛盾。细心挑选出的二类企业，完全有可能与行业领导者一样具有良好的前景。小企业缺乏的内在稳定性，完全可以借助于快速增长潜力来加以弥补。因此，在许多读者看来，把按全部"企业价值"购买二类股票说成是"不明智的"，这似乎并不符合逻辑。我们认为，实际经验是最有说服力的。金融领域的历史清楚地表明，一般而言，投资者如果想从二类普通股中获得满意的结果，就必须按低于其私人所有者的价值（按廉价条件）来购买它们。

最后一句话意味着，这一原则与普通的外部投资者相关。任何人，只要他能够控制二类企业，或者是作为一个群体中的一名成员而享有此类控制权，他就完全有理由把购买这些股票的行为，看成是在"密切关联企业"或其他私人企业的投资。企业本身的重要性越低，内部和外部投资者的地位，以及相应的投资策略之间的区别就越重要。主要的企业或领头企业的一个基本特征是，一种独立的股份通常相当于一种有控制权的股份。在二类企业中，独立股份的平均市场价值，会大大低于有控制权的股份。由于这样一个事实的存在，与主要企业相比，二类企业的股东和管理层的关系以及内部和外部股东的关系，一般都显得更加重要和更具有争议。

在第5章结尾我们曾经讲过，对主要企业和二类企业进行严格的区分是很困难的。居于两者之间的许多普通股，会显示出某种中间价格行为。有的投资者会以低于账面值或评估价值的小幅折价购买这种普通股——这些投资者认为，从理论上讲，它们与主要企业的股票只有很小的差距；而且认为，这种股票在不久的将来会完全达到主要股票的信用级别。我们认为，这种做法不是不符合逻辑的。

因此，在主要证券和二级证券之间不需要做出精确的区分。因为如果这样做的话，那么质量方面的较小差别，必然会导致应有的购买价之间出现重大差别。这种说法表明，我们承认普通股的分类存在着一个中间地带，尽管我们不赞成对投资者的分类也存在这样一个中间地带。这种明显的不一致是源于这样的原因：在某种证券上的看法出现一定程度的不确定性并不会带来巨大的损害，因为这些情况都属于例外，而且在这件事情上没有太大的利害关系。可是，投资者在防御地位和积极地位之间的选择，对他而言是极为重要的，因此，他不应该在这个基本决定方面模棱两可，或采取折衷做法。

第 7 章 点评

> 获得巨额财富需要极大的胆识和谨慎，当你一旦拥有大量财富，则需要有十倍的智慧来留住它。
>
> ——内森·迈耶·罗思柴尔德

时机的选择并不重要

在理想条件下，聪明的投资者只会在价格便宜时购买股票，在价格涨高时将其出售；然后以债券和现金的形式持有这些资金，直到股价再一次变得便宜时再去购买。一项研究表明，从 1966 年到 2001 年年底，持续持有的 1 美元股票最终将上涨到 11.71 美元。可是，如果你能恰好在每年中 5 个最坏的日子到来之前平仓的话，那么你最初的 1 美元将上升到 987.12 美元。[1]

与市场上大多数的魔幻想法一样，这种想法也是基于一种戏法。你（或其他任何人）怎样才能确切地知道哪几天是最糟糕的——在这些日子到来之前？1973 年 1 月 7 日，《纽约时报》对美国的一位高级金融预言家进行了专访。这位预言家督促投资者赶快购买股票："现在绝对处在牛市时期，以往很少见到这样的情况。"这位预言家就是艾伦·格林斯潘，而且非常罕见的是，没有哪一个人

---

[1] 参见：The Truth About Timing, *Barron's*, November 5, 2001, p. 20。这篇文章的标题，能够很好地提醒聪明的投资者关注一个永恒的原则。每当你在关于投资的文章中看到"真相"一词时，请擦亮自己的眼睛，后面引述的许多内容都有可能是谎言。（顺便要指出的是，1966 年投资者购买股票后将其保留到 2001 年年底时，最终获得的至少为 40 美元，而不是 11.71 美元；所引用的研究似乎忽视了股息的再投资。）

像这位日后的美联储主席那样,在当天做出了完全错误的判断。后来的事实证明,自大萧条时期以来,1973年和1974年是经济增长和股市表现最不好的年份。[2]

专业人士对入市时机的判断,会比格林斯潘更准确吗?"我认为,大部分下降压力都已经过去了,"2001年12月3日,R. M. Leary公司择时交易机构的负责人凯特·利里·李说道,"这正是你应该入市的时候。"她补充道——她预测2002年第一季度的股票"会表现得不错"。[3] 随后的3个月内,股票的回报仅有微小的0.28%,比现金的回报还低1.5个百分点。

持此观点的并非利里一人。杜克大学的金融学教授进行的一项研究表明,如果你采纳最好的择时交易刊物(占总刊物的10%)所提出的建议,那么,你在1991~1995年赚取的年回报率将是12.6%。可是,如果你不听从它们的建议,而将资金投入到股票指数基金中去,那么,你将获得16.4%的回报。[4]

正如丹麦哲学家齐克果所指出的,只有回过头来才能理解生活,但是,生活必须往前走。回过头去看,你总能准确地了解应该何时购买股票以及何时出售股票。然而,你不能愚蠢地认为,在实际中自己可以随时判断应该在何时进入,在何时退出。在金融市场上,事后观察永远是完全清楚的,但是,事先预测必定是盲目的。因此,对大多数投资者而言,择时交易从实际上和心理上看都是不可能的。[5]

---

2 参见:The *New York Times*, January 7, 1973, special "Economic Survey" section, pp. 2, 19, 44。

3 参见:Press Release, "It's a good time to be in the market, says R. M. Leary & Company." December 3, 2001。

4 你还可以节省每年上千美元的订刊费用(这些费用并没有从计算这些刊物的回报中扣除)。与长期投资者相比,择时交易者面临的经纪成本和短期资本利得税一般要更高一些。关于杜克大学的研究,请参见:John R. Graham and Campbell R. Harvey, "Grading the Performance of Market-Timing Newsletters," *Financial Analysts Journal*, November/December, 1997, pp. 54-66, also available at www.duke.edu/~charvey/research.htm。

5 关于可以替代择时交易的其他一些理性的交易(再平衡法和美元成本平均法),请参见第5章和第8章的内容。

哪些股票会上涨

正如宇宙飞船进入地球的同温层后会加速一样，成长股似乎也经常会脱离重心引力。我们来看20世纪90年代3种增长最快的股票的变化轨迹：通用电气、家得宝和太阳计算机系统公司（参见图7-1）。

从1995年到1999年，每家公司每年的规模和利润都在增长。从营业收入上看，太阳公司增长了一倍，家得宝公司增长了一倍多。根据Value Line公司提供的信息，通用电气的营业收入增长了29%，利润增长了65%。家得宝和太阳公司的每股收益几乎增加到了原来的3倍。

然而，其他的情况也在发生，这丝毫不会使格雷厄姆感到惊讶。这些公司增长得越快，其股价也越来越昂贵。当股价的上涨超过了公司的成长速度时，投资者最终总是会吃亏的。从图7-2中可以看到：

如果其股票价格太高的话，一家优秀的企业并不是一个非常棒的投资对象。

图7-1 不断上涨的股票

		1995年	1996年	1997年	1998年	1999年
通用电气	销售收入（百万美元）	43 013	46 119	48 952	51 546	55 645
	每股收益（美元）	0.65	0.73	0.83	0.93	1.07
	股票年回报率（%）	44.5	40.0	50.6	40.7	53.2
	年底市盈率	18.4	22.8	29.9	36.4	47.9
家得宝	销售收入（百万美元）	15 470	19 536	24 156	30 219	38 434
	每股收益（美元）	0.34	0.43	0.52	0.71	1.00
	股票年回报率（%）	4.2	5.5	76.8	108.3	68.8
	年底市盈率	32.3	27.6	37.5	61.8	73.7
太阳计算机系统公司	销售收入（百万美元）	5 902	7 095	8 598	9 791	11 726
	每股收益（美元）	0.11	0.17	0.24	0.29	0.36
	股票年回报率（%）	157.0	12.6	55.2	114.7	261.7
	年底市盈率	20.3	17.7	17.9	34.5	97.7

资料来源：Bloomberg, Value Line。
说明：销售收入和利润按财务年度计算；股票回报率按自然年度计算；市盈率为12月31日的股价除以前4个季度的报告利润。

图 7-2　请看下列数据

	1999 年 12 月 31 日的股价	2002 年 12 月 31 日的股价	1999 年 12 月 31 日的市盈率	2003 年 3 月的市盈率
通用电气	$51.58	$24.35	48.1	15.7
家得宝	$68.75	$23.96	97.4	14.3
太阳计算机系统	$38.72	$38.72	123.3	n/a

n/a: 没有相应数据。2002 年该公司有净亏损。

资料来源：www.morningstar.com, yahoo.marketguide.com。

股价上涨得越高，似乎就更有可能继续上涨。但是，这种本能的看法完全与金融物理现象的根本法则相抵触：公司的规模越大，增长速度就越慢。销售收入为 10 亿美元的公司，能够轻易地使自己的销售收入增加一倍；但是，业务量为 500 亿美元的公司到哪里去寻找另外 500 亿美元的业务量呢？

在股价合理的情况下，成长股值得去购买。但是，当其市盈率大大高于 20 或 30 倍时，再去大量购买就会有些不妙了：

- 新闻工作者卡罗尔·卢米斯发现，从 1960 年到 1999 年，《财富》500 强所列出的头 150 家公司中，只有 8 家公司做到了在 20 年内使自己的年均利润增长至少为 15%。[6]
- 查看 50 年的数据后，Sanford C. Bernstein 这家研究企业发现：美国的大公司中，只有 10% 的公司能在连续 5 年内，使自己的利润年增长达 20%；3% 的公司能在连续 10 年内，使自己的利润年增长达 20%；没有哪一家公司，能在连续 15 年内做到这一点。[7]
- 针对 1951~1998 年美国几千种股票进行的学术研究表明，在每一个 10 年期内，平均每年的净利润增长率为 9.7%。但是，就占总数 20% 的大公司而言，其年均利润增长率只有 9.3%。[8]

---

6 参见：Carol J. Loomis, "The 15% Delusion," *Fortune*, February 5, 2001, pp.102-108。

7 参见：Jason Zweig, "A Matter of Expectations," *Money*, January, 2001, pp.49-50。

8 参见：Louis K. C. Chan, Jason Karceski, and Josef Lakonishok, "The Level and Persistence of Growth Rates," National Bureau of Economic Research, Working Paper No. 8282, May, 2001, available at www.nber.org/papers/w8282。

虚假的高增长潜力

认为高增长能够永远持续下去的幻觉,并非只是发生在投资者身上。2000年2月,有人问北电网络(Nortel Networks)的首席执行官约翰·罗思,这家光纤行业巨头的规模会达到多大。"该产业正在以每年14%~15%的速度增长,"罗思回答说,"而且,我们的增长速度还会加快6%。就我们这种规模的企业来说,这是相当令人兴奋的事。"前6年,北电的股票几乎每年上涨51%。当时,该公司的股价是华尔街预测的2000年利润的87倍。股价被高估了吗?"已经上涨到了这么高的水平,"罗思轻松地说,"但是,随着我们无线战略的实施,将还有很大的升值空间。"(他补充说,毕竟思科的股价达到了其预测利润的121倍!)[1]

至于思科公司,2000年11月,其首席执行官约翰·钱伯斯坚持认为,自己公司的年增长率至少会达到50%。"从逻辑上讲,"他说,"这将是一种特殊情况。"此前,思科的股价一直在下跌——当时的股价仅为上一年利润的98倍——因此,钱伯斯督促投资者去购买。"这时还要等着去买谁的股票呢?"他说,"现在正是机会。"[2]

与此相反,这些成长型企业都萎缩了,而且它们被高估的股价也缩水了。2001年,北电的营业收入下降了37%,而且当年该公司的亏损超过了260亿美元。2001年,思科的营业收入上升了18%,但是,该公司最终出现了10亿美元以上的净亏损。当罗思讲话时,北电的股价为113.5美元,2002年最终降到了1.65美元。当钱伯斯称自己的公司是一种"特殊情况"时,思科的股价为52美元,后来的股价跌到了13美元。

从此以后,两家公司对未来的预测更为谨慎了。

1　参见:Lisa Gibbs, "Optic Uptick," *Money*, April, 2000, pp. 54-55。

2　参见:Brooke Southall, "Cisco's Endgame Strategy," *InvestmentNews*, November 30, 2000, pp. 1, 23。

甚至许多公司领导人也无法理解这些差异（参见后文专栏的内容）。然而，聪明的投资者对快速成长股感兴趣，并不是发生在其最受欢迎之时，而是在出现某种问题的时候。2002年7月，强生公司宣布，联邦监管当局正在调查其一家下属药厂会计记录不当的问题，这样，该公司的股价在一天内就下跌了16%。这使强生公司的股价与前12个月的利润之比，从24倍下降到了仅为20倍。在如此低的水平下，强生有可能再次成为有一定成长空间的成长股——从而变成格雷厄姆所称的"不太受欢迎的大公司"。[9] 如果能按较好的价格购买到某家大公司的股票，那么这种暂时性的"不受欢迎"可以给你带来持久的财富。

应该将所有的鸡蛋都放进一只篮子里吗

"将所有的鸡蛋都放进一只篮子里，然后看好这只篮子，"一个世纪前安德鲁·卡内基告诉人们，"不要撒胡椒面。……人生的巨大成功在于目标集中。"正如格雷厄姆所说的，"从普通股中真正获得巨大财富"的来自下列一些人：他们将自己所有的资金投入到了最熟悉的一种投资活动中。

几乎所有的美国富人所获取的财富，都来自于对某个行业甚至是某个公司的集中投资（想一想比尔·盖茨与微软，山姆·沃尔顿与沃尔玛，洛克菲勒家族与标准石油）。比如，自从1982年首次出版以来，《福布斯》列出的400名美国富翁中，大多数人的财富都是集中获取到的。

然而，这样去做的话，几乎连小额财富都无法获取到。而且，许多巨额财富并非一直是以这种方式持有的。卡内基没有想到的是，人生的大多数重大失败也是来自于这种集中投资。我们再来看《福布斯》的富人榜。早在1982年，《福布斯》前400名富豪的平均财富为2.3亿美元。想进入2002年《福布斯》前400名的富豪榜，从平均水平来看，一个1982年的富豪平均每年只需从其财富中获得4.5%的回报即可。然而，这一时期银行账户的收益甚至都高于4.5%，而

---

[9] 大约20年前的1982年10月，强生公司的股价在一周之内下跌了17.5%。原因在于，有几个人注射了该公司生产的泰诺止痛药以后死亡了——该药品被公司外部的某个人加入了少量的氰化物。后来，强生公司开始带头使用防破坏的包装，这样，该公司的股票在20世纪80年代仍然是一个极好的投资对象。

股市的年均回报率达 13.2%。

那么，经过 20 年之后，《福布斯》1982 年前 400 名富豪中还有多少位留在榜单上呢？最初的 400 人中，只有 64 人仍然留在 2002 年的榜单上——只占可怜的 16%。由于将所有的鸡蛋放到一只篮子中（这只篮子——曾经繁荣过的行业，比如石油和天然气、计算机硬件和基础制造业——使他们首次进入富豪榜），最初的大多数富豪都倒下了。当困难降临时，他们所有人（尽管都拥有巨额财富可以带来巨大的优势）都没有做好应有的准备。当不断变化的经济将他们惟一的一只篮子和所有的鸡蛋压得粉碎时，他们束手无策，只能在可怕的危机前缩成一团。[10]

廉价类证券

你可能认为，在我们所处的无穷的网络世界中，必然可以发现并购买到能满足于格雷厄姆廉价交易标准的一组股票。尽管互联网会提供一些帮助，但是，你仍然必须亲自做许多工作。

找到一份当天的《华尔街日报》，打开"货币与投资"这一专栏，从纽约股票交易所和纳斯达克的报价栏中，寻找过去一年以来价格达到新的最低水平的股票——在寻找满足格雷厄姆"净营运资本"标准的公司时，这是一种快速和简便的方法。（尝试下列网址：http://quote.morningstar.com/highlow.html?msection=HighLow.）

想了解一种股票的售价是否低于净营运资本的价值（格雷厄姆的追随者所称的"net nets"），可以从公司网站或 EDGAR 数据库（www.sec.gov）中，下载或索要最新的季度或年度报告。从公司的流动资产中减去其全部负债，其中包括所有的优先股和长期债务。[或者从当地的公共图书馆找到一本《价值线投资调查》（*Value Line Investment Survey*）——可以省去一年的大笔订购费用。每一期刊物中都列有与格雷厄姆的定义十分相似的"廉价类股票"（Bargain Basement

---

10 关于很难守住在《福布斯》前 400 富豪榜中的地位这一观点，我要感谢投资经理肯尼思·费希尔（他本人是《福布斯》的一位专栏作家）提供的帮助。

Stocks）这一栏。] 最近，这类股票中的大多数都涉及高科技和电信这样的热门领域。

比如，2002年10月31日，Comverse技术公司拥有24亿美元的流动资产和10亿美元的债务总额，因此，其净营运资本为14亿美元。由于公司股份还不到1.9亿股，每股股价低于8美元，因此，该公司的总市值正好在14亿美元以内。因为股价还未达到Comverse公司的现金和存货的价值，所以，公司今后业务的价值实际上没有包含在股价之中。正如格雷厄姆所了解的，购买像Comverse公司这样的股票仍然有可能亏损——因此，只有当你在某时间找到几十种这样的股票时，才能去购买并耐心持有它们。然而，在非常罕见的情况下，当市场上出现众多真正的廉价交易证券时，你肯定可以从中获利。

外国证券交易策略

投资外国股票并不是聪明的投资者必须要做的，但我们必定会建议他们考虑这一投资。为什么呢？让我们来做一个简单的思考。假设现在是1989年年底，假设你是一位日本人。实际情况如下：

- 过去10年中，你的股市年均增长率为21.2%，大大高于美国17.5%的年均增长率。
- 日本的公司正在收购美国的公司——从Pebble Beach高尔夫球场到洛克菲勒中心；与此同时，美国的一些企业（比如美国金融公司Drexel Burnham Lambert和德士古）正在申请破产。
- 美国的高科技产业正在消亡，而日本的正处于兴旺时期。

1989年，作为一个日本人，你只能得出这样的结论：到日本以外去投资将是自寿司自动贩卖机诞生以来最愚蠢的想法。自然，你会将所有的钱用于购买日本的股票。

结果如何？在随后的10年内，你投入的资金将亏损大约三分之二。

从中可以得出什么教训呢？这并不是说，你永远不应该到日本这样的外国市场去投资；而是说日本人永远不要将自己所有的资金投放在国内。而且你们也不应该像日本人这样去做。如果你生活在美国，工作在美国，以美元获取工资收入，那么你已经对美国的经济投下了多次赌注。为了谨慎，你应该在别的市场拥有一些投资组合。原因很简单：毕竟任何人都不可能知道，本国或外国未来的结果是怎样的。请将三分之一的股票资金用于购买外国（包括新兴市场）股票的共同基金，这一定有助于防范风险，因为本国市场不一定是全球最好的投资市场。

第 8 章

投资者与市场波动

如果投资者的资金都投在期限较短（比如说 7 年或者更短）的高等级债券之中，那么市场价格的变化就不会给他带来重大影响，因此他就不需要考虑价格的变化。（这种观点也适合于他所持有的美国储蓄债券，他总能按成本价或更高的价格将其兑现。）期限较长的债券，在其有效期内会有较大的价格波动；在任何一个几年期的时限内，普通股组合几乎必然发生价值的波动。

投资者应该了解这些可能发生的情况，而且应该对此做好财务上和心理上的准备。投资者想从市场水平的变化中获利——当然是通过所持证券的价值随着时间的推移而上涨，也有可能是通过按有利的价格进行购买和出售。对他来说该利益是必然的，也是合情合理的。但是这涉及一个非常真实的风险：有可能他会采取投机的态度和行为。我们劝你不要投机，这很简单，但困难在于如何使你听从这一忠告。让我们重复开头讲过的话：如果你想投机的话，请睁大自己的双眼，知道最终有可能亏本；请确保将风险额度控制在一定范围内，并将投机与你的投资计划完全分开。

我们将首先探讨普通股价格变化这个更重要的话题，并在此之后再转向债券领域。在第 3 章，我们已对过去 100 年来股票市场的历史进行了考察。在此，我们偶尔会回顾前面的内容，以便投资者从以往的记录中看到自己的投资希望所在——通过持有相对稳定的证券组合获取长期升值；或者是按接近于熊市的低价购买证券，并按接近于牛市的高价出售证券。

市场波动对投资决策的指导作用

由于普通股（即使是投资级的普通股）都会不断地出现大幅度的价格波动，因此，聪明的投资者会对从这种价格大幅度变动中获利的可能性感兴趣。他面临着两种可能获利的方法：择时方法和估价方法。我们所说的择时，是指努力去预知股市的行为——认为未来走势会上升时，购买或持有股票；认为未来走势会下降时，出售或停止购买股票。我们所说的估价是指尽力做到：股票报价低于其公允价值时买入，高于其公允价值时卖出。另外一种要求不太高的估价方式是，确保自己购买股票的价格不会太高。这种做法适合于防御型投资者，因为他们所强调的是长期持有；但是，这代表了对市场水平应有的最基本的关注。[1]

我们确信，无论采用哪一种估价方法，聪明的投资者都能得到满意的结果。我们同样确信，如果投资者以预测为基础强调择时交易，那么他最终将成为一个投机者，并要面对投机所带来的财务结果。在外行看来，这种区别非常不明显，而且也没有得到华尔街的普遍认同。作为商业行为，或者是出于一种完全的信任，股票经纪商和投资服务机构似乎固守着这样一个原则：普通股市场的投资者和投机者都应该细心地关注市场的预测。

我们相信，人们离华尔街越远，就会发现股市预测或择时的吹嘘越值得怀疑。投资者根本不会认真对待那些没完没了的预测结果（几乎每天都有这种预测，而且不费吹灰之力就可以获得）。然而在许多情况下，投资者都会关注它们，甚至依照它们而采取行动。这是为什么呢？因为有人使他相信，对股市未来的走势做出某些判断是很重要的，而且还因为，他感到经纪公司或服务机构的预测至少比自己的预测更加可靠。*

---

* 1990 年年末，"市场策略分析师"的预测比以前任何时候都更有影响力。遗憾的是，他们的预测并不更为准确。2000 年 3 月 10 日，就在纳斯达克综合指数达到 5 048.62 这一最高点的时刻，保德信证券公司（Prudential Securities）的首席技术分析师拉尔夫·阿坎波拉在《今日美国》上声称，他预期纳斯达克指数将在 12~18 个月之内达到 6 000 点。5 个星期之后，纳斯达克指数就萎缩到了 3 321.29 点。然而，Donaldson, Lufkin & Jenrette 公司的市场策略分析师托马斯·高尔文声称，"纳斯达克指数的下降空间只有 200 或 300 点，而上升空间有 2 000 点。"后来的结果表明，指数没有上升，而是下降了 2 000 多点——纳斯达克指数的持续下跌，使其最终于 2002 年 10 月 9 日

在此，我们没有篇幅详细探讨赞成和反对市场预测的观点。许多聪明人涉足过这一领域，而且毫无疑问，有些人成为了很好的股票分析师并赚了钱。但是，我们不能认为，普通公众可以通过市场预测来赚钱。因为，当普通公众根据某个信号赶紧出售股票以获取收益时，谁会去购买？如果作为读者的你，想要通过追随一些市场预测系统或领导者而在几年内发财，那么你就必须像无数其他人那样去做，而且能够比市场上的众多竞争者做得更好。我们既无法根据逻辑，也无法根据实际经历来认为，任何一个普通的或一般的投资者，能够比公众（他本身就是其中的一员）更成功地预测出市场的变化趋势。

似乎每个人都没有注意到"择时"理念所具有的一个特点。对投机者来说，择时具有一个很重要的心理作用，因为他想迅速获取收益。等到一年之后股票会上涨的这一想法，是不会被他接受的。然而，这样一种等待期对投资者来说算不了什么。让自己的资金处于闲置状态，等到获得某些（自认为）可靠的信号后再去购买股票，这种做法对投资者有什么好处？他所得到的好处仅仅在于，等到后来按足够低的价格成功购买到股票，以补偿自己的股息损失。这就意味着，择时交易对投资者没有实际的价值，除非它恰好与估价法相吻合，也就是说，除非它能使投资者按大大低于自己以前的售价重新购买到自己的股票。

在这一方面，著名的道氏择时交易理论有着一段不寻常的历史。[*]简单地讲，这种方法就是把股票指数上涨时的某一个特殊"突破点"看做购买的信号，而把下跌时的类似突破点看做卖出的信号。利用这种方法计算出的（并不一定是实际的）结果表明，从1897年到20世纪60年代初，这种操作几乎能够连续获得一系列的收益。根据所显示的结果，道氏理论的实际价值似乎能稳固地确定下来。值得怀疑的地方（如果有的话）在于，所公布的这种"记录"，能否可靠地反映出道氏理论家在市场上的实际行为。

降到了1 114.11点这一最低水平。2001年3月，高盛证券的首席投资策略分析师阿比·约瑟夫·科恩预测，标准普尔500指数将在年底收于1 650点，道琼斯工业平均指数将在2001年底收于13 000点。"我们认为不会出现衰退，"科恩说，"而且我们相信，下半年公司利润的增长有可能接近于长期增长水平。"就在她讲这番话时，美国经济正在陷入衰退，而且标准普尔500指数2001年最终收于1 148.08点，而道琼斯最终收于10 021.50点——两者分别比其预测结果要低30%和23%。

[*] 参见本书第1章。

对数据更仔细的研究表明，道氏理论所得出的结果的好坏，在 1938 年之后（就在华尔街开始认真对待该理论后的几年内）发生了急剧的变化。其最显著的成就是，在 1929 年崩盘前的大约一个月，在 306 点给出了一个卖出信号；以及防止其追随者陷入长期的熊市（直到市场本身得到很好的调整后，在 1933 年的 84 点给出了一个买入信号）。可是，从 1938 年开始，道氏理论的操作主要是使从业者在较低的价格卖出，然后又在更高的价格上买入。此后近 30 年的时间里，仅仅购买并持有道琼斯工业平均指数的人，能够得到明显更好的结果。[2]

我们认为，根据对这个问题所做的许多研究，道氏理论结果的变化并非是偶然的。它反映了商业和金融领域的预测和交易方法所固有的特征。有些方法之所以获得支持和变得重要，是因为它们在某个时期表现得很好，或者有时仅仅是因为，它们似乎能够与以往的统计记录相适应。但是，随着它们被越来越多的人接受，其可靠性一般会下降。导致这种情况的原因有两个：首先，随着时间的推移，会带来一些以前的方法无法适应的新情况。其次，在股市交易方面，某一理论广受欢迎这种现象本身会对市场行为产生影响，从而削弱这种理论的长期盈利能力。（像道氏理论这样一些受欢迎的东西似乎可能在创造着自我验证，因为其追随者根据信号做出的买卖行为本身就会使得市场上涨或下跌。当然，对交易大众而言，这种"一窝蜂的行为"是一种危险，而不是一种优势。）

"贱买贵卖"法

我们确信，普通投资者不可能通过努力来成功预测股价的变动。然而，他可以利用价格变化之后的时机吗？也就是在每一次大跌之后买入和在每一次大涨之后卖出。1950 年之前的几年里，市场波动极大地鼓励了这一想法。实际上，"聪明的投资者"的传统定义是，"那些在熊市（其他的人都在卖出时）买入，在牛市（其他的人都在买入时）卖出的人。"如果仔细查看图 I（反映了 1900~1970 年标准普尔综合指数的波动情况）以及表 3-1 中相应的数据，我们将很容易看到，为什么这种观点直到最近几年才似乎有说服力。

从 1897 年到 1949 年，出现了 10 个完整的市场循环——从熊市最低价，到牛市最高价，再到熊市最低价。其中有 6 个循环的持续时间在 4 年以内，4 个循环的持续时间为6~7年；而且有一个循环（发生在1921~1932年的"新时期"循环）持续了11年。最低价与最高价之间的变化幅度为44%~500%，其中大多数为50%~100%。随后的下降幅度为24%~89%，其中大多数在40%~50%。（请记住，50%的下降会完全抵消先前100%的上涨。）

几乎所有的牛市都明显具备一些共同点，比如：(1)价格水平达到历史最高；(2)市盈率很高；(3)与债券收益相比，股息收益较低；(4)大量的保证金投机交易；(5)有许多质量较差的新普通股的发行。因此，在不太熟悉股市历史的人看来，聪明的投资者应该能够发现反复出现的熊市和牛市，从而在熊市买入，在牛市卖出；而且可以在较短的时间内重复这种做法。为了确定总体的市场买入水平和卖出水平，人们以价值因素和价格变化幅度（%）为基础，设计出了许多方法。

但是，我们必须指出的是，即便是在始于1949年的空前牛市出现之前，连续的市场循环中所发生的变化，足以使贱买贵卖这种理想的做法变得更加复杂（有时，还会挫败这一想法）。显然，这种背离现象中最明显的，就是20世纪20年代末期的大牛市——它使所有预测都成了严重的失误。*因此，即使是在1949年，人们也不能肯定地认为，投资者应该把自己的金融策略和方法主要建立在下列努力之上：在熊市最低价位买入，并且在牛市最高价位卖出。

最后的事实证明，情况正好相反。过去20年的市场行为并没有遵循以前的格局，没有服从曾经非常灵验的危险信号，也没有允许人们成功地利用贱买贵卖这一古老的法则。以前相当有规律的牛市—熊市交替格局最终是否会再次出现，我们并不知道。但是，我们认为，投资者的下列做法是不现实的：努力将自己的策略建立在传统方法的基础上，即等到出现明显的熊市价格水平时才去购买任何普通股。然而，我们所建议的策略考虑到了证券组合中普通股与债券比例的调

---

* 如果没有熊市再次将股价拉低，那些等待"低价买入"的人都会感到自己完全落后于别人了。而且许多情况下，他们最终都将放弃以前的谨慎，而完全投入到股市中去。这就是格雷厄姆认为心理约束很重要的原因。从1990年10月到2000年1月，道琼斯工业平均指数疯狂上涨，其下降幅度从未超过20%，只有3次的损失达到或超过了10%。总收益（不计股息）为395.7%。根据Crandall Pierce公司提供的信息，这是过去一个世纪内第二个持续时间最长的牛市——只有1949~1961年的繁荣时期超过了它。牛市持续的时间越长，投资者的健忘症就越严重；大约5年之后，许多人甚至不再相信熊市有可能出现。所有这些健忘者最终都将被唤醒；而且，在股市上被唤醒的记忆总是使人感到不愉快的。

整——投资者可以根据股价的高低（以价值标准来衡量）选择这样的做法。*

程式方案

始于 1949 年和 1950 年股市上升的头几年，旨在利用股市循环的各种方法吸引了人们极大的兴趣。这些方法被人们称为"程式投资方案"。此类方案的核心（除了较简单的美元平均法之外）就是，当市场大幅度上涨时，投资者自动卖出一些普通股。在许多这样的方案中，市场水平的大幅上升，都会导致所持有的普通股被全部平仓。另一些方案规定，各种情况下都只持有少量的股权。

如果事后将这种方法用于过去多年的股市当中，那么它具有双重吸引力：一是听起来有道理（而且稳妥）；二是能显示出很好的结果。遗憾的是，它最受欢迎的时刻，也正是其作用发挥得最不好的时刻。许多"程式方案使用者"发现，他们自己在 20 世纪 50 年代中期的某一股价水平下，完全（或几乎完全）退出了股市。的确，他们获取了丰厚的收益，但从广义上讲，此后的市场也"抛弃"了他们，因此，他们的程式方案几乎使自己失去了重新买回普通股的机会。+

20 世纪 50 年代初使用程式投资方法的人所经历的情况，与大约 20 年以前使用完全机械的道氏理论的人所经历的情况是类似的。两种情况下，所使用方法的广受欢迎之时，几乎也同时是这些方法的作用丧失之刻。我们自己的"中心价值法"（用来决定道琼斯工业平均指数的买卖价格水平），也存在着类似不愉快的经历。这里的教训似乎是，股市上的任何赚钱方法，只要它容易理解并且被许多人采纳，那么，这种方法本身就会因太简单、太容易而无法持久。++ 斯

---

* 在本书第 4 章中，格雷厄姆探讨了这种"建议的策略"。这种策略现在被称为"战术性资产分配"，它已被养老基金和大学退休基金这样的机构投资者广泛采用。

+ 1954 年底，美国股市上涨 52.6% 之后（当时的年回报率为有史以来的第二高），许多"程式方案使用者"都将其股票卖掉了。在随后的 5 年内，这些择时交易者只能眼巴巴地看着股价翻番了。

++ 股市上容易赚钱的方法会因为两方面的原因而逐渐消失：一是随着时间的推移而回转的自然趋势，即"回归到平均水平"；二是会有许多人迅速采纳这种选股方案——这些人会蜂拥而入，并破坏那些抢先者所享有的欢乐气氛。（需要指出的是，从提到自己的"不愉快的经历"这一点可以看出，格雷厄姆是在坦诚地承认自己的失误——他始终都是如此。）请参见：Jason Zweig, "Murphy Was an Investor," *Money*, July, 2002, pp. 61-62, and Jason Zweig, "New Year's Play," *Money*, December, 2000, pp. 89-90。

宾诺莎得出的下列结论既适合于哲学，也适合于华尔街："所有美好的东西，都是既罕见又复杂的。"

投资者证券组合的市场波动

拥有普通股的每一位投资者，都会看到其股票价值在不同的年份发生波动。自 1964 年本书上一版的写作以来，道琼斯工业平均指数所表现出的行为，或许很好地反映了稳健的股票组合投资者（其所持股票仅限于财务稳健的知名大公司）所面临的情况。指数总体价值从大约 890 点的平均水平上升到了 1966 年的 995 点这一最高水平（1968 年为 985 点），1970 年降到 631 点，1971 年初又几乎全面反弹到 940 点。（由于单种股票的最高价和最低价发生在不同的时间，因此，道琼斯指数的整体波动幅度要小于其中的各种股票。）我们对其他分散化的稳健普通股组合的价格波动进行跟踪之后发现，其总体结果与上述情况没有明显区别。总之，与大企业相比，二线企业 * 的股价波动更大；但是，这并不意味着，从长远看，一组精心挑选出的小企业的业绩会更差。无论如何，投资者最好是事先接受所持大多数股票价格上涨的概率——比如，今后 5 年内不同时期价格的上升幅度，比最低点高出 50% 或更多；价格的下降幅度，比最高点低等值的三分之一或更多——而不能仅仅只看到可能的情况。+

一位真正的投资者不太可能相信，股市每日或每月的波动会使自己更富有或更贫穷。但是，长期的和大幅度的波动会怎样呢？在此会产生一些现实问题，也有可能产生一些更复杂的心理问题。市场的大幅上升，会立即给人们带来适

---

* 格雷厄姆所说的"二线企业"在如今相当于标准普尔 500 指数之外的几千家企业。关于标准普尔指数中企业名单的定期修改，请参见：www.standardandpoors.com。

+ 请仔细关注格雷厄姆说的这一句话。你所持有的大多数股票将比最低价高出 50% 以上，或比最高价低 33% 以上——这种情况并非只是有可能，而是很有可能发生的（无论你持有哪些股票，无论整个市场是上升还是下降）。如果你不能认可这一点（你认为自己的股票组合会不可思议地免受这种影响），那么你就不能称自己为一位投资者。（格雷厄姆把 33% 的下降幅度称为"等值的三分之一"是因为，价格为 10 美元的股票上涨 50% 后变为 15 美元；在 15 美元的基础上下降 33%（5 美元）后，正好又回到了原来 10 美元的价格。）

当的满足感以及谨慎的担忧，同时也会使人产生强烈的不谨慎冲动。你的股票上涨了，很好！你比以前更富有了，很好！但是，价格上涨是否过高，你应该考虑出售吗？或者，你是否会因为低价时购买的股票太少而责备自己呢？或者（这是最坏的想法），你现在应该认可牛市气氛，像绝大多数公众那样满怀热情，陷入过分的自信和贪婪（毕竟你也是公众中的一员），并且进行更多的危险投资吗？到目前为止，最后一个问题的答案显然是否定的，但是，即使是聪明的投资者，也可能需要很强的意志力来防止自己的从众行为。

正是出于对人性的考虑（而不是出于对财务损益的考虑），我们才主张在投资者的证券组合中采用某种机械的方法，调整债券与股票之间的比重。或许，这种方法的主要好处就在于，它使得投资者有事可做。随着市场的上升，他将不断地出售所持有的股票，并将所获收入投入到债券中；当市场下降时，他会采取相反的做法。这些交易活动将提供某种通道，以释放投资者有可能不断累积的能量。作为一名真正的投资者，他还能从下列想法中获得满足感：自己的业务操作与普通大众的正好相反。*

企业价值与股市价值

市场波动对投资者的实际影响，还可以从股东作为各企业所有者的角度加以考虑。持有上市股份的人实际上具有双重身份，并且他可以在两者之中有选择地加以利用。一方面，他的地位类似于少数股东，或非上市企业的隐名合伙人。这样，他所得到的结果完全取决于企业的利润，或企业基础资产价值的变化。通常情况下，他会通过最新的资产负债表来计算自己享有的净值，以决定自己在这种非上市企业的权益价值。另一方面，普通股投资者持有一纸证书，一份印刷好的股票凭证。他可以在不同的时间按不同的价格随时将其卖掉（在市场

---

* 对如今的投资者而言，使用这种"方法"的理想策略就是再平衡法——我们在前面章节中介绍过这种方法。

开业时），因此，他常常可以将其从资产负债表中完全消除掉。*

最近几十年股市的发展，使得一般的投资者更依赖于股票行市的变化，而不像以前那样，大多数人把自己仅仅看做企业的一个所有者。原因在于，当他有可能集中购买某成功企业的股票时，该企业的股价几乎总是会高于其净资产价值（或账面价值，"表内价值"）。在支付这些市场溢价的同时，投资者要承担很大的风险，因为他必须依靠股市本身来证明自己投资的合理性。+

在如今的投资领域，这是一个最重要的因素，而且它没有得到应有的关注。整个股市报价系统中包含了一个内在矛盾。公司过去的记录和未来前景越好，其股价与账面值之间联系越小。但是，超出账面值的溢价越大，决定公司内在价值的基础就越不稳定——这种"价值"就更加取决于股市的情绪和容量的变化。这样，我们最终面临一个悖论：公司做得越成功，其股价的波动可能会越大。这实际上意味着，从根本上讲，普通股的质量越好，其投机的可能性越大——至少与不太引人注目的中等级别的证券相比是这样。††（我们在此是把增长最快的企业与大多数地位稳固的企业相比较。这里的分析并没有包含高度投机的股票——因为这些企业本身具有投机性。）

上面所说的理由可以解释大多数成功的优秀企业经常出现的价格偏差行为。

---

* 如今，大多数企业只在有特殊要求时才提供"一份印刷好的股票凭证"。大多数的股票都以电子形式存在（就像银行账户以计算机进行贷记和借记一样，并不使用实际的货币），因此，现在的交易比格雷厄姆时代的交易更容易了。

+ 净资产价值、账面价值、表内价值和有形资产价值，指的都是净值，即公司实物资产和金融资产的总价值减去公司所有的负债。这一价值可以根据公司年度和季度报告中的资产负债表计算出来：从全部股东权益中，减去商誉、商标和其他无形资产等所有"软"资产的价值。以这一价值除以完全稀释后的市场股份数，就得到了每股账面值。

†† 格雷厄姆所使用的"悖论"一词，可能是暗指戴维·杜兰德的一篇经典的论文（参见：David Durand, "Growth Stocks and the Petersburg Paradox," *The Journal of Finance*, vol. XII, no. 3, September, 1957, pp. 348-363）。这篇文章把高价格成长股投资比作一系列的掷硬币打赌：打赌的回报会因为每掷一次硬币而增加。杜兰德认为，如果成长股可以按很高的速度无限期地持续增长，那么（从理论上讲），投资者就应该愿意以无穷大的价格来购买这种股票。但是，为什么没有任何一种股票的售价达到无穷大呢？原因在于，所假设的未来增长率越高，所预期的时间越长，误差的幅度就会越大，而且即便很小的计算错误，都会带来高昂的代价。在本书的第4则附录中，格雷厄姆会进一步讨论这个问题。

最好的一个例子就是 IBM 这家大企业。1962~1963 年，仅在 7 个月内，该公司的股价就从 607 美元降到了 300 美元；经过两次股票分割后，1970 年的股价又从 387 美元下降到 219 美元。同样，施乐公司（近几十年，该公司的利润增长更加引人注目）的股价，在 1962~1963 年，从 171 美元降到了 87 美元；1970 年，又从 116 美元降到了 65 美元。这种股价暴跌，并不是表明人们对两家公司未来的长期增长产生了怀疑；相反，它反映了人们对溢价（来自于股市本身对这些企业极为看好的前景所做出的高估）缺乏足够的信心。

从上面的讨论中，我们可以得出一个对稳健的普通股投资者具有实用价值的结论。如果投资者特别关注自己的股票组合的选择，那么他最好集中购买售价能较好地接近于公司有形资产价值的股票——比如，高于有形资产价值的部分不超过三分之一。从逻辑上讲，这样的（或更低的）购买价，应该看成是与公司资产负债相关联的，而且也可以看成是具有独立于市场价格波动的理由或基础的。超出账面值的相关溢价，可以看成是为获得上市交易及相应的流动性的好处而额外支付的一笔费用。

这里有一点需要注意。股票的稳健投资并不仅仅在于购买价接近于其资产价值。除此之外，投资者还必须要求：合理的市盈率，足够强有力的财务地位，以及今后几年内的利润至少不会下降。对于价格较为合理的股票而言，这种要求似乎有些过高。但是，除了价格极高的市场环境之外，要做到这一点并不困难。一旦投资者愿意放弃极为看好的股票（预期增长率高于平均水平的股票），他将很容易看到，有众多能满足这些标准的可供选择的股票。

在介绍普通股选择的各章中（第 14 和第 15 章），我们能从数据中看到，1970 年底，道琼斯的股票中有一半以上能够满足我们的资产价值标准。在本书写作之时，投资最广泛的股票（美国电话电报公司的股票）的实际售价，要低于其有形资产的价值。除了具有其他优点之外，许多能源股现在（1972 年年初）的售价都较为合理地接近于其资产价值。

与高价（相对于收益和有形资产价值而言）购买股票的人相比，以这种账面价值为基础而建立股票组合的投资者，可以以更加独立和超然的态度来看待股市的波动。只要所持股票的盈利能力令人满意，他就可以尽可能不去关注股市的变幻莫测。此外，他有时还可以利用这种变幻莫测，来展现自己贱买贵卖的高超技巧。

以 A. & P. 公司为例

此时，我们将介绍最初想到的一个例子——这个例子发生在多年以前，但是如今对我们仍然有一定的吸引力，因为它涉及与公司和投资相关的诸多方面。该例子与 Great Atlantic & Pacific Tea 公司（A. & P.）相关。下面是事情的经过。

A. & P. 公司的股票最初于 1929 年在"场外"市场（现在的美国股票交易所）进行交易，其最高价曾达到 494 美元。到了 1932 年，其股价下降到 104 美元，尽管在这个整体情况十分糟糕的年份，该公司的利润状况与前一年几乎一样。1936 年，股价在 111~131 美元之间波动。随后的经济衰退和 1938 年的熊市，使得该股价格降到了 36 美元这个新的最低点。

这个价格有些异常。它意味着，优先股和普通股加起来的市值只有 1.26 亿美元，但是公司刚刚报告的情况是：它手中持有的现金就有 8 500 万美元，而且还有 1.34 亿美元的营运资本（净资产价值）。A. & P. 公司是美国最大的零售企业（即便不是全世界最大的零售企业），多年以来一直保持着很高的利润增长记录。然而，在 1938 年，在华尔街看来，这家杰出企业的价值低于其流动资产本身。这意味着，一家正常经营的企业的价值，比其资产清理的价值还要低。为什么？首先，是因为连锁经营店面对着特殊税收的威胁；其次，是由于前一年的净利润下降了；再次，是由于整个市场处于萧条。其中第一个原因被夸大了，因此最终没有成为现实；其他的两个原因代表了临时性的影响。

我们假设，投资者在 1937 年以大约 80 美元的价格购买了 A. & P. 公司的普通股（股价为 5 年平均利润的 12 倍）。我们并不能说，随后的股价降到 36 美元对他的影响不大。我们最好建议他仔细分析当时的情况，看是否曾经做出过任何错误的计算。可是，如果他的研究结果证明没有问题（与正常情况一样），那么就可以把随后的市场下跌看成是金融领域的暂时性变化，除非他有财力和勇气来利用这一机会——按廉价条件购买更多的股票。

结局和思考

随后在 1939 年，A. & P. 公司的股价上升到 117.5 美元，为 1938 年最低价的 3 倍，而且大大高于 1937 年的平均水平。普通股行为的这种转折并不罕见，然而，A. & P. 公司的这个例子显得更为突出。1949 年之后，这家杂货连锁店的股票随着整个市场一路上升，到 1961 年股票分割（10:1）时，达到 70.5 美元的最高价——这相当于 1938 年的 705 美元的股价。

这个 70.5 美元的价格之所以显得突出，是因为它达到了 1961 年利润的 30 倍。这样的市盈率（当年道琼斯的市盈率为 23 倍），必然意味着对利润快速增长的预期。这种乐观情绪得不到公司前几年利润记录的支持，而且事实证明是完全错误的。不仅没有迅速上涨，相反，随后一个时期的利润趋势出现了总体下降。后来一年的股价从 70.5 美元的最高价位，下降到了 34 美元（下降幅度在一半以上）。然而，此时的股票并没有像 1938 年的最低行市那样，达到廉价交易的条件。经过数次不同的波动后，股价又在 1970 年降到了 21.5 美元的最低水平，1972 年进一步降到了 18 美元——公司的季度报告有史以来首次出现了赤字。

从这一段历史中我们可以看到，仅仅在 30 多年的时间内，一家美国大企业的命运会发生多大的变化；同时也可以看到，公众对股票的估价会出现严重的失误，过度的悲观和过度的乐观。1938 年，企业实际上是在白白送给别人，而且还没有人要；1961 年，公众在股价达到令人可笑的最高水平时却还在拼命追捧。此后的市值迅速下降了一半，并且几年之后下降得更为严重。与此同时，公司十分不错的利润也降到了一般水平；繁荣时期的 1968 年，公司的利润还赶不上 1958 年；公司还支付了一系列让人困惑的小额股息（没有根据当期新增的盈余来发放）；如此等等。与 1938 年相比，A. & P. 公司在 1961 年和 1972 年的规模更大一些，但是，其管理更差，利润更低，吸引力更小。*

这个案例带给我们两个主要的教训。首先，股市经常会出现严重的错误，而且敏锐和大胆的投资者有时可以利用其明显存在的错误。其次，大多数企业的特点和经营质量都会随着时间的变化而变化，有时会变得更好，但更多的情

---

* A. & P. 公司近期的历史并没有多大改观。1999 年年底，公司的股价为 27.875 美元；2000 年年底的股价为 7.00 美元；2001 年年底的股价为 23.78 美元；2002 年年底的股价为 8.06 美元。尽管 A. & P. 后来暴露出了一些会计异常，但仍然没有理由相信，像杂货店这样相对稳定的企业的价值会发生如下的变化：一年内下降了四分之三，下一年又上涨了两倍，再过一年又下降了三分之二。

况下是变得更差。投资者不必一直紧盯着公司的业绩,只需要时不时地对其进行细致的观察。

现在,我们回过头来,对流通股持有者和非上市企业的权益所有者进行比较。我们曾经讲过,前者具有一种选择权:他可以把自己仅仅看成是所投资的各个企业的部分所有者,或者是把自己看成股票持有者(他可以按市场报价随时将其出售)。

但是,请注意这样一个重要的事实:几乎很少有人看到,一位真正的投资者会被迫出售自己的股份;而且在绝大多数时间里,他都可以不去理会当期的股价。他之所以关注自己的股票和采取一些行动,仅仅是为了使其适合于自己的账册,并没有其他目的。* 因此,如果投资者自己因为所持证券市场价格不合理下跌而盲目跟风或过度担忧的话,那么他就是不当地把自己的基本优势转变成了基本劣势。对这种人而言,他的股票没有市场报价可能会更好一些,因为这样的话,他就不会因为其他人的错误判断而遭受精神折磨了。+

事实上,1931~1933年大萧条时期,这种情况正好广泛存在。当时,持有企业的非流通权益的人具有一种心理上的优势。比如,拥有首次房地产抵押贷款资产的人,只要能继续获得利息,那么他们就可以认为,自己的投资价值没有缩水,因为并不存在市场报价表明他们的投资缩水了。另一方面,许多上市公司的债券,即使质量更好,基础实力更强,也会在市场报价中出现严重缩水,因而使得其所有者认为自己明显越来越穷了。实际上,上市证券所有者的情况更有利一些,尽管这些证券的价格较低。这是因为,无论是自愿还是被迫,他们至少可以将这些证券出售,还有可能以它们换取更廉价的证券。或者,他们可以理所当然地忽略市场行为,将其看做是暂时的和基本上没有意义的。然而,下列做法是自欺欺人的:仅仅因为自己的证券没有市场报价,就认为自己证券的价值没有缩水。

---

* "仅仅是为了使其适合于自己的账册"的含义是:仅仅是为了保证股价足够有利,以便将股票卖出。在传统的经纪行业中,"账册"这一术语指的是投资者的证券持有和证券交易的分类账。

+ 在格雷厄姆的整本书中,这或许是最重要的一段话。用这一段话,格雷厄姆对自己毕生的经历进行了总结。你难得经常见到这样的话语——它们就像熊市气氛中稳定的稀有气体。如果你牢牢记住这些话,并且以它们来指导你的整个投资活动,那么,你将能够在所有的市场环境中生存下来。

回到 A. & P. 股东 1938 年所面临的情况，我们认为，只要他继续持有股票，就不会遭受价格下降的损失，除非他自己的判断正好与股票基础价值或内在价值的缩水相吻合。如果没有出现这样的缩水，他就有理由认为，市场报价会在将来某个时间回到或者超出 1937 年的水平（事实上第二年正是如此）。从这方面看，他的地位并不亚于拥有非上市企业无市场报价的股权。因为，在这种情况下，他可根据 1938 年的经济衰退，考虑自己所持股票价值的下降情况；也可以不去这么考虑，这取决于他所持股票的公司发生的情况。

对股票投资价值法提出批评的人认为，上市普通股不能像非上市企业的权益那样进行分析或评估，因为有组织的证券市场的存在，"赋予了股权一种极为重要的新特征——流动性"。但是，这种流动性的含义首先指的是，投资者可以每天享有股市对自己所持股份做出的不同的评估，无论评估结果是多少。其次，这种流动性指的是，投资者能够按照每天的市场价格来增加或减少自己的投资——如果他愿意做出选择的话。因此，报价市场的存在使投资者拥有某些选择权，而这在证券没有报价的情况下是不存在的。但是，如果投资者想根据其他信息来进行自己的估价的话，他不必被迫接受当期的报价。

让我们打个比方来结束这部分内容。假设你在某家非上市企业拥有少量（1 000 美元）的股份。你的一位合伙人（名叫"市场先生"）的确是一位非常热心的人。每天他都根据自己的判断告诉你，你的股权价值多少，而且他还让你以这个价值为基础，把股份全部出售给他，或者从他那里购买更多的股份。有时，他的估价似乎与你所了解到的企业的发展状况和前景相吻合；另一方面，在许多情况下，市场先生的热情或担心有些过度，这样他所估出的价值在你看来似乎有些愚蠢。

如果你是一个谨慎的投资者或一个理智的商人，你会根据市场先生每天提供的信息决定你在企业拥有的 1 000 美元权益的价值吗？只有当你同意他的看法，或者想和他进行交易时，你才会这么去做。当他给出的价格高得离谱时，你才会乐意卖给他；同样，当他给出的价格很低时，你才乐意从他手中购买。但是，在其余的时间里，你最好根据企业整个业务经营和财务报告来思考所持股权的价值。

当真正的投资者拥有上市股份时，他就正好处于这种地位。他可以利用每日的市价变化，或者干脆不去管它，这取决于自己的判断和倾向性。他必须能够识别重要的价格变化，否则，他的判断就没有用武之地。不难想象，这些价格变化会给他一个警示（他最好对其加以注意）——简单地讲，这就意味着，他准备出售自己股票的原因在于价格已经下降，从而预示着情况会更坏。我们认为，这种警示的误导几率至少与其提供的帮助是一样的。从根本上讲，价格波动对真正的投资者只有一个重要意义，即当价格大幅下跌后，给投资者买入的机会，反之亦然。在除此之外的其他时间里，投资者最好忘记股市的存在，更多地关注自己的股息回报和企业的经营结果。

总　结

　　投资者和投机者之间最现实的区别，在于他们对待股市变化的态度。投机者的主要兴趣在于预测市场波动，并从中获利；投资者的主要兴趣在于按合适的价格购买并持有合适的证券。实际上，市场波动对投资者之所以重要，是因为市场出现低价时，投资者会理智地做出购买决策；市场出现高价时，投资者必然会停止购买，而且还有可能做出抛售的决策。

　　我们并不认为，投资者非要等到市场价格最低时才去购买，因为这可能要等很长时间，很有可能造成收入损失，并且也有可能错失投资机会。总体上讲，投资者较好的办法是，只要有钱投资于股票，就不要推迟购买——除非整体市场水平太高，而不符合长期以来所使用的价值标准。精明的投资者可以在各种证券当中，寻找到产生廉价交易的机会。

　　除了预测市场总体趋势之外，华尔街的许多人力和物力都直接用在了挑选股票和产业种类方面——就股价而言，这些产业在不远的将来会比其他产业"表现得更好"。这种努力看上去似乎有道理，但是我们认为，它并不能与真正的投资者的需要或性格相吻合，尤其是因为，在这种情况下，投资者将与大量从事同样行为的股市交易商和优秀的金融分析师展开竞争。与看重价格波动和轻视价值基础的所有其他行为一样，经常在这一领域施展本领的一些聪明人所做的工作，会随着时间的推移而自动失效和自动失败。

　　拥有稳健股票组合的投资者将会面对股价的波动；但是，他既不应该因为价格的大幅下降而担忧，也不应该因为价格的大幅上涨而兴奋。他始终要记住，市场行情给他提供了便利——要么利用市场行情，要么不去管它。他千万不要因为股价上涨而购买，或者是因为股价下跌而抛售。如果按下面的说法来简单地理解这句座右铭，那么他就不会犯下太大的错误："不要在股价出现大幅上涨后立即购买股票，也不要在股价出现大幅下跌后立即出售股票。"

另外一点思考

关于以市场平均价格来衡量企业管理层的能力，还需要进行一些分析。股东会根据所获股息以及市场平均价格的长期趋势，判断自己的投资是否成功。这一标准应该同样可以用来检验企业管理层的效果，以及企业管理层对企业所有者的态度是否恰当。

这种观点似乎不言而喻，但需进一步强调。因为到目前为止，市场对管理层效果的评判并没有一个公认的手段或方法。另一方面，管理层却始终坚持认为，他们对自己股票的市场价值所发生的变化没有任何责任。当然，他们的确不应该对与基础条件和价值无关的价格波动负有责任（我们也坚持这一点），但是，正是由于普通股股东警觉性和信息的缺乏，才使得管理层的这种免责权扩展到了整个市场行情领域，其中包括价格水平长期被低估和不能令人满意。好的管理层会带来好的市场平均价格，差的管理层会带来不好的市场平均价格。*

债券价格的波动

投资者应该意识到，即使本息的安全性不容置疑，但长期债券的市场价格会随着利率的变化而发生巨大波动。表8-1列出了自1902年以来，高等级公司债券和免税债券在不同年份的收益情况。作为个例，我们增加了两种具有代表性的铁路债券在同一时期的价格波动情况。[Atchison, Topeka & Santa Fe 公司于1995年到期的普通抵押债券（息票率为4%）——30多年来出现的一种主要的不可赎回债券；Northern Pacific Ry 公司于2047年到期的债券（息票率为3%，

---

*　在目前人们熟知的"公司治理"领域，格雷厄姆有诸多看法。参见第19章点评。

表 8-1 债券收益的波动以及两种具有代表性的债券的价格（1902~1970 年）

	债券收益率			债券价格	
	标准普尔 AAA 级债券（%）	标准普尔市政债券（%）		A.T. & S.F. 4s, 1995	Nor.Pac. 3s, 2047
1902 年最低	4.31	3.11	1905 年最高	105.5	79
1920 年最高	6.40	5.28	1920 年最低	69	49.5
1928 年最低	4.53	3.90	1930 年最高	105	73
1932 年最高	5.52	5.27	1932 年最低	75	46.75
1946 年最低	2.44	1.45	1936 年最高	117.25	85.25
1970 年最高	8.44	7.06	1939~1940 年最低	99.5	31.5
1971 年收盘	7.14	5.35	1946 年最高	141	94.75
			1970 年最低	51	32.75
			1971 年收盘	64	37.25

初始期限长达 150 年！）——长期以来，一直是 Baa 级债券的一个代表。]

由于存在着负相关，则收益率越低时，债券的价格越高；反之，收益率越高时，债券的价格越低。Northern Pacific 公司息票率为 3% 的债券的价格在 1940 年的下降，主要是由于其安全性受到了质疑。尤其突出的是，该债券的价格在随后的几年内就恢复到了历史最高点，此后又因为整体利率上升这一主要原因而下降了三分之二。因此，我们从中可以看到，在过去的 40 年内，即使是级别最高的债券，其价格的波动也是惊人的。

请注意，债券价格（相反）的变化幅度，并不等同于计算出的收益率的变化，因为债券到期时的固定面值会产生一定的作用。然而，就期限很长的债券（比如我们所列举的 Northern Pacific 公司的债券）而言，价格与收益率的变化几乎是同步的。

1964 年以后的记录表明，高等级债券的市场价格发生了两种方向的变化。以（免税的）"主要市政债券"为例，其收益率增加了一倍以上，即从 1965 年 1 月的 3.2%，上升到了 1970 年 6 月的 7%。与此同时，它们的价格指数从 110.8 下降到了 67.5。1970 年中期，高等级长期债券的收益率，比美国经济近 200 年以来任何时期的都要高。* 25年以前，就在我们的长期牛市刚开始出现时，债券的收益率处在历史最低水平：长期市政债券的回报率只有1%，工业企业债券的回报率为2.4%。而以前人们认为，"正常的"回报率在4.5%~5%之间。我们这些在华尔街有着长期经历的人，曾经多次看到牛顿的"作用与反作用的力量相等，方向相反"这一定律在股市上得到验证。最显著的例子，就是道琼斯指数从1921年的64点上升到1929年的381点，然后又在1932年下跌到41点的最低记录。但是，这一次最大幅度的波动，发生在通常较为稳定和变化缓慢的一系列高等级债券的价格和收益上。这带给我们的教训是：在华尔街，人们不能指望任何重要的东西会完全像以前那样再次发生。这正好反映了我们最喜爱的格言"物极必反"中的前两个字。

如果说，在股票价格的波动方面做出一些有价值的预测几乎是不可能的，那么，在债券方面这样做则是完全不可能的。+ 在过去的日子里，人们至少经常可以通过研究债券以前的行为，来发现关于牛市或熊市即将结束的一些有用的线索。但是，就今后将要发生的利率和债券价格变化而言，却没有类似的线索。因此，投资者必须主要依赖个人的偏好来选择长期和短期债券的投资。如果他要确保市场价值不会下降，那么最好选择E系列或H系列的美国储蓄债券（前文介绍过这两种债券）。每一种债券都能给他带来5%的收益（在第一年之后），E系列的最长期限为$5^5/_6$年，H系列的最长期限为10年，两者都能保证按成本价或更好的价格转售出去。

如果投资者现在想获得优质的长期公司债券7.5%的收益，或者是免税市政债券5.3%的收益，那么，他必须做好面对价格波动的准备。银行和保险公司可以采用"分期摊还"的数学公式，估算这种优质债券的价值（这种做法不受市场价格的影响）；个人投资者采用类似做法也是一个不错的想法。

---

* 作为对格雷厄姆所称的"相反法则"的反映，2002年，美国长期国债的收益率下跌到了自1963年以来的最低水平。由于债券的收益与价格朝着相反的方向变化，这种低收益率意味着债券价格的上升，从而使得那些急于购买债券的投资者支付最昂贵的价格，同时，未来获取的收益几乎是最低的。这再一次验证了格雷厄姆给出的一个教训：聪明的投资者必须拒绝根据市场波动做出投资决策。

+ 如今的读者可以在第4章点评中看到一项新的分析——对近期的收益率以及各种各样的债券和债券基金进行了分析。

可转换的债券和优先股的价格波动，是下列三种不同因素共同导致的结果：(1)相关普通股价格的变化；(2)企业信用地位的变化；(3)整体利率水平的变化。这些可转换证券中的许多都是由信用级别较差的企业发行的。[3] 其中一些在1970年的金融紧缩中受到了不利影响。结果使得近几年整个可转换证券市场令人感到严重不安，并且价格的波动也非常巨大。因此，一般情况下，如果投资者想从可转换证券中同时获得优质债券的安全性、价格稳定性以及普通股价格上涨所带来的好处，那么这只不过是自己的一种幻想而已。

在此，我们最好对"未来的长期债券"提出一点建议。为什么不以某种现实和平等的方式，将利率变化的影响分摊到债权人和债务人的头上呢？其中一种可能的做法就是出售浮动利率长期债券（所支付的利率随着某一市场利率的变化而变化）。这种做法带来的主要结果是：(1)如果企业的信用级别不变，投资者债券的本金价值将始终在面值的100%左右，但是，所获利息将会随着（比如）新发行的传统债券的利率变化而变化；(2)企业的好处在于获得了长期债务，因此避免了不断进行融资所带来的问题和成本，但是，它每年支付的利息成本都有可能是不同的。[4]

过去10年内，债券投资者一直被一个越来越严重的矛盾所困扰：他是应该选择本金完全稳定但利率（通常是水平较低的短期利率）不断变化的债券，还是应该选择利息收入固定但本金价值大幅波动（似乎通常都是向下变动）的债券？大多数投资者都希望在这两种极端之间找到一个折衷，以确保其利息收益和本金价值在一定期限（比如20年）内不会低于某一规定的最低水平。通过适当采用一种新形式的债券合约就能很容易做到这一点。重要提示：实际上，美国政府已经采用了类似的做法，即将最初的储蓄债券合约与不断上涨的利率相结合。我们建议从储蓄债券扩展到期限更长的固定投资，而且还可以采用更为灵活的利率条款。*

我们没有必要讨论不可转换优先股，因为它们特殊的税收地位使得那些安全的不可转换优先股更多地被公司（比如保险公司）持有，而较少被个人持有。质量较差的不可转换优先股，几乎总是面临着大幅度的价格波动，价格波动的

---

* 第2章点评和第4章点评中所提到的通货膨胀保护国债，就是对格雷厄姆在此所说的债券形式改进之后产生的一种新债券。

百分比与普通股没有太大差别。我们无法针对它们提供其他一些有用的建议。后面的表16-2给出了质量较差的不可转换优先股在1968年12月至1970年12月期间的一些价格信息。

第8章点评

> 那些想要受到人们欢迎的人，其幸福取决于其他人；那些寻求快乐的人，其幸福会受到无法控制的情绪的影响；但是，智者的幸福来自于自己的自由行动。
>
> ——库斯·奥里利厄斯

化身博士和市场先生

在大多数时间里，市场对许多股票的估价都是很准确的。数百万买主和卖主的讨价还价，的确能够从总体上对公司做出较好的估价。然而，有时候价格并不正确。偶然情况下，价格的确会出现严重错误。在这种时候，你需要理解格雷厄姆所描述的市场先生——或许，这是用来解释股票错误定价的一个最好的比喻。[1] 情绪变化无常的市场先生，并非总是像分析者或个人买主那样对股票进行估价。相反，当股价上涨时，他会欣然支付比股票客观价值更高的价格；当股价下跌时，他会按低于股票实际价值的价格拼命出售股票。

市场先生还存在吗？他仍然处在两种极端之中吗？答案是肯定的。

2000年3月17日，Inktomi公司的股价创下了231.625美元的新高。自从1998年6月首次上市以来，这家互联网搜索软件公司的股票上涨了约19倍。就在1999年12月之后的几周内，该股票就几乎上涨了两倍。

Inktomi的业务发生了怎样的变化，使得其股票如此值钱？答案似乎很明显：

---

[1] 参见本书的正文。

企业的快速增长。在截止于 1999 年 12 月的三个月之内,Inktomi 产品和服务的销售达 3 600 万美元,比 1998 年全年的还要多。如果 Inktomi 能够将前 12 个月的增长率仅仅再维持 5 年,其销售收入将从每季度的 3 600 万美元,上涨到每月 50 亿美元。考虑到公司的这种增长速度,股票会上涨得更快,其价格将会越来越高。

但是,在青睐 Inktomi 的股票的同时,市场先生忽视了其业务的某些东西。公司正在赔钱,而且赔得很多。最近的一个季度亏损了 600 万美元;此前的 12 个月亏损了 2 400 万美元;再往前一年亏损额也是 2 400 万美元。在公司的整个历史中,Inktomi 从未赚取过任何利润。然而,2000 年 3 月 17 日,市场先生对这家小企业的总估值却高达 250 亿美元。(是的,数字后的单位是亿美元。)

随后,市场先生突然陷入了噩梦。2002 年 9 月 30 日,就在每股价格达到 231.625 美元刚过去两年半之后,Inktomi 的股价以每股 25 美分收盘了——总市值从 250 亿美元下跌为不到 4 000 万美元。Inktomi 的业务枯竭了吗?根本不是。前 12 个月,公司获得了 1.13 亿美元的销售收入。那么,是什么发生了改变呢?只是市场先生的情绪变化了:2000 年年初,投资者如此热衷于互联网企业,因此,他们使 Inktomi 的股价达到了其销售收入的 250 倍。然而,现在他们愿意支付的股价,只是其销售收入的 0.35 倍。市场先生像化身博士一样,从兴奋转向了悲观,并且拼命地打压曾经愚弄过自己的所有股票。

但是,市场先生半夜里的愤怒,与他以前的欣喜若狂一样是没有根据的。2002 年 12 月 23 日,雅虎宣布将按每股 1.65 美元的价格收购 Inktomi,这几乎是该公司 9 月 30 日股价的 7 倍。历史可能会证明,雅虎获得了一笔廉价交易。当市场先生使得股价如此便宜时,人们并不奇怪整个公司将从他的手中被直接收购。[2]

---

2 正如格雷厄姆 1932 年在一系列经典的论文中所指出的,大萧条使得许多公司的股价跌到了其现金和其他流动资产价值以下,从而使得它们"消亡比存续更值钱"。

进行独立的思考

如果一个疯子每周至少有 5 次告诉你，你应该与他想的完全一样，你会允许他这样做吗？你会仅仅因为他的乐观而乐观，或者因为他的悲观而悲观吗？当然不会。你要坚持自己的权利，根据自己的经验和信念来掌控自己的情感生活。然而，每当涉及金融生活，许多人就会让市场先生告诉自己感觉如何，以及应该怎么去做——尽管事实一次又一次明确地表明，他愚蠢至极。

1999 年，当市场先生欢欣鼓舞的时候，美国的劳动者总体上将其 8.6% 的工薪收入，投入到他们的 401（K）退休计划中。到了 2002 年，当市场先生已花 3 年时间将一些股票打入冷宫时，总体的缴费比率下降到了仅为 7%——下降近四分之一。[3] 股票越便宜，人们越不想购买，因为他们在仿效市场先生，而没有进行独立的思考。

聪明的投资者不应该完全忽视市场先生。相反，他应该与市场先生打交道，但只是为了使其服务于自己的利益。市场先生的任务是向你提供价格，而你的任务是决定这些价格对你是否有利。你不应该仅仅因为他不断乞求就与他打交道。

不让市场先生成为你的主人，你就将他转变成了你的仆人。毕竟，即便他似乎是在消灭价值，但是他也在别的方面创造价值。1999 年，由于技术和电信股的推动，Wilshire 500 指数（最全面地反映了美国股市的业绩）上涨了 23.8%。但是，尽管整体指数在上升，指数所包含的 7 234 种投票中，有 3 743 种出现了价值下降。虽然那些高科技股和电信股炙手可热，可是几千种"旧经济"股却备受冷落，价格越来越便宜。

1999 年，CMGI（新的互联网企业的"孵化器"或控股公司）的股价，令人惊讶地上升了 939.9%。与此同时，伯克希尔－哈撒韦（一家控股公司，格雷厄姆最优秀的弟子沃伦·巴菲特通过它而拥有代表旧经济中坚力量的企业，比如

---

[3] 参见：News release, The Spectrem Group, "Plan Sponsors Are Losing the Battle to Prevent Declining Participation and Deferrals into Defined Contribution Plans," October 25, 2002。

可口可乐、吉列和华盛顿邮报等）的股价下跌了24.9%。[4]

可是，经常发生的情况是，市场会突然转变态度。图8-1提供的例子表明，1999年遭受冷遇的公司，是如何在2000~2002年间又广受欢迎的。

至于那两家控股公司，CMGI在2000年继续下跌了96%，2001年又下跌了70.9%，2002年再次下跌了39.8%——累计损失达99.3%。伯克希尔-哈撒韦2000年上涨了26.6%，2001年上涨了6.5%，2002年小幅下降了3.8%——累计盈利达30%。

你能在职业经理的游戏中取胜吗

格雷厄姆最强有力的一个见解是："如果投资者自己因为所持证券市场价格不合理的下跌而盲目跟风或过度担忧的话，那么，他就是不当地把自己的基本优势转变成了基本劣势。"

格雷厄姆所说的"基本优势"指的是什么呢？他指的是：聪明的个人投资者完全可以自由选择是否去追随市场先生。你享有独立思考的权利。[5]

然而，一般的货币经理不得不完全模仿市场先生的行为——高价购买股票，低价出售股票，就像一群没有脑子的跛脚鸭那样，蜂拥着跌跌撞撞地行走。下面是共同基金经理和其他职业投资者所面对的一些障碍：

---

[4] 几个月之后的2000年3月10日（就在纳斯达克创下最高纪录的当天），网络股交易权威詹姆斯·克拉默撰文称，最近几天他"不断地"想要做空伯克希尔-哈撒韦的股票，即打赌巴菲特的股价会进一步下跌。克拉默甚至以极为虚夸的口气称，伯克希尔-哈撒韦的股票"将大幅下跌"。就在同一天，保德信证券公司的市场战略分析师拉尔夫·阿坎波拉问："将来你希望持有Norfolk Southern公司的股票，还是希望持有思科公司的股票？"思科（代表互联网高速公路未来的一家主要企业）似乎完全压倒了Norfolk Southern（过去铁路系统的一员）。（随后的一年内，Norfolk Southern的股价上涨了35%，而思科的股价则下跌了70%。）

[5] 当有人问起大多数个人投资者为什么会失败时，格雷厄姆给出了一个简要的答案："失败的主要原因在于，他们过于在意股市当前的运行情况。"（参见：Benjamin Graham: Thoughts on Security Analysis"（1972年3月，在密苏里西北州立大学商学院的演讲稿），*Financial History magazine*, no. 42, March, 1991, p. 8。）

图 8-1　从遭受冷遇到广受欢迎

公司	业务	总回报				1999 年 1 月 1 日投资 1 000 美元的终值
		1999 年	2000 年	2001 年	2002 年	
Angelica	工业制服	-43.7	1.8	19.3	94.1	1 328
Ball Corp.	金属和塑料包装	-12.7	19.2	55.3	46.0	2 359
Checkers Drive-In Restaurants	快餐	-45.5	63.9	66.2	2.1	1 517
Family Dollar Stores	折扣零售商	-25.1	33.0	41.1	5.0	1 476
International Game Technology	博彩设备	-16.3	136.1	42.3	11.2	3 127
J B Hunt Transportation	卡车运输	-39.1	21.9	38.0	26.3	1 294
Jos. A. Bank Clothiers	服装	-62.5	50.0	57.1	201.6	2 665
Lockheed Martin	国防和航空	-46.9	58.0	39.0	24.7	1 453
Pier 1 Imports	家居装饰	-33.2	63.9	70.5	10.3	2 059
UST Inc.	鼻烟（无烟烟草）	-23.5	21.6	32.2	1.0	1 241
Wilshire 互联网指数		139.1	-55.5	-46.2	-45.0	315
Wilshire 5000 指数（整个股市）		23.8	-10.9	-11.0	-20.8	778

资料来源：Aronson + Johnson + Ortiz, L. P.; www.wilshire.com。

- 由于管理着数十亿美元的资金，因此他们必须倾向于购买规模最大的股票——他们购买的每种股票必须达到几百万美元，才能进入自己的证券组合。这样，许多基金最终都同样拥有少数几只被高估的大盘股。

- 随着市场的上升，投资者会把更多的钱投入到基金中去。基金经理会利用这些新的资金来购买已经拥有的股票，从而使得价格上升到更危险的水平。

- 市场下跌时，如果基金投资者要求收回投资，基金经理就有可能需要出售股票以获取现金。正如市场上升时基金被迫购买高价股一样，股票便宜时，它们又被迫充当出售者。

- 业绩高于市场水平时，许多基金经理会得到奖金。因此，他们极其关注自己的回报与参照物（比如标准普尔 500 指数）的比较。如果某家公司的股票被纳入指数，数百家基金就得被迫购买它。（如果没有购买，而这种股票却表现得很好，人们就会认为基金经理太愚蠢；另一方面，如果购买后结果不理想，也没有任何人去责怪。）

- 基金经理的业务将越来越专业化。正如医学领域的普通从业者被划分为过敏儿科医生和老年耳鼻喉科医生一样,基金经理也必须专注于只购买"小型成长股"、"中型价值股"或"大型混合股"。[6] 如果某家企业规模太大或太小,股价太便宜或太贵,基金就必须将其出售,即使基金经理喜欢这种股票。

因此,你有理由像这些职业经理做得一样好。你无法做到(尽管所谓的权威人士认为你可以做到)的是,"在职业经理们自己的游戏中取胜。"即使是职业经理,也无法在自己的游戏中取胜!你为什么要去参与这种游戏呢?如果你按他们的规则行事,你就会输掉——因为你将会像职业经理那样,成为市场先生的奴隶。

相反,人们要认识到,聪明的投资行为在于对能够控制的因素进行控制。你无法控制自己购买的股票或基金的业绩,是否会在今天、下个星期、这个月或这一年胜过市场。在短期内,你的回报将始终受制于市场先生及其古怪的念头。然而,你能够做到的是:

- **你的经纪成本**——避免频繁的交易,耐心等待以及从事费用廉价的交易。
- **你的所有权成本**——拒绝购买年费过于昂贵的基金。
- **你的预期**——根据现实而不是幻想来预测你的回报。[7]
- **你的风险**——决定将自己的多少资产投入到股市中;进行分散化投资;对投资结构进行重新调整。
- **你的税款**——持股期至少长达 1 年;如果有可能的话,应至少长达 5 年,以降低你的资本利得税。
- 最重要的是,**你自己的行为**。

如果你看电视上的金融节目,或者是阅读大多数的股市专栏文章,就会感到投资活动有些类似于体育运动,或者是一场战争,或者是在荒野中的一场生存较量。然而,投资活动并非要在别人的游戏中打败他们,而是要在自己的游戏中控制好自己。聪明的投资者面对的挑战,不是寻找涨幅最大和跌幅最小的

---

6 千万不要管这些术语的含义是什么,也不要去想它们应该是什么意思。尽管在公开场合人们会十分尊重这种分类,但是私下里,大多数投资者都把它们当成无聊的笑话,而并不去重视它们。

7 参见下列精辟的专栏文章:Walter Upderave, "Keep It Real," *Money*, February, 2002, pp. 53-56。

股票,而是防止本人成为自身最大的敌人——不要仅仅因为市场先生说"买入!"而高价购买,不要仅仅因为市场先生说"卖出!"而低价出售。

如果你的投资期很长(至少达 25 年或 30 年),就只有一个理智的办法:只要一有闲置资金,就在每个月自动购买。这种终身持股的惟一最优选择,就是投资于整个股市指数基金。只有当你需要现金时,才去出售自己的投资。(为了强化自己的意志,请剪下一份"投资所有者合约"——参见后文,然后签下这份合约。)

作为一位聪明的投资者,你还不能够以其他一部分人的业绩,来判断自己的投资是否取得了成功。如果住在杜比克、达拉斯或丹佛的某个人胜过了标准普尔 500 指数,而你却没做到,你也丝毫不比别人更差一些。任何人的墓碑上都不会写下"他战胜了市场"这样的话。

我曾经在 Boca Raton(佛罗里达的一个富人退休社区)访问过一群退休人员。我问这些人(大多数都是七十多岁的人),他们在自己一生的投资活动中是否战胜过市场。有些肯定的回答,也有些否定的回答,但大多数人并不能确定自己是否做到过。后来,有一个人说:"管它呢,我所知道的是,我的投资所得,足以让我在此安享晚年。"

难道还有比这更好的答案吗?毕竟,投资的全部意义并不在于所赚取的钱比一般人要多,而在于所赚取的钱足以满足自己的需要。衡量自己的投资是否成功的最好办法,不是看你是否胜过了市场,而是看你是否拥有一个有可能使自己达到目标的财务计划和行为规范。最终,重要的不在于你比他人提前到达终点,而在于确保自己能够达到终点。[8]

你的资金和你的大脑

那么,为什么投资者认为市场先生如此有诱惑力呢?事实证明,我们的大脑与投资问题密切相关:人类是喜欢遵循某种模式的动物。心理学家已经证明,假设你给人们一个随机结果,并告诉他们结果是不可预测的;然而,他们仍然

---

8 参见:Jason Zweig, "Did You Beat the Market?" *Money*, January, 2000, pp.55-58。

会试图猜测下一个结果是什么。同样地，人们认为，他们"知道"：下一次掷骰子时将会出现 7；一位棒球运动员将要进行安全打；Powerball 博彩中的下一个中奖号码一定是 4-27-9-16-42-10；而且还知道，某一只热门小盘股将成为下一个微软。

神经科学领域新的突破性研究表明，我们的大脑天生会去感知趋势，即使趋势并不存在。只要一件事连续发生两三次，人类大脑部位的前扣带和阿肯伯氏神经核，就会自动地预感它会再次发生。如果的确再次发生，一种名叫多巴胺的天然化学成分就会释放出来，从而使你的大脑充斥着一定程度的快感。因此，如果某只股票连续上涨几次，那么你将会条件反射式地预期它会继续上涨——随着股价的上涨，你大脑中的化学成分会发生改变，从而给你带来一种"天然的快感"。这样，你实际上就对自己的预测上瘾了。

然而，当股价下跌时，资金上的亏损会激发你的扁桃核——大脑中处理恐惧和忧虑的部位，它带来的最显著的反应就是，"要么战斗，要么逃跑"（这是所有困兽共有的反应）。正如火警响起时，你的心律必然会加快一样；正如旅途中遇到响尾蛇时，你必然会退缩一样；股价大幅下跌时，你必然会感到害怕。[9]

事实上，杰出的心理学家丹尼尔·卡尼曼（Daniel Kahneman，2002 年获得了诺贝尔经济学奖——译者注）和阿莫斯·特沃斯基（Amos Tversky）已经证明，资金亏损所带来的痛苦程度，是等额盈利所带来的快感程度的两倍。股市上赚 1 000 美元会感觉很快乐，但是，1 000 美元亏损所带来的心理折磨将是快乐的两倍。赔钱是如此痛苦，因此，许多人由于害怕进一步亏损而在价格接近谷底时卖出，或者是拒绝购买更多。

这可以解释，我们为什么紧盯住市场下降的绝对数，而忘记了以相对比例来表示亏损。因此，如果电视主持人高喊："市场正在迅速下跌——道指下降了 100 点！"大多数人都会本能地感到震撼。然而，由于道指近期达到了 8 000 点的水平，这种下降幅度仅有 1.2%。现在，想一想下面的事情听起来是多么的可笑：有一天，室外温度为华氏 81 度，电视主持人高声说："温度正迅速下降——

---

[9] 关于神经科学对投资活动的探讨，请参见：Jason Zweig, "Are You Wired for Wealth?" *Money*, October, 2002, pp. 74-83, 也可见：http://money.cnn.com/2002/09/25/pf/investing/agenda_brain_short/index.htm. 同时参见：Jason Zweig, "The Trouble with Humans," *Money*, November, 2000, pp. 67-70.

从华氏81度降到了华氏80度！"这种下降幅度也是1.2%。如果你忘记了以百分比来观察市场价格的变化，那么就很容易因为小幅变动而惊慌。（如果你还准备投资几十年的话，可以采用一个更好的方法来观察金融方面的新闻报导——参见后文的专栏。）

有用的新闻

股市正在崩盘，于是，你打开电视观看最新的市场新闻。然而，假设你观看的不是美国全国广播公司财经频道（CNBC）或美国有线电视新闻网（CNN），而是格雷厄姆财经网络（Benjamin Graham Financial Network, BGFN）。BGFN发出的声音中，并没有市场收盘时人们熟悉的刺耳铃声；BGFN播放的镜头中看不到场内经纪人慌忙的脚步；也看不到投资者站在冰冷的人行道上，观看头顶上方电子股市公告牌中红色箭头嘶嘶移动的情景。

相反，你在电视上看到的画面，是纽约股票交易所的一面大旗上写着："甩卖！减价50%！"开始的音乐是Bachman-Turner-Overdrive唱着他们激动人心的古老歌曲——《你仍然什么都没有看见》。随后，主持人高兴地宣布，"今天的股票又变得更有吸引力了，在大规模的交易中，道指又下降了2.5%——股价连续第4天变得更便宜了。技术股投资者的情况甚至更好一些，因为像微软这样的主要公司，当日下跌了近50%，从而使得它们的股票能被更多的人购买了。这是过去一年内最好的消息——股价已经下跌了50%，从而使得这些股票达到了多年以来未曾见到过的廉价水平。一些著名的分析师乐观地认为，在今后几周以及几个月内，股价还会进一步下跌。

新闻画面转向了华尔街Ketchum & Skinner公司的市场战略分析师Ignatz Anderson，他说："我预测到6月份股价还会再下跌15%。我谨慎乐观地认为，如果一切顺利，股价还会下跌25%，甚至有可能更多。"

"但愿Ignatz Anderson的预测是正确的，"主持人高兴地说，"对任何做长远投资的人来说，股价的不断下跌都是极好的消息。现在转向Wally Wood，来看我们独家的AccuWeather网络天气预报。"

20 世纪 90 年代末，许多人在一天内如果不查看几次股价，就会感到自己一无所知了。然而，正如格雷厄姆所说的，"如果没有股市行情，"一般的投资者的情况"可能会更好一些，因为这样的话，他就不会因为其他人的错误判断而遭受精神折磨了。"如果你在下午 1:24 查看了股票组合的价格，又在下午 1:37 感到必须再去查看的话，那么，就请问自己这样几个问题：

- 我在下午 1:24 向房地产代理人打电话核实过我的房子的市场价了吗？下午 1:37 我又打过一次吗？
- 如果我这样做了，房价变化了吗？如果变化了，我是不是应该赶紧出售我的房子？
- 如果不是每时每刻去核实或了解自己房屋的市场价格，房屋的价值是不是就不会随着时间的变化而上升了呢？[10]

这些问题的答案当然是否定的。你应该以同样的方式来看待自己的证券组合。对 10 年、20 年或 30 年的投资期而言，市场先生每日捉摸不定的波动根本就不重要。无论如何，对想要做长期投资的人来说，股价的不断下跌是好消息，并不是坏消息，因为这使得他们可以花较少的钱，买到更多的股票。股价下降的时间越长、幅度越大，而且你在它们下降时不断地买入，那么最终你赚的钱就会更多——如果你能够一直坚持到最后。不要害怕熊市，而应该欢迎熊市。即使股市在今后 10 年内不提供每日的价格信息，聪明的投资者也会安心地拥有股票或基金。[11]

神经科学家 Antonio Damasio 解释说，有些矛盾的是，"你越认识到自己还有许多没有掌握，那么你掌握得就越好。"在认识到自己高买低卖的生理倾向后，你就会认为自己需要采用美元成本平均法、再平衡法和签订投资合约等方法。通过使自己证券组合中的大多数处于永久自我运行状态，你就能克服自己喜欢

---

10 还可以这样问自己：是否当报纸和电视每天都准确地报道自己房屋的市场价值时，你住在自己的房子里就更快乐了呢？

11 20 世纪 80 年代末，哥伦比亚大学和哈佛大学的心理学家保罗·安德森（Paul Andreassen）通过一系列精心设计的实验证明，经常获取股市最新消息的投资者所获得的回报，仅为根本不去关心股市消息的投资者的一半。参见：Jason Zweig, "Here's How to Use the News and Tune Out the Noise," *Money*, July, 1998, pp. 63-64.

预测的倾向，使自己关注于长期财务目标，并免受市场先生情绪波动所带来的影响。

利用好市场提供的机会

尽管格雷厄姆教导人们应该在市场先生高喊"出售"时买入，但聪明的投资者需要理解一个例外。熊市抛售的合理性在于，它能够带来税收上的好处。美国国税法允许人们使用已发生的亏损（出售股票带来的任何价值损失），来冲抵普通收入（最大限额为 3 000 美元）。[12] 假设你按每股 60 美元的价格，于 2000 年 1 月购买了可口可乐的 200 股（总投资额为 12 000 美元）。2002 年年底，股价跌为每股 44 美元，即你的全部股票价值为 8 800 美元——亏损了 3 200 美元。

你可以像大多数人那样去做，对自己的亏损感到痛心，或者把它放到一边，而假装什么事也没有发生。你还可以对损失进行控制。2002 年年底前，你可以将可口可乐所有的股票卖掉，从而把亏损锁定在 3 200 美元。这样，等 31 天后申报纳税时，你再购买 200 股可口可乐的股票。结果是：你能够把 2002 年的应税收入降低 3 000 美元，而且，你还可以用剩余的 200 美元亏损额度抵扣 2003 年的收入。然而，更为有利的是，你仍然拥有一家前景被你看好的公司的股票，但是，现在你拥有的股票所支付的价格，比第一次支付的价格几乎少了三分之一。[13]

在山姆大叔向你的亏损提供补贴的情况下，你当然可以出售股票并锁定亏损。如果山姆大叔想使得市场先生看上去较为合理，我们要责怪谁呢？

---

12 联邦税法会经常调整。这里所举的可口可乐的例子，只适合于 2003 年年初的美国税法条款。

13 本例中假设投资者在 2002 年没有资本利得，而且没有对可口可乐的任何股息进行再投资。对待税收互换（tax swaps）要慎重，因为很容易出错。在进行税收互换之前，请阅读美国国税局的第 550 号出版物（www.irs.gov/pub/irspdf/p550.pdf）。下列著作能对你的投资税管理提供很好的指导：Robert N. Gordon with Jan M. Rosen, Wall Street Secrets for Tax-Efficient Investing (Bloomberg Press, Princeton, New Jersey, 2001)。最后要指出的是，在采取行动之前，请咨询一下专业的税收顾问。

投资所有者合约

我，在此声明，自己是一位寻求长期财富积累的投资者。

我知道，许多时候，我会因为价格已经上涨（或"正在上涨"）而想要投资股票和债券，而且另外一些时候，会因为价格已经下跌（或"正在下跌"）而想要出售自己的投资。

在此，我声明：拒绝让一群陌生人替我做出金融方面的决策。此外，我着重承诺：永远不会因为股市上涨而去投资，永远不会因为股市下跌而去出售手中的投资。相反，我将通过一项自动投资计划或"美元成本平均方案"，在每个月拿出_____美元，以投入到下列共同基金或分散化的证券组合中去：

_____，

_____，

_____。

只要我有闲置资金（而且能够承受短期内的亏损），我还将进行额外的投资。

在此，我声明：我将让每一次投资至少持续到下列日期（从合约签订日算起，至少必须长达10年）：____年____月____日。合约条款中惟一许可的例外是突然出现的现金紧急需求，比如医疗急诊、失业或购房首付及学费等有计划的支出。

下列签名意味着，我不仅要遵守本合约条款，而且，当我想要出售任何投资时，都必须再次阅读这份文件。

签署本合约时，至少要有一位见证人；而且，本合约必须安全存放在将来容易找到的地方。

签　　名：_____　　　　　　　　　　日期：年____月____日

见证人：_____
　　　　_____

第 9 章

基金投资

防御型投资者可以利用的一种手段,是将钱投入投资公司的股份。股份持有者可以随时要求按净资产价值赎回这些股份,这些公司就是人们通常所说的"共同基金"(或"开放式基金")。许多投资公司都在利用大批销售人员积极地销售新的股份。发行不可赎回股份的公司,被称为"封闭式"公司或基金;它们的股份数相对稳定。任何规模的基金公司都要在证券交易委员会注册,并接受其监督和管理。*

基金行业的规模非常庞大。截止到1970年年底,在证券交易委员会注册的基金有383家,其资产总额达546亿美元。其中包括356家共同基金公司(资产总额为506亿美元)和27家封闭式基金公司(资产总额为40亿美元)。+

对基金的分类可以采用不同的方法,其中一种方法是根据其资产组合进行大致的区分。如果基金中含有很大一部分(一般大约为三分之一)的债券,就称为"平衡基金"。如果所持有的几乎都是普通股,则称为"股票基金"。(这

---

* 没有在证券交易委员会"注册"(或提出法定金融业务申请)就向公众发行开放式基金、封闭式基金或场内交易基金的行为,都是违反联邦法律的行为。

+ 基金行业已经从"庞大"走向了无穷大。截至2002年年底,共有8 279家共同基金,持有的总资产达65 600亿美元;共有514家封闭基金,持有的总资产达1 496亿美元;共有116家场内交易基金(ETF),持有的总资产达1 097亿美元。这些数据中,并没有包括像可变年金和单位投资信托这样的基金类投资。

里还包括其他一些类别,比如"债券基金""对冲基金"和"存信股票基金",等等)。*另一种做法是根据其目标来分类,看其主要目标是收入价格稳定性还是资本增值("成长")。再一种区分就是根据其销售的方式。"有佣基金"要从投资价值中扣除一笔销售费用(通常大约为资产最低购买价值的9%)。[1] 其他的被称为"免佣"基金——基金管理者不收取此类费用,而只收取通常的投资咨询费用。由于不能向销售人员支付佣金,免佣基金的规模在逐步下降。+ 封闭式基金的买卖价格不是由公司规定的,而是像公司普通股那样随市场波动的。

大多数基金公司都是根据所得税法中的特殊条款在运行,其目的是减轻股东受到的双重征税压力。实际上,基金公司必须支付所有的日常收入——股息和利息所得减去相关费用。此外,它们还能(以"资本利得股息"的形式)支付出售投资所获得的长期利润,股东们把这部分收入看成是自有证券的盈利。(在此还有另外一种选择,为了避免混乱,我们省略了。)++ 几乎所有这些基金都只发行一个类别的证券。1976年产生了一种新的做法:把股本分为优先股(将获得所有的日常收入)和资本(普通股,将获得所有的证券销售利润)。(这些基金称为"双重目标基金"。)+++

许多基金公司称自己的主要目标是资本利得,它们集中购买所谓的"成长

---

* 共同基金的主要分类可以参见:www.ici.org/pdf/g2understanding.pdf 以及 http//news.mor-ningstar.com/fundReturns/CategoryReturns.html。存信基金已经不存在了,而证券交易委员会一般不允许对冲基金向年收入低于20万美元或净资产少于100万美元的投资者出售股份。

+ 如今,股票基金最大的销售费用一般为5.75%。如果你有10 000美元的基金投资,销售费用为5.75%,那么将有575美元属于向你出售基金的人(和经纪公司),而你的初始净投资则为9 425美元。实际上,575美元的销售费用为净投资额的6.1%,因此,格雷厄姆把计算费用的传统方法称为"销售把戏"。20世纪80年代,不收费基金开始流行,因此它们的比重一般不再低于收费基金。

++ 如今,几乎每一家共同基金都是以"受监管的投资公司"(RIC)的身份来纳税的,只要它向股东分配所有的收入,就可以免缴公司所得税。格雷厄姆"为避免混乱"而省去的"选择"是指这样一种基金:它可以从证券交易委员会获得特殊许可,直接向基金股东分配它所持有的一种资产。正如格雷厄姆的杰罗姆·纽曼公司在1948年所做的那样,向自己的投资者分配GEICO公司的股份。这种分配十分罕见。

+++ 双重目标基金流行于20世纪80年代后期,现在几乎从市场上消失了。这是一个遗憾。因为它们可以为约翰·内夫这样的股票挑选高手提供更灵活的方法。最近的熊市或许会使这种有吸引力的投资工具再次兴起。

股"，因此其名称中经常会有"成长"一词。有些公司专门购买特定领域的股票，比如化学股、航空股和海外投资股，这些领域通常也会在其名称中显示出来。

因此，想明智选择基金股份的投资者面临着众多而且有些令人困惑的选择，与其在直接投资时面临的情况大致相同。在本章，我们将解决一些主要的问题，即：

1. 有没有一种方法，使得投资者通过选择恰当的基金能够确保自己获得优于平均水平的结果？（更进一步的问题："业绩基金"的结果如何？）[*]
2. 如果没有，那么投资者如何避免选择其结果要次于平均水平的基金呢？
3. 投资者能够在不同种类的基金——比如，平衡基金与股票基金，开放式基金与封闭式基金，有佣基金与免佣基金——之间做出明智的选择吗？

投资基金的整体业绩

在试图回答这些问题之前，我们要讨论一下整个基金行业的业绩。该行业为股东带来了好的收益吗？按照最普通的说法，与直接从事投资的人相比，基金投资者的情况如何？我们可以肯定地说，基金行业总体上是有一定作用的。基金培养了人们储蓄和投资的好习惯，使得无数的个人投资者免受股市错误投资的巨大损失，并且使其参与者的收入和利润与普通股的总体回报相当。通过比较，我们大体上可以推测：过去10年内，专门投资于基金股份的人所获得的收益，要优于直接购买普通股的人。

即使基金的实际业绩总体上似乎并不优于普通股，而且，尽管共同基金投资的成本可能会大于直接购买证券的成本，但上面提到的最后一点很可能是正确的。一般人们的实际选择并不在于是要构建和获得完全平衡的普通股组合，还是要以购买基金这种稍微昂贵的方式来达到同样的目的。他们的选择很有可能在于：是屈从于共同基金上门推销员的诡计，还是屈从于二等和三等新售证券推销者更狡猾更危险的诡计。我们也不得不思考这样的问题：开设经纪账户

---

[*] "业绩基金"在20世纪60年代末十分流行。它们相当于20世纪90年代后期的积极成长型基金，并且没有给投资者带来更好的业绩。

的普通人本来是想从事保守的普通股投资，但却有可能发现自己受到了不利影响而走向了投机，并遭受了投机损失；对共同基金购买者而言，这种诱惑要小得多。

但是，在整个市场中，基金投资的业绩如何？这是一个具有一定争议的话题，但是，我们将以一种简便和恰当的方式来对待这一问题。表9–1列出了1970年年底计算出的前10家大股票基金在1961~1970年间的部分结果，只从每个基金管理群体中选取了最大的一家。表中归纳出了每家基金在1961~1965年、1966~1970年以及1969年和1970年两个年份的总体回报。我们还根据10家基金每股回报之和，计算出了平均结果。1969年年底，这些公司的资产之和超出了150亿美元，相当于整个普通股基金的三分之一。因此，它们应该能够很好地代表整个基金行业。（从理论上讲，表中所列出的公司会偏向于较好的行业业绩，因为这些较好的公司可以比其他公司获得更快的扩张。但是从实际来看，情况并非一定如此。）

从表中可以得到一些引人关注的事实。首先我们发现,在1961~1970年期间,这10家基金公司的总体结果，与标准普尔500股综合平均数（或标准普尔425股工业平均数）没有明显的差别。然而，它们无疑要优于道琼斯工业平均指数。（这引发了如下令人困惑的问题：道琼斯工业平均指数中30家巨头的业绩，为什么赶不上标准普尔指数中数量众多而且似乎更为繁杂的公司？）[*]第二点在于，与前面5年相比，后面5年中基金的总体业绩要优于标准普尔指数。基金的收益在1961~1965年间稍低于标准普尔指数，而在1966~1970年间却稍高于标准普尔指数。第三点是，单个基金的结果之间存在着非常大的差别。

我们不能因为共同基金行业的业绩没有超过整体市场的业绩而对其提出批评。基金经理及其行业竞争者掌管着如此大规模的市场普通股，因此，整个市场所面对的情况必定也是整个基金行业（大致）面对的情况。（要说明的是，1969年年底，被保险的商业银行持有的信托资产中包括了1 810亿美元的普通股。如果我们将这部分资产加入到投资顾问所管理的普通股账户中，并加上560亿美元的共同基金以及类似的基金，那么，我们一定能得出如下结论：这些专

---

[*] 就10年的期限而言，道琼斯和标准普尔500的回报有可能存在很大的差别。然而，就通常的投资期（比如25~50年）而言，它们的回报会十分接近。

表 9-1　十大共同基金的管理结果 [a]

	5 年（1961~1965 年）（均为正数）（%）	5 年（1966~1970 年）（%）	10 年（1961~1970 年）（均为正数）（%）	1969 年	1970 年	1970 年 12 月的净资产（百万美元）
Affiliated Fund	71	+19.7	105.3	-14.3	+2.2	1 600
Dreyfus	97	+18.7	135.4	-11.9	-6.4	2 232
Fidelity Fund	79	+31.8	137.1	-7.4	+2.2	819
Fundament Inv.	79	+1.08	1.3	-12.7	-5.8	1 054
Invest.Co.of Am.	82	+37.9	152.2	-10.6	+2.3	1 168
Investors Stock Fund	54	+5.6	63.5	-80.0	-7.2	2 227
Mass.Inv.Trust	18	+16.2	44.2	-4.0	+0.6	1 956
National Investors	61	+31.7	112.2	+4.0	-9.1	747
Putnam Growth	62	+22.3	104.0	-13.3	-3.8	648
United Accum.	74	-2.0	72.7	-10.3	-2.9	1 141
平均	72	18.3	105.8	-8.9	-2.2	13 628（合计）
标准普尔综合指数	77	+16.1	104.7	-8.3	+3.5	
道琼斯工业平均指数	78	+2.9	83.0	-11.6	+8.7	

a. 这些股票基金在 1970 年年底的净资产规模是最大的，但是每一管理类别中只选取了一种基金。数据来源于 Wiesenberger Financial Services。

业人士完全可以决定股市平均水平的走向，而股市平均水平的走向完全可以决定基金的总体结果。）

基金投资者可以选择优于平均水平的基金以获得更好的结果吗？显然，并非所有人都能做到这一点；否则，我们很快就将回到起点——每个人的结果都一样。让我们首先以一种简单的方式来考虑这一问题。投资者为什么不可以这样去做呢？在过去足够长的时间内，找出表现最优的基金，并因此假设该基金的管理层最有能力，所以在未来会获得优于平均水平的结果，从而将自己的钱投入该基金。这种想法似乎更为现实，因为就共同基金而言，投资者不用支付任何特殊费用，就能够获得"最有能力的管理层"。（与此相反，就非投资类公司而言，管理最佳的公司会相应地按照高于其当期利润和资产的价格来出售股份。)

多年以来，这方面的证据一直是相互矛盾的。但是，反映十家大基金公司业绩的表 9-1 表明，5 家公司在 1961~1965 年的业绩，整体上持续到了 1966~1970 年，尽管这 5 家公司中，有 2 家没有另外 5 家公司中的 2 家公司做得好。我们的研究表明，共同基金股份的投资者可以适当地比较过去某一时期（比如至少 5 年内）的业绩，只要这些数据并没有代表整个市场大幅向上的趋势。整个市场大幅向上时，十分有利的结果可能来自于非正统的方式。在下面一节关于"业绩"基金的内容中，我们将指出这一点。这样的结果本身或许只反映了如下事实：基金经理正在从事过度的投机风险，并且暂时获得了过高的收益。

"业绩"基金

近几年出现了一种新的现象，这就是投资基金管理方面（甚至包括许多信托基金方面）对"业绩"的追捧。在这一节我们首先要给出一个重要的否定，即这种现象不适用于大多数地位稳固的基金，而只适用于该行业中受到过多关注的少数基金。事情的原委很简单，部分基金管理者一心想要使自己的结果优于平均水平（或道琼斯工业平均指数）。他们暂时在这方面取得了成功，获得了很高的知名度以及更多自己所管理的资金。设定的目标是足够合理的，遗憾的是，在真正进行巨额投资的情况下，目标的取得似乎必然会伴随着风险的大规模上升。这样，在较短的时间内，这些风险就会形成。

围绕着"业绩"现象出现的几种情况，使得我们当中一些有长久经历的人（有的人甚至有过 20 世纪 20 年代的经历）——正因为如此，他们的观点被看成是陈旧的和不符合这个（第二个）"新时代"的——对此表示反对。首先，在这一方面，几乎所有取得优异成绩的人，都是一些三四十岁的年轻人。他们直接的金融经历，仅限于 1948~1968 年持续的牛市期。其次，他们时常把"好的投资"定义为购买如下股票：随后几个月内，该股票的市场价格有可能大幅上升。这导致大量的资金流入到较新的企业，而这些企业的股价与其资产或利润记录完全不相称。他们的行为，只有通过下列事实来"证明是合理的"：一方面，是天真地希望这些企业未来会取得成就；另一方面，是想巧妙地利用公众信息不灵通和贪婪时产生的投机热情。

在这一节中，我们不会提到某人的名字。但是，我们有充足的理由给出几家具体的公司作为例子。在公众看来，1965年年末设立的曼哈顿基金公司无疑是很重要的"业绩基金"。它以每股9.25~10美元的价格首次发行了270万股，公司的启动资本为2.47亿美元。当然，其业务重心在于资本利得。它所管理的多数基金都投资于发行价很高（为当期利润的许多倍）的股票。这种股票不支付红利（或只支付很少的红利），受到大量投机者的追捧，价格波动剧烈。1967年，该基金公司的总体收益率为38.6%，同期标准普尔综合指数的收益率为11%。然而，正如表9-2所示，此后该基金公司的业绩就十分不理想了。

至少可以说，1969年年底，曼哈顿基金的资产组合是有些异常的。一个突出的事实是：它投资最多的几家公司中，有两家在随后6个月内提出了破产申请，第三家在1971年遭到了债权人的诉讼。另一个突出的事实是，在这些倒闭的公司中，至少有一家公司的股票不仅曾被投资基金购买，而且还曾被大学退休基金、大银行的信托部等类似的机构所购买。* 第三个突出的事实在于，曼哈顿基金的创始人兼管理者，将自己在另一家独立经营的管理公司的股票卖给了某一家大企业，换取了该企业2 000万美元的股份；当时，这家管理公司被出售时的资产只有不到100万美元。毫无疑问，这是有史以来"管理者"和"被管理者"的业绩之间所产生的最大的一次不平等。

1969年年底出版的一本书，[2] 总体介绍了19个人的情况——"他们是严酷竞争中的一些领军人物，管理着他人上十亿美元的资产。"书中的总结进一步告诉我们："他们是一些年轻人……有些人的年收入在100万美元以上……他们是新的一类金融人才……他们所有人都对金融市场着迷……而且拥有惊人的获胜技巧。"通过考察他们所管理的基金公布出来的结果，就可以较好地了解这群领军人物的成就。这方面的结果可以从《货币经理》（*Money Managers*）中了解到，

---

* 格雷厄姆提到的其中一家"倒闭的公司"，就是全美学生营销公司——以股份作为掩盖的一场骗局。安德鲁·托拜厄斯在《有趣的金钱游戏》（*The Funny Money Game*，1971年，纽约花花公子出版社）一书中，生动地讲述了这家公司的故事。受该公司具有个人魅力的创始人科特·兰德尔欺骗的精明投资者包括：康奈尔大学和哈佛大学的退休基金，以及摩根担保银行和信孚银行等地位显赫者的信托部门。

表 9-2　某业绩基金的资产组合与业绩

（曼哈顿基金持有的大额资产；1969年12月31日）

所持股份（千股）	股票发行企业	股票价格	1969年利润	1969年股息	市场价值（百万美元）
60	Teleprompter	99	0.99	无	6.0
190	Deltona	60.5	2.32	无	11.5
280	Fedders	34	1.28	0.35	9.5
105	Horizon Corp.	53.5	2.68	无	5.6
150	Rouse Co.	34	0.07	无	5.1
130	Mattel Inc.	64.25	1.11	0.20	8.4
120	Polariod	125	1.90	0.32	15.0
244[a]	Nat'l Student Mkt'g	28.5	0.32	无	6.1
56	Tele Corp.	90.5	0.68	无	5.0
100	Bausch & Lomb	77.75	1.92	0.80	7.8
190	Four Seasons Nursing	66	0.80	无	12.3[b]
20	Int. Bus. Machines	365	1.95	3.60	7.3
41.5	Nat'l Cash Register	160	8.21	1.20	6.7
100	Saxon Ind.	109	3.81	无	10.9
105	Career Academy	50	0.43	无	5.3
285	King Resources	28	0.69	无	8.1
					130.6
				其他普通股	93.8
				持有的其他证券	19.6
				投资总额[c]	244.0

a. 按2:1进行股票分割之后。
b. 也包括1 100万美元的关联股。
c. 不包括现金等价物。

与标准普尔综合指数年收益的比较

	1966年	1967年	1968年	1969年	1970年	1971年
曼哈顿基金	−6.0%	+38.6%	−7.3%	−13.3%	−36.9%	+9.6%
标准普尔综合指数	−10.1%	+23.0%	+10.4%	−8.3%	+3.5%	+13.5%

它详细介绍了上述 19 人中的 12 人所管理的基金。很具有代表性的是，他们在 1966 年的业绩不错，而 1967 年的业绩非常突出。1968 年，他们的业绩总体上仍然还算可以，但基金个体的情况并不一样。1969 年，他们都出现了亏损，只有一人勉强好于标准普尔综合指数。1970 年，他们的业绩甚至比 1969 年还要差。

我们描述这方面的内容，是为了指出一个教训——一句法国的谚语或许最能表达这一点：万变不离其宗。自古以来，乐观和充满活力的人（通常都很年轻）都在承诺以"他人的钱"来创造奇迹。他们一般能够暂时做到这一点（或者说，至少看起来是做到了这一点），但是，最终他们将给公众带来损失。* 大约半个世纪之前，这种"奇迹"经常是通过公然的操纵、误导性的公司报告、异常的资本结构和其他具有一定欺诈性的财务活动来取得的。所有这一切，使得证券交易委员会设计出了复杂的金融控制制度，也使得大众对普通股抱有了谨慎的态度。1965~1969 年新的"货币经理"所从事的业务，是在 1926~1929 年骗局的发生整整超过一代人之后才出现的。+ 1929 年股市崩盘后被禁止的一些具体违规行为，已不再被人们使用——它们涉及牢狱之灾。但是，在华尔街的许多角落，它们已被新的花样和把戏所取代，最终这些会带来非常相似的结果。公然操纵价格的行为消失了，但是，有许多其他的方法来吸引容易上当的公众对"热门"股票盈利能力的关注。大量的"存信股票"[3]可以按大大低于市场的报价来买入——只要其出售不受到公开的限制；随后，这些股票可以立即按其完整的市场价值记入财务报告中，以显示出虚幻的诱人利润。此类行为还有很多。使人感到惊讶的是，在一些完全不同的监管和禁令环境下，华尔街是如何大量重复 20 世纪 20 年代的无节制和错误行为的。

---

* 关于"万变不离其宗"这一句话最近的一个例证，请看 29 岁的天才男孩瑞安·雅各布（Ryan Jacob）。在他以前的网络基金获得 216% 的回报之后，1999 年年底，他设立了雅各布互联网基金。2000 年的头几周内，投资者就向雅各布的基金中投入了近 3 亿美元。随后他便节节败退：2000 年损失了 79.1%，2001 年损失了 56.4%，2002 年损失了 13%——累积亏损达 92%。这次亏损与其说是使得雅各布变得更加老练和明智，倒不如说是使得他的投资者变得更为老练和明智。

+ 有趣的是，1999~2002 年灾难性的繁荣与萧条周期，也发生在前一次疯狂周期产生约 35 年之后。或许大约要经过 35 年之后，牢记上一次"新经济"狂热状况的投资者的影响力，才会低于那些已经忘记的人。如果这种直觉是正确的，那么在 2030 年前后，聪明的投资者尤其应该保持警觉。

毫无疑问，将会出现新的监管法规和新的禁令。20 世纪 60 年代后期特定的违规行为，将完全被禁止在华尔街出现。但是，人们很难指望投机冲动会被永久性废除。聪明的投资者可以利用的一部分武器，就是了解那些"异常受欢迎的幻觉"，[4] 并尽可能远离它们。

如果我们从 1967 年辉煌的业绩记录之后开始观察基金的话，那么它们大多数时间的表现都是较差的。把 1967 年的数据包括在内，它们的总体表现并非是灾难性的。以此为基础，《货币经理》所公布的管理者中，有 1 个人的业绩要大大优于标准普尔综合指数，3 个人的业绩明显要差一些，6 个人的业绩与标准普尔指数相同。让我们来考察另一组业绩基金——1967 年表现最佳的 10 只基金，它们这一年中的收益为 84%~301%。这些基金中，有 4 只的 4 年总体业绩要好于标准普尔指数——1967 年的收益包括在内；有 2 只的业绩在 1968~1970 年间超过了标准普尔指数。所有这些基金的规模都不大，其平均规模大约为 6 000 万美元。因此，有很强的证据表明，规模较小是持续获得优异结果的一个必要因素。

上面的叙述所隐含的结论是：投资基金的经理在寻求更好的业绩时，会涉及一些特殊风险。迄今为止，所有的金融经历都表明，管理稳妥的大基金几年之内至多能获得稍微高于平均水平的业绩。如果不对它们加以稳妥管理，就会产生这样的情况：暂时获得惊人的虚幻利润，随后必然遭遇灾难性的损失。有些基金的业绩，曾经在 10 年或更长的时间里持续超出市场平均水平。但是，这些基金都是一些非常特殊的例子：大多数业务集中于专门的领域，对资本的利用进行了自我限制。而且，并不向公众大量出售。*

封闭式基金与开放式基金

几乎所有的共同基金或开放式基金（其持有者有权按资产组合每天的估价来兑现其股份），都有相应的新股发售机制。这就意味着它们的规模大多都会随

---

* 如今，与格雷厄姆所说的"非常特殊的例子"相同的基金，一般都是这样的开放式基金：它们不接纳新的投资者——这意味着，基金经理停止了吸纳更多的资金。尽管这会降低所赚取的管理费，但这会使得现有股东的回报最大化。由于大多数基金经理都是把个人利益放在首位，而不是把公司利益放在首位，因此，不接纳新的投资者是非常罕见和有勇气的行为。

着时间的延长而扩大。封闭式基金公司（它们几乎全都是很早以前建立起来的）有固定的资本结构，因此，按美元衡量的相对比重在下降。开放式基金公司的股份由成千上万精力充沛并具有说服力的销售员去尽力推销，而封闭式基金的股份并不特别关注于销售情况。因此，向公众出售的"共同基金"，大多数都可以按高于净资产价值大约9%的固定费用来销售（以弥补销售人员的佣金等费用），而大多数的封闭式基金股份一直是按照低于其资产价值的价格来购买的。就各个公司而言，这个折扣价是不相同的，而且某一群体总体的平均折扣也是随时间变化的。表9-3列出了1961~1970年期间这方面的数据。

不用费太多的脑筋，人们就可以看到，封闭式基金的股价低于开放式基金股价的原因，并不在于这两个群体投资业绩的不同。这个实际情况，可以从表9-3中所给出的这两个群体在1961~1970年年底结果的比较中看出来。

表9-3 关于封闭式基金、共同基金和标准普尔综合指数的部分数据

年份	封闭式基金的平均折扣（%）	封闭式基金的平均投资结果[a]（%）	股票共同基金的平均投资结果[b]（%）	标准普尔指数的投资结果[c]（%）
1970	−6	持平	−5.3	+3.5
1969		−7.9	−12.5	−8.3
1968	(+7)[d]	+13.3	+15.4	+10.4
1967	−5	+28.2	+37.2	+23.0
1966	−12	−5.9	−4.1	−10.1
1965	−14	+14.0	+24.8	+12.2
1964	−10	+16.9	+13.6	+14.8
1963	−8	+20.8	+19.3	+24.0
1962	−4	−11.6	−14.6	−8.7
1961	−3	+23.6	+25.7	+27.0
10年平均数：		+9.14	+9.95	+9.79

a. 韦森伯格金融服务公司提供的10家不同基金的平均数。
b. 韦森伯格金融服务公司提供的5家普通股基金每年的平均数。
c. 所有的数据都加上了股息的分配。
d. 溢价。

这样，在投资者的选择上，我们了解到了其中一个明显的规则。如果你想把钱投入投资基金，就按一定的折扣（比如资产价值10%~15%的折扣）购买一组封闭式基金股份，而不要按高于资产价值9%的费用去购买开放式基金公司的股份。假如将来两类基金的股息和资产价值变化相同，那么，你从封闭式基金股份中得到的收入，大约要比开放式基金股份多五分之一。

共同基金销售员会迅速提出反驳："哦，但如果你拥有封闭式基金股份，你就永远不知道你能按什么样的价格将其出售。折扣可能比今天的更大，这样你将承受更大的差价损失。购买我们的股份，你保准有权按照全额的资产价值兑现手中的股份。"让我们对这一辩驳稍加考察。这种观点逻辑上站得住脚且符合常识，问题在于：假如封闭式基金股份的折扣不会扩大，那么，你购买这些股份的业绩，有多大的可能会次于购买等额的开放式基金股份？

这需要运用一点算术。假设投资者A按109%的资产价格购买了一些开放式基金股份，投资者B按85%的价格外加1.5%的佣金购买了封闭式基金股份。在（比如）4年中，两类股份都获得了资产价值30%的收益，并且，最终的价值与开始投资时相同。投资者A按100%的价值兑现其股份，失去了所支付的9%的溢价。这一时期他的总体回报为30%减去9%，即资产价值的21%。同时，这相当于其投资额的19%。购买封闭式基金股份的投资者B要获得多少收益，才能与投资者A的回报相同呢？答案为73%，即资产价值27%的折扣。换句话讲，在封闭式基金投资者的收益降到开放式投资者的水平之前，他可以允许市场折扣扩大12个百分点（大约为两倍）。这么大幅度的不利变化极少发生，而且，即使发生的话，也没有出现在封闭式基金的历史上。所以，如果两类基金的投资业绩大致相同的话，那么你从某一（具有代表性的）封闭式基金公司按折扣价购买股份所获得的总体回报，极有可能要高于购买开放式基金。如果以小额有佣（或免佣）基金取代普通的"8.5%"的有佣基金，封闭式投资的优势显然就会下降，但仍然具有一定的优势。

少数封闭式基金销售时的溢价，要高于大多数共同基金实际收取的9%的费用。这一事实给投资者带来了另外一个问题：这些溢价销售的公司在管理上的优势，足以证明自己价格上涨的合理性吗？如果比较过去5年或10年的结果，那么该答案似乎是否定的。6家溢价销售的公司中，有3家主要从事外国投资。这些公司的显著特征就是，几年内价格有很大的变化：1970年年底，一家公司

表 9-4　各种封闭式基金的平均结果（1961~1970 年）[a]

	1970 年（%）	5 年（1966~1970 年）（%）	1961~1970 年（%）	溢价或折价（1970 年 12 月）（%）
溢价销售的 3 家基金	-5.2	+25.4	+115.0	11.4 的溢价
折价销售的 10 家基金	+1.3	+22.6	+102.9	9.2 的折价

a. 数据来源于韦森伯格金融服务公司。

表 9-5　两家主要的封闭式基金公司的对比[a]

	1970 年（%）	5 年（1966~1970 年）（%）	10 年（1961~1970 年）（%）	溢价或折价（1970 年 12 月）（%）
美国大众投资者公司	-0.3	+34	+165.6	7.6 的折扣
雷曼公司	-7.2	+20.6	+108.0	13.9 的溢价

a. 数据来源于韦森伯格金融服务公司。

的售价只有其最高售价的四分之一，另一家只有三分之一，还有一家不到二分之一。如果我们观察 3 家溢价销售的国内公司，就可以发现，其 10 年的平均总体回报率要好于 10 只贴现基金，但是，从最后 5 年来看，情况正好相反。表 9-5 给出了雷曼公司和美国大众投资者公司（General American Investors）——两家历史最悠久的大型封闭式基金公司——1961~1970 年间业绩记录的对比。1970 年年底，其中一家的销售价比其净资产价值高 14%，另一家要低 7.6%。价格与净资产之间关系上的这种差别，似乎无法通过这些数据加以解释。

平衡基金的投资

《韦森伯格报告》（*Wiesenberger Report*）所报道的 23 只平衡基金的资产总额中，优先股和债券资产所占的比重在 25%~59% 之间，其平均比重为 40%。所持有的其余资产为普通股。普通投资者似乎应该直接从事自己的债券类投资，而不必通过共同基金来从事这类投资。1970年，这些平衡基金的年平均回报率只有其资产价值的3.9%或发行价的3.6%。投资者债券组合的较好选择是，购买美国储蓄债券、A级或优于A级的公司债券以及免税债券。

第9章 点评

> 老师问比利·鲍伯:"如果你有12只绵羊,而其中一只跳出了篱笆,那么你还有几只绵羊?"
>
> 比利·鲍伯回答:"一只也没有了。"
>
> "唉,"老师说,"你显然还不会减法。"
>
> "或许如此,"鲍伯回答说,"但是,我的确了解我的绵羊。"
>
> ——一个古老的得克萨斯笑话

近乎完美

共同基金纯粹是美国的一项发明。1924年,一个名叫爱德华·莱弗勒(Edward G.Leffler)的铝制炊具推销员将共同基金引入了美国市场。共同基金非常便宜,非常方便,种类繁多,由专业人士管理,而且还要受到联邦证券法部分严厉条款的密切监管。通过使投资变得容易,并使几乎每个人都负担得起,共同基金把大约5 400万美国家庭(以及全球更多的家庭)引入了投资大潮中。这或许是有史以来金融民主化的最大进步。

然而,共同基金并非完美,它们只是近乎完美,而且"近乎"这个词道出了所有的差别。由于其并不完美,因此大多数基金都面临着下列问题:业绩低于市场平均水平,向投资者的收费过高,带来了令人头疼的税收问题,并且其业绩会随机大幅波动。聪明的投资者必须极其审慎地选择基金,以免到头来给自己找了一个大麻烦。

最畅销的基金

大多数投资者多会以继续上涨为假设直接购买上涨最快的基金。这是理所当然的。心理学家已经证明，人类有一种与生俱来的倾向：认为可以通过短期内的一系列结果对长期趋势做出预测。此外，从我们自身的经历可以看到，有一些水暖工要大大优于其他水暖工，有些棒球选手更有可能击中本垒打，我们所喜欢的餐馆一直能够提供优质的饭菜，而且聪明的孩子总是能得到高分。在我们身边，技能、智慧和勤劳能获得认可，得到回报，而且这样的事情一直在重复发生。因此，如果某只基金胜过了市场，直觉就会告诉我们：它将继续有优异的表现。

遗憾的是，在金融市场上，运气比技能重要得多。如果某一基金经理在恰当的时间从事市场上的恰当业务，那么他看上去就是一个很棒的人。但是，在很多情况下，热门的东西突然会受到冷落，经理的智商似乎缩水了50分。图9-1展示了1999年一些最热门的基金所遭遇的情况。

这一情况再次提醒我们，市场上最热门的行业（1999年为技术行业）经常会在毫无预兆的情况下顷刻之间变得冰冷。[1] 它还提醒我们，完全凭过去的业绩来购买基金的行为，是投资者所做的最愚蠢的事情之一。金融专家对共同基金的研究持续了至少半个世纪，而且他们几乎一致赞同如下几点：

- 一般的基金，不可能通过承担研究和交易成本来挑选好的股票。
- 基金的费用越高，其回报越低。
- 基金股份交易越频繁，其赚钱的机会越小。
- 高度不稳定的基金（比平均水平上升和下降幅度更大），有可能长期处于不稳定状态。

---

[1] 行业基金几乎可以从事各个行业的交易——从20世纪20年代就开始了。近80年的历史给出了非常有说服力的证据：任何某一个最赚钱的因此也是最受欢迎的行业，时常会成为下一年表现最差的行业。正如无所事事必然会招致祸端一样，行业基金必然会使投资者遭到严厉的惩罚。

图 9-1 彻底崩盘的一组基金

基金	总回报				2002 年 12 月 31 日的价值（1999 年 1 月 1 日投资 10 000 美元）
	1999 年	2000 年	2001 年	2002 年	
Van Wagoner Emerging Growth	291.2	−20.9	−59.7	−64.6	4 419
Monument Internet	273.1	−56.9	−52.2	−51.2	3 756
Amerindo Technology	248.9	−64.8	−50.8	−31.0	4 175
PBHG Technology & Communications	243.9	−43.7	−52.4	−54.5	4 198
Van Wagoner Post-Venture	237.2	−30.3	−62.1	−67.3	2 907
ProFunds Ultra OTC	233.2	−73.7	−69.1	−69.4	829
Van Wagoner Technology	223.8	−28.1	−61.9	−65.8	3 029
Thurlow Growth	213.2	−56.0	−26.1	−31.0	7 015
Firsthand Technology Innovators	212.3	−37.9	−29.1	−54.8	6 217
Janus Global Technology	211.6	−33.7	−40.0	−40.9	7 327
Wilshire 5000 指数（整个股市）	23.8	−10.9	−11.0	−20.8	7 780

资料来源：Lipper。

说明：Monument Internet 后来更名为 Orbitex Emerging Technology。

这是 1999 年最热门的 10 家基金——实际上，是有史以来年收益率最高的基金。但是，随后的 3 年使得 1999 年的巨大增值都被抹杀了，而且此后还有下降。

- 过去回报很高的基金，今后不可能长时间成为赢家。[2]

根据以往的回报挑选出未来的最优秀基金的机会非常之小——类似于北美野人和可怕的雪人将穿着粉红的芭蕾舞鞋同时出现在你下一次的鸡尾酒会上。换句话讲，你的机会不是为零，但却非常接近于零（参见后文专栏中的内容）。

但是，这也是好事。首先，理解了为什么很难发现一种好的基金，这将有助于你成为一位更明智的投资者。其次，尽管以往的业绩并不能很好地反映未来的回报，但你可以利用其他一些因素来增加你挑选优秀基金的机会。最后，

---

[2] 关于共同基金业绩的研究是汗牛充栋。一些汇集有用信息的网站包括：www.investorhome.com/mutual.htm#do、www.ssrn.com（在搜索栏输入"mutual fund"），以及 www.stanford.edu/~wfsharpe/art/art.htm。

一种基金即使不能够从市场中胜出，也能够提供很大的价值——提供一种廉价的资产组合分散化方法，并且使你不必自己花时间去挑选股票，而把这方面节省下来的时间用于其他方面。

前锋将会被落下

为什么许多获胜的基金不能继续保持下去？

基金的业绩越好，其投资者面对的障碍越多。

基金经理跳槽。当一位股票挑选高手似乎有点石成金的技巧时，每个人都想要他——其中包括作为竞争对手的基金。如果你想购买泛美优质股票基金（Transamerica Primier Equity Fund）从而通过格伦·比克斯塔夫（他在1997年获得了47.5%的回报）的技巧获得好处，那么你很快就会倒霉：1998年中期，TCW公司将其挖去管理它的伽利略精选股票基金（Galileo Select Equities Fund），而泛美基金的业绩在随后4年中有3年滞后于市场。如果你在2000年年初想通过购买富达积极成长基金（Fidelity Aggressive Growth Fund）获得埃琳·沙利文所带来的高回报（1997年以来，她使得股东的资金几乎增加了两倍），那么你也会遭受损失：2000年她辞职后创办了自己的对冲基金，而她先前掌管的基金在随后3年内亏损了四分之三以上。[3]

资产过度膨胀。当某种基金获得高额回报时，投资者都会注意到这一点——他们经常会在几周之内注入上亿美元的资金。这使得基金经理只剩下很少的几项选择，而且所有的选择都是不好的。他可以安全地保存这些资金以备不时之需，但这样的话，如果股市上升，较低的现金回报将损害基金的业绩。他可以把新的资金投入已经购买过的股票，但自从他首次购买之后，这些股票的价格或许已经上升；如果他现在注入上百万美元的资金，这些股票将被严重高估。或者，他可以购买把握并不太大的新股，但是这样的话，他就要从头开始研究这些股票，并且要对更多的公司加以关注。

---

[3] 这并不是说，如果这些"超级明星"经理在职的话，这些基金的业绩就会更好些。我们能够肯定的是，这两种基金在没有他们时业绩很差。

最后，如果灵宝基金（Nimble Fund）将其资产的2%（200万美元）投入股票总市值为5亿美元的Minnow公司，那么它只购买了该公司不到0.5%的股份。可是，如果骄人的业绩使得灵宝基金的规模激增至100亿美元，其2%资产的投资总额将达2亿美元（接近于Minnow公司总价值的一半），这么高的所有权水平甚至是违反联邦法律的。如果灵宝的资产组合经理仍然想拥有较小规模的一些股份，他就必须将自己的资金广泛分布于更多的公司，这就有可能最终使得他的注意力过于分散。

高超的技巧不复存在。有些基金公司专门以自己的基金从事"孵化"活动——在向公众出售之前，私下尝试性地经营这些业务。（一般情况下，股东只包括雇员和基金公司自己的下属机构。）由于规模较小，公司创办人可以使用这些孵化基金作为高风险策略的试验品——这些策略最适合于小额资金，比如购买真正的小股，或快速交易首次公开发行的股票。如果策略获得成功，基金公司就可以通过公布自己的回报来吸引大量的公众投资者。在其他一些情况下，基金经理会"放弃"（或免于收取）管理费，以提升净回报。然后，等到高回报吸引了大量的客户之后，就开始收取费用。当外部投资者投入上百万美元的资金之后，免费孵化基金的回报几乎会毫无例外地陷入平庸。

费用上升。巨额股票交易涉及的成本，经常要高于小额股票交易：由于买方和卖方较少，因此交易难以达成。拥有1亿美元资产的基金每年的交易成本为1%。可是，如果高回报使得规模急剧增加到100亿美元，其交易费用很容易消耗掉至少2%的资产。通常情况下，基金一次持股的时间只有11个月，因此交易成本会像腐蚀酸一样吞噬其回报。与此同时，随着资产增加，基金管理的其他成本很少会出现下降（有时甚至还会上升）。一般情况下，基金平均的操作费用为1.5%，交易成本大约为2%。这样，基金想要在市场中胜出，每年的回报必须高出市场3.5个百分点。

羊群行为。最后，一旦某只基金获得成功，基金经理就习惯于变得胆小和模仿他人。随着基金的扩大，其费用收益会更加可观，从而使得经理们安于现状。这样，一些规模庞大的基金，就像一群饱餐之后行为一致的绵羊，所有的都是懒散地迈着古板的步伐，所有的都在发出"咩咩"的叫声。几乎每一种成长型基金都拥有思科、通用电气、微软、辉瑞和沃尔玛的股票，而且几乎以相同的比率持有这些股票。这种行为如此之普遍，以至于金融专家干脆称其为羊群效应。[4] 但是，在保护自己的费用收入的同时，基金经理损害了外部投资者的利益，因为他们无力为投资者获取优异的回报。

由于费用高昂和行为不端，大多数基金都难以糊口。难怪高回报几乎转瞬即逝，就像未冷冻的鱼一样。更有甚者，随着时间的推移，其过高费用的拖累使得大多数基金逐步被落下——参见图9-2。[5]

那么，聪明的投资者应该怎样去做呢？

首先，要认识到，从长远看，指数基金（它始终拥有市场上所有股票，而从不声称自己能够挑选"最好的"股票和避免"最坏的"股票）将胜过大多数基金。[如果你所在的公司没有在你的401（K）计划中提供低成本的指数基金，请将同事们组织起来去申请增加一个。]指数基金极低的管理费用（每年0.2%的操作费用，外加每年仅0.1%的交易成本）使其具有不可比拟的优势。比如说，如果今后20年内股票的年回报率为7%，那么，像先锋总股市基金这样的低成本基金的年回报率将接近于6.7%。（这将使得10 000美元的投资变成36 000多美元。）但是，就一般的股票基金而言，扣除1.5%的操作费用和大约2%的交易成本之后，其年回报率能够达到3.5%就不错了。（这样，10 000美元的投资所得还不到20 000美元，几乎比指数基金的结果少一半。）

指数基金只有一个显著的缺陷：比较令人乏味。你将无法在野餐桌上向人们吹嘘，自己如何拥有全国最好的基金。你也不能去吹嘘自己从市场中胜出，因为购买指数基金是为了与市场回报持平，而不是为了超过市场回报。指数基金经理不可能通过"掷骰子"来打赌下一个最好的行业是什么：是量子远距传物，

---

4 这里有另外一个教训：为了取得成功，投资者个人要么避免与大机构一样挑选相同的热门股，要么更有耐心地去持有这些股票。参见：Erik R. Sirri and Peter Tufano, "Costly Search and Mutual Fund Flows," *The Journal of Finance*, vol.53, no. 8, October, 1998, pp. 1589-1622; Keith C. Brown, W. V. Harlow, and Laura Starks, "Of Tournaments and Temptations," *The Journal of Finance*, vol.51, no. 1, March, 1996, pp. 85-110; Josef Lakonishock, Andrei Shleifer, and Robert Vishny, "What Do Money Managers Do?" working paper, University of Illinois, February, 1997; Stanley Eakins, Stanley Stansell, and Paul Wertheim, "Institutional Portfolio Composition," *Quarterly Review of Economics and Finance*, vol. 38, no. 1, Spring, 1998, pp. 93-110; Paul Gompers and Andrew Metrick, "Institutional Investors and Equity Prices," *The Quarterly Journal of Economics*, vol. 116, no. 1, February, 2001, pp. 229-260。

5 这里的描述极大地低估了指数基金的优势，因为数据来源中没有包含这些时期已经消失的上百家基金的历史记录。如果更准确计量的话，指数化的做法将占有压倒性的优势。

图 9-2　基金业绩的逐步下降

从2002年12月31日往后推算，有多少只美国股票基金的业绩超过了先锋500指数基金？

一年：
2 423只基金中有1 186只（约占48.9%）

三年：
1 944只基金中有1 157只（约占59.5%）

五年：
1 494只基金中有768只（约占51.4%）

十年：
728只基金中有227只（约占31.2%）

十五年：
445只基金中有125只（约占28.1%）

二十年：
248只基金中有37只（约占14.9%）

资料来源：Lipper公司

是高科技网络，还是心灵感应术减肥诊所？指数基金始终拥有每种股票，而不是拥有基金经理极力猜测出的又一只新股。但是，随着时间的推移，指数基金的成本优势将会势不可挡。持有20年或更长时间的指数基金，每个月注入一笔新的资金，这样，你肯定能够比绝大多数的专业投资者或个人投资者做得更好。在自己的晚年，格雷厄姆称赞指数基金为个人投资者的最佳选择，而沃伦·巴菲特也持有同样的观点。[6]

---

[6] 参见：Benjamin Graham, *Benjamin Graham, Memoirs of the Dean of Wall Street*, Seymour Chatman, ed. (McGraw-Hill, New York, 1996), p. 273, and Janet Lowe, *The Rediscovered Benjamin Graham: Selected Writings of the Wall Street Legend* (John Wiley & Sons, New York, 1999), p. 273。正如沃伦·巴菲特在其1996年年报中所说的："大多数投资者（无论是机构投资者还是个人投资者）都将会发现，拥有普通股的最佳方式是借助于费用最为低廉的指数基金。遵循这一做法的人，必定会胜过绝大多数投资专家所取得的最终结果（扣除费用和支出之后的结果）。"（参见：www.berkshirehathaway.com/1996ar/1996.html。）

转变思路

当你归纳出基金的所有缺陷时,你感到惊讶的不是看到如此少的基金无法胜过指数基金,而是这种情况居然存在。是的,有些基金的确能获胜。它们具有什么样的共同点呢?

它们的经理都是一些最大的股东。当基金经理为基金股份的最大所有者时,基金经理与基金投资者之间的利益最大化冲突就能得到缓解。有些公司,比如Longleaf 合伙公司甚至禁止雇员拥有其他基金的股份。在 Longleaf 公司以及像 Davis 和 FPA 这样一些公司,经理们拥有大量的基金股份,因此他们会像管理自己的资金那样去管理基金——这将使得他们不太可能提高基金费用,使基金规模迅速变得庞大,或使股东面对烦人的税收事项。基金的股东委托书和补充信息都可以从证券交易委员会的 EDGAR 数据库中获得(www.sec.gov)。从这些材料中,可以看到基金经理们所拥有的基金股份是否至少达到了 1%。

它们费用低廉。基金行业最常见的错误观念是"一分钱一分货"——高收费的最好理由就是高回报。这种观点面临着两个问题。首先,它是错误的。几十年的研究已经证明,从长远看,收费较高的基金获得的回报较低。其次,高回报只是暂时的,而高收费几乎是不变的。如果你冲着高回报去购买某基金,你将最终感到失望。然而,你拥有基金的成本几乎肯定不会随着其回报的下降而下降。

它们敢于与众不同。当彼得·林奇经营富达麦哲伦基金时,他购买的都是一些廉价的资产,而不管其他基金经理持有什么资产。1982 年,他最大的投资是美国长期国债。此后,他持有最多的是克莱斯勒的资产。尽管大多数专业人士预计,这家汽车制造商将要破产。随后的 1986 年,林奇几乎以 20% 的富达麦哲伦基金购买了一些外国公司(比如本田、挪威铝业和沃尔沃等)的股份。因此,你在购买美国的股票基金之前,要把基金公司最新报告中的持股名单,与标准普尔 500 指数中的名单进行对比。如果两者极为相似,就去挑选另一只基金。[7]

它们不接纳新的投资者。最佳的基金经常会拒绝接纳新的投资者,而只允许已有的股东购买更多的股份。这就阻止了新的基金购买者蜂拥而入(他们想

---

7 标准普尔 500 指数组成公司的完整名单可以从下列网站获得:www.standardandpoors.com。

挤入大基金之中），以免基金承受资产膨胀之痛。这也说明，基金经理没有把个人利益放在客户利益之上。然而，基金之门向投资者的关闭，应该发生在其规模膨胀之前而不是之后。曾经阻止投资者进入的一些具有代表性的基金公司包括：Longleaf、Numeric、Oakmark、T. Rowe Price、先锋（Vanguard）和 Wasatch。

它们不做广告宣传。 正如柏拉图在《理想国》中所说的，人们理想中的统治者，是那些不想统治的人。最佳的基金经理，通常是那些似乎不想赚你钱的人。他们并不经常出现在电视金融节目中，或者是打广告吹嘘自己的回报名列前茅。Mairs & Power 成长基金是一家稳步发展的小型基金，直到 2001 年它才设立了自己的网站，而且，目前仍然只在 24 个州销售自己的股份。自 1990 年诞生以来，Torray 基金从未发布过零售广告。

你还应该注意哪些东西呢？大多数基金购买者首先看重的是以往的业绩，其次是基金经理的声誉，再次是基金的风险状况，最后（如果还有的话）关注的是基金的费用。[8]

聪明的投资者也是观察这些东西，但其顺序正好相反。

因为基金的费用比其未来的风险或回报更容易预测，所以你应该将其作为第一个筛选条件。按种类看，基金的年度操作费用没有理由高出下列水平。

- 应税市政债券：   0.75%
- 美国（大型和中型公司的）股票：   1.0%
- 高收益（垃圾）债券：1.0%
- 美国（小型公司的）股票：   1.25%
- 外国股票：   1.50%[9]

---

8 参 见：Noel Capon, Gavan Fitzsimons, and Russ Alan Prince, "An Individual Level Analysis of the Mutual Fund Investment Decision," *Journal of Financial Services Research*, vol. 10, 1996, pp. 59-82; Investment Company Institute, "Understanding Shareholders' Use of Information and Advisers," Spring, 1997, at www.ici.org/pdf/rpt_undstnd_share.pdf, p. 21; Gordon Alexander, Jonathan Jones, and Peter Nigro, "Mutual Fund Shareholders: Characteristics, Investor Knowledge, and Sources of Information," OCC working paper, December, 1997, at www.occ.treas.gov/ftp/workpaper/wp97-13.pdf.

9 借助于一些网站（www.morningstar.com 和 http://money.cnn.com）上的基金筛选工具，投资者能够很容易找到满足这些费用约束的基金。

其次是风险评估。在其招股说明书（或买方指南）中，每只基金都必须以柱形图来展示其一个季度内的最大亏损。如果你不能承受在3个月之内有如此大的损失，就请换家基金看看。还有必要核查一下晨星公司（Morningstar）对基金的评级结果。作为领先的投资研究公司，晨星公司会根据基金风险与回报的对比来确定基金的"星级"（一星最差，五星最优）。然而，与过去的业绩一样，这些评级结果只是对以往的观察。它们只告诉你过去哪些基金是最佳的，并不能告诉你将来的情况。实际上令人难堪的是，五星级基金的业绩，往往会持续低于一星级的基金。因此，首先是要寻找具有下列特征的基金：基金经理为主要股东的低收费基金，敢与众不同的基金，不夸大自身回报的基金，在规模过大之前就不愿意接纳新投资者的基金。然后，而且只有在此时，才去参考晨星公司的评级结果。[10]

最后，观察以往的业绩——请记住，它只是对未来回报的一个不太准确的预测。正如我们所看到的，昨天的赢家往往会成为明天的输家。但是，研究者已经证明，有一点是几乎肯定的：昨天的输家几乎从未成为明天的赢家。因此，不要购买以往业绩一直都很差的基金，尤其是当它们的年费高于平均水平时。

封闭式基金的封闭世界

封闭式股票基金尽管在20世纪80年代受到过欢迎，但却慢慢萎缩了。如今，只有30只不同的国内股票基金，其中的许多规模较小，每天的交易只有几百股——以高昂的费用和新奇的交易策略在进行交易［比如，摩根乐趣股公司（Morgan Fun Shares）专注于"成瘾"行业——比如酒类、赌场和烟草的股票］。Lipper公司的专家唐纳德·卡西迪对封闭式基金的研究强化了格雷厄姆先前的观点：各种折价交易的封闭式股票基金的业绩，一般会超过溢价交易的封闭式基金，而且还有可能优于普通的开放式共同基金。然而，令人遗憾的是，由于市场越

---

[10] 参见：Matthew Morey, "Rating the Raters: An Investigation of Mutual Fund Rating Services," *Journal of Investment Consulting*, vol. 5, no.2, November/December, 2002. 尽管其星级评定只能大体预测未来的结果，但对个人投资者而言，晨星公司是惟一最佳的基金信息来源。

来越缺乏活力并逐步萎缩，各种封闭式股票基金的折价交易并不常见了。[11]

但是，有几百家封闭式债券基金可供人们在市政债券领域做出众多的选择。当这些基金进行折价交易时，其收益率会增加，因此而变得有吸引力，只要其年费不超出上面所列出的限额。[12]

新出现的场内交易指数基金也值得探讨。有时候，投资者只能通过这些低成本的"场内交易基金"（ETF）进入比较狭小的市场，比如比利时的公司股票，或者是半导体行业的股票。其他一些场内交易指数基金能够提供更广阔的市场范围。然而，它们一般不适合于想定期注入资金的投资者，因为大多数经纪人会对每一笔新增投资单独收取佣金。[13]

懂得何时平仓

当你拥有一只基金时，如何判断合适的出售时机？传统的忠告是，如果基金的业绩在1年内（连续2年内，或连续3年内）低于市场（或同类资产组合）的业绩，那么就应该将其出售。但是，这项忠告是不明智的。从1970年诞生到1999年的29年中，Sequoia基金有12年（41%以上的时间）的业绩低于标准普尔500指数。然而，这一时期，Sequoia的收益率高达125倍，而同期标准普尔指数的收益率只有49倍。[14]

大多数基金业绩的下滑，仅仅是由于它们所偏爱的股票暂时不受欢迎了。如果你雇用某位经理以特定方式进行投资，那么为什么要因为他按承诺行事而将其解雇呢？在某一投资方式失宠时将股份卖掉，这种行为不仅锁定了自己的

---

11 与共同基金不同，封闭式基金并不直接向想购买其股份的人发售新的股份。相反，投资者不能从基金本身购买到股份，而只能从愿意出售这种股份的另一位股东那里购买。因此，股份的价格会随供求的变化而高于或低于其净资产价值。

12 关于更多的信息，请参见：www.morningstar.com 和 www.etfconnect.com。

13 与指数共同基金不同，场内交易指数基金的买卖要缴纳统一的股票佣金。这些佣金经常会根据新的购买额或股息再投资额来确定。这方面的详情请参见：www.ishares.com、www.streettracs.com、www.amex.com 以及 www.indexfunds.com。

14 参见Sequoia公司1999年6月30日的股东报告（www.sequoiafund.com/Reports/Quarterly/SemiAnn99.htm.）。从1982年开始，该公司就不接纳新的投资者了——这有助于强化其优异的业绩。

我们为何喜爱自己的灵应牌

相信（或者只是希望）我们能够挑选出未来最好的基金，这使我们感到很满足。它使我们满意地看到，我们掌管着自己的投资命运。这种"在此由我掌控"的感觉，是人类生活状况的一部分：这就是心理学家所称的过度自信。下面的几个例子正好能说明这一点：

- 1999年，《货币》杂志调查了500多个人，问及他们的资产组合是否超过了市场平均业绩。其中四分之一的人表示了肯定。可是，当要求他们说出具体的回报率时，这些投资者中有80%的所得低于市场平均水平。（4%的人不知道自己的资产组合上升了多少，但是却能肯定他们的业绩无论如何也超过了市场平均水平！）
- 瑞典的一个学生问经历过严重交通事故的司机，要他们评价自己的驾驶技术如何。这些人（包括警察认为他们负有事故责任的人，以及一些在事故中严重受伤并躺在医院的病床上接受调查的人）都坚持认为他们的驾驶水平要优于普通的司机。
- 2000年年底，《时代》周刊和CNN进行了一项调查，向1 000多名选民询问他们是否认为自己的收入位于1%最富有者的范围之内。有19%的人认为，自己属于1%最富有的美国人。
- 1997年年底，针对750名投资者的一项调查表明，74%的人认为自己所持有的共同基金，将"每年都要超过标准普尔500指数的业绩"——尽管从长远看，大多数基金都没有超过标准普尔500指数，而且许多基金没有在任何一年超过标准普尔500指数。[1]

当这种乐观主义成为健全心理的正常表现时，它并不能带来良好的投资策略。当某种东西实际上可以被预测时，相信自己能做出预测的判断才是理智的观点。如果脱离实际，那么你盲目自尊的行为，最终将以自我失败而告终。

---

1 参见：Jason Zweig, "Did You Beat the Market?" *Money*, January, 2000, pp.55-58; Time/CNN poll # 15, October 25-26, 2000, question 29。

亏损，而且也使自己丧失了几乎必然会发生的反弹机会。一项研究表明，从1998年到2001年，仅仅是由于高买低卖，共同基金投资者的业绩每年就要降低4.7个百分点。[15]

那么，什么时候出售呢？在此，有几个确定的信号：

- **交易策略突然发生急剧改变**，比如1999年"价值"基金大量购买技术股，以及2002年"成长型"基金大量买入保险股。
- **费用上升**，这说明基金经理正在肥自己的腰包。
- 过度交易导致**经常出现大量税单**。
- **突然产生异常回报**，比如当以前的稳健基金遭受巨大亏损时（或者甚至出现惊人的回报时）。

正如投资顾问查尔斯·埃利斯所说的："如果你不准备呆在婚姻里，就不应该去结婚。"[16] 基金投资也是一样的。如果你不准备经受基金所带来的至少3年的亏损，你首先就不应该去购买基金。耐心是基金投资者惟一重要的伙伴。

---

15 参见：Jason Zweig, "What Fund Investors Really Need to Know," *Money*, June, 2002, pp. 110-115。

16 对埃利斯的采访——参见：Jason Zweig, "Wall Street's Wisest Man," *Money*, June, 2001, pp. 49-52。

第 10 章

投资者与投资顾问

证券投资是一种独特的业务，因为它几乎总是在某种程度上依赖于他人的建议。大部分投资者都是业余的，自然他们就会认为，在证券选择上，可以通过专业指导来获利。然而，就投资咨询这一概念而言，它存在着许多内在的特性。

如果人们投资的理由是想赚钱，那么在谋求咨询时，他们是想让别人告诉自己如何去赚钱。这种想法含有一些天真的成分。在自己业务的各个方面，商人都会寻求专业建议，但他们并不指望有人告诉他们如何去获利。如何赚钱属于他们自己的职责范围。当那些非商业人士想依赖他人来获取投资收益时，他们是在期待一种一般商业活动中并不存在的结果。

如果我们认为，证券投资所获得的是正常的或程式的收入结果，那么，投资顾问的角色就更容易得到确定。他将利用自己通过训练所获得的高超技能和经验来防止客户出现失误，并确保他们获得应有的投资收入。只有当投资者要求获得高于平均水平的投资回报，或者是要求其投资顾问帮助自己做得比别人更好时，才会带来如下问题：所要求的或所承诺的是否过头了？

投资建议可以从多种渠道获得。它们包括：(1) 拥有证券方面知识的亲属或朋友；(2) 当地的（商业）银行家；(3) 经纪公司或投资银行；(4) 金融服务机构或金融期刊；(5) 投资顾问。*这一系列繁杂的来源表明，在投资者的心

---

* 如今，投资建议的来源与格雷厄姆写作本书时一样的"繁杂"。2002 年年底，应证券行业协会（华尔街的一个交易群体）的要求进行的投资调查表明，17% 的投资者极力依赖于配偶或朋友的投资建议；2% 依赖于银行家；16% 依赖于经纪商；10% 依赖于金融期刊；24% 依赖于金融规划师。如今与格雷厄姆时代的惟一区别在于，有 8% 的投资者极力依赖于互联网，有 3% 的投资者依赖于电视金融节目。（参见：www.sia.com。）

目中，目前还没有一个逻辑化的或系统化的方法。

上面所提到的正常或程式结果的标准，涉及某些常识性的考虑。我们的基本理论是这样的：如果投资者在运用资金方面主要依赖于他人的建议，那么，他必须将自己与投资顾问严格限制于程式、保守甚至有些枯燥的投资方式，或者是必须对指导其投资渠道的人非常熟悉和信任。可是，如果投资者与投资顾问之间属于通常的业务或职业关系，那么投资者接纳非程式建议的条件是：他本人的知识和经历得到了增长，因此有能力对他人的建议做出独立的判断。这样，他就从防御型的或非积极的投资者，转变成了积极型的投资者。

投资顾问与银行的信托服务

真正的专业投资顾问（收取较高年费的著名投资咨询公司），在其承诺和建议方面都是相当保守的。大多数情况下，它们会把客户的资金投入到程式的利息和股息支付证券中去，而且，它们主要依赖于正常的投资经历来获取总体回报。一般情况下，人们并不知道，投资顾问在大公司的证券和政府债券（包括州和市政债券）以外的投资，是否曾经超过了总投资的10%。同时，投资顾问也并不极力去获取整体市场波动的好处。

主要的投资顾问公司并不声称自己比别人英明，它们引以为豪的地方在于细心、稳健和称职。它们的主要目标是，在较长时间内保留住主要的价值，并获得较为稳健的收入增长率。除此之外的其他任何成就（它们的确也在尽力达到更好的目标），都被其视为额外的服务。或许，它们对客户的主要作用在于防止客户出现惨痛的失误，它们提供的是防御型投资者有权从服务于公众的咨询师那儿获取的东西。

我们所介绍的关于著名投资咨询公司的情况，一般也适用于大银行的信托和咨询业务。*

---

* 投资咨询公司和信托银行的性质并没有发生改变，但是，如今它们一般不向金融资产额低于100万美元的投资者提供服务。有些情况下，投资者要有500万美元或更多的资产。如今，上千家独立的金融规划公司从事着十分相似的业务——尽管（正如分析师 Robert Veres 所说的）在投资选择方面，共同基金已经取代蓝筹股；而在安全准则方面，资产分散化已经取代了"优质股"。

金融服务公司

所谓的金融服务公司，是指向客户发放统一的宣传册（有时是以电报形式）的机构。所宣传的内容包括：企业业务状况及前景，证券市场的行为及前景，以及与个体发行相关的信息及建议。这些机构通常设有"咨询部"，回答与客户个人相关的问题。金融服务机构的平均成本要大大低于投资顾问向客户个人收取的费用。有些机构（较著名的包括 Babson's 和标准普尔）分别单独设有金融服务和投资咨询两种层次的业务。（其他一些机构，比如 Scudder, Stevens & Clark 公司，有时会单独经营投资咨询和一项甚至多项投资基金业务。）

从总体上看，金融服务机构直接面向的是与投资咨询公司不同的公众群体。后者的客户群一般不愿意花费心思去做出决策。金融服务公司是向那些掌管自己的财务事项或向他人提供建议的人提供信息和指导，其中许多金融服务公司完全（或几乎完全）是通过各种"技术"方法对市场运行做出预测。对于那些工作方式与本书所定义的"投资者"无关的人，在此不再加以考虑。

另一方面，一些最著名的投资服务公司（比如穆迪投资服务公司和标准普尔公司）相当于一些统计机构：它们汇编的大量统计数据，为所有重要的证券分析提供了基础。这种服务面向各种客户群，从最保守的投资者到最大胆的投机者。因此，它们的观点和建议很难坚守一个明确的或根本性的理念。

穆迪以及其他一些历史悠久的金融服务公司，显然要向种类繁多的投资者提供一些有价值的信息。提供哪些有价值的信息呢？一般情况下，它们面对的是市场上普通的投资者和投机者感兴趣的问题，而且它们在这些问题上的看法往往具有某种权威性，或者至少比那些未获得帮助的客户的看法更为可靠。

多年以来，金融服务公司一直在进行股市的预测，但没有任何人将这种活动当真。与该领域的其他人一样，它们的预测有时是正确的，有时是错误的。它们会尽可能地表达两方面的观点，以避免自己被证明是完全错误的。（能熟练地使用模棱两可技巧——无论未来结果怎样，这种技巧都能成功地加以应对。）在我们看来（或许是一种偏见），它们从事的这部分工作，除了揭露证券市场上的人性之外，并没有什么实际意义。对普通股感兴趣的人，几乎都想从别人那里获得对市场走势的看法。既然已经有了需求，必然会产生供给。

当然，它们对企业经营状况的理解和预测更具有权威性和启发性。在大量的经济信息中，有一部分重要信息一直在证券的买方和卖方之中传播，在大多数情况下，这有助于公平合理的股票价格和债券价格的形成。毫无疑问，金融服务公司所公布的材料，丰富了可获得的信息储备，强化了客户的投资判断。

我们很难对其单个证券投资建议加以评判。每一项服务都必须分别判断，而且只有经过多年细致和全面的研究之后，才能得出合理的结论。通过自身的经历，我们发现普遍存在着某一种态度，我们认为，这种态度会对原本可以更有用的咨询工作造成损害。这就是它们普遍持有的观点：如果认为企业近期的业务活动处于有利条件，就应该购买该企业的股票；如果认为不利，就应该出售该企业的股票，无论当期的股票价格如何。这种肤浅的原则，经常会妨碍专业人士提供有意义的分析业务，即根据当期价格和所反映的未来长期盈利能力，来判断某种股票是否被高估或被低估了。

聪明的投资者不会完全依赖金融服务公司提供的建议来从事买卖交易。一旦确立了这种观点，那么金融服务公司的作用就是提供信息和建议。

经纪公司的建议

对于持有证券的公众而言，最多的信息和建议或许是来自于股票经纪商。经纪商是纽约股票交易所和其他交易所的会员，它们通过执行买卖指令来获取统一的佣金。实际上，所有与公众打交道的经纪公司都设有一个"统计"或分析部门，以接受咨询和提供建议。大量的分析报告（其中有一些非常详细和昂贵）会免费提供给公司的客户，其更吸引人的称呼是委托人。

"客户"和"委托人"这两个称呼中哪一个更为恰当，这似乎是一个无关紧要的问题，但却有着很大的利害关系。企业有自己的客户；专业从业人员或机构有自己的委托人。在所有的商业活动中，华尔街的经纪业或许具有最高的道德标准，然而，人们感觉该行业仍然行进在指向这一标准和真正的专业水准的途中。*

以往，华尔街的兴旺主要来自于投机，而股市投机者整体上几乎都要亏钱。因此，从逻辑上看，经纪公司不可能完全以专业为基础来开展经营。否则，它们的努力将导致业务的下降，而不是增加。

一些经纪公司在这方面的最大努力（预计这种努力还会增加）是，尽量不引诱或鼓励人们去投机。此类公司将自己的业务范围局限于：执行指令，提供财务信息和财务分析，评论各种证券投资的优缺点等。因此，至少从理论上讲，它们已经不再对投机客户的损益状况负有全部责任了。+

可是，大多数证券公司仍然坚持传统的观念：它们的业务就是获取佣金，取得业务成功的办法就是提供客户所需要的服务。由于最盈利的客户需要投机性的建议和意见，因此一般情况下，公司的思维和业务活动都紧密追随日常市场的交易。所以，证券公司极力想帮助客户赚钱，而根据数学定律，客户在这一领域最终几乎必然是要赔钱的。++ 我们这么说的意思是，从长远看，大多数经纪公司客户的投机性业务都是不可能赚钱的。但是，如果他们的业务类似于真正的投资，那么其投资回报可能会超出投机性亏损。

投资者可以通过证券公司的两类雇员来获取建议与信息。现在这两类人的正式称呼为"客户经纪人"（或"账户管理者"）和金融分析师。

客户经纪人也被称做"注册代表"。以前，他们的地位更低一些，被人们称做"为客户服务的人"。如今大多数情况下，他们都是品德优良、掌握了大量证券知识并严格按照原则办事的人。然而，由于其业务是为了获取佣金，因此

---

* 总的来讲，作为一位观察者，格雷厄姆对在华尔街看到的东西都抱有最严厉的批评和嘲讽态度。然而，罕见的是，此处的论述显得他的态度似乎不够嘲讽。华尔街可能比某些行业（走私、色情、国会游说和传媒等）具有更高的道德标准，但投资领域也一直充斥着谎言、欺诈和盗窃等无数罪恶的勾当。

+ 20世纪90年代末，成千上万的股民认为，华尔街分析师提供的是中立的、有价值的建议。他们以惨痛的方式，理解了格雷厄姆在这一点上的正确性。

++ 有趣的是，那个时代格雷厄姆针对综合服务经纪商的这种尖锐批评，在20世纪90年代末最终又用到了互联网贴现经纪商的身上。这些经纪公司花费上百万美元的资金做窗口弹跳广告，以刺激其客户更多、更快地进行交易。大多数客户最终都停止了花钱向他人购买服务的做法，能够感到一点安慰的是，这种交易的佣金较便宜。与此同时，更多的传统经纪公司开始强调金融规划和"总体资产管理"，而不是仅仅凭所获佣金的数量来确定经纪人的报酬。

他们几乎无法避免投机性思维。所以,不想受到投机性思维影响的证券购买者,在与自己的经纪人打交道时,一般都要做到细心和态度明确;必须清楚地(以言语和行动)告诉对方,自己对任何类似于股市"秘密消息"的事情都不感兴趣。一旦客户经纪人完全明白手中的客户是一个真正的投资者,那么他将会尊重客户的意见并与其合作。

金融分析师以前主要被称为证券分析师。这一职位与作者本人密切相关——本人从事这一职位长达50多年,并且培养了无数的从业者。在这一阶段,我们只涉及经纪公司所雇用的金融分析师。证券分析师的作用从其称呼中就可以清楚地反映出来。他要仔细研究各种证券,细致地比较同一领域所发行的各种证券,并且要针对所有各种股票和债券的安全性、吸引力或内在价值发表专家观点。

让外人感到奇怪的是,对证券分析师没有什么正式的要求。但与此相反,客户经纪人必须通过考试,满足所要求的品行检查,并完全获得纽约股票交易所的认可和注册登记。实际上,几乎所有年轻的分析师都在商学院经历过各种培训,而年长的分析师在长期的经历中所学到的知识也不少。绝大多数情况下,雇用分析师的经纪公司可以确保其分析师达到要求和具备相应的能力。*

经纪公司的客户可以直接与证券分析师打交道,或者通过客户经纪人与其间接联系。无论哪种情况,委托人都可以从分析师那里获得大量的信息和建议。在此,我们要表达一个强有力的结论:证券分析师对投资者的价值,主要取决于投资者自身的态度。如果投资者向分析师提出正确的问题,他就有可能得到正确的(至少是具有一定价值的)答案。我们确信,经纪公司雇用的分析师,会受到"他们还应该是市场分析师"这种情绪的极大影响。当有人问他们,

---

* 这一点至今仍然如此,尽管华尔街许多最优秀的分析师都拥有特许金融分析师(CFA)的称谓。CFA证书由投资管理和研究协会(以前的金融分析师联合会)颁发。只有经过多年严格的学习,并通过了一系列高难度考试的人,才有资格获得该证书。全球有50 000多名分析师拥有CFA证书。遗憾的是,斯坦利·布洛克教授最近的调查表明,大多数CFA都忽视了格雷厄姆的教诲:在决定市盈率方面,增长潜力比利润、风险和股利政策等更为重要,但有太多的分析师却以近期的股价,而不是以公司的长远前景作为购买股票的基础。请参见:Stanley Block, "A Study of Financial Analysts: Practice and Theory," *Financial Analysts Journal*, July/August, 1999, at www.aimrpubs.org。正如格雷厄姆常说的,与金融学领域其他的著作相比,他自己的著作被人们阅读得更多,也遗忘得更多。

某种股票是否"稳妥"时,这一问题的含义经常是:"这种股票在随后的几个月内有没有可能上涨?"结果,许多分析师在进行分析时都要被迫关注于股票价格——这种态度并不利于健全的思维或得出有价值的结论。*

本书的下一节将涉及证券分析的一些概念,以及可能取得的成果。对于真正的投资者(他想稳固地得到其投资的全部价值,而且价值的增加可能并不太多)而言,在证券公司工作的大多数分析师都有很重要的作用。就客户经纪人而言,首先需要做的是,让分析师清楚地理解投资者的态度和目标。一旦分析师确信自己是在与一个具有价值意识而不是价格意识的人打交道时,他的建议很有可能被证明真正具有总体上的好处。

面向金融分析师的 CFA 证书

1963 年年底,在赋予金融分析师职业地位和责任方面,迈出了重要的一步。特许金融分析师(CFA)的正式称谓,可以授予当时一些老资历的从业者——他们要通过规定的考试,并且满足其他一些合格标准。[1] 考试科目包括证券分析和资产组合管理。显然,这样做的目的,是为了采用与注册会计师(CPA)这一历史悠久的称谓相类似的做法。这种新的认可和控制方法,有助于提高金融分析师的水准,并最终使其工作以真正的职业为基础。+

与经纪公司的交易

当撰写这个修订版时,最令人不安的是,纽约股票交易所的相当一部分公

---

* 如今,普通百姓很难与证券分析师进行直接联系。大多数情况下,只有一些地位很高的机构投资者才能够接近华尔街的权威分析师。或许一些个人投资者有幸与纽约市之外"地区性"经纪公司的分析师进行接触。大多数上市公司网站上的投资关系部,都会提供跟踪其股价的分析师的名单。像 www.zacks.com 和 www.multex.com 这样的网站,能够提供分析师的研究报告。但是,聪明的投资者要记住:大多数分析师都不对企业进行分析,相反,他们是在猜测未来的股价。
+ 格雷厄姆是推动 CFA 计划的中坚力量,在他倡导这一计划将近 20 年之后,该计划才成为现实。

司陷入了金融困境（简单地讲，就是破产或濒临破产），其中至少包括两家大公司。* 这是半个多世纪以来首次发生的情况，而且其原因表现在多方面。几十年以来，纽约股票交易所对其会员的业务和财务状况进行了越来越严格的控制，其中包括最低资本要求，突击性审计等等。此外，证券交易委员会对交易所及其会员的控制长达 37 年之久。最后，股票经纪行业本身一直是在有利条件下开展经营，即：交易额激增，固定的最低佣金费率（大体上消除了竞争性收费），以及会员公司数量有限。

经纪公司（1969 年）金融危机的首要原因是交易量本身的增加。有人认为，这会加大其设施的压力，增加其管理费用，并且在财务结算方面导致许多麻烦。需要指出的是，这是有史以来第一次出现重要公司由于无法处理过多业务而破产的现象。1970 年，随着经纪公司倒闭的增多，人们把"交易量下降"的主要责任推给了经纪公司。这是一个令人奇怪的抱怨，因为人们还记得，1970 年纽约股票交易所的交易总量为 29.37 亿股，这是有史以来的最大交易量，而且是 1965 年之前任何一年的两倍多。在截至 1964 年的 15 年牛市期间，每年的平均交易量"只有" 7.12 亿股（相当于 1970 年的四分之一），但是，证券经纪行业却经历了有史以来最大的繁荣。如果如其所现，是会员公司总体管理费用和其他费用的增加，使得它们无法承担一年中部分业务的小幅下降，那么，这并不能很好地解释其业务上的判断力和财务上的稳健。

关于金融危机的第三种解释最终凸显出来了，而且我们认为这在三种解释中是最有说服力和最重要的。某些经纪公司的大部分资本，是由单个合伙人以普通股的形式持有的。其中的一些股份似乎具有很大的投机性，并且其价值存在泡沫。1969 年市场下跌时，此类证券的行市急剧下降，这样，公司的很大一部分资本就随之而消失了。[2] 实际上，合伙人是为赚取双倍利润在以资本进行投

---

* 格雷厄姆所意指的两家公司，大概是杜邦公司和 Goodbody & Co. 公司。杜邦（由杜邦化学公司财富的继承人设立）是在 1970 年，由得克萨斯的企业家 H. Ross Perot 向其提供 5 000 多万美元的贷款之后才免于破产的。Goodbody 为美国第五大经纪公司。如果不是被美林收购，它就在 1970 年年底破产了。Hayden，Stone & Co. 公司如果无人收购，也将破产。1970 年，至少有 7 家经纪公司破产。约翰·布鲁克斯（John Brooks）的著作《投机时代》（The Go-Go Years，1999 年，纽约 John Wiley & Sons 出版社出版）生动地讲述了 20 世纪 60 年代末，华尔街疯狂扩张的闹剧。

机，而这些资本原本是为了防止经纪行业通常的金融危机给客户造成损失。这种行为是不可原谅的，在此我们不做更多的评论。

在制定财务政策以及处理相关的细节时，投资者都必须利用自己的智慧，其中包括选择一位信誉卓著的经纪人来执行自己的指令。目前，我们只是告诫读者只与纽约股票交易所的会员打交道，除非他有充足的理由使用非会员公司。尽管不愿意，但是我们还是要在这方面提出一些其他建议。我们认为，没有保证金账户的人（在我们看来，这些都是非职业投资者），应该通过其银行进行证券的交割。向经纪人下达购买指令时，你可以指示他们将你购买的证券交付给你的付款银行；反过来，出售证券时你可以指示你的开户银行，在收到款项后将证券交付给经纪人。这种服务将会涉及一点额外的费用，但是从安全和放心的角度看，这种花费是值得的。在投资者确信所有与证券公司相关的问题被解决之前，这项建议是不应该被忽视的，而且必须遵守。*

投资银行

"投资银行"这一术语指的是，主要从事新的股票和债券的设计、承销和分销的公司。（承销指的是向发行公司或其他发行人保证，证券将完全被销售出去。）有几家经纪公司在从事一定数量的承销业务。一般情况下，这种业务仅限于参与投资银行牵头组成的承销集团。另外一种趋势是，经纪公司帮助发行小额证券进行融资业务，尤其是正当牛市时，发行少量普通股的业务。

投资银行业务或许是华尔街这一领域最受尊敬的一种业务，因为正是在这一方面，金融才发挥了为企业扩张提供新资本的重要作用。实际上，尽管经常出现过度投机，但保持股市活跃的理论依据就在于如下事实：有组织的证券交

---

* 现在，几乎所有的经纪交易都是通过电子手段来进行的，而且证券也无须进行实物"交割"。由于1970年设立了证券投资者保护公司（SIPC），因此，如果经纪公司破产，投资者一般也能够保证收回其账户上的全部投资。SIPC是政府要求设立的一个经纪人集团，所有的会员都同意缴纳部分资产，以弥补任何一家经纪公司破产而给客户带来的损失。由于有了SIPC的保护，使得现在的投资者不必像格雷厄姆所敦促的那样，以银行为中介进行支付和交割。

易所有利于新发行的债券和股票的销售。如果投资者或投机者不能看到一个供新发行证券进行交易的现成市场,他们是不会购买这些证券的。

投资银行家与投资者的关系,基本上等同于证券推销员与潜在购买者之间的关系。在过去的许多年里,绝大多数(按美元值衡量)新发行的证券,都是由银行和保险公司这样的金融机构来购买的。在这一行业,证券推销员一直在与精明并经验丰富的购买者打交道。因此,投资银行向客户所提出的任何建议,都必须面对细心和挑剔的目光。所以,这些交易几乎总是以商业化的条件来完成的。

可是,就个体证券购买者和投资银行之间的关系而言(包括股票经纪人充当承销者时),就会出现不同的情况。在此,购买者经常缺乏经验且不够精明。他很容易受到证券推销员的影响,尤其是在普通股方面,因为许多情况下,他潜意识的购买欲望主要是迅速获利。所有这些造成的结果是,公众投资者的保护并不在于其自身的判别能力,而在于发行公司的良心和道德。[3]

承销公司如果能将顾问和推销员这两种不同的角色很好地结合在一起的话,那么,这将是对其品德和能力的最好证明。然而,证券购买者不能轻易相信销售者的判断。1959年,在谈到这一点时,我们曾说过:"这种错误态度造成的不利结果,经常会在承销业务领域表现出来,并且在投机严重时期,对新的普通股发行造成明显的影响。"随后,这一告诫很快就被证明是非常必要的。正如已经讲过的,在1960~1961年和1968~1969年这两个时期,有数量空前的低质股按荒唐的高价卖给了公众,而且在许多情况下,盲目投机和一定程度的操纵行为又把价格推得更高。几家重要的华尔街公司,在一定程度上参与了这些不太光彩的行为。这就说明,人们所熟悉的贪婪、愚昧和不负责任等行为,并没有从金融舞台上消失。

聪明的投资者要关注投资银行,尤其是那些信誉卓越的投资银行提供的意见和建议。但是,他一定要对这些建议做出恰当独立的判断——自己进行判断(如果能力许可),或通过某种其他类别的投资顾问来进行判断。[*]

---

[*] 关注格雷厄姆建议的那些人,将不会受引诱而购买1999年和2000年发行的互联网IPO。

其他投资顾问

一个良好的旧习惯（尤其是对于小城镇上的人而言），就是向本地银行咨询相关投资。商业银行家不一定是证券价值方面最好的专家，但他却是一个有经验并稳重的人。他对于缺乏技巧的投资者尤其有用，因为这些投资者经常会偏离单纯和乏味的防御性投资策略，所以他们需要有一个谨慎的人来使其思维稳定。更加警觉和更为激进的投资者是在寻求证券选择方面的建议，因此，他们通常会发现商业银行家的观点不是特别适合于自己的目标。*

我们不太赞成向亲属或朋友寻求投资建议的普遍做法。咨询者总是认为，他有充足的理由假设被咨询的人具有更好的知识或经验。我们自己的观察表明，选择一个满意的普通顾问，与自己独立地选择恰当的证券几乎一样困难。人们会随意给出许多不良的建议。

小　结

准备花一笔费用来管理自己资金的投资者，需要在一些著名的和受欢迎的投资咨询公司中做出明智的选择。与此同时，他们还可以向大型信托公司的投资部门，或者是纽约股票交易所的少数大证券公司，寻求以收费为基础的咨询服务。所期望的结果并不是非常显著的，但这些结果会相当于一般的信息灵通和谨慎的投资者所得到的结果。

大多数证券购买者并没有通过支付特定的费用来获取投资建议。因此，按道理讲，大多数情况下，他们不能够也不应该预期获得优于平均水平的结果。他们应该对所有的人保持警觉，无论是客户经纪人，还是证券推销员（他们将承诺有惊人的收益或盈利）。这一点既适用于证券的选择，也适用于对捉摸不定的（或许是虚幻的）市场交易技巧的指导。

根据我们的定义，防御型投资者通常没有能力对其顾问提出的证券投资建

---

* 银行家的这种传统作用大多被会计师、律师和金融规划师取代了。

议做出独立的判断。但是，他们可以明确地（甚至是不断重复地）说出自己想购买哪几种证券。如果他们遵从我们提出的方法，他们将只会购买高等级的债券和著名公司的普通股——最好是购买那些从经验和分析来看，个体价格水平并不太高的证券。任何著名证券公司的证券分析师，都能够列举出一系列价格恰当的普通股，并且能够向投资者证明，从以往的经历来看，现在的价格水平是否相当稳妥。

积极的投资者通常都会与自己的顾问展开积极的合作。他将要求顾问详细地解释其建议，而且他将坚持表达自己对这些建议的判断。这意味着，投资者将根据自己在该领域知识和经验的积累，调整自己的预期和证券业务的特点。只有在非常罕见的情况下（此时，投资顾问的品德和能力被证明是完全可靠的），投资者才能够在投资决策没有得到理解和认可时，根据他人的建议来采取行动。

总是有一些不道德的股票推销员和不可靠的股票经纪人，而且，事实上，我们建议读者尽可能地只与纽约股票交易所的会员进行交易。然而，尽管不愿意，但我们还是不得不提出另外一个谨慎的建议：证券的交割要通过投资银行这一中介来完成。几年之后，华尔街证券经纪公司的惨状将会完全消失。但是，在1971年年底，我们仍然建议："最好注意安全，免得到时后悔。"

第10章 点评

> 我要感谢米利都的少妇,当她看见哲学家泰利斯不断地花时间思考苍穹,并且始终把眼睛朝上看时,就在他的脚下放了一点东西使其绊倒,以告诫他:他一直在思考天上的事情,现在应该是关注脚下的时候了。事实上,她给了人们一个很好的忠告:与其关注天空,倒不如关注自身。
>
> ——蒙田

你需要帮助吗

20世纪90年代末市场繁荣时期,许多投资者都选择了独自从事交易的做法。他们自己做研究,自己挑选投票,自己通过网络经纪人下达指令,因而这些投资者绕开了华尔街昂贵的研究、建议和交易等服务。遗憾的是,许多"自力更生者"声称,在大萧条以来最严重的熊市出现之前的独立自主行为,最终使他们明白,这种独自行事的做法是愚蠢的。当然,这一点并不一定正确,因为,将每一项决策都委托给传统的股票经纪人的那些人也赔了钱。

但是,许多投资者的确从优秀的金融顾问提供的经验、判断和补充观点中获得了帮助。有些投资者需要其他人来告诉自己应该获取多高的投资回报,或者需要有多少额外的储蓄才能实现自己的财务目标。另一些投资者能获得的好处只不过是,当投资失败时可以去责怪他人。这样的话,你就不必在自我怀疑中折磨自己了,而是去批评某个人(这个人通常能为自己辩护,同时又能给你鼓励)。这能提高你的心理承受力,从而当其他投资者退缩时,你还能不断地投资。

总而言之，由于你无论如何也无法管理自己的资产组合，因此寻求专业人士的帮助并没有什么使人感到羞耻的。[1]

如何知道自己是否需要帮助呢？这里有一些线索：

巨大的亏损。从 2000 年年初到 2002 年年底，如果你的资产组合损失了 40% 的价值，那么你的业绩比令人失望的股市的业绩更糟。无论你的失败是由于懒惰、粗心，还是运气不好造成的，当出现此类巨额亏损之后，就说明你的资产组合急需得到帮助。

失败的预算。如果你长年累月苦苦寻求收支相抵，不知道自己的钱流向了哪里；发现自己无法定期储蓄，经常不能按时支付各种账单，那么，这就说明你的财务失控了。一位顾问可以帮助你掌管好自己的钱财——通过设计全面的财务计划来安排你如何花费，如何借款，如何储蓄以及如何投资（花费多少，借多少款，储蓄多少，投资多少）。

混乱的资产组合。有太多的投资者认为，20 世纪 90 年代末期，他们已经做到了资产分散化，因为他们拥有 39 种"不同的"互联网股票，或者是拥有 7 种"不同的"美国成长股基金。但这就好比下列想法一样：一个全高音乐团，比一个高音独奏者演奏《老人河》的效果更好。如果乐团中不加上一些低音乐器，无论你增加多少高音乐器，都无法使得低音效果表现出来。同样，如果你所持有的资产总体上升或下降，那么你就无法得到真正的资产分散化所带来的投资和谐的好处。此时，一个专业的"资产分配"计划能给你提供帮助。

重大的变化。如果你成为了一名个体经营者，且需要设计一个退休计划，你日益年迈的父母不会理财，或者你孩子的大学费用似乎无力承担，那么，一位顾问不仅可以使你安心，而且可以帮助你真正改善自己的生活质量。此外，一位合格的专业人士，还可以保证你利用好并遵守好令人眼花缭乱的税法和退休规则。

---

[1] 对这一问题的深入探讨，请参见：Walter Updegrave, "Advice on Advice," *Money*, January, 2003, pp. 53-55。

信任，并加以确认

请记住，金融骗子的盛行在于通过劝说让你相信他们，并通过劝说让你不去调查他们。在把你的财务前景交给某一位顾问之前，一定要查明，他不仅使你放心，而且还具有无可挑剔的诚实品格。正如罗纳德·里根曾经说过的："信任，并加以确认。"首先，考虑你最了解和最信任的几个人。然后，问他们能否向你推荐一位他们最信任，并且是他们认为最有价值的顾问。你所仰慕的人的信任感，是一个好的开端。[2]

一旦你知晓了顾问的姓名、所在公司的名称，以及他的专长（他是股票经纪人，金融规划师，会计师，还是保险经纪人？），你就可以开始做你应该做的事情了。在谷歌这样的互联网搜索引擎中，输入顾问的名字及所属公司的名称，看显示出什么样的内容（请注意"罚款""投诉""法律诉讼""惩罚"或"停职"等词语）。如果该顾问是股票经纪人或保险经纪人，请联系自己所在州的证券管理办公室（在 www.nasaa.org 这个网站上有一个现成的链接），询问有没有针对该顾问的惩罚或客户投诉。[3] 如果你正在考虑的是一位可以充当金融顾问的会计师，那么，自己所在州的会计监管机构（你可以通过州会计委员会全国联合会的网站 www.nasba.org 找到该机构）将告诉你，此人的记录是否清白。

金融规划师（及其公司）必须在美国证券交易委员会或业务所在州的监管部门登记注册。作为注册的一部分，金融顾问必须提交一份包含两项内容的 ADV 表。你应该能够在 www.advisorinfo.sec.gov 和 www.iard.com 等网站，或者是你所在州的证券监管部门的网站查看和下载这些表格。请重点关注信息披露报告，在此，金融顾问必须透露监管当局所进行的任何处罚。（由于不道德的顾问在把 ADV 表交给潜在客户之前，就已经去掉了这些页面内容，因此，你自己应该独立地获得一份完整的表格。）一个好的做法是，通过网站（www.cfp-

---

2 如果不能从你信任的人那里得到一个推荐人选，那么你可以通过 www.napfa.org 或 www.feeonly.org 等网站，找到一个仅收取费用的金融规划师。该网站的会员一般都能够提供高水平的服务，并且拥有优良的品德。

3 客户投诉本身并不足以否决一名顾问，但持续不断的投诉却可以。州或联邦监管当局的惩罚通常说明你需要去找另外一位顾问。核查经纪商行为记录的另一个渠道是：http://pdpi.nasdr.com/PDPI。

board.org）来交叉核对金融规划师的记录，因为一些在本州之外受到过处罚的规划师可能会从监管记录中漏掉。关于应该注意的事项，请参见下面的内容。

了解情况

最近，一本主要的金融规划刊物对几十位金融顾问进行了调查，让他们谈一谈客户与顾问会面时应该怎么办。[4] 在挑选顾问时，你的目标应该是：

- 确定他是想帮助客户，还是只装装样子而已。
- 确定他是否理解本书中介绍的基本投资原则。
- 评估其受教育水平、培训及经验是否足够向你提供帮助。

下面是著名的金融规划师建议潜在客户向顾问提出的一些问题：

你为什么要从事这一行业？你们企业的目标是什么？除了闹钟之外，还有什么会使你早起？

你的投资理念是什么？你在使用股票还是共同基金？你使用技术分析吗？你使用择时交易吗？（对后两个问题中任何一个问题的"肯定"回答，都向你发出了应该"否定"的信号。）

你是专门做资产管理咨询，还是同时在做税收、不动产与退休计划、预算和债务管理以及保险等方面的咨询？你的教育、工作经历和各种证书，能够使你满足此类金融咨询的要求吗？[5]

你的客户通常都有哪些共同的需要？你如何帮助我达到目标？你如何跟踪及报告我的进展情况？你能提供一个清单，供我查看金融计划的实施情况吗？

你如何选择投资？你认为哪种投资方式最为成功，并且有哪些证据表明，

---

[4]《内部信息》(*Inside Information*) 刊物的编辑和出版商 Robert Veres 慷慨地让本书享用了那些调查信息。调查涉及的其他一些问题，可以通过 www.cfp-board.org 和 www.napfa.org 这两个网站看到。

[5] CFA、CFP 或 CPA 之类的证书，表明该顾问经过严格的课程训练并获得了通过。（金融规划师所吹嘘的其他大多数"缩略词"证书，其中包括"CFM"和"CFMC"等，都不能说明什么问题。）更重要的是，通过与颁发证书的机构联系，你可以核实其历史记录，并且确保他没有因为违规或道德问题而受到过处罚。

警告性词句

需要注意的事项并不能因为你有了顾问就不去管了。马里兰州的证券监管委员梅拉妮·森特·卢宾，提示人们注意一些有可能带来麻烦的词句。卢宾警告说，如果你的顾问不断地说出这些词句（或迫使你做一些感觉不太舒服的事），"那么，请非常迅速地与有关当局联系。"下面是一些应该引起警觉的行话：

"离岸的"　　　　　　　　　　　"独家的"
"终生难得的机会"　　　　　　　"应该关注业绩而不是费用。"
"极好的银行"　　　　　　　　　"难道你不想发财吗？"
"这个人要采取行动了。"　　　　"不可能亏损"
"有保证的"　　　　　　　　　　"上涨空间很大。"
"你需要赶快。"　　　　　　　　"不可能下降。"
"板上钉钉的事"　　　　　　　　"我妈妈都加入了。"
"我们自己的计算机模型"　　　　"请相信我。"
"聪明的人都正在购买。"　　　　"廉价的交易"
"期权策略"　　　　　　　　　　"月回报"
"根本不用考虑。"　　　　　　　"积极的资产分配策略"
"决不能错过机会。"　　　　　　"我们能限定下降的幅度。"
"我们能战胜市场。"　　　　　　"其他人都不知道这种做法。"
"如果你不……就将后悔。"

你为你的客户取得了这样的成功？当某一项投资在一年内的业绩都很差的时候，你将怎么办？（回答"出售"的顾问不值得雇用。）

当你提供投资建议时，会从第三方接受某种形式的报酬吗？为什么接受，或者为什么不接受？什么情况下会这样？你估计第一年我应该向你支付多少服务费？以后这笔费用将会因为哪些因素而上升或下降吗？（如果每年的费用会消耗你资产的 1%，那么，你或许应该去找别的投资顾问了。[6]）

你有多少客户？你与他们多久沟通一次？你为客户做的最值得骄傲的事是什么？你最喜欢的客户有哪些共同点？你与客户之间最不愉快的经历是什么，你是如何解决的？客户是与你还是你的助手沟通，这是由什么来决定的？你的客户一般会与你保持多久的业务联系？

我能看一下会计报表的样本吗？（如果你看不懂，就请顾问解释。如果你不能理解他的解释，那么就说明他不适合你去雇用。）

你认为自己在财务方面做得成功吗？原因是什么？你如何定义财务上的成功？

你认为我的投资的平均年回报率可以达到多少？（在 8%~10% 以上是不现实的。）

你能够向我提供你的简历、ADV 表以及至少三个证明人吗？（如果该顾问及其公司被要求出示 ADV 表而没有出示的话，就请你起身离开——临走时看好自己的钱包。）

曾经有人正式投诉过你吗？最近与你解约的客户是因为什么原因才这么做的？

战胜最大的敌人：自己

最后要记住的是，优秀的金融顾问并非唾手可得。时常，最优秀的顾问已经招满了客户，因此不愿意接纳你，除非你看上去能够与他进行很好的合作。因此，金融顾问也会问一些难以回答的问题，其中包括：

为什么你认为自己需要一名金融顾问？

你的长期目标是什么？

在与其他顾问（包括与你自己）打交道时，最失望的是什么？

---

6 如果你的投资额在 10 万美元以下，可能就无法找到为你开户的金融顾问。在这种情况下，你可以购买组合多样化的低成本指数基金，按照本书的行为忠告去做，这样，你的资产组合最终将增长到可雇用顾问时的水平。

你有预算方案吗？你能做到收支相抵吗？每年你要花费百分之几的资产？

从过去的一年来看，我需要为你获得多少收益，才能使你感到高兴？

你如何处理冲突或纠纷？

你怎样看待 2000 年开始的熊市？

你最担心的财务问题是什么？财务上你最大的希望是什么？

你认为你的投资合理回报率应该是多少？（参照第 3 章的内容去回答。）

如果投资顾问不问你这些问题，以及从直觉上看，他对你认为应该问的其他问题不太感兴趣，那他就不是一个理想的人选。

尤其重要的是，你要对自己的顾问有足够的信任，从而使其能够保护你免受最大的敌人（自己）所带来的风险。评论员尼克·默里说："你雇用投资顾问的目的不是为了管理钱，而是为了管理你自己。"

金融规划分析师 Robert Veres 说："如果投资顾问是你和你的不利冲动倾向之间的一条防线的话，那么他就应该有现成的系统规划，以帮助你们双方控制好自己。"这些系统规划包括：

- 制定一项**综合财务计划**，以便安排好你的收入、储蓄、支出、借款和投资等事项。
- 提供一份**投资策略报告**，以表明你的基本投资方法。
- 制定一项**资产分配计划**，以详细说明你在各种不同的投资类别中如何分配资金。

这些就是一个好的财务决策的基础，它们应该由你和顾问共同来决定，而不是由某人单方面来决定。只有当你满意地看到这些基础条件已经具备并且符合你的愿望时，你才能掏钱去投资或做出投资决策。

第 11 章

普通投资者证券分析的一般方法

现在,金融分析已经成为一个地位稳固的、繁荣的职业(或准职业)。全美金融分析师联合会中的各种分析师协会拥有 13 000 多名会员,其中大多数会员都在这一行业中凭自己的脑力劳动谋生。金融分析师有学习教材,有道德规范,而且还拥有一本季刊。*他们也面临一些有待解决的问题。近几年出现了一种趋势:以"金融分析"这个概念来代替通常人们所说的"证券分析"。金融分析的含义更广,因此更适合于用来描述华尔街大多数高级分析师的工作。我们可以这样来看:证券分析主要局限于对股票和债券的考察和评估,而金融分析除此之外,还包括投资政策的制定(证券组合选择),以及大量的一般经济分析。[1]在本章,我们将视情况来使用这些称呼,其中要重点强调证券分析师的工作。

证券分析师要关注某种证券过去、现在和未来的情况。他要介绍企业的业务,汇总其经营结果和财务状况,指出其优缺点以及可能面对的结果和风险,根据各种假设条件或"最好的猜测"来估算其未来的盈利能力。他要对各种公司以及同一公司的不同时期进行细致的比较。最后,他要表达自己的观点:对债券或投资级优先股而言,他要判断这些证券的安全性;对于普通股而言,他要判断购买这种股票的吸引力。

在从事所有这些业务时,证券分析师都要利用一些技巧,从基本技巧到最复杂的技巧。他有可能要大力调整公司年度报告中的数据,尽管这些数据得到

---

* 全美金融分析师联合会现在名为投资管理和研究协会。其"季度"研究报告《金融分析师杂志》(*Financial Analysts Journal*)现在每隔一个月出一期。

了注册会计师郑重其事的认可，他尤其要关注这些报告中有可能被极力夸大或过于轻描淡写的东西。

证券分析师会设计和使用一些安全标准。根据这些标准，我们可以判断某种债券或优先股是否足够稳健而值得投资购买。这些标准主要涉及过去的平均收益状况，同时也涉及资本结构、营运资本、资产价值和其他方面。

在面对普通股时，直到目前为止，证券分析师极少像使用债券和优先股的安全标准那样很好地使用价值标准。大多数情况下，分析师只是汇总以往的业绩，对未来做出大体的预测（尤其是对随后12个月的预测），并且得出一个相当随意的结论。过去以及现在，普通股分析师仍然会关注股票行情或市场走势图。然而，在过去几年内，一些从业分析师开始更加关注成长股的估价问题。许多成长股的售价，相对于过去和当前的盈利而言都显得非常高，因此，推荐这些股票的分析师感到很有必要为这种投资找到合理的理由——通过对较遥远未来的预期收益进行相当准确的预测。在进行估价时，必须使用某些相当复杂的数学方法。

稍后，我们将简要地介绍这些方法。可是，在此我们必须指出一个恼人的困惑：数学估价方法在那些人们认为它不太可靠的领域却非常流行。因为，对未来的预期越是依赖这种估价法（因此而对过去业绩数据的依赖越小），它就越有可能出现错误的计算和严重的误差。高市盈率成长股很大一部分的价值来自于对未来的预测，这种预测与过去的业绩有明显的不同——或许只有增长率本身是相同的。因此可以说，在面对不太容易准确判断的情况时，如今的证券分析师就不得不使用数学和"科学"的方法。*

---

* 你预测的增长率越高，预测的期限越远，那么你的预测对微小误差就越敏感。比如，如果你估计公司每股1美元的利润将在随后15年内按15%的年增长率增长，那么其利润最终将达到8.14美元。如果市场认为该公司的股价为其利润的35倍，那么这一时期股票的价格最终将达到大约285美元。可是，如果利润增长率为14%而不是15%，那么，期末公司的利润为7.14美元——这样，由于利润未达到预期，投资者将不愿意再支付相当于35倍利润的价格。比如，按20倍的利润来看，每股股价最终将在140美元左右，即比原来少了50%以上。由于高级数学方法会使得预测未来时固有的不确定过程看起来更准确，因此，投资者必须高度戒备那些声称用复杂计算方法来解决基本金融问题的人。正如格雷厄姆所说的："在华尔街44年的经历和研究中，除了简单的算术和最基本的代数之外，我从未看到过关于普通股价值或相关投资政策的可靠算法。一旦使用微积分或高等代数，你就把它看做是一种警示：操作者在试图以理论代替经验，而且通常也是在试图以投资为幌子而掩盖投机。"（参见后文）

尽管如此，我们要继续探讨证券分析中一些更为重要的因素和方法。目前，最值得关注的是非职业投资者的需要。至少他应该懂得证券分析师正在谈论什么，及其含义是什么。此外，他还应该尽可能地去区分表面分析与深入严谨的分析。

人们认为，就普通投资者而言，证券分析应该从理解公司的年度财务报告开始。在另一本名为《财务报表解读》的书中，我们向初学者介绍了这一内容。[2] 我们认为不必要或不便于在本章详细介绍相同的内容，尤其是考虑到本书的重点在于讲述原则和态度，而不在于介绍信息和知识。让我们转向有关投资选择的两个基本问题：公司债券或优先股主要的安全标准是什么？影响普通股估价的主要因素有哪些？

债券分析

证券分析方面，最可靠因而也最被人们看重的，是对债券和投资级优先股安全性或品质的关注。评价公司债券的主要标准是，以往某些年份的利润为利息总支出的多少倍。就优先股而言，评价标准是利润为债券利息和优先股股息的多少倍。

不同的专家所要求的确切标准是不同的。由于这些标准本质上具有随意性，因此无法确定最恰当的标准。在 1961 年出版的《证券分析》修订版中，我们推荐了部分"保障"标准——参见表 11-1。[*]

我们的基本标准只针对某几年的平均业绩。其他一些专家还要求每个相关年份有一个最低的保障。我们认为，"最差年份"标准可以代替 7 年平均标准，债券或优先股只要满足其中一个标准即可。

有人会反对下列观点：1961 年后债券利率的大幅上升，应该可以在某种程

---

[*] 1972 年，公司债券的投资者只能自己去构建证券组合。如今，大约有 500 家共同基金投资于公司债券，从而使得人们能够方便地进行证券组合的分散化。由于资产少于 10 万美元的投资者不可能自己建立起分散化的债券组合，因此一般情况下，聪明的投资者最好采用下列做法：直接购买低成本的债券基金，从而把信用研究的劳苦留给基金经理。关于债券基金更多的内容，请参见第 4 章点评。

表 11-1　针对债券和优先股所建议的最低"保障倍数"

A. 投资级债券

利润与总固定费用的最低比率：

	税　前		税　后	
企业类别	过去7年平均数	或者按"最差年份"衡量	过去7年平均数	或者按"最差年份"衡量
经营公用事业的公司	4 倍	3 倍	2.65 倍	2.10 倍
铁路	5	4	3.20	2.65
工业	7	5	4.30	3.20
零售企业	5	4	3.20	2.65

B. 投资级优先股

税前利润与固定费用和两倍优先股股息之和的比值，同样要达到上述标准。

说明：之所以要包含两倍的优先股股息，是因为优先股股息不可以用于扣税，而利息支出却是可以扣税的。

C. 其他类别的债券和优先股

上述标准不适用于：(1) 公用事业控股公司；(2) 金融类企业；(3) 房地产公司。在此省略了对这些特殊群体的比率要求。

度上使人们降低对利息保障倍数的要求。显然，与4.5%的利率相比，在8%的利率下，工业企业要达到7倍的利息保障倍数会更加困难。为了应对这种变化，现在我们建议使用另外一个要求：所获利润占债券本金的百分比。这方面的税前比率可能为：工业企业33%，公用事业20%，铁路25%。在此应该记住的是：许多公司全部债务实际支付的利率，要大大低于目前的8%，原因在于，它们以前发行的债券的息票率要更低一些。对"最差年份"的要求，可以确定在7年要求的大约三分之二的水平上。

　　除了利润保障标准之外，一般还可以使用其他一些标准。下面列出了这些标准：

1. 企业的规模。在公司的业务规模以及城市的人口方面，有一个最低的标准（工业企业、公用事业和铁路的标准各不相同）。

2. 股票与权益比。这就是次级股*的市值与债务（或债务加优先股）的总面值之间的比率。它大致反映了次级投资所提供的保护或"缓冲"，因为次级投资要首先面对不利情况的影响。这种因素包括了市场对企业未来前景的评价。
3. 财产价值。资产价值（资产负债表中所反映的价值，或者是资产的评估价值）被人们正式看做债券发行的首要保障和保护。经验证明，多数情况下的安全性取决于企业的盈利能力，而且，如果这方面欠缺的话，那么资产的大部分推定价值就会丧失。然而，就公用事业（因为利率主要取决于财产投资）、房地产企业和投资公司这三类企业群体而言，资产价值是许多债券和优先股的一个很重要的独立标准。

此时，警觉的投资者可能会问："由于本息的偿还取决于未来的结果，那么根据以往及目前的业绩确定的安全标准能有多大的可靠性？"该答案只能从经验中去寻找。投资领域的历史表明，在绝大多数情况下，如果债券和优先股能够满足按以往业绩所确定的严格的安全性标准，那么它们就能够成功地应对未来的形势变迁。这一点在主要的铁路债券领域得到了很好的证明——这一领域尤其容易遭遇破产灾难以及巨额亏损。几乎在铁路陷入危机的每一个案例中，都涉及长久的债务过重的问题。这表明，通常繁荣时期的固定费用保障不够，因此使用严格安全性标准的投资者会将其排除在外。与此同时，每一个满足标准的铁路公司实际上都走出了财务困境。20世纪四五十年代，众多重组铁路公司的财务历史明确地验证了我们的前提条件。所有这些公司开始经营时的固定费用，都降到了目前人们普遍重视的固定利息保障要求的水平（有一个例外）。惟一例外的是纽黑文铁路公司，它在1947年重组时的费用保障大约只有1.1倍。结果，当所有其他的铁路公司都能够在保持清偿力的情况下度过严重困难的时候，纽黑文铁路公司却在1961年（第三次）陷入了破产接管。

在后面的第17章中，我们将分析宾州中央铁路公司破产时的一些特点——1970年的这次事件震惊了整个金融界。这个案例中的一个基本事实是，早在1965年，该公司的固定费用保障就已经达不到稳妥的标准了，因此，谨慎的债

---

* 格雷厄姆所称的"次级股"就是指普通股。优先股被人们看做是"先于"普通股的，原因在于，公司支付普通股股息之前，必须支付所有的优先股股息。

券投资者早就该在该铁路系统的财务危机发生之前避开或抛售其债券。

根据过去记录的好坏来判断未来安全性的观点，更加适用于公用事业组织，这一行业是债券投资的主要领域。资本稳健的公用事业企业（电力企业）或公用事业系统，几乎不可能陷入破产接管。由于证券交易委员会实行了控制措施，*再加上大多数控股公司系统的拆分，从而使得公用事业单位的融资一直是稳健的，因此未发生过破产。20世纪30年代电力和燃气行业的财务困境，几乎全都与融资过多和管理失误有关，这可以从公司的资本结构中清楚地看到。因此，一些简单而严格的安全性标准，在公司违约之前，就会警告投资者远离这些公司所发行的债券。

各种工业债券的长期记录各不相同。尽管整体上，工业企业的利润增长要好于铁路或公用事业，但从一个一个的工业企业及其业务种类来看，其利润始终是不稳定的。因此，过去的经历至少有理由使我们相信下列做法：购买工业企业的债券和优先股时，应该局限于那些规模较大而且在过去有能力经受严重压力的企业。

1950年以后，工业债券很少出现违约，但是导致这一事实的部分原因在于，这么长的时期内没有出现重大萧条。1966年之后，许多工业企业的财务状况都受到了不利影响。盲目扩张给企业带来了巨大的困难。一方面涉及银行贷款和长期债务的大量增加，另一方面由于预期利润未能实现，而经常出现业务亏损。1971年年初的计算表明，在过去的7年中，所有非金融类企业的利息支出，从1963年的98亿美元，增加到了1970年的261亿美元，而且利息支出占企业税前总利润的比重，于1971年达到了29%，但1963年这一比重仅为16%。[3] 显然，许多企业负担增加的情况比这还要严重。企业债券发行过量，已经成为了一种普遍现象。因此，我们完全有理由重复本书1965年版中曾经告诫过的一句话：

> 我们并不认为，投资者可以永久性地依赖这种有利的环境；因此也不认为，投资者在挑选工业或其他企业的债券时，可以放宽自己的标准。

---

* 1923~1930年期间，投资者因购买匆忙组建的公用事业企业的股票而遭受了几十亿美元的损失，之后，国会授权证券交易委员会根据1935年的《公用事业控股公司法》，对公用事业股票的发行进行监管。

普通股分析

理想的普通股分析使人们能够对股票进行估价，并将估价与当期市价进行比较，以确定购买该股票是否具有吸引力。与此同时，这种估价一般是通过下列方法来完成的：首先估算出未来某几年的平均利润，然后再乘以一个恰当的"资本化因子"。

目前，估算未来盈利能力的标准化方法，是首先确定过去在产量、产品价格及营业毛利等方面的一些平均数。然后，以前一个时期产量和价格水平的变动为基础，预测出未来的销售额。同时，这些估算首先要依据的是对国民生产总值的预测，然后还要采用适用于相关产业和公司的特殊计算方法。

关于这种估价法的介绍，可以参见本书 1965 年的版本，而且后续内容对其进行了更新。价值线这家顶尖的投资服务公司依据上述方法对未来的利润和股息做出预测，并且大体上以过去的某种联系为基础，使用计算公式来推导出有关"价格潜力"（预计市场价值）的数据。在表 11-2 中，我们再次列出了 1964 年 6 月对 1967~1969 年这一时期的预测结果，并且对比列出了 1968 年（大约代表了 1967~1969 年的情况）实际达到的利润和市场平均价格。

事实证明，这几项预测有点偏低，但是问题不太严重。6 年以前相应的预测结果，被证明在利润和股息方面过于乐观，但是所使用的较小的乘数抵消了这种影响，因此，"价格潜力"的预测数据，与 1963 年实际的平均价格大体相同。

读者可能会说，许多个体预测都会大幅度偏离目标。这正好支持了我们通常的观点：综合的或群体的估算，可能比对个体企业的估算更为可靠。或许，理想的做法应该是，证券分析师挑选出自己最了解其未来前景的三四家企业，然后集中自己的精力预测客户感兴趣的内容。遗憾的是，人们几乎不可能事先区分哪些个体预测是可靠的，哪些很有可能出现误差。因此，这就是投资基金广泛从事多样化投资业务的原因。毫无疑问，更好的做法是集中投资于你知道将要获得很高利润的某一种股票，因为业务的分散化将使你的投资结果变得平庸。但是不能这样去做，因为这并不可靠。[4] 实际上，广泛分散业务的流行做法，

表 11-2 道琼斯工业平均数

（价值线公司在 1964 年中期对 1967~1969 年的预测结果，与 1968 年的实际结果进行对比）

	利润 预测结果（1967~1969 年）（$）	实际结果（1968 年[a]）（$）	价格（1964 年 6 月 30 日）	预测价格（1967~1969 年）	平均价格（1968 年[a]）
联合化学	3.70	1.46	54.5	67	36.5
美国铝业	3.85	4.75	71.5	85	79
American Can	3.50	4.25	47	57	48
美国电话电报	4.00	3.75	73.5	68	53
美国烟草	3.00	4.38	51.5	33	37
Anaconda	6.00	8.12	44.5	70	106
Bethlehem Steel	3.25	3.55	36.5	45	31
克莱斯勒	4.75	6.23	48.5	45	60
杜邦	8.50	7.82	253	240	163
柯达	5.00	9.32	133	100	320
通用电气	4.50	3.95	80	90	90.5
通用食品	4.70	4.16	88	71	84.5
通用汽车	6.25	6.02	88	78	81.5
固特异轮胎	3.25	4.12	43	43	54
国际收割机	5.75	5.38	82	63	69
Internat.Nickel	5.20	3.86	79	83	76
国际纸业	2.25	2.04	32	36	33
Johns Manville	4.00	4.78	57.5	54	71.5
Owens-Ill.Glass	5.25	6.20	99	100	125.5
宝洁	4.20	4.30	83	70	91
西尔斯罗巴克	4.70	5.46	118	78	122.5
加州标准石油	5.25	5.59	64.5	60	67
新泽西标准石油	6.00	5.94	87	73	76
Swift & Co.	3.85	3.41[b]	54	50	57
德士古	5.50	6.04	79.5	70	81
联合碳化	7.35	5.20	126.5	165	90
联合航空	4.00	7.65	49.5	50	106
美国钢铁	4.50	4.69	57.5	60	42
Westinghouse Elec.	3.25	3.49	30.5	50	69
Woolworth	2.25	2.29	29.5	32	29.5
合计	138.25	149.20	2 222	2 186	2 450
道指（总变化 2.67%）	52.00	56.00	832	820	918[c]
1968 年实际道指	57.89				906[c]
1967~1969 年实际道指	56.26				

a. 考虑到了 1964 年以后的股票分割。

b. 1967~1969 年的平均数。

c. 差异来自于除数的改变。

本身就否认了人们对"选择性做法"的追捧——华尔街经常会空谈这些东西。*

影响资本化率的因素

尽管未来的平均收益被看做是价值的主要决定因素，然而，分析师也会考虑其他一些具有一定意义的因素。大多数分析师都会关注资本化率，这一比率会因为股票"质量"的不同而存在很大差别。因此，尽管两家公司1973~1975年间的每股预期收益相同（比如为4美元），但分析师却会认为一家公司的股价为40，另一家的为100。现在让我们简要介绍一下导致这种差别的因素。

1. 总体的长期前景。谁都不能真正了解遥远的未来将会发生什么，但分析师和投资者在这方面却有着相同的强烈看法。1965年的版本中，我们谈到过这一点：

> 比如，1963年年底，道琼斯工业平均指数中的化学类企业的市盈率，要大大高于石油类企业。这说明人们强烈认为，前者的前景要好于后者。市场上表现出的这种差别通常是有道理的，但如果这种差别主要由以往的业绩来决定，那么也有可能是错误的。

在此，我们通过表11-3列出了道琼斯工业平均指数中，化学和石油类企业在1963年年底时的数据，并且给出了两类企业在1970年年底时的收益。从表

---

* 近几年，大多数共同基金几乎都在尽量模仿标准普尔500指数，以免其他证券持有方式使自己的回报偏离该指数。一些基金反其道而行之，它们设立了所谓的"集中化的"资产组合，这种组合中拥有基金经理认为"最理想"的25~50种股票。这使得一些投资者怀疑，这些经理所管理的其他基金是否包含了他们所认为的最差的股票。考虑到大多数"最理想"基金的业绩并没有明显超过平均水平，投资者同时也可以怀疑，基金经理的想法首先值不值得去考虑。对巴菲特这样不容置疑的技巧性投资者而言，广泛的分散化将是愚蠢的行为，因为这样会限制少数理想做法将要发挥的作用。但是，就普通的基金经理或投资者个人而言，不采用分散化将是愚蠢的行为，因为很难选择少数几种使多数人获胜的股票。随着你拥有的股票种类越多，某一种股票的亏损带来的影响就越小，因此，成为大赢家的几率将上升。对大多数投资者而言，理想的选择就是购买总体股票市场指数基金，这是持有每种值得购买的股票的一种廉价的方法。

表 11–3　道琼斯工业平均指数中化学和石油股的表现（1963 年和 1970 年）

	1963 年			1970 年		
	收盘价	每股收益	市盈率（倍）	收盘价	每股收益	市盈率（倍）
化学公司：						
联合化学	55	2.77	19.8	24.125	1.56	15.5
杜邦 [a]	77	6.55	23.5	133.5	6.76	19.8
联合碳化 [b]	60.25	2.66	22.7	40	2.60	15.4
			平均 25.3			
石油公司：						
加州标准石油	59.5	4.50	13.2	54.5	5.36	10.2
新泽西标准石油	76	4.74	16.0	73.5	5.90	12.4
德士古 [b]	35	2.15	16.3	35	3.02	11.6
			平均 15.3			

a. 1963 年的数据，考虑到了通用汽车股息的分配。
b. 1963 年的数据，考虑到了随后的股票分割。

中可以看到，尽管化学类企业的市盈率较高，但 1963 年后它们实际上没有盈利。石油类企业的情况要好得多，而且大体上实现了 1963 年的市盈率所预期的增长率。[5] 因此，我们给出的化学股这个例子，证明了市盈率有可能是错误的。[*]

2. 管理。在华尔街，人们经常会大量谈论这一话题，但实际上这并没有多大的作用。如果不能设计出方法从而对管理层的能力进行客观的、量化的和可靠的检验，那么，我们仍然只能模模糊糊地考察这一因素。的确，非常成功的企业通常都拥有一个好的管理层。这可以从以往的记录中看出来，而且还会在

---

[*] 格雷厄姆对 20 世纪 60 年代化学和石油企业的观点几乎可以在任何时候应用于任何行业。华尔街对某一行业未来的一致看法，通常要么过于乐观，要么过于悲观。更糟糕的是，正当股票被严重高估时，这种看法非常乐观；而一旦股票价格便宜，就会出现悲观情绪。技术和电信股显然是最新的一个例子：1999 年和 2000 年年初，当其未来被看好时它们的股价创下了多个新高，但是 2002 年则一路溃败。历史证明，华尔街的预测"专家"，既没有能力预测整个市场的表现，也没有能力预测某个行业和某种特定股票的表现。正如格雷厄姆所指出的，投资者个人也不太可能做得更好。聪明的投资者的优异表现来自于，他们不以任何人（包括本人）预测结果的准确性来做决定（参见第 8 章）。

对未来五年的预测中再次反映出来，也会在前面介绍过的总体长期前景展望因素中反映出来。把它作为另一个牛市的因素来单独考虑，通常很容易导致严重的价值高估。我们认为，情况只有在最近发生变化，而变化的影响还没有在实际数据中反映出来的时候，管理因素才是重要的。

在这方面，有两个与克莱斯勒汽车公司相关的突出例子。第一个例子发生在1921年。当时克莱斯勒接管了即将倒闭的Maxwell汽车厂，并且在几年时间内，使其成为一家利润丰厚的大企业，而其他众多的汽车企业则被迫停业了。第二个例子发生在1962年。当时克莱斯勒的资产价值大幅缩水，其股价也跌到了多年来的最低水平。随后，新的利益集团与联合煤炭企业一道接管了权力。公司的每股收益，从1961年的1.24美元，上升到了1963年的17美元，股价也从1962年38.5美元的最低价，上升到了第二年的近200美元。[6]

3. **财务实力和资本结构**。与每股收益相同但拥有大量银行贷款和优先证券的公司相比，只有普通股和大量盈余现金的公司的股票更值得持有（相同价格条件下）。证券分析师会对此类因素进行恰当和细致的分析。然而，适量的债券和优先股并不一定次于普通股，适量地使用季节性银行贷款也不一定次于普通股。（偶尔，头重脚轻的结构——普通股相对于债券和优先股很少——在有利情况下，会给普通股带来巨大的投机收益。这就是所谓的"杠杆"因素。）

4. **股息记录**。优质股最有说服力的一个标准，就是多年来连续的股息支付记录。我们认为，20年及以上的股息连续支付记录，是反映公司股票质量的一个非常重要的有利因素。事实上，防御型投资者可以只购买符合这一标准的股票。

5. **当期股息收益率**。最后这个因素是最难以满意把握的。幸运的是，大多数公司开始遵循所谓的标准股息政策。这里的意思是，公司会将其通常利润的三分之二用于派发股息——但是，在目前利润率较高且对资本的要求更多时，这一比值一般要低一些。（1969年道琼斯平均指数的股息派发率为59.5%，而所有美国企业的股息派发率为55%。）* 如果股息与利润之间有一个正常的关系，

---

* 这一数据——现在人们熟知的"股息支付率"，自从格雷厄姆时代起，人们就不再考虑它了，因为美国的税法既不鼓励投资者索取股息，也不鼓励企业派发股息。2002年年底，标准普尔500指数的支付率为34.1%，而2000年4月，这一支付率创下了25.3%的新低。（参见：www.barra.com/research/fundamentals.asp）。在第19章点评中，我们将更深入地探讨股息政策。

那么股票的估价就可以依据两者之中的任何一个因素来确定。比如，如果一般的二类公司的预期平均利润为 3 美元，预期股息为 2 美元，那么，其股价就可以估算为利润的 12 倍，或股息的 18 倍，因为两种情况下的价值都是 36 美元。

然而，越来越多的成长型企业正在摒弃曾经采用过的支付 60% 或更多股息的政策，原因在于，它们认为，将几乎所有利润用于投资扩张的做法，能够更好地符合股东的利益。这导致了一些需要仔细加以区分的问题。关于恰当的股息政策这个重要问题的讨论，将在后面的第 19 章中进行，到时候，我们要把这一问题作为管理层与股东关系这个一般性问题的一部分来加以解决。

成长股的资本化率

大部分证券分析师的正式评估报告都涉及对成长股的估价。经过对各种方法的研究，我们得出了一个十分简便的成长股估价公式，该公式计算出的数据，十分接近于一些更加复杂的数学计算所得出的结果。我们的公式为：

价值 = 当期（正常）利润 ×（8.5 + 两倍的预期年增长率）

增长率这一数据应该是随后 7~10 年的预期增长率。[7]

在表 11-4 中，我们列出了各种假设增长率条件下的公式计算结果。根据我们的公式，很容易进行相反的计算，以确定当期市场价格所预期的增长率。在本书的上一版之中，我们计算过道琼斯工业平均指数以及 6 种重要股票的结果。这些数据重新列在表 11-5 中。当时我们有这样一项评论：

> 施乐公司 32.4% 的内在年增长率，与通用汽车非常微弱的（2.8%）增长率之间的差异，的确非常引人注目。其部分原因在于，股市认为，通用汽车 1963 年的利润（有史以来最大的一笔公司利润）难以实现，并且充其量也不会有太大的突破。另一方面，施乐的市盈率很好地代表了人们的投机热情：关注公司的巨大成就，而且期望将来的成就会更大。
>
> 道琼斯工业平均指数 5.1% 的内在或预期增长率，要高于 1951~1953 年和 1961~1963 年期间 3.4% 的实际（复合）年增长率。

表 11-4　根据简化的公式以及预期增长率计算出的年度利润乘数

预期增长率	0.0%	2.5%	5.0%	7.2%	10.0%	14.3%	20.0%
10 年增长率	0.0	28.0%	63.0%	100.0%	159.0%	280.0%	319.0%
当期市盈率	8.5	13.5	18.5	22.9	28.5	37.1	48.5

表 11-5　内在或预期的增长率（1963 年 12 月~1969 年 12 月）

股票	市盈率（1963 年）（倍）	预期[a] 增长率（1963 年）（%）	每股收益 1963 年	每股收益 1969 年	实际年增长率（1963~1969 年）（%）	市盈率（1969 年）（倍）	预期[a] 增长率（1969 年）（%）
美国电话电报公司	23.0	7.3	3.03	4.00	4.75	12.2	1.8
通用电气	29.0	10.3	3.00	3.79[b]	4.0	20.4	6.0
通用汽车	14.1	2.8	5.55	5.95	1.17	11.6	1.6
IBM	38.5	15.0	3.48[c]	8.21	16.0	44.4	17.9
国际收割机公司	13.2	2.4	2.29[c]	2.30	0.1	10.8	1.1
施乐	25.0	32.4	0.38[c]	2.08	29.2	50.8	21.2
道琼斯工业平均指数	18.6	5.1	41.11	57.02	5.5	14.0	2.8

a. 根据前文的公式计算而得。
b. 1968 年和 1970 年的平均数，因为 1969 年的利润由于罢工而减少了。
c. 考虑了股票分割。

我们要给出如下忠告：如果我们希望高成长股的增长率实际得以实现的话，那么预期增长率的估价必须相对保守。事实上，根据算术，如果假设一个企业将来可以按 8% 或更高的速度无限期增长的话，那么其价值将趋于无穷大，且其股价无论多高也不过分。在这些情况下，估价者实际的行为是在其计算中引入安全边际（margin of safety）这一概念——类似于工程师在构造方面的规定一样。基于这种情况，即便实际的增长率结果大大低于预测结果，购买股票也能达到自己的目标（1963 年，预期的总体年回报率为 7.5%）。当然，如果增长率实际得以实现，投资者必然会获取一笔可观的额外回报。事实上，没有办法估算出高成长企业（比如预期年增长率为 8%）的价值：分析师既不能实际估算出当期利润的恰当乘数，也不能估算出未来利润的预期乘数。

后来的事实证明，施乐和IBM公司的实际增长率，非常迫近于我们公式中所认为的高增长率。正如刚才所解释的，这个不错的结果，最终使得两者的股价大幅上升。道琼斯工业平均指数本身的增长，也接近于1963年市场收盘价的预测结果。但是，5%这一较温和的增长率，并不会导致像施乐和IBM公司那样的数学难题。结果证明，23%的价格上升（持续到1970年年底），再加上28%的总股息回报，将使得公式中的总体年收益率大约达到7.5%。就其他4家公司而言，我们只能说，它们的增长没有达到1963年的价格预期，而且其行市也没有道琼斯工业平均指数上涨得快。请注意：这里仅仅是为了进行说明而已——因为在证券分析中，必然涉及对大多数企业未来增长率的预测。读者不要错误地认为此类预测非常可靠，或者反过来认为未来价格将随着预测结果的实现、被超过或未达到而发生相应的变化。

应该指出的是，基于未来预期结果的"科学的"（或者说至少合理可靠的）股票估价，都必须考虑到未来的利率状况。如果所假设的利率更高一些，那么既定的预期收益或股息的现值就会小一些。*这种假设始终很难可靠地做出，而且最近的长期利率大幅度波动，使得这种预测近乎武断。因此我们仍然使用上面的一个老方法，这只是因为没有更合理的新方法。

行业分析

由于企业的总体前景会对市场价格的确立产生重大影响，因此证券分析师自然会极大地关注行业及行业中单个企业的经济状况。这方面的研究非常细致。有时，这些研究会在重要因素方面获得一些宝贵的见解——此类因素将在未来

---

* 为什么？根据"72法则"（the rule of 72，指的是在复利当中，用72来除以去掉了百分号的年利率，所得的数就是你的本金翻倍大约所需要的年数——译者注），10%的利率将使得本金在大约7年后就增加一倍，而7%的利率将使得本金在大约10年后就增加一倍。当利率较高时，为了达到未来的某一价值，你今天需要存储的资金相对就更少一些，因为高利率将使得本金的增长更快。所以，如今的利率上升，将使未来利润或股息流量的价值更低，这是因为债券投资方法具有了更大的吸引力。

发挥作用，但目前的市场并没有明显觉察到这一点。这方面得出的足够可靠的结论，有助于做出稳健的投资决策。

然而，我们自身观察后认为，面向投资者的大多数行业研究的实际价值并不是太大。所发掘出的材料一般都是公众非常熟悉的，而且已经对市场价格产生了重要的影响。很难发现某经纪公司会以一系列令人信服的事实告诉人们，某个受欢迎的行业即将崩溃，或者是某个不受欢迎的行业即将出现繁荣。华尔街对较远的未来的判断非常糟糕，这必然使得它的研究中的重要内容（对各个行业利润变化过程的预测）也很糟糕。

然而，我们不得不承认，近几年技术在迅速和广泛发展，这对证券分析师的态度和工作产生了重大影响。与以往相比，今后10年内一般企业的发展与否都将更大程度上依赖于新产品和新的生产流程，这使得分析师有机会事先进行研究和评估。因此，分析师的实际工作将有一个很好的前景——通过实地考察，通过与研究人员面对面的交流，以及通过分析师自身广泛的技术研究。如果投资结论主要来自于对未来的判断，而得不到目前明显的价值支持，这就存在着风险。然而，如果过分拘泥于以实际结果严格计算出的价值范围，同样也有可能存在着风险。投资者无法做到两者兼得。投资者可以发挥想象来对巨额利润做出判断，以便从可靠判断中获得回报，但是这种情况下，他必须承担错误计算有可能带来的任何巨大风险；投资者也可以保守些，拒绝向未经证实的可能结果支付太多的费用，然而，这种情况下，他必须准备将来为所放弃的绝佳机会而后悔。

两步评估过程

现在让我们暂时回到本书前面提到过的普通股估价或评估的问题。对此问题的大量思考使得我们认为，采用完全不同的做法，可能比现在通行的做法好得多。我们建议分析师首先搞清楚，我们所说的"以往业绩的价值"，完全取决于过去的记录。这将反映股票的价值状况（绝对状况，或者是道琼斯工业平均指数或标准普尔综合指数的百分比）——如果假设其以往的相关业绩将在未来持续下去的话。（这也包含了如下假设：其相关的增长率，比如过去7年的增长率，在随后的 7 年中也将保持不变。）这一过程可以按部就班进行：使用一个公式，计算出以过去的盈利能力、稳定性、增长率以及目前财务状况等数据为基础的各个权重；分析的第二步要考虑，完全以以往业绩为基础的价值，应该根据未来预期的新情况进行多大程度的修正。

这种方法对高级和初级分析师而言是有区别的：（1）高级分析师要确定可以应用于所有公司的一般化公式，以确定以往业绩的价值。（2）初级分析师要以十分简单的方式，计算出特定公司的这些因素的价值。（3）随后，高级分析师将决定，公司的业绩（绝对的或相对的）可能会在多大程度上偏离以往的记录，以及应该对价值进行多大的调整以反映这种预期变化。最好的结果是，高级分析师的报告中，既反映了初始价值，也反映了修正后的价值，以及价值调整的理由。

这种工作值得人们去做吗？我们的答案是肯定的，但我们的理由对读者来说似乎有点不太可信。我们不知道，对一般的工业企业（无论大小）而言，这样估算出的价值是否足够可靠。在下一章，我们将以美国铝业公司为例子来说明这项工作面对的难题。然而，对于这种普通股而言，只能采用这种方法。为什么？首先，许多证券分析师的日常工作就包含了对当期或预期价值的估算。我们所提出的方法，应该是对如今人们通常使用的方法的改进。其次，使用这种方法的分析师能够获得有用的经验和见解。第三，由于这类工作能够带来大量有价值的记录（医药领域很久以来一直如此），因此，这会促使更好的方法产生，并使人们能很好地了解其能力和局限性。公用事业股可以很好地证明，这种方法将在重要领域具有实际的价值。最终，聪明的分析师将使自己的工作限于下列行业群体：其未来似乎可以合理地做出预测；*或者是以往业绩的价值相对于当期价格的安全边际很大，因此他可以对未来的变化做出推测，正如他在挑选十分稳妥的优先证券时那样。

在随后的章节中，我们将把这种方法应用于具体的例子。然而，这仅仅只是为了做出说明。如果读者对这项内容感兴趣的话，就应该进行系统和深入的研究，以便自己最终有能力做出证券投资决策。

---

* 理想状态下，这些行业群体不要过分依赖于如下不可预测的因素：利率变动，或者是石油和金属等原材料未来的价格走势。可能的行业包括：博彩业、化妆品行业、酒类行业、养老院和废物回收处理行业。

第 11 章点评

"请告诉我,应该走哪条路呢?"

"这在很大程度上取决于你要去哪里。"柴郡猫说。

——刘易斯·卡罗尔,《爱丽丝梦游仙境》

确定未来的价格

哪些因素决定你购买股票时愿意支付的价格?是什么使得一家公司的价值达到其利润的 10 倍,而另一家公司的价值达到其利润的 20 倍?你如何保证自己不会因明显乐观的未来转变为一场噩梦而支付过大的代价?

格雷厄姆认为,有 5 种因素具有决定性的作用。[1] 他将其归纳为:

- 企业"总体的长期前景"
- 企业管理层的水平
- 企业的财务实力和资本结构
- 企业的股息记录
- 企业当期的股息支付率

让我们根据如今的市场来分析这些因素。

长期前景。如今,聪明的投资者首先要做的是,从公司网站或 EDGAR 数

---

[1] 由于如今投资者个人很少去购买(或应该去购买)单项债券,因此,我们这一部分介绍仅限于股票分析。关于债券基金的更多内容,请参见第 4 章点评。

据库中下载至少 5 年的年度财务报告（10-K 表），[2] 然后对这些财务报告进行梳理，收集证据，回答两个决定性的问题。这个企业增长的原因是什么？企业现在（以及将来）的利润来自何方？需要注意的问题包括：

- 企业是一个"连环并购者"。平均一年内有 2~3 起以上的并购，则预示着有可能出现麻烦。毕竟，如果某企业自身都认为应该购买其他企业的股份，而不愿从事自己的投资，那么，你为何不根据这一线索，也去观察一下其他企业？核实一下该企业以往的并购记录，注意食欲过盛的企业——它们吞下大企业后，最终只是又将其吐出来。朗讯、美泰、桂格麦片和泰克国际等企业，就曾经因吐出被并购的企业而遭受了惨痛的损失。其他一些企业因为以前并购价过高，而需要长期进行资产冲销或会计减记。对未来的业务而言，这是一个不祥之兆。[3]

- 企业是一位 OPM 成瘾者，通过借债或出售股份来抬升"他人资金"（Other People's Money，OPM）的总量。在年度财务报告的现金流量表中，这些慷慨注入的他人资金被称为"来自于融资业务的现金"。这些资金使得一家有问题的企业似乎正在成长，即使其基础业务并不能带来足够的现金——正如电信企业 Global Crossing 和世界通信不久前发生的情况一样。[4]

- 企业不太灵活，其大多数的收入都来自于某一个（或某几个）客户。1999 年 10 月，光纤制造商 Sycamore 网络公司首次向公众发售了股份。招股说明书表明，该公司整个 1 100 万美元的收入，全部来自于威廉姆斯通信公司。

2　你还应该获得至少一年的季度财务报表（在 10-Q 表上）。在此，我们假设你是一位"积极的"投资者，愿意在自己的资产组合上花大量的精力。如果你难以理解本章的步骤，那么就说明你暂时还不能挑选自己的股票。如果你不能按照我们所说的去努力，那么你就不能可靠地获得自己想要的结果。

3　通常情况下，你能够从 10-K 表中的"管理层讨论和分析"这一部分内容中，看到关于并购的详情；请将这些内容与财务报表中的注释结合起来分析。有关"连环并购者"更多的内容，请参见第 12 章点评。

4　要想知道某一企业是否为 OPM 成瘾者，请阅读财务报表中的"现金流量表"。这一项内容将企业的现金流入和流出分解为"经营活动""投资活动"和"融资活动"。如果经营活动的现金一直都为负数，而融资活动的现金一直都为正数，那么该企业就习惯于获得比自身业务的现金流更多的资金，你就应该回避一贯滥用这种做法的"能人"。关于 Global Crossing 公司更多的信息，请参见第 12 章点评。关于世界通信公司更多的信息，请参见第 6 章点评中的专栏内容。

交易商们乐观地估计，Sycamore 的股票价值为 150 亿美元。不幸的是，只过了两年，威廉姆斯通信公司就破产了。尽管 Sycamore 公司挑选了其他客户，但其股票在 2000~2002 年期间损失了 97%。

当你研究企业的增长和利润的来源时，请同时关注有利和不利的因素。有利的迹象包括如下几项。

- 企业有宽广的"防御工事"或竞争优势。与城堡一样，有些企业很容易受到竞争对手的攻击，而另外一些企业则几乎是坚不可摧的。几种因素可以增强企业的防御能力：强有力的品牌形象（想一想 Harley Davidson，其购买者会将该企业的标识物刺刻在他们的身上）；对市场的垄断或近乎垄断；规模经济，即有能力廉价地提供大量商品或服务（想一想吉列公司，它能够廉价生产出几十亿只刀片）；特有的无形资产（看一看可口可乐，其秘密的饮料配方没有任何有形价值，但却能吸引住宝贵的顾客)；无法被替代（许多企业都不得不使用电力，因此，公用事业公司不可能在短期内被取代）。[5]

- 企业是一位长跑运动员，而不是一位短跑运动员。通过查看收益表，你会发现在前 10 年内，企业的收入和净利润是否在持续平稳地增长。《金融分析师杂志》上最近的一篇文章证实了其他的研究结果（以及许多投资者的惨痛经历）：增长最快的企业，一般都会因发展过快而突然停止。[6] 从长远看，10% 的税前（或 6%~7% 的税后）利润增长是可持续的。然而，许多企业自己所确定的 15% 的快速增长只是一个幻想。更高的增长率（或者说 1~2 年内的突然急速增长）必然会减缓下来，这就好比一个没有经验的马拉松运动员：试图以 100 米冲刺的方式来跑完全程。

- 企业勤于播种和收获。无论企业的产品有多好，品牌有多强大，它都必须花一部分资金来拓展新的业务。尽管研发支出并不是当前增长的源泉，但很有可能是今后增长的源泉，尤其是当事实已经证明企业过去的振兴来自

---

[5] 关于"防御工事"的更多介绍，请参见哈佛商学院波特教授的《竞争战略》（Competitive Strategy，纽约 Free Press 出版社 1998 年出版）。

[6] 参见：Cyrus A.Ramezani, Luc Soenen, and Alan Jung, "Growth, Corporate Profitability, and Value Creation," Financial Analysts Journal, November/December, 2002, pp.56-57；也可以从下列网站获得：http://cyrus.cob.calpoly.edu/。

于新的思路和设备时。不同行业和不同企业的平均研发预算是不一样的。2002 年，宝洁公司花在研发上的资金大约为其净销售额的 4%；而 3M 公司和强生公司在这方面的支出，分别为 6.5% 和 10.9%。从长远来看，没有任何研发支出的企业，至少会与支出过大的企业一样脆弱。

管理层的品质和行为。企业的高管应该言行一致。查阅以往的年度报告，核实管理者做出过哪些预测，以及他们是否达到了目标。管理者应该诚恳承认自己的失误，并承担相应的责任，而不应该拿"总体经济""不确定因素"和"需求不足"等通用的理由作为替罪羊。查清企业董事会主席讲话的语气和内容是否前后一致，或者说是否随着最近的华尔街潮流而波动。（尤其要关注，在像 1999 年这样的繁荣年份，生产水泥或内衣的企业高管，是否突然宣布自己"成为软件革命的先行者"？）

这些问题有助于你确定企业管理者的行为是否符合企业所有者的利益：

- 他们是否在为自己谋求最大利益？

    向自己的 CEO 支付 1 亿美元年薪的企业，最好能说出足够的理由。或许，他发现并独家拥有了青春泉（Fountain of Youth，传说饮此泉水能治百病，恢复青春；早期西班牙探险家曾在美洲和西印度群岛寻觅此泉——译者注）？或者他与外星人谈判达成协议，由地球上的这家公司单独向外星人提供全部供给？否则，这种可恶的巨额薪酬只是表明企业由管理者控制，并且是在为管理者谋利益。

    如果企业对内部人员的股票期权进行重新定价（或者是"重新发售"或"进行交易"），就应该远离这样的企业。经过这种突然的逆转，企业会取消现有雇员和高管手中（一般都是没有价值的）股票期权，然后以新的有利价格的股票期权来取代它们。如果股票期权的价值永远不会下降为零，而且其潜在利润始终是无限的，它怎能激励高管管理好企业的资产呢？任何成熟的企业，如果像一些高科技企业那样对期权进行重新定价，这种行为都是不光彩的。购买此类企业的股票的投资者是自投罗网。

    通过查看年度报告中关于股票期权的法定注释，你能够看到"期权溢价"有多大。比如 AOL 时代华纳公司在其年度报告的开头称，截至 2002 年 12 月 31 日，公司拥有 45 亿份普通股。但是，报告边缘的注释表明，该公司曾经发行的股票期权不低于6.57亿份。因此，公司未来的盈利将被另外15%以上的股份去分享。当你估算企业未来的价值时，应该考虑股票期权有可能使新的股份大量增加。[7]

通过EDGAR数据库中"表4"的内容，可以看到企业的高管和董事是否在购买和出售股份。企业内部人员有合理的理由（资产分散化，换更大的房子，办理离婚等）去出售股份，但是多次大规模出售则是一个明显的警示信号。当你在不断地买入而管理者却在不断卖出时，他不可能成为你理想的合作伙伴。

- 企业高管是管理者还是推销员？

企业高管应该将大部分时间用于管理企业的内部事务，而不应该向公众投资者推销自己的企业。许多情况下，CEO们都会抱怨自己的股价被低估了（无论股价有多高）。他们忘记了格雷厄姆一贯坚持的观点：企业的管理者应该力求防止自己的股价被过分低估或高估。[8] 与此同时，太多的首席财务官会提供"利润指导"，即对企业的季度盈利做出猜测。一些企业喜欢到处张扬，不断发布新闻，吹嘘一些暂时的、微不足道的或假想的"机会"。

少数企业（包括可口可乐、吉列和USA Interactive）开始向华尔街的短视思维"直接说不"了。企业中这些少数的勇敢者正在提供越来越多关于其当期预算和长期计划的详情，而拒绝对今后90天内的情况做出推测。（想知道某企业如何与其股东进行平等和诚恳的沟通，请进入EDGAR数据库，查看华盛顿国际快递公司提供的8-K表，它会定期公布该机构与股东之间精彩的问答内容。）

最后，搞清楚企业的会计业务是为了使其财务结果透明化，还是模糊化。如果"一次性的"费用不断发生，"异常"项目经常出现而成为普通项目，那么EBITDA（Earnings Before Interest, Taxes, Depreciation and Amortization的缩写，指的是未计入利息、税费、折旧和摊销的净利润——译者注）这样的字首组合词要比净收益更重要，或者说，"预测的"利润被用来掩盖了实

---

[7] 贾森·兹威格为AOL时代华纳公司的员工，并且持有该公司的股票期权。想了解更多股票期权的原理，请参见第19章点评。

[8] 参见第19章点评的第19条注释。

际亏损。这就可以说明该企业还没有学会如何把股东的长远利益放在首要地位。[9]

财务实力和资本结构。对优良企业最基本的定义是：所获取的资金要多于所消耗的资金。优秀的管理者不断寻找各种方法，以将这些资金投入生产活动。从长远来看，满足这一定义的企业，几乎必然要出现价值的增长，而无论股市如何表现。

在企业的年度报告中，首先阅读其现金流量表，以查明过去10年内，其营业现金流量是否在稳步增长。然后再进一步往下看。巴菲特的一个流行概念就是所有者收益，即净收益加上摊销和折旧，再减去正常的资本支出。这就正如Davis Selected Advisors 公司的资产组合管理者克里斯托弗·戴维斯所说的："如果你完全拥有这家企业，年底时你的口袋里将会有多少现金？"由于考虑到了摊销和折旧这样一些不影响企业现金余额的会计项目，因此，所有者收益是比所报告的净收益更好的一个计量指标。为了对所有者收益的定义进行改进，你还应该从所报告的净收益中减去下列项目：

- 分配股票期权的所有成本——这使得一部分收益从现有股东手中转移到新的所有者手中。
- 任何"异常的""一次性的"或"特殊的"费用。
- 任何来自于企业养老基金的"收入"。

如果过去10年中，每股所有者收益总体上一直按高于6%或7%的速度增长，这就说明该企业有稳定的现金流，而且增长前景很好。

按下来，看企业的资本结构。从资产负债表中查看企业有多少债务（包括优先股在内）。一般而言，长期债务应该低于总资本的50%。根据财务报告表中的注释，确定长期债务是固定利率（利息支出不变），还是浮动利率（利息支出会变化，如果利率上升，支出会增加）。

从年度报告中，查看所公布的"利润与固定费用之比"。亚马逊网络公司2002年的年度报告公布的结果表明，该公司的利润比其利息成本少1.45亿美元。

---

[9] 关于这方面更多的内容，请参见第12章点评，以及一篇精辟的论文：Joseph Fuller and Michael C.Jensen, "Just Say No to Wall Street," at http://papers.ssrn.com。

将来，亚马逊公司要么需要从其业务中赚更多的钱，要么需要以更低的利率借到资金。否则，该企业最终将不能被其股东所有，而是要被其债券持有者所有——如果这些债券持有者不能获得应得的利息，他们就可以对亚马逊的资产行使求偿权。（公平地讲，亚马逊2002年的利润与固定费用之比比两年前的情况好多了，当时偿还债务的利润缺口为11亿美元。）

下面是关于股息和股票政策的几点看法（更多的内容，请参见第19章）。

- 最主要的是，企业要证明，如果不支付股息，股东的结果会更好。无论市场好与坏，如果企业都始终能够在竞争中获胜，那么这就清楚地表明，管理者最有利地利用了资金。可是，如果业务在下降，或者股票的表现不如其竞争对手，那么就说明企业的管理者和董事是在通过拒付股息而滥用资金。

- 不断进行股票分割的企业（以及不断通过新闻发布而吹嘘股票分割的企业），是把投资者当成了傻瓜。就像约吉·贝拉一样（他要把比萨饼分成4份，其原因在于"我想，我吃不了8份。"），喜欢股票分割的股东并不理解这一点。价格为50美元的两份股票，并不比价格为100美元的一份股票更值钱。通过股票分割来推销自己股票的管理者，是在鼓励和纵容投资大众最邪恶的原始本能，因此，在把资金托付给此类表面热心的操纵者之前，聪明的投资者要三思而后行。[10]

- 企业应该在股价便宜时回购其股份，而不应该在股价处于或接近于最高位时回购股份。遗憾的是，近几年常见的现象是，企业在股价被高估时回购其股份。没有比这种浪费企业资金的行为更可笑的了，因为这种操作的真实意图是使企业高管能够以"提升股东价值"为名义出售自己的股票期权，以获取上百万美元的丰厚回报。

事实上，众多的实际证据表明，声称"提升股东价值"的管理者极少能这样去做。与普通的生活一样，在投资领域，最终的获胜者通常是实干家，而不是空谈家。

---

[10] 在第13章点评中，将进一步探讨股票分割的问题。

第 12 章

对每股收益的思考

这一章，我们从针对投资者的两条建议开始，这两条建议的含义必然是相互矛盾的。第一条建议是：不要过于看重某一年的收益。第二条是：如果你确实关注短期收益，请当心每股收益数据中存在的陷阱。如果我们严格遵守第一条告诫，那么第二条告诫就没有必要存在。但是，我们不能指望大多数股东根据长期记录和长远前景做出所有普通股决策。在金融领域，季度数据尤其是年度数据会受到极大关注，而且这种关注必然会对投资者的思维产生影响。在这一领域，需要对投资者进行一些教育，因为这里充斥着误导性的东西。

在撰写本章时，《华尔街日报》登载了美国铝业公司 1970 年的收益报告。第一项数据为：

	1970 年	1969 年
每股收益 [a]	$5.20	$5.58

开头出现的上标 a 在注释中解释为扣除特殊费用之前的"基本利润"。报告中还有更多的注释，事实上，注释内容所占的篇幅多达基本数据本身的两倍。

就最后一季度而言，1970 年的"每股收益"为 1.58 美元，而 1969 年这一数据为 1.56 美元。

对美国铝业公司的股票感兴趣的投资者或投机者在看到这些数据后，可能会想："这个结果不错。据我所知，1970 年对铝业而言是一个衰退的年份。但是，第 4 季度的数据表明，1970 年要好于 1969 年，每股的年收益达到了 6.32 美元。让我合计一下。股票目前的售价为 62 美元。哦，市盈率还不到 10 倍。与 International Nickel 公司 16 倍的市盈率相比，这看上去非常便宜……"

可是，如果他们（包括投资者和投机者）花一点时间阅读所有的注释内容，就会发现，1970 年的每股收益不止一个数据，而实际上有四个数据。

	1970 年（$）	1969 年（$）
基本利润	5.20	5.58
净利润（扣除特殊费用）	4.32	5.58
完全稀释后（未扣除特殊费用）	5.01	5.35
完全稀释后（扣除特殊费用）	4.19	5.35

第 4 季度仅有两项数据：

	1970 年（$）	1969 年（$）
基本利润	1.58	1.56
净利润（扣除特殊费用）	0.70	1.56

所有这些其他的利润意味着什么？哪一个利润是 1970 年以及最后一季度的真实利润？如果最后一季度的利润为 70 美分（扣除特殊费用后的净利润），年利润水平应该为 2.80 美元，而不是 6.32 美元；且 62 美元的价格将是"利润的 22 倍"，而不是我们刚开始所说的 10 倍。

针对美国铝业"实际利润"的一部分问题，很容易做出回答。利润显然需要从 5.20 美元降为 5.01 美元，以反映"股权稀释"的影响。美国铝业发行的许多债券都可以转换为普通股。在根据 1970 年的结果计算普通股的"盈利能力"时，必须考虑到：如果债券持有者认为有利可图，他们会行使转换权。美国铝业涉及的数额并不太大，因此无须进一步讨论。但是在其他情况下，在考虑转换权（以及认股权）之后，所公布的利润将下降一半，甚至更多。后面我们将介绍股权被严重稀释的几个实例。（在提供财务报告和财务分析时，金融服务公司并非始终会考虑到股权稀释这一因素。）*

---

* "稀释"是以流体力学中的语言描述股票的众多词汇中的一个。交易量很大的股票被称为"具有流动性"。当企业向公众出售 IPO 时，它是在"发行"（float）自己的股份。以前，当一家企业急剧稀释自己的股份时（拥有大量的可转换债券或多次发行普通股），人们称其股份"被搀水了"。

现在，让我们来看"特殊费用"的问题。从第 4 季度中扣除的 1 880 万美元（每股 88 美分）是很重要的。它是应该完全被忽略，还是应该完全从利润中扣除，或者是应该部分被忽略、部分被扣除呢？警觉的投资者可能还会疑惑：1970 年结束之后，为什么经常出现此类的特殊扣除，而在此之前却没有？难道会计业务中出现了一些灵巧的"意大利工匠吗"？[+]——当然，他们总能在许多范围内从事活动。通过仔细察看，我们发现，这种在实际发生之前就扣除的损失可以被处理掉，而不会对过去或未来的"基本利润"产生不利影响。在某些极端的情况下，人们可以利用它们来使随后的利润似乎比实际的高出将近一倍——通过某种形式的税收把戏。

关于美国铝业公司的特殊费用，首先要弄清它们是如何产生的。注释内容已经够具体的了，扣除额来自于 4 个方面：

1. 企业管理层对有可能关闭的制造部门的成本估计。
2. 企业管理层对美国铝业公司有可能关闭的铸造厂的成本估计。
3. 企业管理层对美国铝业信贷公司逐步退出市场的亏损的估计。
4. 完成"幕墙"需要的大约 530 万美元的费用。

所有这些项目都与未来的成本和损失相关。人们很容易看到，这些项目并不是 1970 年"正常营运结果"的一部分，但是，如果是这样的话，那么它们应该属于哪一部分呢？难道它们是如此"特殊和不经常发生"，以至于没有恰当的位置吗？像美国铝业这样年业务量达到 15 亿美元的众多企业，一定都拥有许多单位、部门和分支机构等等。难道不可以把它们作为正常项目而不是作为特殊项目，划归到没有盈利且必须要关闭的单位中去吗？修建幕墙的项目也可以这

人们认为，这一术语来自传奇式的市场操纵者丹尼尔·德鲁（1797~1897），早年他是一位牲畜交易商。他将自己的牲口赶往南部的曼哈顿，一路上强迫它们吃盐。当牲口到达 Harlem 河之时，它们会因为口渴而喝下大量的水。然后，德鲁将牲口赶往市场，这样刚喝下的水将增加其重量。这使他能够卖更多的钱，因为活畜是按重量出售的。后来，德鲁在没有任何先兆的情况下，通过大量发行新股而向 Erie 铁路公司的股票中搀进了水分。

[+] 在此，格雷厄姆指的是从意大利移民到美国的石雕匠的灵巧手艺。20 世纪初期，他们在整个纽约地区从事建筑物的雕刻装饰工作。与此类似，会计师可以将简单的财务事实转变为复杂的甚至是无法理解的东西。

样对待。只要某一企业在某一项业务中出现了亏损，它就可以将其作为"特殊项目"而加以扣除，因此使得每股的"基本利润"中只包括盈利的项目和业务。正如国王爱德华七世的日晷一样，只记录"晴朗的时光"。*

读者应该注意我们所讨论的美国铝业公司的做法中的两个巧妙之处。首先，通过预期的未来亏损，企业就可以不必将亏损本身归入某一年中。它们不属于1970年，因为它们并不是在这一年实际发生的。它们也不会在实际发生的那一年出现，因为它们已经被公布出来了。做得干净利落，但是，难道这不具有误导性吗？

美国铝业在报告的注释中，压根儿没有谈到这些亏损未来的减税作用。（其他此类报告会具体指出仅仅扣除了"税后的影响"。）如果美国铝业的数据代表了未来相关税收优惠之前的亏损，那么，不仅未来的利润不必承担这种扣除（当它们实际发生时），而且未来的利润还会因为大约50%的税收优惠而增加。人们很难相信会有这种会计处理方法。但是，事实上，过去经历了巨额亏损的一些企业，能够在报告未来利润时对正常的税收不加以扣除，从而使得利润看上去的确非常可观——让人迷惑不解的是，过去的业绩很差。（来自于以往年份亏损的税收优惠被作为"特殊项目"单独列出，但是，它们将作为最后的"净收益"而进入未来的统计数据中。然而，在扣除税收优惠后，目前针对未来亏损的储备，将不会对以后年份的净收益带来此类的增加额。）

1970年年底，美国铝业和其他一些企业使用的另一个技巧，是进行此类特殊的扣除。1970年上半年，股市呈现出血雨腥风。每个人都预计，大多数企业当年的业绩都将比较差。然而，华尔街却预期，从1971年开始会有更好的结果。这是多么巧妙的安排——从不好的年份中尽量加大扣除（这早已被人们遗忘而成为往事），从而使得随后年份的数据非常可观。或许，这是不错的会计方法和经营策略，而且有利于企业管理层与股东之间建立良好的关系。然而，我们却

---

* 爱德华国王的灵感，可能来自于英国作家威廉姆·黑兹利特（William Hazlitt）的一篇著名的文章。文章思考了威尼斯附近一个日晷上的一句话："我只计算晴朗的时光。"以不利事件作为"特殊的"或"一次性的"事件为借口，经常将坏消息从财务业绩中排除的企业，是在采纳黑兹利特的观点；他奉劝读者"只关注时间带来的好处；只注意微笑，而忽略不好的命运；歌颂快乐和轻松的生活，追求美好的事物，而忘却其他的一切！"［黑兹利特，《日晷论》(On a Sun-Dial)，约1827年。］遗憾的是，投资者必须始终关注晴天和阴天。

有着挥之不去的疑惑。

1970年年底，由于企业业务的广泛（或许是盲目地）多元化以及急于清理和整顿，年度报告中出现了一些奇怪的注释。看到纽约股票交易所中某企业（不点名道姓了）对自己总额达235.7万美元的"特殊项目"（大约占其扣除之前收益的三分之一）做出了下列说明时，读者可能会感到好笑："扣除额中包括，关闭英国Spalding公司业务的备抵；某一部门重组费用的备抵；出售一家小型婴儿服饰制造企业的费用；出售一家西班牙汽车租赁公司部分权益的费用；以及出售滑雪鞋业务的费用。"*

多年以前，实力雄厚的企业一般会从光景好的年份中拿出部分利润来设立"或有储备"，以吸纳未来萧条年份带来的不利影响。其根本想法在于使其所报告的利润大体均衡，从而提高企业记录的稳定性。看上去这是一个好的动机，但是，会计师却有正当的理由反对这种行为:这扭曲了实际利润。他们坚持认为，无论好与坏，每年的业绩都要如实公布，而平均或均衡的工作应该留给股东和分析师自己去做。现在我们看到的是相反的现象：每个企业都在尽可能地从被人们遗忘的1970年中扣除，从而使得从1971年开始的随后几年中，不仅可以从头再来，而且还会显示出令人高兴的每股盈利。

现在该回到我们的第一个问题了。这样的话，美国铝业1970年的实际利润是多少？准确的回答是："稀释"后的每股5.01美元的收益，再减去82美分的"特殊扣除"中应当属于1970年的那一部分。但我们并不知道这一部分有多少，因此，我们不能恰当地说出这一年的实际利润。企业管理层和审计师应该在这方面做出最佳判断，但他们却没有这么做。此外，他们还应该规定未来某些年份内（比如未来5年内），要从普通利润中加以扣除的余额。显然他们也不会这么去做，因为他们已经很方便地将整个金额作为1970年的特殊扣除而加以处置了。

投资者越是看重每股收益，就越有必要注意各种会计因素对其实际可比性的损害。我们已经提到了三种因素：使用特殊扣除——这不会在每股收益中得

---

* 格雷厄姆如此含糊提到的这家企业，可能是美国机械铸造公司（American Machine &Foundry, AMF）。20世纪60年代末，这是一家业务繁杂的综合大企业。它是现在的AMF国际保龄球公司的前身，如今这家公司经营保龄球道并生产保龄球设备。

到反映；由于以往的亏损导致的正常所得税扣除的下降；大量可转换债券或权证带来的稀释作用。¹ 对过去的报告利润有重大影响的第 4 个因素，就是折旧的方法——主要是"直线"折旧与"加速"折旧的区别。在此我们不做详细分析。但是，目前要提到的一个例子是 Trane 公司 1970 年的报告。该公司的每股收益比 1969 年增长了近 20%（1969 年和 1970 年分别为 2.76 美元和 3.29 美元），但是其中一半的增长，来自于重新使用了较古老的直线折旧法——这比前一年使用的加速折旧法对利润所带来的压力更小。（该公司将继续使用加速折旧来进行所得税申报，因此可以起到递延纳税的作用——作用的大小取决于两种折旧法带来的差异。）另一个因素有时也很重要，这就是研发成本扣除的时间选择：是在成本发生的那一年，还是将其分摊到几年之中去？最后要指出的是，存货估价方法中，存在着先进先出（FIFO）和后进先出（LIFO）的区别。*

在此，我们显然要指出的是，如果涉及的金额不大，投资者就不应该去关注这些会计变量。然而华尔街却自行其是，甚至本身微不足道的项目都被他们看得很严重。美国铝业的报告出现在《华尔街日报》的两天之前，该报就大量探讨了道氏化学公司（Dow Chemical）相应的财务报告。最后的结论认为，"许多分析师"都对下列事实表示了不安：道氏公司在 1969 年的普通利润中，包括了一个 21 美分的项目，而没有将其作为一项"特殊收益"。何必大惊小怪？因为，这涉及一共好几百万美元的道氏公司的估价，显然只是依赖于 1969 年比 1968 年的利润增长了百分之几——此时，要么是 9%，要么是 4.5%。这使得我们感到非常荒谬，因为某一年结果的微小变化，不可能对未来的平均利润或增长产生任何影响，也不可能对企业的稳妥和现实的估价产生任何影响。

与此同时，我们来看 1971 年 1 月公布的另一份财务报表。这是西北工业公

---

* 如今，投资者需要注意扭曲报告利润的其他几种"会计因素"。其中一种是"形式"或"假设"财务报表，它没有按照公认会计准则来报告企业的利润。另一种影响是，向企业高管发行上百万美元的股票期权作为薪酬，然后回购上百万美元的股票，以防止这些期权导致普通股价值的下降。第三种是对企业养老金不切实际的报告——这会人为地夸大有利年份的利润和降低不利年份的利润。另一个影响因素是"特殊目的实体"，即关联企业或合伙企业——它们购买相关企业的风险资产或风险负债，从而使得这些财务风险从该企业的资产负债表中"消失"。还有一种扭曲因素：把营销或其他"软"成本作为企业的资产，而不是作为正常的业务费用。在本章后面的点评中，我们将简要分析此类行为。

司对 1970 年情况的报告。*该公司正准备以特殊扣除的名义，一下子冲销不低于 2.64 亿美元的金额。其中的 2 亿美元代表了准备向自己的员工出售铁路附属机构的亏损，其余的为近期购买股票的减记额。这一金额将使得每股普通股稀释前的股价大约损失 35 美元——这是其当期市价的两倍。这里真的存在着十分重大的影响。如果交易得以进行，且税法不发生改变，1970 年的这笔亏损将使西北工业公司在不支付所得税的情况下，从自己其他的各种权益中获得大约 4 亿美元的未来利润（在 5 年之内）。+那么，该企业的实际利润是多少？它实际上并不需要支付的近 50% 的所得税是否应该计算在内？在我们看来，恰当的计算方法应该是，首先以全部的所得税负债为基础来反映其盈利能力，然后以估算出的盈利能力为基础大致推导出股票的价值。在此价值基础上再增加一定的金额，以代表虽是暂时但却很重要的税收减免给每股股票带来的价值。（这种情况下，同时还必须考虑有可能产生的大规模稀释。实际上，如果权利被行使的话，可转换的优先股和权证将使现有股份增加一倍以上。）

所有这一切都会使我们的读者感到困惑和乏味，但这就是我们所面临的情况。公司会计经常是需要慎重对待的；证券分析会非常复杂；股票估价只有在非常罕见的情况下，才是真正可靠的。++对大多数投资者而言，最好的方法或许是，确保自己购买的证券物有所值，并且这样保持下去。

---

* 西北工业公司（Northwest Industries Inc.）为一家控股公司。它控制着芝加哥西北铁路公司以及 Union Underwear（生产 BVD 和 Fruit of the Loom 内裤的企业）等业务。1985 年，它被负债累累的金融资本家威廉姆·法利收购，后者最终毁掉了该企业。2002 年年初，Fruit of the Loom 公司通过破产程序被巴菲特的伯克希尔 – 哈撒韦公司收购。

+ 格雷厄姆这里指的是联邦税法中的规定：允许企业将净营业亏损"向后转移"。根据目前税法的规定，这些亏损可以向后转移达 20 年，从而可以降低企业在整个经营时期的税收负担（并因此提升企业的税后利润）。所以，投资者应该考虑近期的严重亏损是否可以实际提升企业未来的净利润。

++ 投资者应该时刻记住这些话，并且经常提醒自己："股票估价只有在非常罕见的情况下，才是真正可靠的。"尽管大多数股票的价格在大多数情况下都是比较恰当的，但是某个企业股票的价格与其价值之间，几乎从来都不是等同的。市场对价格的判断经常是不可靠的。遗憾的是，市场估价的误差幅度经常弥补不了交易的费用。在试图利用任何差价之前，聪明的投资者都必须仔细分析交易成本和税收成本，而且永远不要指望能够恰好按照当期的市场报价来出售股票。

平均利润的使用

以前，分析师和投资者会高度关注以往相当长时间（通常为7~10年）内的平均利润。这个"平均数"*有助于缓和商业周期经常带来的利润波动，因此，人们认为它比最后一年的结果更能反映企业的盈利能力。这种平均法的一个重要优势在于，它几乎可以解决所有特殊费用和利益的问题。这些费用和利益应该包含在平均利润中。因为，毫无疑问，这些损益中的大多数都代表了企业的一部分营运历史。就美国铝业而言，如果我们这样做的话，那么其1961~1970年（10年）间的每股平均收益为3.62美元，1964~1970年（7年）间的每股平均收益为4.62美元。如果将此数据与同期的利润增长率和稳定性结合起来使用，就可以看到该公司以往业绩的实际状况。

过去增长率的计算

正确考虑企业的增长记录是很重要的。当增长率很高的时候，企业近期的利润将会大大超出7年或10年的平均数，因此分析师可能会认为，这些长期数据缺乏相关性。但情况并不一定如此。利润既可以用平均值来衡量，也可以用最新的数据来衡量。我们建议，增长率本身的计算，可以采用把近3年平均数与10年前的相应数据进行对比的做法。（这样，当存在"特殊费用或利益"的问题时，可以采用某种折衷的方法。）请注意表12-1对美国铝业、西尔斯·罗巴克（Sears Roebuck）和道琼斯工业平均指数的增长率的计算。

评论：可以对这几个数据进行冗长的分析。与其他任何数据一样，它们是通过复杂的数学方法计算出来的；它们大致反映了1958~1970年这一较长时期的实际利润增长率。但是，就美国铝业而言，这一数据（它通常被认为是普通股估价的核心）有多大的相关性？美国铝业过去的增长率非常不错，实际上要稍稍优于被人们追捧的西尔斯·罗巴克公司，并且要大大优于道琼斯综合指数。然而，1971年年初的市场价格似乎并没有关注这一优良的业绩。美国铝业股票

---

* 这里的"平均数"，指的是格雷厄姆前面所说的简单或算术平均数。

表 12-1

	美国铝业	西尔斯·罗巴克	道琼斯
平均利润（1968~1970 年）	$4.95ª	$2.87	$55.40
平均利润（1958~1960 年）	$2.08	$1.23	$31.49
增长率	141.0%	134.0%	75.0%
（复合）年增长率	9.0%	8.7%	5.7%

a. 1970 年 82 美分的特殊费用中，有五分之三是从这里扣除的。

的售价只是近三年平均利润的 11.5 倍，而西尔斯的股价为其平均利润的 27 倍，道琼斯的为 15 倍多。这是为什么？显然，与其过去的记录相比，华尔街对美国铝业未来利润的变化过程相当悲观。令人惊讶的是，美国铝业的高股价可以追溯到 1959 年。这一年的股价为 116 美元，为其利润的 45 倍。（西尔斯 1959 年调整后的最高价位为 25.5 美元，是当时利润的 20 倍。）尽管此后美国铝业利润的增长非常可观，但这种情况下，显然其未来的增长已经被市场价格严重高估了。美国铝业 1970 年年底的价格，恰好为 1959 年最高价位的一半，而同期西尔斯的价格增长到了原来的 3 倍，道琼斯几乎上涨了 30%。

应该指出的是，美国铝业的资本利润*仅能达到平均水平，或者是更低一些，而这可能是一个决定性的因素。只有当企业的盈利能力高于平均水平时，才能维持较高的市盈率。

此时，让我们把前一章讲过的"两步分析法"+应用于美国铝业。根据这一方法，可以计算出，美国铝业"以往的业绩价值"为道琼斯的 10%，即每股价格为 84 美元（道琼斯 1970 年的收盘价为 840 美元）。这样，该股票当时的 57.25 美元的价格似乎很有吸引力。

考虑到未来的不利影响，高级分析师应该将"以往的业绩价值"调低多少呢？坦白地讲，我们并不清楚这一点。假设分析师有理由相信，美国铝业 1970 年的收益仅为每股 2.50 美元（大大低于 1970 年），而道琼斯的预期价格会上升，

---

* 格雷厄姆使用的"资本利润"相当于传统意义上的账面回报——实际上等于净收益除以企业的有形资产净值。

+ 参见第 11 章相关内容。

股市很有可能要认真对待这一较差的业绩。但是，它真的会认为，曾经强大的美国铝业已经成为了一家非盈利的企业，并且认为其股价应低于其有形资产的价值吗？*（1971年美国铝业的价格从5月份70美元的高位，降到了12月份36美元的低位，而其账面值为每股55美元。）

美国铝业显然只是巨型工业企业的一个代表，但是我们认为，其市盈率的历史占其他大多数大企业相比更不平凡（甚至是情况相反的）。然而，这个例子在一定程度上表明，上一章中我们对典型工业企业评估方法可靠性的怀疑是有道理的。

---

* 近期的经历（以及大量的金融研究）表明，当迅速增长的企业突然报告利润下降时，市场会做出最不利的反应。就增长较为缓和且稳定的企业而言（比如格雷厄姆时代的美国铝业，以及我们这个时代的安海斯－布希和高露洁），如果所报告的利润较差，其股价的下降不会太严重。如果无法得以实现的话，更大的预期将导致更大的失望。不太高的预期即使达不到，也不会有太大的反应。因此，拥有成长股的最大风险，并不在于其增长将会停止，而仅仅在于其增长将会放缓。从长远看，这并不仅仅只是一种风险，而实际上是必然要发生的事。

第 12 章点评

> 与手持枪械的傻瓜相比，舞文弄墨的傻瓜更容易对你实施欺诈。
>
> ——波·迪德利

数字游戏

过去几年内，企业及会计师的行为已经显得十分不得体，如果格雷厄姆在世的话，也会大跌眼镜。在以大量的股票期权获取薪酬之后，企业的高管们意识到，仅仅借助于企业利润在几年之内的增长，他们就能够变得异常富有。[1] 大量的企业违背了会计精神（即便没有违背其字面含义）：将财务报告弄得无法理解；掩饰不利结果；隐藏费用；凭空捏造利润，等等。让我们来看一看其中的一些不光彩行为。

似乎！

或许最流行的一个会计骗局就是"预计"（pro forma）利润的大量使用。在华尔街有一个古老的说法：任何坏主意的出发点都是好的。预计利润的公布也不例外。预计利润的本意是通过对短期偏差和"不经常发生的"事件进行调整，以便更为真实地反映利润的长期增长。比如，所发布的预计利润可能会让人们看到，如果某公司刚刚收购的另一家企业已经成为该公司的成员满 12 个月的话，

---

[1] 关于股票期权如何有利于企业管理者（并非一定有利于外部股民），请参见第 19 章点评。

那么该公司在过去一年中的利润将是多少？

但是，随着20世纪90年代的进一步繁荣，一些企业还不能见好就收。我们来看一看关于预计利润具有欺骗性的几个例子。

- 1999年9月30日结束时的这一季度，InfoSpace公司公布自己的预计利润时，似乎并没有考虑到已经支付的1.599亿美元的优先股股息。
- 2001年10月31日结束时的这一季度，BEA Systems公司公布自己的预计利润时，似乎并没有考虑到已经支付其雇员行使股票期权所产生的1.93亿美元的个人所得税。
- 2001年3月31日结束时的这一季度，JDS Uniphase公司公布自己的预计利润时，似乎并没有考虑到已经支付400万美元的个人所得税；似乎并没有考虑到股票投资失误已经造成了700万美元的亏损；似乎也没有考虑到并购和商誉所带来的25亿美元的费用。

简而言之，预计利润使得企业可以向人们展示：如果没有失误，它们将会做得多么好。[2] 作为一个聪明的投资者，在预计利润这一点上，你惟一能做的就是忽略它们。

急于确认收入

2000年，电信行业的巨头奎斯特国际通信公司（Qwest Communications International Inc.）看上去实力很强大。尽管当年的股市下跌了9%以上，但该公司的股票下降幅度还不到5%。

但是，在奎斯特的财务报告中有一个奇怪的小发现。1999年年底，当电话簿刚一出版，奎斯特就决定确认来自电话簿的收益。但是，登载过黄页广告的

---

2 上述所有例子都直接来自于这些公司自己发布的新闻。如果我们都像企业那样，调整报告利润以对我们的行为做辩护的话，我们的日常生活将是多么的可笑——关于这方面的嘲讽，请参见罗布·沃克的文章《我的预期生活》（My Pro Forma Life，网址：http://slate.msn.com/?id=2063953），文中写道："……近期的工作午餐中有Smith & Wollensky餐馆提供的22盎司的排骨，以及3小杯的波旁威士忌，这些在此都看做一次性的费用。今后我再也不这样做了。"

客户都知道，许多企业是采用按月支付的方式来偿付这些广告费用的。真是莫名其妙！私下"改变会计准则"的做法，使其1999年的税后净利润增加了2.4亿美元，相当于奎斯特当年全部收益的五分之一。

正如冰山一角，急于确认利润经常是存在重大危险的迹象，奎斯特的情况正是如此。2003年年初，在查看了以前的财务报表之后，该公司承认：提前确认了出售设备的利润；不恰当地记录了外部服务的费用；不恰当地将成本当成了资本资产，而没有将其当成费用；不恰当地将资产置换当成了直接的销售。所有这一切加起来，使得奎斯特2000和2001年的销售收入被高估了22亿美元，其中包括前面所说的"改变会计原则"（此时已经纠正过来了）带来的8 000万美元的收入。[3]

违反资本方面的规定

20世纪90年代末，Global Crossing公司雄心勃勃。这家设在百慕大的公司，正在建设所谓的"首条一体化的全球光纤网络"。网络长达10万英里以上，主要分布在全球的洋底。连接全球之后，Global Crossing将向其他通信公司出售有线网络的使用权。仅1998年一年，Global Crossing在建设光纤网络方面就花费了6亿多美元。同一年，几乎三分之一的建设预算从收入中扣除了——以所谓的"出售设施的成本"的名义。如果没有这1.78亿美元的费用，该公司应该可

---

[3] 根据休伦（Huron）咨询集团提供的信息，2002年，奎斯特是修正以往财务报表的330家上市公司（这是有史以来的最高纪录）中的一家。关于奎斯特的所有信息，都来自于该公司向美国证券交易委员会提供的财务报告（年度报告、8K表和10-K表）。这些资料可以从EDGAR数据库中找到。"改变会计原则"的做法无须事后发现，奎斯特当时就完全公布了这一点。这一时期，奎斯特的股票表现如何呢？2000年年底，每股的价格为41美元，全部市场价值为679亿美元。到2003年年初，奎斯特的股价跌至4美元，整个公司的估价还不到70亿美元，亏损了90%。股价的下跌并非虚假利润导致的惟一坏结果。最近的研究表明，被美国证券交易委员会指控会计欺诈的27家样本企业，多支付了3.2亿美元的联邦所得税。尽管这笔钱中的大多数最终将由国税局退还，但大多数股东都不可能等待下去，并得到返款的好处。（参见：Merle Erickson, Michelle Hanlon, and Edward Maydew, "How Much Will Firms Pay for Earnings that Do Not Exist?" at http://papers.ssrn.com.）

以报告近 8 200 万美元的净利润——但是，所报告的净亏损达 9 600 万美元。

接下来的一年，Global Crossing 在 1999 年年度报告的一个不起眼的注释中称"开始使用服务合约会计"。该公司不再将大多数的建设成本作为费用，从出售网络设施的收入中直接扣除。相反，现在大部分的建设成本将不再看做营运费用，而是看做资本支出。因此，这将使该公司的资产总额增加，而不是使其净利润下降。[4]

不可思议！魔杖一挥，Global Crossing 的"财产和设备"资产就增加了 5.75 亿美元，而其销售成本只增加了 3.5 亿美元，尽管该公司在漫无边际地花钱。

资本支出是企业管理者增强企业实力的一个重要工具。但是，灵活的会计原则使得管理者可以通过将正常营运费用转变为资本资产来夸大其报告利润。从 Global Crossing 这个案例中可以看到，聪明的投资者一定要搞清楚公司资本化的来源及理由。

一个关于存货的故事

与许多半导体芯片制造商一样，美光科技公司（Micron Technology, Inc.）的销售额在 2000 年后开始下滑。事实上，需求的急剧下降给美光以沉重打击，以至于它不得不开始下调其存货的价值，因为客户显然不会按美光的报价来购买这些产品。在 2001 年 5 月结束的那个季度，美光将存货的价值记录砍去了 2.61 亿美元。大多数投资者并没有把这项减记看成正常的或经常性的营运成本，而是看成了一个特殊事件。

---

4 以前，Global Crossing 将大多数建设成本作为费用，从出售或出租网络使用权的收入中扣除了。客户一般会先期支付使用权的费用，但有些客户会在几年（有的长达 4 年）内分期支付。然而，Global Crossing 并没有将大多数收入先期入账，而是将其递延到了整个租赁期。可是，现在的情况下，由于网络的预期使用寿命长达 25 年，因此 Global Crossing 将其作为可折旧的长期资本资产。虽然这一做法符合公认会计准则，但人们并不清楚，为什么该公司在 1999 年 10 月 1 日之前没有使用这一做法，或者说，究竟是什么促成了这一转变。截至 2001 年 3 月，Global Crossing 股票总估值为 126 亿美元。2002 年 1 月 28 日，该公司提出了破产申请，从而使其普通股完全失去了价值。

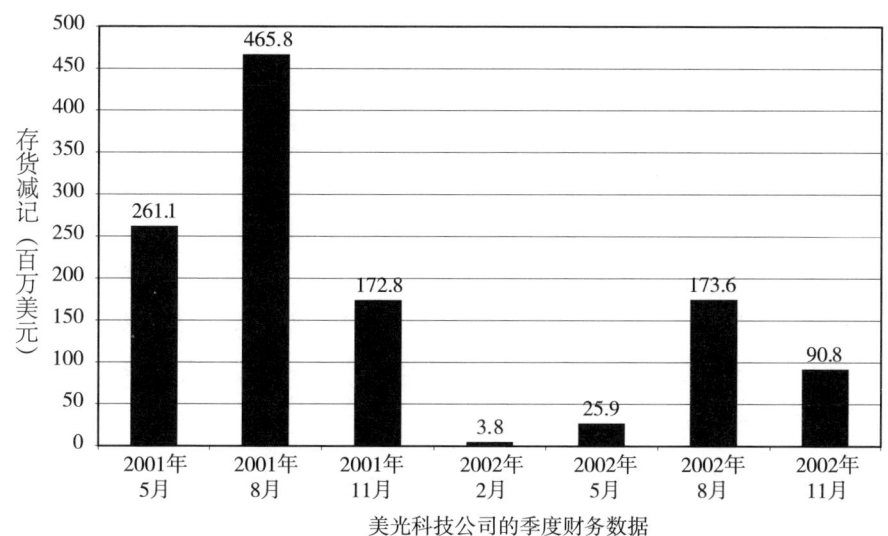

资料来源：美光科技公司的财务报告。

图 12-1　芯片存货柱形图

可是，我们来看随后发生的情况。

在随后的 6 个财务季度内，美光公司都做了存货减记。美光公司存货价值的下降是一次性的事件，还是一种常态呢？理性思考的人可以对这件事做出区分，但有一点是明确的：聪明的投资者必须始终小心那些不断发生的"一次性"成本。[5]

退休金方面的问题

2001 年，SBC 通信公司（它拥有 Cingular Wireless、Pac Tel 和新英格兰南部电话公司的权益）获得了 72 亿美元的净利润。在电信业能力过剩的情况下，这是一个耀眼的业绩。但是，这部分利润并非完全来自于 SBC 的业务，其中的 14 亿美元（占公司净收益的 13%）来自于 SBC 的退休金计划。

---

[5] 我要感谢金融分析与研究中心的 Howard Schilit 和 Mark Hamel，这个例子是由他们提供的。

由于 SBC 退休计划中的资金多于员工未来估计要获得的退休金，因此，该公司将这一差额当做当期收入。产生盈余的原因很简单：2001 年，SBC 将退休计划投资的预期回报从 8.5% 提高到了 9.5%，从而降低了如今需要划拨的退休金。

关于更加乐观的预期，SBC 的解释是："2001 年结束时每个 3 年期之内，我们实际的 10 年投资回报率都超过了 10%。"换句话讲，我们过去的回报率很高，因此，我们可以假设未来的回报率也很高。然而，这不仅不符合最基本的逻辑标准，而且还面对着如下的情况：利率即将降到历史最低水平，这将降低退休金组合中债券的未来收益。

实际上，巴菲特的伯克希尔－哈撒韦公司在同一年，将其退休金资产的预期收益率从 8.3% 降低到了 6.5%，SBC 认为其退休基金经理的业绩，能大大超过全球最优秀的投资者，你认为这现实吗？不太可能成为现实：2001 年，伯克希尔－哈撒韦退休基金的收益为 9.8%，而 SBC 的退休基金则亏损了 6.9%。[6]

在此，聪明的投资者要考虑这样几个重要的问题："退休金的净收益"会比公司的净利润高出 5% 吗？（如果是这样的话，当将来这些退休金收益不存在时，你还会对该公司的其他收益感到满意吗？）这里所假设的"退休金计划资产的长期回报率"符合情理吗？（截至 2003 年，任何高于 6.5% 的收益率都是不合情理的，而更高的收益只不过是幻想而已。）

给投资者的几点忠告

下面的几点建议，可以使你避免购买有会计隐患的股票。

从后往前看。当你研究某企业的财务报告时，从最后一页开始，慢慢地往前阅读。凡是企业不愿意你看到的东西都放在后面，这就是你应该首先查看后面的原因。

查看说明。在未阅读年度财务报告的有关说明之前，决不能去购买股票。

---

[6] 以"退休计划资产的实际回报"除以当年年初退休计划资产的全部净值，就可以大致估算出回报率。

通常，在"重要会计政策总结"这一栏中，有一个关键性的说明会告诉你，该公司如何确认收入，如何记录存货，如何对待分期付款或合约销售，如何分摊营销成本，以及如何记录其他一些主要的业务。[7] 在其他注释中，注意查看关于债务、股票期权、客户贷款、损失准备以及其他"风险因素"的信息，因为这些因素将吞食掉大量的利润。会使你的敏感神经抽动的其他一些技术术语有"资本化的""递延的"和"重组的"，等等。像"开始""改变"和"然而"等简单明了的英文词汇，则预示着公司已经改变了自己的会计行为。这些词语中的任何一个并不意味着你不应该购买该公司的股票，但它们表明，你应该做进一步的调查。一定要把这些注释内容至少与一个密切竞争企业财务报告中的注释进行比较，以查看你所关注的企业的会计师有多么激进。

阅读更多的内容。如果你是一个积极投资者，愿意在证券组合中花大量的时间和精力，那么你就应该更多地了解财务报告的内容。为了尽可能防止被变化多端的收益表所误导，这是惟一的办法。下面的 3 本书包含了大量适时的相关例子：Martin Fridson 和 Fernando Alvarez 合著的《财务报表分析》、Charles Mulford 和 Eugene Comiskey 合著的《财务数字游戏》，以及 Howard Schilit 所著的《财务骗术》。[8]

---

[7] 不要被乏味至极的会计注释中的措词所吓退。它们是特意用来阻止普通人进行阅读的——这也正是你必须要坚持的原因。比如，Informix 公司 1996 年年度报告中的一个说明内容是："公司一般会把向客户交付软件时的软件许可销售额确认为许可收入。然而，对于应付账款在 12 个月之内的部分计算机硬件制造商和获得许可的终端用户而言，公司将在客户通过合约承诺支付不可返还的最低许可费时，对收入加以确认——如果这些计算硬件制造商和许可的终端用户能满足公司所设立的某些标准的话。"直白地讲，Informix 公司是说，即使还没有将产品转售给"终端用户"（公司软件的实际客户），它也会给自己贷记产品收入。当美国证券交易委员会指控其存在会计欺诈时，Informix 公司后来调整了自己的销售收入，从而使得"销售额"一下子减少了 2.44 亿美元。这个例子充分表明，以怀疑的眼光阅读注释中的内容是非常重要的。我要感谢 Martin Fridson，这个例子是他推荐的。

[8] 参见：Martin Fridson and Fernando Alvarez, *Financial Statement Analysis: A Practioners' Guide* (John Wiley & Sons, New York, 2002); Charles W.Mulford and Eugene E.Comiskey, *The Financial Numbers Game: Detecting Creative Accounting Practices* (John Wiley & Sons, New York, 2002); Howard Schilit, Financial Shenanigans (McGraw-Hill, New York, 2002)。在简要介绍利润和费用以及资产和负债的基本原理方面，格雷厄姆自己的《财务报表解读》(*The Interpretation of Financial Statements*，纽约 HarperBusiness 出版社 1937 年出版，1998 年重印) 仍然是最优秀的著作。

第 13 章

对四家上市公司的比较

在本章，我们将给出证券分析方面的一个实际例子。我们随机地选择了在纽约股票交易所上市的四家公司（四家公司连续排列在一起）。它们是：ELTRA 公司（Electric Autolite 和 Mergenthaler Linotype 合并后成立的）、爱默生电气公司（Emerson Electric，电子和电气设备制造商）、Emery 航空货运公司（Emery Air Freight，本国的一家航空货运公司），以及埃姆哈特公司（Emhart Corp.，最初只生产瓶装机械，但现在也生产建筑工具）。*这三家制造企业大体上有些相似，但它们之间的差别似乎更大一些。只有获得足够多的财务和营运数据后，才能做出相关的考查。

在表 13-1 中，我们简要列出了四家公司 1970 年年底的销售情况，以及 1970 年的几项业务数据。然后，我们对部分关键比率进行详细分析，这些比率既与业绩有关，也与价格有关。我们对业绩趋势的各种特征与相关价格趋势的吻合程度进行了分析。最后，我们将对这四家公司进行考查，以一个稳健的普通股投资者的要求进行一些比较，寻找其中的联系，并对每家公司做出评估。

四家公司最明显的特征在于，市盈率的差别要远大于其经营业绩或财务状

---

* 格雷厄姆给出的四家公司中，如今只有爱默生电气仍然像以前那样在经营。ELTRA 公司已经不再是一家独立的公司。20 世纪 70 年代，它与 Bunker Ramo 公司合并后，业务是利用早期的计算机网络向经纪公司提供股票报价。ELTRA 公司目前剩余的业务成为霍尼韦尔（Honeywell）公司的一部分。以前的 Emery 航空货运公司现在是 CNF 公司的一个部门。埃姆哈特公司于 1989 年被 Black & Decker 公司收购了。

表 13-1 对四家上市公司的比较

	ELTRA 公司	爱默生电气	Emery 货运航空	埃姆哈特
A. 资本				
普通股股价（1970 年 12 月 31 日）	27	66	57.75	32.75
普通股股份数	7 714 000	24 884 000[a]	3 807 000	4 932 000
普通股市值	$208 300 000	$1 640 000 000	$220 000 000	$160 000 000
债券和优先股	8 000 000	42 000 000		9 200 000
总资本	216 300 000	1 682 000 000	220 000 000	169 200 000
B. 收益项目				
销售收入（1970 年）	$454 000 000	$657 000 000	$108 000 000	227 000 000
净收益（1970 年）	20 773 000	54 600 000	5 679 000	13 551 000
每股收益（1970 年）	$2.70	$2.30	$1.49	$2.75[b]
每股收益（1968~1970 年平均值）	2.78	2.10	1.28	2.81
每股收益（1963~1965 年平均值）	1.54	1.06	0.54	2.46
每股收益（1958~1960 年平均值）	0.54	0.57	0.17	1.21
当期股息	1.20	1.16	1.00	1.20
C. 资产负债项目（1970 年）				
流动资产	$205 000 000	$307 000 000	20 400 000	$121 000 000
流动负债	71 000 000	72 000 000	11 800 000	34 800 000
普通股净资产	207 000 000	257 000 000	15 200 000	133 000 000
每股账面值	$27.05	$10.34	$3.96	$27.02

a. 考虑到了优先股的转换。
b. 扣除了每股 13 美分的特殊费用。
c. 截止于 1970 年 9 月。

况之间的差别。两家公司（ELTRA 和埃姆哈特）的股价都不是很高，分别为 1968~1970 年平均利润的 9.7 倍和 12 倍，而同期的道琼斯工业平均指数的市盈率为 15.5 倍。另外两家公司（爱默生和 Emery）的股价很高，分别为其利润的 33 倍和 45 倍。必然有某些原因导致了如此大的差别，后来人们发现，原因在于近几年一些处于有利环境的企业（尤其是货运公司）利润在高速增长。（但是，其他两家企业的增长数据也并不坏。）

表 13-2 对四家上市公司的比较（续表）

	ELTRA	爱默生电气	Emery 航空货运	埃姆哈特
B. 比率				
市盈率（1970 年）	10.0 倍	30.0 倍	38.5 倍	11.9 倍
市盈率（1968~1970 年）	9.7 倍	33.0 倍	45.0 倍	11.7 倍
股价 / 账面值	1.00 倍	6.37 倍	14.3 倍	1.22 倍
净利润 / 销售收入（1970 年）	4.6%	8.5%	5.4%	5.7%
每股净收益 / 账面值	10.0%	22.2%	34.5%	10.2%
股息收益率	4.45%	1.78%	1.76%	3.65%
流动资产 / 流动负债	2.9 倍	4.3 倍	1.7 倍	3.4 倍
营运资本 / 债务	很大	5.6 倍	无债务	3.4 倍
每股收益增长：				
1968~1970 年相对于 1963~1965 年	+81%	+87%	+135%	+14%
1968~1970 年相对于 1958~1970 年	+400%	+250%	很大	+132%
C. 价格记录				
1936~1968 年最低价	0.75	1	0.125	3.625
最高价	50.75	61.5	66	58.25
1970 年最低价	18.625	42.125	41	23.5
最高价	29.375	78.75	72	44.375

为了进行更全面的分析，让我们简要地考查一下表中数据所显示的各项主要业绩。

1. 盈利能力。（a）从账面价值看，所有公司都有令人满意的利润，但爱默生和 Emery 的数据要大大高于另外两家公司。每股收益年增长率较高和投资资本回报率较高，通常会同时出现。* 与 1961 年相比，除 Emery 之外的所有公司 1969 年的账面利润都要更高一些。但是，Emery 在这两个年份的数据都非常高。（b）就制造企业而言，每一美元销售额的利润，通常反映了其相对的优势或劣势。在此我们使用了"营运收入与销售额之比"，这与标准普尔《上市公司股份报告》

---

* 这一指标可以从表 13-2 中的"每股净收益 / 账面值"这一行看到，它反映了公司的净利润占其有形资产账面值的百分比。

中的一样。这方面，四家公司的结果也都是令人满意的，其中爱默生的结果尤其引人注目。各个公司 1961 年和 1969 年之间的变化情况有很大的差别。

2. 稳定性。这方面，我们通过将过去 10 年中每股收益下降幅度最大的那一年的情况，与前 3 年的平均情况进行对比来判断。没有下降意味着 100% 的稳定性，两家受欢迎的企业都有这样的记录。但是，ELTRA 和埃姆哈特在 1970 年这个"不好的年份"的下降都很温和；按照我们的计算，每家公司只为 8%，而道琼斯工业平均指数的这项数据为 7%。

3. 增长。市盈率较低的两家企业的增长率都非常令人满意，两家企业的情况都要好于道琼斯群体。考虑到其较低的市盈率，ELTRA 公司的数据尤其引人注目。当然，市盈率更高的两家公司的增长率给人印象更深。

4. 财务状况。三家制造企业的财务状况很好，其结果要好于流动资产与流动负债之比等于 2 这一标准比率。Emery 航空货运公司的比率要低一些，但该企业属于不同的类别，而且，由于其过去的记录很好，因此筹集所需资金不会成问题。所有公司的长期债务所占比重都较低。"稀释"方面的说明：1970 年年底，爱默生电气公司拥有市值为 1.63 亿美元的低股息可转换优先股。在我们的分析中，已经采用通常的做法（假设优先股都转换为普通股）对稀释因素进行了考虑。这将使得目前的每股收益减少大约 10 美分，即减少大约 4%。

5. 股息。真正重要的是持续不断的股息支付记录。在此，记录最好的是埃姆哈特公司——自从 1902 年以来，它就没有中断过股息的支付。ELTRA 的记录很好，爱默生的记录相当令人满意，Emery 货运公司则是后起之秀。股息支付率之间似乎没有太大的差别。与市盈率相对应，"价格较低的两种股票"的当期股息收益率，是"价格较高的两种股票"的两倍。

6. 股价变化的历史。四家企业股价的增长速度，将给读者留下深刻的印象——这可以从过去 34 年间，最低点位和最高点位的对比中看到。（各种情况下的最低价格，都考虑到了随后的股票分割。）请注意，道琼斯工业平均指数的最高价和最低价之比大约为 11:1，而我们几家公司的差别为：埃姆哈特"只

---

* 就各个企业而言，格雷厄姆所指的是表 13-2 中 C 部分的内容，并且都是以 1936~1968 年期间的最高价除以最低价。比如，Emery 的最高价 66 除以最低价 1/8 等于 528，即最高价与最低价的比率为 528 比 1。

有"17∶1，而 Emery 航空货运公司则超过了 528∶1。*价格的这种多倍上涨是以往大多数普通股的一个特征，这表明过去的普通股市场存在着巨大的盈利机会。（但是，这也同时表明，1950 年前熊市的下跌是多么严重——当时的价格处于最低点。）1969~1970 年价格暴跌期间，ELTRA 和埃姆哈特股价的缩水都超过了 50%。爱默生和 Emery 的价格下跌更严重，但受到的压力更小一些。前者在 1970 年年底之前、后者在 1971 年年初反弹到了新的最高点。

对四家公司的总体评价

爱默生电气公司拥有巨额的总市值——比其余三家公司的总和还要大许多。*它是我们所认为的"商誉巨头"——这一点留待后面解释。无论记忆好坏，分析师都能想起爱默生电气与仙力牌收音机（Zenith Radio）的相似之处，但这并不能给人以安慰。仙力的快速增长曾经持续许多年，它的市值也达到了 17 亿美元（1966 年）。但是，其利润在 1968 年为 4 300 万美元，而 1970 年则下降了一半。在 1970 年的疯狂抛售过程中，其股价降到了 22.5 美元，而以前的最高价为 89 美元。价格的高估带来了巨大的风险。

以未来的增长率衡量，Emery 航空货运公司在四家公司中一定是前景最看好的——如果其利润最高时，近 40 倍的市盈率能部分实现的话。显然，公司过去的增长非常引人注目。但未来的增长不一定会如此，因为公司起步的规模很小，1958 年的净利润只有 57 万美元。事实证明，当营业额和利润总额已经上升到很高的时候，继续保持高增长会更加困难。最令人惊讶的是，1970 年 Emery 的利润和股价还在快速增长，而这一年国内客运航空业的业绩最差。的确，这是一个很不错的成就，但是问题在于，未来的利润是否受到不利因素（竞争的加剧，以及货运代理人和航空公司之间新的业务竞争等）的影响。在对这些方面做出可靠判断之前，需要进行细致的研究。但是，在进行总体分析时，稳健的投资者不可能不考虑这些因素。

---

* 1970 年年底，从当时一般的股市规模来看，爱默生 16 亿美元的市值的确是"非常巨大"。2002 年年底，爱默生普通股的总市值大约为 210 亿美元。

埃姆哈特和 ETRA。过去 14 年内,埃姆哈特的业务要好于其股市的表现。1958 年,其股价为当期利润的 22 倍,这几乎与道琼斯工业平均指数的比率相同。此后,该公司的利润增加到了原来的 3 倍,而道琼斯的增加幅度还不到 1 倍。然而,该公司 1970 年的收盘价只比 1958 年的最高价高出三分之一,而道琼斯却高出了 43%。ELTRA 的记录有些类似。两家公司似乎在目前的市场上都失去了魅力或"性感",但是从所有统计数据来看,它们都表现得十分出色。至于它们的未来前景,我们在此不能给出审慎的建议。但是,下面列出了 1971 年标准普尔对四家公司的判断。

ELTRA——"长期前景:某些业务是周期性的,但是,现有的竞争地位和业务的多元化可以起到一些抵消作用。"

爱默生电气——"尽管从目前来看,股价(71 美元)是恰当的,但从长远看,股票还有吸引力。……持续的并购政策,加上产业领域的稳固地位以及加速国际化的项目,这一切均表明其销售和利润都将进一步增加。"

Emery 航空货运公司——"从目前来看,股价(57 美元)似乎被大幅高估,但从长远看,还是值得持有。"

埃姆哈特公司——"尽管本年度由于玻璃容器行业的资本支出较低而受到了限制,但利润会因为 1972 年业务环境的改善而增加。股票(现价为 34 美元)值得持有。"

结论:许多分析师都会认为,爱默生和 Emery 的股票比另两家公司的更有吸引力,其主要原因或许在于两方面:一是其股票的"市场表现"更佳;二是其利润的近期增长更快。根据审慎投资的原则,第一个原因并不能作为选择的理由,那是投机者要考虑的因素。第二个原因具有合理性,但其作用有限。Emery 航空货运公司过去的增长情况以及看好的前景,能够证明目前 60 倍市盈率的合理性吗?[1] 我们的答案如下:对于深入研究过该公司的可能性,然后得出极为可靠和乐观结论的人而言,答案或许是肯定的。但是,对于细心的投资者而言,答案是否定的——这些人想要事先合理确认,在收益和股市的良好表现

---

* 格雷厄姆的观点是正确的。1972 年,在最流行和价格最高的"50 只走俏大盘股"中,Emery 的表现最差。据 1982 年 3 月 1 日出版的《福布斯》提供的报告,从 1972 年开始,Emery 的股票价

方面不犯华尔街通常所犯的过于乐观的错误。*就爱默生电气而言，尤其是在市场对超过10万亿美元的无形资产（或盈利能力）的当期估价这一因素方面，同样需要表示谨慎。我们还要指出的是，在不利的时期，曾经作为股市宠儿的"电子行业"已经整体萎缩了。爱默生是一个明显的例外，但是，要想使得1970年的收盘价完全得到其随后业绩的证实，它还必须在未来继续保持许多年的例外高速增长。

相反，ELTRA的27美元的股价和埃姆哈特的33美元的股价，均表明这些公司的股价有足够的价值作为支撑，因此，其投资能得到合理的保护。这样，投资者（如果愿意的话）可以认为自己基本上是企业的部分所有者——自己支付的代价相当于资产负债表中所反映的投资价值。+公司投资资本的利润率一直都是令人满意的，利润的稳定性也是令人满意的，以往的增长业绩也十分令人满意。两家公司都能满足我们对防御型投资者证券组合提出的7项统计要求。这些内容将在下一章进一步阐述，但我们先将其列在这里：

1. 相当的规模。
2. 足够强劲的财务状况。
3. 至少在过去20年内连续支付过股息。
4. 过去10年内没有负的利润。
5. 10年内每股收益至少增长三分之一。
6. 股价不高于净资产价值的1.5倍。
7. 过去3年内的平均市盈率不超过15倍。

我们对ELTRA和埃姆哈特未来的盈利状况不做出预测。在投资者分散化的

值损失了72.8%（考虑到通货膨胀因素之后）。根据明尼阿波利斯的路佛（Leuthold）集团的投资研究者提供的数据，到1974年年底，Emery的股票已经下降了58%，其市盈率从64倍下降到了仅有15倍。格雷厄姆所警告的"过度乐观"很快就被扼杀了。时间的流逝能对这种过度狂热造成的损失做出弥补吗？并非始终如此：路佛集团的计算表明，1972年投入Emery的1 000美元，在1999年只值839美元。20世纪90年代末期，购买被高估的网络股的人们，即便最终能达到盈亏平衡的话，但在10多年内可能也无法达到这一目标（参见第20章点评）。

+ 格雷厄姆的观点是，从当时的价格来看，投资者购买这两家公司的股票所支付的钱，只是稍稍高于其账面价值——正如表13-2中B部分的第三行所反映的。

普通股名单中，必然会有一些令人失望的股票。这种情况可能会发生在这两种股票中的某一种身上，或同时发生在这两种股票身上。但是，依据上述选择原则以及投资者希望使用的其他合理标准而建立起来的多样化股票组合本身，将在随后的年份中有着足够好的表现。至少，长期的经验已经告诉了我们这一点。

总结：即使接受我们对这四家公司所做的一般分析，一位有经验的证券分析师也不会轻易向人们建议，1970年年底持有爱默生和Emery股票的人，应该改为持有ELTRA和埃姆哈特的股票——除非股票持有人能够清楚地理解隐藏在该建议背后的理念。没有理由期望短期内两种低市盈率股票的表现，将会超过高市盈率股票。高市盈率来自于市场的强烈判断，因此有相当程度的支撑力量，而这种力量可能会持续一定的时期。客户认为ELTRA和埃姆哈特要优于爱默生和Emery的原因，是经过思考后得出的结论：自己喜欢价值类投资，而不喜欢冒险类的投资。因此，普通股投资策略在很大程度上取决于投资者个人的态度。下一章我们将更深入地分析这一内容。

第 13 章点评

> 空军部队有一个规则：核查六点钟方向。一个家伙正在往前飞，观察各个方向，并感到非常安全。另一个家伙在其后方爬升（处于"六点钟"的位置——"十二点钟"位于正前方），然后开火。大多数飞机都是这样被打下来的。认为自己是安全的是一种非常危险的想法！你必须发现某个地方的薄弱环节。你必须始终核查六点钟方向。
>
> ——美国空军将领 Donald Kutyna

E 字打头的企业

让我们像格雷厄姆那样对四种股票进行对比。我们使用的是 1999 年 12 月 31 日财务报告中的数据——这一时间可以使我们看到一些股市有史以来出现的最严重的极端价格。

爱默生电气公司（股票交易代码：EMR）成立于 1890 年，是格雷厄姆当初所举出的四家企业中惟一的幸存者。该公司提供种类繁多的产品，其中包括电动工具、空调设备和电动马达。

EMC 公司（股票交易代码：EMC）的历史可以追溯到 1979 年。它的业务是使得一些公司可以在计算机网络上自动储存电子信息。

华盛顿康捷国际物流公司（股票交易代码：EXPD）于 1979 年在西雅图成立。它帮助发货人组织并追踪货物在全球的运送。

Exodus 通信公司（股票交易代码：EXDS）向公司类客户提供和管理网站，同时还有其他一些互联网服务。它于 1998 年 3 月首次向公众发售股份。

表 13-1　对 E 字打头的四家公司的估值

	爱默生电气公司	EMC 公司	Exodus 通信公司	华盛顿康捷国际物流公司
资　本				
每股收盘价（美元，1999 年 12 月 31 日）	57.37	54.62	44.41	21.68
总收益率（%，1999 年）	−3.1	157.1	1 005.8	109.1
总市值（百万美元，1999 年 12 月 31 日）	24 845.9	111 054.3	14 358.4	2 218.8
总债务（百万美元，包括优先股）	4 600.1	27.1	2 555.7	0
利　润				
总销售收入（百万美元，1999 年）	14 385.8	6 715.6	242.1	1 444.6
净利润（百万美元，1999 年）	1 313.6	1 010.6	−130.3	59.2
利润年均增长率（%，1995~1999 年）	7.7	28.8	NM	19.8
每股收益（EPS，1999 年，完全稀释后的美元值）	3.00	0.53	−0.38	0.55
EPS 年均增长率（%，1995~1999 年）	8.3	28.8	NM	25.8
年度股息（每股美元值，1999 年）	1.30	0	0	0.08
资产负债				
流动资产（百万美元）	5 124.4	4 320.4	1 093.2	402.7
流动负债（百万美元）	4 590.4	1 397.9	150.6	253.1
每股账面值（美元，1999 年 12 月 31 日）	14.27	2.38	0.05	2.79
价　值				
市盈率（倍）	17.7	103.1	NM	39.4
价格/账面值（倍）	3.7	22.9	888.1	7.8
净利润/销售收入（%，净利润率）	9.2	17.4	NM	4.1
净利润/账面值（%）	21.0	22.2	NM	19.7
营运资本/负债（倍）	0.1	107.8	0.4	无债务
市值/销售收入（倍）	1.7	16.5	59.3	1.5

资料来源：Value line, Thomson / Baseline, Bloomberg, finance.Yahoo.com., the companies' SEC filings。

说明：所有数据都考虑到了后来的股票分割。负债、销售收入和利润都以财务年度为单位。市值：普通股总价值。NM：无意义。

下表概括了1999年年底这几家公司的股价、业绩和估值情况。

电气企业的表现并不令人振奋

在格雷厄姆列举的四种股票中，爱默生电气的价格最为昂贵。但在我们新的一组企业中，爱默生的价格是最便宜的。由于属于旧经济产业，20世纪90年代末，爱默生失去了吸引力。（在互联网时代，谁还会去关注爱默生产的重型干湿真空吸尘器呢？）公司的股价陷入了长期低迷。1998年和1999年，爱默生的股票累计滞后于标准普尔500指数49.7个百分点，这是一个令人沮丧的不良业绩。

然而，这是爱默生公司股票的情况。爱默生公司的业务情况如何呢？1999年，爱默生出售了价值达144亿美元的商品和服务，比前一年增加了近10亿美元。爱默生从这些收入中赚取了13亿美元的净利润，比1998年增长了6.9%。前5年中，每股收益以平均8.3%的速度强劲增长。爱默生的每股股息增长1倍多，达到了1.3美元；账面值从每股6.69美元增加到了14.27美元。根据价值线公司提供的数据，整个20世纪90年代，爱默生的净利润率和资本回报率这两个反映其业务效率的关键性指标一直都很强劲，分别为9%和18%。此外，爱默生的利润连续增长达42年之久，股息连续增长长达43年之久，这是美国企业稳步增长时间最长的一个例子。1999年年底时，爱默生的股价为其每股净收益的17.7倍。与其生产的电动工具一样，爱默生从不耀眼，但却是可以信赖的——而且没有出现过过热的现象。

EMC公司能够快速增长吗

EMC公司是20世纪90年代股票表现最佳的一家公司——股价上升（或飞涨）速度超过了810倍。如果在1990年年初，你有EMC公司1万美元的投资，那么1999年年底，你的投资价值将上涨到810万美元以上。仅1999年一年，EMC的股票回报率就达到了157.1%——这超过了爱默生从1992年到1999年8

年间的总回报。EMC从未支付过股息,相反,它将所有的利润"用于公司的持续发展"。[1]按12月31日54.625美元的股价来看,EMC股票的交易价格为该公司全年报告利润的103倍——几乎是爱默生股票估价水平的6倍。

EMC的业务状况如何呢？1999年业务收入增长了24%,达到了67亿美元。其每股收益从一年前的61美分,激增到了1999年的92美分,增长达51%。在截至1999年的5年内,EMC的利润以28.8%的年增长率急速增长。而且,由于每个人都认为电子商务浪潮会持续下去,因此其未来前景更加光明。整个1999年,EMC的负责人不断地预测,2001年的业务收入将达到100亿美元——比1998年增加54亿美元。[2]这要求年增长率达到23%。对于如此大规模的一家公司而言,这将是一个惊人的增长速度。然而,华尔街的分析师及大多数投资者都确信,EMC能够做到。毕竟,在过去的5年中,EMC的销售收入增加了一倍多,其净利润超过了两倍。

然而,根据价值线公司提供的数据,从1995年到1999年,EMC的净利润率从19%下滑到了17.4%,其资本回报率从26.8%降到了21%。虽然还有较高的盈利,但EMC已经在走下坡路。1999年10月,EMC并购了Data General公司,从而使得自己当年的业务收入大约增加了11亿美元。直接将Data General所带来的收入扣除之后,我们可以看到,EMC已有的业务量,从1998年的54亿美元只增加到了1999年的56亿美元,上涨幅度只有3.6%。换句话讲,EMC的实际增长率几乎为零——即便在计算机"千年虫"恐慌使得许多公司在

---

1 正如我们将在第19章看到的,在实践中,这种理由经常意味着"向公司高管财富的持续增长提供资金"。

2 1999年12月30日,EMC的首席执行官Michael Ruettgers出现在美国全国广播公司财经频道(CNBC)。主持人Ron Insana问他,"2000年及其以后"的情况,是否会与20世纪90年代一样出色。Ruettgers自豪地说:"实际上增长似乎正在加速。"当Insana问EMC的股价是否被高估时,Ruettgers回答说:"我认为,当你看到我们面对的发展机遇时,就会感到商机几乎无限。……因此,尽管人们难以预测这些股价是否被高估,但却存在着这样一个重大的变化:如果你在今天能够发现赢家(我坚信EMC就是其中的一位赢家),那么你在未来就会有丰厚的回报。"

新技术方面的花费创下历史纪录的情况下。[3]

货运公司的简单情况

与 EMC 不同，康捷国际物流公司从未出现过飞速增长。尽管 20 世纪 90 年代该企业的股价年增长率为 30%，但其中大部分增长来自于最后一年——1999 年股票的回报率快速增长了 109.1%。此前的一年，康捷的股票仅上涨了 9.5%，落后于标准普尔 500 指数 19 个百分点。

公司的业务状况如何？实际上，康捷的增长非常迅速：从 1995 年开始，其业务收入年增长率达 19.8%；到 1999 年结束时，业务量达 14 亿美元，这一时期几乎增加了两倍。每股收益的年增长率达 25.8%，股息年增长率高达 27%。康捷公司没有长期债务，其营运资本自 1995 年后几乎增加了一倍。根据价值线公司提供的数据，康捷的每股账面值上升了 129%，其资本回报率达 21%（上升了三分之一以上）。

无论以任何标准来衡量，康捷都是一家优秀的企业。但是，这家小型货运公司（设在西雅图，而许多业务位于亚洲）在华尔街却几乎没有什么名气。其股份只有 32% 被机构投资者持有。事实上，康捷公司只有 8 500 名股东。1999 年倍增之后，该公司的股价为当年净利润的 39 倍。这并不太低，但是却大大低于 EMC 令人头晕的估价。

应许之地？

截至 1999 年年底，Exodus 通信公司似乎将自己的股东直接带入了福地。

---

[3] 计算机"千年虫"或"千年问题"是指，人们认为进入 2000 年 1 月 1 日凌晨的一瞬间，全球上百万台计算机将停止工作。其原因在于，20 世纪 60 年代和 70 年代的程序设计者，在其运行编码中没有考虑到时间越过 1999 年 12 月 31 日的情况。1999 年美国的企业花费了数十亿美元以确保其计算机"符合 2000 年的要求"。最终，2000 年 1 月 1 日凌晨 12:00:01 到来时，一切都运行正常。

1999 年的股价激增了 1 005.8%，足以使得 1 月 1 日的 1 万美元投资，在 12 月 31 日变成 11 万美元。华尔街著名的网络股分析师（包括美林证券的重量级分析师亨利·布洛杰特在内），都预测该公司的股票在随后一年中还将上涨 25%~125%。

在网络股交易者（他们从 Exodus 的股票中获得了大量的收益）看来，最为有利的是，1999 年该公司的股票进行了三次 2 比 1 的分割。在 2 比 1 的股票分割中，公司的股份数将增加一倍，股价将下降一半。因此股东拥有的股份最终为原来的两倍，而每股价格只有以前的一半。这有什么了不起的？假如你给我一个 10 美分的硬币，而我返还给你两个 5 美分的硬币，并问"你感到现在更富有了吗？"你可能会说我是一个傻瓜，或者说，我误认为你是一个傻瓜。可是，在 1999 年互联网股市的狂热中，网络交易商的行为似乎就是认为，两个 5 分的硬币要比一个 10 分的硬币更值钱。事实上，仅仅按 2 比 1 进行股票分割的消息，就能使其股价立即上涨 20% 或更多。

为什么会这样？因为拥有更多的股份会使人们感到更加富有。某人在 1 月份买的 Exodus 公司的 100 股，经过 4 月份的分割后就变成了 200 股；8 月份的 200 股又变成了 400 股；12 月份 400 股又变成了 800 股。使这些人感到振奋的是，起初他们只有 100 股，但是现在却增加了 700 股。他们感觉似乎是"发现了财路"，而从不考虑每一次分割，都将使股价下降一半。[4] 1999 年 12 月，一位购买了 Exodus 股票的得意洋洋的股民（其网名为"给我一美元"）兴奋地在网上发帖子称："我将把这些股票保留到我 80 岁为止，（因为）随后经过上百次的股票分割之后，我将要成为 CEO 了。"[5]

Exodus 的业务状况如何？格雷厄姆将不会去碰该公司的股票。Exodus 的业务收入呈爆炸式增长——从 1998 年的 5 270 万美元，增加到了 1999 年的 2.421 亿美元。但是，1999 年的这些业务导致了 1.303 亿美元的亏损，几乎为前一年亏损额的两倍。Exodus 总共有 26 亿美元的债务，而且急需资金，因此仅在 12 月它就借了 9.71 亿美元。根据 Exodus 的年度报告，这笔新的借款将使它下一年

---

[4] 关于对股票分割这种荒唐行为的更多分析，请参见：Jason Zweig, "Splitsville," *Money*, March, 2001, pp.55-56。

[5] 帖子号码为 3622。1999 年 12 月 7 日写在 Exodus 通信公司 Raging Bull 网站的信息公告栏上（http://ragingbull.lycos.com/mboard/boards.cgi?board=EXDS&read=3622）。

的利息支出增加5 000多万美元。1999年年初，该公司的现金为1.56亿美元，即使通过新的融资又筹集了13亿美元，但这一年结束时的现金余额只有10亿美元——这意味着，1999年，公司的业务吃掉了4亿多美元现金。这种公司如何去偿还自己的债务呢？

但是，网络股交易者显然只关注股票的上涨幅度及速度，而不会去关注公司是否稳健。网名为"Launch_Pad1999"的一位交易者夸耀道："这只股票将继续无止境地上涨。"[6]

Launch_Pad荒谬的预测——何谓"无止境"？——正好提醒人们要记住格雷厄姆经典的告诫。格雷厄姆告诉我们：

> "如今的投资者是如此关注对未来的预期，以至于已经事先付出了巨大的代价。这样，即使他大力进行细心的研究，得出的预测结果成为现实，也有可能仍然无法获利。如果预测的结果没有完全实现，他实际上将面临着严重的短期亏损甚至是永久性的亏损。"[7]

四家公司的结果如何

这四种股票1999年之后的表现如何？

2000年，爱默生电气又获得了40.7%的收益。尽管其股票在2001和2002年均出现了亏损，但2002年结束时的价格，比1999年最后的价格下降了不到4%。

2000年，EMC的股价也上涨了，其盈利达21.7%。然而，2001年，其股价降了79.4%，2002年又降了54.3%。这使得股价比1999年年底的水平低88%。预测2001年的业务收入为100亿美元，其结果如何？这一年EMC最终的业务收入只有71亿美元（并且有5.08亿美元的净亏损）。

与此同时，对于康捷国际来说，似乎根本没有出现熊市，其股价在2000年

---

[6] 帖子号码为3910。1999年12月15日写在Exodus通信公司Raging Bull网站的信息公告栏上（http://ragingbull.lycos.com/mboard/boards.cgi?board=EXDS&read=3910）。

[7] 参见本书附录4中格雷厄姆的演讲"普通股领域新的投机"。

增长了 22.9%，2001 年增长了 6.5%，2002 年又增长了 15.1%——2002 年结束时的股价几乎比 1999 年年底的高出 51%。

Exodus 的股价 2000 年下降了 55%，2001 年下降了 99.8%。2001 年 9 月 26 日，Exodus 依照破产保护法第 11 章提出了破产申请。该公司的大多数资产被英国的电信巨头 Cable & Wireless 收购了。未能将自己的股东带入应许之地，相反，Exodus 将他们流放到了荒野之中。2003 年年初，Exodus 股票的最后交易价为每股 1 美分。

第 14 章

防御型投资者的股票选择

现在,我们要将证券分析方法应用于更广泛的领域。因为我们已经概括地向两类投资者推荐了应该采纳的投资策略,*因此,现在我们要介绍,为了实施这些策略该如何进行证券分析。采纳我们建议的防御型投资者,只会购买高等级的债券以及多样化的优质普通股。他们必须以实际标准来判断自己购买的普通股价格没有严重高估。

在确定分散化的组合时,防御型投资者有两种可供选择的方法:类似道琼斯的证券组合以及定量检验的证券组合。按照第一种方法,他实际上要获得这些优质股的横向分析样本,其中既包括一些增长较快的公司(其股票的市盈率非常高),也包括一些不太受欢迎和股价不太高的企业。要做到这一点,最简单的办法或许就是,以相同的数额购买道琼斯工业平均指数中的所有 30 种股票。在平均指数为 900 的情况下,如果每种股票买入 10 股的话,总共将要花费大约 16 000 美元。[1] 根据以往的业绩记录,购买几种具有代表性的投资基金的股份,投资者将来能获得大致与以前相同的结果。+

按照第二种选择,在每次购买证券时,都要使用一套标准,以确保:(1)公司过去的业绩以及当期的财务状况达到某一最低的标准;(2)利润和资产与股价之比达到某一最低的数量。在前一章的结尾,我们列出了选择特定股票时的 7 项质量和数量标准。下面我们逐一进行介绍。

---

* 在第 4~7 章的内容中,格雷厄姆介绍了他所推荐的投资策略。

+ 正如我们已经在第 5 章和第 9 章的点评中介绍过的,如今的防御型投资者,可以直接通过购买低成本的指数基金来达到这一目的,最好是购买能跟踪美国股市总体回报率的基金。

1. 适当的企业规模

我们所提出的各项最低限额要求都是主观武断的，尤其在企业规模方面。这么做是要把小公司排除在外，因为小公司更容易发生变化，尤其是在工业领域。（此类企业中经常会有很好的机会，但我们认为，它们并不适合于防御型投资者的需要。）让我们给出大致的数额：就工业企业而言，年销售额不低于 1 亿美元；就公用事业企业而言，总资产不低于 5 000 万美元。

2. 足够强劲的财务状况

就工业企业而言，流动资产至少应该是流动负债的两倍——所谓的二比一的流动比。同时，长期债务不应该超过流动资产净额，即"营运资本"。就公用事业企业而言，负债不应该超过股权（账面值）的两倍。

3. 利润的稳定性

过去 10 年中，普通股每年都有一定的利润。

4. 股息记录

至少有 20 年连续支付股息的记录。

5. 利润增长

过去 10 年内，每股收益的增长至少要达到三分之一（期初和期末使用三年平均数）。

6. 适度的市盈率

当期股价不应该高于过去 3 年平均利润的 15 倍。

7. 适度的股价资产比

当期股价不应该超过最后报告的资产账面值的1.5倍。然而，当市盈率低于15倍时，资产乘数可以相应的更高一些。根据经验法则，我们建议，市盈率与价格账面值之比的乘积不应该超过22.5。（这相当于15倍的市盈率，乘以1.5倍的账面值。同时，也可以是这样的股票：9倍的市盈率和2.5倍的资产价值等等。）

总结：这些要求是专门针对防御型投资者的需求和特征而给出的。它们以两种相反的方式，将绝大多数的普通股排除在证券组合之外。一方面，它们要排除下列公司：（1）规模太小；（2）财务实力相对较弱；（3）过去10年中有赤字记录；（4）没有在长时间内连续支付股息的历史。在目前的金融条件下，所有最严格的检测标准都是判断财务实力的指标。近几年，许多大企业和实力曾经雄厚的企业，都出现了流动比的弱化或债务的扩张。

我们最后的两个标准，可以从相反的方向进行排除：要求每一美元股价拥有更多的利润和更多资产，从而排除流行的股票。这决不是经济分析师标准的看法；事实上，大多数分析师坚持认为，即使保守型投资者也可以以较高的价格购买优秀企业的股票。在上文中我们阐述了相反的观点。这种观点主要建立在缺乏适当安全性的基础之上，即股票的价值主要依赖于未来利润的不断增长。读者自己必须对这个重要的问题做出决定——权衡这两种相互对立的观点。

然而，我们还要考虑过去10年内适度增长这一要求。如果没有这一项要求，一般的公司都会出现退步，至少以每一美元投资资本的利润来衡量是如此。防御型投资者没有理由把此类公司包括在内，但是，如果股价足够低则是非常好的投资机会。

我们建议的15倍的最大市盈率，很有可能使得一般证券组合的平均市盈率大约达到12~13倍。请注意，1972年2月，美国电话电报公司股票的售价是其3年（和当期）利润的11倍；而加州标准石油公司的股价，低于其最新利润的10倍。我们的基本建议是，所购股票组合的总体利润与价格之比（市盈率的倒数），至少应该与当期高等级债券的利率一样高。这就意味着，不高于13.3倍的市盈率，相当于收益率为 7.5% 的 AA 级债券。*

将我们的标准用于 1970 年年底的道琼斯工业平均指数

1970 年年底，道琼斯工业平均指数中的股票，都达到了我们提出的所有标准，但其中两条标准只是勉强达到了。下面是根据 1970 年的收盘价和相关数据进行的研究（每家公司的基本数据列在表 14-1 和表 14-2 中）。

1. 每家公司的规模都大大超过了标准。
2. 财务状况总体上达到，但并非每家公司都如此。[2]
3. 至少从 1940 年开始，每家公司每年都在支付一定的股息。5 家公司的股息记录可以追溯到 19 世纪。
4. 过去 10 年的总体利润都相当平衡。1961~1969 年繁荣时期，没有公司报告有赤字；但是，1970 年，克莱斯勒出现了小额赤字。
5. 总增长率（10 年内的 3 年平均数比较）为 77%，即每年大约增长 6%。但是，有 5 家企业的增长没有达到三分之一。
6. 年终股价与 3 年平均盈利之比为 839∶55.5，即 15∶1，这正好是我们所建议的上限。
7. 股价与净资产价值之比为 839∶562，这也正好在我们所建议的 1.5∶1 的限额内。

可是，如果我们将同样的 7 条标准应用于每一家公司，就会发现，只有 5 家公司能满足我们所有的标准。这几家公司为：American Can、美国电话电报公

---

* 2003 年年初，10 年期 AA 级公司债券的收益率大约为 4.6%，这表明（根据格雷厄姆的方法）股票组合的利润与价格比，至少要达到 4.6%。求这个数的倒数（以 100 除以 4.6），我们可以得出"所建议的最大"市盈率为 21.7。在本段开头，格雷厄姆建议，"一般"股票的定价应比"最大"比率低大约 20%。这就（大体上）说明，在如今的利率和市场条件下，格雷厄姆认为，股票的售价要在 3 年平均盈利的 17 倍之内，这种股票才可能具有吸引力。2002 年 12 月 31 日，标准普尔 500 指数中，有 200 多种股票（占 40% 以上）的 3 年平均市盈率都在 17 倍或 17 倍以下。最新的 AA 级债券的收益率，可以在以下网站查找到：www.bondtalk.com。

表 14-1 1971 年 9 月 30 日，道琼斯工业平均指数 30 种股票的基本数据

	股价 （1971 年 9 月 30 日）	"每股收益"[a]			首次支付 股息年份	净资产 价值	当期 股息[b]
		1971 年 9 月 30 日	1968~ 1970 年 均值	1958~ 1960 年 均值			
联合化学	32.5	1.40	1.82	2.14	1887	26.02	1.20
美国铝业	45.5	4.25	5.18	2.08	1939	55.01	1.80
Amer.Brands	43.5	4.32	3.69	2.24	1905	13.46	2.10
Amer.Can	33.25	2.68	3.76	2.42	1923	40.01	2.20
美国电话电报公司	43	4.03	3.91	2.52	1881	45.47	2.60
Anaconda	15	2.06	3.90	2.17	1936	54.28	无
Bethlehem Steel	25.5	2.64	3.05	2.62	1939	44.62	1.20
克莱斯勒	28.5	1.05	2.72	(0.13)	1926	42.40	0.60
杜邦	154	6.31	7.32	8.09	1904	55.22	5.00
柯达	87	2.45	2.44	0.72	1902	13.70	1.32
通用电气	61.25	2.63	1.78	1.37	1899	14.92	1.40
通用食品	34	2.34	2.23	1.13	1922	14.13	1.40
通用汽车	83	3.33	4.69	2.94	1915	33.39	3.40
固特异	33.5	2.11	2.01	1.04	1937	18.49	0.85
国际收割机	28.5	1.16	2.30	1.87	1910	42.06	1.40
Inter.Nickel	31	2.27	2.10	0.94	1934	14.53	1.00
国际纸业	33	1.46	2.22	1.76	1946	23.68	1.50
Johns-Manville	39	2.02	2.33	1.62	1935	24.51	1.20
Owens-Illinois	52	3.89	3.69	2.24	1907	43.75	1.35
宝洁	71	2.91	2.33	1.02	1891	15.41	1.50
西尔斯·罗巴克	68.5	3.19	2.87	1.17	1935	23.97	1.55
加州标准石油	56	5.78	5.35	3.17	1912	54.79	2.80
新泽西标准石油	72	6.51	5.88	2.90	1882	48.95	3.90
Swift & Co.	42	2.56	1.66	1.33	1934	26.74	0.70
德士古	32	3.24	2.96	1.34	1903	23.06	1.60
联合碳化	43.5	2.59	2.76	2.52	1918	29.64	2.00
联合航空器	30.5	3.13	4.35	2.79	1936	47.00	1.80
美国钢铁	29.5	3.53	3.81	4.85	1940	65.54	1.60
Westinghouse	96.5	3.26	3.44	2.26	1935	33.67	1.80
Woolworth	49	2.47	2.38	1.35	1912	25.47	1.20

a. 根据股息和股票分割做了调整。

b. 一般都是 1971 年 6 月 30 日之前的 12 个月。

表 14-2　1971 年 9 月 30 日道琼斯股票的重要比率

	1971年9月	市盈率 1968~1970年	当期股息收益率	利润增长（1968~1970年与1958~1960年相比）	CA/CL[a]	NCA/债务[b]	股价/净资产价值
联合化学	18.3 倍	18.0 倍	3.7%	(−15.0%)	2.1 倍	74%	125%
美国铝业	10.7	8.8	4.0	149.0%	2.7	51	84
Amer.Brands	10.1	11.8	5.1	64.7	2.1	138	282
Amer.Can	12.4	8.9	6.6	52.5	2.1	91	83
美国电话电报公司	10.8	11.0	6.0	55.2	1.1	—[c]	94
Anaconda	5.7	3.9	—	80.0	2.9	80	28
Bethlehem Steel	12.4	8.1	4.7	16.4	1.7	68	58
克莱斯勒	27.0	10.5	2.1	—[d]	1.4	78	67
杜邦	24.5	21.0	3.2	(−9.0)	3.6	609	280
柯达	35.5	35.6	1.52	38.9	2.4	1 764	635
通用电气	23.4	34.4	2.3	29.9	1.3	89	410
通用食品	14.5	15.2	4.1	97.3	1.6	254	240
通用汽车	24.4	17.6	4.1	59.5	1.9	1 071	247
固特异	15.8	16.7	2.5	93.3	2.1	129	80
国际收割机	24.5	12.4	4.9	23.0	2.2	191	66
Inter.Nickel	13.6	16.2	3.3	123.4	2.5	131	213
国际纸业	22.5	14.0	4.6	26.1	2.2	62	139
Johns-Manville	19.3	16.8	3.0	43.8	2.6	—	158
Owens-Illinois	13.2	14.0	2.6	64.7	1.6	51	118
宝洁	24.2	31.6	2.1	128.4	2.4	400	460
西尔斯·罗巴克	21.4	23.8	1.7	145.3	1.6	322	285
加州标准石油	9.7	10.5	5.0	68.6	1.5	79	102
新泽西标准石油	11.0	12.2	5.4	102.8	1.5	94	115
Swift & Co.	16.4	25.5	1.7	24.8	2.4	138	158
德士古	9.9	10.8	5.0	120.9	1.7	128	138
联合碳化	16.6	15.8	4.6	9.5	2.2	86	146
联合航空器	9.7	7.0	5.9	55.9	1.5	155	65
美国钢铁	8.3	6.7	5.4	(−21.5)	1.7	51	63
Westinghouse	29.5	28.0	1.9	52.2	1.8	145	2.86
Woolworth	19.7	20.5	2.4	76.3	1.8	185	1.90

a. 数据来源于 1970 年底的公司财务总结。CA 即 流动资产；CL 即 流动负债

b. 数据来源于《穆迪工业手册》(Moody's Industrial Manual)(1971 年)。

c. NCA 余额为负数。(NCA 即净流动资产)。

d. 1958~1960 年报告有赤字。

表 14-3　1970 年底，达到特定投资标准的道琼斯工业平均指数股票

	American Can	美国电话电报公司	Anaconda	Swift	Woolworth	5 家平均
股价（1970 年 12 月 31 日）	39.75	48.875	21	30.125	36.5	
市盈率（1970 年）	11.0 倍	12.3 倍	6.7 倍	13.5 倍	14.4 倍	11.6 倍
市盈率（3 年期）	10.5 倍	12.5 倍	5.4 倍	18.1 倍[b]	15.1 倍	12.3 倍
股价/账面值	99%	108%	38%	113%	148%	112%
流动资产/流动负债	2.2 倍	n.a.	2.9 倍	2.3 倍	1.8 倍[c]	2.3%
净流动资产/债务	110%	n.a.	120%	141%	190%	140%
稳定性指数[a]	85	100	72	77	99	86
增长率[a]	55%	53%	78%	25%	73%	57%

a. 参见之前的定义。
b. 考虑到 Swift 在 1970 年困难的年份有不错的表现，我们在此没有考虑 1968~1970 年的赤字。
c. 这里的比值低于 2 比 1 这一不足的因素，被额外的债务融资抵消了。
n.a 即不适用。美国电话电报公司的债务低于其股本。

司、Anaconda、Swift 和 Woolworth。5 家公司的基本情况列在表 14-3 中。显然，它们的统计数据，要大大好于整个道琼斯数据，除了过去的增长率之外。[3]

将特定的标准应用于这一组优秀的工业企业股票，我们可以看到，满足所有标准的股票只是上市工业股票的很小一部分。我们大体上推测，在 1970 年底标准普尔的《股票指南》中，可以找到大约 100 种这样的股票，因此，投资者完全可以买到自己想要的股票。*

公用事业股的"解决办法"

如果我们现在考察公用事业股这一领域，就会发现，该领域对投资者更有

---

* 一种便利的网络筛选工具，可以挑选出标准普尔 500 股中，满足格雷厄姆所提出的大多数标准的股票。这一工具可以从下列网站获得：www.quiken.com/investments/stocks/search/full。

安全感和更有吸引力。* 在此，从业绩记录和价格比率来看，绝大多数的股票，似乎都正好适合我们所定义的防御型投资者的需要。我们要从公用事业股中去掉一个标准，即流动资产与流动负债之比。这一行业的营运资本因素本身无须人们去关注——增长所需的后续融资，可以通过出售债券和股票来获得。然而，我们的确会对股本与债务之比提出一定的要求。[4]

在表14-4中，我们简要列出了道琼斯公用事业平均指数中15种股票的情况。为了便于比较，我们在表14-5中，随机地列出了在纽约股票交易所上市的其他15家公用事业企业的类似数据。

1972年年初，在公用事业普通股方面，防御型投资者选择颇多，每一种公用事业股都能满足我们的业绩和价格要求。投资者只要选择这些普通股，投资就会有回报。与道琼斯工业平均指数中著名的工业企业相比，公用事业公司的增长记录几乎一样出色，而且其年度数据的波动更小，股价与利润和股价与资产之比的波动也都更小。股息回报率要高出许多。对于保守型投资者而言，受监管的公用事业垄断企业的地位，的确拥有更大的优势和较少的劣势。公用事业企业依法收取的价格所带来的回报，足以吸引持续扩张所需要的资本，而且这还意味着能够抵消成本膨胀所造成的影响。尽管监管程序经常是繁琐并且有可能是滞后的，但这并没有妨碍公用事业企业在几十年内，从更多投资资本中获得满意的回报。

对防御型投资者而言，公用事业股此时最主要的吸引力，在于它们的购买价与账面值相比较为适度。这就意味着投资者（如果他愿意的话）可以忽视股市状况，而把自己主要当作一家地位稳固、利润丰厚企业的部分所有者。投资者可以在有利的时机，随时利用市场行市——在非常具有吸引力的低价买入，或者是在确定价格非常高时卖出。

---

* 格雷厄姆在写作本书时，只有一家专门从事公用事业股交易的主要共同基金（富兰克林公用事业基金）广为人知。如今，这样的基金有30多家。格雷厄姆无法预料到，核电站建设规划的取消所导致的金融灾难；他也不能预见，加州拙劣的管理方法所导致的严重后果。如今，公用事业股比格雷厄姆时代更易波动，因此，大多数投资者应该通过充分分散化的低成本基金——比如，道琼斯美国公用事业行业指数基金（交易代码：IDU）或Utilities Select Sector SPDR（交易代码：XLU）——来持有公用事业股。更多信息请参见：www.ishares.com and www.spdrindex.com/spdr/。（确保你的经纪人不会向你的股息再投资收取佣金。）

表 14-4　道琼斯公用事业平均指数中 15 种股票的数据（1971 年 9 月 30 日）

	股价（1971 年 9 月 30 日）	利润[a]	股息	账面值	市盈率（倍）	股价/账面值（%）	股息收益率（%）	每股收益增长率（%，1960~1970）
Am.Elec.Power	26	2.40	1.70	18.86	11	138	6.5	87
Cleveland El.Ill	34.75	3.10	2.24	22.94	11	150	6.4	86
Columbia Gas System	33	2.95	1.76	25.58	11	129	5.3	85
Commonwealth Edison	35.5	3.05	2.20	27.28	12	130	6.2	56
Consolidated Edison	24.5	2.40	1.80	30.63	10	80	7.4	19
Consd.Nat.Gas	27.75	3.00	1.88	32.11	9	86	6.8	53
Detroid Edison	19.25	1.80	1.40	22.66	11	84	7.3	40
Houston Ltg.& Power	42.75	2.88	1.32	19.02	15	222	3.1	135
Niagara-Mohawk Pwr.	15.5	1.45	1.10	16.46	11	93	7.2	32
Pacific Gas & Electric	29	2.65	1.64	25.45	11	114	5.6	79
Panhandle E.Pipe L.	32.5	2.90	1.80	19.95	11	166	5.5	79
People's Gas Co.	31.5	2.70	2.08	30.28	8	104	6.6	23
Philadelphia El.	20.5	2.00	1.64	19.74	10	103	8.0	29
Public Svs.El. & Gas	25.5	2.80	1.64	21.81	9	116	6.4	80
Sou.Calif.Edison	29.25	2.80	1.50	27.28	10	107	5.1	85
平均数	28.5	2.66	1.71	23.83	10.7	121	6.2	65

a. 对 1971 年的估计。

公用事业指数的市场记录（与其他类别的企业一起，汇集在表 14-6 中）表明，过去，此类投资有非常多的盈利机会。尽管上涨幅度没有工业企业指数那么大，但事实表明，与其他类别的企业相比，单个公用事业企业的股价，大多数时候都更稳定。* 在这个表中，人们可以明显地看到，过去 20 年内，工业企业和公用事业企业的相对市盈率发生了改变。这些变化对积极投资者比对被动投资者更有意义。但是，这些变化表明，即使防御型的证券组合，也应该不断加以调整，尤其是当所购证券的价格明显上涨过度，并且可以用定价更为合

---

* 在截止于 2002 年 12 月 31 日的 30 年间，默默无闻的标准普尔公用事业股的业绩，超过了大肆炫耀的纳斯达克综合指数。这是对格雷厄姆观点的极好证明。

表 14-5 另一组公用事业股票的数据（1971 年 9 月 30 日）

	股价（1971 年 9 月 30 日）	利润	股息	账面值	市盈率（倍）	股价/账面值（%）	股息收益率（%）	每股收益增长率（%，1960~1970）
阿拉巴马燃气	15.5	1.50	1.10	17.80	10	87	7.1	34
阿勒格尼电力	22.5	2.15	1.32	16.88	10	134	6.0	71
美国电话电报	43	4.05	2.60	45.47	11	95	6.0	47
美国水厂	14	1.46	0.60	16.80	10	84	4.3	187
亚特兰大电力	20.5	1.85	1.36	14.81	11	138	6.6	74
巴尔的摩燃气与电力	30.25	2.85	1.82	23.03	11	132	6.0	86
布鲁克林联合燃气	23.5	2.00	1.12	20.91	12	112	7.3	29
卡罗莱纳电力	22.5	1.65	1.46	20.49	14	110	6.5	39
哈德森中央燃气与电力	22.25	2.00	1.48	20.29	11	110	6.5	13
伊利诺伊中央电力	25.25	2.50	1.56	22.16	10	114	6.5	55
缅因中央电力	17.75	1.48	1.20	16.35	12	113	6.8	62
辛辛那提燃气与电力	23.25	2.20	1.56	16.13	11	145	6.7	102
Consumers Power	29.5	2.80	2.00	32.59	11	90	6.8	89
Dayton 电力公司	23	2.25	1.66	16.79	10	137	7.2	94
Delmarva 电力公司	16.5	1.55	1.12	14.04	11	117	6.7	78
平均数	23.5	2.15	1.50	21.00	11	112	6.5	71

表 14-6 标准普尔平均指数中，各类企业股价和市盈率的变化趋势（1948~1970 年）

	工业		铁路		公用事业	
年份	股价[a]	市盈率	股价[a]	市盈率	股价[a]	市盈率
1948	15.34	6.56	15.27	4.55	16.77	10.03
1953	24.84	9.56	22.60	5.42	24.03	14.00
1958	58.65	19.88	34.23	12.45	43.13	18.59
1963	79.25	18.18	40.65	12.78	66.42	20.44
1968	113.02	17.80	54.15	14.12	69.69	15.87
1970	100.00	17.84	34.40	12.83	61.75	13.16

a. 股价为年底收盘价。

理的证券替代时。是的，还必须支付资本利得税——对普通投资者这的确会带来很大的麻烦。在此，我们的老朋友——历史经验——告诉我们，出售后去纳税，比留在手中不卖而后悔要更好。

金融企业股票的投资

有大量的企业可以划归为"金融类企业"这一类别。这类企业包括银行、保险公司、储蓄和贷款协会、信贷和小额贷款公司、抵押贷款公司，以及"投资公司"（比如共同基金）。*所有这些企业的主要特征在于，它们拥有相对较少的实物资产（比如固定资产和存货），但另一方面，大多数的短期负债都要多于其股本。因此，与普通的制造企业或从事商业活动的企业相比，财务的稳健性对金融类企业更为重要。反过来，这又导致了各种形式的监管的产生，其目的大体上是要防范不稳健的金融行为。

大体上讲，金融类企业普通股的投资结果与其他企业类似。表 14-7 列出了标准普尔股价指数中，6 类金融企业在 1948~1970 年间的股价变化。如果把 1941~1943 年的平均数作为基准水平，确定为 10，1970 年年底的数据范围为：最低 44.3（纽约的 9 家银行），最高 218（11 家人寿保险公司的股份）。各个时间段之间的相关价格趋势，发生了很大的变化。比如，纽约市的银行股在 1958~1968 年间表现得非常好；与此同时，引人注目的人寿保险公司股在 1963~1968 年间实际上丧失了其地位。在标准普尔指数包括的众多行业中，有许多（或者说大多数）都存在这种相反的变化。

对这一广泛领域的投资，除了已经在工业企业和公用事业企业投资的选择中，所提出的一些有关市盈率以及价格与账面值之比等同样的一些数字标准之外，我们无法提供非常好的建议。

---

* 如今的金融服务行业由更多的类别构成。其中包括：商业银行、储蓄贷款和抵押融资公司、消费金融公司（比如信用卡发行商）、货币管理者和信托公司、投资银行和经纪公司、保险公司，以及发放或持有不动产贷款的公司，其中包括不动产投资信托。尽管这一行业如今更加多元化了，但格雷厄姆关于财务稳健性的建议，显得比以往任何时候都更重要。

表 14-7　各类金融企业相对的股价变化趋势（1948~1970 年）

	1948 年	1953 年	1958 年	1963 年	1968 年	1970 年
人寿保险	17.1	59.5	156.6	318.1	282.2	218.0
财产和责任保险	13.7	23.9	41.0	64.7	99.2	84.3
纽约市的银行	11.2	15.0	24.3	36.8	49.6	44.3
纽约市以外的银行	16.9	33.3	48.7	75.9	96.9	83.3
金融公司	15.6	27.1	55.4	64.3	92.8	78.3
小额贷款公司	18.4	36.4	68.5	118.2	142.8	126.8
标准普尔综合指数	13.2	24.8	55.2	103.9	103.9	92.2

注：年底数据来自于标准普尔股价指数。1941~1943 年的平均数为 10。

铁路股

铁路股的情况与公用事业股大不相同。由于激烈的竞争和严格的管制，铁路运输公司受损严重。（它们的劳动力成本问题当然也很难解决，但这并非局限于铁路方面。）汽车、公交车和航空运输，夺走了大量的旅客运输业务，从而使铁路运输很难赚钱。卡车夺走了它们大量的货运业务。过去 50 年内的不同时期，美国有一半的铁路运输（按里程算），都处于破产（或"托管"）的状态。

但是，这半个世纪内，铁路运输公司并非一直在走下坡路。该行业经历过繁荣时期，尤其是在战争年代。尽管总体上很困难，但有些铁路公司努力维持了自己的盈利能力和股息支付能力。

从 1942 年的最低点，到 1968 年的最高点，标准普尔指数增长了 6 倍，比公用事业股指数的增长幅度并不低多少。1970 年，宾州中央运输公司（Penn Central Transportation Co.）这家最重要的铁路公司破产，震惊了整个金融界。仅在一两年之前，该公司股票的售价几乎达到了长久以来的最高纪录，而且该公司持续支付股息已经长达 120 多年！（在后文中，我们会简要分析该铁路公司的情况，以说明：一个有能力的学生，就应该能够发现该公司实力的不断下降，并建议人们不要持有该公司的证券。）这次金融灾难严重地影响了铁路股的整个市场行情。

向人们建议购买某一类别的所有证券的做法，通常都是不稳妥的，同样我们也不赞成排除某个类别所有证券的做法。表 14-6 中铁路股价格的记录表明，总体上这一类股票经常能提供非常大的获利机会。（但是，在我们看来，这种大幅上涨本身是不太合理的。）我们只能给出如下建议：投资者没有充分的理由去拥有铁路股。在购买铁路股之前，他必须确信自己的钱花得非常值得，那么购买其他股票的行为就显得不合理。*

防御型投资者的选择

每一位投资者，都希望自己挑选的股票表现更好或前景更佳。因此，读者会问，如果自己选择一位有能力的顾问或证券分析师，是否能指望获得真正具有优势的投资组合呢？"毕竟，"他可能会说，"你所指出的这些规则都非常的简单和容易。受过严格训练的分析师，应该能够使用其技巧和方法，来对道琼斯这样平淡无奇的组合做出极大的改进。否则分析师所做的统计、计算和权威判断等所有这一切有什么用呢？"

作为一个实际检验，设想我们要求 100 位证券分析师，在道琼斯工业平均指数中挑选出"最好的"5 种股票，以便在 1970 年年底时买入。很少有人会做一样的选择，而且，所选的 5 种股票也会不一样。

稍加思考，这并不令人奇怪。根本原因在于，每种优质股票的当期价格都很好地反映了财务记录中重要因素的影响，以及人们对其未来前景的总体看法。因此，任何分析师的观点（认为某种股票优于其他股票的观点），都必定在很大程度上源于其个人的偏好和预期，或者说是来自于这样一个事实：在分析过程中，他更加重视某一组因素，而不太重视另外的因素。如果所有的分析师都认为某一特定的股票要优于其他的股票，那么该股票的价格将迅速上升，从而抵消它

---

* 现在，只剩下少数几种主要的铁路股了，其中包括 Burlington Northern、CSX、Norfolk Southen 和联合太平洋。这部分建议，至少与目前的航空股是相关的——现在的航空公司都经历着巨额的亏损，以及半个世纪几乎不间断的不利结果，这就好比格雷厄姆时代铁路的情况一样。

以前所具有的各种优势。*

我们称当期价格反映了已知事实和未来预期，是为了强调市场估价的双重基础。与这两类价值因素相对应的，是证券分析的两种基本方法。的确，每一位有能力的分析师，都会关注未来，而不会关注过去；而且，他能意识到，自己工作的好与坏，取决于将要发生的结果，而不是已经发生的结果。然而，未来本身可以通过两种不同的方法来实现——我们可以将其称为预测法（或项目法）和保护法。+

重视预测的那些人，会努力去准确预测未来几年公司会有多大的成就，尤其是利润是否会出现显著和持续的增长，这些结论来自于对行业供求等因素（交易额、价格和成本）的研究；也可以根据过去的业务增长来简单地推测未来。如果这些权威们确信，长期前景非常有利，他们几乎总是会建议人们购买该股票，而不太去关注股票的售价。比如，人们对航空运输股一般就持有这种态度。这种态度持续了多年，尽管 1946 年后，航空股的表现经常令人失望。在本书的导言中，我们已经讨论过这一行业的强势股价与其较差盈利之间的不一致。

相反，重视保护的那些人，总是重点关注研究时的股票价格。他们的努力主要在于，确保自己获得的现值足够大于市场价格——这一差额可以吸纳未来

---

* 格雷厄姆是在概述"有效市场假说"（efficient markets hypothesis, EMH）。这一学术理论认为，每种股票的价格都包含了与公司有关的所有公开信息。由于每天都有上百万的投资者在市场上发掘优质股，因此，严重的价格扭曲不可能长期持续下去。有一个古老的笑话，讲述走在人行道上的两个金融学教授：当一个教授看到一张 20 美元的钞票并俯身去捡起来的时候，另一位教授抓住了他的手臂，并且说："不必这样。如果真是一张 20 美元的钞票，早就被人捡走了。"尽管市场并非完全有效，但大多数时间里，它都是非常近似于有效的。因此，聪明的投资者只有在经过细致的研究，并使得交易成本和税负最小化的情况下，才会俯身拾起股市上的"20 美元钞票"。

+ 这是格雷厄姆这本书的一个中心思想。所有的投资者都要为一个残酷的矛盾而费神：我们的投资是现在进行的，但我们的投资期待的是未来。而且，遗憾的是，未来几乎是完全不确定的。通货膨胀和利率水平是不可靠的；经济衰退的发生和结束也是随机的；类似战争的地缘政治动荡、商品短缺和恐怖主义会突然发生；单个企业及其整个行业的命运，往往最终都与大多数投资者所预期的相反。因此，以预测为基础的投资行为，着实是在做傻事。即使所谓的专家的预测，也并不比掷硬币更可靠。对大多数人而言，以保护作为基础的投资（购买某种股票的数额不要太多，自己对股票质量的判断不要过于自信），是最佳的解决办法。格雷厄姆将在第 20 章对这一概念展开阐述。

不利因素造成的影响。因此，一般而言，他们不必热心关注公司的长期前景，而只需要有理由相信，企业将会持续经营下去。

第一种方法（即预测法）也可称为定性法，因为它强调的是未来前景、管理状况，以及其他一些不可计量但却很重要的定性因素。第二种方法（即保护法）可以称为定量法或统计法，因为它强调的是股票售价与利润、资产和股息等因素之间存在的可计量的关系。实际上，定量法是人们把证券分析中债券和优先股投资选择的方法扩展到普通股领域而产生的。

就我们自身的态度和本职工作而言，我们始终致力于定量法。从一开始，我们就要确保我们的投资能够以具体而可靠的形式获得丰厚的价值。我们不愿意以未来的前景和承诺，来补偿眼下价值的不足。这决不是投资权威们普遍持有的观点。实际上，大多数人可能都持有如下观点：未来前景、管理层的水平、其他无形资产及"人力因素"，要比对以往记录、资产负债表和所有其他枯燥无味的数据进行研究后得出的结论重要得多。

因此，从根本上讲，"最优"股票的选择存在极大的争议。我们建议防御型投资者不要去管这个问题。防御型投资者要更重视股票的分散化，而不是个股的选择。顺便要指出的是，人们普遍接受的分散化观点（至少在一定程度上）否认了选择性方面的优势。如果能够正确地挑选出最佳的股票，那么分散化就只能带来不利后果。然而，在我们向防御型投资者所建议的普通股选择四大原则范围之内，人们的偏好有着相当大的自由空间。从最不利的角度来看，纵容这种偏好应该不会有坏处，除此之外，它还有可能使结果得到改善。随着技术进步对企业长期结果的影响越来越重要，投资者不得不考虑这方面的因素。与其他方面一样，这里投资者也必须在忽视与过分重视之间找到一个折衷点。

第14章点评

> 获取确定收益的人,很难变得非常富有;完全投资于风险业务的人,经常会因为失败而陷入贫穷。因此,较好的办法是,在从事风险业务时,要注意防范必然会导致的损失。
>
> ——弗朗西斯·培根爵士

行动起来

你该如何应对股票选择这种细致的工作?格雷厄姆建议,防御型投资者可以"直截了当地"购买道琼斯工业平均指数中的每一种股票。如今,防御型投资者能够做得更好:购买整个股票市场指数基金,该基金实际上持有每一种值得拥有的股票。低成本的指数基金,是专门针对小额股票投资的最佳工具。任何想获得更优结果的行为,都将要付出更多的劳动(并且会导致更大的风险和更高的成本),而这对真正的防御型投资者来说是不恰当的。

自己通过研究而挑选股票是不必要的。对大多数人而言,这甚至是不明智的。然而,一些防御型投资者的确会通过挑选个股,来获得娱乐和享受智力挑战。而且,如果你成功经历了熊市,并且仍然能从挑选股票中获得乐趣,那么,格雷厄姆和我所说的任何话,都将不能阻止你这么去做。这种情况下,不要把整个股票市场指数基金作为你的全部证券组合,而是将其作为你的证券组合的基础。一旦你拥有了这个基础,就可以围绕它来做一些自己选择股票的试验了。将购买股票的资金的90%投入指数基金,而将剩余的10%用于自己挑选股票。只有在建立了这个稳固的核心之后,你才能去做一些探索。(想了解这种广泛的

为何要分散化

20世纪90年代牛市时期，对分散化最常见的一个批评就是，它将降低获取高回报的机会。的确，如果你能发现谁将是下一个微软，难道不应该将所有的鸡蛋都放到一个篮子里吗？

是的，肯定应该这样。正如幽默作家威尔·罗杰斯曾经说过的："不要打赌。将所有的积蓄用来购买一些优质股，并持有它们。等到价格上涨后将其卖掉。如果它不上涨，就不去买它。"

然而，正如罗杰斯所了解的，大多数投资者并没有完全的先见之明。无论我们如何自信，在购买股票之前，都无法知道它是否将会上涨。因此，你所认为的"下一个微软"，很有可能最终成为"下一个微策略"（Micro Strategy，该公司以前曾是市场上的一名主角，其每股价格从2000年的3 130美元，降到了2002年年底的15.1美元，最终损失达99.5%）。[1] 让自己的投资分布于多种股票和多个行业，是防范风险的惟一可靠的保障。

但是，分散化并非仅仅只能减少失误。它还会增加你正确选择的机会。经历很长的时间之后，少数股票成为上涨幅度为100倍或更高倍数的"超级股"。《货币》杂志确定了截止于2002年的30年间，表现最佳的30种股票。而且，即便完全从事后来看，这部分股票也是极其难以预测的。这部分股票中，并没有包含大量的技术股或医疗股，却包含了西南航空、Worthington钢铁、Dollar General折扣店和鼻烟制造商UST等公司的股票。[2] 退回到1972年，如果你认为，愿意针对这些股票中的任何一种下一笔大赌注的话，你将是在和自己开玩笑。

我们这样来思考问题：在市场这个巨大的草堆之中，只有少数的几片针叶会继续带来真正巨额的收益。你拥有的草堆越大，你就越有机会最终至少发现其中的某一片针叶。如果你拥有整个草堆（理想的做法是，借助于跟踪整个美国股市的指数基金），你就必然会发现每一片针叶，因此而获得所有超

> 级股带来的回报。尤其是，如果你是一个防御型投资者的话，那么，当你能拥有整个草堆时，为何要去寻找那些针叶呢？
>
> ———
> 1 考虑到了股票分割。2000 年年初，在许多人看来，微策略的确像是下一个微软。1999 年，它的股价上涨了 566.7%，而且公司主席迈克尔·塞勒声称："如今我们的未来前景，要好于一年半之前。"后来，美国证券交易委员会指控该公司存在会计欺诈。塞勒支付了 830 万美元的罚金，以了结该项指控。
> 2 参见：Joe Birger, "The 30 Best Stocks," *Money*, Fall 2002, pp.88-95。

分散化为何如此重要，请参见上面的专栏内容。）

不断的检验

让我们简要地更新格雷厄姆的股票选择标准。

适度的规模 如今，"为了排除小企业"，大多数防御型投资者应该完全避免购买市值总额不到 20 亿美元的股票。2003 年年初，在标准普尔 500 指数中，有 437 家这样的公司可供选择。

然而，与格雷厄姆时代不同，如今的防御型投资者，能够购买专门从事小企业股票交易的共同基金，从而方便地拥有小企业的股份。需要再次指出的是，先锋小企业指数基金（Vanguard Small-Cap Index）是人们的首选，当然，像 Ariel、T.Rowe Price、Royce 和 Third Avenue 这样的活跃型基金，也可以按合理的成本购买到。

强有力的财务状况 根据市场战略家加布里斯和摩根士丹利的拉瑟斯提供的信息，在 2003 年年初，标准普尔 500 指数中，大约有 120 家企业能够满足格雷厄姆提出的 2:1 的流动比标准。由于它们的流动资产至少为流动负债的两倍，因此，这些大规模的流动资本缓冲（一般）能帮助它们度过难关。

华尔街总是充斥着黑色幽默，而成长股泡沫的破灭就是一个很好的例子。1999 年和 2000 年，高科技股、生物技术股和通信股，都是人们眼中能够"迅速成长"的股票，而它们中的大多数最终都使投资者的资产严重缩水了。但是，

2003年年初，人们经历了整个历史循环：许多激进的成长股，财务上都变得较为稳健了——有充足的营运资本，大量的现金，并且通常都没有负债。图14-1列出了其中的一些实例。

这里的教训并不是说，这些股票是"稳妥的"；也不是说，你应该赶紧去购买表中的每一种（或某几种）股票。[1] 相反，你应该认识到，防御型投资者始终能够耐心而冷静地观察熊市灾难，最终兴旺起来。格雷厄姆提出的财务实力标准仍然是有效的：如果你设立的分散化股票组合的流动资产至少是其流动负债的2倍，且其长期负债不超过营运资本，你最终将挑选出一组财务稳健且有巨大耐力的企业。人们一般会发现，如今，最有价值的通常都是一些曾经过热但却已经冷下来的股票。纵观历史，此类股票经常能够提供防御型投资者所要求的安全性。

利润的稳定性 根据摩根士丹利提供的数据，从1993年到2002年，标准普尔500指数的所有公司中，有86%的公司每年的利润都为正。因此，格雷厄姆所坚持的"过去10年内每年的普通股都有一定的利润"是一个合理的标准——这足以排除经常亏损的企业，但却又不会使你的选择严格局限于不太现实的少数样本企业。

股息记录 根据标准普尔提供的数据，2003年年初，该指数中有354家公司（占总数的71%）支付了股息。多达225家公司连续支付股息至少长达20年。而且，根据标准普尔提供的信息，该指数中，有57家公司至少在连续25年内提高了自己的股息。虽然这并不能保证将来会永远如此，但这却是一个令人欣慰的迹象。

利润的增长 在截止于2002年的10年间，标准普尔500指数中，有多少家公司的每股收益增长达到了格雷厄姆所要求的"至少三分之一"？（我们将计算出每家公司在1991~1993年的平均利润，然后再看2000~2002的平均利润是否至少增加了33%。）根据摩托根士丹利提供的信息，标准普尔500股中，有264家公司达到了这一标准。在此，格雷厄姆似乎设定了一个非常低的门槛：10年内33%的累积增长，意味着年均增长率还不到3%。如果要求每股收益至少累积增长50%（年均增长4%），就不是太保守了。2003年年初，标准普尔500指

---

[1] 当读者阅读这部分内容时，许多情况在2002年年底时就已经发生了改变。

图 14-1　一切又回到了从前

公司	流动资产	流动负债	流动资产与流动负债之比	长期债务	长期债务与营运资本之比
Applied Micro Circuits	1 091.2	61.9	17.6	0	无
Linear Technology	1 736.4	148.1	11.7	0	无
QLogic Corp.	713.1	69.6	10.2	0	无
Analog Devices	3 711.1	467.3	7.9	1 274.5	0.39
Qualcomm Inc.	4 368.5	654.9	6.7	156.9	0.04
Maxim Integrated Products	1 390.5	212.3	6.5	0	无
Applied Materials	7 878.7	1 298.4	6.1	573.9	0.09
Tellabs Inc.	1 533.6	257.3	6.0	0.5	0.000 4
Scientific-Atlantic	1 259.8	252.4	5.0	8.8	0.01
Altera Corp.	1 176.2	240.5	4.9	0	无
Xilinx Inc.	1 108.8	228.1	4.9	0	无
American Power Conversion	1 276.3	277.4	4.6	0	无
Chiron Corp.	1 393.8	306.7	4.5	414.9	0.38
Biogen Inc.	1 194.7	265.4	4.5	39	0.04
Novellus Systems	1 633.9	381.6	4.3	0	无
Amgen Inc.	6 403.5	1 529.2	4.2	3 039.7	0.62
LSI Logic Corp.	1 626.1	397.8	4.1	1 287.1	1.05
Rowan Cos.	469.9	116.0	4.1	494.8	1.40
Biomet Inc.	1 000.0	248.6	4.0	0	无
Siebel Systems	2 588.4	646.5	4.0	315.6	0.16

所有的数据都以百万美元为单位；数据均来自于 2002 年 12 月 31 日的财务报表。营运资本等于流动资产减去流动负债。

长期债务包括优先股，不包括递延税款。

资料来源：摩根士丹利；Baseline；EDGAR 数据库。

1999 年，这些公司中的大多数都是股市上人们热捧的对象，提供了很高的增长潜力的前景。2003 年年初，它们的实际价值得到了强有力的证实。

数中满足这一标准的公司不少于245家,因此,防御型投资者有大量的选择余地。(如果将累积增长门槛调高一倍而达到100%,即相当于7%的年均增长率,那么,满足标准的公司为198家。)

适度的市盈率　格雷厄姆建议,只购买当期价格不超过过去3年平均利润15倍的股票。难以置信的是,如今华尔街通行的做法是以当期股价除以所谓的"下一年利润"来对股票进行估价。这就是有时候人们所称的"远期市盈率"。但是,以已知的当期价格除以未知的未来利润来获取市盈率的方法是不明智的。货币经理德曼告诉我们,从长远看,华尔街"一致"采用的利润预测方法中,有59%会出现很大的偏差——比实际的报告利润低估或高估至少15%。[2] 根据短视的预言家对下一年的预测结果来进行投资,这种行为的风险就好比在射箭锦标赛上,自愿为有资格参赛的盲人举起靶子一样。相反,投资者应该利用格雷厄姆的方法(以当期股价除以过去三年的平均利润),亲自计算股票的市盈率。[3]

2003年年初,标准普尔500指数中,有多少种股票的价格没有超过其2000~2002年平均利润的15倍?根据摩托根士丹利提供的信息,一共有185家公司达到了格雷厄姆的标准。

适度的价格与账面值之比　格雷厄姆建议,"股价与资产之比"(价格与账面值之比)不得高于1.5。最近几年,公司价值中有越来越多的部分来自于特许权、品牌、专利权和商标等无形资产。由于这些因素(以及并购所获取的商誉)不符合账面值的标准定义,因此,如今大多数公司的价格账面值要高于格雷厄姆时代的情况。根据摩托根士丹利提供的信息,标准普尔500指数中有123家公司(占四分之一)的价格与账面值之比要低于1.5,总共有273家公司(占该指数的55%)的价格与账面值之比在2.5以内。

格雷厄姆建议,将市盈率乘以价格与账面值之比后,观察其结果是否小于22.5。那么,这方面的情况如何呢?根据摩托根士丹利提供的数据,2003年年初,标准普尔500股中,至少有142种股票符合这一标准,其中包括Dana公司、电子数据系统公司、太阳计算机系统公司和华盛顿互助银行。因此,格雷厄姆的

---

[2] 参见:David Dreman, "Bubbles and the Role of Analysts' Forecasts," *The Journal of Psychology and Financial Markets*, vol. 3, no. 1 (2002), pp.4-14。

[3] 你可以根据公司的年度报告,来计算这一比率;也可以通过从下列网站获得的数据,来计算计算这一比率:www.morningstar.com 或 http://finqnce.yahoo.com。

图 14-2 稳定的趋势（下列公司无一例外在每一年都支付了高额股息）

公司	行业	自何年开始每年支付现金股息	过去 40 年内提高年度股息的次数
3M	工业品	1916	40
Abbott Laboratories	医疗保健	1926	35
ALLTEL Corp	电信服务	1961	37
Altria Group（以前的 Philip Morris）	日用消费品	1928	36
AmSouth Bancorp	金融	1943	34
Anheuser-Busch Cos	日用消费品	1932	39
Archer-Daniels-Midland	日用消费品	1927	32
Automatic Data Proc	工业品	1974	29
Avery Dennison Corp	工业品	1964	36
美国银行	金融	1903	36
Bard (C.R.)	医疗保健	1960	36
Becton, Dickinson	医疗保健	1926	38
CenturyTel. Inc	电信服务	1974	29
Chubb Corp	金融	1902	28
Clorox Co	日用消费品	1968	30
可口可乐	日用消费品	1893	40
Comerica Inc	金融	1936	39
ConAgra Foods	日用消费品	1976	32
Consolidated Edison	公用事业	1885	31
Donnelley (R.R.) & Sons	工业品	1911	36
Dover Corp	工业品	1947	37
爱默生电气	工业品	1947	40
Family Dollar Stores	非必需消费品	1976	27
First Tenn Natl	金融	1895	31
Gannett Co	非必需消费品	1929	35
通用电气	工业品	1899	35
Grainger (W. W.)	工业品	1965	33
亨氏（H.J.）	日用消费品	1911	38
家庭国际	金融	1926	40

图 14-2（续）

公司	行业	自何年开始每年支付现金股息	过去 40 年内提高年度股息的次数
Jefferson-Pilot	金融	1913	36
强生	医疗保健	1944	40
Johnson Controls	非必需消费品	1887	29
KeyCorp	金融	1963	36
Kimberly-Clark	日用消费品	1935	34
Leggett & Platt	非必需消费品	1939	33
Lilly (Eli)	医疗保健	1885	38
Lowe's Cos	非必需消费品	1961	40
五月百货公司	非必需消费品	1911	31
麦当劳	非必需消费品	1976	27
McGraw-Hill Cos	非必需消费品	1937	35
默克	医疗保健	1935	38
Nucor Corp.	材料	1973	30
百事可乐	日用消费品	1952	35
辉瑞	医疗保健	1901	39
PPG Indus.	材料	1899	37
宝洁	日用消费品	1891	40
Regions Financial	金融	1968	32
罗门哈斯	材料	1927	38
Sigma-Aldrich	材料	1970	28
Stanley Works	非必需消费品	1877	37
Supervalu Inc.	日用消费品	1936	36
Target Corp.	非必需消费品	1965	34
TECO Energy	公用事业	1900	40
U.S. Bancorp	金融	1999	35
VF Corp	非必需消费品	1941	35
沃尔玛超市	非必需消费品	1973	29
Walgreen	日用消费品	1933	31

"混合乘数",仍然可以作为合理定价股票的初选工具。

注意事项

无论你是怎样的一位防御型投资者(在格雷厄姆看来,你都希望在挑选股票方面,尽量少做一些工作),都必须要完成两个步骤:

完成日常工作 利用 EDGAR 数据库,可以立即获得公司的年度和季度报告,以及披露公司经理的薪酬、所有权和潜在利益冲突的代理报告(proxy statement)。至少要查阅 5 年的报告。[4]

弄清楚周围的情况 通过某些网站(比如 http://quicktake.morningstar.com、http://financa.yahoo.com 以及 www.quicken.com),可以方便地查阅各个机构持有公司股票的权重。任何超过 60% 的比重,都表明该股票的价格发行不足,而且有可能"被过度持有"。当大的机构出售股票时,它们一般会步调一致地出售,因此会对该股带来灾难性的后果。设想,无线电城圣诞大汇演的所有演员一下子从舞台前沿跌落下去的情景,你就能理解这一点了。这些网站还将告诉你,谁是股票的最大所有者。如果它们是投资方式与你类似的资金管理公司,那么这就是一个好的信号。

---

[4] 对于要查看信息的更多的解释,请参见第 11 章、第 12 章和第 19 章的点评。如果你不愿意花费时间阅读代理报告,并对 5 年财务状况做基本的比较,那么你就具有很强的防御性,因此根本不能去购买个股。请放弃挑选股票,进入指数基金这一属于你的领域。

第 15 章

积极型投资者的股票选择

在前面一章中,我们以各类符合条件的证券为基础,介绍了普通股选择的方法。只要能达到一定程度的分散化,防御型投资者就可以根据自身或投资顾问的偏好,从这些类别的证券中自由构建证券组合。我们在证券选择方面主要强调如何进行各种排除,一方面,建议人们不要去购买质量明显较差的股票;另一方面,建议人们不要去购买价格太高,以致投机风险太大的高等级股票。本章针对的是积极投资者。我们要分析个体选择的可能性及方法,这些方法有可能带来高于整体平均水平的利润。

能够成功做到这一点的可能性有多大?委婉地说,如果在这一点上不首先表达一些重要的保留意见,我们就显得不太直率。乍一看,成功选择的例子似乎是不言而喻的。获得一般的结果——比如说,相当于道琼斯工业平均数的业绩——并不需要任何特殊才能,所需要做的只不过是建立一个等同于或类似于那 30 种优质股票的证券组合而已。这样,毫无疑问,只要利用一定的技巧(学习、经验和天性所带来的技巧),就有可能获得大大优于道琼斯工业平均指数的结果。

然而,大量明显的证据表明,要做到这一点是十分困难的,即便试图这样做的那些人拥有很高的水平。这些证据表现在众多投资公司或"基金公司"多年业务的记录中,这些基金中的大多数都具有很大的规模,它们在该领域拥有最佳的金融和证券分析服务,同时还拥有所有其他应有的研究部门。它们的业务费支出占其庞大资本的比重,平均每年大约为 0.5%,或者更低一些。这些成本本身并不是一个小数,但是与1951~1960年这10年间普通股大约15%的总体年回报率相比,或者甚至是与1961~1970年6%的回报率相比,都显得并不太高。少数具有超级选择能力的人应该很容易克服这种费用障碍,并且给基金股东带来极其可观的净收益。

然而,从总体上看,在相当长的年份内,整个普通股基金并没有像标准普尔500股平均指数或整个市场那样获得很好的回报。有几项综合研究已经证实了这个结论。下面引用的是针对1960~1968年期间的一项最新研究:[*]

> 这些结果表明,纽约股票交易所随机证券组合(对每种股票进行等额的投资)的业绩,整体上要好于处于同一风险级别的共同基金的业绩。对于低风险和中等风险的组合而言,这种差别相当大(分别为每年3.7%和2.5%)。但是,对于高风险组合而言,差别却很小(每年0.2%)。[1]

正如我们在第9章所指出的,这些数据的比较绝没有否认投资基金作为一类金融机构所起到的作用。因为,它们的确使所有投资公众都有可能获得近似于平均水平的普通股投资收益。由于各种各样的原因,大多数公众投资者在自己所选择的普通股方面的投资,都没有基金投资的业绩好。但是,在客观的观察者看来,基金的业绩未能超过一般水平的事实正好证明,要想获得超出一般水平的成就并非一件易事,而实际上是非常困难的。

为什么会出现这种现象?我们认为有两种不同的解释,这两种解释都能部分说明问题。第一种解释认为存在如下可能:股市的当期价格的确既包含了关于公司过去和当期业绩的所有重要事实,同时也包含了对公司未来的所有合理预期。如果是这样的话,那么之后市场发生的各种变化(这些变化经常会非常剧烈),一定是由于无法准确预见的新进展和可能性所导致的结果。这将使得股

---

[*] Friend-Blume-Crockett 的研究项目,涉及1960年1月至1968年6月这一时期。该项研究对超过100家大型共同基金的业绩和随机构建的股票组合(来自于在纽约股票交易所上市的500多家大公司的股票)的回报率进行了比较。此项研究中的基金在1965~1968年间的业绩要好于前半期,这与格雷厄姆自己的研究结果大致相同(参见第7章和第9章相关内容)。但是,这种改善并没有持续下去。这些研究的要点(一般情况下,共同基金的业绩要低于市场平均水平,两者之间的差异大约相当于共同基金的操作费用和交易成本)已经多次得到了证实。那些持怀疑态度的人,应该去创建"扁平地球协会"(The Flat Earth Society)金融一章。

价变动完全成为偶然的和随机的。如果上面所说的果真如此，那么证券分析师的工作（无论他多么聪明，以及研究得多么深入）将大体上是无效的。因为从本质上讲，他是在力求对不可预测的东西做出预测。

证券分析师人数的众多，或许在导致这一结果方面起到了重要的作用。由于有成百甚至上千的专家正在研究影响某种重要股票价值的各种因素，因此，人们自然会认为，股票的当期价格很好地反映了专家对其价值的共识。那些偏好某种股票的人，是出于个人的偏好或乐观看法，而这种偏好和乐观看法既有可能是正确的，也有可能是错误的。

我们经常会把华尔街诸多证券分析师的工作，与复式桥牌锦标赛上桥牌大师们的表现进行类比。前者力求挑选出"最有可能成功的"股票，后者力求为每一手牌获取最高的分数。两类人中，都只有极少数的才能达到目标。由于所有桥牌手都具有大致相同的专业水平，因此获胜很有可能是取决于各种"机会"，而不是高超的技能。在华尔街，这种平衡过程来自于职业联合会。借助于该联合会，一些想法和发现能够非常轻松地被参加各种聚会的业内人士分享。这就好比在桥牌锦标赛上，各位专家相互观察对方的姿态，并且对所打出的每一手牌进行辩论一样。

第二种解释完全不同。或许，许多证券分析师的能力，是因为解决股票选择问题的基本方法存在着缺陷而受到了阻碍。他们寻求的是增长前景最好的产业，而且这些公司在该行业中拥有最佳的管理层和其他优势。这就意味着，他们将购买这些产业和这些公司的股票，无论其股价有多高；同样，他们将避开前景不太看好的产业和公司的股票，无论其股价有多低。这种做法的正确性只会发生在下列条件下：这些优秀企业的利润必将在未来无限期地高速增长下去。因为只有这样，企业的价值从理论上讲才是无限的。同样，如果前景不看好的企业在无助中走向灭亡，那么，分析师认为其股价再低也没有吸引力的观点才是正确的。

公司的实际情况是完全相反的。只有极少数公司能够显示出长时间内连续的高增长。同时，少数大公司也会令人意外地遭受最终的消亡。大多数企业相对的历史地位都是会发生变化的——有上升，也有下降。有些企业会不断经历"从贫穷，到富有，再到贫穷"这样的周期性变化（这是过去曾经用在钢铁行业方面的一种一致的说法）；另一些企业会随着管理水平的恶化或改进而发生重大变化。*

上述研究结果在多大程度上适合于积极投资者（他们愿意通过个人选择来获得更好的结果）？这一研究首先表明，积极投资者所从事的是一项艰难而且还有可能是不切实际的工作。无论多么聪明，知识多么渊博，本书的读者都不太可能在证券选择方面比本国的分析师做得更好。但是，如果从标准的选择分析的角度来看，股市上真的有很大一部分股票经常受到歧视，或者是完全被忽视，那么，聪明的投资者就可以从其相应的价值低估中获利。

但是，要做到这一点，他就必须遵循与华尔街通行的做法不一样的特殊方法，因为那些已被人们所接受的方法，似乎并不能带来每个人都想要的结果。如果聪明的人都在股市中从事职业投资，但是还存在既稳妥却又比较不受欢迎的方法，那么，这将是一件十分奇怪的事。然而，我们自己的职业和声誉，一直是以这种不可能的事实为基础的。+

对格雷厄姆—纽曼法的总结

为了具体说明最后一个结论，有必要简要地介绍一下 1926~1956 年的 30 年

---

* 正如我们在第 9 章点评中所讨论的，其他几方面的原因使得共同基金业绩无法超出市场平均水平，其中包括基金现金余额的低回报率，以及股票研究和股票交易的高成本。同时，持有标准普尔 500 指数中 120 家公司（具有代表性的一个数目）股票的基金，可以跟踪标准普尔 500 指数的业绩——如果该参照系其余 380 家公司中任何一家最终的业绩更好的话。基金拥有的股票种类越少，就越有可能错过"下一个微软"。

+ 与 14 章相关内容一样，在这一部分内容中，格雷厄姆也是在对有效市场假说进行总结。最近出现的情况相反，如今，股票市场的问题并不在于愚蠢的分析师太多，而是在于许多分析师太精明了。随着越来越多的精明人士在股市上寻找好的交易，这种搜寻行为使得这种好的交易更为罕见，因此，这（以一种残酷的讽刺）使分析师看上去似乎缺乏应有的智慧来证明自己的搜寻能力。某种股票的市场估价，是大量的集体智慧不断进行及时运作的结果。对大多数股票而言，在大多数的时间里，这种集体智慧得出的估价都是大致正确的。只有在非常罕见的情况下，格雷厄姆的"市场先生"（参见第 8 章）才会使估算出的价格极不正常。

间,格雷厄姆—纽曼公司所从事的几种业务。*在我们的记录中,包含了这样几种类型的业务:

套利:购买某种证券的同时,出售一种或多种将根据重组和并购等计划进行交换的其他证券。

资产清理:购买将在公司资产清理过程中收到一笔或多笔现金付款的股票。

这两类业务的选择以下列两个条件为基础:(1)所计算出的平均回报率在20%及以上;(2)我们认为成功的机会至少达80%。

关联对冲:购买可转换债券或可转换优先股的同时,出售作为转换目标的普通股。交易头寸要接近于平价水平,即如果优先求偿的证券实际上以这种方式转换成股票,该业务结束时的亏损额并不算大。但是,如果普通股的下降幅度大大高于优先求偿的证券,并且按市场价对头寸平仓,那么就会产生一笔利润。

净流动资产证券(或"廉价"证券):这种想法是,以低于净流动资产账面值的成本尽可能多地购买这样的每一种证券,即价格中没有包含厂房和其他资产的价值。我们的购买价一般都是所剥离资产的价值的三分之二或更低一些。大多数年份里,我们在这方面都做到了充分的分散化——至少包含有 100 种不同的证券。

需要补充的是,我们经常会从事一些与控制权相关的大规模并购业务,但这与目前讨论的话题没有什么关系。

我们对每一类业务的结果进行了密切跟踪。根据跟踪结果,我们终止了两个主要领域的业务,这些领域的总体结果不能令人满意。一是购买明显具有吸引力(以我们一般的分析为基础)的证券——按照低于营运资本本身的价值无法购买到这种证券。二是"非关联"对冲业务——在这种业务中,所购买的证券无法与所出售的普通股进行交换。(这些业务大致相当于最近投资公司领域新

---

* 1936 年 1 月,格雷厄姆创办了格雷厄姆—纽曼公司(Graham-Newman Corporation),1956 年当他退出积极货币管理业务时,解散了这家公司。该公司的前身是一家名为本杰明·格雷厄姆联合账户(Benjamin Graham Joint Account)的合伙企业——该企业的经营期限为 1926 年 1 月至 1935 年 12 月。

的一类"对冲基金"所从事的业务。)*我们对这两种情况下10年或更长时间所获得的结果进行研究之后,得出了这样的结论:业务的利润并不可靠(而且这些业务并非"没有麻烦"),因此,没有理由继续做下去了。

因此,从1939年起,我们的业务局限于"自我清偿"情况、关联对冲、营运资本廉价股以及少量的控制权业务。此后,每一类业务都能够持续地给我们带来相当满意的结果,其突出的一点在于,当熊市中我们"低估证券"的业绩不太好时,关联对冲会带来丰厚的利润。

我们无意向那些聪明的投资者(无论他们的人数有多少)卖弄我们自己的投资方法。显然,我们所使用的专业技巧并不适合于防御型投资者。根据定义,这些人为业余选手。至于积极投资者,他们之中或许只会有一小部分出于性格需要,而将自己严格局限于相对较少的一部分证券。大多数思维活跃的投资者,都愿意冒险进入更广泛的投资渠道。他们自然追寻的范围,将是自己认为符合下列条件的整个证券领域:(1)以稳妥的标准来看,肯定没有被高估;(2)似乎肯定能够比一般的普通股具有更大的吸引力。他们考虑了其前景或过去记录的原因,或同时考虑了两方面的原因。在此类选择中,利用我们向防御型投资者提出的各种质量标准和合理定价标准,他们就可以做得很好。但是,他们应该有一定的灵活性,允许在大量有利因素中出现一个微小的不利因素。比如,它不应该排除在1970年出现了赤字的一家

公司——如果大量利润以及其他重要因素使该公司的股票看上去很便宜的话。积极投资者可能会将选择局限于自己认为比较乐观的产业和公司,但是,我们强烈建议,他们不要因为这种乐观情绪而购买高价股(相对于其利润和资产而言)。如果在这一领域遵从我们的理念,那么他将更有可能购买重要的周期性企业的股票——比如钢铁股——当目前的情况不太有利,近期不太看好,而且低股价充分反映了目前的悲观情绪时。+

---

* "非关联"对冲指的是购买某家公司发行的股票或债券的同时,出售另一家公司发行的证券(打赌其价格的下降)。"关联"对冲指的是同时买入和卖出同一家公司所发行的各种不同的股票或债券。格雷厄姆所说的"新的一类"对冲基金在1968年前后还广泛存在,但美国证券交易委员会后来的法规禁止普通公众从事对冲基金业务。

+ 2003年,遵循格雷厄姆思路的聪明投资者将会在技术、电信和电力行业寻求机会。历史已经证明,昨日的输家通常都会成为明日的赢家。

二类企业

接下来要考察和选择的是二类企业。这类企业的情况看上去不错，以往的业绩也令人满意，但对公众却缺乏吸引力。这些企业就类似于按1970年的收盘价来衡量的ELTRA和埃姆哈特公司（参见前面的第13章）。可以通过多种方法来确定此类企业。在此，我们将尝试一种新的方法，并且详细阐述此类方法在股票选择中的使用。我们的目的有两个。许多读者会发现，我们要使用的方法有很重要的实用价值，或者说，它能够提供一种类似的可以使用的方法。除此之外，我们所做的将有助于读者去应对真实世界的普通股，并且我们还要向他们介绍一本目前最吸引人和最有价值的小册子，这就是标准普尔出版的《股票指南》月刊，公众可以按年度订阅。此外，许多经纪公司会向其客户（只要提出要求）发放《股票指南》。

《股票指南》中的大部分版面（大约230页）登载的是关于4 500多家公司股票的简要统计信息。它们包括在各个交易所上市的所有3 000种股票，以及大约1 500种未上市的股票。在这个简要的册子中，可以查到关于特定企业的许多信息，包括一手信息和深入分析的信息。（我们认为，所缺乏的一个重要数据是每股的净资产价值或账面值，这一数据可以从标准普尔内容较全面的册子中找到，也可以从其他地方找到。）

对公司数据感兴趣的投资者将发现，《股票指南》能够提供很大的方便。翻开这本刊物，你可以看到关于股市好坏状况的简要描述，以及自1936年以来的最高价和最低价。你可以看到股价增长达2 000倍的公司，从极低的价格涨到令人瞠目结舌的最高价（就声望极佳的IBM而言，那一时期的增长"只有"333倍）。并不十分奇怪的是，你可能发现某公司的股价从3/8美元增长到68美元，然后又跌落到3美元。[2]在股息记录这一栏，你还将发现有一项可以追溯到1791年的记录——罗德岛工业国民银行（最近，它认为是应该改变这个古老名称的时候了）所支付的股息。[*]投资者如果查看《股票指南》中1969年年底的数据，就会发现，从1848年以来，宾州中央铁路公司（其前身为宾州铁路公司）一直

---

[*] 接替罗德岛工业国民银行（Industrial National Bank of Rhode Island）的是舰队波士顿金融公司（FleetBoston Financial Corp.）。舰队波士顿金融公司很早的前身是1791年成立的Providence银行。

都在支付股息。可是，几个月之后，它却破产了。投资者将发现，某公司的股价只是其最新报告利润的两倍，而另一家公司的股价则达到了利润的99倍。[3] 大多数情况下，投资者会发现很难从公司的名称中看出其业务范围：一家"美国钢铁公司"的旗下，就有三家公司名叫ITI Corp.（面包生产商）或Santa Fe Industries（主要的大型铁路公司）。投资者可以查阅种类异常繁多的历史价格、过去的股息和利润、财务状况、资本结构和其他信息。倾向于保守的公司、没有特点的一般性公司、"主营业务"组合非常有特点的公司以及华尔街所提供的各种信息，都可以从中看到。它们正等待投资者去查阅，或认真加以研究。

《股票指南》中专门有一栏登载的是，以最近12个月的相关数据为基础计算出的当期股息收益率和市盈率。我们进行普通股选择正是利用最后这一项数据。

根据《股票指南》进行筛选

假设想找出股票便宜的明显证据，我们首先想到的是，价格相对于近期利润而言较低。让我们对1970年年底市盈率不高于9倍的股票进行初步的排列。这一数据可以从《股票指南》偶数页码中的最后一栏方便地找到。为了便于说明，我们将选出前20种此类低市盈率的股票。首先是第6家上市公司Aberdeen Mfg公司的股票，其股票的年终价为10.25美元，是所有报告的每股收益（截止于1970年9月的年度利润）1.25美元的9倍。此类股票中，排列第20位的是美国玉米公司（American Maize Products）的股票。该股票的收盘价为9.5美元，市盈率也是9倍。

这一类股票看上去价格都不太高，其中有10种股票的每股售价在10美元以内。（这一点并非真的重要。它可能会但并非一定如此告诫防御型投资者要警惕这一类股票，但对积极投资者而言，这总体上是有利的。）* 在进一步的细致

---

* 对如今的投资者而言，这一价格界限更有可能是每股大约1美元。低于这一价格水平时，许多股票都将被"摘牌"，即无法在主要的交易所上市交易了。仅仅是对这些公司的股价进行监控就要花费大量的精力，因此，这对防御型投资者来说是不现实的。低价股的交易成本可能会非常高。最后一点是，股价非常低的公司，总是让人担心它即将倒闭。然而，由这些股价便宜的公司组成的多样化证券组合，可能对如今的一些积极投资者仍有吸引力。

分析之前，让我们计算一些数据。我们所选取的股票占所分析的前 200 种股票的十分之一。以此为基础，《股票指南》中将有 450 种股票的市盈率在 10 倍以下，这将使得进一步的选择有更大的余地。

因此，让我们将其他一些标准应用于我们所挑选出的股票。这些标准非常类似于我们向防御型投资者所提出的建议，只不过没有那么严格。我们建议：

1. 财务状况：(a) 流动资产与流动负债之比至少达到 1.5；(b)（对工业企业而言）债务占净流动资产的比例不高于 110%。
2. 盈利稳定：在《股票指南》近 5 年的数据中没有出现过赤字。
3. 股息记录：目前有一些股息支付。
4. 利润增长：去年的利润高于 1966 年的利润。
5. 股价：不高于有形资产净值的 120%。

《股票指南》中的利润数据一般都截止于 1970 年 9 月 30 日，因此并没有包括当年年底较差的一个季度。但是，聪明的投资者不要有过高的期望，至少刚开始时不要这样。同时要指出的是，我们没有对企业的规模确定最低限。如果仔细挑选并按类别购买的话，小企业的股票也有足够的安全性。

将新增的 5 个标准应用于我们所挑选的 20 种股票之后，合格的股票只剩下 5 种了。我们将在《股票指南》的前 450 种股票中继续寻找，以得到满足我们的 6 项要求的 15 种股票"组合"。（它们与一些相关的数据一起，列在表 15-1 中。）当然，这一组股票只是为了说明问题而已，它们并不一定会被从事研究的投资者选中。

实际情况在于，我们这种方法的使用者面临着更为广泛的选择。如果我们将筛选法应用于《股票指南》中的所有 4 500 家公司，而且，如果前 450 家公司的比率都能达到要求，最终将有大约 150 家公司满足我们全部的 6 项选择标准。这样，积极投资者就可以根据自己的判断（偏好和倾向）进行第三次选择。比如从这个范围较广的名单中选出 20%。

《股票指南》中包括了利润和股息排名——排名结果取决于过去 8 年中这些因素的稳定性和增长率。（因此，价格吸引力并未在此反映出来。）我们在表 15-1 中列出了标准普尔所排出的名次。15 种股票中，有 10 种排名为 B+（相当于平均水平），一种（美国玉米公司）的排名较"高"，为 A 级。如果积极投

表 15-1 低市盈率的工业股样本组合

（1971 年 12 月 31 日《股票指南》中，满足 6 项要求的前 15 种股票）

	股价 （1970 年 12 月）	过去 12 个月 的每股收益	账面值	标准普尔 等级	股价 （1972 年 2 月）
Aberdeen Mfg.	10.25	$1.25	$9.33	B	13.75
Alba-Waldensian	6.375	0.68	9.06	B+	6.375
Albert's Inc.	8.5	1.00	8.48	n.r.[a]	14
Allied Mills	24.5	2.68	24.38	B+	18.25
Am. Maize Prod.	9.25	1.03	10.68	A	16.5
Am.Rubber & Plastics	13.75	1.58	15.06	B	15
Am.Smelt. & Ref.	27.5	3.69	25.30	B+	23.25
Anaconda	21	4.19	54.28	B+	19
Anderson Clayton	37.75	4.52	65.74	B+	52.5
Archer-Daniels-Mid.	32.5	3.51	31.35	B+	32.5
Bagdad Copper	22	2.69	18.54	n.r.[a]	32
D.H.Baldwin	28	3.21	28.60	B+	50
Big Bear Stores	18.5	2.71	20.57	B+	39.5
Binks Mfg.	15.25	1.83	14.41	B+	21.5
Bluefield Supply	22.25	2.59	28.66	n.r.[a]	39.5[b]

a. n.r. 即未经评级。
b. 考虑到了股票分割。

资者想在自己的选择中增加第 7 个简单的标准，即只考虑标准普尔的排名在平均或平均水平以上的股票，那么，他仍然还有大约 100 种这样的股票可供选择。人们可以认为，如果一组股票的质量等级在平均水平以上，也能满足财务标准，可以按较低的当期市盈率以及低于资产价值的价格来购买，那么，它将为满意的投资结果提供一个很好的前景。

选择普通股的单一标准

爱探究的读者可能会问，在挑选优于平均水平的证券组合方面，除了刚才所讲的方法之外，还有没有更简单的方法？可不可以利用某种单一的合理标准，比如较低的市盈率，较高的股息回报，或者较大的资产价值？在这方面，我们发现有两种方法在过去较长的时间内一致地取得了不错的结果：（a）购买市盈率较低的重要企业（比如道琼斯中的企业）的股票；（b）挑选价格低于净流动资产价值（或营运资本价值）的各类股票。我们已经讲过，以 1971 年中期的结果来衡量，将低市盈率标准应用于 1968 年的道琼斯指数的做法非常不理想。从以往记录来看，购买股价低于其营运资本价值的普通股却没有遇到过这种不利情况。不过，这种方法的缺点在于，过去 10 年内的大多数时间里，这种机会正在逐步消失。

其他的选择标准如何呢？在写作本书的同时，我们已经进行了一系列"试验"，每一次都以某个相当明显的单一标准为基础。所使用的数据能够从标准普尔的《股票指南》中方便地查到。各种情况下的股票组合（包括 30 种股票），都是假设按照 1968 年的收盘价购买的，然后在 1971 年 6 月 30 日进行重新估价。与应用于其他随机选择一样，分别使用的每一个标准包括：（1）最近较低的市盈率（并非局限于道琼斯股票）；（2）较高的股息回报；（3）相当长的股息记录；（4）规模很大的企业——以流通股份数来衡量；（5）强有力的财务状况；（6）按美元数额衡量的每股价格较低；（7）与以前的最高价相比，股价较低；（8）标准普尔评级较高。

需要指出的是，《股票指南》中至少有一栏的数据是与上述每个标准相关的。这表明，该刊物的出版商认为，每一项数据在分析和挑选普通股时都是很重要的。（正如上面所讲过的，我们希望看到另一项新增的数据：每股净资产价值。）

最重要的事实，来自于我们对随机购买股票的业绩所进行的各种检验。我们检验了这样的三种组合（每种组合由 30 种股票构成）的业绩。每种组合中的股票都可以在 1968 年 12 月 31 日《股票指南》的第一行中找到，同时也可以在 1971 年 8 月 31 日的《股票指南》中找到。在这两个日期之间，标准普尔综合指数实际上没有发生变化，而道琼斯工业平均指数则损失了大约 5%。但我们随机挑选的 90 种股票的平均降幅达 22%，这还不包括可能是由于亏损太大而退出了《股票指南》的 19 种股票。这些比较结果无疑反映了这样一种趋势：质量较差的小盘股在牛市期间会被高估，因此在随后的价格暴跌中，它们不仅比大盘股损失惨重，而且其全面反弹也比较慢。多数情况将永远无法全面反弹。显然，对聪明的投资者而言，其教训是要避免把二类股票纳入到证券组合之中，除非（在积极投资者看来）它们有充足的理由证明自己的廉价。

我们将证券组合研究的其他结果归纳如下：

所研究的这些股票中，只有三种股票的业绩优于标准普尔综合指数（因此，也优于道琼斯工业平均指数），即：（1）质量等级最高（A+）的工业企业。这些企业这一时期的股价上涨了9.5%，而标准普尔工业指数下降了2.4%，道琼斯工业平均指数下降了5.6%。（可是，级别为A+的10种公用事业股下降了18%，而标准普尔55种公用事业股指数下降了14%。）值得指出的是，在这一项检验中，标准普尔的评级表现得非常好。每一种情况下，评级较高的证券组合都要优于评级较低的证券组合。（2）流通股份在5 000万股以上的公司总体上没有发生什么变化，而两种指数都有小幅下降。（3）令人奇怪的是，每股售价很高的股票（100美元以上）显示的结果要稍优于综合指数的上涨（多1%）。

在我们的各项检验之中，有一项是以账面值（《股票指南》中没有给出这一项数据）为基础的。在此，我们发现（正好与我们的投资理念相反），规模较大并且市场价中商誉成分很高的企业，在这两年半的持股期内总体上表现得非常好。（我们这里的"商誉成分"，指的是超出账面值的那一部分价格。）*我们所选取的"商誉巨头"由30家公司的股票构成，每一家公司的商誉成分都在10亿美元以上，占其市场价格的一半以上。1968年年底，这些商誉的市场总价值超过了1 200亿美元。尽管存在这种乐观的市场估价，但1968年12月至1971年8月期间，这一群体的每股价格总体上升了15%，并且所研究的股票中，有20余种位于业绩最佳者之列。

在对投资策略进行研究时，这样的事实是不能忽略的。至少，我们可以清楚地看到，同时具备下列优点的公司具有很强的势头：规模很大，过去的利润记录很好，公众预期其利润增长将在未来持续下去，过去许多年内有强有力的市场表现。即便按照我们的定量标准来看其价格很高，但基本的市场力量很有可能会在一定期限内主导此类股票的发展。（显然这种假设并不适用于这类股票中的每一种股票。比如，毋庸置疑，IBM的商誉很高，但是它的股价在30个

---

* 按照格雷厄姆的说法，商誉主要来自于两个原因：某公司并购其他公司所获价值远高于其资产的价值；或者是，某公司自己的股票可以按远高于其账面值的价格进行交易。

月内，从 315 美元降到了 304 美元。）人们很难判断，优异的市场表现在多大程度上来自于"实际的"或客观的投资优势，以及在多大程度上来自于人们长久以来的喜爱。无疑，这两种因素在此都很重要。显然，商誉巨头长期及近期的市场表现，证明它们可以被纳入到分散化的普通股组合之中。然而，我们自己偏爱的是其他类型的股票：它们显示出多种有利的投资因素，其中包括资产价值至少占市场价格的三分之二。

根据其他标准所做的检验表明，一般情况下，以单一有利因素为基础而随机挑选的股票，要好于以相反的因素为基础而随机挑选的股票。比如，这一时期市盈率较低的股票下降的幅度，要小于市盈率较高的股票；长期支付股息的股票的亏损，要小于那些在 1968 年年底没有支付股息的股票。只有当所挑选的股票同时满足几种数量或实际标准时，检验结果才会支持我们的建议。

最后，我们分析一下这样的现象：与标准普尔综合指数的价格记录相比，我们所选择的股票整体上要差很多。标准普尔指数是根据每家公司的规模计算出的加权平均数，而我们的检验是以一家公司一种股票为基础的。显然，标准普尔给予大企业更大权重的做法会使两种结果出现巨大差异，同时，这也再次说明，道琼斯的价格稳定性要比"一般的"公司更好一些。

廉价股或净流动资产股

在上面所讨论的检验中，我们没有包括下列结果：以低于其净流动资产价值的价格购买的 30 种股票。原因在于，这些股票中，充其量只有少数几种可以在 1968 年年底出版的《股票指南》中找到。然而，1970 年的股市下滑使情况发生了改变，那一年的价格低迷使许多普通股都可以按低于其营运资本价值的价格购买到。下列观点过去看上去始终是极其简单的，现在也是如此：如果人们能够按低于其相应净流动资产（扣除所有优先求偿权，并且将固定资产和其他资产的价值看做零）的价格，获得某种分散化的普通股组合，就能得到相当满意的结果。根据我们的经验，在过去 30 多年内（比如从 1923 年到 1957 年），情况都是如此，除了 1930~1932 年那次真正的考验之外。

这种方法与 1971 年年初的情况相关吗？我们的答案是有条件的"肯定"。

表 15-2　1970 年的售价未达到净流动资产价值的优质股票

	公司股价 （1970 年）	每股净流动 资产价值	每股 账面值	每股收益 （1970 年）	当期 股息	最高股价 （1970 年前）
Cone Mills	13	$18	$39.3	$1.51	$1.00	41.5
Jantzen Inc.	11.125	12	16.3	1.27	0.60	37
National Presto	21.5	27	31.7	6.15	1.00	45
Parker Pen	9.25	9.5	16.6	1.62	0.60	31.25
West Point Pepperell	16.25	20.5	39.4	1.82	1.50	64

迅速看一眼《股票指南》就会发现，大约有 50 种股票可以按不高于其净流动资产的价格购买到。诚如所料，这些股票有许多在 1970 年的困难环境下都表现得很不好。如果我们把过去 12 个月内报告有净亏损的股票淘汰掉，仍然有足够的股票构建分散化的组合。

在表 15-2 中，我们给出了 1970 年价格低迷时期售价低于其营运资本价值*的 5 种股票的相关数据。这些数据在一定程度上能促使我们对股价波动的性质进行反思，为什么会出现这样的情况:历史悠久的公司（其品牌在全美家喻户晓）的估价如此之低，而同时其他企业（当然其利润增长情况更好）的售价，却比其资产负债表中反映的价值高出上 10 亿美元？再次引用"以往"的说法，作为无形资产价值构成的商誉，通常是与"商标"相关的。的确，像 Lady Pepperell 床单、Jantzen 泳装和派克笔这样的品牌，在人们眼中是具有巨大价值的资产。但是在目前，如果"市场并不青睐某家公司"，那么，不仅其著名品牌，而且其土地、建筑物和机器设备等都会变得不值钱。帕斯卡说过："内心或感性能理解的东西，理智不一定能理解。"+ 因为只有"内心"能理解"华尔街"。

人们会想到另一种相反的情况。当市场行情很好，新股很容易销售时，根本没有任何品质的股票会在发行市场露面。它们能迅速找到买主，它们的价格

---

* 严格地讲，每股股票的营运资本价值为流动资产减去流动负债后的差额，再除以已有的股份数。可是，在此格雷厄姆指的是"净营运资本价值"，即每股的流动资产价值与全部负债之差。

+ Le coeur a ses raisons que la raison ne connaît point。这句富有诗意的话，是法国伟大的神学家帕斯卡沉思得出的一个结论，即人们熟知的"帕斯卡赌注"（参见第 20 章的点评）。

经常会在刚刚发行后就急剧上涨。按照资产和利润来看,其价格上涨的幅度使得IBM、施乐和宝丽莱等公司的股价也会相形见绌。华尔街会泰然自若地接受这种疯狂,在最终的价格崩盘之前,没有任何人会对其公开叫停。(证券交易委员会只不过是坚持要求信息披露,投机大众对此根本不关心;或者是在公司明显违背法规的情况下被宣布进行调查,而且通常采取的都是各种不太严厉的惩罚。)当这些并不重要但却被严重夸大的企业从人们的视线中消失或几乎要消失时,人们都足够镇定地认为,这是"游戏的一部分"。此时,每个人都信誓旦旦地说,保证不再会有这种无法原谅的放纵行为,直到下一次为止。

文雅的读者会说,谢谢你的讲述,但你的"低价股"情况如何呢?人们真的能够在不冒重大风险的情况下从中获利吗?事实的确如此。如果你能够发现足够多的低价股来建立一个分散化的组合,而且,如果它们在购买后没有迅速上涨时你仍然具有耐心。有时候,需要有相当大的耐心。在本书的前一版中,我们大胆地给出了一个例子,而这个例子在目前写作本书时仍然有说服力。这个例子就是Burton-Dixie公司,股票售价为20美元,每股净流动资产价值为30美元,每股账面值大约为50美元。购买该公司的股票不会马上获利,但是在1967年8月,股票价格上涨到了53.75美元,大约相当于其账面价值。一位有耐心的股票持有者在1964年3月按20美元的价格买下该股后,将会在随后的三年半内获得165%的利润——年回报率(非复利计算的)达47%。我们所经历的低价股,大多数并不需要等待这么长的时间才能获得好的回报,况且,它们也不会有如此之高的回报率。关于目前大体上类似的情况,请参见前文对National Presto Industries公司的讨论。

一些特殊情况

我们来简要地探讨特殊领域的问题,因为从理论上讲,这属于积极投资者的业务范围。上面已经分析过这一内容。在此,我们将给出这方面的一些例子,并进一步分析它们能够给思维开阔和敏捷的投资者带来什么启发。

1971年年初发生了这样三种情况(此外还有更多),我们将其归纳如下:

情况一　Borden 公司并购 Kayser-Roth 公司。1971 年 1 月,Borden 公司宣布一项计划:通过以自己的 1⅓ 股换取 Kayser-Roth 的一股来获得对该公司的控制权("服装业务分散化")。随后的一天交易十分活跃,Borden 和 Kayser-Roth 的收盘价分别为 26 美元和 28 美元。如果某位"操作者"按这一价位购买了 Kayser-Roth 的 300 股,并出售 Borden 的 400 股,而且,如果并购交易随后按所公布的条件完成,那么他将从其股票投资中赚得大约 24% 的利润(扣除佣金和其他一些费用之后)。假如并购交易在 6 个月内完成,他最终获取的年利润率大约会有 40%。

情况二　1970 年 11 月,National Biscuit 公司准备按每股 11 美元的价格用现金收购 Aurora 塑料公司。该股票当时的售价大约为 8.5 美元,月底的收盘价为 9 美元,且该售价一直持续到年底。在此所反映的初始毛利润率只有大约 25%——要面对交易失败以及时间因素可能带来的风险。

情况三　已经停业的 Universal-Marion 公司,要求其股东批准公司的解散。财务主管认为,普通股的每股账面值约为 28.5 美元,其中绝大部分是流动资产。该公司股票 1970 年年底的收盘价为 21.5 美元,表明在此有可能获得超过 30% 的毛利润——如果账面值在资产清理时得以实现的话。

如果以风险分散化为基础来从事此类业务,可以获得 20% 或更高的年利润率,那么它们无疑将是非常有价值的业务。因为本书并不针对一些"特殊情况",因此,我们不准备详细分析此类业务,但这的确可以称得上是一笔业务。我们要指出近几年这方面存在的两种相反的发展过程。一方面,与 10 年前相比,可以选择的交易数量极大地增加了。这一结果来自于公司通过各种并购方式大量进行的所谓多元化业务。1970 年的"并购消息"总共有大约 5 000 条,低于 1969 年的 6 000 多条。与这些并购交易相关的总交易金额达到了好几十亿美元。或许,5 000 条并购消息中只有很少一部分会给从事此类特殊业务的人带来明确的股票投资机会,但这一部分交易的数量,仍然足以使其整天忙于对股票的研究和挑选。

另一方面,在宣布的并购交易中,有越来越多的都没能最终达成。当然,在这些情况下,所追逐的利润未能实现,而且有可能出现较为严重的亏损。并购失败的原因有很多,其中包括反托拉斯干预,股东的反对,"市场条件"的改变,进一步研究后得出不利的结论，无法在细节上达成一致，等等。显然，这里的技巧在于，依靠经验来挑选那些最有可能成功的交易，并且还要挑选出失败后的损失有可能最小的交易。*

对上述例子的进一步分析

Kayser–Roth 公司　在写作本章的过程中，该公司的董事已经（于 1971 年 1 月）拒绝了 Borden 公司的建议。如果这笔业务立即"平仓"，包括佣金在内的总体亏损大约为 Kayser-Roth 公司股票投资的 12%。

Aurora 塑料公司　由于该公司 1970 年的表现较差，并购条款进行了调整，其股价降到了 10.5 美元。5 月底支付购买股票的金额。在此所实现的年均回报率大约为 25%。

Universal–Marion 公司　该公司立即进行了初始分配，每股获得大约 7 美元的现金和股票，使得投资降到了大约 14.5 美元。可是，市场价格随后降到了 13 美元，从而使得资产清理的最终结果值得怀疑。

如果所举的这三个例子能够很好地代表 1971 年总体的"特殊或套利"机会，那么，事实显然是这样的：如果随机从事此类交易，那么它们是没有吸引力的，这类交易已日益成为具备必要的经验和判断力的专业人士所从事的领域。

在我们给出的关于 Kayser-Roth 公司的例子中，存在一则趣闻。1971 年下半年，该公司的股价降到了 20 美元以下，而 Borden 公司的股价为 25 美元。按交换条件，这相当于 Kayser-Roth 公司 33 美元的股价。情况似乎是这样的：要么公司董事拒绝这个机会的行为是一个巨大的错误，要么 Kayser-Roth 公司现在的市场价格被严重低估了。这是证券分析师有待分析的问题。

---

* 正如第 7 章的点评所介绍的，并购套利对大多数个人投资者而言都是完全不恰当的交易。

第 15 章点评

> 在这个世界，遵循他人的价值观是一件很容易的事；独居时，按照自己的想法去生活，也是很容易的；然而，伟大的人是这样的：处在众生之中，却能十分惬意地享受着独居时的独立。
>
> ——拉尔夫·沃尔多·爱默生

练习，练习，再练习

Mutual Series 基金的创始人马克斯·海涅（Max Heine）喜欢这样一句话："通往耶路撒冷的路不止一条。"这位股票大师的意思是，他自己以价值为核心的股票挑选方法，并非是成功的投资者惟一可使用的方法。在本章点评中，我们将介绍如今一些优秀的货币经理在挑选股票时所使用的几种方法。

然而，首先要再次指出的是，个股选择对大多数投资者而言是不必要的，尽管可以这样去做。大多数专业人士在股票选择方面都做得很差，这也就意味着业余人士不可能做得更好。绝大多数试图挑选股票的人都发现，他们做的并没有想象的那么好。极为幸运的人早就发现了这一点，而不太幸运的人则要花几年时间才能懂得这一点。少数投资者擅长挑选自己的股票，其他人要通过别人的帮助（最好是通过指数基金）才能做得更好。

格雷厄姆建议投资者首先要练习，正如优秀的运动员和音乐家在每次实际表演之前的练习和排练一样。他建议，投资者首先花一年的时间去跟踪和挑选股票，但并不是真的去投资购买。[1] 在格雷厄姆所处的时代，你必须利用标准拍

---

[1] 参见：Patricia Dreyfus, "Investment Analysis in Two Easy Lessons" (interview with Graham), *Money*, July, 1976, p.36。

纸簿上假设的买卖分类账加以练习；如今，你可以利用一些网站上的"证券组合跟踪系统"来进行练习，比如：www.morning.star.com、http://finance.yahoo.com、http://money.cnn.com/services/portfolio/ 或 www.marketocracy.com 等网站（在最后一个网站中，不要去理会其基金和其他服务中的"超越市场"的大话）。

在实际投资之前对你的技巧进行检验，你即使犯错也不会造成任何实际损失，并且还能避免形成频繁交易的习惯，将自己的方法与那些优秀货币经理的方法进行比较，了解哪些方法是有效的。最为有利的是，跟踪你所有股票挑选的结果，将使你不会忘记，你的一些预感最终被证明是错误的。这将迫使你既向成功者学习，也从失败者身上吸取教训。一年之后，将你的结果与标准普尔500指数基金进行对比，看情况如何。如果你不喜欢这项试验，或者你的选择结果很差，这也没有什么损害，这说明个股选择的做法不适合你。如果这样，就去挑选一家指数基金，不要在股票选择上浪费时间了。

如果你很喜欢这项试验，并且获得了足够高的回报，就可以逐步建立股票组合了。但是，这一股票组合在你的整个证券组合中的比重不能超过10%（将其余资金投入指数基金），而且要记住，如果你对此不再感兴趣，或者你的回报变得太差的话，你可以随时停下来。

正确地寻找

如何寻找可能带来回报的股票？你可以通过 http://finance.yahoo.com 和 www.morningstar.com 这样的网站，并采用第 14 章所建议的统计标准来筛选股票。与大多数人不同，一些最优秀的专业投资者首先感兴趣的是股价下降而不是股价上升的公司。Tweedy Byowne Global 价值基金的克里斯托弗·布朗、Oakmark 基金的威廉·尼格伦、FPA Capital 基金的罗伯特·罗德里格斯以及 Torray 基金的罗伯特·托雷都建议，要从《华尔街日报》上查看每日列出的一年以来价格最低的股票，或者从 Barron's 这本财经刊物上的 "Market Week" 这一栏中查看类似的表格。资料中不流行的或不受欢迎的股票和产业，有可能在市场情绪发生改变时带来很高的回报。

Davis 基金的克里斯托弗·戴维斯以及 Legg Mason 价值信托的威廉·米勒

喜欢看到投资资本回报（returns on invested capital，ROIC）的上升——这一指标反映了公司在获取巴菲特所称的"所有者收益"方面所具有的效率。[2]（详情参见专栏内容。）

通过核查"可比数据"，或者是同类企业多年来所获取的价格，Oakmark的经理尼格伦和Longleaf合伙企业的经理梅森·霍金斯等人，可以更好地掌握某公司各部门的价值。对个人投资者而言，这是一项艰苦和困难的工作：首先要查看公司年度报告中"业务部门"的说明——这里通常会列出每个分支机构的行业、营业收入和利润。（"管理探讨与分析"这一栏也会有帮助。）然后，从Factiva、ProQuest或LexisNexis等新闻数据库中，查找与近期被并购的公司处于相同产业的其他公司。利用EDGAR数据库找到这些公司的年度报告之后，你就可以确定这些被并购公司的收购价与其利润的比率。然后，你就能根据这一比率，估计并购公司会支付多少价格来并购你准备投资的公司的类似分支机构。

通过这样去分析某家公司的每一个分支机构，你就能弄清楚它们当期的股价是否合理。Longleaf公司的霍金斯喜欢寻找他所称的"60分目标"，即当时的股价在评估价值的60%或60%以下的公司。这样做可以达到格雷厄姆所坚持的安全性标准。

老板是谁

最后要讲的是，大多数优秀的专业投资者都希望公司由这样的人来管理："不只是经理人，而是像所有者那样进行思考。"（Oakmark公司的尼格伦如是说。）这方面有两个简单的标准：公司的财务报告易于理解，还是模棱两可？"一次性的"、"异常的"和"特殊的"费用是事实上如此，还是令人不愉快地经常出现？

Longleaf公司的梅森·霍金斯寻找的是这样的公司经理：他们是"良好的合伙人"——他们开诚布公地讨论问题，他们对当期和未来现金流的分配有明确的计划，而且他们拥有该公司大量的股份（最好是通过现金购买的，而不是通过派送期权获得的）。可是，"如果企业管理层大谈股价而少谈业务，"Torray基

---

[2] 参见第11章点评。

从每股收益转向投资资本回报

由于股票期权派送以及会计盈利和扣除等因素的影响，近几年的每股净收益或每股收益（EPS）已经被扭曲了。想了解公司经营活动中所使用的资本带来的真实利润，就需要从每股收益转向投资资本回报（ROIC）。Davis基金的克里斯托弗·戴维斯将ROIC以下列公式来定义：

ROIC = 所有者收益 ÷ 投资资本

公式中的所有者收益等于：

营业利润

加上　折旧

加上　商誉的摊销

减去　联邦所得税（按公司的平均所得支付）

减去　股票期权的成本

减去　"维持"（或实际的）资本支出

减去　不可持续的养老金回报（2003年，任何高于6.5%的回报都是不可持续的）所带来的任何收益

公式中的投资资本等于：

资产总额

减去　现金（以及短期投资和非生息的流动负债）

加上　过去降低投资资本的会计扣除

ROIC的优点在于，它在扣除所有合理费用之后，反映了公司从其经营活动中所获利润，以及公司在利用股东资金获取回报方面有多大的效率。ROIC只达到10%就很有吸引力了；即使6%或7%也会有吸引力，如果该公司有一个好的品牌、目标明确的管理层，或者只是遇到了暂时的困难。

金的罗伯特·托雷告诫说,"我们是不感兴趣的。"Davis 基金公司的戴维斯希望企业将股票期权的发行额控制在现有股份大约 3% 的范围之内。

先锋 Primecap 基金的霍华德·肖跟踪的是,"公司第一年所说的是什么,第二年发生的情况又是什么。我们不仅要了解管理层是否对股东诚实,而且还要了解他们自己是否说到做到。"(如果某公司的老板在业务混乱时坚持认为一切都令人满意,请保持警觉。)如今,即使只拥有少数的几股,人们也可以定期参加公司的股东大会。想知道股东大会召开的时间,可以电话联系公司总部的公共关系部门,或者访问公司的网站。

FPA 资本基金的罗德里格斯会查看公司年度报告的背面——这里列有各个业务部门负责人的名单。如果在新的 CEO 任期内的头一年或两年中更换了许多名字,这可能是一个好兆头:说明他正在淘汰不称职的人。可是,如果此后还是不断更换人名的话,这种调整就有可能转变成混乱。

看清道路

还有其他更多通往耶路撒冷的道路。一些优秀的证券组合经理(比如 Dreman 价值管理公司的戴维·德尔门和 Third Avenue 基金公司的马丁·惠特曼)都把目光集中于资产、利润或现金流的乘数非常低的公司。也有人(比如,Royce 基金的查尔斯·罗伊斯和富达低价股基金的乔尔·蒂林哈斯特)追逐的是价值被低估的小公司。想简要了解如今最受尊敬的投资者巴菲特是如何选择公司的,请参见下面的专栏内容。

有一种方法会有所帮助:看哪一位优秀的职业货币经理与你持有相同的股票。如果经常会出现一两个这样的人,请访问这些基金公司的网站,并下载其最新的报告。通过查看这些投资者还拥有其他的股票种类,你能更多地了解这些股票的共同点。通过阅读经理的评论,你会知道如何去改进自己的方法。[3]

无论他们使用什么样的技巧来挑选股票,成功的投资专家都有两个共同点:

---

3 还有许多分析专业证券组合的小册子,但它们中的大多数都只是在浪费人们的时间和金钱而已——即便对最积极的投资者也是如此。能够使人们省钱的一个极好的做法,就是去阅读《杰出投资者文摘》(*Outstanding Investor Digest*,www.oid.com)。

> ### 巴菲特的做法
>
> 格雷厄姆最优秀的学生沃伦·巴菲特已经成为了全球最成功的投资者，其做法是在格雷厄姆想法的基础上设计出新的窍门。巴菲特及合伙人查尔斯·门格（Charles Munger）把格雷厄姆的"安全性"和远离市场的观点，与自己强调未来增长的创新做法结合起来了。下面是对巴菲特方法的简要介绍。
>
> 他寻求的是"特许经营"的公司，该公司有很强的消费品牌，有很容易被人们理解的业务活动，有强有力的财务状况，以及有近乎于垄断的市场——比如 H & R Block、吉列和华盛顿邮报等公司。巴菲特喜欢在公司丑闻、巨额亏损和其他坏消息似乌云飘过时迅速下手购买其股票——比如，1987年可口可乐公司推出的"新可乐"遭到惨败、公司股价崩盘后，他迅速买入了该公司的股票。他还喜欢公司的经理具备下列行为：制定并实现合理的目标；从自己内部而不是通过并购来拓展业务；明智地进行资本分配；不给自己派送上百万美元的股票期权奖金。巴菲特坚持认为，利润的增长应该是稳步和持久的，这样，公司未来的价值会比今天更大。
>
> 在自己的年度报告（参见 www.berkshirehathaway.com）中，巴菲特完全袒露了自己的思想。或许，没有哪一位投资者（包括格雷厄姆在内）会公开透露更多关于自己投资方法的信息，或公开发表如此通俗易懂的文章。（巴菲特有一句经典名言："当声誉卓越的管理层经营一家企业而搞得一团糟的时候，人们心目中将只会留下企业的形象。"）每一位聪明的投资人都可以（和应该）通过阅读这位大师自己的语言来获得更多的知识。

首先，他们遵守既定的约束，并一贯坚持自己的行为，拒绝改变自己的方法，即便这种方法已不再流行；其次，他们大量思考的是做什么以及如何去做，而很少去关注市场情况如何。

第16章

可转换证券及认股权证

最近几年,在优先债权融资领域,可转换债券和优先股正在成为主导力量。与此同时,股票期权这种认股权证(可以按规定价格购买普通股的一种长期权证)已经越来越流行了。标准普尔《股票指南》中列出的优先股中,现在有一半以上的都拥有了转换权;而且1968~1970年的公司债券融资中,也有大部分享有了转换权。在美国股票交易所,至少有60种不同系列的股票期权。1970年,纽约股票交易所首次进行了长期权证的交易——可以按每股52美元的价格购买3 140万股美国电话电报公司的股票。由于"贝尔妈妈公司"(Mother Bell)的带头,必将出现更多新的权证设计者。(正如我们后面要指出的,这种设计具有多重含义。)*

从总体上看,可转换证券比认股权更为重要,因此,我们将首先对前者进行讨论。从投资者的角度来看,有两个主要的方面需要考虑。首先,它们的投资机会和风险大小如何?其次,它们的存在会对相关普通股的价值产生怎样的影响?

人们认为,可转换证券对投资者和债券发行企业都具有特殊的优势。投资者既可以获得债券或优先股享有的优先保护,同时还有机会分享普通股急剧上升所带来的好处。证券发行者能够按适度的利息或优先股股息来筹集资本,而且,如果所预期的业务兴旺成为现实,发行者还可以将其转换成普通股,消除这部分优先债务。因此,交易双方都会感到非常满意。

---

* 格雷厄姆十分讨厌权证。在本章后文中,他明确地表明了这一点。

显然，上述这段话一定有所夸大，因为你不可能仅仅通过一种巧妙的手段使交易双方都获得好处。在获取转换权的同时，投资者通常要在证券的质量或收益（或同时在两方面）做出一些重要的让步。[1]反过来看，如果公司因为证券具有转换权而获得低成本资金的话，那么这是因为它同时放弃了普通股股东未来收益增长的一部分。关于这一话题，正反双方都有一些不明确的观点需要进一步探讨。可以得出的最稳妥的结论是：与其他任何形式的证券一样，可转换证券本身并不能保证这种证券一定具有吸引力——这个问题将取决于与单个证券相关的所有事实。*

然而，我们的确知道，总体上讲，牛市后期发行的一类可转换证券必然不能得到满意的收益。（遗憾的是，过去大多数的可转换融资正是发生在这种乐观时期。）从时间选择本身来看，悲剧将不可避免，因为股市的大幅下跌，必然会使得人们对这种证券本身的基本安全性产生怀疑。+作为对此类证券的说明，我们将保留本书第一版中使用过的、关于可转换优先股和一般的（不可转换）优先股相关价格行为的例子——这些证券于1946年发行，是1949年开始进入特殊时期之前的一个牛市期的最后一年。

对1967~1970年的情况很难做出比较，因为这几年几乎没有发行过新的不可转换证券。但是可以清楚地看到，从1967年12月到1970年12月，可转换优先股平均价格的下降幅度，大于普通股的整体下降幅度（普通股只下降了5%）。同时，从1968年12月到1970年12月，可转换优先股的业绩似乎比以前发行

---

* 格雷厄姆所指出的是，尽管投资者通常会听到一些夸大的促销宣传，但可转换债券不能自动提供"两方面的最大好处"。高收益和低风险并不总是形影相随。华尔街在某方面给予的同时，一般也会在另一方面去索取。一项投资可能会在某方面有最大的好处，或者是在另一方面存在最大的不利。但是，在单一的一笔交易中，两方面都具有最大好处的情况几乎是不可能的。

+ 根据高盛和Ibbotson Associates提供的信息，从1998年到2002年，可转换证券的年均回报率为4.8%。这比美国股市年亏损0.6%的结果要好许多，但却大大低于公司中期债券的回报率（7.5%的年收益）和公司长期债券的回报率（8.3%的年收益）。根据美林证券提供的信息，20世纪90年代中期，可转换证券每年的发行额大约为150亿美元。到了1999年，发行额增长一倍多而达到了390亿美元。2000年，可转换证券的发行额为580亿美元；2001年，又有1 050亿美元的发行额。正如格雷厄姆所告诫的，可转换证券总是在牛市即将结束时出现——主要原因在于，此时即使低等级公司股票也有很高的回报率，因此会使得可转换这一特征似乎也有吸引力。

表 16–1　1946 年新发行的优先股的价格记录

从发行价到最低价的下跌幅度 （截止于 1947 年 7 月）	"一般的"优先股 （股份数）	可转换和参与性优先股 （股份数）
没有下跌	7	0
下跌 0~10%	16	2
10~20%	11	6
20~40%	3	22
40% 以上	0	12
	37	42
平均跌幅	约 9%	约 30%

表 16–2　优先股、普通股和认股权证的价格记录（1970 年和 1968 年对比）

（每一类随机选取 20 种股票作为样本）

	一般的优先股		可转换优先股	上市普通股	上市权证
	A 级及以上	A 级以下			
上升	2	0	1	2	1
下跌：					
0~10%	3	3	3	4	0
10~20%	14	10	2	1	0
20~40%	1	5	5	6	1
40% 以上	0	0	9	7	18
平均跌幅	10%	17%	29%	33%	65%

（标准普尔 500 股综合指数下降了 11.3%。）

的不可转换优先股的业绩差许多——这一点可以从表 16–2 中每种股票的 20 个样本反映出来。从这些比较中可以看出，作为优先证券的可转换证券的整体质量都比较差，而且它们所关联的普通股的业绩也比一般市场情况要差（投机猖獗时期除外）。当然，这些观点并不适合于所有的可转换证券。尤其在 1968 年和 1969 年，许多实力强大的公司为应对过于高昂的利率（即便最优级债券的利率也很高）发行了可转换证券。然而，值得注意的是，在 20 种股票构成的可转换优先股样本中,只有一种出现了上涨,并且有 14 种出现了严重下跌。*

这些数据得出的结论,并不是说可转换证券本身比不可转换或"一般的"证券要差。同等条件下,结论正好相反。然而,我们可以清楚地看到,在实践中,其他条件不可能等同,而且可转换权的获得,经常(或许普遍地)会以丧失证券实际的投资质量为代价。

的确,可转换优先股比同一公司的普通股要更安全一些——也就是说,其本金最终亏损的风险要小一些。因此,购买新发行的可转换优先股,而不去购买相应的普通股的行为是符合逻辑的。然而,在大多数情况下,尽管最初按市场价购买普通股的行为是不明智的,但是,用可转换优先股来代表普通股的做法,并不足以使情况得到改善。此外,可转换优先股大多是由那些对普通股没有特殊兴趣或信心的人所购买的(也就是说,他们当时并没有想到要去购买这种普通股,而是被可转换优先股表面上的优先求偿权与接近于当期市场的转换权的完美结合吸引住了)。某些情况下,这种结合能很好地发挥作用,但统计数据似乎表明,它更有可能是一种陷阱。

在拥有可转换证券方面,大多数投资者都没有认识到一个特殊的问题。即使产生了利润,也有一个两难的选择。证券持有人是应该在小幅上涨后就卖掉呢,还是应该继续持有以等待更大的上涨?如果这种证券被赎回(当普通股大幅上涨时,经常会发生这种情况),那么持有者是应该将其卖掉,还是应该将其转换为普通股而继续保留下去呢?⁺

让我们来看一个具体的例子。假设你花 100 美元购买了利率为 6% 的债券,该债券可以按 25 美元的价格转换成股票——每 1 000 美元的债券可转换成 40 股。现在股价达到了 30 美元,从而债券的价值至少为 120 美元,且债券现在的售价

---

* 可转换证券市场最近的结构性变化否认了其中的一些批评。在格雷厄姆时代,可转换优先股大约占整个可转换市场的一半,如今所占的比重只有八分之一。期限的缩短使得可转换债券的不稳定性下降了。而且,现在许多可转换债券都附带有"赎回保护"条款,这可以防止债券被提前赎回。此外,现在有一半以上的可转换证券属于投资级证券,比格雷厄姆时代的信用质量有了很大的改善。因此,在 2002 年,美林的全美可转换指数下降了 8.6%——而标准普尔 500 指数下降了 22.1%,纳斯达克综合指数下降了 31.3%。

+ 债券的"赎回"是指,发行债券的公司在债券规定的到期日或最后的利息支付日之前强行进行偿付。关于可转换债券原理的简要介绍,请参见本章点评中的第 1 条注释。

为125美元。你可以出售或保留债券。如果你继续持有债券,希望价格上涨得更高,你面临的状况将十分类似于一个普通股股东,因为如果股价下跌,你的债券也将下跌。一个保守的投资者可能会说,价格高于125美元后,其头寸的投机性会太大,因此,他会将其出售,并赚取令人满意的25%的利润。

眼下一切都令人满意。但让我们进一步探讨这个问题。许多情况下,当债券持有人按125美元价格出售时,普通股还在上涨,从而使得可转换债券的价格也在上涨,这样,过早出售债券的投资者就会感到心疼。下一次,他决定将债券持有到价格上升为150或200美元时为止。债券价格上涨为140美元,但他并没有将其出售。随后,市场崩盘,其债券价格滑落到80美元。这样,他又犯了一次错误。

除了这些错误判断所带来的精神痛苦(它们似乎是不可避免的)之外,在可转换债券的操作方面,还存在着真实的算术缺陷。人们也许认为,对许多持有者而言,采用严格一致的策略——利润达到25%或30%时将其出售——会获得很好的结果,但这只是利润的上限,而且只有表现良好的债券才能实现这一目标。可是,如果(正如事实所表明的)这些债券经常缺乏适当的标的证券,并且一般是在牛市后期发行和购买时,其中很大一部分将无法达到125美元的价格,而当市场发生逆转时,会不可避免地出现崩盘。所以,实践证明,可转换债券诱人的机遇只是一种幻觉,而且总体经验表明,这种交易既存在着巨大的利益,也完全有可能出现巨大的亏损(至少是暂时性的亏损)。

由于1950~1968年期间存在着一段相当长的牛市,因此,可转换债券在大约18年内总体上表现不错。但这只是意味着,绝大多数普通股的价格都出现了大幅上涨,所以大多数可转换债券也能分享这一价格上涨的好处。可转换债券投资的稳健性,只能通过它们在股市下跌时的业绩来判断——但事实证明,这种情况下它们的总体结果总是令人失望的。[*]

在本书(1949年)的第一版中,我们举例说明了这样一个特殊问题:当可转换债券价格上涨时,应该如何去做?我们认为,在此仍然有必要来讨论这个问题。与我们引用的几个例子一样,这个例子也来自于我们自身的投资操作。

---

[*] 最近几年,当股市下降的时候,可转换债券的业绩一般都要好于标准普尔500指数。然而,它们的业绩一般都比其他债券差——这削弱了(但并没有完全否定)格雷厄姆在此提出的批评。

我们是"优秀群体"中的成员,主要从事投资基金业务,参与了 Eversharp 公司利率为 4.5% 的可转换信用债券的私募业务——债券按面值发行,可以按每股 40 美元的价格转换成普通股。该公司的股票迅速上升到 65.5 美元,随后(经过 3:2 的分股后)相当于每股 88 美元。后一个股价使得可转换债券的价值不低于 220 美元。这一时期发行的两种债券都在按小幅溢价赎回,因此,实际上它们都被转换成了普通股,被一些最初购买信用债券的基金投资者所持有。股价立即出现严重下滑,到了 1948 年 3 月,股价降到只有 7.375 美元了。这说明信用债券的价值只有 27 美元了,比最初的价格下跌了 75%,而不再有 100% 以上的利润了。

这个故事的实质在于,最初购买可转换债券的一些人将债券转换成了股票,并且一直将股票保留到股价的大幅下跌。他们的这种行为违背了华尔街的一句古老的格言:"永远不要把可转换债券进行转换。"为什么会有这样一句忠告?因为一旦进行转换,就丧失了先前拥有的战略组合:获取利息的同时,还有可能获得可观的利润。这有可能使你从投资者转变为投机者,而且这时常是发生在不利的情况下(因为股价已经经历了大幅上涨)。如果"永远不要把可转换债券进行转换"是一条好的法则,那么,那些有经验的基金经理为什么会把 Evesharp 公司的债券转换成股票,并在随后遭遇令人难堪的损失呢?答案无疑在于,他们被公司的前景以及公司股票"有利的市场表现"冲昏了头脑。华尔街有一些审慎的原则,但问题在于,每当最需要这些原则时,它们却总是被人们遗忘。* 因此,另一句古老的格言是:"照我说的去做,不要模仿我的行为。"

因此,对于新发行的可转换债券,我们一般都是持怀疑态度的。与其他类似的观点一样,在此我们的意思是,投资者在购买可转换债券之前要三思而后行。经过此类排除性的考察之后,投资者可能会发现一些无法拒绝的特殊债券。当然,最理想的情况是同时具备下列条件:一种基础非常牢固的可转换债券,可以按照稍高于当期市场的价格转换成本身具有吸引力的普通股。时常会有一些新发行的债券符合这些要求。可是,从证券市场的性质来看,与新发行

---

* 这句话可以作为对 20 世纪 90 年代牛市的最终评价。投资者所忘记的"少数几项审慎原则"还包括关于市场的一些老生常谈,比如:"树高高不过天",以及"牛市能赚钱,熊市能赚钱,但猪市只能被宰。"

的债券相比,好像更有可能在一些已发行的债券(它们已经具备了更有利的地位)中找到这种机会。(如果一种新的债券真的实力很强,那它不太可能拥有好的转换权。)

美国电话电报公司广泛使用可转换债券融资的做法可以很好地说明这种证券所具有的优缺点。从1913年到1957年,该公司至少发行了9批可转换债券,其中大多数都是通过股东认购权发行的。对公司而言,这种可转换债券的重要优势在于,能够获得比股票发行更广泛的买主,因为债券受到很多金融机构的欢迎——这些金融机构拥有大量资金,但其中一些机构却不允许购买股票。这些债券的利息收益一般还不到相应的股息收益的一半——设计这一要素的目的,是为了抵消债券持有者所拥有的优先求偿权。由于该公司将9美元的股息水平一直维持了40年(从1919年到1959年的股票分割),结果,几乎所有的可转换债券都转换成了普通股。因此,这些可转换债券的购买者在这些年份都获得了很好的业绩——但是没有最初就购买股本的业绩好。这个例子证明了美国电话电报公司的稳健性,但却不能证明可转换债券具有内在吸引力。为了在实践中证明可转换债券的稳健性,我们需要有这样几个例子:即使普通股市场令人失望,可转换债券的结果也很好。但是,很难看到此类例子。*

可转换证券对普通股地位的影响

许多情况下,可转换证券的发行都与公司的兼并或新的收购相关。这种金融业务最显著的一个例子,或许就是NVF公司发行的近1亿美元利率为5%的可转换债券(包括认股权证)——其目的是换取Sharon钢铁公司大多数的普通股。这一特殊交易将在下文进行探讨。通常,这种交易会导致每股普通股所报告的预计利润的增加;股价会随着所谓的更多利润而增长,同时,股价的增长还在于公司管理层已经证明它有能力、有信心为股东赚取更多的利润。+但是存

---

* 美国电话电报公司已不再是可转换债券的主要发行人了。如今,最大的几位可转换债券发行人是通用汽车、美林证券、泰克国际以及罗氏(Roche)。

+ 关于"估计的"(pro forma)财务结果进一步的讨论,请参见第12章点评。

表 16-3　1969 年年底大量拥有可转换证券和认股权证的公司（单位：千股）

	现有普通股	可转换为普通股的证券			可转换为普通股的证券总和
		可转换债券	可转换优先股	权证	
Avco Corp.	11 470	1 750	10 436	3 085	15 271
Gulf & Western Inc.	14 964	9 671	5 632	6 951	22 260
International Tel. & Tel.	67 393	190	48 115		48 305
Ling-Temco-Vought	4 410[a]	1 180	685	7 564	9 429
National General	4 910	4 530		12 170	16 700
Northwest Industries[b]	7 433		11 467	1 513	12 980
Rapid American	3 591	426	1 503	8 000	9 929

a. 包括"特别股份"。
b. 1970 年年底。

在着两种会带来抵消作用的因素，其中一种实际上被忽略了，另一种在乐观的市场也会完全被忽略。第一种因素是，随着新的转换权的不断增加，普通股当期和未来的利润实际上会被稀释。这种稀释作用可以计算出来：根据目前的利润和对其他一些数据的假设可以计算所有的可转换股票或债券实际进行转换后每股的调整利润。对大多数公司而言,所导致的每股数据的下降并不明显。但是，在这方面有很多例外，而且其危险在于，这种下降的幅度会迅速加大。迅速扩张的"综合性大企业"一直在玩弄可转换证券的花招。在表 16-3 中，我们列出了大量发行可转换证券或认股权证的 7 家公司。*

从普通股向优先股的转变迹象

10 多年之前（比如 1956 年），普通股的收益要高于同一家公司的优先股。如果优先股的转换权接近于市场价值，情况尤其如此。现在总的情况正好相反。

---

* 最近几年，金融、医疗保健和技术类的企业发行了大量可转换债券。

结果，大量可转换的优先股明显比相关的普通股更具有吸引力。通过将次级股份转变成优先证券，普通股的所有者并不会有什么损失，但却具有很大的获利优势。

比如，1970年年底，Studebaker-Worthington公司的情况就是一个典型的例子。该公司的普通股售价为57美元，而5美元的可转换优先股最终的价格达到了87.5美元。每一份优先股可以交换1.5份普通股（当时普通股的价格为85.5美元）。这表明，购买优先股与购买普通股的差价很小。然而，普通股支付的年股息额为1.20美元（每1.5股为1.80美元的股息），优先股每股获得的年股息为5美元。因此，最初不利的价格差，可能会在不到1年的时间里得到弥补；此后的一段时间内，优先股股息带来的回报会明显高于普通股。当然，最为重要的是，普通股股东从这种转变中所获取的优先地位。在价格较低的1968年以及1970年，优先股的售价比1.5份普通股要高出15个点。正是可转换权保证了优先股的售价不可能低于普通股组合。[2]

股票期权

让我们开门见山吧。我们认为，最近兴起的股票期权近似于一种欺诈行为，是潜在的一种威胁，而且还有可能引发灾难。它们凭空捏造出了大量的美元"价值"。除了误导投机者和投资者之外，它们的存在没有任何理由。它们应该受到法律的禁止，或者至少应该被严格限制在公司资本总额的很小一部分范围之内。*

为了与一般的历史和文学进行类比，我们建议读者去阅读《浮士德》(*Faust*)的部分内容（第2篇）——在这部分内容中，歌德描述了纸币的发明。作为华尔街历史上一个凶兆的先例，我们将谈到American & Foreign Power公司的权

---

* 权证在19世纪是一种非常普通的公司融资方法，甚至在格雷厄姆时代也相当普遍。此后，它们的重要性和受欢迎程度都下降了——这无疑是会使格雷厄姆感到高兴的少数几种新的发展之一。截止到2002年年底，纽约股票交易所只剩下7种权证了——只有一丝市场残余。由于大公司已不再普遍使用权证，因此，如今的投资者在阅读本章中其余的内容时，只能看到格雷厄姆的逻辑思维是如何展开的了。

证——1929年，这些权证的市场价值超过了10亿美元，尽管它们只出现在公司资产负债表的注释中。到了1932年，这10亿美元缩水成了800万美元，而在1952年，这些权证就从公司的资本结构中消失了——尽管公司尚未破产。

起初，股票期权这种权证时常是与债券有联系，而且通常都相当于部分转换权。它们在数量上并不重要，因此没有什么害处。与许多其他的金融舞弊行为一样，它们的使用在20世纪20年代末开始扩张，不过，此后的许多年内，它们退出了人们的视线。但它们势必会重新抬头，就像不想看见的东西一再出现一样。而且，从1967年开始，它们成为人们熟知的"融资工具"。实际上，新的不动产企业和大银行的附属机构，设计出了一种标准的筹资方法：出售相同数量的普通股和权证单位，以便按相同的价格购买额外的普通股。比如，1971年，CleveTrust Realty Investors公司以每单位20美元的价格，出售了250万份这种由普通股（或"受益股份"）和权证所构成的组合。

现在，让我们来看这种融资方案所真正涉及的内容。通常情况下，当公司董事会认为有必要以普通股来筹集资本时，普通股股东首先有权购买额外发行的股份。这种所谓的"优先认购权"是普通股所有权带来的一种价值——此外，还有获取股息的权利，分享公司成长的权利，以及投票选举董事的权利。为了获得额外的资本而单独发行权证的时候，这种行为将会带走普通股固有的一部分价值，并将其转移给独立的权证。以此类推，人们还可以发行单独获取股息的权证（期限有限或期限无限的），发行单独分享企业销售收入或资产清理收益的权证，或者是发行单独拥有股票投票权的权证。那么，为什么这些认股权证被当做初始资本结构的组成部分呢？就是因为，人们对金融业务不太熟悉。人们没有认识到，与没有权证时相比，权证的存在会使得普通股的价值下降。所以，与只有股票相比，股票与权证的组合通常会获得更好的市场价格。需要指出的是，在通常的公司报告中，每股收益的计算并没有（或一直没有）对已有权证的影响给予适当的考虑。当然，所造成的结果是夸大了利润与公司资本的市场价值之间的实际关系。*

---

* 如今，权证业务方面最后的一丝痕迹隐藏在纳斯达克的"公告牌"或小公司的场外市场之中——在此，普通股经常会与权证捆绑成一个"单位"（相当于格雷厄姆所称的"组合"）。如果某位股票经纪人向你推销某家公司的"单位"股票，那么，涉及权证的可能性有95%，而且，该经纪人是小偷或白痴的可能性至少为90%。正当的经纪人和企业没有这方面的业务。

把权证的存在考虑在内的最简单和最好的方法，就是将其市场等值额加入到普通股资本中去，因而增加每股的"实际"市场价。如果出售优先证券的同时有大量的权证，那么，通常的调整方法就是假设出售股票的收入被用于偿还相关的债券或优先股。这种方法没有恰当地考虑权证价高于执行价值时通常产生的"溢价"。在表 16–4 中，我们以 1970 年 National General 公司的情况为例，对两种方法的计算结果进行了对比。

公司本身通过设立这些权证能获得好处吗，即这些权证能确保公司在必要情况下获得额外的资本吗？根本不可能。一般情况下，公司根本不可能在权证到期之前要求其持有者行使其认购权。与此同时，如果公司想要筹集额外的股本，它就必须按通常的方式向股东发行股票——也就是说，要按稍低于市场的

表 16–4　附带大量权证的普通股"真实市场价"和调整市盈率的计算

（以 National General 公司 1976 年 6 月的情况为例）

1. "真实市场价格"的计算

3 种权证的市场价值（1971 年 6 月 30 日）	$94 000 000
每股普通股的权证价值	$18.80
普通股本身的价格	24.50
考虑权证后的普通股调整价	43.30

2. 计算权证稀释后的市盈率

	权证稀释前	权证稀释后	
（1970 年利润）		公司计算的结果	我们的计算结果
A. 扣除特殊项目前			
每股收益	$2.33	$1.60	$2.33
普通股价格	24.50	24.50	43.30（调整后）
市盈率	10.5 倍	15.3 倍	18.5 倍
B. 扣除特殊项目后			
每股收益	$0.90	$1.33	$0.90
普通股价格	24.50	24.50	43.30（调整后）
市盈率	27.2 倍	18.4 倍	48.1 倍

请注意，扣除特殊项目后，公司的计算结果是每股收益增加，市盈率下降。这显然是不合理的。根据我们所建议的方法，稀释后将使市盈率大幅度增加——这才是合理的。

价格发行股票。在这项业务中，权证并不能提供什么帮助，它们只是会让情况变得更加复杂——不断要求公司对自己的认购价往下调整。我们要再次申明的是，除了制造出市场价值幻觉之外，发行大量的股票期权起不到什么作用。

撰写《浮士德》时，歌德所熟知的纸币就是法国发行的臭名昭著的指券（assignats）。人们曾经把这种纸币称做一项了不起的发明，但它们最终却失去了所有的价值。* American & Foreign Power 公司 10 多亿美元的权证也是如此。这位诗人的有些话，同样能很好地适用于这样或那样的发明——比如下列对话（来自于 Bayard Taylor 的译文）：

> 浮士德：人们无法完全理解倾其所能的最高想象力。
> 靡非斯特（发明者）：如果人们需要钱币的话，掮客们可以随时提供。
> 傻瓜（最后说道）：有魔力的纸币……！

补充几个实例

权证的罪恶在于，它"已经诞生了"。+ 一旦出现，它们就可以作为其他形式的证券，为人们提供盈亏机会。几乎所有新的权证都只能经历有限的时间——一般为 5~10 年。较早的权证通常都是永久性的，而且随着时间的推移，它们将经历有趣的价格变化。

例如，记录表明，在大萧条最严重的时期，Tri-Continental 公司的权证（起始于 1929 年）的每份售价，仅有微不足道的 1/32 美元。它们如此低的价格在 1969 年却大幅上涨到了 75.75 美元——大约 2 420 倍的巨额增长。（随后，这些

---

* "臭名昭著的法国指券"是在 1789 年法国大革命时期发行的。最初它们是革命政府发行的债务，声称有不动产作为担保——这些不动产是激进分子从天主教堂和贵族手中夺过来的。然而，这些革命者却很不善于理财。1790 年，指券的利率被削减了，很快它们完全停止了支付利息，并被重新确认为纸币。可是，政府拒绝以金银赎回这些纸币，而且又发行了大量新的指券。1797 年，它们被正式宣布作废。

+ 作为西班牙文学的一位热心读者，格雷厄姆在这里演绎了佩德罗·巴萨（Pedro Calderon de la Barca，1600~1981 年）的戏剧《人生如梦》（Life Is a Dream）中的一句话："人类的最大罪恶，在于它已经诞生了。"

权证的售价大大高于股票本身的售价；这是华尔街的一些技巧，比如股票分割，所带来的一种结果。）近期的一个例子是，Ling-Temco-Vought 公司的权证。该权证在 1971 年上半年从 2.5 美元上升到了 12.5 美元，随后又降到了 4 美元。

毫无疑问，将会有一些精明的手法不断应用于权证方面，但这个问题因为太专业而不宜在此讨论。可以说，权证的售价一般会高于与债券和优先股的转换权相关联的市场成分。从这一点来看，人们完全有理由去出售附带权证的债券，而不必通过可转换证券来创造出同等的稀释因素。如果权证总额并不太大，就没有必要过于认真地考虑其理论影响；如果权证相对于已有的股份显得过大，这可能表明公司有过多的优先资本。这样，公司应该出售更多的普通股。所以，我们批评权证这种金融机制的主要目的，不是谴责它们在适度债券规模上的应用，而是反对对这种"纸币"畸形物的肆意滥用。

第 16 章点评

> 你所种下的，若不死去，就不能复活。
>
> ——《哥林多前书》，第 15 章，第 36 句

对可转换债券的热情

尽管可转换债券被称为"债券"，但它们的行为却类似于股票，原理类似于期权，而且显得有些模糊。

如果你拥有一种可转换债券，你同时也拥有一种期权：你可以继续持有该债券并获取利息，你也可以按事先规定的价格用它来换取债券发行公司的普通股。（期权的所有者可以在特定期限内，按规定的价格购买或出售另一种证券。）由于可以转换成股票，因此，可转换债券所支付的利率，要低于大多数不可转换的同类债券。另一方面，如果公司的股价急速上升，可以转换成该股票的债券的业绩，要大大好于传统的债券。（相应地，当债券市场下跌时，一般的可转换债券——其利率较低——的结果会更差。）[1]

---

[1] 关于可转换债券实际操作的一个简要例子，我们来看 1999 年 DoubleClick 公司发行的利率为 4.75% 的可转换附属票据。该票据每年支付 47.5 美元的利息，每份票据可转换成 24.24 份公司普通股，"转换率"为 24.24。截止到 2002 年年底，公司股票的每股价格为 5.66 美元，从而使得每份债券的"转换价值"为 137.20 美元（5.66 美元 ×24.24）。然而，债券的交易价大约是转换价值的 6 倍，即 881.30 美元——导致了 542% 的"转换溢价"（高于转换价值的那一部分价值）。如果你按该价格购买债券，你的"盈亏平衡时间"或"偿还期"将是很长的。（你所支付的价格，比债券的转换价值大约多出 750 美元，因此，在每年获得 47.5 美元利息的情况下，你要花将近 16 年才能"赚回"那笔转换溢价。）由于 DoubleClick 公司的每一份债券，都只能转换成大约 24 份普通股，因此，债券 2006 年到期之前，股价必须从 5.66 美元上升到 36 美元以上，转换才有可能成为一种现实的选择。这么高的股票回报并非不可能，但这也几乎是一种奇迹。考虑到如此低的转换概率，这种债券的现金收益看起来很不恰当。

根据 Ibbotson Associates 提供的信息，从 1957 年到 2002 年，可转换债券的年均回报率为 8.3%，只比股市的总体回报率低 2%。然而，可转换债券的价格更平稳，亏损要更小一些。[2] 与股票相比，收益更高，风险更低：难怪华尔街的销售人员经常把可转换债券说成"两方面都是最优的"投资。可是，聪明的投资者很快就会意识到，可转换债券比其他大多数债券的收益更低，风险更大。因此，出于同样的逻辑以及相同的理由，可转换债券也可以被称为"两方面都是最差的"投资。至于你支持哪一方的观点，取决于你如何去使用可转换债券。

实际上，可转换债券更像股票，而不太像债券。可转换债券的回报与标准普尔 500 指数的回报的相关性大约为 30%。因此，可转换债券与大多数债券的行为是不一致的。对于大部分或全部投资都属于债券的稳健投资者而言，增加一个分散化的可转换债券组合是一种明智的做法：它既可以获得股票一样的回报，又不用直接承担股票投资的可怕风险。你可以将可转换债券称为"胆小者的股票"。

正如 Advent 资本管理公司的可转换债券专家巴里·纳尔逊（F.Barry Nelson）所指出的，自从格雷厄姆所处的时代以来，这个规模大约为 2 000 亿美元的市场已经兴旺起来了。现在，大多数可转换债券都属于期限在 7~10 年间的中期债券；大约有一半属于投资级的债券；而且，许多都附带有一些赎回保护条款（以防止债券被提前赎回）。所有这些使得它们的风险比以前有所下降。[3]

少量可转换债券的交易是十分昂贵的，而且除非你在这个行业本身的投资大大超出 10 万美元，否则要做到分散化也是不现实的。幸运的是，如今，聪明的投资者可以方便地购买到低成本的可转换债券基金。富达和先锋等共同基金的年费还不到 1%，其他一些封闭式基金也可以按合理的成本购买到（而且，有

---

[2] 与华尔街通常引用的许多业绩记录一样，这项数据记录也是假定的。它所显示的是，包含了所有主要可转换债券的假想指数基金有可能获得的回报。它没有包括任何管理费或交易成本（对转换证券而言，这种费用是很高的）。在现实世界中，你的回报大约会有 2 个百分点的下降。

[3] 可是，大多数可转换债券的求偿权要落后于其他长期债务和银行贷款——因此，破产发生时，可转换债券的持有人对公司资产没有优先求偿权。而且，尽管可转换债券的风险没有高收益"垃圾"债券那么大，但是，达不到最优信用级别的企业，仍然在大量发行可转换债券。最后要指出的是，市场上很大一部分可转换债券都是由对冲基金持有的——这些对冲基金的快速交易会加大价格的波动性。

解密担保看涨期权

2003年熊市期间，出现了一种旧的风潮：出售担保看涨期权。（最近，通过谷歌搜索"出售担保看涨期权"［covered call writing］，会显示出2 600多条信息。）什么叫担保看涨期权？其原理是怎样的？假设你按每股95美元的价格购买了Ixnay公司的100股，然后出售这些股票的看涨期权。相应的，你获得了一笔名为"看涨期权费"的现金。（让我们假设它为每股10美元。）与此同时，根据合约规定，期权的买方有权按双方事先商定的价格（比如100美元）购买你的Ixnay股票。只要股票价格低于100美元，你就可以持有这种股票，并获得1 000美元的丰厚期权费收益——这笔收益在Ixnay的股价大幅下降时能起到缓冲作用。

低风险，高收益。这有什么不好的？

现在假设Ixnay的股价突然升至110美元。这样，期权的买方将行使期权，按每股100美元的价格从你的手中夺去这些股票。你仍然会获得1 000美元的期权费收益，但是对方却买走了你的股票——而且股价上涨幅度越大，你将会越难受。[1]

由于股票的潜在收益是无限的，而亏损不可能高于100%，因此，这种交易策略只能给你的经纪人带来丰厚的回报。你为自己的亏损设立了下限，但你也为自己的收益设立了上限。对个人投资者而言，为了防止损失而放弃大多数收益的做法是不值得的。

---

[1] 与此同时，你可以买回这种看涨期权，但是，你这样做必须承担亏损——而且，期权的交易成本比股票更高。

时可以按低于净资产的价值购买到）。[4]

在华尔街，可爱与复杂总是形影不离——可转换债券也不例外。在各种新的可转换债券中，有大量由首字母构成的昵称，比如：LYONS、ELKS、EYES、PERCS、MIPS、CHIPS 和 YEELDS 等。这些复杂的证券给你的潜在亏损设立了一个"下限"，但同时也给你的潜在收益设立了一个上限，而且它们经常会迫使你在固定的日期将其转换成普通股。与声称保证没有亏损的大多数投资一样（参见下面的专栏内容），为这些东西承担麻烦一般都是不值得的。不购买这些设计复杂的证券，你完全能避免遭受损失——其做法是，理智地将自己的整个证券组合分散于现金、债券、美国股票和外国股票之中。

---

[4] 关于详细情况，请参见：www.fidelity.com、www.vanguard.com 和 www.morningstar.com 等网站。聪明的投资者，绝不会按高于 1% 的年操作费用购买一种可转换债券基金。

第 17 章

四个非常有启发的案例

标题中的"非常"有双关之意,因为这些案例代表了华尔街近几年明显存在的各种极端事件。与股票和债券业务有切身关系的任何人(不仅包括普通的投资者和投机者,而且还包括证券专业人士、证券分析师、基金经理、信托账户管理者,甚至还包括向公司提供贷款的银行家),都可以从中获得启发和警示。要分析的四家公司,以及用以说明问题的四个不同的极端案例是:

宾州中央(铁路)公司。在这个极端的案例中,所有那些手中握有该公司债券或股票的人,都忽视了一个最基本的预警信号:该公司财务实力欠佳。这家摇摇欲坠的大企业的股票,被市场追捧到了难以置信的最高价位。

Ling-Temco-Vought 公司。这是迅速建立起来的不稳固"帝国大厦"的极端案例。实际上,它最终必将倒塌,然而,它却从粗心的银行贷款中获得了帮助。

NVF 公司。这是公司并购的一个极端案例。在这起并购案中,一家小公司吞下了另一家规模为自身 7 倍的公司,因此而承担了巨额债务,同时也使用了一些令人吃惊的会计伎俩。

AAA 公司。这是小公司利用公共股票融资的一个极端案例。这家公司的价值,主要以"特许经营权"这一迷惑人的词语作为基础,股票发行是通过重要的股票经纪公司来完成的。发行股票后的两年内,粗心大意的股市将其最初被高估的价格又提升了一倍,随后该公司倒闭了。

宾州中央铁路公司的案例

以资产和总营业收入来看,这是美国最大的一家铁路公司。1970年该公司倒闭,震惊了整个金融界。它的大多数债券都违约了,而且面临着终止其全部业务的风险。该公司证券的价格急剧下跌,普通股从1968年的86.5美元的最高价位,跌到了1970年的5.5美元这一最低价位。(看上去,这些股票无疑将在重组中消失殆尽。)*

我们的基本观点是,利用最简单的证券分析规则和最简单的稳健投资标准,在该公司破产之前很早就会发现其根本性的弱点——肯定在1968年就会发现这一点(当时的股价达到了1929年之后的最高点,当时该公司大多数的债券,都可以与利率相同且具有稳固基础的公用事业债务处于相同的价格水平)。下面将逐一进行分析:

1. 在标准普尔的《债券指南》中,该公司1967年的利息保障倍数为1.91倍,1968年为1.98倍。在《证券分析》一书中,我们给铁路债券规定的最低保障倍数,一般为税前5倍,以及税后2.9倍。据我们所知,这些标准的合理性从未遭到过任何投资权威的质疑。根据我们对税后利润的要求,宾州中央铁路公司达不到安全性的要求。但是,我们的税后要求是以税前的5倍保障为基础的,同时在支付债券利息前,要扣除通常的所得税。就宾州中央铁路公司而言,情况表明,它在过去的11年都没有缴纳所得税。因此,它的税前利息保障倍数还不到2倍——完全达不到我们提出的5倍的稳妥要求。

2. 该公司在如此长的时间内没有缴纳所得税,这应该能够引起人们对其报告利润合理性的严重关注。

3. 1968和1969年,宾州中央铁路公司的债券,可以在没有任何价格和收益损失的情况下,兑换成更有安全保障的证券。比如,在1969年,1994年到期的

---

* 1970年6月20~21日这个周末,宾州中央铁路公司提出的破产申请,给金融界带来了多大的"冲击"呢?6月19日星期五,该公司股票的收盘价为每股11.25美元——几乎赶不上一个即将倒闭的企业的价格。从近期来看,像安然和世界通信这样的公司,在提出破产申请之前的股价也要更高一些。

宾州 RR 债券（息票率 4.5%，属于宾州中央铁路公司的一部分），其价格区间为面值的 61%~74.5%；而 1994 年到期的宾州电力公司债券（息票率 4.375%）的价格区间为面值的 64.25%~72.25%。宾州电力这家公用事业企业，1968 年的税前利息保障倍数为 4.2 倍，而宾州中央铁路公司的只有 1.98 倍。从 1969 年的数据比较中，可以看出宾州中央铁路的情况在持续恶化。显然需要进行此类债券交换，而且这种交易将能够挽救宾州中央铁路的债券持有者。（1970 年年底，该铁路公司息票率为 4.25% 的债券违约了——其售价只有面值的 18.5%，而宾州电力公司息票率为 4.375% 的债券的收盘价为面值的 66.5%。）

4. 1968 年，宾州中央铁路报告的每股收益为 3.8 美元，当年 86.5 美元的股票最高价为此利润的 24 倍。但是，任何一位称职的分析师都将怀疑，在不必支付任何所得税的情况下，这种报告利润有多大的"真实性"？

5. 1966 年，这家新合并的公司*报告的每股收益为 6.80 美元——由于这一数据的影响，后来该公司的普通股上升到了 86.5 美元的最高值。这说明，权益的估价在 20 亿美元以上。许多买主并不知道，当时如此喜人的利润，是在没有扣除一笔 2.75 亿美元（每股 12 美元）的特殊费用的情况下得出的（这笔费用来自于并购产生的"成本和损失"，将于 1971 年扣除）。华尔街是一个多么奇妙的世界：公司可以在一个地方宣布每股"利润"为 6.8 美元，同时在另一个地方宣布，还有每股 12 美元的特殊"成本和损失"，而股东和投机商却高兴得手舞足蹈。[+]

6. 经过与其他更赚钱的铁路公司相比，铁路股分析师应该很早就可以发现宾州中央铁路的营运状况很不好。比如，它在 1968 年的运输费率为 47.5%，而与其相邻的 Norfolk & Western 公司的运输费率只有 35.2%。[++]

7. 与此同时，有一些导致特殊会计结果的奇怪交易。[1] 由于情况太复杂，就不在此深入分析了。

---

* 宾州中央铁路，是 1966 年宾州铁路和纽约中央铁路宣布合并之后组建而成的。

[+] 在依赖"预计"财务报表（这种报表在 20 世纪 90 年代末开始盛行）之前，存在着这种会计伎俩——所报告的利润没有考虑到"特殊的"、"异常的"或"一次性的"费用（参阅第 12 章点评）。

[++] 铁路的"运输费率"（现在一般称为营运费率），反映了每单位营业收入所涉及的费用（经营费用除以总营业收入）。比率越高，铁路的效率越低。如今，即使是 70% 的比率，也是非常不错的。

结论：更好的管理层是否能避免宾州中央铁路的破产，这是一个有争议的问题。但是，有一点可以肯定，对于称职的证券分析师、基金经理、信托主管和投资顾问而言，他们所掌管的证券账户，最迟应该在 1968 年把宾州中央铁路系统的债券和股票全部出手。**教训**：在研究股票走势、关注未来情况、进行复杂的数学计算和费用全免的实地调查之前，证券分析师应该做好一些基本的工作。*

Ling-Temco-Vought 公司

这是一个与疯狂扩张及疯狂举债相关的案例，其最终结果是导致了巨额亏损和严重的财务问题。这种情况下，通常会有一位漂亮的男孩或"年轻的天才"对这家大公司的设立及其不光彩的倒闭负主要责任。然而，还有许多人难辞其咎。+

LTV 的兴衰，可以从该公司 1958~1970 年的简要损益账户和资产负债项目中大体反映出来。表 17-1 中汇集了这方面的信息。从第一栏可以看到，公司 1958 年起步时的规模不大——当时的销售额只有 700 万美元。下一栏列出了

---

* 如今，宾州中央铁路逐步退出了人们的记忆。1976 年，它被联合铁路公司（Consolidated Rail Corp.，简称 Conrail）吸纳过去了——联合铁路公司是一家联邦资金控股公司，它曾经挽救过几家倒闭的铁路公司。联合铁路于 1987 年向公众发行了自己的股票，1997 年它被 CSX 公司和 Norfolk Southern 公司联手收购了。

+ Ling-Temco-Vought 公司（LTV）由詹姆斯·约瑟夫·林（James Joseph Ling）于 1955 年设立。詹姆斯·约瑟夫·林是一位电气承包商。作为自己的投资银行家，他利用设在得州交易市场上的一个摊位兜售招股说明书，从而向公众首次发行了价值为 100 万美元的股份。这一次成功使得他收购了 10 多家不同的公司——几乎总是利用 LTV 的股票来支付收购。LTV 收购的公司越多，其股价上涨得越高；股价上涨得越高，它就能收购更多的公司。到了 1969 年，LTV 在《财富》500 强所列出的美国大公司中，名列第 14 位。随后，正如格雷厄姆所说的，整个公司开始倒闭。（LTV 公司现在专门从事钢铁制造，2000 年年底，该公司最终提出了破产保护申请。）主要通过并购而成长壮大的公司被称为"连环并购者"——这类似于"连环杀手"的说法。正如 LTV 这个案例所显示的，连环并购之后，随之而来的几乎总是财务危机和公司灭亡。理解了格雷厄姆给出的这一教训的投资者，将远离 Conseco、泰克国际和世界通信这些 20 世纪 90 年代的宠儿。

表 17-1　LTV 公司 1958~1970 年的部分财务数据
（除每股收益之外的所有数据都是以百万美元为单位）

A. 经营结果	1958 年	1960 年	1967 年	1969 年	1970 年
销售收入	$6.9	$143.0	$1 833.0	$3 750.0	$374.0
息税前净收益	0.555 2	7.287	95.6	124.4	88.0
利息	0.1（估计）	1.5（估计）	17.7	122.6	128.3
（利息保障倍数）	（5.5 倍）	（4.8 倍）	（5.4 倍）	（1.02 倍）	（0.68 倍）
所得税	0.225	2.686	35.6	cr.15.2	4.9
特殊项目				dr.40.6	dr.18.8
扣除特殊项目后的净收益	0.227	3.051	34.0	dr.38.3	dr.69.6
普通股净收益	0.202	3.051	30.7	dr.40.8	dr.71.3
每股收益	0.17	0.83	5.56	def.10.59	def.17.18
B. 财务状况					
总资产	6.4	94.5	845.0	2 944.0	2 582.0
1 年内应付债务	1.5	29.3	165.0	389.3	301.3
长期债务	0.5	14.6	202.6	1 500.8	1 394.6
股东权益	2.7	28.5	245.0⁺	def.12.0*	def.69.0*
比率					
流动资产/流动负债	1.27 倍	1.45 倍	1.80 倍	1.52 倍	1.45 倍
权益/长期债务	5.4 倍	2.0 倍	1.2 倍	0.17 倍	0.13 倍
股价波动范围		28~20	169.5~109	97.75~24.125	29.5~7.125

* 资产中不包括债务折扣；优先股按赎回价扣除。
+ 所公布的数据。cr.：贷记。dr.：借记。def.：赤字。

1960 年的数据：仅仅 2 年内，公司的规模就扩大了 19 倍，但规模仍然相对较小。随后的 1967 年和 1968 年进入了兴旺时期。此时，销售收入又增加了 19 倍，达到了 28 亿美元，债务从 4 400 万美元，扩大到令人畏惧的 16.53 亿美元。1969 年进行了新的并购，从而使得债务进一步增加（债务总额达到了 18.65 亿美元），并且开始出现严重的问题。这一年，在扣除特殊项目之后，出现了一笔巨额的亏损；股票从 1967 年 169.5 美元的最高价，跌到了 24 美元的最低价；作为该公司负责人的年轻天才被替换了。1970 年的结果更加可怕。公司报告的最终净亏损接近于 7 000 万美元；股票一路下滑到 7.125 美元的最低价位；而且它的最大一批债券的报价，曾经一度下降到每一美元 15 美分这个可怜的价位。公司急速扭转了扩张政策，一些重要的权益也在市场挂牌出售，因此在降低巨额债务方面取得了一些进展。

表中的数据有很好的说服力，从而使得我们不必作太多的评论。下面是我们要谈的几点：

1. 公司的扩张并非没有出现过障碍。1961 年出现过一笔不大的营业赤字，但是（实践中采用了一种方法，并且后来在 1970 年的许多报告中都可以看到这种做法）公司显然决定，将所有可能的费用和准备都划入到某一不好的年份之中去。*这笔金额大约为 1 300 万美元，比公司前三年的净利润之和还要多。这样处理之后，就可以拿出（比如）1962 年的"利润记录"了。

2. 1966 年年底，普通股的每股有形资产净值（在考虑到 3 比 2 的分股后）为 7.66 美元。这样，1967 年的市场价格达到了其报告资产价值的 22 倍。1968 年年底的资产负债表表明，与 380 万股普通股和 AA 级股份相对应的资产为 2.86 亿美元，即每股大约 77 美元。但是，如果我们全额扣除优先股的价值，将商誉项目和巨额的债券折价"资产"排除在外，+ 每股的资产价值仅剩下了 3 美元。随后几年的亏损，使得这笔有形权益彻底消失了。

3. 接近 1967 年年底的时候，最受人们尊敬的两家银行以每股 111 美元的价格出售了 60 万股 LTV 公司的股票。该股票的价格曾经高达 169.5 美元。不到 3 年，

---

* 如今，仍然存在以重组费用来掩盖公司真实利润状况的肮脏做法。将每一笔可能发生的费用汇集到某一年的做法，有时被称为"大浴池"（big bath）会计或"洗碗池"（kitchen sink）会计。这种记账伎俩使得公司下一年的增长情况看上去更好一些——但是，投资者不要将其误认为是真正的正常业务。

+ "债券折价资产"似乎指的是，LTV 按低于面值的价格购买了某些债券后，将折价部分当成了一笔资产——其理由是，这些债券最终将按面值出售。格雷厄姆鄙视这种做法，因为人们不可能知道未来某一天债券的市场价格。如果这种债券只能按低于面值的价格出售，那么这笔"资产"实际上就是一笔负债。

股价就跌到了 7.125 美元。*

4. 1967 年年底,银行贷款达 1.61 亿美元,一年后,这一数据为 4.14 亿美元——一个令人恐惧的数字。此外,长期债务高达 12.37 亿美元。截止到 1969 年,债务总额已达到了 18.69 亿美元。这可能是有史以来,任何工业企业都未曾背负过的债务——惟一的例外是新泽西标准石油这家坚不可摧的公司。

5. 1969 年和 1970 年的亏损,已大大超过了公司自成立以来的利润总和。

教训:LTV 案例给我们带来的主要问题是,商业银行为什么会在该公司扩张时期向其提供如此巨额的资金? 1966 年及在此之前,公司的利息保障倍数达不到稳妥的标准;而且流动资产与流动负债之比,以及股权与债务总额之比也同样达不到标准。但是,在随后的两年内,银行又向该企业提供了近 4 亿美元的贷款,以便其业务的进一步"多元化"。这种做法对银行不利,同时对公司的股东也不利。如果 LTV 这一案例能够使得商业银行在未来不会对这种不稳健的扩张提供支持,那么,我们最终就有了一些收获。+

NVF 公司收购 Sharon 钢铁(一家优秀企业)

1968 年年底,NVF 公司拥有 460 万美元的长期债务,1 740 万美元的股本,3 100 万美元的销售额,以及 50.2 万美元的净收入(包括 37.4 万美元的特殊信贷在内)。公司的业务据说是"青壳纸和塑料"。公司管理层决定收购 Sharon 钢铁公司——这家公司的长期债务为 4 300 万美元,股本为 1.01 亿美元,销售收入为 2.19 亿美元,净利润为 292.9 万美元。因此,NVF 想收购的公司的规模是

---

* 如果格雷厄姆看到 1998 年 12 月一些投资银行购买 InfoSpace 公司公开发行的股票的话,不知道他会怎么想。该股票的开盘价为 31.25 美元(考虑到后来的分股之后),于 2000 年 3 月达到每股 1 305.32 美元的峰值,可是在 2002 年,每股最终只剩下了 8.45 美元。

+ 格雷厄姆将会失望地(但并非惊讶地)看到,商业银行一直在向"不稳健的扩张"提供支持。安然和世界通信这两家公司从银行获得了数十亿美元的贷款支持——它们是公司历史上最大的两起倒闭案。

自身的 7 倍。1969 年年初，NVF 提出要购买 Sharon 所有的股份。每股交易条件是，NVF 公司 70 美元面值的次级债券（利率为 5%，1994 年到期），加上 NVF 的认股权证（可以按每股 22 美元的价格，购买 1.5 份 NVF 的股票）。Sharon 的管理层极力反对这一收购行动，但最终无效。根据收购条件，NVF 获得了 Sharon 88% 的股份，因此发行了 1.02 亿美元的债券（利率 5%）和 219.7 万份认股权证。如果并购完全实现，那么 1968 年合并后的企业将有 1.63 亿美元的债务，而只有 220 万美元的有形股本，以及 2.5 亿美元的销售额。净利润的问题有一点复杂，但是，公司随后称，NVF 每股净亏损 50 美分（包括特殊信贷在内），而扣除此种信贷后的每股净利润为 3 美分。*

第一项评论：在 1969 年发生的所有并购案中，这起并购无疑是财务上最不相称的。并购公司承担了巨额的新债务，将 1968 年的盈利计算成为亏损以获得好处。这种做法给公司财务状况造成的损害，可以从下列事实中反映出来：新发行的利率为 5% 的债券，在发行这一年的售价未能超过 42 美分（每一美元）这一水平。这表明，人们对债券的安全性及公司的未来持严重怀疑态度。然而，公司管理层实际上是为了利用债券的价格，来为公司节省将要支付的大约 100 万美元的年所得税。

1968 年并购 Sharon 后所公布的报告中，简要描述了 NVF 公司截止到该年年底的结果。报告中有两个非常特殊的项目：

1. 有一项 5 860 万美元的"递延债务费用"资产。这一数额比整个"股东权益"的 4 020 万美元还要多。

---

* 1972 年 6 月（就在格雷厄姆完成本章写作之时），一位联邦法官发现，NVF 的掌门人维克托·波斯纳不恰当地将 Sharon 钢铁公司的退休金资产挪用了，"以支持关联公司对其他公司的并购"。1977 年，美国证券交易委员会向波斯纳、NVF 和 Sharon 钢铁公司发布了一道永久禁令，以防止他们在将来违反联邦证券欺诈法。证券交易委员会称，波斯纳及其家人从 NVF 和 Sharon 获得了 170 万美元的个人好处，将 Sharon 的税前利润高估了 1 390 万美元，对存货的记录不恰当，并且"将收入和费用从某一年转移到了另一年"。Sharon 钢铁（格雷厄姆以冷静和怀疑的眼光将其识别出来）被华尔街的一些人嘲笑为"让合伙人窃取了"。20 世纪 80 年代，美国经历了杠杆收购和敌意收购的浪潮之后，波斯纳成为中心人物，因为他成为垃圾债券承销商 Drexel Burnham Lambert 的主要客户。

2. 然而，有一项2 070万美元的"超出Sharon投资成本的权益"没有包含在股东权益中。

第二项评论：如果我们取消债务费用这一项资产（它很难说是一笔资产），并将另一项股东权益包括进去（放到通常应该属于的地方），那么就能更为实际地得到NVF的有形股权，即220万美元。因此，这笔并购交易的第一个影响就是，将NVF的"实际权益"从1 740万美元降到220万美元，或者说是从每股23.71美元降到每股3美元（按73.1万股来计算）。此外，NVF股东还赋予其他人如下权利：在1968年年底，按低于市场价6个点的条件额外购买3.5倍的股份。这样，权证的初始市场价值为每份12美元，即这笔收购总共涉及大约3 000万美元。实际上，权证的市场价值已经大大超过了NVF现有股份的市场价值总额——再一次证明，这笔交易具有本末倒置的特点。

会计伎俩

当我们从这一份预计资产负债表转向下一年的财务报告时，会发现有几项奇怪的记录。除了基本的利息支出（高达750万美元）之外，还扣除了179.5万美元的"递延债务费用摊销"。但最后这项数据实际上几乎被下一行中一项非常特殊的收益项目——"附属机构投资的权益摊销：贷记165万美元"——抵消了。在其中的一条注释中，我们发现有一条记录没有在我们所了解的其他任何报告中出现过，其称呼是，"与并购相关的权证发行的公允市值等，2 212.9万美元"。

这些会计记录的含义究竟是什么呢？1969年财务报告的说明中并没有提及它们。训练有素的证券分析师不得不自己去（以近乎侦查的方式）解开这些秘密。他会发现，这么做的根本意图在于，从利率为5%的信用债券较低的初始价中获得税收上的好处。对这种巧妙安排感兴趣的读者，可以查看我们在附录6中给出的解答。

其他特殊项目

1. 就在1969年年底，该公司按每份9.38美元的价格购买了不低于65万份的权证。考虑到下列条件，这是非常特殊的做法：（1）NVF自身在年底只有70万美元的现金，而在1970年有440万美元的到期债务（显然，购买权证的600万美元必须去借取）；（2）当公司购买这种"纸币"权证时，其利率为5%的债券的售价还不到面值的40%——通常这预示着即将出现财务困难。

2. 为了对这种业务进行部分抵消，公司以同等金额的普通股偿还了510万美元的债券及其附属的25.3万份权证。这种做法之所以可行，是由于证券市场变化无常，人们在按不到面值的40%的价格出售利率为5%的债券，而普通股的平均售价为13.5美元（无股息支付）。

3. 公司所采取的方案，不仅包括向其雇员出售股票，而且还包括向雇员出售更多的认股权证。与购买股票一样，购买权证时，事先只需支付5%的金额，其余的将在未来许多年内支付。这是我们惟一了解的雇员购买权证的方案。是不是有人很快将发明以分期付款的形式出售股票购买权的方法，或者是出售其他购买权方法呢？

4. 1969年，刚被收购的Sharon钢铁公司改变了自己的退休金计算方法，同时使用了更低的折旧率。这些会计方法的改变，使得NVF所报告的每股收益（稀释前）增加了大约1美元。

5. 1970年年底，标准普尔的《股票指南》称NVF股票的市盈率仅有2倍，这在该册子所列出的4 500多种股票中是最低的。按照华尔街的古老说法，这是"非常重要的——如果事实如此的话"。这一比率来自于年底8.75美元的收盘价，以及所计算出的12个月内（截止于1970年9月）每股5.38美元的"利润"。（根据这些数据，股票当时的售价只是其利润的1.6倍。）可是，该比率并没有考虑到大量稀释这一因素，*也没有考虑到1970年最后一季度实际产生的不利结果。当全年的数据最终出来的时候，稀释前的每股收益只有2.03美元，稀释后的每股收益仅有1.80美元。同时还要指出的是，当时股票和权证的总市场价值大约为1 400万美元，而债务的价值为1.35亿美元——股权的确显得不足。

---

* 当NVF的雇员行使权证购买普通股的时候，"大量稀释的因素"就会被触发。这样，该公司就必须发行更多的股份，公司的净利润将被分摊于更多的现有股份之中。

AAA 公司

公司的历史

　　大约 15 年前,一位名叫威廉姆斯的大学生开始出售活动房屋(当时叫"挂车")。* 1965 年,他建立了自己的公司。当年,他售出了 580 万美元的活动房屋,并赚取了 6.1 万美元的(公司税前)利润。1968 年,他加入了"特许经营"这一行业,向其他人出售特许经营权,即允许别人以他自己公司的名称来出售活动房屋。他还想出了一个很好的经营之道:利用自己的活动房屋作为办公室,来为人们准备所得税报表。他组建了一家名为美国税收先生(Mr.Tax of America)的附属公司,同时也向他人出售利用这一想法和名称的特许经营权。他使公司股份增加到 271 万股,并准备公开发行股份。他发现,美国最大的股票交易所以及其他交易所都愿意办理这项业务。1969 年 3 月,交易所以每股 13 美元的价格向公众发售了 50 万股 AAA 公司的股份。这些股份中的 30 万份,是以威廉姆斯个人的账户出售的,其余的 20 万份,是以公司的账户出售的——这笔交易使其筹集到了 240 万美元的资金。股价立即倍增到 28 美元,使股权的价值达到了 8 400 万美元,而账面值大约为 420 万美元,最大报告利润为 69 万美元。这样,该股票的售价整整达到了其当期每股(最大)利润的 115 倍。毫无疑问,威廉姆斯先生之所以选择 AAA 公司这个名称,是为了使公司在电话簿及其黄页中排在第一位。随后的结果是,公司名称必然会排在标准普尔《股票指南》第

---

* 杰基·威廉姆斯于 1958 年设立 AAA 公司。在交易的第一天,其股价激增 56%,接近于 20.25 美元。后来,威廉姆斯宣布,AAA 公司将在每一个月推出一种新的特许经营想法(如果人们能走进活动房屋,请"美国税收先生"办理所得税事项,那么就不难想象出,他们在里面能做出什么其他业务来。)可是,威廉姆斯的想法还没有用尽,AAA 公司就没有时间和财力了。AAA 公司的历史使人们想起了后来一家公司的经历——该公司拥有魅力无穷的管理层和少得可怜的资产:20 世纪 80 年代末,ZZZZ Best 公司的股票市值接近于 2 亿美元,然而公司所称的工业真空吸尘业务,只不过是通过一部电话和一间租来的办公室,由一个名叫巴里·明寇的少年来完成的。ZZZZ Best 破产了,明寇也被送进了牢房。就在读者阅读本文时,另一个类似的公司正在形成,新一代的"投资者"又将吃亏上当。然而,读过格雷厄姆文章的人,不应再上贼船了。

一的位置。就像 Abu-Ben-Adhem 的名字一样,它位于名单的首位。* 这个特殊原因使我们将该公司作为反映 1969 年新的融资和"热门股"业务的一个令人痛心的例子。

评论: 对威廉姆斯先生来说,这笔交易并不算坏。他出售的 30 万份股票在 1968 年 12 月的账面值达 18 万美元,因此他获得了 20 倍的净回报,即令人满意的 360 万美元。股票承销商和分销商分享了 50 万美元(扣除费用之后)。

1. 对于证券公司的客户而言,这并不是一笔好的交易。他们需要支付 10 倍于股票账面值的价格——在他们用自己的钱,将每股价格从 59 美分抬升到 1.35 美元之后。† 在 1968 年这一最好的年份之前,该公司的最大利润只有令人可笑的每股 7 美分。当然,对未来有着雄心勃勃的计划——但是,为了这些计划得以实现,公众必须事先支付沉重的代价。

2. 然而,发行后不久,股价就上涨了一倍,经纪公司的每一位客户都获得了一笔可观的利润。但是,这一事实以及股价上涨的可能性,能够改变这次股票发行的结果,以及减轻初始分销商在向公众发行这种股票及其后果方面所应承担的责任吗?在此,没有简单的答案,但华尔街和政府监管部门应该仔细考虑这一问题。‡‡

---

* 在英国浪漫主义诗人李希·亨特(Leigh Hunt,1784~1859 年)的《阿布·本·阿德罕姆》(Abou Ben Adhem)这篇诗歌中,一位正直的穆斯林看到一位天使正在一本金书上写"热爱主的人的名字"。天使告诉阿布,他的名字不在其中,阿布就说:"那么,我祈求你,把我的名字列在那些热爱他的臣民的人名之中。"第二天夜晚,天使回来让阿布看了这本书,"看啊!本·阿德罕姆的名字排在第一位。"

† 按高于账面值的溢价购买更多的普通股,投资大众会使 AAA 的每股权益价值上升。然而,投资者只不过是在以自己的力量提升自己,因为股东权益的大部分上涨都来自于公众自愿高价购买该股票。

‡‡ 格雷厄姆的观点是,投资银行不要认为热门股初始发行后能带来利益就是自己的功劳,它们还要为股票更长远的业绩承担责任。1999 年和 2000 年年初,许多网络 IPO 的价格上升了 10 倍,但在随后的 3 年内,它们的价格下降了 95% 以上。少数投资者早期所获得的盈利,怎能用来解释后来上百万投资者所遭受的巨额财富损失呢?实际上,许多 IPO 都是通过故意低估来"制造出"眼前利益,以便在下一次发行时吸引更大的注意力。

后来的情况

资本扩充后，AAA公司又从事了两项新的业务。1969年，它建立了地毯连锁店，并且收购了一家生产活动房屋的工厂。前9个月报告的结果并不是非常好，但比上一年要好一些——现在每股22美分，上一年为每股14美分。随后几个月的情况简直令人难以置信。公司亏损了436.5万美元，即每股亏损1.49美元。这使融资前的所有资本、出售股份获得的全部240万美元的资金，以及1969年前9个月所报告利润的三分之二都化为了泡影。给股东大众只留下了可怜的24.2万美元的资本，即每股8美分——就在7个月之前，股东购买新发行的股票，支付的价格为每股13美元。然而，1969年年底，股票的购买价收于8.125美元，即对该公司的"估价"在2 500万美元以上。

进一步的评论：1. 人们不会相信，公司在1969年的1～9月实际盈利68.6万美元，然后又在剩下的3个月中亏损了436.5万美元。关于9月30日的财务报告，存在着一些令人遗憾、处理不当和应予责备的错误。

2. 与13美元的初始发行价，以及成为"热门股"后升至28美元的最高购买价相比，1969年年底收盘时8.125美元的买价更能证明股票市场价格是完全缺乏理性的。每股13美元和28美元，这两种报价至少是以人们的热情和希望为基础的——虽然与现实和常识相去甚远，但至少是可以理解的。年底2 500万美元的估价对应的是资本所剩无几的公司——公司马上就要彻底丧失清偿力，而且"热情"和"希望"对此公司而言，只不过是一种辛辣的嘲讽。（的确，在12月31日，年底的数据尚未公布，但是，与公司打交道的华尔街机构应该拥有月度营业报表，并能相当准确地了解事情的进展。）

最终结果

1970年上半年，该公司报告又亏损了100万美元。现在，公司出现了巨额的资本赤字。公司还没有破产，是因为威廉姆斯先生获得了总额达250万美元的贷款。公司似乎没有进一步提供财务报告了——直到1971年1月，AAA公司最终提出了破产申请。月底，股票的买价仍有50美分，即整个股票的价值为150万美元——显然，该股票早已成为了一堆废纸。我们的故事终结了。

教训及疑问：投机的大众是顽固不化的。按照金融界的说法，他们是没有什么耐心的。如果有某些"情况"正在发生，他们会不计代价去购买任何一种股票。当出现某一潮流时，他们很容易被所谓的"特许经营"、计算机、电子、科技等公司吸引过去。作为明智的投资者，我们的读者当然不会这么愚蠢。然而，仍然存在着一些疑问：如果负责任的证券投资机构从道义出发而不与此类企业打交道，那么它们之中的 90% 是不是最终必然倒闭呢？（这正是作者 1914 年进入华尔街时实际发生的情况。相比较而言，在随后的 57 年中，尽管进行了各种改革和管制，华尔街的道德水准却没有进步，反而退化了。）除了仅仅要求在招股说明书中公布所有相关的重要信息之外，证券交易委员会是否能够，以及是否应该使用其他权力来保护公众的利益呢？每一份招股说明书或每一份初始发售确认书，是否都应该附加某种正式的担保，以保证发行价与市场上同类证券已有的价格不会有太大的差别呢？在进行这一版书的写作时，华尔街正在针对舞弊行为进行一项改革。在新的证券发行领域，很难做出有价值的调整，因为舞弊行为大多是公众自身的粗心和贪婪所导致的结果。然而，这一问题值得人们进行长期和细致的探讨。*

---

* 格雷厄姆在这一段中的前四句话，可以理解为对 2000 年年初互联网和电信泡沫破裂所下的正式结论。正如香烟盒上关于健康的警告并不能阻止所有人吸烟一样，任何一项监管改革也不可能防止投资者沉迷于自己的贪婪之中。投资银行有时也得被迫按市场价来出售股票。每一位投资者和金融顾问都只能在不同的时间走出这个怪圈。掌握格雷厄姆提出的原则（重点参见第 1 章、第 8 章和第 20 章），是开始证券投资的最好方法。

第 17 章点评

> 智慧之神沃登走向为首的妖魔,反扭着他的手臂,想知道秩序如何才能战胜混乱。"把你的左眼给我,"妖魔说,"这样我就会告诉你。"毫不迟疑,沃登将自己的左眼放弃了。"现在告诉我。"妖魔告诉他:"奥秘在于,'用两只眼去监视!'"
>
> ——约翰·加德纳

有更多的事情发生了变化……

格雷厄姆重点分析了四个极端的案例:

- 股价被高估的一家"摇摇欲坠的大公司"
- 类似于帝国大厦的一家综合大企业
- 一次蛇吞象的并购
- 一家根本不值钱的公司所进行的股票首次公开发行

过去几年内,格雷厄姆介绍过的这些案例层出不穷。下面给出几个例子。

难以看透的朗讯公司

2000年中期,投资者拥有的朗讯技术公司(Lucent Technologies Inc.)的股票是最多的。该公司资本市值为1 929亿美元,在美国最具价值的公司中名列第

图 17-1　朗讯技术公司的财务信息

	截止季度	
	2000年6月30日	1999年6月30日
收益		
销售收入	8 713	7 403
持续经营的损益	（14）	622
停止经营的损益	（287）	141
净收益	（301）	763
资产		
现金	710	1 495
应收账款	10 101	9 486
商誉	8 736	3 340*
资本化的软件开发成本	576	412
总资产	46 340	37 156

所有的单位都是百万美元。
* 包括商誉在内的其他资产。
资料来源：朗讯公司的季度财务报告（表 10-Q）。

12 位。

对这位巨头的估价合理吗？让我们来看一看截止于 2000 年 6 月 30 日的季度财务报告所反映的一些基本信息。[1]

更加仔细地阅读朗讯公司的财务报告，会感觉到警铃之声不绝于耳：

- 朗讯以 48 亿美元刚刚收购了一家光纤设备供应商 Chromatis 网络公司——这 48 亿美元中，有 42 亿美元属于"商誉"（高于账面值的成本）。Chromatis 有 150 名员工，没有客户，没有任何销售收入，因此"商誉"这一项记录是不恰当的；或许，更为准确的称呼应该是"所怀有的希望"。如果 Chromatis 尚未成熟的产品还没成功，朗讯就必须减记这笔商誉，并且将其从未来的利润中扣除。

---

[1] 与本章引用的其他财务报告一样，关于这一份报告，公众可以从 www.sec.gov 网站的 EDGAR 数据库中随时获取。

- 有一条注释透露，朗讯已经向购买自己产品的人提供了15亿美元的信贷，朗讯还向在别处借款的客户提供3.5亿美元的担保。这些"客户融资"的总额，在一年之内增加了一倍——这表明，购货方已经快要拿不出资金来购买朗讯的产品了。如果这些客户没有钱偿还朗讯的债务，情况会如何？
- 最后，朗讯将开发新软件的成本作为"资本资产"。这本来就不是一笔资产，难道这不是应该从利润中扣除的一项日常业务费用吗？

结论：2001年8月，朗讯关闭了Chromatis这一部门，原因据说是其产品只有两个客户感兴趣。[2]2001年财务年度，朗讯亏损了162亿美元；2002年财务年度，又亏损了119亿美元。这些亏损额中包括：35亿美元的"不良债务和客户融资备抵"，41亿美元的"与商誉相关的减损"，以及3.62亿美元"与资本化软件相关的"费用扣除。

朗讯的股价从2000年6月30日的51.062美元，降到了2002年年底的1.26美元——两年半之内，其市值几乎亏损了1 900亿美元。

并购魔术师

说到泰克国际有限公司（Tyco International Ltd.），我们只能转述丘吉尔说过的一句话：有史以来，从没有过如此少的几个人，能够欺骗如此多的公众。从1997年到2001年，这家位于百慕大的综合大企业总共花了370多亿美元（其中大多数为泰克股份）去并购其他公司，就像伊梅尔达·马科斯（Imelda Marcos）买鞋子那样频繁。根据其年度报告，2000年财务年度，泰克并购了"大约200家公司"——平均算下来每两天要收购不止一家公司。

结果如何呢？泰克的规模急剧增大；在5年内，销售收入从76亿美元，增加到了340亿美元，营业利润也从4.76亿美元的亏损转变成了62亿美元的盈利。难怪2001年年底，该公司的总市值高达1 140亿美元。

然而，泰克的财务报告至少也与其增长速度一样，令人难以想象。几乎在

---

2 关于并购Chromatis失败的探讨，可以参见：*The Financial Times*, August 29, 2001, p.1, and September 1 / September 2, 2001, p.XXIII。

图 17-2 泰克国际有限公司的财务信息

财务年度	MORON	CHILLA	WOOPIPRAD
1997	918	148	361
1998	0	0	0
1999	1 183	335	0
2000	4 175	99	0
2001	234	120	184
合计	2 510	702	545

所有数据都来自于原始报告，单位是千万美元。

"并购"总额中，不包括权益联合的交易。

资料来源：泰克国际的年度报告（表 10-K）。

每一年，都报告有数亿美元与并购相关的费用产生。这些费用主要包括三类：

（1）"并购"、"重组"或"其他一次性的"成本。

（2）"长期资产损耗的费用"。

（3）"购买在途研发产生的冲销额"。

为了简便，我们将第一种费用简称为 MORON，第二种简称为 CHILLA，第三种简称为 WOOPIPRAD。它们是在什么时间出现的呢？

正如你所看到的，MORON 费用（应该是一次性的）在 5 年中出现了 4 次，其总额高达 25 亿美元。CHILLA 也经常出现，并且总额超出了 7 亿美元。WOOPIPRAD 大约有 5 亿美元。[3]

聪明的投资者可能会问：

- 如果泰克借助并购求增长的策略是一个如此巧妙的想法，那么它为什么平均每年要花 7.5 亿美元才能将这项业务完成？
- 如果（正如人们明显看到的）泰克不从事生产活动，而只是收购从事生产

---

[3] 在对并购进行说明时，设立 WOOPIPRAD 这一项可以使泰克公司降低购买价中用于商誉的那一部分价格。由于 WOOPIPRAD 可以作为先期费用，而商誉（根据当时的会计准则）必须在多年内冲销，因而，这种做法使泰克可以尽量降低商誉费用对未来利润的影响。

活动的其他公司，那么 MORON 这一项费用为什么会是"一次性的"？它们难道不正是泰克正常业务成本的一部分吗？

- 随着以往并购的会计费用使每一年的利润都被看好，谁知道下一年的情况将会是怎样的？

实际上，投资者甚至不知道泰克过去的利润是多少。1999 年，在美国证券交易委员会对其进行会计审核后，泰克反过来又在 1998 年的费用中增加了 2.57 亿美元的 MORON 费用——这意味着那些"一次性的"成本实际上又在 1998 年出现了。与此同时，泰克公司更改了 1999 年最初所报告的费用：MORON 这一项降为 9.29 亿美元，而 CHILLA 这一项上升到 5.07 亿美元。

显然，泰克的规模正在扩大，但是，其利润率也在增长吗？外人无法准确地知道。

结论：在 2002 年财务年度，泰克亏损了 94 亿美元。其股价在 2001 年年底收于 58.9 美元，而 2002 年年底只有 17.08 美元——一年之内亏损了 71%。[4]

蛇吞象

2000 年 1 月 10 日，美国在线公司和时代华纳公司宣布，它们将进行一项初始价值高达 1 560 亿美元的合并。

截止于 1999 年 12 月 31 日，美国在线拥有 103 亿美元的资产，公司前 12 个月的营业收入为 57 亿美元。另一方面，时代华纳拥有 521 亿美元的资产，以及 273 亿美元的营业收入。除了股票估值这一项之外，从其他各方面看，时代华纳的规模都要大许多。由于美国在线仅凭自己所在的互联网行业就使得投资者痴迷于它，因此，其股价令人瞠目地达到了其利润的 164 倍。时代华纳从事有线电视、电影、音乐和杂志等多项业务，其股价大约只有利润的 50 倍。

在宣布这项交易时，两家公司都称这是一次"平等的战略合并"。时代华纳

---

[4] 2002 年，泰克的前首席执行官丹尼斯·克日罗威斯基被州和联邦执法当局指控犯有税收欺诈和不恰当的行为（将公司资产转给自己使用），其中包括占用价值 15 000 美元的一个伞架，以及一块价值为 6 000 美元的淋浴屏障。克日罗威斯基否认了所有指控。

的董事会主席杰拉尔德·莱文声称:"对于与美国在线时代华纳有关系的任何人来说,都将面临着无数的机会。"——尤其是对于其股东而言,他补充说。

想到其股票最终将贴上互联网宠儿的标志而欣喜若狂,因此,时代华纳的股东以压倒性的优势批准了这笔交易。然而,他们却忽视了这样几点:

- 根据这次"平等的合并",美国在线股东将拥有公司合并后55%的股份——尽管时代华纳的规模是美国在线的5倍。
- 3年内,美国证券交易委员会曾两次调查美国在线营销成本的会计记录是否恰当。
- 美国在线总资产中,有将近一半(49亿美元)是由"待售股份"组成的。如果公开上市的技术股下跌,这将会使该公司的基础资产大多化为泡影。

结论:2001年1月11日,两家企业最终完成了合并。2001年,新组建的美国在线时代华纳亏损了49亿美元,而且在2002年又亏损了987亿美元(这是有史以来所有公司亏损中最大的一笔金额)。大多数亏损来自于美国在线价值的减记。到了2002年年底,莱文当初预计会面临着"无数"机会的股东没有任何收获,相反,自从交易首次宣布以来,他们的股票价值大约亏损了80%。[5]

投资幼儿园会失败吗

1999年5月20日,eToys公司向公众发售了8%的股份。华尔街最有名气的4家投资银行——高盛、BancBoston Robertson Stephens、Donaldson, Lufkin & Jenrette和美林——以每股20美元的价格承销了832万股,为公司筹集了1.664亿美元资金。该股票价格急速上涨后,收于76.5625美元,在首个交易日就获利

---

[5] 说明:贾森·兹威格是时代公司的一名员工。时代公司以前是时代华纳的一个部门,现在是美国在线时代华纳公司的一个下属单位。

图 17-3 玩具行业的一个案例

	eToys 公司截止于 1999 年 3 月 31 日的 年度财务	信息玩具反斗城公司 截止于 1999 年 5 月 1 日的 季度财务信息
净销售额	30	2 166
净收益	（29）	27
现金	20	289
总资产	31	8 067
普通股市值（1999 年 5 月 20 日）	7 780	5 650

单位均为百万美元。
资料来源：两家公司向美国证券交易委员会提供的财务报告。

282.8%。按照这一价格，eToys（它拥有 1.02 亿股）的市值高达 78 亿美元。[6]

股票购买者得到了什么？前一年，eToys 公司的销售额上升了 42.61 倍，仅最后一个季度，它又增加了 7.5 万个客户。然而，经营 20 个月之后，eToys 的总销售额为 3 060 万美元，并且有 3 080 万美元的净亏损——这意味着，eToys 每卖出 1 美元的玩具，就要花费 2 美元。

IPO 招股说明书还透露，eToys 将使用出售股票的部分收入来收购另一家网络公司 BabyCenter——前一年，BabyCenter 的销售额为 480 万美元，亏损为 450 万美元。（要收购这家公司，eToys 只需支付 2.05 亿美元。）eToys 还要"预留" 4 060 万份普通股，以便将来出售给其管理层。因此，如果 eToys 能够赚钱的话，其净收益将在 1.43 亿份股票之间进行分配，而不是在 1.02 亿份股票之间进行分配——这将使得未来的每股收益下降近三分之一。

[6] eToys 的招股说明书中夹有一张折叠插页。插页上画的是土豚亚瑟最初的卡通形象，从而以漫画的形式表明，在 eToys 公司购买儿童玩具，比去传统的玩具店要方便得多。eToys 股票发行的当天，IPO Monitor 公司的分析师盖尔·布朗森告诉美联社："去年，eToys 对公司的发展进行了很好的调整，并将自己的中心定位于儿童玩具互联网业务。"布朗森补充说："IPO，尤其是互联网 IPO，成功的关键在于良好的营销和品牌。"布朗森的话有一定的道理：IPO 成功的这个关键因素，是针对股票发行公司及其银行来说的。遗憾的是，就投资者而言，IPO 成功的关键在于提供利润——eToys 公司并未做到这一点。

把 eToys 与其最大的竞争对手玩具反斗城（Toys "R" Us）进行对比后，会使人感到非常惊讶。前 3 个月内，玩具反斗城公司获得了 2 700 万美元的净收益，而且其销售额是 eToys 全年的 70 多倍。然而，从图 17-3 中可以看到，eToys 的股市估价比玩具反斗城高出近 20 亿美元。

结论：2001 年 3 月 7 日，在公开上市后不久，净亏损超过 3.98 亿美元之后，eToys 公司提出了破产保护申请。该公司的股票在 1999 年 10 月曾达到每股 86 美元的最高价，但最后几乎一文不值了。

第 18 章

对八组公司的比较

在本章,我们将尝试一种新的分析方法。我们要挑选八组公司,每组中的两家公司在股票交易所的名单中是相邻或大体相邻的。我们希望通过具体和生动的例子,让人们认识到企业的各种性质、财务结构、政策、业绩和兴衰情况,以及近几年金融领域存在的各种投资和投机态度。在每一组比较中,我们将只分析具有特殊意义和特殊重要性的方面。

第 1 组:不动产投资信托(商铺、办公楼和工厂等)与纽约不动产公司(不动产投资和一般建筑)

在第一组比较中,我们采用与其他各组一样的方法,按字母的排序来进行。这对于我们有特别重要的意义,因为这里似乎包含了两方面的情况:一方面,是使用传统的方法来使用他人的资金,获得合理的、稳定的和理想的结果的一家公司;与此相反,在另一家公司中,存在着盲目扩张、财务欺诈,以及现代公司经营中经常看到的变化无常。两家企业有类似的名称,多年以来,它们并列出现在美国股票交易所的名单之中。它们的股票交易代码(分别为 REI 和 REC)很容易让人混淆。但是,其中的一家企业是新英格兰地区稳定的信托公司。它由三位受托人经营,其业务可以追溯到近 100 年以前,而且自从 1889 年以来,一直都在支付股息。它始终在从事谨慎的投资,将其业务扩张控制在适度的范围,将其债务控制在易于管理的额度。*

另一家是设在纽约的具有代表性的快速成长企业。8年内,该企业的资产从620万美元急速增长到1.54亿美元,而且其债务也出现了同等幅度的增长。公司业务从普通的不动产转向了多个方面,其中包括2条赛场跑道、74家电影院、3个文化机构、1家公共关系企业、一些旅馆和超市,并在一家大的化妆品企业(该企业于1970年破产了)拥有26%的权益。† 与这种综合业务相匹配的,是各种公司融资工具,其中包括:

1. 每年享有7美元股息的一种优先股,但是股票的面值只有1美元,而且每股被看做是1美元的负债。
2. 250万美元固定的普通股价值(每股1美元)——要低于550万美元这一来自于再次获得20.9万股的成本扣减。
3. 3个系列的股票期权,有权购买总共157.8万股。
4. 至少有6种不同的债务凭证,其类型包括抵押贷款、信用债券、公众持有的票据、应付银行票据、"应付票据、贷款和应付合约款",以及应付小企业管理局的贷款等。1969年3月,这些债务总共超过了1亿美元。此外,企业还有日常税款和应付的账款。

首先,我们将两家企业1960年的少数几项数据列出来(参见表18-1A)。在此,我们可以看到,这家信托公司股票的市场售价是纽约不动产公司股票总价值的9倍。信托公司的债务较少,净收益率和毛收入率较高,但是,其普通股的价格相对于每股收益较高。

在表18-1B中,我们给出了大约8年之后的情况。信托公司"仍然采用了默不出声的做法",使其业务收入和每股收益都增长了约四分之三。‡‡ 然而,纽

---

* 在此,格雷厄姆所说的是不动产投资信托(Real Estate Investment Trust)这家公司。该公司于1983年被旧金山不动产投资者公司(San Francisco Real Estate Investors)以每股50美元的价格收购。下一段所讲的是纽约不动产公司(Realty Equities Corp. of New York)。

† 1969年,纽约不动产公司收购了影星保罗·纽曼的电影制片公司 Kayos, Inc.,这样,纽曼曾一度短暂成为纽约不动产公司的一位大股东。

†† 作为一位酷爱诗歌的读者,格雷厄姆在此引用了托马斯·格雷(Thomas Grey)《乡村教堂的挽歌》(Elegy Written in a Country Churchyard)这首诗中的话。

表 18-1A　第一组企业（不动产投资信托和不动产公司）1960 年的数据

	不动产投资信托	纽约不动产公司
总营业收入	$3 585 000	$1 484 000
净收益	485 000	150 000
每股收益	0.66	0.47
每股股息	无	0.10
每股账面值	$20	$4
股价区间	20~12	5.375~4.75
总资产	$22 700 000	$6 200 000
总负债	7 400 000	5 000 000
普通股账面值	15 300 000	1 200 000
普通股平均市值	12 200 000	1 360 000

约不动产公司却转变成了一家规模庞大且不太稳固的公司。

针对这些不同的变化，华尔街会如何做出反应呢？对信托公司的反应不足，但对纽约不动产公司的反应却有些过头。1968 年，后者的股价从 10 美元急速上升到 37.75 美元，上市交易的权证从 6 美元上升到 36.5 美元——一共售出了 242 万股。尽管如此，信托公司的股票交易量不大，股价只是从 20 美元稳步上升到 30.25 美元。纽约不动产公司 1969 年 3 月的资产负债表表明，其每股资产的价值仅为 3.41 美元，还不到当年最高价的十分之一。信托公司每股账面值为 20.85 美元。

第二年，纽约不动产公司各方面的情况显然都不太好，而且其股价下跌到了 9.5 美元。1970 年 3 月的财务报告出来之后，股东一定会感到震惊：企业净亏损 1 320 万美元，即每股亏损 5.17 美元——这实际上使其以前为数不多的权益化为了泡影。（这笔灾难性的数据中，包含了 880 万美元的未来投资亏损准备。）尽管如此，财务年度结束时，公司董事竟然大胆地宣称，要额外增加 5 美分的股息。可是，更多的麻烦就在眼前。公司的审计师拒绝确认 1969~1970 年度的财务报告，在美国股票交易所上市交易的股票也被暂停了，场外的股票购买价跌到了每股 2

表 18-1B　第一组企业的相关数据

	不动产投资信托	纽约不动产公司
股价（1968 年 12 月 31 日）	26.5	32.5
普通股股份数	1 423 000	2 311 000（1969 年 3 月）
普通股市值	$37 800 000	75 000 000
权证市值估价	—	30 000 000[a]
普通股和权证市值估价	—	105 000 000
债务	9 600 000	100 800 000
优先股	—	2 900 000
总资本	$47 400 000	$208 700 000
普通股每股市值（考虑权证）	—	45（估值）
每股账面值	$20.85（11 月）	$3.41
	1968 年 11 月	1969 年 3 月
营业收入	$6 281 000	$39 706 000
利息净收入	2 696 000	11 182 000
利息支出	590 000	6 684 000
所得税	58 000[b]	2 401 000
优先股股息		174 000
普通股净收入	2 048 000	1 943 000
特殊项目	245 000 cr.	1 896 000 dr.
普通股最后的净收入	2 293 000	47 000
扣除特殊项目前的每股收益	$1.28	$1.00
扣除特殊项目后的每股收益	1.45	0.20
普通股股息	1.20	0.30
利息保障倍数	4.6 倍	1.8 倍

a. 这些权证可以按不同的价格购买 160 万份或更多的普通股。每份权证的上市交易价为 30.5 美元。
b. 作为不动产信托，1968 年，这家企业不必缴纳联邦所得税。

美元以下。*

1969年之后，不动产投资信托公司的股票出现了典型的价格波动。1970年的最低价位是16.5美元，1971年年初恢复到$26^{5}/_{6}$美元。最新报告的每股收益为1.5美元，股价略微高于1970年的21.6美元这一账面值。1968年股价处于最高位时有点被高估了，然而，股东从受托人那里获得了诚恳和周到的服务。纽约不动产公司却是另一番让人难过的景象。

第2组：气体和化学品公司（工业和医疗等气体）与气体压缩公司（工业气体与设备；化学品）

与第一组公司相比，气体和化学品公司（Air Products & Chemicals）和气体压缩公司（Air Reduction Co.）这两家公司在名称和业务上更为相似。因此，这里我们只需要采用传统的证券分析方法来进行比较，而在其他各组中大多要采用反常的方法。+ "气体公司"比"压缩公司"的历史更短，而且在1969年，前者的交易额还不到后者的一半。++尽管如此，气体公司股价总体上比气体压缩公司高出25%以上。从表18-2中可以看到，导致这种结果的原因在于，气体公司（原文此处为"气体压缩公司"，疑有误——译者注）盈利能力更强，增长速度更快。在此，我们可以看到通常能够较好地反映公司"质量"的一般结果。气体公司的股价为其最新利润的16.5倍，而气体压缩公司只有9.1倍。同时，气体公司的股价大大高于其基础资产的价值，而压缩公司的股价只有其账面价

---

* 纽约不动产公司的股票于1973年9月被美国股票交易所摘牌。1974年，美国证券交易委员会对该公司会计师的欺诈提出了诉讼。公司的创始人莫里斯·卡普（Morris Karp）后来承认犯有一项重大盗窃罪。1974~1975年，公司的过度负债（格雷厄姆对此提出过批评）导致一些大银行（其中包括大通曼哈顿银行）出现了财务危机——这些银行向最激进的不动产信托公司提供了大量的贷款。

+ "反常的"（heteroclite）是古希腊语中的一个专业术语，格雷厄姆利用它来指"异常的"或"特殊的"事物。

++ 格雷厄姆的"交易额"，指的是销售额或营业收入，即每家公司全部业务的美元金额。

值的 75%。*压缩公司支付的股息更多，但这或许反映了气体公司有更大的利润留存愿望。同时，压缩公司的营运资本地位更稳固。（从这一点我们可以看到，一家盈利的公司总是可以借助于某种形态的永久性融资使自己的流动地位处于正常状态。可是，按我们的标准来看，气体公司的债务有些过大。）

如果人们要求分析师在两家公司之间进行选择，那么他将很容易得出结论：气体公司的前景比压缩公司更为看好。但是，这会使气体公司的股价在相对很高的情况下仍然具有吸引力吗？我们不知道这个问题有没有确定的答案。一般情况下，华尔街的思维方式是把"质量"看得比"数量"更重要。或许，大多数证券分析师将选择"更好"但却更昂贵的气体公司，而不会去选择"较差"但却更廉价的压缩公司。这种偏好是否正确，将取决于无法预测的未来结果，而不是取决于任何可以证明的投资原则。在本例之中，压缩公司属于市盈率较低的那一类重要公司。如果正像前面的研究[+]所反映的，这一类公司总体上的表现要好于高市盈率公司的股票，那么，我们理应选择压缩公司（但这只能作为分散化业务的一部分）。（同时，对单个公司深入的研究，可能会使分析师得出相反的结论；但导致这种结论的原因是，在过去反映的情况之外，又出现了其他的原因。）

结果：在 1970 年的股价暴跌中，气体公司的情况要好于压缩公司——前者下跌 16%，后者下跌 24%。然而，1971 年年初，压缩公司出现了一个较好的反弹，比 1969 年的收盘价高出 50%，而气体公司只高出了 30%。在这种情况下，低市盈率股票（至少是暂时性地）获得了优势。[++]

---

* "基础资产"与账面值是同一个意思。在表 18-2 中，价格与资产或账面值的关系，可以看做是以第一行的数据（"1969 年 12 月 31 日的价格"）除以"每股账面值"。

[+] 在此，格雷厄姆指的是对价值股的研究——他在第 15 章探讨过这个问题。自格雷厄姆的研究结束以来，有大量的学术成果可以证实，从长远看，价值股的业绩要好于成长股。（现代金融学领域许多优秀的研究成果，只是独立地证实了几十年前格雷厄姆已证明过的东西。）比如，可以参见：James L. Davis, Eugene F. Fama, and Kenneth R. French, "Characteristics, Covariances, and Average Returns: 1929-1997," at http://papers.ssrn.com。

[++] 气体和化学品公司仍然是一家上市公司，并且被包含在标准普尔 500 指数之中。气体压缩公司已于 1978 年成为 BOC 集团（当时称为英国氧气公司）的全资附属机构。

表 18-2　第二组公司的财务信息

	气体和化学品公司（1969 年）	气体压缩公司（1969 年）
股价（1969 年 12 月 31 日）	39.5	16.375
普通股股份数	5 832 000[a]	11 279 000
普通股市值	$231 000 000	185 000 000
债务	113 000 000	179 000 000
资本总市值	344 000 000	364 000 000
每股账面值	$22.89	$21.91
销售额	$221 500 000	$487 600 000
净收入	13 639 000	20 326 000
1969 年每股收益	$2.40	$1.80
1964 年每股收益	1.51	1.51
1959 年每股收益	0.52	1.95
当期股息	0.20	0.80
首次支付股息的时间	1954 年	1917 年
比率：		
市盈率	16.5 倍	9.1 倍
股价 / 账面值	165.0%	75.0%
股息收益率	0.5%	4.9%
净收入 / 销售额	6.2%	4.25%
利润 / 账面值	11.0%	8.2%
流动资产 / 流动负债	1.53 倍	3.77 倍
营运资本 / 债务	0.32 倍	0.85 倍
每股收益增长		
1969 年比 1964 年	+59%	+19%
1969 年比 1959 年	+362%	下降

a. 考虑了优先股的转换。

第3组：美国家庭用品公司（药品、化妆品、家庭日用品和糖制品）与美国医疗用品公司（医疗产品和设备的制造与经销）

1969年年底，美国家庭用品公司（American Home Products Co.）和美国医疗用品公司（American Hospital Supply Co.）这两家公司拥有"数十亿美元的商誉"。它们代表了迅速发展和利润极高的"医疗保健产业"的两个不同部门。我们把这两家公司分别简称为"家庭"和"医院"。表18-3中列出了两家公司的部分数据。它们具有下列共同优点：发展较快，自从1958年以来没有出现过退步（利润具有100%的稳定性）；财务状况强劲。截止到1969年年底，医院的增长率要大大高于家庭。另一方面，家庭在销售和资本方面的盈利能力则都要好得多。*（实际上，1969年医院较低的资本利润率——只有9.7%——引起了一个疑问：当时医院业务的盈利能力是否真的很强——尽管其以往的销售额和利润增长较快。）

将价格进行比较后可以发现，以当期（或过去的）利润和股息来看，家庭获取的股价要高得多。家庭很低的账面值，反映了普通股分析中存在着基本的模棱两可或矛盾。一方面，它说明公司赚取的资本回报很高——这一般代表了一种实力和兴盛。另一方面，它又意味着，按照当期价格，投资者尤其容易受到公司利润重大的不利变化所造成的影响。由于1969年医院的股价只是其账面值的4倍多，这种告诫应该同时针对两家公司。

结论：我们可以清楚地看到，两家公司当期的股价都显得太"高"，遵从我们的稳健选择思想的投资者将不会去选择它们。但这并不意味着两家公司缺乏好的前景，问题在于，它们的股价中包含了太多的"承诺"，却缺乏实际的业绩。两家企业1969年的股价中共同反映的商誉估价，接近于50亿美元。未来要有多少年丰厚的利润，才能以股息或有形资产的形式，使商誉这一因素"得以实现"？

短期结果：1969年年底，市场显然认为医院的利润前景要大大好于家庭，

---

* 你可以通过表18-3中的"比率"部分的数据来决定盈利能力，比如销售回报和资本回报等。"净收入/销售额"计量的是销售回报；"利润/账面值"计量的是资本回报。

表 18-3 第三组公司的部分数据

	美国家庭用品公司（1969 年）	美国医疗用品公司（1969 年）
股价（1969 年 12 月 31 日）	72	45.125
普通股股份数	52 300 000	33 600 000
普通股市值	$3 800 000 000	$1 516 000 000
债务	11 000 000	18 000 000
资本总市值	3 811 000 000	1 534 000 000
每股账面值	$5.73	$7.84
销售额	$1 193 000 000	$446 000 000
净收入	123 300 000	25 000 000
1969 年每股收益	$2.32	$0.77
1964 年每股收益	1.37	0.31
1959 年每股收益	0.92	0.15
当期股息	1.40	0.24
首次支付股息的时间	1919 年	1947 年
比率：		
市盈率	31.0 倍	58.5 倍
股价 / 账面值	1 250.0%	575.0%
股息收益率	1.9%	0.55%
净收入 / 销售额	10.7%	5.6%
利润 / 账面值	41.0%	9.5%
流动资产 / 流动负债	2.6 倍	4.5 倍
每股收益增长		
1969 年比 1964 年	+75%	+142%
1969 年比 1959 年	+161%	405%

因为前者的市盈率几乎是后者的两倍。结果表明，受宠的股票在 1970 年的利润出现了微小的下降，而家庭则获得了 8% 的可观收益。医院的市场股价，对这一年令人失望的结果做出了强烈反应。1971 年 2 月的股票售价为 32 美元（比 1969 年的收盘价下跌了大约 30%），而家庭的股价稍高于其相应的水平。*

---

* 美国家庭用品公司现在的名称是惠氏公司（Wyeth），其股票包含在标准普尔 500 指数中。美国医用品公司于 1985 年被 Baxter 保健公司收购。

第4组：H & R Block 公司（所得税服务）与 Blue Bell 公司（工作服和制服等产品的制造商）

作为后来者，这两家公司并列出现在纽约股票交易所的上市公司名单中——在此，两家公司有着迥异的成功经历。Blue Bell 是在一个高度竞争的行业中艰难成长起来的，它最终成为了该行业中最大的一家公司。公司利润会在一定程度上随着行业状况的变化而波动，但是，自从1965年以来，其增长非常引人注目。该公司的业务起始于1916年，自从1923年以来，一直在连续支付股息。1969年年底，该公司的股票在市场上不是很受欢迎，因此其市盈率只有11倍，而标准普尔综合指数的市盈率大约为17倍。

相比较而言，H & R Block 公司地位的上升是极为迅速的。直到1961年，它才首次公布自己的数据——当年它的利润为8.3万美元，销售收入为61万美元。然而，8年之后的同期，其销售收入激增到5 360万美元，净收入上升到630万美元。当时，股市对这只优秀股票表示出了狂热。1969年55美元的收盘价，相当于过去12个月报告利润（这自然也是迄今为止最高的利润）的100多倍。3亿美元的股票总市值，几乎是作为股价基础的有形资产价值的30倍。[*]在众多股市估价记录中，这几乎是闻所未闻的。（当时 IBM 的这一比率大约只有9倍，而施乐的股价与账面值之比为11倍。）

表18-4以美元价值和比率反映了两家公司在相应估价方面存在的巨大差别。的确，Block 公司每一美元资本的盈利能力是 Blue Bell 公司的两倍，过去5年内其利润增长（起初实际上没有利润）的速度也要高许多。然而，作为一家股份公司，Blue Bell 的股票价值还不到 Block 总价值的三分之一，尽管与 Block 相比，Blue Bell 的业务量是它的4倍，股票利润是它的2.5倍，有形资产投资是它的5.5倍，股息收益率是它的9倍。

---

[*] "几乎30倍"这一数据，可以从表18-4中比率部分的"股价/账面值"这一比率反映出来（该比率为29.2倍）。如果能够看到1999年年底和2000年年初的情况，格雷厄姆将会惊讶地摇头——当时，许多高科技公司的股价为其资产价值的几百倍（参见本章点评）。可是，格雷厄姆却说："在大量的股市估价记录中，这几乎是闻所未闻的。" H & R Block 仍然是一家股份公开交易的公司，而 Blue Bell 则于1984年以每股47.5美元的价格，转变成了一家股份不公开的公司。

表 18–4　第 4 组公司的财务数据

	H & R Block 公司（1969 年）	Blue Bell 公司（1969 年）
股价（1969 年 12 月 31 日）	55	49.75
普通股股份数	5 426 000	1 802 000a
普通股市值	$298 000 000	$89 500 000
债务	—	17 500 000
资本总市值	298 000 000	107 000 000
每股账面值	1.89	34.54
销售额	$53 600 000	$202 700 000
净收入	6 380 000	7 920 000
1969 年每股收益	$0.51（10 月）	$4.47
1964 年每股收益	0.07	2.64
1959 年每股收益	—	1.80
当期股息	0.24	1.80
首次支付股息的时间	1962 年	1923 年
比率：		
市盈率	108.0 倍	11.2 倍
股价 / 账面值	2 920%	142%
股息收益率	0.4%	3.6%
净收入 / 销售额	11.9%	3.9%
利润 / 账面值	27%	12.8%
流动资产 / 流动负债	3.2 倍	2.4 倍
营运资本 / 债务	无债务	3.75 倍
每股收益增长		
1969 年比 1964 年	+630%	+68%
1969 年比 1959 年	—	+148%

结论：经验丰富的分析师将更加看重 Block 公司的发展势头，认为该公司具有很好的增长前景。他本来会对所得税服务领域激烈竞争的威胁表示疑虑——Block 公司获得的丰厚的资本回报率将吸引更多的竞争者加入。[1] 但是，考虑到这类优秀企业在高度竞争的领域也能持续获得成功（比如美国雅芳公司），因此，

他不会直接预测 Block 公司的增长曲线将很快趋于平稳。他主要关注的就是，对该公司 3 亿美元的估价，是已经完全包含了公司将从其优质服务中所要获取的全部价值，还是高估了这种价值。与此相反，分析师将很容易把 Blue Bell 看做是定价十分稳妥的一家优秀企业。

1971 年 3 月的结果：1970 年近乎恐慌的市场，使得 Blue Bell 和 Block 的股价分别下降了四分之一和大约三分之一。随后，两家公司都随着整个市场出现了强烈反弹。1971 年 2 月，Block 的股价上涨到 75 美元，但 Blue Bell 上涨得更多——相当于 109 美元（经过 3 比 2 的分股之后）。显然，事实证明，在 1969 年年底购买 Blue Bell 的股票，比购买 Block 的股票更好。然而，在明显高估的情况下，Block 的股价能上升大约 35%，这个事实说明，分析师和投资者在做空（无论是口头上还是以实际行动）优秀企业的股票时，必须十分小心谨慎——无论该股票的报价看上去多么高。*

第 5 组：国际香料公司（香料等其他业务）与国际收割机公司（卡车制造、农业机械和建筑机械）

对这一组公司进行比较会带来更多意外的结果。每个人都知道国际收割机公司（International Harvester Co.），因为它是道琼斯工业平均数中的 30 家大企业之一。+ 在纽约股票交易所的上市名单中，紧邻国际收割机公司的国际香料公司（International Flavors & Fragrances, IFF）会有多少读者知晓呢？然而，说来也怪，

---

* 格雷厄姆是在提醒读者注意一种形式的"赌徒谬误"：投资者认为，被高估的股票仅仅会因为这一原因而必然出现价格的下跌。正如抛掷硬币时连续出现 9 次反面之后，不会使出现正面的机会增加一样，被高估的股票（或股市！）也可能出人意料地持续很长时间。这使得一般人的做空（打赌股价将下跌）行为面临着很大的风险。

+ 国际收割机公司的前身是 McCormick 收割机公司——后者是 McCormick 收割机的制造商；这种收割机使美国中西部的几个州成为"世界粮仓"。然而，20 世纪 70 年代，国际收割机公司遇到了困难，并在 1985 年，将生产农用设备的业务出售给了 Tenneco 公司。在更名为 Navistar 后，剩余的公司于 1991 年被道琼斯指数淘汰了（然而，它还在标准普尔 500 指数之中）。国际香料公司也包含在标准普尔 500 指数中。2003 年年初，该公司股票的总市值为 30 亿美元，而 Navistar 公司的总市值为 16 亿美元。

1969年年底，IFF的售价实际上要高于收割机公司的总市场价值——前者为7.47亿美元，后者为7.10亿美元。这更加令人惊讶，因为收割机公司的股本为香料公司的17倍，年销售额为香料公司的27倍。事实上，就在3年之前，收割机公司的净利润比香料公司1969年的销售额还要多。这种极端的差异是如何产生的？答案在于盈利能力和增长速度这两个有魔力的术语。香料公司在这两个方面都表现得很好，而收割机公司各方面的表现都难以令人满意。

具体情况可以从表18-5中看到。在此，我们发现，香料公司的销售利润令人惊讶地达到了14.3%（税前的这一利润为23%），而收割机公司仅有2.6%。同样，香料公司的股本利润率为19.7%，而收割机公司只有5.5%这一相对较低的利润率。5年之中，香料公司的净利润几乎增加了一倍，而收割机公司实际上处于停滞状态。将1969年与1959年进行比较后，会得出类似的结果。业绩上的这些差别，导致了典型的股市估值差异。1969年，香料公司的股票售价为其最新报告利润的55倍，而收割机公司只有10.7倍。与此同时，香料公司的估价为其账面值的10.4倍，而收割机公司售价被打折为其净值的41%。

评论与总结：首先要指出的是，香料公司股市上的成功完全取决于其中心业务的发展，与公司管理、并购、债务过重的资本化结构，以及华尔街近几年所使用的其他一些方法没有关系。公司始终坚守着最赚钱的业务，且公司的整个实际情况正是如此。收割机公司的记录导致了完全不同的一些问题，但它们与"高额融资"也没有什么关系。在整体繁荣的许多年份里，为什么会有许多大公司的利润较低呢？如果企业不能通过赚取足够的利润来证明股东投资的合理性，那么其25亿多美元的业务有何意义呢？我们无法给出这个问题的解决方案。但是，我们坚持认为，不仅企业管理层，而且普通的股东也应该意识到，这个问题的存在，需要最优秀的人才尽最大的努力解决它。*从普通股选择的角度来看，两只股票都不符合我们的投资标准：稳健，有较好的吸引力，定价适中。香料公司显然非常成功，但公司的估值过高；收割机公司的表现太一般，因此，

---

* 关于格雷厄姆对股东积极性更多的思考，请参见第19章的点评。在批评收割机公司拒绝追求股东价值最大化的时候，格雷厄姆不可思议地预感到了该公司未来的管理层行为。2001年，大多数股东投票赞成取消Navistar对外部并购竞标的限制，但是，董事会干脆拒绝采纳股东的意愿。非常奇怪的是，一些企业文化中的反民主倾向能持续几十年的时间。

表 18-5　第五组公司的财务数据

	国际香料公司 （1969 年）	国际收割机公司 （1969 年）
股价（1969 年 12 月 31 日）	65.5	24.75
普通股股份数	11 400 000	27 329 000
普通股市值	$747 000 000	$710 000 000
债务	4 000 000	313 000 000
资本总市值	751 000 000	1 023 000 000
每股账面值	$6.29	$41.70
销售额	$94 200 000	$2 652 000 000
净收入	13 540 000	63 800 000
1969 年每股收益	$1.19	$2.30
1964 年每股收益	0.62	3.39
1959 年每股收益	0.28	2.83
当期股息	0.50	1.80
首次支付股息的时间	1956 年	1910 年
比率：		
市盈率	55.0 倍	10.7 倍
股价 / 账面值	1 050.0%	59.0%
股息收益率	0.90%	7.3%
净收入 / 销售额	14.3%	2.6%
利润 / 账面值	19.7%	5.5%
流动资产 / 流动负债	3.7 倍	2.0 倍
营运资本 / 债务	较大	1.7 倍
利息收入	—	3.9 倍（税前）
每股收益增长		
1969 年比 1964 年	+93%	+9%
1969 年比 1959 年	+326%	+39%

即使折价出售也没有真正的吸引力。（毫无疑问，在合理定价的一类股票中，还可以获得一些价值更优的股票。）

1971 年的结果：1969 年年底，收割机公司较低的股价防止了该公司股票在

1970年价格大幅下跌期间出现进一步的大幅下跌。这一年它只下跌了10%。事实证明，香料公司的股票更不稳定，下跌到了每股45美元，跌幅为30%。在随后的反弹中，两者都上升了，价格要大大高于1969年年底的收盘价，然而，收割机公司很快就又跌到了25美元的水平。

第6组：麦格劳爱迪生公司（公用事业和设备；家用器具）和麦格劳—希尔公司（图书，电影，教学系统；杂志和报刊出版；信息服务）

麦格劳爱迪生（McGraw Edison）和麦格劳—希尔（McGraw-Hill）这一组公司的名称非常相似（有时，我们会将其分别称为爱迪生和希尔公司），它们是业务领域非常广泛而且做得很成功的两家大企业。我们选取1968年12月31日的数据作为比较（参见表18-6）。两只股票的卖价大体相同，但是，由于希尔的股份更多，因此，其总估价大约是爱迪生的两倍。这种差异似乎使人感到有些意外，因为与希尔相比，爱迪生的销售额要多出大约50%，净利润要多出四分之一。结果，我们发现，希尔的关键性比率（市盈率）为爱迪生的两倍多。导致这种现象的重要原因在于，市场对图书出版公司股份一直有很大的热情和喜爱——20世纪60年代末，有几家出版公司进行了公开上市交易。[*]

实际上，到了1968年年底，可以清楚地看到，这种热情有点过了头。1967年，希尔的股票售价为56美元，是刚刚报告的1966年利润记录的40多倍。然而，1967年股价出现了小幅下滑，而且1968年又进一步下降了。因此，与目前35倍的高市盈率相对应的，是利润已经连续两年出现了下滑的公司。尽管如此，股票的估价仍然为公司基础有形资产的8倍多，这表明其中所含的商誉成分大约为10亿美元。因此, 这个股价似乎说明——以约翰逊博士的名言来讲——"希望战胜了经历。"

相比较而言，爱迪生公司的股价似乎是合理的——从整体（较高的）市场

---

[*] 麦格劳—希尔仍然是一家公开上市的企业，它拥有《商业周刊》和标准普尔公司等其他业务。麦格劳爱迪生公司，现在是Cooper工业公司的一个部门。

表 18-6　第六组公司的财务数据

	麦格劳爱迪生 （1968 年）	麦格劳—希尔 （1968 年）
股价（1968 年 12 月 31 日）	37.625	39.75
普通股股份数	13 717 000	24 200 000[a]
普通股市值	527 000 000	$962 000 000
债务	6 000 000	53 000 000
资本总市值	533 000 000	1 015 000 000
每股账面值	$20.53	$5.00
销售额	$568 600 000	$398 300 000
净收入	33 400 000	26 200 000
1968 年每股收益	$2.44	$1.13
1963 年每股收益	1.20	0.66
1958 年每股收益	1.02	0.46
当期股息	1.40	0.70
首次支付股息的时间	1934 年	1937 年
比率：		
市盈率	15.5 倍	35.0 倍
股价 / 账面值	183.0%	795.0%
股息收益率	3.7%	1.8%
净收入 / 销售额	5.8%	6.6%
利润 / 账面值	11.8%	22.6%
流动资产 / 流动负债	3.95 倍	1.75 倍
营运资本 / 债务	较大	1.75 倍
每股收益增长		
1968 年比 1963 年	+104%	+71%
1968 年比 1958 年	+139%	+146%

a. 考虑到了优先股的转换。

水平和该公司总的业绩及财务状况来看。

1971 年年初的结果：1969 年和 1970 年，麦格劳—希尔的利润一直在下降，降到每股 1.02 美元后，又降到了每股 0.82 美元。1970 年 5 月股市崩盘期间，其股价急剧下跌到每股 10 美元——这一价格还不到两年前的五分之一。后来，股价出现了很好的反弹，但是，1971 年 5 月 24 日的最高价位，还只是 1968 年收盘价的 60%。麦格劳爱迪生的表现较好：1970 年下跌到每股 22 美元，但 1971 年 5 月完全反弹到了 41.5 美元。*

麦格劳—希尔仍然是一家实力强大和事业兴旺的公司。但是，其股价的历史（与其他一些情况一样）说明了此类股票所存在的投机风险——这种风险来自于华尔街过度的乐观与悲观情绪。

第 7 组：National General 公司（大型综合企业）与 National Presto 工业公司（各种电器，军用产品）

值得对 National General 公司和 National Presto 工业公司进行比较的主要原因在于，它们是如此不同。我们将它们分别简称为 "General" 和 "Presto"。我们选取 1968 年年底的数据作为研究对象，因为 General 公司 1969 年的冲销额使得当年的数据显得过于模棱两可。1968 年，General 广泛延伸的业务活动还没有完全显露出来，但是，其综合业务已经发展到了各个方面。《股票指南》对其业务的简要描述是："全国范围内的剧院连锁业务，电影和电视剧制作，储蓄和贷款，图书出版。" 在此基础上，还有（其中包括后来出现的）其他一些业务："保险，投资银行，唱片业，音乐出版，计算机服务和不动产——而且还拥有 Performance System 公司（是最近从 Minnie Pearl's Chicken System 公司更名过来的）35% 的股权。Presto 也有多元化的业务，但是与 General 相比，其多元化程度的确不是很高。Presto 起初主要从事压力锅的生产，后来将业务扩展到其他的家用设备和家用电器方面。同时，有一个很大的区别是，Presto 还从美国政府那里获得了几份军用品生产合约。

表 18-7 概括了 1968 年年底两家公司的情况。Presto 的资本结构非常简单：只有 147.8 万份普通股，其市场售价为 5 800 万美元。与此同时，General 的股份

---

* 在格雷厄姆所说的 "1970 年 5 月股市崩盘" 期间，美国股市市值蒸发了 5.5%。从 1970 年 3 月底到 6 月底，标准普尔指数的价值减少了 19%，这在每 3 个月的回报记录中是最差的一次。

表 18-7　第七组公司的财务数据

	National General 公司 （1968 年）	National Presto 工业公司 （1968 年）
股价（1968 年 12 月 31 日）	44.25	38.625
普通股股份数	4 330 000[a]	1 478 000
普通股市值	$192 000 000	$58 000 000
加 3 种权证的市场价值	221 000 000	—
普通股和权证总市值	413 000 000	—
优先求偿权	121 000 000	—
资本总市值	534 000 000	58 000 000
普通股市价（考虑权证后）	98	—
普通股账面值	$31.50	$26.30
销售额和收入	$117 600 000	$152 200 000
净收入	6 121 000	8 206 000
1968 年每股收益	$1.42（12 月）	$5.61
1963 年每股收益	0.96（9 月）	1.03
1958 年每股收益	0.48（9 月）	0.77
当期股息	0.20	0.80
首次支付股息的时间	1964 年	1945 年
比率：		
市盈率	69.0 倍[b]	6.9 倍
股价/账面值	310.0%	142.0%
股息收益率	0.5%	2.4%
净收入/销售额	5.5%	5.4%
利润/账面值	4.5%	21.4%
流动资产/流动负债	1.63 倍	3.40 倍
营运资本/债务	0.21 倍	无债务
每股收益增长		
1968 年比 1963 年	+48%	+450%
1968 年比 1960 年	+195%	+630%

a. 考虑到了优先股的转换。
b. 考虑到了权证的市场价。

数是 Presto 的两倍多，此外还包括：一种可转换优先股，涉及大量普通股的三种认股权证，一种数额巨大的可转换债券（为了交换某保险公司的股份而刚刚发行的），以及大量不可转换债券。所有这些的总市值达 5.34 亿美元（不包括即将发行的可转换债券）或 7.5 亿美元（包括即将发行的可转换债券）。尽管其资本规模要大许多，但是与 Presto 相比，General 财务年度的业务总量实际上少得多，而且其净收入只有 Presto 的 75%。

对于证券分析师而言，决定 General 普通股的实际市场价值是一个引人注目的问题；而且，对于想认真对待该股票而不愿去直接打赌的任何人来说，这个问题都具有重大意义。价格较低（4.5 美元）的可转换优先股，按适当的普通股价格能够很容易折算成普通股，在表 18-7 中我们给出了这个结果。但是权证需要区别对待。在计算"完全稀释"的结果时，公司要假设所有的权证被执行，而且把行使权证的收入用于偿还债务后，还要将余额用于购买市场上的普通股。这些假设实际上不会对 1968 年的每股收益产生影响——考虑或不考虑稀释因素的每股收益都是 1.51 美元。我们认为，这种处理办法是不符合逻辑的，也是不切实际的。正如我们所了解的，权证代表了一部分"普通股"，其市场价值是资本中普通股"实际市场价值"的一部分。（对这一点的讨论，请参见前面第 16 章的内容。）将权证市场价值加入到普通股市场价值的简单做法，会对 General 公司 1968 年年底的结果产生巨大影响——这可以从表 18-7 的计算中看到。事实上，普通股的"实际市场价值"是所报价值的两倍以上。因此，1968 年实际的市盈率会增加一倍以上——达到了 69 倍这一非常荒谬的数字。这样，"普通股等价物"的总市场价值成为 4.13 亿美元，这是报表中有形资产价值的 3 倍多。

与 Presto 公司的数据比较之后，这些数据就显得更加异常。人们会问，Presto 的股价只是当期利润的 6.9 倍，General 的市盈率为什么接近于 Presto 的 10 倍？Presto 的所有比率都非常令人满意——事实上，增长率不一定如此。在这一方面，我们认为，公司无疑从军火中获得了极大的好处，因此，股东应该准备面对和平时期利润在一定程度上的下降。然而，从总体上看，Presto 能够满足在稳健和合理价格下进行投资的所有要求，而 General 则具备 20 世纪 60 年代末典型"综合大企业"的各种特征：充满公司技巧和浮夸，但其市场行情缺乏实际价值作为基础。

结果：1969 年，General 继续执行其业务多元化的政策，债务有所增加。然而，它大刀阔斧地冲销了上百万美元，主要涉及在 Minnie Pearl Chicken 交易中的投资。最终结果是，亏损 7 200 万美元（不考虑税收优惠）或 4 640 万美元（考虑税收优惠）。1969 年，股价降到了 16.5 美元，1970 年的最低价为 9 美元（仅为 1968 年最高价 60 美元的 15%）。1970 年报告的稀释后的利润为每股 2.33 美元，1971 年股价反弹到 28.5 美元。1969 年和 1970 年，Presto 的每股收益都有所增长，因此其利润出现了连续 10 年不间断的增长。然而，在 1970 年的股市崩盘期间，其股价降到了 21.5 美元。这是一个引人注目的数字，因为它没达到最后报告利润的 4 倍，而且还低于当时股票的净流动资产。1971 年年末，我们发现 Presto 的股价上涨 60% 后，达到了每股 34 美元，但是一些比率仍然使人感到惊讶。扩张后的营运资本仍然大约相当于当期股价，而当期股价却只有最后报告利润的 5.5 倍。在投资分散化业务中，如果投资者现在能够找到 10 只这样的股票，那么他必定会获得令人满意的结果。*

第 8 组：Whiting 公司（搬运设备）与 Willcox & Gibbs 公司（小型综合企业）

这两家公司在美国股票交易所的名单中靠得较近，但并非是相邻的。两家公司的比较结果（参见表 18-8A）会使人对华尔街的理性产生怀疑。销售额和利润较少、普通股的有形资产水平只有一半的公司，其总价值大约为另一家公司的 4 倍。价值较高的公司，在扣除特殊费用后的报告结果将是巨额的亏损；该公司已经有 13 年没有支付股息了。另一家公司长期拥有令人满意的利润；自从 1936 年以来，一直在支付股息；而且目前的股息收益率在整个普通股名单中名列前茅。为了更生动地反映两家公司业绩上的差异，我们在表 18-8B 中列出了 1961~1970 年两家公司的利润和股价记录。

---

* Presto 仍然是一家股份公开上市的公司。General 于 1974 年被另一家备受争议的综合大企业——美国金融集团（American Financial Group）——收购。美国金融集团在不同时期所经营过的业务包括：有线电视、银行、不动产、共同基金、保险和香蕉。它还最终收购了宾州中央铁路公司的部分资产（参见第 17 章）。

表 18-8A　两家公司的财务数据

	Whiting 公司 （1969 年）	Willcox & Gibbs 公司 （1969 年）
股价（1969 年 12 月 31 日）	17.75	15.5
普通股股份数	570 000	2 381 000
普通股市值	$10 200 000	$36 900 000
债务	1 000 000	5 900 000
优先股	—	1 800 000
资本总市值	$11 200 000	$44 600 000
每股账面值	$25.39	$3.29
销售额	$42 200 000（10 月）	$29 000 000（12 月）
扣除特殊项目前的净收入	1 091 000	347 000
扣除特殊项目后的净收入	1 091 000	def.1 639 000
1969 年每股收益	$1.91（10 月）	$0.08[a]
1964 年每股收益	1.90（4 月）	0.13
1959 年每股收益	0.42（4 月）	0.13
当期股息	1.50	—
首次支付股息的时间	1954 年	（1957 年以来没有股息）
比率：		
市盈率	9.3 倍	非常大
股价 / 账面值	70.0%	470.0%
股息收益率	8.4%	—
净收入 / 销售额	3.2%	0.1%[a]
利润 / 账面值	7.5%	2.4%[a]
流动资产 / 流动负债	3.0 倍	1.55 倍
营运资本 / 债务	9.0 倍	3.6 倍
每股收益增长		
1969 年比 1964 年	持平	下降
1969 年比 1959 年	+354%	下降

a. 未扣除特殊费用。*def.*：赤字。

表 18-8B　两家公司 10 年间的股价和利润记录

年份	Whiting 公司		Willcox & Gibbs 公司	
	每股收益 [a]	股价区间	每股收益	股价区间
1970	$1.81	22.5~19.25	$0.34	18.5~4.5
1969	2.63	22.5~19.25	0.05	20.625~8.75
1968	3.63	43.125~28.25	0.35	20.125~8.333
1967	3.01	36.5~25	0.47	11~4.75
1966	2.49	30.25~10.25	0.41	8~3.75
1965	1.90	20~18	0.32	10.375~6.125
1964	1.53	14~8	0.20	9.5~4.5
1963	0.88	15~9	0.13	14~4.75
1962	0.46	10~6.5	0.04	19.75~8.25
1961	0.42	12.5~7.75	0.03	19.5~10.5

a. 财务年度截止于 4 月 30 日。

与交易所的名单中许多规模较大的公司相比，这两家公司的历史揭示了美国中型企业有趣的发展过程。Whiting 是 1896 年组建起来的公司，因此至少有 75 年的历史了。它似乎很好地坚守住了自己的物资搬运业务，并且在几十年内都做得非常出色。Willcox & Gibbs 的历史更长（始于 1866 年），而且很早就在工业缝纫机制造行业享有盛名。过去 10 年内，它采用一种相当古怪的多元化政策。一方面，它拥有极其多的附属公司（至少有 24 家），产品种类令人眼花缭乱；另一方面，按华尔街通常的标准来衡量，这家综合型的企业完全是由众多的小公司组合而成的。

Whiting 公司的利润发展过程很好地代表了我们这个时期的企业特征。利润以很快的速度持续增长，从 1960 年的每股 41 美分，增长到 1968 年的每股 3.63 美元。但是，它并不能保证这种增长会一直持续下去。随后，在截止于 1971 年 1 月的 12 个月中，利润降到了只有每股 1.77 美元——这只是反映了整体经济的下滑。然而，股价的反应十分激烈，1969 年的收盘价比 1968 年的最高价（43.5 美元）下降了约 60%。我们的分析表明，这些股票代表了二级市场稳健和有吸引力的投资目标——它们适合于选择此类股票的积极投资者。

结果：1970 年，Willcox & Gibbs 有少量的业务亏损。公司股价急速下降到 4.5 美元这一最低水平，1971 年 2 月又以通常的方式反弹到 9.5 美元。很难以统计数据来证明该价格的合理性。Whiting 的股价下跌幅度相对较小，1970 年跌到 16.75 美元。（这一售价大约只相当于每股的流动资产价值。）1971 年 7 月，其每股收益为 1.85 美元。1971 年年初，股价上升到 24.5 美元。这一价格看上去很合理，但按我们的标准来看，这不再是一个"廉价的交易条件"。*

总的观点

选择这些用于比较的股票事先经过考虑，因此，它们不能看做是对上市普通股的随机横向比较。同时，它们仅限于工业这一部门，因此，并没有涉及公用事业、运输和金融等重要的领域。但是，从规模、业务种类以及定性和定量方面来看，它们足以较好地表达投资者在普通股选择上的想法。

不同案例中，股价与推算出的价值之间的关系也有很大的差别。大多数情况下，增长记录较好、盈利能力较强的公司，其股价占当期利润的比值也更大一些——这符合一般的逻辑。我们无法确定，市盈率的具体差异是否能被事实"证明是合理的"，或者，是否能被未来的发展所证实。另一方面，我们的确可以在相当多的情况下做出有价值的判断。它们几乎包含了所有基础不稳固的公司大量从事市场活动的案例。此类股票不仅具有投机性（这意味着存在固有的风险），而且在大多数时间里，它们过去和现在都存在着明显的高估。其他股票的价值似乎要高于其价格，它们受到了一种相反的市场情绪——我们可将其称做"低估"情绪——的影响，或者由于利润萎缩而造成了过度悲观。

在表 18-9 中，我们列出了本章所介绍的几种股票的价格波动情况。在 1961~1962 年以及 1969~1970 年，大多数股价都有大幅的下降。显然，投资者必须为未来这种不利的股市变动做好准备。在表 18-10 中，我们列出了 1958~1970

---

* Whiting 公司最终成为 Wheelabrator-Frye 公司的一个附属机构，但在 1983 年成为一家股份不公开的公司。Willcox & Gibbs 现在由 Rexel 集团所有——Rexel 集团是一家电气设备制造企业，该企业附属于法国的 Pinault-Printemps-Redoute 集团。Rexel 的股票在巴黎股票交易所上市。

表 18-9　16 种普通股的部分价格波动情况（考虑到了截止于 1970 年的股票分割）

	股价区间 （1936~1970 年）	下跌 （1961~1962 年）	下跌 （1968 和 1969 年~1970 年）
气体和化学品公司	1.375~49	43.25~21.625	49~31.375
气体压缩公司	9.375~45.75	22.5~12	37~16
美国家庭用品公司	0.875~72	44.75~22	72~51.125
美国医疗用品公司	0.75~47.5	11.625~5.75	47.5~26.75[a]
H & R Block 公司	0.25~68.5	—	68.5~37.125[a]
Blue Bell 公司	8.75~55	25~16	44.74~26.5
国际香料公司	4.75~67.5	8~4.5	66.375~44.875
国际收割机公司	6.25~53	28.75~19.25	38.75~22
麦格劳爱迪生公司	1.25~46.25	24.375~14[b]	44.75~21.625
麦格劳—希尔公司	0.125~56.5	21.5~9.125	54.625~10.25
National General 公司	3.625~60.5	14.875~4.75[b]	60.5~9
National Presto 工业公司	0.5~45	20.625~8.25	45~21.5
不动产投资信托公司	10.5~30.25	25.125~15.25	30.25~16.375
纽约不动产公司	3.75~47.75	6.875~4.5	37.75~2
Whiting 公司	2.875~43.375	12.5~6.5	43.375~16.75
Willcox & Gibbs 公司	4~20.625	19.5~8.25	20.375~4.5

a. 1970 年的最高价和最低价。
b. 1959~1960 年。

表 18-10　1958~1971 年麦格劳—希尔每年的大幅价格波动[a]

年份	上涨	下跌
1958~1959	39~72	
1959~1960	54~109.75	
1960~1961	21.75~43.125	
1961~1962	18.25~32.25	43.125~18.25
1963~1964	23.375~38.875	
1964~1965	28.375~61	
1965~1966	37.5~79.5	
1966~1967	54.5~112	
1967~1968		56.25~37.5
1968~1969		54.625~24
1969~1970		39.5~10
1970~1971	10~24.125	

a. 价格没有考虑股票分割。

年麦格劳—希尔普通股每年的价格波动情况。从中可以看出，过去13年内，每一年的价格都会上涨或下跌，而且两个年份之间的变化幅度至少能达到2倍，多的能达到3倍。(就 National General 公司而言，每两年内的上涨和下降至少也达到了这一幅度。)

  本章中，在对上市股的资料进行研究时，我们再一次强烈地感受到了一般证券分析目标与那些我们认为可靠的和有价值的目标之间的差别。大多数证券分析师都力求挑选出在将来有最好表现的股票——主要从市场行为来衡量，同时也要考虑利润的发展。坦白地讲，我们怀疑这种做法能否收到满意的结果。我们希望分析师能完成这样的工作：寻求几个例外的或少数的例子，从而相当有信心地断定其价格大大低于其价值。他应该能够以足够的专业知识来完成这项工作，以便在一定时期获得令人满意的总体结果。

第 18 章点评

> 已有之事，日后必将再有；已行之事，日后必将再行。人间并无新鲜事。哪有事物能说是新的？殊不知，在此之前早就存在了。
>
> ——《传道书》，第 1 章，第 9~10 行

让我们再一次使用格雷厄姆在比较 8 组公司时用过的经典方法（这是他在哥伦比亚商学院和纽约金融学院教学时首次使用的比较和对比方法），对公司进行最新的比较。请记住，这些总结只是在特定时间对这些股票所做的描述。廉价股日后可能会被高估，高价股也有可能变得廉价。几乎每一种股票，都会在某个时间是一笔廉价交易，而在另一个时间则变得昂贵。尽管公司有好坏之分，但却并不存在好的股票；只有好的股价，然而它们是会变化的。

第 1 组：思科和 Sysco

2000 年 3 月 27 日，思科公司成为全球最有价值的公司，其股价总值达到 5 480 亿美元。思科公司从事互联网信息直接传输设备的生产，其股票的首次公开发行只是在 10 年以前。如果你购买了思科的原始股并将其保留的话，那么你的收益将类似于一个疯子所打印出的错误信息：高达 1 036.97 倍，即年回报率为 217%。在公司的前 4 个财务季度中，思科实现了 149 亿美元的销售额，赚取了 25 亿美元的利润。思科的股票交易价为其净收入的 219 倍，是大公司有史以来最高的市盈率。

接下来是 Sysco 公司。它向集体食堂提供食物，并且在 30 年前公开上市。

Sysco 的营业额达 177 亿美元（几乎比思科多 20%），但净收入"只有"4.57 亿美元。Sysco 的市场价值为 117 亿美元，股票的市盈率为 26 倍，大大低于 31 倍这一市场平均市盈率。

一般的投资者的字谜游戏可能是这样的。

问：当我提到思科公司时，你的脑海中首先涌现出的是什么？

答：互联网……未来的产业……极棒的股票……抢手的股票……在其上涨之前我能购买一些吗？

问：Sysco 公司如何？

答：送货卡车……青玉米粒煮利马豆……乔邋遢汉堡包……肉馅土豆泥饼……学校午餐……医院的饭菜……不用了，谢谢，我已经饱了。

长期以来，人们经常会赋予股票一种精神价值——主要是以公司引申出来的情感想象为基础。[1] 然而，聪明的投资者总是会进行更深入的思考。下面是以怀疑的眼光看待上述两家公司财务报表时得到的结果：

- 思科的营业收入和利润的增长大多来自于并购交易。仅仅自 9 月以来，思科就以 102 亿美元收购了 11 家其他的公司。这么多的公司是如何被如此迅速凑集起来的？[2] 同时，思科前 6 个月的利润中，大约有三分之一来自于其高管和员工行使期权产生的税收优惠，而不是来自于其业务活动。而且，思科通过出售"投资资产"赚取了 58 亿美元，然后又购买了 60 亿美元的投资资产。它究竟是一家互联网公司，还是一家共同基金公司？如果这些"投资资产"的价格不再上涨，其结果会怎样呢？

---

[1] 你自己认为，哪一家公司的股价可能会上涨更多：一家公司发现了一种治疗癌症的罕见方法，另一家公司发现了一种处理普通垃圾的新方法。对大多数投资者而言，治疗癌症听起来会更激动人心，但是，处理垃圾的新方法可能赚到更多的钱。请参见：Paul Slovic, Melissa Finucane, Ellen Peters, and Donald G. MacGregor, "The Affect Heuristic," in Thomas Gilovich, Dale Griffin, and Daniel Kahneman, eds., *Heuristics and Biases: The Psychology of Intuitive Judgment* (Cambridge University Press, New York, 2002), pp. 397-420, and Donald G. MacGregor, "Imagery and Financial Judgment," *The Journal of Psychology and Financial Markets*, vol. 3, no. 1, 2002, pp. 15-22。

[2] 它是一位"连环并购者"——其扩张主要是通过收购其他公司；这种公司几乎总是会在华尔街遭遇惨败。更多的讨论请参见第 17 章点评。

图 18-1 思科公司与 Sysco 公司

	2000 年	2001 年	2002 年
思科			
总回报（%）	-28.6	-52.7	-27.7
净利润（百万美元）	2 668	-1 014	1 893
Sysco			
总回报（%）	53.5	-11.7	15.5
净利润（百万美元）	446	597	680

说明：总回报按自然年度计算；净利润按财务年度计算。

资料来源：www.morningstar.com

- 同一时期，Sysco 也并购了几家公司——但只支付了大约 1.3 亿美元。Sysco 公司内部人员的股票期权总额，只相当于其股份的 1.5%，而思科的这一比重达 6.9%。如果内部人员兑现其期权，Sysco 每股收益的稀释程度要大大小于思科。而且，Sysco 将每季度的股息从每股 9 美分提高到了每股 10 美分，但思科却没有支付股息。

最后，正如沃顿商学院的金融学教授西格尔所指出的，像思科这样大的公司，不可能通过利润的快速增长使自己的市盈率高出 60 倍——更不用说 200 倍以上的市盈率了。[3] 一旦公司成为巨头，其增长率必然下降——否则，它将最终吞下整个世界。美国最伟大的讽刺作家安布罗斯·比尔斯（Ambrose Bierce）创造了一个词汇 "incompossible" 来描述这样的两件事物：可以想象它们的单独存在，但它们不可能同时存在。一家公司可以是一个巨头，也可以有很高的市盈率，但两者不可能同时存在。

思科这台重型卡车失去了动力。首先，在 2001 年，它花费 12 亿美元对其中的一些并购业务进行了"重组"。随后两年里，有消息说那些"投资资产"亏损了 13 亿美元。从 2000 年到 2002 年，思科的股票价值损失了四分之三。与此同时，Sysco 仍然在分配利润，而且其股价在同一时期上涨了 56%（参见图 18-1）。

---

[3] 参见：Jeremy Siegel, "Big-Cap Tech Stocks are a Sucker's Bet," *Wall Street Journal*, March 14, 2000（可以从下列网站获得：www.jeremysiegel.com）。

第 2 组：雅虎和 Yum！

1999 年 11 月 30 日，雅虎的收盘价为 212.75 美元，比年初上涨 79.6%。12 月 7 日，该股的价格为 348 美元，在 5 个交易日内上涨了 63.6%。雅虎的股价一路疯狂上涨，到了年底——12 月 31 日的收盘价为 432.687 美元。仅在一个月内，该股票上涨了一倍多，大约增值 580 亿美元，从而使得总市值达到了 1 140 亿美元。[4]

在前 4 个季度内，雅虎获得了 4.33 亿美元的营业收入和 3 490 万美元的净收入。因此，雅虎现在的股价为其营业收入的 263 倍，其利润的 3 264 倍。（请记住，格雷厄姆不赞成市盈率比 25 倍高出太多。）[5]

为什么雅虎能一路高歌猛进？11 月 30 日收市之后，标准普尔宣布，它将在 12 月 7 日把雅虎纳入到其 500 股指数之中。这将迫使指数基金和其他大投资者持有雅虎的股票，因此，需求的突然增加，必然会将雅虎的股价抬得更高（至少会暂时抬高其股价）。雅虎 90% 的股票留在员工、风险资本企业和其他限制性持股人的手中，只因为有一小部分可以在市场上交易。因此，成千上万的人购买雅虎的股票，只是因为他们认为，其他人必须购买这种股票——价格并不是考虑的目标。

与此同时，Yum！却很可怜。作为百事可乐（它拥有包括肯德基、必胜客和塔可钟在内的上千家餐馆）旗下以前的一个部门，Yum！在前 4 个季度的营业收入为 80 亿美元，所获利润为 6.33 亿美元——其规模是雅虎的 17 倍以上。然而，1999 年年底，Yum！的股票市值只有 59 亿美元，即只相当于雅虎股本市值的 1/19。Yum！的这一股价仅为其利润的 9 倍多一点，仅占其营业收入的 73%。[6]

格雷厄姆喜欢说这样一句话：从短期看，股票市场是一台投票机；但是，

---

[4] 2000 年 2 月，雅虎进行了 2 比 1 的分股。这里的股价没有考虑到分股，其目的是为了反映股票的实际交易水平。但是，这里所提到的百分比回报和市场价值的确反映了分股的影响。

[5] 将并购考虑在内，雅虎的营业收入为 4.64 亿美元。格雷厄姆在第 7 章和第 11 章中对高市盈率等现象进行了批评。

[6] 当时，Yum！的名称为 Tricon Global 餐饮公司，尽管其股票交易代码为 YUM。2002 年 5 月，该公司正式更名为 Yum！公司。

图 18-2　雅虎和 Yum! 的对比

	2000 年	2001 年	2002 年
雅虎			
总回报（%）	−86.1	−41.0	−7.8
净利润（百万美元）	71	−93	43
Yum!			
总回报（%）	−14.6	49.1	−1.5
净利润（百万美元）	413	492	583

说明：总回报按自然年度计算；净利润按财务年度计算。雅虎 2002 年的净利润，考虑到了会计准则改变所带来的影响。

资料来源：www.morningstar.com

从长远看，它是一台称重机。短期内，雅虎更受欢迎。然而，最终的结果取决于利润——在这一方面，雅虎几乎一无所获。一旦市场停止投票并开始权衡时，天秤就倒向了 Yum！。从 2000 年到 2002 年，Yum! 的股价上升了 25.4%，而雅虎的股价累计亏损达 92.4%。

第 3 组：第一商务公司和第一资本公司

　　2000 年 5 月，第一商务公司（Commerce One Inc.）的股票上市交易只有不到一年的时间（前一年的 7 月开始上市）。在自己的第一份年度报告中，该公司（其业务是为公司采购部门设计网络"交易平台"）显示的资产只有 3.85 亿美元；而且尽管总营业收入只有 3 400 万美元，但所报告的净亏损则高达 6 300 万美元。自从首次公开发行以来，这家小公司的股票几乎上涨了 900%，总市值达到了 150 亿美元。股价被高估了吗？"是的，我们有很大的市值，"公司的首席执行官马克·霍夫曼在接受采访时轻松地说，"但是，我们有巨大的市场潜力。我们看到了极大的需求。……分析师预计，我们今年的营业收入将达到 1.4 亿美元。而且过去我们一直都超出了人们的预期。"

　　霍夫曼的回答中暴露出了两个问题：

- 由于第一商务公司每 1 美元的销售额已经给它带来了 2 美元的亏损，如果其营业收入（按"分析师的预计"）增加到原来的 4 倍，那么其亏损岂不是更大？
- 第一商务公司"在过去"是怎样一直超出人们的预期的？过去指的是什么时候？

当被询问其公司是否曾经有过盈利时，霍夫曼轻松地回答："无疑，今年的业务将会盈利。我们计划从 2001 年第 4 季度开始盈利，分析师认为，这一年我们将实现 2.5 亿美元以上的销售收入。"

那些分析师又开始发表评论了！"我看好第一商务公司的这些数据，因为它的增长要快于 Ariba 公司（一位激烈的竞争对手，其股价大约也是其销售收入的 400 倍），"Wasserstein Perella 投资银行的分析师珍妮特·辛说，"如果按此速度增长下去，2001 年，第一商务公司的股票交易价格将增至 60~70 倍。"（换句话讲，我可以说出比第一商务公司股价高估更严重的一种股票，因此，第一商务公司的股价是便宜的。）[7]

处于另一种极端的是第一资本金融公司（Capital One Financial Corp.）——万事达信用卡和维萨信用卡的发行商。从 1999 年 7 月到 2000 年 5 月，该公司的股价下跌了 21.5%。然而，1999 年，第一资本公司拥有 120 亿美元的总资产和 3.63 亿美元的利润（比上一年增加了 32%）。由于其市值大约为 73 亿美元，因此，其股价为净利润的 20 倍。第一资本公司并不是各方面都很好（尽管衰退时期的违约率一般会上升，但该公司的贷款呆账准备金还没有筹集到），然而，其股价至少反映了部分潜在的风险。

下一年的情况如何？ 2001 年，第一商务公司获得了 4.09 亿美元的销售收入。遗憾的是，这些收入所带来的净亏损达 26 亿美元（每股赤字为 10.30 美元）。另一方面，从 2000 年到 2002 年，第一资本公司赚取了将近 20 亿美元的净收入。这 3 年中，其股价损失了 38%——没有市场总体下降的严重。然而，第一商务公司的价值损失了 99.7%。[8]

---

[7] 参见："CEO Speaks," and "The Bottom Line," *Money*, May 2000, pp.42-44。

[8] 2003 年年初，第一商务公司（此处原文为"第一资本公司"，疑有误——译者注）的首席财务官辞职了，原因在于证券监管机构指控他有可能违反了内部交易法。

股民们不能听信霍夫曼及其吹手（分析师）的言论，而应该关注第一商务公司 1999 年年度报告中坦诚的告诫："我们从未盈利过。在可以预见的将来，我们可能还要承担净亏损，而且，我们有可能永远无法盈利。"

第 4 组：Plam 公司和 3Com 公司

2000 年 3 月 2 日，数据网络公司 3Com 将其附属机构 Palm 公司 5% 的股权向公众出售了。Palm 公司其余 95% 的股份，将在未来几个月内分配给 3Com 公司的股东：投资者可以按一份 3Com 公司的股票，获取 1.525 份 Palm 公司的股票。

这样，你可以通过两种方式得到 Palm 的 100 股：一是设法挤入 IPO 市场；二是购买 3Com 公司的 66 股，并等待母公司分配 Palm 其余的股份。以 3Com 的一股获取 Palm 的 1.5 股，最终你将拥有这家新公司的 100 股——而且，你仍拥有 3Com 的 66 股。

但是，谁愿意去等待几个月呢？ 3Com 正与思科这样的劲敌进行抗争，但是 Palm 公司是手持数码笔记本电脑这一热门产品的领军人物。因此，Palm 的股价从 38 美元的发行价急速上升到收盘时的 95.06 美元，第一天就有 150% 的回报。这使 Palm 的股价达到了其前 12 个月利润的 1 350 多倍。

就在同一天，3Com 的股价从 104.13 美元下跌到 81.81 美元。考虑到 Palm 的股价，3Com 当天的收盘价应该是多少呢？这很容易算出来：

- 3Com 的一股可以获得 Palm 的 1.525 股
- Palm 的每股收盘价为 95.06 美元
- 1.525×95.06 美元 = 144.97 美元

这是仅根据 3Com 公司在 Palm 的股权计算出的该公司每股价值。因此，按 81.81 美元的股价，交易者可以认为，3Com 公司所有其他业务带来的每股价值为负的 63.16 美元，或者说，总计为负的 220 亿美元。历史上几乎没有比这更愚蠢的股价了。[9]

---

[9] 对这种罕见事件更进一步的分析，请参见：Owen A. Lamont and Richard H. Thaler, "Can the Market Add and Subtract?" National Bureau of Economic Research working paper no. 8302, at www.nber.org/papers/w8302。

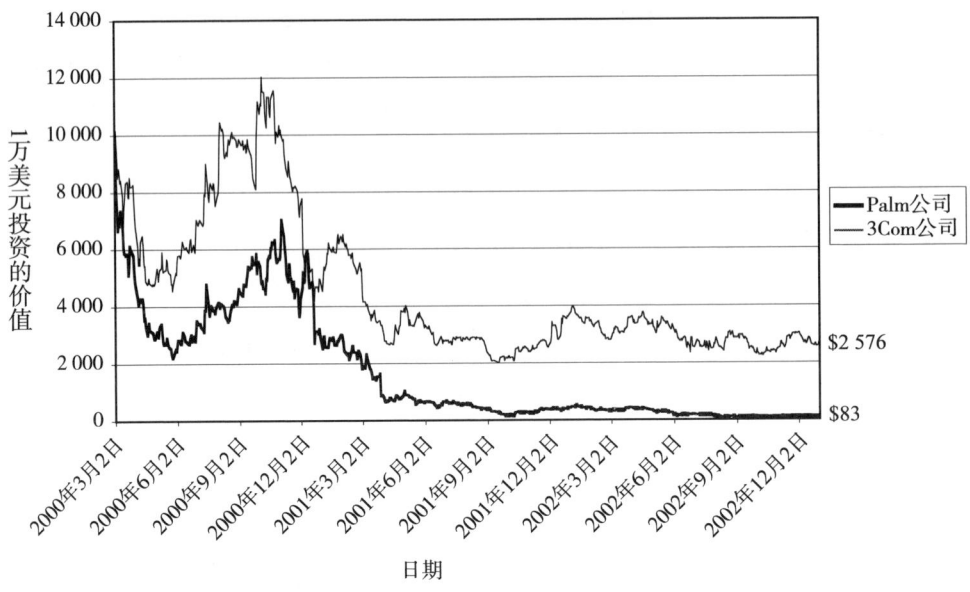

资料来源：www.morningstar.com

图 18-3 Palm 股价的下跌

但是，这里有一个发现：正如 3Com 的价值不可能真的为负 220 亿美元一样，Palm 的价值实际上也不可能为其利润的 1 350 多倍。2002 年年底，两家公司的股票都因为高科技领域的衰退而受损，但真正受到打击的是 Palm 的股东（参见图 18-3）——因为他们一开始购买这种股票时就忘记了所有的常识。

第 5 组：CMGI 公司和 CGI 公司

2000 年年初，人们开始疯狂抢购 CMGI 的股票。1 月 3 日，该股票的价格达到了 163.22 美元——仅与一年前的价格相比，其升值幅度就达 1 126%。作为"互联网孵化者"，CMGI 公司对各种新设立的网络企业进行了融资和并购（其中包括theglobe.com和Lycos等较早成立的明星企业）。[10]

　　1998财务年度，随着股价从98美分上涨到8.52美元，CMGI花费5 380万美元收购了一些互联网公司的全部或部分股权。1999财务年度，当其股价从8.52美元急速上升到46.09美元时，CMGI在并购方面花费了1.047亿美元。在1999年的最后5个月里，当其股价蹿升至138.44美元时，CMGI在并购交易上花费了41亿美元。几乎所有的"资金"都来自于自己印刷的货币：目前总值在400亿美元以上的普通股。

　　这是一种玩钱的魔术。CMGI自己的股价涨得越高，它就越有能力收购其他公司。CMGI收购的其他公司越多，自己的股价就上涨得越高。首先购买的股票会因为将被CMGI收购的传闻而上涨；随后，一旦CMGI收购它们，CMGI自己的股价又会因此而上涨。没有人去关注这样一个问题：CMGI最近财务年度的业务亏损达1.27亿美元。

　　在CMGI公司总部（设在安多弗）西南方不到70英里的韦伯斯特（属于马萨诸塞州），是商务集团（Commerce Group, In., CGI）总部所在地。CGI的情况与CMGI完全不同：它主要向马萨诸塞州的驾驶员提供汽车保险，其古老行业的股票不太受人们的欢迎。1999年，CGI的股价下降了23%——尽管其8 900万美元的净收入仅比1998年的水平下降了7%。CGI甚至还支付了4%以上的股息（CMGI没有支付任何股息）。由于CGI的股票总市值达8.7亿美元，因此，其交易价格还不到公司1999年利润的10倍。

　　随后，所有的情况都突然发生了逆转。CMGI玩钱的魔术戛然而止：其网络股停止了上涨，然后就是直线下降。由于无法通过出售这些股票来获利，CMGI不得不以利润来填补亏损。2000年，公司亏损了14亿美元，2001年亏损了55亿美元，2002年又亏损将近5亿美元。股价从2000年年初的163.22美元下降到2002年年底的98美分——亏损了99.4%。然而，古老行业中不受欢迎的CGI仍然获得了稳定的利润；其股价在2000年上涨了8.5%，2001年上涨了43.6%，2002年上涨了2.7%——累计上涨达60%。

10　CMGI是以大学营销集团（College Marketing Group）这一名称开始从事自己的公司业务的——该集团向学术著作出版商出售关于大学教授和课程的信息（这项业务容易引起混淆的地方在于，它有些类似于全美学生营销公司所提供的业务——格雷厄姆在本书的第9章中对该公司的业务进行过讨论）。

第 6 组：Ball 公司和 Stryker 公司

2002 年 7 月 9 日至 7 月 23 日，Ball 公司的股价从 43.69 美元下降到 33.48 美元——亏损 24% 后，公司的股票市值为 19 亿美元。在同样的这两周之内，Stryker 公司的股价从 49.55 美元降到 45.6 美元，亏损 8% 后的股票总市值为 90 亿美元。

什么原因使得两家公司在如此短的时间内，遭受了这么大的贬值？Stryker 公司（从事整形外科移植和医疗设备的生产）在这两周内只发布了一次消息。7 月 16 日，Stryker 宣布其销售额增长 15%，并于第二季度达到 7.34 亿美元；同时，利润激增 31%，达到 8 600 万美元。第二天股价上涨 7%，随后便持续下降。

最初，Ball 公司是著名的"Ball 罐子"（Ball Jars）的生产商（该罐子用于水果和蔬菜罐头）；现在，它为工业客户生产金属和塑料包装产品。上述两周之中，Ball 公司未发布任何消息。然而，7 月 25 日，Ball 公布，第二季度 10 亿美元的销售额给其带来了 5 000 万美元的利润——与上一年同期相比，净收入上升 61%。这使得随后 4 个季度的利润达 1.52 亿美元，因此，其股票交易价只是利润的 12.5 倍。而且，由于账面值达 11 亿美元，因此，股票的购买价只是公司有形资产价值的 1.7 倍。（然而，Ball 的确拥有 9 亿多美元的债务。）

Stryker 的情况不同。在过去的 4 个季度内，公司获得了 3.01 亿美元的净收入。Stryker 的账面值为 5.7 亿美元。因此，公司的股票交易价占 12 个月利润的比值高达 30 倍，占账面值的比值几乎为 16 倍。另一方面，从 1992 年到 2001 年年底，Stryker 的利润年增长速度为 18.6%；其股息每年增长近 21%。为了替将来的增长打下基础，2001 年，Stryker 在研发方面花费了 1.42 亿美元。

那么，是什么原因使得这两种股票的价格下降了？从 2002 年 7 月 9 日到 7 月 23 日，随着世界通信公司陷入破产，道琼斯工业平均指数从 9 096.09 点降到 7 702.34 点，降幅达 15.3%。两家公司的好消息被负面的头条新闻和下滑的市场淹没了——是不利的新闻和下滑的市场将这两种股票的价格拖了下来。

虽然 Ball 的股价最终比 Stryker 的股价便宜许多，但这里的教训并不是说，Ball 是一个好的交易对象，Stryker 的价格难以接受。相反，聪明的投资者应该认识到，市场恐慌会使好公司的股价更合理（比如 Ball 的股价），并使极为优秀的公司的股价更昂贵（比如 Stryker 的股价）。Ball 公司 2002 年的收盘价为每股 51.19 美元，比 7 月的最低价上涨 53%；Stryker 在 2002 年的收盘价为 67.12 美元，上涨了 47%。价值股和成长股都有可能被廉价出售。你更喜欢选择哪一种股票，这主要取决于你自己的个性，但是鱼和熊掌不可兼得。

第 7 组：北电网络公司和 Nortek 公司

光纤设备制造商北电网络公司（Nortek Networks）在 1999 年的年度报告中称，这是"最赚钱的一年"。2000 年 2 月，北电的市值超过 1 500 亿美元，其股票交易价值是华尔街分析师对该公司所预测的利润的 87 倍。

这种预测有多大的可信度？北电的应收账款（客户尚未偿付的销售额）在一年之中激增了 10 亿美元。公司称这种上升"是由于 1999 年第 4 季度销售额的增加造成的"。然而，存货也迅速增加了 12 亿美元——这说明，北电的设备生产速度比"销售额的增长"速度还要快。

与此同时，北电的"长期应收账款"（长期合约尚未支付的款项）从 5.19 亿美元猛增至 14 亿美元。而且，北电正难以控制其成本：其销售费用、一般费用和管理费用（经常开支）占销售额之比，从 1997 年的 17.6% 上升到 1999 年的 18.7%。总体上看，1999 年北电亏损了 3.51 亿美元。

然后来看 Nortek 公司。该公司生产一些最不起眼的产品：聚乙烯墙板、门铃、排气扇、排风罩和废物夯具等。1999 年，Nortek 从 20 亿美元的净销售额中赚取了 4 900 万美元的利润，而 1997 年的销售额和利润分别为 11 亿美元和 2 100 万美元。Nortek 的利润率（净利润占净销售额的百分比）几乎上涨了三分之一（从 1.9% 上升到 2.5%）。Nortek 将经常费用占销售额的比重从 19.3% 降到了 18.1%。

公平的讲，Nortek 的扩张大多来自于对其他公司的收购，而不是来自于内部增长。此外，Nortek 还有 10 亿美元的债务，这对一家小企业来说不是一个小数。但是，2000 年 2 月，Nortek 的股价（大约为其 1999 年利润的 5 倍）包含了理应存在的一部分悲观情绪。

另一方面，北电的股价（为其来年预期利润的 87 倍）则包含了过多的乐观情绪。当一切尘埃落定时，2000 年，北电并没有像分析师预料的那样，获得每股 1.3 美元的利润，而是每股亏损了 1.7 美元。2002 年年底，北电的赤字额超过了 360 亿美元。

与此同时，Nortek 公司 2000 年的利润为 4 160 万美元，2001 年为 800 万美元，2002 年头 9 个月为 5 500 万美元。其股价从每股 28 美元上升到 2002 年年底的每股 45.75 美元——上涨幅度达 63%。2003 年 1 月，Nortek 的管理者私自收购了该公司——按每股 46 美元的价格，从公众投资者手中买回了所有股票。与此同时，北电的股价却从 2000 年 2 月的 56.81 美元，降到了 2002 年年底的 1.61 美元——下降幅度达 97%。

第 8 组：红帽公司和布朗鞋业

1999 年 8 月 11 日，红帽公司（Red Hat）这位 Linux 软件开发商首次向公众出售自己的股份。红帽公司的股票十分抢手：初始发行价为 7 美元，开盘交易价为 23 美元，收盘价为 26.031 美元——上涨 272%。[11] 仅在一天之内，红帽公司股价上涨的幅度就超过了布朗鞋业（Brown Shoe）前 18 年的涨幅。到了 12 月 9 日，红帽的股价达到了 143.13 美元——四个月内上涨了 19.44 倍。

与此同时，布朗鞋业的业务是逐步发展起来的。这家成立于 1878 年的公司，现在从事巴斯特布朗鞋（Buster Brown）的批发，并且在美国和加拿大经营着近 1 300 家鞋店。布朗鞋业的股价在 1999 年 8 月 11 日为 17.50 美元，到 12 月 9 日降为 14.31 美元。在整个 1999 年内，布朗鞋业的股价下降了 17.6%。[12]

除了拥有很酷的名称和热门股票之外，红帽公司的投资者得到了什么？在截止于 11 月 30 日的 9 个月之内，该公司实现了 1 300 万美元的销售额，同时，这些销售额给它带来了 900 万美元的净亏损。[13] 红帽的业务量还不及街头的一家小熟食店——而且，其利润率也大大低于熟食店。可是，在"软件"和"互联网"

---

11 红帽的所有股价，都已经考虑到了 2000 年 1 月公司 2 比 1 的股票分割。

12 有趣的是，65 年之前，格雷厄姆认为布朗鞋业是纽约股票交易所最稳定的公司之一。请参见 1934 年出版的《证券分析》一书的第 159 页。

13 我们之所以仅使用 9 个月期的数据，是因为如果不包括并购业务，就无法将红帽公司 12 个月的财务报告结果确定下来。

图 18-4　红帽公司与布朗鞋业的对比

	2000 年	2001 年	2002 年
红帽公司			
总回报（%）	−94.1	13.6	−16.8
净利润（百万美元）	−43	−87	−140
布朗鞋业			
总回报（%）	−4.6	28.2	49.5
净利润（百万美元）	36	36	-4

说明：总回报按自然年度计算；净利润按财务年度计算。

资料来源：www.morningstar.com

等词汇的煽动之下，股票交易者将红帽股票的总市值抬升到了 12 月 9 日的 213 亿美元。

布朗鞋业的情况如何？前 3 个季度内，公司实现了 12 亿美元的净销售额，并获得了 3 200 万美元的利润。布朗鞋业的每股几乎拥有 5 美元的现金和不动产，孩子们仍然在购买巴斯特布朗牌的鞋子。然而，1999 年 12 月 9 日，布朗鞋业股票的总价值只有 2.61 亿美元——还不到红帽公司市值的 1/80，尽管前者的营业收入为后者的 100 倍。按照这一股价，布朗鞋业的价值为其年利润的 7.6 倍，而且还不到其年销售额的四分之一。另一方面，红帽公司根本没有利润，但其股票销售价值占其年销售额之比在 1 000 倍以上。

红帽公司仍然在不断地产生赤字。很快，其股票也出现了赤字。然而，布朗鞋业却努力获取了更多的利润——其股东也获得了更多的利润（参见图 18-4）。

从这些例子的比较中，我们学到了什么？短期内，市场会忽视格雷厄姆的原则，但最终这些原则总会再次得到证实。如果你仅仅因为股价一直在上涨，就去购买该股票，而不管公司的价值是否在增加，那么，你迟早会感到十分懊悔。这并不是有可能发生的事，而是必然将发生的事。

第 19 章

股东与管理层：股息政策

从 1934 年开始，我们就在自己的作品中主张，股东应该对公司管理层抱有更加明智和积极的态度。我们要求股东慷慨地对待那些工作出色的管理层。同时，我们还要求他们在结果比想象的要差时，力求得到清楚和令人满意的解答；并且，要积极改进或撤换业绩明显较差的管理层。下列情况下股东有理由对管理层的能力产生怀疑；(1) 其结果本身不能令人满意；(2) 其结果比类似环境下其他公司的要差；(3) 其结果导致股票价格长期不能令人满意。

在过去的 36 年中，众多股东并没有通过理智的行为获得任何实际结果。一位明智的斗士（如果真有这样一个人的话）将从这一迹象中看到，他一直是在浪费自己的时间，因此最好是放弃这场战斗。情况表明，我们的事业尚未丧失；它被一项新的发展——人们所称的并购或竞价并购——拯救了。*在第 8 章我们曾说过，较差的管理层会导致较差的股价。反过来，较低的股价会吸引那些对自己的业务多元化感兴趣的公司的注意力——现在这类公司有很多。众多此类

---

* 出人意料的是，就在格雷厄姆这本书的最后一版出版之后，并购逐步消失了；而且，20 世纪 70 年代和 80 年代初期，美国现代工业的效率到了极其低下的水平。生产的汽车质量低下，生产的电视机和收音机也经常出问题；许多上市公司的管理者，既忽视其外部股东眼前的利益，也忽视自己企业未来的发展前景。所有这一切都在 1984 年开始发生了改变：当时，独立的石油经营者 T.Boone Pickens 向海湾石油公司发动了敌意收购。很快，借助于 Drexel Burnham Lambert 的垃圾债券融资业务，"公司并购者"开始在美国的公司中寻找猎物，从而迫使那些长期不愿意改革的公司采用了新的有效方法。尽管许多与并购交易相关的公司遭到了毁灭，但是，其他的美国企业却最终变得更加精干（这是有利的方面）和更加吝啬了（这不一定是有利的）。

并购交易都是通过下列方式完成的：与现有的管理层达成协议；收购市场上的股份；由并购公司总部提出并购要约。并购的报价，一般都大致相当于有较好能力的管理层能给企业带来的价值。因此，在许多情况下，对公司事务不太积极的股东大众，会因为"外部人"的行为而得到拯救。这些外部人有可能是自愿从事此类业务的有事业心的个人或群体。

可以说，在绝大多数情况下，较差的管理层不会因为"股东大众"的行为而改变，只会因为某一个人或少数几个人获得控制权而改变。那时候，这种情况的频繁发生，引起了一般上市公司的管理层（包括董事会在内）的注意：如果自己的经营结果及相应的股票价格非常难以令人满意，那么就可能成为被他人成功并购的一个目标。因此，董事会可能会在履行其基本职责上比以前更为积极，以确保自己的公司有一个令人满意的最高管理层。与以前相比，近几年公司总裁的更换更加频繁了。

并非所有难以令人满意的公司都从这种发展变化中获得了好处。同样，这种改变经常发生在经历了长时期的不利结果而无力纠正的情况下，而且还有赖于大量失望的股东低价抛售股票，使积极的外部投资者获得控股地位。股东大众的确可以通过支持改进管理层和管理政策的行动来帮助自己，但是由于这一想法太不现实，因此不必在本书中进一步讨论了。那些有足够的勇气出席股东年会（一般情况下，这是完全没有用的）的个人股东，不需要我们去告诉他们应该向管理层提出哪些问题。对其他股东而言，这种建议是白费口舌。尽管如此，在这一节的最后，我们还是请求股东客观细致地对待其他股东（他们想要纠正公司明显不能令人满意的管理状态）送给自己的代理材料。

股东和股息政策

过去，股息政策是股东大众（或"少数派"）与管理层经常争论的问题。一般情况下，股东希望分得更多的股息，而管理层则倾向于将利润留在企业，"以增强企业的实力"。他们要求股东牺牲眼前利益来换取企业利益以及自己的长远利益。但是，近几年，投资者对股息的态度正在逐渐发生重大变化。目前，赞成支付少量股息的基本理由，已不再是公司"需要"资金，而是因为公司利用这些资金扩展盈利业务之后，可以给股东带来直接和间接的好处。多年以前，实力较弱的公司一般都不得不保留自己的利润，而不会按通常的做法支付60%~75%的股息。这种做法几乎总是会使其股票的市场价格处于不利地位。如今，很有可能发生的情况是，实力强劲和快速增长的企业，在投资者和投机者的许可下，保留本应支付的股息。*

总有貌似有力的理论认为，企业留存利润的再投资可以带来更大的利润增长。但是，也有一些强烈反对的意见，比如：有人认为，利润是"属于"股东的，因此他们有权要求管理层在谨慎的范围内支付这些利润；许多股东需要依靠股息来维持生活；股东从利润中得到的股息，才是"实实在在的钱"，而留在公司的利润不一定会成为股东日后的有形资产。事实上，这些相反的观点有很强的说服力，因此，长期以来，股市一直偏爱股息支付比较大方的公司，而不太看好不支付股息或股息支付较少的公司。[1]

过去20年内，"利润再投资"理论越来越受到重视。以往的增长记录越好，投资者和投机者就越乐意接受支付较低股息的政策。这种观点的影响十分强大，因此，许多情况下，增长最好的公司的股息支付率即使为零，似乎也不会对其股票价格产生任何实际的影响。+

德州仪器公司的历史，就是这方面最突出的一个例子。该公司普通股的股价，从1953年的5美元，上涨到1960年的256美元；同时，每股收益从43美分涨到3.91美元。然而，公司却没有支付任何股息。（从1962年开始支付现金股息，但是当年的每股收益降到了2.14美元，同时股价也大幅降到了49美元这一最低水平。）

另一个极端的例子是Superior石油公司。1948年，该公司报告的每股收益

---

* 格雷厄姆所说的这种反常的现象，在20世纪90年代更加强烈了：我们几乎总是可以看到，公司越强大，支付股息的可能性就越小；或者是，股东要求支付股息的愿望越小。"股息支付率"（公司的净收入中用于支付股息所占的百分比）从格雷厄姆时代的"60%~75%"，下降到了20世纪90年代末期的35%~40%。

+ 20世纪90年代末，技术股企业强烈主张其所有的利润都应该"再次投入企业"，这样企业赚取的回报要高于股东将股息再投资有可能获得的回报。难以置信的是，投资者从来没有对这种"家长最懂行"（Daddy-Knows-Best）的原则提出过质疑——或者说，他们甚至没有意识到，公司的现金是属于股东的，而不是属于管理者的。请参见本章点评。

为 35.26 美元，每股支付 3 美元的股息，且股价高达 235 美元。1953 年，股息降到了每股 1 美元，最高股价却达到了 660 美元。1957 年，完全没有支付股息，股价却高达 2 000 美元。这一非同寻常的股票，后来在 1962 年降到每股 795 美元，这时公司的每股收益为 49.5 美元，支付的每股股息为 7.5 美元。*

投资者对成长型公司股息政策的看法还很不明确。矛盾的观点可以通过两家大公司——美国电话电报公司和 IBM——的例子很好地反映出来。美国电话电报公司的股票被看做是有很好的增长潜力的，这可以从下列事实中看到：1961 年，其股价是当年利润的 25 倍。然而，该公司的现金股息政策被投资者和投机者看成是首先要考虑的因素，甚至一些即将增加股息支付率的谣言，都会使其行市做出积极的反应。另一方面，人们似乎很少关注 IBM 的现金股息——在价格较高的 1960 年，只有 0.5% 的股息收益；在 1970 年年底，有 1.5% 的股息收益。（但是，两家公司的股票分割都会对股市产生强有力的影响。）

市场对现金股息政策的判断，似乎正朝着下列方向发展：重点强调增长率的股票，被看做是"收入型股票"，长期决定此类股票价格的主要是股息支付率。在另一个相反的方面，被明确看做是快速增长型的股票，其价值主要取决于（比如今后 10 年内的）预期增长率，同时，现金股息支付率大多不在人们的考虑之内。

尽管上述观点能够反映目前的发展趋势，但它决不是针对所有普通股状况给出的一个明确指导，而且，这或许还不能代表大多数的普通股。首先，许多公司的地位都处在成长型企业和非成长型企业之间。这种情况下，很难说增长率这一因素有多么重要，因此，市场的观点在不同年份之间会发生极大的改变。其次，要求增长较慢的公司支付较多的现金股息，这似乎有些矛盾。因为，这些一般都是事业不太兴旺的企业，而且，按照以往的观点，公司越兴旺，预计将来所支付的股息的数量和增长率都会更大一些。

我们认为，股东要么要求管理层按通常的做法支付利润（比如，大约支付三分之二），要么要求他们能够明确地证明，利润再投资使得每股收益获得了满

---

* Superior 石油公司 1959 年的每股最高价为 2 165 美元，当时公司支付的股息为每股 4 美元。在许多年内，该公司的股价一直是纽约股票交易所中最高的。这家由休斯顿的 Keck 家族控制的公司，于 1984 年被美孚公司收购了。

意的增长。这种证明通常可以从公司明显的增长率中看到。但是，在其他许多情况下，较低的股息支付率显然是平均市价低于公允价值的原因，因此在这种情况下，股东完全有理由去进行调查，并且可以说出自己的不满。

许多情况下，公司在支付股息方面采取吝啬政策，是因为其财务实力相对较弱，需要以全部或大部分利润（加上折旧费）来偿付债务和增加自己的营运资本。这种情况下，股东就没有多少话可说了，或许只能批评管理层把公司的财务状况搞得如此难以令人满意。可是，一些业务不太兴旺的公司留存股息的明确目的在于扩张公司。我们感觉这种政策本身是不符合逻辑的，因此，在得到股东认可之前，必须要求公司做出完整的解释并给出令人信服的理由。从以往的记录来看，当一个企业业绩平平，而且管理层没有发生改变时，人们没有理由相信，所有者可以从自己的资金所带来的扩张中获得好处。

股票形式的红利（红股）和股票分割

重要的一点在于，投资者要理解（恰当意义上的）股票形式的红利与股票分割之间是有重大差别的。后者代表了普通股结构的改变，通常情况下，会以2比1或3比1来发行新股。发行的新股与过去一定时期的利润再投资没有关系。股票分割的目的是使每股的市场价格下降，其原因可能在于，这种较低的价格区间使得新旧股东更容易接受。股票分割可以借助于所谓的股票形式的红利来完成——这需要将一笔盈余账户转入到资本账户中去，也可以借助于面值的变化来完成——这不会影响到盈余账户。*

我们所说的恰当的股票形式的红利，是指支付给股东的股息有实实在在的证据，或者是代表了特定的利润——这些利润在近期的较短时间内（比如在近两年之内）以股东账户对企业进行再投资。现在，人们都对这种做法表示认同：

---

* 如今，几乎所有的股票分割都是通过价值的改变来完成的。在2比1的分割中，1股变为2股，每股的交易价，是最初每股价格的一半；在3比1的分割中，1股变为3股，每股的价格为以前的三分之一；其余以此类推。只有在极少数的情况下，才会出现格雷厄姆时代的做法：将一笔资金"从盈余账户转移到资本账户"。

以宣布分配股票形式的红利时的价值大致代表这种形式的红利的价值，并将这笔价值按等值额从盈余账户转移到资本账户。因此，股票形式的红利金额一般都比较小，大多数情况下，都不会超过5%。本质上讲，这类股票形式的红利的总体影响，类似于从利润中支付等额现金的同时，向股东额外出售总价值相等的股份。可是，与现金股息和认股权相结合的做法相比，直接分配股票形式的红利具有重要的税收优势——直接分配股票形式的红利几乎是公用事业公司标准的做法。

纽约股票交易所将股票分割和股票形式的红利之间的实际界线确定为25%。达到或超过25%的股票形式的红利分配，无需采用将其市值从盈余账户转到资本账户等做法。* 有些公司，尤其是一些银行，还在采用随意公布股票形式的红利的旧做法（比如，每股10%，与近期利润无关），这些情况会给财务领域带来一定的混乱。

长期以来，我们一直强烈主张在现金股息和股票形式的红利支付方面要有一个系统的、明确的政策。根据这种政策，定期支付的股票形式的红利将使企业再投资的利润全部或部分资本化。这种政策（涵盖100%的再投资利润）已经被Purex公司、政府雇员保险公司以及其他几家公司所采纳。+

研究形式的红利的大多数学者似乎对各种股票形式的红利都持否定态度。他们坚持认为，股票形式的红利不过是几份证券而已，它们没有给股东带来额

---

* 纽约股票交易所的703规则针对的是股票分割和股票形式的红利政策。现在纽约股票交易所将高于25%和低于100%的股票形式的红利规定为"部分股票分割"。与格雷厄姆时代的情况不同，这些股票形式的红利现在有可能促使纽约股票交易所提出下列会计要求：对留存利润中的这些股息进行资本化。

+ 这种在格雷厄姆时代就已经较为特殊的政策，如今已非常罕见了。1936年以及后来的1950年，纽约股票交易所中大约有半数的股票支付了一种所谓的特殊股息。可是，到了1970年，这一比重降为不到10%；到了20世纪90年代，这一比重已大大低于5%了。（请参见：Harry DeAngelo, Linda DeAngelo, and Douglas J. Skinner, "Special Dividends and the Evolution of Dividend Signaling," *Journal of Financial Economics*, vol. 57, no. 3, September, 2000, pp.309-354.）关于这种下降趋势的最合理的解释是：股东有可能把特殊股息理解为未来利润有可能下降的一个信号，因此使得公司的管理者心存疑虑。

外的好处，而且它们涉及一些不必要的费用和麻烦。* 我们认为，这完全是一个脱离实际的观点，它没有考虑到投资的实用性和心理现实。是的，定期支付的股票形式的红利（比如5%），只改变了所有者的投资"形式"。他拥有了105股，而不是100股；但是，如果没有股票形式的红利，最初100股所代表的所有者权益与现在的105股是一样的。尽管如此，这种形式的改变对所有者来说是具有实际意义和实际价值的。如果他想兑现自己利润再投资的股份，那么他就可以将所获得的新的证券出售，而不必去拆散自己原有的证券。与以前100股的情况一样，他可以指望从105股中获得现金股息；如果没有股票形式的红利分配，现金股息增加5%的可能性就要小一些。+

与下列情况对比，就可以非常清楚地看到定期支付股票形式的红利这一政策的好处：公用事业企业经常采用的做法是，先支付大量的现金股息，然后以向股东出售额外股票（通过认购权）的形式，再将这部分现金中的大部分收回。++ 正如我们前面所指出的，股东获取股票形式的红利的做法，与获取现金股息再加上认购权的通行做法相比没有什么区别，只不过他们可以省去现金股息的所得税。那些需要或希望获取最大的年现金流的人，可以在不增加股份的情况下将其股票形式的红利出售，这与目前出售认购权的做法是一样的。

以股票形式的红利替代现在的股息加认购权的做法，可以节省大量的所得税。我们强烈要求公用事业企业改变做法（尽管这会对美国的财政收入带来不

---

* 针对股息的学术批评，主要是由默顿·米勒（Merton Miller）和佛朗哥·莫迪利亚尼（Franco Modigliani）发起的。他们的一篇有重大影响力的论文《股息政策、增长和股票价值》(1961年)使其获得了诺贝尔经济学奖。米勒和莫迪利亚尼认为，从本质上讲，股息是无关紧要的，因为投资者不会去关心其回报是来自于股息与股价的上升，还是仅仅只来自于股息的上升——只要两种情况下的总回报是一样的。

+ 格雷厄姆的这种观点已不再有用，如今的投资者完全可以跳过这一段话。股东再也不必担心"必须拆散"股权凭证了，因为现在几乎所有的股份都是以电子形式而不是以纸质形式存在。至于格雷厄姆所说的100股情况下现金股息增加5%的"可能性"，要小于105股情况下的固定股息，搞不清他是如何计算出这一可能性的。

++ 与格雷厄姆时代相比，如今认购权（常被简称为"权证"）的使用已经不太常见了。认购权使得已有股东有权购买新出售的股份，有时认购价要低于市价。不参与认购权业务的股东拥有的公司股份的比重最终会下降。因此，与其他许多情况下的"权证"一样，这经常会带有一些强迫的成分。如今，使用认购权最常见的是封闭式基金、保险公司和其他控股公司。

利影响），因为我们确信，对一笔利润（股东实际上并没有得到这笔利润，因为公司通过出售股票又将这笔钱收回去了）再次征收（个人）所得税的做法是完全不公平的。*

富有效率的公司一直在改进自己的设施、产品、会计方法、管理层培训计划以及劳资关系。现在，它们应该考虑如何改进自己的重大财务行为，其中包括股息政策。

---

* 2003年年初，布什政府在降低公司股息双重征税方面取得了一些进展，尽管现在还不清楚这方面最终通过的法律会有多大帮助。较为彻底的做法是，使公司支付的股息可用于扣税，但这并不在所提出的法案之内。

第19章点评

> 稍加扭曲，真理就成为了最危险的谎言。
>
> ——G.C.李庭博

格雷厄姆为何会放弃努力

在《聪明的投资者》这本书中，格雷厄姆对这一章内容的改动或许是最大的。在本书的第一版中，本章的内容只是两项内容中的一项——两项内容一共接近34页。最初的内容（"作为企业所有者的投资者"）涉及股东的投票权、评价公司管理层水平的方法，以及观察公司内部人员与外部投资者之间利益冲突的方法等。可是，在最后修订的这一版中，格雷厄姆将整个内容压缩成了只有关于股息的几页内容。

格雷厄姆为什么将原来的论述砍去了四分之三以上？经过了几十年的劝告之后，格雷厄姆显然放弃了希望：在监控公司管理者的行为方面，投资者永远都不会感兴趣。

可是，近期广泛出现的丑闻（比如，美国在线、安然、Global Crossing、Sprint、泰克和世界通信等大公司，在管理者行为不当、会计不透明和税收操纵等方面受到的指控）明确地告诉我们，格雷厄姆先前关于内部监督的告诫，比以往任何时候都显得更重要。下面我们将以如今发生的事件为例重新探讨这一话题。

理论与实际的对比

在本书的第一版（1949年）中，探讨"作为企业所有者的投资者"这一项内容时，格雷厄姆认为，从理论上讲，"股东这一群体拥有最大的权利。作为绝大多数，他们可以雇用和解聘公司管理层，因此，他们能让公司管理层完全服从于自己的意愿。"但是，从实践来看，格雷厄姆说：

> "股东完全是无能的。作为一个群体，他们既没有表现出智慧，也没有表现出警觉。他们对管理层所建议的东西都去投票赞成，而不管管理层的的记录有多么糟糕。……想使一般的美国股东独立地采用理智的行动，惟一的办法就是对其当头一棒。……我们不得不指出这样一个似乎矛盾的事实：耶稣似乎是比美国股东更为现实的商人。"[1]

格雷厄姆想要你认识到一个基本但却十分深刻的事实：当你购买了某公司的股票时，你就成为该公司的所有者。包括CEO在内，公司的所有管理者都是在为你工作。公司的董事会必须对你的问题做出回答；公司的现金属于你；公司的业务是你的财产。如果你不喜欢公司的管理方式，你有权要求解雇管理者，更换董事，或者是将公司财产出售。"股东们"，格雷厄姆说，"应该明白过来了。"[2]

---

[1] 参见：Benjamin Graham, *The Intelligent Investor* (Harper & Row, New York, 1949), pp.217, 219, 240。关于引用耶稣的话，格雷厄姆是这样解释的："在《福音书》中，至少有4则寓言涉及富人与财产管理者之间十分重要的关系。其中最贴切的一则是'某位富人'对其管家或管理者（富人指责他浪费了自己的财富）所说的话：'对你的管理做出解释，因为你可能不再是管家了。'[《路加福音》(*Luke*), 16 : 2]。"格雷厄姆所记得的其他寓言，似乎来自于《马太福音》(*Matt.*), 25 : 15-28。

[2] 参见：Benjamin Graham, "A Questionnaire on Stockholder-Management Relationship", *The Analysts Journal*, Fouth Quarter, 1947, p.62。格雷厄姆说，他对近600名职业证券分析师进行调查后发现，他们之中95%以上的人认为，股东有权要求对不能提升股票价值的管理者进行正式调查。格雷厄姆苦笑着说："这种调查行为在实践中几乎从未听说过。"因此，他说，这"突出地反映了在股东与管理层关系的原则与事实方面存在巨大的鸿沟。"

聪明的所有者

如今，投资者已经忘记了格雷厄姆的忠告。他们在购买股票上花费大量的精力，在出售股票上花费很少的精力，然而，在拥有股票上却没有花任何精力。"毫无疑问"，格雷厄姆提醒我们，"无论是即将成为股东，还是已经成为股东，都需要有细致的判断。"[3]

这样，作为一位聪明的投资者，你如何才能成为一位聪明的所有者呢？格雷厄姆首先告诉我们，"股东只需要关注两类基本问题。

1. 企业管理层是否具备应有的效率？
2. 普通的外部股东的权益是否得到了适当的认可？"[4]

将公司的盈利能力、规模和竞争力等方面与同类公司进行对比，就可以判断公司管理层的效率。如果你得出的结论是管理层缺乏效率，那么该怎么办呢？这时，格雷厄姆认为：

> 少数重要的股东应该确信公司需要改革，并且朝着这一方向努力。其次，普通的股东应该公正地阅读代理材料，并对双方的观点进行权衡。他们至少应该知道公司的业务何时开始出现问题，而且不能只听信现有的管理层以虚假的陈词滥调所做的辩护。第三，如果数据清楚地表明公司的经营结果大大低于平均水平，那么最好是有这样一种惯例：请公司外部的企业策划师（business engineer）来对管理层的政策和能力做出评判。[5]

什么是"代理材料"，格雷厄姆为什么坚持认为应该阅读这份材料？在发给每位股东的代理报告中，公司会宣布股东大会的日程，并详细披露其管理者和

---

3 参见：Graham and Dodd, *Security Analysis* (1943 ed.), p.508。

4 参见：The Intelligent Investor, 1949 edition, p.218。

5 参见本书 1949 年版本中的第 223 页。格雷厄姆认为，需要通过代理投票来授权外部股东组成的独立委员会挑选出"策划公司"（engineering firm）。策划公司向股东，而不是向董事会提供报告。可是，公司应该承担这一评估项目的成本。格雷厄姆所认为的策划公司包括货币管理公司、信用评级机构和证券分析师组织等。如今，投资者可以从成百上千的咨询公司、重组顾问公司和风险管理协会的会员单位中挑选策划公司。

董事的薪酬和股份，以及公司内部人员和公司之间交易的相关信息。股东要投票表决挑选出审计师事务所以及公司的董事。如果你根据常识来阅读代理报告，那么这份材料就类似于煤矿中的金丝雀——一个早期预警信号（金丝雀对于瓦斯的敏感性远远高于人类，当瓦斯浓度过高时，金丝雀就会停止歌唱或死去，因此在煤矿中能够起到预警作用——译者注）（参见下面关于安然公司的专栏内容）。

然而，一般情况下，有三分之一到二分之一的个人投资者不会针对代理报告中的问题投票。[6] 他们会去阅读代理报告吗？

理解并对代理报告进行投票，是对信息进行跟踪的聪明投资者的基本行为，而且，根据自己的良心投票是一个好公民应有的行为。无论你拥有公司股份的10%，还是只拥有微不足道的100股（只占公司股份的百万分之一），这并不重要。如果你从未阅读过自己股票的代理报告，而公司破产了，那么你只能怪自己。如果你阅读了代理报告，并发现了一些使人感到不安的东西，那么：

- 投每位董事的反对票，以让其知道你不同意他们的行为
- 参加股东大会，并阐述自己的权利
- 找一个针对股票业务的网上信息公告栏（比如，在 http://finance.yahoo.com 这一网站上的公告栏），号召其他投资者加入到你的行动中来

格雷厄姆的另外一个想法对如今的投资者会有帮助：

> ……挑选一位或多位职业董事和独立董事是有好处的。这些人必须有广泛的商界经历，能够从不同的专业角度来观察企业的问题。……他们要提供一份独立的年度报告，报告直接面向股东，并且要包含在重大问题上的一些观点——这些问题是企业所有者所关注的：企业给外部股东带来

---

[6] 向投资者邮寄代理材料的两家主要的公司 Georgeson Shareholder 和 ADP's Investor Communication Services 于2002年对投票结果的统计表明，回复率一般为80%~88%（其中包括股票经纪人代替客户寄送的委托材料。除非客户特殊说明，否则这些材料将自动对管理层投赞同票）。因此，有12%~20%的股票所有者没有对代理报告投票。由于个人只拥有美国股票市场价值的40%，而且像养老基金和保险公司这样的机构投资者必须依法对代理问题投票，因此，大约有三分之一的个人投资者没有投票。

安然公司的最终结果

1999 年，安然公司在《财富》500 强中名列美国大公司第 7 位。这家能源巨头的营业收入、资产和利润都在直线上升。

然而，如果撇开这些华丽的数字，只是细心查看安然 1999 年的代理报告，投资者会发现什么呢？在"部分交易"这一栏目下，代理报告透露出这样的信息：安然的首席财务官安德鲁·法斯托是 LJM1 和 LJM2 这两家合伙企业的"管理成员"——这两家企业购买了"与能源和通信相关的投资"。LJM1 和 LJM2 是从何处购买的？当然只能从安然公司购买。据代理报告提供的信息，这两家合伙企业已经从安然公司购买了 1.7 亿美元的资产，有时是从安然借钱购买的。

聪明的投资者马上就会问：

- 这种交易得到安然董事会的批准了吗？（代理报告做出了肯定的回答。）
- 法斯托将从 LJM 公司获取利润吗？（代理报告做出了肯定的回答。）
- 作为安然的首席财务官，法斯托应该专门对安然公司股东的利益负责吗？（当然。）
- 所以，法斯托有责任为安然所出售的任何资产获取最大价格，是这样的吗？（毫无疑问。）
- 可是，如果 LJM 花高价购买安然的资产，这不是有可能降低 LJM 的利润，从而降低法斯托个人的收入吗？（显然如此。）
- 另一方面，如果 LJM 出低价购买，但这不会在增加法斯托及其合伙人利润的同时损害安然的收入吗？（显然如此。）
- 安然应该把钱借给法斯托的合伙企业以购买安然的资产，从而给法斯托带来个人利益吗？（说什么？！）
- 所有这一切不是深刻地反映了令人担忧的利益冲突吗？（情况显然如此。）
- 通过这项业务，你对安然公司的董事们做出怎样的评价？（这说明你应该把钱拿到别处去投资。）

从这一灾难中能够得出两个明确的教训：在深入研究数据之前，要具备一定的常识；购买股票之前（以及以后），一定要阅读代理报告。

的结果，符合正常管理条件下的预期结果吗？如果不符合，那么原因是什么——以及应该怎么办？[7]

人们可以想象，格雷厄姆的建议将在公司密友和高尔夫伙伴之间造成多大的恐慌（如今的"独立"董事大多是由他们来担任的）。（我们并不认为这会使得他们的脊背发凉，因为大多数独立董事似乎没有脊梁。）

到底是谁的钱

现在让我们来看格雷厄姆的第二个标准：管理层的行为是否最有利于外部投资者。管理者总是告诉股东，他们最了解公司的资金应该怎么使用。格雷厄姆正好看穿了管理者这种糊弄人的话：

> 公司的管理层有可能把业务经营得很好，但却不能给外部股东带来理想的结果，因为公司的效率取决于业务活动，不一定反映了资本的最有效利用。有效经营的目标是以最低的成本进行生产，并且出售最赚钱的东西。有效融资要求股东资金的使用最符合他们的利益。这是目前的管理层不感兴趣的问题。实际上，公司管理层总是想尽可能从所有者那里获得资本，以尽量减少自己的财务问题。所以，一般的管理层都会利用过多的资本来开展经营——只要股东许可的话（情况通常是这样的）。[8]

20世纪90年代末和21世纪初，一些主要的技术型公司的管理层，将"家长最懂行"这种态度发展到了新的极致。其理由是这样的：既然我们能够替你进行投资，并将投资转变为股价的上涨，你为什么要求支付股息呢？仅看一看我们的股价上涨得有多快——难道这还不能证明我们比你更能使资金增值吗？

难以置信的是，投资者完全接受了这种观点。"家长最懂行"因此而成为一种信条：到了1999年，首次公开发行股票的公司中，只有3.7%在当年支付了

---

[7] 参见本书1949年版，第224页。

[8] 参见本书1949年版，第233页。

股息，而20世纪60年代所有IPO支付股息的平均比重为72.1%。[9] 从图19-1中可以看到支付股息的公司所占比重的下降情况（图中的阴影部分）。

可是，"家长最懂行"只不过是一句假话。尽管有些公司使自己的资金发挥了很好的作用，但更多的公司则面对着其他状况：有的只是把资金浪费了，而有的资金因增长过快超出了应有的需求。

关于第一类公司，请看这样几个例子。冒然地进入了食品杂货业和汽油行业之后，价格线网络公司（Priceline.com）在2000年亏损了6 700万美元；由于对Webvan和Ashford等网络公司的"投资"遭遇巨大失败，亚马逊网络公司给股东的财富至少造成了2.33亿美元的损失。[10] 迄今为止，最大的两笔亏损记录（2001年JDS Uniphase公司的560亿美元的亏损，以及2002年美国在线时代华纳公司990亿美元的亏损），是在这些公司不愿支付股息而决定与股价高估得令人恐怖的企业合并时发生的。[11]

就第二类公司而言，我们来看这样几个例子。2001年年底，甲骨文公司积累了50亿美元的现金。思科公司至少储存了75亿美元的现金。微软积累的现

---

9 参见：Eugene F.Fama and Kenneth R.French, "Disappearing Dividends: Changing Firm Characteristics or Lower Propensity to Pay?" *Journal of Financial Economics*, vol.60, no.1, April, 2001, pp.3-43, especially Table 1; see also Elroy Dimson, Paul Marsh, and Mike Staunton, *Triumph of the Optimists* (Princeton Univ. Press, Princeton, 2002), pp.158-161. 有趣的是，从20世纪70年代以来，美国股票支付的股息总金额一直在上涨（即使把通货膨胀因素的影响扣除之后）。然而，支付股息的股票数所占的比重已经下降了近三分之二。参见：Harry DeAngelo, Linda DeAngelo, and Douglas J.Skinner, "Are Dividends Disappearing? Dividend Concentration and the Consolidation of Earnings," available at: http://papers.ssrn.com。

10 或许，本杰明·富兰克林担任CEO时可以避免这种问题。据说，他把硬币放在石棉做的钱包中，以防止这些钱把自己的口袋烧出一个洞来。

11 《商业周刊》的一项研究表明，从1995年到2001年，300多起大的合并案中，有61%最终都给并购公司股东的财富带来了损失——这种情况被称为"赢家的诅咒"或"买家的悲哀"。交易中使用股票而不是现金收购的并购方，其业绩要比作为竞争对手的公司差8%。（参见：David Henry, "Mergers: Why Most Big Deals Don't Pay Off," *BusinessWeek*, October 14, 2002, pp.60-70）。类似的学术研究表明，并购非上市公司和上市公司的附属机构会对股价产生有利影响；但是，并购整个上市公司，会给并购方的股东带来亏损。（参见：Kathleen Fuller, Jeffrey Netter, and Mike Stegemoller, "What Do Returns to Acquiring Firms Tell Us?" *The Journal of Finance*, vol.57, no.4, August, 2002, pp.1763-1793。）

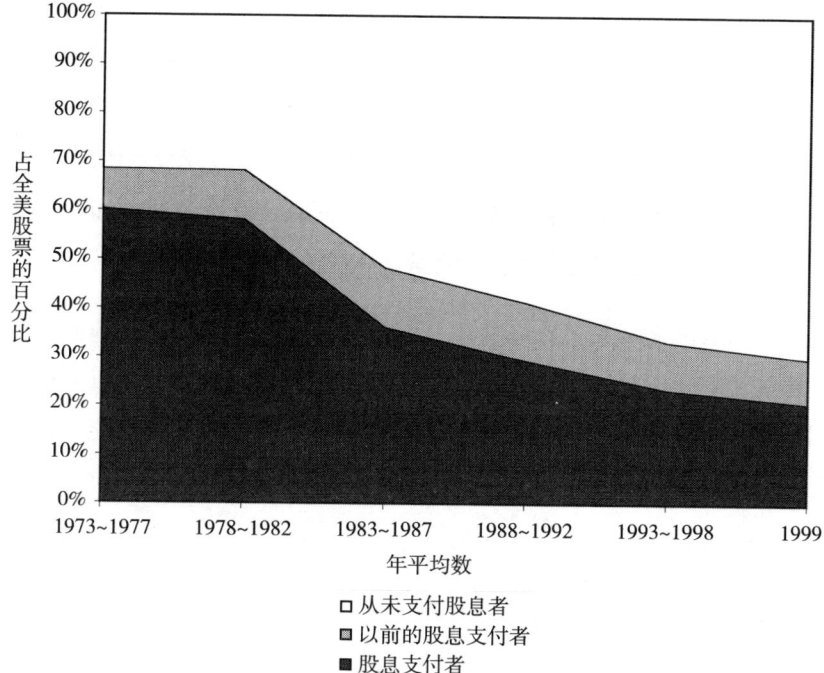

图 19-1　谁在支付股息

资料来源：Eugene Fama and Kenneth R.French, "Disappearing Dividends," *Journal of Financial Economics*, April 2001。

金高达382亿美元——而且还在以平均每小时200万美元的速度增加。[12] 不知道比尔·盖茨预计将来会有多少困难？

这些事例清楚地表明，许多公司都不知道如何将闲置现金用来赚取额外的回报。统计方面的证据能够告诉我们什么呢？

- 罗伯特·阿诺特和克利福德·阿斯尼斯等货币经理的研究表明，当期股息

12　由于利率处在历史最低水平，如此多的闲置现金只会带来一点可怜的回报。正如格雷厄姆所说的："只要公司中有闲置现金，外部股东就不可能从中受益。"（参见本书1949年版，第232页。）事实上，2002年底，微软的现金余额已激增至434亿美元。这清楚地表明，公司无法为所获得的现金找到很好的用途。正如格雷厄姆将要说的，微软的经营是有效的，但融资并非如此。为了在一定程度上解决这个问题，2003年年初，微软宣布它将开始按季度定期支付股息。

较低的时候，公司未来的利润最终也会较低。当期股息较高的时候，未来的利润也较高。在10年期内，股息较高的公司的平均利润增长率，比股息较低的公司要高出3.9个点。[13]

- 哥伦比亚大学的会计学教授多伦·尼斯姆和阿米尔·齐夫的研究发现，增加股息的公司不仅有更高的股票回报率，而且"其股息的增加还会使得此后至少未来4年内的利润率（更高）"。[14]

总之，当管理者说自己能够比你更好地使现金发挥作用时，他们的话语大多数是错的。支付股息不一定保证是最好的结果，但是这的确可以使得一般的股票回报得以改进，因为这至少从管理者手中挤压出了一部分可能会被浪费或储存起来的现金。

贵买贱卖

公司以闲置现金买回自己的股票是较好的办法，这一观点如何？当公司购回其中的一些股票时，现有的股票数量会下降。即使公司的净收入不变，其每股收益也会上升，原因在于，其总利润将分摊到更少的股份数之中。反过来，这会使得股价上升。更有利的是，与股息不同，回购股份对持股的投资者来说是免税的。[15] 因此，它在使股票升值的同时，不会加重税收负担。所以，如果股

---

13 参见：Robert D.Arnott and Clifford S.Asness, "Surprise! Higher Dividends = Higher Earnings Growth," *Financial Analysts Journal*, January/February, 2003, pp.70-87。

14 参见：Doron Nissim and Amir Ziv, "Dividend Changes and Future Profitability," *The Journal of Finance*, vol.56, no.6, December, 2001, pp.2111-2133。即使对阿斯尼斯和阿米尔·齐夫关于未来利润率的观点持不同意见的研究者也认为，股息的增加会提升股票未来的回报率（参见：Shlomo Benartzi, Roni Michaely, and Richard Thaler, "Do Changes in Dividends Signal the Future or the Past?" *The Journal of Finance*, vol.52, no.3, July, 1997, pp.1007-1034）。

15 2003年年初，乔治·布什总统提出的税收改革将有可能改变股息的征税状况，但本书出版时，该法案的命运还不清楚。

价便宜，将闲置资金用于回购股票，是利用公司资本的一个很好的方法。[16]

从理论上讲，所有这些都是正确的。遗憾的是，在现实世界中，股票回购只会带来一种不祥的后果。由于发放的股票期权已占高管薪酬的很大一部分比重，因此，许多公司（尤其是高科技行业的公司）必须向行使股票期权的管理者发售上百万份股票。[17] 但是，这会抬升现有股份的数量，并降低每股收益。为了抵消这种稀释作用，公司必须回过头来在公开市场回购上百万份股票。2000年，公司全部的净收入中，竟然有高达41.8%的净收入用于回购自己的股份；而1980年，这一比重只有4.8%。[18]

让我们来看软件行业的巨头甲骨文公司的情况。从1999年1月1日到2000年5月31日，甲骨文向其高管发行了1.01亿股普通股，并且向员工发行了2 600万股普通股——筹集到了4.84亿美元的资金。与此同时，为了防止行使股票期权给每股收益带来的稀释作用，甲骨文花费53亿美元（占当年总收入的52%）回购了2.907亿股。甲骨文向公司内部人员出售股票的平均价为每股3.53美元，而回购股票的平均价为每股18.26美元。贵买贱卖：这是"提升"股东价值的方

---

[16] 从历史上看，公司是在根据常识进行股票回购——股价较高时减少回购，股价较低时增加回购。比如，1987年10月19日股市崩盘后，仅在随后的12天之内，就有400家公司宣布了新的回购计划，而在此之前的股价较高期间，仅有107家公司宣布过回购计划。（参见：Murali Jagannathan, Clifford P.Stephens, and Michael S.Weisbach, "Financial Flexibility and the Choice Between Dividends and Stock Repurchases," *Journal of Financial Economics*, vol.57, no.3, September, 2000, p.362。）

[17] 公司向高管和员工发放的股票期权，赋予他们未来按某一折扣价购买股票的权利（但没有必须购买的义务）。将期权转换成股票的行为叫"行使"期权。随后，员工可以把股票按当期市价出售，并获得差价利润。由于某一年内会有数百万份股票期权被行使，因此公司必须增加其股份的供给。可是，随后公司总的净收入将被更多的股份所分摊，从而使其每股收益下降。所以，公司一般会被迫回购其他股票，以抵消向期权持有者出售的股票。1998年，63.5%的首席财务官承认，回购股票的主要原因在于抵消股票期权的稀释作用（参见：CFO Forum, "The Buyback Track," *Institutional Investor*, July, 1998）。

[18] 导致这种变化的其中一个主要因素是，1982年美国证券交易委员会决定放松以前对股票回购实施的限制（参见：Gustavo Grullon and Roni Michaely, "Dividends Share Repurchases, and the Substitution Hypothesis," *The Journal of Finance*, vol.57, no.4, August, 2002, pp.1649-1684）。

法吗？[19]

2002 年，甲骨文的股价还不到其 2000 年最高值的一半。既然股价更便宜了，甲骨文会抓紧时间回购更多的股票吗？从 2001 年 6 月 1 日到 2002 年 5 月 31 日，甲骨文将回购的股票压缩到 28 亿美元。这显然是因为其高管和员工这一年行使的股票期权较少。在其他十几家技术型公司中，也明显存在着这种贵买贱卖的现象。

这是为什么？是因为有两个令人意外的因素在发挥作用：

- 高管和员工行使股票期权会给公司带来税收上的优惠（国税局将行使的股票期权看做公司的"薪酬费用"）。[20] 比如，在 2000~2002 年财务年度，甲骨文因为公司内部人员兑现期权而获得了 16.9 亿美元的税收优惠。1999 年和 2000 年，由于其高管和员工获取了 19 亿美元的股票期权利润，Sprint 公司自己也获得了 6.78 亿美元的税收优惠。

- 薪酬中股票期权占很大比重的高管，从自身利益出发，必然会赞成股票回购，而不赞成股息派发。为什么？从技术上讲，期权的价值会随着股价波动幅度的增加而增加。但是，股息会抑制股价的波动性。所以，如果管理者增加股息，就会降低自己拥有的股票期权的价值。[21]

---

19 在所有的作品中，格雷厄姆一直坚持的一个观点是，公司管理层不仅有义务确保其股价不被低估，而且还要确保其股价从来都不被高估。正如他在《证券分析》一书中所说的（1934 年版，第 515 页），"为了股东的利益，公司管理层有责任（在力所能及的情况下）防止自己证券的价格被荒谬地高估或过分地低估。"因此，提升股东价值并不仅仅意味着确保股价不能太低，它同时还意味着股价不能够上涨到不合理的水平。在 1999 年，互联网公司的高管要是关注格雷厄姆的这一观点就好了。

20 奇怪的是，尽管期权被看做是公司应税收益中的一笔薪酬费用，但它们在向股东提交的财务报告中并没有作为损益表中的一项费用。投资者只能期望会计改革来改变这种荒谬的做法。

21 参见：George W. Fenn and Nellie Liang, "Corporate Payout Policy and Managerial Stock Incentives," *Journal of Financial Economics*, vol.60, no.1, April, 2002, pp.45-72。股息使股价更平稳的原因在于，它向股东提供的一系列当期收益可以对市场价值的波动起到缓冲作用。有几位研究人员发现，有股票回购计划的公司，其平均利润率的波动幅度至少是支付股息的公司的两倍。这种更不稳定的利润，一般会使股价波动更大，从而使管理者的股票期权更有价值，即股价暂时升高时会带来更多的机会。如今，大约三分之二的高管薪酬是以期权和其他非现金方式发放的；而在 30 年以前，至少有三分之二的薪酬来自于现金。

难怪 CEO 们更愿意回购股票而不愿意支付股息了。不管股价如何波动和高估，也不管这会浪费外部股东多少资金。

让股票期权公开

最终，懒散的投资者只能让公司肆无忌惮地给高管发放高额的薪酬。1997年，苹果电脑公司的共同创始人史蒂夫·乔布斯以"临时"首席执行官的身份重返公司。由于已经很富有，乔布斯坚持每年只要 1 美元的现金薪酬。1999 年年底，为了感谢这位"在过去的两年半内没有获取薪酬"的 CEO，公司董事会送给了乔布斯一架 Gulfstream 喷气飞机——这就花费了公司 9 000 万美元。接下来的一个月，乔布斯同意从头衔中取消"临时"两个字，这样董事会分给了他 2 000 万美元的股票期权。（此时，乔布斯总共持有 2 000 股苹果股份。）

分配这种股票期权的原则是使管理者的利益与外部投资者的利益一致。如果你是苹果股份的外部持有者，那么只有当苹果的股票获得很好的回报时，你才允许公司的管理者得到奖励。对于你和公司其他的所有者而言，任何其他做法都是不公平的。然而，正如先锋基金的前董事会主席约翰·博格尔所说的，几乎所有的管理者都会在行使期权后，立即将所获股票出售。一下子出售上百万份股票以获取眼前的利润，这种行为怎么可能与忠实于公司的长期股东的利益是一致的？

以乔布斯的情况为例，如果苹果公司的股价仅按 5% 的年率增长到 2010 年年初，他就能够将股票期权兑现为 5.483 亿美元。换句话讲，即使苹果的股票回报率还不到整个股市长期平均回报率的一半，乔布斯也会有 5 亿美元的意外收获。[22] 乔布斯的利益与苹果公司股东的利益相一致吗？或者说，苹果公司的董事会是否滥用了公司股东对自己的信任？

仔细阅读代理报告之后，聪明的所有者将会投票否决下列高管薪酬计划：利用股票期权将公司 3% 以上的现有股份变成管理者所有。凡是不与公平和持

---

22 参见苹果电脑公司 2001 年 4 月股东大会代理报告的第 8 页（可以从 www.sec.gov 这一网站上查到）。乔布斯分配到的期权和他所拥有的股权，都考虑到了公司 2 比 1 的分股情况。

久的公司优异结果（比如，至少 5 年内的股票回报要高于同行业的平均水平）挂钩的股票期权计划都应该被否决。如果他给你带来的结果不理想，那么这位 CEO 就不应该使自己变得富有。

最后一点思考

让我们回头来看格雷厄姆的建议：公司的每一位独立董事都应该以书面形式向股东提供报告，说明企业是否从实际所有者的利益出发在开展经营。如果独立董事还应该评判公司股息政策和股票回购政策的合理性，情况会如何？如果他们应该准确地说明自己是如何判断公司高管薪酬的合理性的，情况会如何？如果每一位投资者都成为聪明的所有者，并且去实际阅读公司的财务报告，情况又会如何？

第 20 章

作为投资中心思想的"安全边际"

在古老的传说中,一些智者最终将人世间的历史归纳成一句话:"这,也将成为过去。"*当我们需要总结出稳健投资的秘密时,可以用安全边际(margin of safety)这一座右铭来代表。这是一条主线,它贯穿于前面所有关于投资策略的论述之中,有时被明确表达出来,而有时则表达得不太直接。现在,让我们以连贯的论述来简要追踪这一思想。

所有有经验的投资者都能意识到,在挑选恰当的债券和优先股时,"安全边际"这一概念至关重要。比如,要想达到债券投资级别的话,那么铁路公司的(税前)利润至少应该在该公司总固定费用的 5 倍以上,并且连续几年保持这样的业绩。这种过去能够使利润超出利息要求的能力构成了一种安全边际——一旦公司未来的净收益下降,它可以防止投资者遭受损失或失败。(超出费用的幅度也可以用其他方式来表达,比如把扣除利息之后的余额计算在内,公司的收益或利润还可以下降多大的百分比,然而,其根本思想是一样的。)

债券投资者并没有期望未来的平均利润结果与过去的情况一样。如果他能

---

* "据说,东方的一位国王有一次要求手下的智者为他想出一句话,话的内容始终可以观察到,而且用在任何时候和任何场合都是正确的和恰当的。他们告诉国王这样一句话:'这,也将成为过去。'具有多么深刻的含义啊!骄傲时刻,它能很好地提醒人们;极度痛苦时刻,它能给人以很好的安慰。'这也将成为过去。'但是,我们却希望这句话是并不十分正确的。"——参见:Abraham Lincoln, Address to the Wisconsin State Agricultural Society, Milwaukee, September 30, 1859, in *Abraham Lincoln: Speeches and Writings*, 1859-1865 (Library of America, 1985), vol. II, p.101。

确保这一点,所需要的安全边际就可以比较小。他也不可能有把握地知道,未来的利润与过去的相比,是会极大地改善,还是会极大地恶化。如果能做到这一点,他就会通过仔细预测出的收益账户来反映其安全边际,而不会去强调过去的记录所反映的安全边际。本质上,这里的安全边际的作用是使投资者不必对未来做出准确的预测。如果安全边际较大,那么就足以保证未来的利润不会大大低于过去的情况,从而使得投资者不会因为时间的变化而遭遇风险。

从另一方面看,债券的安全边际可以通过比较企业的总价值与债务的规模而计算出来。(优先股也可以采用这种计算方法。)如果企业拥有1 000万美元的债务,而其公允价值为3 000万美元,那么在债券持有人遭受亏损之前,企业的价值还有三分之二的下降空间(至少从理论上讲是如此)。这部分高于债务的额外价值,或"缓冲价值",可以利用一定年份内次级股份的平均市场价大致计算出来。由于平均股价一般与平均盈利能力相关联,因此,"企业价值"超出债务的差额和利润超出费用的差额,在大多数情况下都会带来同样的结果。

关于安全边际这一概念在"固定价值投资"方面的应用,我们就讲到这里了。这一概念可以用于普通股领域吗?是的,但要做一些必要的修改。

如果普通股能够像优质债券那样达到足够的安全边际,那么它们也可以被看做是稳妥的。比如,下列情况下就是如此:公司只拥有普通股,而在危机情况下,这些普通股的售价要低于公司可能以财产和盈利能力为稳固基础而发行的债券的价值。*1932~1933年股价低迷时期,一些财务实力很强的工业企业就处于这种地位。在此类情况下,投资者既能获得与债券一样的安全边际,又能够获得普通股固有的本金升值和更大的盈利机会。(惟一缺少的是,不能依法要求获得股息"或其他的偿付"。但是,与所获得的好处相比,这只是一个小小的缺憾。)在这种情况下购买的普通股,一般能较好地兼顾到安全边际和盈利性这两个方面,尽管这种情况并不常见。作为这方面较新的一个例子,让我们再来

---

* 格雷厄姆所说的"盈利能力"是指公司潜在的利润,或者,正如他所说的,是公司"在现有业务条件不变的情况下,今后某个时期年复一年预计可以赚取的利润"(参见1934年版的《证券分析》第354页)。从他的一些演讲中可以清楚地看到,格雷厄姆所指的时期在5年或5年以上。计算市盈率的倒数就可以大致方便地获得公司的每股盈利能力:市盈率为11倍的股票,其盈利能力为9%(1/11)。如今,"盈利能力"经常被称为"利润率"。

看 National Presto 工业公司的股票。1972 年，该公司股票的总市值为 4 300 万美元。由于公司近期的税前利润为 1 600 万美元，因此能够轻易地支持这部分股票的价值。

就一般的（通常情况下用于投资的）普通股而言，其安全边际表现在预期的盈利能力大大高于债券现有的利率。在本书的前几版中，我们以下列数据为例阐述过这一点。

> 假设一般情况下股票的盈利能力为 9%，债券的利率为 4%。那么，股票购买者平均每年有 5% 的利润是属于自己的。多出的这部分利润中，有一些向他支付了股息——即使他将这部分花掉，这也成为他的总投资结果的一部分。未分配的余额以他的账户用于企业的再投资。在许多情况下，这种再投资所获取的利润，比不上盈利能力以及股票价值的增加。（这就是为什么市场总是更看重将利润用于股息分配，而不太看重企业的利润留存。）*可是，总的看来，利润再投资给公司带来的盈余增长与公司价值的增长之间必然有着密切的联系。
>
> 在 10 年之内，高于债券利率的累积股票盈利能力，一般会达到股票购买价的 50%。这一数字足以提供一种非常可靠的安全边际，在有利条件下，这一安全边际可以防止或降低亏损。如果在 20 种或更多种股票构成的分散化组合中，每一种股票都能达到这一安全边际，那么，在"比较正常的情况下"，获得有利结果的概率将会很大。这就是投资于有代表性的普通股的策略并不要求有很强的分析和预见能力就可以取得成功的原因。如果按几年的市场平均水平买股票，那么，所支付的价格应该能够确保获得足够的安全边际。投资者面对的危险在于，集中购买价位很高的股票，或者购买不具有代表性的普通股（它们的盈利能力下降的风险要大于一般水平）。

正如我们所看到的，1972 年的普通股投资面临的整个问题在于这样一个事

---

* 第 19 章点评对这个问题进行过广泛的探讨。

实:"在通常情况下",现在的盈利能力要大大低于股价的9%。*让我们假设,通过在某种程度上集中购买大公司的低市盈率股份,一位防御型投资者现在可以获得股价为近期利润12倍的股票——利润率为股票购买价的8.33%。他还可以得到大约4%的股息,而且他还以自己的账户把占股价4.33%的利润用于企业的再投资。按照这种做法,10年内股票盈利能力超出债券利息的这一部分仍然太小,而且还不到应有的安全边际。因此我们认为现在面临着实际的风险,即使是由稳妥的普通股构成的分散化组合,这种风险仍然有可能被股票组合将来的利润完全抵消;而且,事实上投资者可能不得不去承担这种风险,否则,他有可能要面对更大的风险——在美元持续贬值的情况下,却只持有固定的应付债权。然而,投资者最好能够认识到,以前的低风险和高收益组合已不复存在(并尽量把这作为一种理念)。+

可是,付太高的价格购买优质股的风险(尽管是实际存在的),并不是普通的证券购买者面对的主要风险。多年的观察结果告诉我们,投资者的主要亏损来自于经济状况有利时期所购买的劣质证券。证券购买者把当期较高的利润当成了"盈利能力",并且认为业务兴旺就等同于安全边际。正是在这样的年代,质量较差的债券和优先股才能大约按平价出售给公众。这是因为它们的收益率稍高一些,或者是因为它们所具有的转换权的误导。同时,也正是在这种情况下,不知名的公司的普通股才能凭借两三年快速增长的实力,按大大高于其有形投资的价格发行出去。

这些证券不可能在真正意义上提供合理的安全边际。利息费用和优先股股息的保障必须经过多年的检验——最好是包含了像1970~1971年那样经济较差的时期。就普通股的利润而言,一般也是这样的,如果它们要想较好地反映公

---

* 格雷厄姆精辟地总结了1972年演说中探讨过的内容:"安全边际是指利润占股票购买价的百分比与债券利率之差,而且安全边际这一差额能够对不利结果起到缓冲作用。《聪明的投资者》1965年的版本写作完成时,股票的售价一般为其利润的11倍,从而股票的回报大约为9%,而债券的利率为4%。在这种情况下,股票的安全边际超过了100%。现在(1972年)股票的利润率和利率之间没有差别,因此,我认为已经没有了安全边际……股票的安全边际成为了负数……"(参见:"Benjamin Graham: Thoughts on Security Analysis"[transcript of lecture at the Northeast Missouri State University business school, March, 1972], Financial History, no.42, March, 1991, p.9。)

+ 这段话(格雷厄姆写于1972年年初)极其准确地描述了2003年年初的市场情况。(关于更多的细节,请参见第3章点评。)

司的盈利能力。因此，有利条件下的大多数投资，即使是按有利价格购买的，也必然会在不利条件下经历令人不安的价格下跌（而且，这种情况经常是在不利条件出现之前就已经发生了）。投资者也不能满怀信心地指望最终的反弹，尽管有时会发生这种情况，因为并没有真正意义上的安全边际来保证他度过这一困境。

成长股投资的理念在一定程度上类似于安全边际原则，又在一定程度上与该原则相抵触。成长股的购买者所依赖的预期盈利能力，要大于过去的平均盈利能力。因此，可以说，他在计算安全边际时，以预期利润取代了以往的利润记录。从投资理论上讲，人们没有理由认为，细心估算出的未来利润，比过去单纯的利润记录更缺乏指导作用。事实上，证券分析已经越来越看重有能力的分析师对未来情况所做出的评价。因此，与普通投资一样，成长股的分析方法得出的安全边际也是可靠的——只要对未来的计算是稳妥的，而且只要相对于其购买价而言存在着令人满意的安全边际。

成长股投资计划的风险也正是表现在这一点上。在广受欢迎的情况下，市场一般会使成长股的价格不能得到稳妥预测的未来利润的恰当保护。（谨慎投资的基本法则是，所有估算出来的结果，如果与过去的情况不同，都必须至少稍稍偏保守一些。）安全边际总是依赖于所支付的价格。如果某种价格下的安全性较大，较高价格下的安全边际就较小，价格更高时就没有了安全边际。如果按照我们所说的，大多数成长股的市场平均价格水平太高而无法向买方提供适当的安全边际，那么，在这一领域简单地使用分散化购买的方法是不会获得令人满意的结果的。聪明的个人投资者需要有相当高的预见性和判断力，才能通过选择来克服这种股票的一般市场价格总体上所具有的风险。

在证券被低估的领域或廉价证券领域，安全边际的思想表现得更清楚。在此，我们给出的定义是，证券的市场价格高于证券的评估价格的差额。这一差额反映了证券的安全边际。它可以吸纳计算失误或情况较差所造成的影响。廉价证券的购买者尤其重视其投资能够抵御不利影响的能力。因为，在大多数情况下，他都不会对公司的前景抱有实际的热情。是的，如果前景肯定不好，那么无论证券价格多么低，投资者最好还是不要去购买。可是，被低估的证券都来自于许多这样的企业（这种企业或许是大多数）：该企业的未来既没有明显的吸引力，也不是明显没有希望。如果廉价购买到这些证券后，即使盈利能力有一定程度的下降，仍然希望可以获得满意的投资结果的话，此时，安全边际就能发挥应有的作用。

分散化理论

安全边际这一概念与分散化原则有着密切的逻辑联系，两者是相互关联的。投资者即使有一定的安全边际，个别证券还是有可能出现不好的结果。因为安全边际只能保证盈利的机会大于亏损的机会，并不能保证不会出现亏损。但是，当能购买的具有安全边际的证券种类越来越多时，总体利润超过总体亏损的可能性就越来越大。这就是保险业务的基本思想。

分散化是保守的投资者长期坚守的信条。由于普遍接受这一观点，投资者实际上认可了安全边际这个与分散化并行不悖的原则。我们可以通过轮盘赌的算法来更形象地说明这一点。如果某人针对某一个数用1美元去打赌。当他获胜时，可以得到35美元的利润——但是，输与赢的机会之比为37比1。他的"安全边际是负数"。在这种情况下，分散化是愚蠢的行为。他打赌的次数越多，最终获利的机会就越小。如果他每次对所有的数都花1美元去打赌（包括0和00），那么每转一次轮盘，他必定会输掉2美元。但是，假设获胜者能得到39美元而不是35美元的利润，那么，他就有了一种虽然不大但却很重要的安全边际。这样，他打赌的次数越多，取胜的机会就越大。通过每次对所有的数以1美元去打赌，他必然每转动一次轮盘就能赚得2美元。[顺便要指出的是，给出的这两个例子实际上描述了轮盘赌（包括0和00两个数）的玩家与店老板之间的相对地位。]*

---

* 在"美式"轮盘赌中，大多数轮盘都包括1~36的数以及0和00两个数，这些数与总共38个狭缝相对应。轮盘赌的最大赔付率是35比1。如果你每一次对每个数都花1美元去赌，结果会怎样呢？由于球只会进入其中的一个狭缝，这样，该狭缝会给你赢得35美元，但是其他37个狭缝的每一个都会使你输掉1美元，因此净亏损为2美元。这2美元的差额（占你的整个打赌资本的5.26%）成为轮盘赌的"店家优势"——它能确保一般情况下轮盘赌玩家的亏损总是会大于其利润。正如轮盘赌玩家最好是少去打赌一样，赌场的利益在于，始终保持轮盘的转动。同样地，聪明的投资者应该力求持有更多"获利机会大于亏损机会"的证券。就大多数投资者而言，分散化是增加安全边际的最简单和最廉价的方法。

区别投资与投机的标准

投资的定义并没有公认的标准，因此权威人士都可以对其随意地下一个定义。他们中的许多人都否认投资和投机之间的区别是有用的或可靠的。我们认为这种怀疑态度是不必要的，而且是有害的。坏处在于，它将导致许多人在股市投机的热情和风险方面固有的倾向得以放大。我们建议用安全边际这一概念为标准来区分投资业务和投机业务。

或许，大多数投机者都认为自己冒险时的胜算机会较大，因此他们的业务具有一定的安全边际。每个人都感觉自己购买的时机十分有利，或者是自己的技能优于普通大众，或者是自己的顾问或系统是可靠的。然而这些说法并没有说服力。它们建立在主观判断的基础上，不能得到任何一组有利证据或任何一种推论的支持。我们十分怀疑，根据自己对市场走势的判断来投入资金的人，是否能得到真正意义上的安全边际的保护。

反过来，投资者的安全边际概念（本章的前面对此进行过分析）来自于根据统计数据所进行的简单和确定的数学推理。同时，我们认为它能得到实际投资经验很好的支持。我们并不能保证，这种基本的定量方法在未来不确定的条件下能继续显示出好的结果。然而，在这一点上，我们同样也没有理由表现出悲观。

因此，总体上我们认为，真正的投资必须有真正的安全边际作为保障；而真正的安全边际可以通过数据、有说服力的推论以及一些实际的经历而得到证明。

投资概念的扩展

在结束对安全边际原则的探讨之前，我们现在必须进一步区分传统的和非传统的投资。传统投资适合于普通的证券组合。这种类别中始终包含美国政府债券以及高等级的、支付股息的普通股。能够从税收减免中获得一定好处的人，可以增加一些州和市政债券。还可以包括最高等级的公司债券——如果它们能够像现在这样，购买后所获收益率高于美国储蓄债券。

非传统的投资只适合于那些积极投资者。这类证券范围很广。其中包含最多的是二类公司被低估的普通股。我们建议，其股价等于或低于其评估价值的三分之二时，可以购买它们。此外，经常还有众多中等级别的公司债券和优先股可供选择，如果它们的售价非常低廉，可以按大大低于其应有价值的折扣价购买到。此时，一般的投资者会倾向于把这些证券称为投机性的，因为在他们心目中，达不到最高级就等同于缺乏投资优势。

我们认为，足够低的价格能够使得质量等级一般的证券变成稳健的投资机会——假如购买者了解信息，有一定的经验，并且能够做到适当的分散化。因为，如果价格低到足以提供很大的安全边际，那么这种证券就能达到我们的投资标准。支持这一想法的最好的例子，来自于房地产债券领域。20世纪20年代，数十亿美元的房地产债券是按面值出售的，并且被广泛认为是稳健投资。其中大部分债券的安全边际（超出债务价值的那一部分）都很小，因此事实上它们本身具有很高的投机性。20世纪30年代大萧条时期，这种债券中的许多都无法支付利息了，因此其价格崩盘了，有时价格跌到了不到面值的10%。这一阶段，同样的一些投资顾问（他们以前向投资者建议，按平价购买是一种安全的投资）又把这些债券看做是最具投机性和最没有吸引力的而加以拒绝。然而，事实上，大约90%的价格下跌使得这类债券中的许多都非常有吸引力并具有合理的安全边际，因为支持这些债券的实际价值是其行市的4~5倍。*

人们一般所说的购买这些债券实际获得的"大笔投机利润"，并不能否认它们在很低的价格下具有实际的投资性。这部分"投机"利润，是购买者不寻常的精明投资所带来的回报。它们可以被恰当地称为投资机会，因为经过细心的分析可以看到，高于价格的这部分价值提供了很大的安全边际。因此，"有利条件下的投资"（我们前面说过，这组投资是导致证券投资新手出现严重亏损的主要原因），有可能给熟练的证券操作者（他们在日后以自己所认为的合理价格购

---

* 在此，格雷厄姆所说的是，证券并没有所谓的好坏之分，只有便宜和昂贵之分。即使最好的公司，当其证券价格上涨得太高时，也会变成"抛售对象"；即使是最差的公司，当其证券价格降到足够低的时候，也值得去购买。

买这些证券）提供许多良好的盈利机会。*

我们对投资业务的定义中包含了所有的"特殊情况"，因为证券的购买总是取决于透彻的分析所做出的预测：将来所得到的结果要大于现在支付的价格。同样，每一种情况下都存在风险因素，然而这些因素已考虑在内，而且可以被分散化业务的总体结果所吸纳。

把这种逻辑关系的讨论进行到极端的话，我们还可以建议，防御型投资业务可以这样建立起来：当价格处于历史最低水平时，购买"普通股期权"这样的一类证券所代表的无形资产价值。（这个例子多少有些显得令人震惊。）+ 这些权证的全部价值，取决于相关股票将来某一天上涨到超出期权执行价的可能性。现在它们不具备可行使的价值。然而，由于所有的投资都取决于对未来的合理预期，因此，这些权证的价值，可以通过将来牛市推动公司价值和股价上涨的数学概率来衡量。此类研究很有可能得出如下结论：在这种业务中的盈利要大大高于亏损，而且最终盈利的机会要大大高于最终亏损的机会。如果是这样的话，那么，即使这种没有吸引力的证券也具有了安全边际。这样，一位非常积极的投资者就可以将股票期权业务包含在他的各种非传统投资之中。[1]

总 结

最有条不紊的投资就是最明智的投资。许多有能力的企业家通过稳健的原

---

* 1999 年年底和 2000 年年初，一些人认为技术股和电信股是"稳妥的"（当时这些股票已经被严重高估）；到了 2002 年，这些人仍然认为技术股和电信股"风险太大"而加以回避。尽管按格雷厄姆自己以前的话来讲，"价格下跌大约 90%，会使得这些证券中的许多都会非常具有吸引力和相当的安全。"同样地，华尔街的分析师总是在股票价格很高时"极力主张购买"，而在股价下跌后却说应该"卖出"——这正好与格雷厄姆（和基本常识）所表明的情况相反。纵观全书，格雷厄姆一直在对投机（购买股票是期望股价持续上涨）和投资（以企业的基本价值为基础而购买股票）进行区分。

+ 格雷厄姆所说的"普通股期权"就是"权证"——公司直接发行的一种证券，它使得持有者有权按事先规定的价格来购买本公司的股票。权证几乎完全被股票期权取代了。格雷厄姆以嘲讽的口气说，他想以这个例子来作为"令人震惊的事物"，这是因为，即使是在如今，权证也被看做是市场藏污纳垢的场所（参见第 16 章的点评）。

则在自己的业务领域取得了成功。但是，我们惊讶地发现，他们在华尔街的业务却完全违背了所有的稳健原则。但是，每一种公司证券都应该首先被看成是针对特定企业的一部分所有权或债权。如果某人一心想通过证券的买卖获利，那么他是在从事自己的风险业务。如果他想有成功的机会，就必须按照公认的商业准则去行事。

首要的和最明显的一条准则就是："知道自己在干什么，即通晓自己的业务。"对投资者而言，这就意味着：不要试图通过证券来获得"商业利润"（超过正常利息和股息收益的回报），除非你足够了解证券的价值，正如你在准备生产和经营时了解相关商品的价值一样。

第二条商业准则是："不要让其他任何人来管理你的业务，除非你能够足够细致地监控并理解他的行为；或者你在内心中有很强的理由相信他的品格和能力。"对投资者而言，这条准则决定了什么情况下可以让别人来为自己做出投资决策。

第三条准则是："如果没有可靠的计算表明某项业务（产品的制造或交易）获得合理利润的机会较大就不要涉足这项业务。尤其是要远离那些利益不大，亏损却很严重的业务。"对积极投资者而言，这意味着他的业务利润不应该建立在乐观情绪的基础上，而应该建立在计算结果的基础上。对每一位投资者而言，这意味着当他局限于不大的回报时（至少以前的传统债券或优先股投资就是这样的），必须有信服的证据表明，他的本金没有面临巨大的风险。

第四条商业准则更加明确："有勇气相信自己的知识和经验。如果你根据事实得出了结论，而且你知道自己的判断是可靠的，那么就照此行事，即使其他人会迟疑或反对。"（众人不同意你的看法，并不能说明你是对还是错。如果你的数据和推理是正确的，你的行为就是正确的。）同样，在证券领域，一旦获得了足够的知识并得出了经过验证的判断之后，勇气就会成为最重要的品德。

幸运的是，对一般的投资者而言，他的成功并非必然要求其投资计划具备这些品质——如果他根据自己的能力行事，并将其业务活动局限于标准的防御型投资所具有的严格的安全范围之内。获得令人满意的投资结果，比大多数人想象的要简单；获得非常好的结果，比人们所想象的要难。

第 20 章 点评

> 世界上存在着无数的可能。如果不能有先见之明或未卜先知的本领，我们就会发现，自己被某人或某种杂乱无章、难以明白的事物所控制。
>
> ——特别探员马尔德，《X 档案》

首先，不要陷入亏损

什么是风险？

你在不同的时间问不同的人，得到的答案都是不一样的。在 1999 年的时候，风险并不意味着赔钱了，而是指赚的钱比其他人少。当时许多人所担心的是，在野餐会上突然遇到某个人，而这个人通过进行网络股的短钱交易比自己赚钱更多、更快。随后，到了 2003 年的时候，风险的含义突然变成了：股市有可能继续下跌，直到将你手中所剩下的一点财富消耗殆尽。

虽然风险的含义看上去几乎与金融市场本身一样，处于捉摸不定和不断变化之中，但是它还是具有某种固定的和持久的特征。在牛市中投下最大赌注和赚钱最多的人，在终将到来的熊市中也伤得最狠。（现在的"正确"使投机者更急于承担更大的风险，因为他们信心倍增。）一旦你输掉大笔资金，你就必须下更大的赌注才能把本追回来，这就好比赌徒们在每一次输钱之后，拼命地把所赢的钱也一同投下去一样。除非你非常幸运，否则，这种做法将会导致灾难。难怪，当有人要求 Wertheim & Co. 公司传奇式的金融家克林根斯坦（J.K.Klingenstein

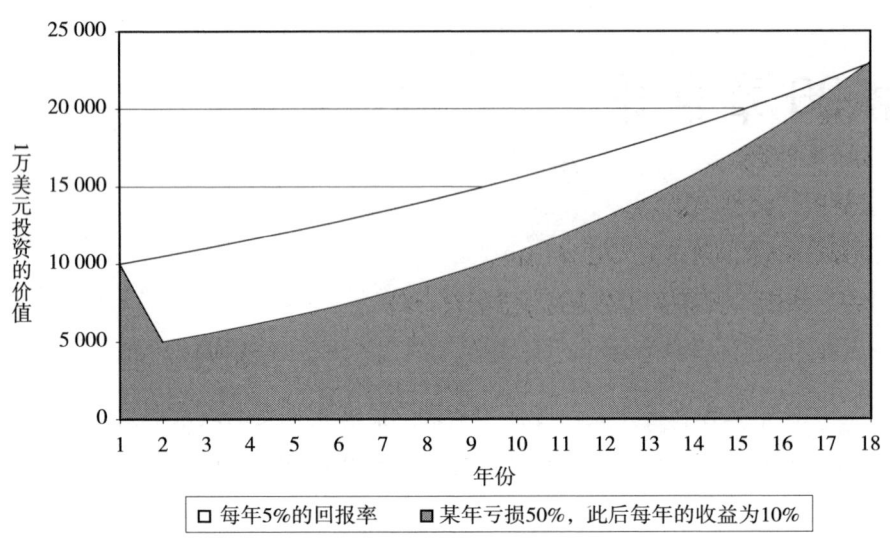

图 20-1 亏损的代价

假设你认为某种股票每年可以上涨 10%，而市场每年只能上涨 5%。遗憾的是，你的热情太高，因此支付的价格过高，所购买的股票在头一年就亏损了 50%。即使该股票后来的收益是市场的 2 倍，你也要花 16 年多的时间才能赶上市场——原因就在于，你一开始支付的价格太高，因而亏损太大。

根据自己长期的从业经验对如何致富做出总结时，他直接回答："不要陷入亏损。"[1]

投资必然会出现一定的亏损，这是无法避免的。可是，为了成为一位聪明的投资者，你必须确保自己永远不会使全部或大多数资金出现亏损。印度的财富女神拉希米（Lakshmi）常被人们描绘成以足尖站立，随时准备疾驰而去。为了象征性地留住她，其崇拜者会用绳子将其雕像捆住，或者是将雕像的脚用钉子固定在地上。对聪明的投资者而言，格雷厄姆的"安全边际"起着相同的作用：通过拒绝购买价格过高的证券，你就能降低财富消失或突然毁灭的机会。

来看这样一个例子。在截止于 1999 年 12 月的 4 个季度之内，光纤生产商 JDS Uniphase 公司实现了 6.73 亿美元的净销售额，并因此亏损了 3.13 亿美元。公司的有形资产总额为 15 亿美元，然而，2000 年 3 月 7 日，JDS Uniphase 公

---

[1] 投资顾问查尔斯·埃利斯的陈述。参见：Jason Zwerg, "Wall Street's Wisest Man," *Money*, June, 2001, pp.49-52。他这句话的含义可以从图 20-1 中反映出来。

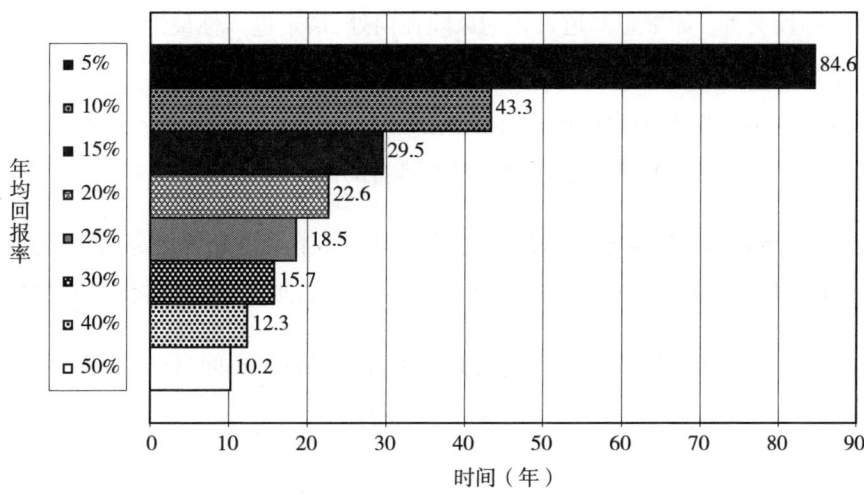

图 20-2 很难做到盈亏平衡

如果你按 2000 年 3 月 7 日每股 153.421 美元的最高价购买了 JDS Uniphase 的股票,并且将其保留到 2002 年年底(当时的收盘价为 2.47 美元),请看,在各种不同的年回报率之下,你要花多少年才能收回你购买股票的本钱?

司的每股股价达到了 153 美元,从而使得其总市值大约达到了 1 430 亿美元。[2] 随后,与大多数"新时期"的股票一样,该公司的股票也崩盘了。3 月 7 日那一天购买该股票,并将其保留到 2002 年年底的那些人,面临着图 20-2 中所描述的前景。

即使按照 10% 这个较高的年回报率,也要花 43 年多的时间,才能使这笔高价投资达到盈亏平衡。

风险不在于我们的股票,而在于我们自身

风险存在于另一个方面:在于你自身。如果你高估自己对投资的真正理解,或者夸大自己在应对价格临时下降时的能力,那么无论你买什么股票,或者无论市场如何,都没有关系。最终的金融风险不在于你从事了何种投资,而在于

---

[2] JDS Uniphase 的股价考虑到了后来的分股。

你是何种投资者。如果想知道真正的风险在何处,请走进离你最近的一个卫生间,并且站在镜子前面。这就是风险——你从镜子中看到的这个人!

当你从镜子中观察自己时,你应该注意什么?诺贝尔经济学奖获得者、心理学家丹尼尔·卡尼曼解释了好的决策所具备的两个特点:

- "非常准确地把握信心"(对这种投资的理解,有我所认为的那么好吗?)
- "正确预知将来的遗憾"(如果我的分析最终被证明是错误的,我该怎么办?)

为了了解你的信心是否准确地得到了把握,对着镜子问自己:"我的分析在多大程度上是正确的?"仔细考虑这样一些问题。

- 我有多少经验?过去在这些决策方面我的表现如何?
- 过去从事过这方面尝试的其他人的业绩一般如何?[3]
- 如果我准备购买,其他人准备出售。下列情况有多大的可能:我所知道的某种东西,是做交易的其他人(或公司)并不知道的?
- 如果我准备出售,其他人准备购买。下列情况有多大的可能:我所知道的某种东西,是做交易的其他人(或公司)并不知道的?
- 我是否进行了下列计算:这笔投资需要上涨多少,才能弥补我的税款和交易成本?

按下来,对着镜子思考,你是否能够正确地预知将来的遗憾。首先问自己:"如果我的分析最终被证明是错误的,我能完全理解将会产生的后果吗?"通过下列三点来回答这个问题:

- 如果我是正确的,有可能赚很多钱。但是,如果我是错误的呢?从以往类似投资的结果来看,我能承受多大的亏损?
- 如果这项决定最终是错误的,还有其他一些投资帮我度过难关吗?当我正在考虑的这种投资出现价格下跌时,我已经持有的股票、债券或基金的价格肯定会上涨吗?这笔新的投资会使得我的资本风险过大吗?
- 当我告诉自己"你对风险有很强的承受力"的时候,我是怎么知道的?投资曾经使我亏过许多钱吗?亏了之后的感受如何?是购买了更多的投资,

---

[3] 认真研究这一问题的答案,并诚恳地接受其结果的人,不会去进行 IPO 的交易。

还是畏难而去？

- 出了问题时，我能完全凭借自己的毅力来消除恐慌吗？或者说，我通过投资分散化、签订投资合同和成本平均法事先控制好了自己的行为吗？

用心理学家保罗·斯洛维奇的话来说，你应该始终记住，"风险来自于两种等同的要素——可能性和后果。"[4] 投资之前，必须确保切实评估自己判断正确的可能性，以及错误发生时将对后果做出怎样的反应。

帕斯卡的赌注

投资理论家彼得·伯恩斯坦（Peter Bernstein）有另一番总结，他谈到了法国伟大的数学家和神学家帕斯卡（1623~1662年）。帕斯卡进行过一次思维试验，试验中无神论者必须就上帝是否存在打赌。打赌者必须事先投下的赌注，是他这一生的行为举止；打赌者的最终回报，是死后自己灵魂的命运。在这一次打赌中，帕斯卡声称，"理智不可能决定"上帝存在的可能性。无论上帝是否存在，都只有信仰（而不是理智）才能回答这一问题。可是，尽管帕斯卡打赌的可能性如同掷硬币一般，但其后果是相当清楚的，并且是完全确定的。正如伯恩斯坦所解释的：

> 假设你的行为好比上帝是存在的，而且（你）过着行为端庄和有节制的生活，而实际上上帝并不存在。这样，你将错过人生中一些带来快乐的东西，但是也会获得一些回报。现在，假设你的行为好比上帝并不存在，并且整个一生都在罪恶、自私和情欲中度过，但事实上上帝是存在的。这样，在你相对短暂的一生中，你享受了快乐和兴奋，但是，当最后的审判到来时，你就会面临巨大的麻烦。[5]

---

[4] 参见：Paul Slovic, "Informing and Educating the Public about Risk," *Risk Analysis*, vol.6, no.4 (1986), p.412。

[5] 参见："The Wager," in Blaise Pascal, Pensées (Penguin Books, London and New York, 1995), pp.122-125; Peter L.Bernstein, *Against the Gods* (John Wiley & Sons, New York, 1996), pp.68-70; Peter L.Bernstein, "Decision Theory in Iambic Pentameter," *Economics & portfolio Strategy*, January 1, 2003, p.2。

伯恩斯坦得出的结论是:"在不确定条件下做决定时,后果比可能性要重要得多。我们永远无法知道未来的情况。"所以,正如格雷厄姆在本书的每一章都提醒过的,聪明的投资者一定不能只关注分析的正确性,还必须防止分析结果最终出现错误时的损失——因为,即使是最好的分析,最终也有可能出错。在你的整个投资活动中,至少在某个时间出现一次失误的概率几乎是100%,而且这种情况是完全无法避免的。然而,你的确可以对错误造成的后果加以控制。1999年,许多"投资者"几乎将所有的资金都投入到了网络股之中;《货币》杂志1999年对1 338名美国人进行的网上调查表明,他们之中近十分之一的人在网络股中投入了至少85%的资金。由于忽视了格雷厄姆对安全边际的要求,这些人在帕斯卡打赌中下错了赌注。可以肯定的是,他们知道取胜的可能性有多大,但是,他们没有采取任何措施来防范错误发生时的后果。

只要你始终进行分散化的投资,并拒绝花大量的资金去追逐市场上的新宠,你就能保证错误所带来的后果永远不会是灾难性的。无论市场如何引诱你,你将始终能够冷静而充满信心地说:"这,也将成为过去。"

后　记

我们非常熟悉两个合伙人。他们一生中花了大量的时间，打理他们自己以及其他一些人投在华尔街的资金。一些冷酷的经验告诉他们，最好做到安全和细致，而不要企图把全世界所有的钱都赚完。他们确立了一种相当独特的证券操作方法，这种方法把较好的盈利性和稳固的价值结合在一起。他们远离所有看上去已被高估的证券，并且在价格上涨到他们认为不再有吸引力时迅速将这些证券卖掉。他们的证券组合总是能做到很好的分散化，其中包括100多种不同的证券。通过这种方法，他们做得相当成功，尽管许多年内市场总体有起有落。替他人管理的几百万美元资金的年均回报率为20%，因此，他们的客户对这些结果非常满意。*

在本书的第一版出现的那一年，两位合伙人有机会收购一家成长型企业一半的权益。出于某方面的原因，当时这个行业并不被华尔街看好，因此这笔交易被好几家重要的机构拒绝了。但是，这两个人非常看好该公司的潜力。他们最看重的是，该公司的价格相对于其当期利润和资产价值而言并不算高。两位合伙人以自己手中大约五分之一的资金开展了并购，他们的利益与这笔新的业务密切相关，而这项业务兴旺起来了。+

---

* 格雷厄姆不愿意说出的两个合伙人是杰尔姆·纽曼（Jerome Newman）和本杰明·格雷厄姆他本人。

+ 格雷厄姆在此所说的是政府雇员保险公司（Government Employees Insurance Co., GEICO）。1948年，他和纽曼购买了该公司50%的权益，这正是他完成《聪明的投资者》这本书的写作之时。两人投入GEICO的71.25万美元资金，大约相当于他们当时资金的25%。格雷厄姆担任GEICO的董事多年。由于命运的巧合，格雷厄姆最优秀的学生沃伦·巴菲特在1976年对GEICO投下了巨额的赌注，当时这家保险业巨头已经陷入了破产的边缘。后来的事实证明，这也成为巴菲特做得最好的一笔投资。

事实上，公司的极大成功使得其股价上涨到了最初购买时的 200 多倍。这种上涨幅度大大超过了利润的实际增长，而且几乎从一开始，行市似乎就显得过高——按两个合伙人自己的投资标准来看。但是，由于他们认为这个公司从事的是某种程度上"离不开的业务"，因此，尽管价格暴涨，他们仍然持有该公司大量的股份。他们基金中的许多参与者都采用了同样的做法，而且通过持有该公司及其后来所设分支机构的股票，这些人都成了百万富翁。*

出人意料的是，仅从这一笔投资决策中获取的利润，就大大超过了 20 年内在合伙的专业领域里广泛开展各种业务（通过大量调查、无止境的思考和无数次决策）所获得的其他所有利润。

这个故事对聪明的投资者有什么教育意义吗？一个明显的意义在于，华尔街存在着各种不同的赚钱和投资方式。另一个不太明显的意义是，一次幸运的机会，或者说一次极其英明的决策（我们能将两者区分开吗？）所获得的结果，有可能超过一个熟悉业务的人一辈子的努力。[1] 可是，在幸运或关键决策的背后，一般都必须存在着有准备和具备专业能力等条件。人们必须在打下足够的基础并获得足够的认可之后，这些机会之门才会向其敞开。人们必须具备一定的手段、判断力和勇气，才能去利用这些机会。

当然，我们不能指望所有聪明的投资者（多年以来，他们一直保持了谨慎和警觉）都能有同样的绝佳经历。我们不想以拉斯科布的口号"每个人都能成为富人"（本书开头，我们曾嘲笑过这句话）来结束本书。然而，金融领域的确存在着大量有趣的可能，因此，积极投资者在这个大型的热闹场面中，应该能够同时寻找到快乐和利润。兴奋是肯定能找到的。

---

* 根据法律条款的规定，美国证券交易委员会要求格雷厄姆和纽曼把他们公司持有的 GEICO 股权"派发"或分配给基金股东。一位投资者如果在 1948 年年初拥有格雷厄姆—纽曼公司的 100 股（价值 11 413 美元）的话，那么到 1972 年，当他继续持有 GEICO 分配的股票时，其价值将达到 166 万美元。GEICO 公司"后来所设的分支机构"，包括政府雇员金融公司（Government Employees Financial Corp.）以及标准保险公司（Criterion Insurance Co.）。

对后记的点评

投资的成功在于管理风险，而不在于回避风险。乍看之下，当你发现格雷厄姆将自己25%的资金投入到一种股票之中去的时候，你可能会认为，他是在拿投资者的钱草率地打赌。但是，当你发现格雷厄姆尽力确保了他一旦清理GEICO股份时不会亏损，显然就可以看到，格雷厄姆只承担了很小的金融风险。然而，对这样一种不太为人所知的股票投下如此之大的赌注，他是需要有足够的勇气来承担心理风险的。[1]

如今的头条新闻中，充满了可怕的事实和悬而未决的风险：20世纪90年代牛市的消亡，经济增长停滞不前，公司欺诈，恐怖主义和战争的幽灵。"投资者不喜欢不确定性，"——市场战略家眼下正在电视金融节目或报纸上发表自己的观点。但是，投资者从未喜欢过不确定性。然而，不确定性是投资领域最基本和无法摆脱的条件。情况一直是这样的，将来也一定如此。本质上，"不确定性"和"投资"是相伴而生的。在现实世界中，没有人有能力预知某个时间是购买股票的最佳时机。对未来没有一丝信心，就根本不会有人去投资。要想成为一名投资者，就必须相信明天会更好。

作为最有文化修养的投资者，格雷厄姆喜欢荷马、艾尔弗雷德·丁尼生和但丁等人通过诗歌讲述的关于尤利西斯的故事。在他的晚年，格雷厄姆极其喜欢但丁《地狱》中的一幕：尤利西斯激励他的船员向西航行，进入赫丘利门后的未知水域：

---

[1] 格雷厄姆的这个故事同时也强烈地提醒我们，那些没有他精明的人，必须始终进行分散化投资，以防止将太多的资金用于某一种投资。格雷厄姆自己承认GEICO是一个"幸运的机会"，这就表明，我们中的大多数都不太可能发现这样一个绝佳的机会。为了防止投资变成赌博，人们必须使投资分散化。

"弟兄们，"我说，"你们历尽千辛万苦
到达了西方，
在这所剩无几的短促时光中，
不要去回避那太阳背后的无人世界。
想一想你们的身世：
你们不是天生要像野兽那样生活的，
而是要去追求美德与知识。"
说完这简短的几句话之后，
同伴们极力渴望着航行，
而不愿有片刻迟疑。
我们迅速将船尾指向晨光，
拼命划动我们的船桨。[2]

投资也是一种冒险的事业，金融领域的未来始终是没有航标的世界。以格雷厄姆为向导，你终身的投资航程将既有惊险，也有安全保障。

---

[2] 参见：Dante Alighieri, *The Inferno*, Canto XXVI, lines 112-125。这里的英文是由兹威格翻译而成的。

附　录

1. 格雷厄姆－多德式的超级投资者

沃伦·巴菲特

编者按： 1984年，为了纪念本杰明·格雷厄姆和戴维·多德合著的《证券分析》一书出版50周年，哥伦比亚大学举行了一次座谈会。本文是根据座谈会的发言整理而成的。《证券分析》这部专著率先提出的一些思想，通过后来的《聪明的投资者》一书得到了广泛的流传。巴菲特的这篇文章，生动地介绍了格雷厄姆的追随者是如何根据他的价值投资方法获得股市上的巨大成功的。

格雷厄姆和多德致力于"以显著的安全边际标准寻找价值与价格差异"的证券分析法过时了吗？如今，许多编写教科书的教授对此的回答是肯定的。他们声称，股票市场是有效的，也就是说，股价已经完全体现了我们关于公司前景和整体经济所知的一切因素。这些理论家争辩说，市场上没有低估的股票，因为聪明的证券分析师已经利用所有可获得的信息，使股价达到了适当的价位。那些能够年复一年战胜市场的投资者，只是出于幸运。"如果说股价已经完全体现了可获得的信息，那么这种类型的投资技巧也就过时了，"一位教科书作者这样写道。

哦，也许是这样吧。但是，我要在这里向你们介绍一批投资家，他们的投资业绩多年以来一直能超越标准普尔500指数的表现。那种关于他们完全是出于幸运的假设至少是值得仔细考察一番的。这种考察的关键在于，这些赢家都是我所熟知的，并且均被冠以超级投资者的称号，其中最近的一位也是在15年前获得此称号的。如果不具备上述条件，也就是说，我只是在今天早上才从数以千计的近期投资记录中为你们挑出若干名单，那么，我劝你不妨就此打住，不要再听我说下去了。我要补充的是，所有这些业绩记录都是经过核实的。此外，我认识的许多人，都曾经把投资交给过这些投资经理；而且，他们多年以来参与投资所获得的收入，是与所公布的业绩记录相吻合的。

在开始我们的研究之前，我请你们设想一场全美国的掷硬币比赛。我们假设明天早上，全美2.25亿居民都拿出1美元做赌注。他们一大早出门，去猜硬币落下时的面向。如果他们猜对了，就从猜错了的一方赢得1美元。每天都有一批输者被淘汰出局，随后的一天，由赢家把前一天赢得的资金都投入赌注中。经过10个早晨的10轮比赛，全美大约会剩下22万名连续10场获胜的赢家；每人将赢得1 000美元多一点。

现在，这些赢家大概已经有些飘飘然了，这是人性的正常反应。他们也许还会故作谦虚，但在鸡尾酒会上，他们会时不时在漂亮的异性面前夸耀自己在掷硬币比赛中的技巧和眼力。

假如赢家继续从输家手中赢得赌资，在另外10轮掷硬币比赛之后，将只剩下215名连续20次猜对的选手；他们的资金将从最初的1美元变成100万美元多一点，也就是说，整个比赛已经有人输掉2.25亿美元，同时有人赢得了同样数目的美元。

此时，这些赢家会头脑发热。他们也许会写一些叫作"我如何在20天内从1美元挣到100万美元，而且每天只在早晨工作30秒"的致富秘籍。更糟的是，他们也许会飞往全国各地，在关于如何有效掷硬币的研讨会上发表演说，并这样反问那些心怀疑问的教授："如果我们没有制胜秘诀，为什么最后的赢家会是我们这215人？"

但是，接下来，一些商学院的教授会毫不客气地指出如下事实：即使2.25亿只猩猩进行同样的比赛，结果也会与此完全相同——其中215只趾高气扬的猩猩将连续20次押对结果。

然而，我认为，在我即将给出的一些例子中，的确存在一些重要的差别。首先，如果：(1)这2.25亿只猩猩的地区分布与美国人口的分布大致相当；(2)

20天以后，同样剩下215位赢家；(3) 其中40只猩猩来自奥马哈的某一动物园，那么，你肯定会认为其中有什么特别之处。你也许会专程拜访该动物园的饲养员，询问他给这些猩猩喂了什么特殊的饲料，它们是否进行过某种专门的训练，它们是否知道某些事情，以及其他一些东西。也就是说，如果你发现了什么非同一般的集中现象，你就会试图寻找一些非同一般的特征，以此为原因来解释这种现象。

科学研究正是按此种模式进行的。如果你试图找出某种罕见癌症可能的原因——比如，全美一年有1 500种这样的病例——其中400例发生在蒙大拿的某个矿业小镇，你就会对该地的水质或病人的职业分布，以及其他有关变量进行调查。你知道，这样一个小镇会发生400起病例，这绝非随机因素所致；你不一定知道致病的原因，但你知道到哪儿去寻找这些原因。

我要告诉你的是，可以从地理之外去寻找起源。除了地理因素外，这种集中现象也可能有其他起源，我将其称之为智力起源。我想你也许会发现，在投资世界里，有相当多的掷硬币赢家都来自于一个很小的智力部落——一个叫做格雷厄姆-多德追随者的群体。如此多的赢家集中于这样一个智力部落，其原因绝非可以用随机因素来解释。

某些条件的存在，会使这种集中现象变得无关紧要。也许100个人只是在简单地模仿某个特别有威信的人的猜硬币行为：如果他猜头像一面向上，这100个追随者也会自动地押这一面。如果这位领导者能够跻身于最后215个幸运者之列，那么他带进来的这100人所形成的集中现象就毫无意义。你只要发现其中一例的情况，其余99例即可以此类推。我们再假设你生活在一个父权主义的社会；为了方便起见，假定每个美国家庭的人口均为10人。另外假定，该社会的父权文化是如此强有力，以至于家庭的每个成员都会遵从父亲的指令。这样，在经过20天的角逐后，仍将产生215名优胜者；这时你会发现，他们只是来自于21.5个家庭。有些人也许会天真地以遗传因素来解释此种成功。但是，这根本没有什么意义，因为此时只能说明，最后赢家并不是215个人，而是21.5个随机分布的家庭。

在我们所考虑的这一群成功的投资者中，他们的智力来自于一个共同的家长——本杰明·格雷厄姆。但是，离开这个智慧家庭的孩子们，是在以不同的方式猜测"掷硬币的结果"。他们去了不同的地方，并且会买进和卖出不同的股票与不同的公司；但是，他们投资记录的共性是不能用随机因素来解释的。肯定不能以下列事实来做出解释：他们是根据首领所给出的信号来猜测掷硬币的结果的。他们的家长只是在如何猜测掷硬币的结果方面建立了一套理论，但每个学生是根据自己的方式来对理论加以应用的。

格雷厄姆－多德一类的投资者信奉一个共同的思想观点：去寻找某企业的价值与该企业所占的一小块市场份额的价格之间的差异。本质上，他们会利用此种差异来买进股票，而不会像有效市场理论家那样，考虑是在星期一还是星期四购买，或是在1月份还是7月份购买，如此等等。顺便提一句，当企业家买进某家企业时——这正是格雷厄姆－多德式的投资者通过股票市场所做的事情——我并不认为他们是在交易发生的那个星期或那个月的某一天做出购买决策的。既然无论在星期一还是星期五买进整个企业并无差别，我真的不明白，学者为什么会投入如此多的时间和精力，来研究买进这些企业一小部分股票时的日期问题。毫无疑问，格雷厄姆－多德式的投资者也从不讨论贝塔、资本资产定价模型或证券回报的协方差之类的问题。他们对此毫无兴趣。实际上，他们对这些术语所知有限。这些投资者只关心两个变量：价格和价值。

很多人都利用图表研究价格和交易量的变化，对此我总是感到不可思议。你在买进整个企业时，会仅仅根据它上星期或上上星期的市场价格的大幅上升而做出决定吗？当然，之所以会有如此之多的此类研究，是因为在计算机时代，几乎有无穷的可供研究的数据。这并不意味着，此种研究有任何实际用途；而只是由于有那么多数据存在，因此学者总是想掌握那种可以摆弄这些数据的数学技巧。一旦他们掌握了这种技能，如果不拿来运用一番，就太对不起自己了——尽管这种运用并无实际效用，甚至有某种副作用。正像我的一个朋友所说的：在一个拿着锤子的人看来，任何东西都像是钉子。

我认为，我们所说的这一共同的智慧家族很值得研究。顺便要指出的是，尽管学术界大量研究过价格、成交量、季节性、资本化规模等变量对股票表现的影响，但是，却没有人研究过价值导向赢家所运用的这种非同一般的集中方法。

我先来回顾一下曾于1954~1956年在格雷厄姆－纽曼公司工作过的四个人的经历，以此来开始关于这一结果的研究。那里只有四个人——他们并不是从几千人中挑选出来的。在修完格雷厄姆的课程后，我提出到格雷厄姆－纽曼公司做义工，但他却以我自视过高为由拒绝了我；他是很看重这一点的。在经过多次请求后，他终于雇用了我。那时公司有三名合伙人以及我们四个"农夫"级的职员。我们这四个人均在 1955~1957 年离开了（公司于 1957 年停业）；现在我们可以得到其中三人的投资记录。

首先，我们来看沃尔特·施洛斯（Walter Schloss）的成绩（参见后文表 1）。沃尔特从未上过大学，但参加了格雷厄姆在纽约金融学院举办的夜校。沃尔特于 1955 年离开格雷厄姆 – 纽曼公司，并在 28 年间取得了表 1 所示的投资业绩。

听了我所介绍的关于沃尔特的事迹后，"亚当·斯密"在 1972 年出版《超级理财》(*Supermoney*) 一书，写下了这样一段针对他的文字：

> 他并没有什么特殊的消息来源。实际上，华尔街圈子里的人对他一无所知，也没有人告诉他任何想法。他只是查阅各种手册上的数据，并索取年报，这就是他的信息来源。
>
> 在介绍我认识他（施洛斯）时，沃伦自己也对他进行了和我一样的评价："他从来没有忘记，他是在打理别人的钱财，这种意识使他厌恶亏损的心态更为强烈。"他是完全诚实的，对自己的认识也很清楚。金钱对他来说是一种严肃的东西，股票亦然，由此派生出他对"安全性"原则的坚持。

沃尔特的投资组合十分多样化，他拥有 100 余只股票。他知道如何去发现那些售价大大低于私人所有者价值的股票。这就是他所做的一切。他不关心买股票的日子是不是星期一或者是不是 1 月份，也不关心是否正值选举年。他只是说，如果一只股票价值 1 美元，而我可以花 40 美分买到它，那就一定会有好事降临到我的头上。他就是这样做的，日复一日，年复一年。他拥有的股票品种比我多得多，而且也不像我那样对公司业务的性质感兴趣——我对沃尔特的影响似乎不大。这正是他的优点之一：任何人也不会对他产生很大的影响。

第二个例子来自汤姆·纳普（Tom Knapp）——他也曾与我一样，在格雷厄姆 – 纽曼公司工作过。二战前，汤姆曾在普林斯顿大学主修化学，退役后当上了海滩巡逻员。有一天，他偶然看到戴维·多德要在哥伦比亚大学举办关于投资的夜校讲座，就抱着将信将疑的态度听课去了。结果越听越着迷，干脆报考了哥伦比亚商学院，并获得了 MBA 学位。他再次参加了多德的课程，也听了格雷厄姆的课。顺便说一句，35 年后，为了确定本文的某些史实，我再次与汤姆联系，发现他仍然在那片海滩，所不同的是，他现在已成为该海滩的所有者了。

1968年，汤姆·纳普和埃德·安德森（Ed Anderson，格雷厄姆的另一个学生）与其他几个具有相同见解的同伴一起，组建了Tweedy-Browne合伙企业——其投资成果见表2。该公司的这一业绩，是通过广泛多样的投资取得的。他们偶尔也会收购企业的控股权，但其被动投资的业绩，并不亚于收购控股权的业绩。

表3给出了其中第三个人的投资业绩——他在1957年组建了巴菲特合伙企业。他干得最漂亮的一件事，是在1969年解散了该企业。在此之后，从某种意义上来说，伯克希尔–哈撒韦只是该企业的延续。关于伯克希尔的业绩，我很难给出一个单一的指标来加以衡量，但我认为，无论采用何种指标，其成绩都是令人满意的。

表4显示了红杉树（Sequoia）基金的业绩，其管理人叫比尔·鲁安（Bill Ruane），我曾经在1951年与他一起听过格雷厄姆的课程。他毕业于哈佛商学院，然后进入华尔街从事投资工作。后来，他发现自己需要接受一种真正的商业教育，于是重返校园，到哥伦比亚商学院听格雷厄姆的课，并与我在1951年年初相识。比尔的投资纪录从1951年延续到1970年，其投入的资金并不太多，业绩却远远超出了平均水平。在我解散巴菲特合伙企业时，我问比尔是否有意建立一只基金来管理我的合伙人的资产，于是他成立了红杉树基金。他设立基金的时机非常好——当时我正准备退出。他直接介入了两类市场，并且克服了对价值投资者不利的种种困难。我非常高兴地看到，我的合伙人不仅继续追随他，而且还追加了投资，得到了相当满意的回报。

这并不是马后炮。比尔是我向我的合伙人推荐的惟一人选；我当时说过，如果他能取得超出标准普尔指数4个百分点的业绩，就足以稳定其投资人了。比尔的成绩远远不止于此，其管理的资金也逐渐增多。这会使投资回报率的提高变得更困难。规模是业绩的基础，这是毫无疑问的。这并不意味着规模增大，就不能取得超越平均水平的业绩，但超出的幅度会缩小。如果什么时候你管理的资金达到2万亿美元，即相当于美国股市总市值的规模，那么，就别指望你的业绩会超过平均数了。

需要补充说明的是，我们看到的这几份投资记录，在其整个时间跨度内，其投资品种实际上很少有重合。这些人都是根据价格与价值的落差来挑选股票，但其最终的选择却颇有不同。沃尔特持仓最多的股票是哈德森纸业公司、Jeddo高地煤炭公司和纽约Trap Rock公司等一些不那么有名的企业，而

Tweedy-Browne 选中的公司的知名度，甚至远远低于上述企业。与此相反，比尔选中的股票大多来自一些大公司。他们的投资组合的重合率非常低；他们的投资记录并不是来自一个人叫牌、其他 50 人跟庄的模式。

表 5 是我的一个朋友的投资记录，他毕业于哈佛大学法学院，曾开过一家颇具规模的法律事务所。1960 年前后，我与他相识，并告诉他，法律是一种很好的业余爱好，但他还可以做得更好。他按照与沃尔特完全相反的做法，建立了一家合伙企业。他的投资组合主要集中于少数几种证券，因此业绩较为波动，但其同样来自价格低于价值的方法。他并不在意业绩的大起大落；正如其业绩记录所示，他也是那个投资成绩突出的智慧部落的一个成员。顺便提一句，这一成绩恰好属于查利·芒格（Charlie Munger）——我在伯克希尔-哈撒韦的长期合伙人。然而，他在经营自己的合伙企业时，其投资组合与我和上述其他几人的股票品种几乎全然不同。

表 6 的成绩属于查利·芒格的一位朋友——另一个非商科出身的老兄。他毕业于美国南加州大学（USC）数学系，毕业后加入了 IBM 公司，做过一段该公司的销售员。在我劝说查利后，查利又向他提出了同样的建议。这一记录属于里克·格林（Rick Guerin），其时间跨度为 1965~1983 年。在此期间，标准普尔指数的收益率为 316%，而他的收益率高达 222 倍。也许是由于缺乏商科教育的缘故，他认为这一成绩在统计上是显著的。

附带说明一下，让我感到非常奇怪的是，人们要么会瞬间接受以 40 美分买进 1 美元的东西这一理念，要么永远也不会接受这一理念。这就像向某人灌输某种思想一样，如果这一理念不能立即俘获他，即使你再跟他说上几年，拿出历史记录给他看，也无济于事。他们就是不能掌握这一概念，尽管它是如此简单明了。像里克·格林这种人，虽然没有受过正式的商业教育，却能马上理解这种价值投资法，并在 5 分钟后将其应用于自己的实战。我从来没见过什么人是在 10 年间逐渐接受这一理念的。这种事情与人的智商或教育背景无关；你要么马上理解它，要么一辈子也不会懂。

表 7 是斯坦·珀尔米特（Stan Perlmeter）的投资记录。斯坦是密歇根大学的文科毕业生，后成为博泽尔和雅各布斯广告公司（Bozell & Jacobs）的合伙人。我们碰巧住在奥马哈的同一座公寓。他觉得我从事的行当比他的更好，于是在 1965 年脱离了广告行业。同样，斯坦只用了 5 分钟即全盘接受了价值投资的概念。

珀尔米特的投资组合与沃尔特·施洛斯的股票全然不同，他也不曾拥有比尔·鲁安所买进的股票。他们的投资记录完全是独立取得的。但珀尔米特买进的每一只股票所付出的价格，总是比其实际价值要低。这是他惟一关心的问题。他并不关心季报的数字，也不关心公司下一年的利润情况；他从不理会买进股票的日子是星期几，也不在乎什么人的研究报告说了些什么；对市场走势、成交量或诸如此类的东西更是毫无兴趣。他只是问：该企业价值几何？

表8和表9的投资记录来自两家我曾经参与过的养老基金。它们并不是从数十家我曾经参与过的养老基金中挑选出来的，而是惟一直接受我影响的两家基金，我曾经引导它们任用价值投资型的基金管理人。采用价值观点加以管理的养老基金可谓少之又少。表8是华盛顿邮报公司养老金的投资记录。若干年前，他们是通过一家大银行进行投资的，我向他们建议说，如果聘用价值导向的基金经理，会取得更好的收益。

你们可以看到，自从按照我的建议进行调整后，他们的投资业绩始终名列前茅。邮报要求其基金管理人至少要把25%的资金投资于债券，而这并不一定是基金管理人自己的选择。所以，我把债券投资的收益也纳入该表，以此来说明，这些经理人并不具备债券投资的专长。他们也从未宣称自己具有此种专长。尽管有25%的资金被投入他们并不擅长的领域，但其投资业绩仍处于整个基金业的前列。华盛顿邮报养老基金业绩记录的时间跨度并不是特别长，但这确实是他们聘请的这三位管理人的许多投资决策的成果，虽然这些人过去并不为人所知。

表9是FMC公司基金的投资记录。我并没有替他们管理过一分钱，但确实曾经在1974年建议他们挑选一位价值型的管理人。在此之前，他们挑选管理人的方式与其他大公司并无差异。自从他们"皈依"了价值投资后，其业绩现已成为贝克（Becker）养老金调查所给出的同等规模基金排名的第一位。去年，他们已聘请了8位任期在一年以上的基金经理，其中7位的累积业绩高于标准普尔500指数的表现。所有8位经理上一年的成绩均优于标准普尔500指数。FMC基金的实际业绩与业绩中位数的差额相当于多赚了2.43亿美元。FMC将这一成绩归功于他们挑选基金经理的新思维。这些经理虽然并不一定会被我本人选中，但他们都是以价值为依据来选择证券的。

所以，这9项记录均来自格雷厄姆－多德一派的"掷硬币者"。他们并不是我在事后从数千人中挑出来的。我不是在向你列举一批抽奖的最后赢家，在其成为赢家之前，我对其一无所知。早在多年以前，我就根据他们的投资决策理念选中了他们。我知道他们受过什么教育，对他们的智力、性格和脾气也有第一手的了解。他们的风险控制能力远远高于一般水平，其业绩也是在大市较为疲软的形势下取得的，了解这两点具有极其重要的意义。虽然风格多有不同，但他们的主要观点是一致的：他们始终买进的是企业，而不仅仅是股票。他们很少买进整个企业，而只是买进其中的一小部分（股票）。但无论买进的是企业整体，还是其中一小块，他们均秉持同样的理念。他们有些人持有几十只股票，另一些人持有的股票品种则很少，但他们都在力图发现并利用市场价格与企业内在价值的差异。

我相信市场经常是无效率的。这些格雷厄姆－多德派的投资者成功地利用了价格与价值之间的落差。华尔街的"羊群"们会非常感情用事地为股票定价，要么为贪婪之心左右，要么为沮丧之情控制，因此很难说市场总是理性的。实际上，市场价格往往是荒谬的。

我要指出风险与回报之间的一种很重要的关系：有时它们是正相关的。如果有人对我说："我这里有一把6发式手枪，并已经装进了一个弹匣。为什么你不扣一下扳机试一试？如果你不死，我给你100万美元。"我会拒绝这一提议——也许会说100万太少了。接着他也许会提议扣两次扳机给500万——这正是风险与回报正相关的一个例子。

对价值投资而言，情况正好相反。如果你以60美分买进了1美元的东西，你承受的风险会比你仅用40美分买进时更大，但回报却是后一种情况更高。价值组合潜在的回报越大，其风险就越小。

来看这样一个例子。华盛顿邮报公司在1973年的股票总市值为8 000万美元，此时，你可以把公司的资产以4亿美元或更高的价格出售给10个潜在买家中的任一位。该公司拥有《邮报》《新闻周刊》以及几家主要的电视台。这笔财产目前价值达20亿美元，所以当时4亿美元的出价并不离谱。

现在，如果该股票的总市值进一步从8 000万美元下落到4 000万美元，其贝塔值亦随之变大。在那些以贝塔值来度量风险的人看来，价格越低，风险就越大。这真是奇谈怪论。我永远搞不懂为什么以4 000万美元买进价值4亿美元的资产，会比出价8 000万美元时风险更大。实际上，如果你买进的是一组这样的股票，而且你对企业估值略知一二的话，以 8 000 万美元买进价值 4 亿美元的东西，基本上是没有风险的；尤其是，如果你分别以 800 万美元买进了 10 种价值分别为 4 000 万美元的资产，你的风险就更微乎其微了。既然你从未处置过 4 000 万美元的巨款，你就必须确保自己能请到一些诚实且具有相当能力的人来为你打理，这并不是什么难事。

你必须有能力对企业的内在价值有一个大体的估计，但是你并不能够给出准确的答案。这就是格雷厄姆所说的要有一定安全边际的意思。你不要用 8 000 万美元去买进价值 8 300 万美元的资产。你要使自己具有很大的安全边际。在建筑一座桥梁时，尽管通过这座桥的卡车的重量通常只有 10 000 磅，你也必须坚持其承重要达到 30 000 磅。同样的原则也适用于投资。

总之，你们当中具有较多商业知识的人，也许会奇怪我为什么会写这样一篇文章。随着更多的人加入价值投资的行列，市场价格与企业价值之间的差价就会缩小。我只能告诉你，自从本·格雷厄姆和戴维·多德出版《证券分析》一书以来，这一秘密已经公诸于世 50 年了。但是，在我实践这些原理的 35 年中，从未发现价值投资已蔚为潮流。在人性中，似乎有某种化简为繁的倾向。在过去 30 年间，学术界的所作所为实际上是与价值投资的教导背道而驰的。这种情况还会继续下去。在人们环游地球以后，"平面地球协会"的观点依然大行其道。在市场价格与价值之间仍然会有巨大的差异，而那些理解了格雷厄姆和多德的投资者，仍将继续兴旺发达。

下面是表 1~ 表 9 的内容。

表 1　沃尔特·施洛斯公司（WJS）

年份	标准普尔500包括股息在内的总收益率（%）	WJS有限合伙人每年的总收益率（%）	WJS合伙企业每年的总收益率（%）	
1956	7.5	5.1	6.8	标准普尔指数28年零3个月的复合收益率为887.2%。
1957	-10.5	-4.7	-4.7	
1958	42.1	42.1	54.6	WJS有限合伙人28年零3个月的复合收益率为6 678.8%。
1959	12.7	17.5	23.3	
1960	-1.6	7.0	9.3	WJS合伙企业28年零3个月的复合收益率为23 104.7%。
1961	26.4	21.6	28.8	
1962	-10.2	8.3	11.1	标准普尔指数28年零3个月的年复合收益率为8.4%。
1963	23.3	15.1	20.1	
1964	16.5	17.1	22.8	WJS有限合伙人28年零3个月的年复合收益率为16.1%。
1965	13.1	26.8	35.7	
1966	-10.4	0.5	0.7	WJS合伙企业28年零3个月的年复合收益率为21.3%。
1967	26.8	25.8	34.4	
1968	10.6	26.6	35.5	在该合伙企业的存续期间，它曾经拥有过的股票超过800只；而且大部分时候均至少拥有100只股票。目前它管理的资产大约为4 500万美元。合伙企业收益与有限合伙人收益的差额，来自分给一般合伙人的管理报酬。
1969	-7.5	-9.0	-9.0	
1970	2.4	-8.2	-8.2	
1971	14.9	25.5	28.3	
1972	19.8	11.6	15.5	
1973	-14.8	-8.0	-8.0	
1974	-26.6	-6.2	-6.2	
1975	36.9	42.7	52.2	
1976	22.4	29.4	39.2	
1977	-8.6	25.8	34.4	
1978	7.0	36.6	48.8	
1979	17.6	29.8	39.7	
1980	32.1	23.3	31.1	
1981	6.7	18.4	24.5	
1982	20.2	24.1	32.1	
1983	22.8	38.4	51.2	
1984年第1季度	2.3	0.8	1.1	

表2　Tweedy-Browne公司（TBK）

截止日期 （9月30日）	道琼斯指数* （%）	标准普尔500指数* （%）	TBK公司整体	TBK有限合伙人
1968（9个月）	6.0	8.8	27.6	22.0
1969	-9.5	-6.2	12.7	10.0
1970	-2.5	-6.1	-1.3	-1.9
1971	20.7	20.4	20.9	16.1
1972	11.0	15.5	14.6	11.8
1973	2.9	1.0	8.3	7.5
1974	-31.8	-38.1	1.5	1.5
1975	36.9	37.8	28.8	22.0
1976	29.6	30.1	40.2	32.8
1977	-9.9	-4.0	23.4	18.7
1978	8.3	11.9	41.0	32.1
1979	7.9	12.7	25.5	20.5
1980	13.0	21.1	21.4	17.3
1981	-3.3	2.7	14.4	11.6
1982	12.5	10.1	10.2	8.2
1983	44.5	44.3	35.0	28.2
总回报率				
15年零9个月	191.8%	238.5%	1 661.2%	936.4%
标准普尔500指数15年零9个月的年复合收益率				7.0%
TBK有限责任合伙人15年零9个月的年复合收益率				16.0%
TBK公司整体15年零9个月的年复合收益率				20.0%

* 标准普尔500指数和道琼斯指数所支付的股息均包含在内。

表3 巴菲特合伙有限公司

年份	道琼斯指数的总体收益率（%）	合伙公司的收益率（%）	有限合伙人的收益率（%）
1957	−8.4	10.4	9.3
1958	38.5	40.9	32.2
1959	20.0	25.9	20.9
1960	−6.2	22.8	18.6
1961	22.4	45.9	35.9
1962	−7.6	13.9	11.9
1963	20.6	38.7	30.5
1964	18.7	27.8	22.3
1965	14.2	47.2	36.9
1966	−15.6	20.4	16.8
1967	19.0	35.9	28.4
1968	7.7	58.8	45.6
1969	−11.6	6.8	6.6
以累积或复合计算为基础的结果是：			
1957	−8.4	10.4	9.3
1957~1958	26.9	55.6	44.5
1957~1959	52.3	95.9	74.7
1957~1960	42.9	140.6	107.2
1957~1961	74.9	251.0	181.6
1957~1962	61.6	299.8	215.1
1957~1963	94.9	454.5	311.2
1957~1964	131.3	608.7	402.9
1957~1965	164.1	943.2	588.5
1957~1966	122.9	1 156.0	704.2
1957~1967	165.3	1 606.9	932.6
1957~1968	185.7	2 610.6	1 403.5
1957~1969	152.6	2 794.9	1 502.7
年复合收益率	7.4	29.5	23.8

表4　红杉树基金

年份	年百分比的变化**	
	红杉树基金（%）	标准普尔500指数*（%）
1970（自7月15日起）	12.1	20.6
1971	13.5	14.3
1972	3.7	18.9
1973	−24.0	−14.8
1974	−15.7	−26.4
1975	60.5	37.2
1976	72.3	23.6
1977	19.9	−7.4
1978	23.9	6.4
1979	12.1	18.2
1980	12.6	32.3
1981	21.5	−5.0
1982	31.2	21.4
1983	27.3	22.4
1984（第一季度）	−1.6	−2.4
整个时期	775.3%	270.0%
复合年回报率	17.2%	10.0%
加上1%的管理费	1.0%	
总投资回报	18.2%	10%

* 包括作为再投资的股息（以及红杉树基金的资本利得分配）。

** 这里的数据与表1中的标准普尔数据稍有不同，是因为股息再投资的计算导致的差异。

表5 查利·芒格

年份	Mass. 投资信托（%）	Investors Stock（%）	雷曼（%）	Tri—Cont.（%）	道指（%）	总体合伙企业（%）	有限合伙人（%）
年度结果（1）							
1962	-9.8	-13.4	-14.4	-12.2	-7.6	30.1	20.1
1963	20.0	16.5	23.8	20.3	20.6	71.7	47.8
1964	15.9	14.3	13.6	13.3	18.7	49.7	33.1
1965	10.2	9.8	19.0	10.7	14.2	8.4	6.0
1966	-7.7	-9.9	-2.6	-6.9	-15.7	12.4	8.3
1967	20.0	22.8	28.0	25.4	19.0	56.2	37.5
1968	10.3	8.1	6.7	6.8	7.7	40.4	27.0
1969	-4.8	-7.9	-1.9	0.1	-11.6	28.3	21.3
1970	0.6	-4.1	-7.2	-1.0	8.7	-0.1	-0.1
1971	9.0	16.8	26.6	22.4	9.8	25.4	20.6
1972	11.0	15.2	23.7	21.4	18.2	8.3	7.3
1973	-12.5	-17.6	-14.3	-21.3	-23.1	-31.9	-31.9
1974	-25.5	-25.6	-30.3	-27.6	-13.1	-31.5	-31.5
1975	32.9	33.3	30.8	35.4	44.4	73.2	73.2
年度结果（2）							
1962	-9.8	-13.4	-14.4	-12.2	-7.6	30.1	20.1
1962~1963	8.2	0.9	6.0	5.6	11.5	123.4	77.5
1962~1964	25.4	15.3	20.4	19.6	32.4	234.4	136.3
1962~1965	38.2	26.6	43.3	32.4	51.2	262.5	150.5
1962~1966	27.5	14.1	39.5	23.2	27.5	307.5	171.3
1962~1967	53.0	40.1	78.5	54.5	51.8	536.5	273.0
1962~1968	68.8	51.4	90.5	65.0	63.5	793.6	373.7
1962~1969	60.7	39.4	86.9	65.2	44.5	1 046.5	474.6
1962~1970	61.7	33.7	73.4	63.5	57.1	1 045.4	474.0
1962~1971	76.3	56.2	119.5	100.1	72.5	1 336.3	592.2
1962~1972	95.7	79.9	171.5	142.9	103.9	1 455.5	642.7
1962~1973	71.2	48.2	132.7	91.2	77.2	959.3	405.8
1962~1974	27.5	40.3	62.2	38.4	36.3	625.6	246.5
1962~1975	69.4	47.0	112.2	87.4	96.8	1 156.7	500.1
年均复合收益率	3.8	2.8	5.5	4.6	5.0	19.8	13.7

表6　太平洋合伙有限公司

年份	标准普尔500指数（%）	有限合伙公司业绩（%）	总体合伙业绩（%）
1965	12.4	21.2	32.0
1966	−10.1	24.5	36.7
1967	23.9	120.1	180.1
1968	11.0	114.6	171.9
1969	−8.4	64.7	97.1
1970	3.9	−7.2	−7.2
1971	14.6	10.9	16.4
1972	18.9	12.8	171.1
1973	−14.8	−42.1	−42.1
1974	−26.4	−34.4	−34.4
1975	37.2	23.4	31.2
1976	23.6	127.8	127.8
1977	−7.4	20.3	27.1
1978	6.4	28.4	37.9
1979	18.2	36.1	48.2
1980	32.3	18.1	24.1
1981	−5.0	6.0	8.0
1982	21.4	24.0	32.0
1983	22.4	18.6	24.8
标准普尔19年的复合收益率			316.4%
有限合伙人19年的复合收益率			5 530.2%
整个合伙企业19年的复合收益率			22 200.0%
标准普尔19年的年均复合收益率			7.8%
有限合伙人19年的年均复合收益			23.6%
整个合伙企业19年的年均复合收益率			32.9%

表7 珀尔米特投资公司

年份	公司整体回报（%）	有限合伙回报（%）		
1965年8月1日~12月31日	40.6	32.5	1965年8月1日~1983年10月31日的总合伙回报率	4 277.2%
1966	6.4	5.1		
1967	73.5	58.8	1965年8月1日~1983年10月31日的有限合伙回报率	2 309.5%
1968	65.0	52.0		
1969	−13.8	−13.8	总体合伙年均复合回报率	23.0%
1970	−6.0	−6.0	有限合伙年均复合回报率	19.0%
1971	55.7	49.3	1965年7月31日道琼斯工业平均指数（大致为）	882
1972	23.6	18.9		
1973	−28.1	−28.1	1983年10月31日道琼斯工业平均指数（大致为）	1 225
1974	−12.0	−12.0		
1975	38.5	38.5	道指大致的复合回报率（包括股息）	7%
1976年1月1日~10月31日	38.2	34.5		
1976年11月1日~1977年10月31日	30.3	25.5		
1977年11月1日~1978年10月31日	31.8	26.6		
1978年11月1日~1979年10月31日	34.7	28.9		
1979年11月1日~1980年10月31日	41.8	34.7		
1980年11月1日~1981年10月31日	4.0	3.3		
1981年11月1日~1982年10月31日	29.8	25.4		
1982年11月1日~1983年10月31日	22.2	18.4		

表8 华盛顿邮报公司和Master信托公司（1983年12月31日）

	当前季度		年底		第2年年底*		第3年年底*		第5年年底*	
	回报（%）	名次	回报（%）	名次	回报（%）	名次	回报（%）	名次	回报（%）	名次
所有投资										
管理者A	4.1	2	22.5	10	20.6	40	18.0	10	20.2	3
管理者B	3.2	4	34.1	1	33.0	1	28.2	1	22.6	1
管理者C	5.4	1	22.2	11	28.4	3	24.5	1	—	—
Master信托（所有管理者）	3.9	1	28.1	1	28.2	1	24.3	1	21.8	1
普通股										
管理者A	5.2	1	32.1	9	26.1	27	21.2	11	26.5	7
管理者B	3.6	5	52.9	1	46.2	1	37.8	1	29.3	3
管理者C	6.2	1	29.3	14	30.8	10	29.3	3	—	—
Master信托（所有管理者）	4.7	1	41.2	1	37.0	1	30.4	1	27.6	1
债券										
管理者A	2.7	8	17.0	1	26.6	1	19.0	1	12.2	2
管理者B	1.6	46	7.6	48	18.3	53	12.7	84	7.4	86
管理者C	3.2	4	10.4	9	24.0	3	18.9	1	—	—
Master信托（所有管理者）	2.2	11	9.7	14	21.1	14	15.2	24	9.3	30
债券和现金等价物										
管理者A	2.5	15	12.0	5	16.1	64	15.5	21	12.9	9
管理者B	2.1	28	9.2	29	17.1	47	14.7	41	10.8	44
管理者C	3.1	6	10.2	17	22.0	2	21.6	1	—	—
Master信托（所有管理者）	2.4	14	10.2	17	17.8	20	16.2	2	12.5	9

* 年回报率。

名次反映了基金业绩与A.C.贝克公司调查结果的对比。
名次是按照百分位数来表示的：1=最优业绩，100=最差业绩。

表9 FMC公司养老基金的年回报率（%）

截止日期	1年	2年	3年	4年	5年	6年	7年	8年	9年
FMC公司（债券加上股票）									
1983	23.0								*17.1
1982	22.8	13.6	16.0	16.6	15.5	12.3	13.9	16.3	
1981	5.4	13.0	15.3	13.8	10.5	12.6	15.4		
1980	21.0	19.7	16.8	11.7	14.0	17.3			
1979	18.4	14.7	8.7	12.3	16.5				
1978	11.2	4.2	10.4	16.1					
1977	−2.3	9.8	17.8						
1976	23.8	29.3							
1975	35.0							*股票只有18.5		
贝克大公司养老计划的中位数									
1983	15.6								12.6
1982	21.4	11.2	13.9	13.9	12.5	9.7	10.9	12.3	
1981	1.2	10.8	11.9	10.3	7.7	8.9	10.9		
1980	20.9	无	无	无	10.8	无			
1979	13.7	无	无	无	11.1				
1978	6.5	无	无	无					
1977	−3.3	无	无						
1976	17.0	无							
1975	24.1								
标准普尔500指数									
1983	22.8								15.6
1982	21.5	7.3	15.1	16.0	14.0	10.2	12.0	14.9	
1981	−5.0	12.0	14.2	12.2	8.1	10.5	14.0		
1980	32.5	25.3	18.7	11.7	14.0	17.5			
1979	18.6	12.4	5.5	9.8	14.8				
1978	6.6	−0.8	6.8	13.7					
1977	7.7	6.9	16.1						
1976	23.7	30.3							
1975	37.2								

2. 与投资收入和证券交易税相关的重要规则（1972年）

编者按：由于关于此类交易的规则有重大改变，因此，下面的文献内容只反映了过去的情况。1972年，当格雷厄姆首次列出这些内容时，全部的信息都是准确的。然而，后来的变化使得这些文献记录不能反映如今的形势了。在格雷厄姆最初给出的这项附录2的后面，有一份修改过的最新文献——"投资税的基本内容"（读者可以通过这项内容看到最新的相关规则）。

规则1——利息和股息

利息和股息属于应税普通收入，但下列情况除外：(a) 从州、市政当局和类似的债务中获得的收入——这些收入可免缴联邦税，但要向各州纳税；(b) 代表资本回报的股息；(c) 投资公司支付的某些股息（参见下面的内容）；(d) 普通的国内公司股息不超过100美元的部分。

规则2——资本利得和资本亏损

各种短期资本损益相加，得出净的短期资本损益。各种长期资本损益相加，得出净的长期资本损益。如果净的短期资本利得超出净的长期资本亏损，其超额部分要完全计算在收入之中。最大税率为25%（0~5万美元）和35%（超过5万美元的余额）。

净的资本亏损（超出资本利得的金额）可以从普通收入中扣除：从当年及随后5年中扣除，每年的最大扣除额为1 000美元。与此同时，未使用的亏损额可以用来冲销任何时候的资本利得。（1970年之前，亏损额的结转要比后来的条件更宽松一些。）

对"受监管的投资公司"的说明

大多数投资基金（"投资公司"）会利用税法中的特殊条款——这将使得它

们基本上可以以合伙人的身份来纳税。这样，如果它们获得了长期证券利润，就可以将其作为"资本利得股息"来分配——它们的股东同样会把这部分股息报告为长期所得。这部分所得的税率要低于普通的股息。另一方面，此类公司还可以选择以股东账户支付25%的税款，然后保留资本利得的余额，而不是将其作为资本利得股息进行分配。

3. 投资税的基本内容（2003年更新）

利息和股息

利息和股息按普通收入的税率纳税，但下列情况除外：(a) 市政债券的利息——可以免缴联邦所得税，但要缴纳州所得税；(b) 代表资本回报的股息；(c) 共同基金所分配的长期资本利得（参见下面的内容）。即使包含在共同基金之中，私营业务市政债券也有可能要按照最低的联邦税率纳税。

资本利得和资本损失

各种短期资本损益相加，得出净的短期资本损益。各种长期资本损益相加，得出净的长期资本损益。如果净的短期资本利得多于净的长期资本损失，多出的部分看作普通收入。如果存在净的长期资本利得，就要按照优惠的资本利得税率来纳税——这一税率一般为20%（2000年12月31日后购买的投资证券，在持有期达到5年以上的时候，可将税率降到18%）。

净的资本损失可以从当年的普通收入中扣除，最大扣除额为3 000美元。超出3 000美元的损失，可用于抵销未来年份纳税时的资本利得。

共同基金

作为"受监管的投资公司"，几乎所有的共同基金都可以根据税法的特殊条款免缴公司所得税。在出售长期持有的证券后，共同基金可以把利润作为"资本利得股息"来分配——其股东可以把这部分收益作为长期所得。这部分所得的税率（一般为20%）要低于普通的股息（最高税率达39%）。一般情况下，不要在每年的第4季度（资本利得的分配通常在此时进行）进行大量新的投资；否则，你就要在获得基金所得之前承担所得税。

4. 普通股领域新的投机 [1]

在此，我将要分析华尔街多年来的投资情况，以及各种相关的投资经验，其中包括再次出现的新的情况或新的环境（它们会对经验本身所具有的价值带来挑战）。是的，经济学、金融学和证券分析与其他实用学科的一个主要区别就在于，前者不能以过去的现象指导目前和未来的行动。然而，至少在对过去的教训进行研究和理解之前，我们没有权利去抛弃它们。今天，我要讲的是对一个有限的领域的理解——具体而言，我想要努力指出的是，目前，人们在对待普通股投资和投机的基本态度方面，与过去相比有一些明显不同的地方。

首先，我要对自己的论点做一个归纳。在过去，普通股的投机几乎完全局限于公司本身——它们来自于不确定的事物、各种因素的变化、行业的直接萎缩以及公司自身的组织结构。当然，这些投机因素仍然存在；然而，要指出的是，它们的影响因为几种长期变化（我将谈到这些变化）而明显减弱了。但一种来自于公司外部的新的主要投机因素，以很强的势力进入了普通股这一领域。这种因素来自于股票投资大众及其顾问——尤其是我们这些证券分析师——所持有的态度和看法。这种态度可以用一句话来描述：主要强调对未来的预期。

在这些人看来，下列想法再符合逻辑不过了，并且也是再自然不过的了：普通股的估值和定价，应该主要以公司未来预期的业绩为基础。然而，这种似乎简单的看法却面临着一些矛盾和陷阱。首先，它把过去人们在投资和投机方面所确立的区别大多遗忘了。词典中的定义说，"投机"来自于拉丁语"specula"，即注意观察的意思。因此，投机者指的是那些注意观察并在他人之前察觉到未来进展的人。可是如今，如果投资者很精明或信息很灵通，他也会对未来做出判断；或者说，与身边的投机者一样做出相同的判断。

其次，我们发现，在大多数情况下，具有最好的投资特征（信用等级最高的公司，有可能在普通股市场吸引到最多的投机者，因为每个人都认为，这些公司必定有很好的未来。第三，未来的前景这一概念——尤其是未来的持续增长——要求利用高等数学的方法，来确定所选择的证券的现值。然而，根据确定的方法和一些高度不确定的假设，人们实际上可以得出（或证明）真正的优质证券想要具有的任何价值（无论该价值有多高）。可是，矛盾在于，仔细考察后可以看到：就具有某一增长速度的公司而言，没有哪一个价值，或合理范围的价值区间，是站得住脚的。因此，可以想象，有时候市场会把增长这一要素的价值看得很低。

现在回到我所讲的普通股市场上旧的和新的投机因素之间的区别。我们可以用两个较为生疏但却比较方便的词语来形容它们，即：内生因素和外生因素。我可以以 1911~1913 年 American Can 公司和宾州铁路公司的一些数据，简要说明以往普通股市场上投资与投机的区别。（这些内容可以参见：Benjamin Graham and David L. Dodd, *Security Analysis*, McGraw-Hill, 1940, pp.2-3。）

在这 3 年之中，宾州铁路公司的股价仅在 53~65 美元之间波动，即分别为这一时期平均利润的 12.2 倍和 15 倍。公司的利润很稳定，始终能支付 3 美元的股息，而且投资者可以确信，公司有形资产的价值要大大高于 50 美元这一平价。另一方面，American Can 公司的股价波动范围在 9~47 美元之间；其每股收益在 7 美分至 8.86 美元之间；股价与 3 年平均利润之比在 1.9~10 倍之间；公司没有支付过股息；而且精明的投资者能够明显地意识到，普通股 100 美元的平价，只不过代表了未公开的"水分"而已，因为优先证券的价值已经超过了有形资产的价值。因此，American Can 的普通股代表了一种投机证券，因为此时该公司是处在不稳定行业中的一家资本投机性企业。实际上，American Can 的长期前景要大大好于宾州铁路公司；但是，这一点不仅没有被当时的投资者和投机者所怀疑，而且即使被怀疑，也有可能被投资者所忽视——他们会认为，这基本上与 1911~1913 年期间的投资策略和计划是没有关系的。

现在，让我来告诉你重要时刻的长期投资前景是如何发展的。我要以规模最大的工业企业——国际商用机器公司——作为例子（它是去年销售额达到了10 亿美元的少数几家企业之一）。在此，我要讲几句与自己的切身经历相关的话，从而在一些枯燥的数据中添加一点生动的色彩。1912 年，为了负责美国运通公司的一个研究项目，我离开了大学一学期。我们想调查出，计算运费率的一个全新系统将给公司的营业收入带来多大影响。为了达到目的，我们使用了所谓的霍尔瑞斯（Hollerith）机器——当时是由计算机－制表机－记时机公司（Computing-Tabulating-Recording Company，简称 C.-T.-R.）出租给我们使用的。所使用的机器包括打卡机、卡片分拣机和数据列表机——当时，商界人士几乎都不知道这些工具，它们主要在统计局使用。1914 年，我进入了华尔街；第二年，C.-T.-R. 公司的债券和普通股开始在纽约股票交易所上市。那时，我对这家企业有一点感情；而且，除此之外，我还认为自己在某种程度上是该公司产品的技术专家——我是曾经使用过这些产品的少数金融从业者之一。于是，1916 年年初，我告诉我的老板 A.N. 先生：C.-T.-R. 公司的股票正在按 45 美元左右的价格出售（有 105 000 股）；1915 年，它的每股收益为 6.50 美元；它的每股账面值（当然，还包括一些未分离的无形资产）为 130 美元；它首次支付的每股股息为 3 美元；我对该公司的产品和前景非常看好。A.N. 先生遗憾地看着我，说道："本，不要再向我提起该公司了。我决不会去碰它的。（他最喜欢说的一句话。）该公司利率为 6% 的债券，现在的售价只有其面值的 80% 多一点，因此，情况并不好。那么，它的股票能好到哪里去呢？每个人都知道，公司的背后什么也没有，尽是一些水分。"（说明：那时候，这种说法意味着完全被否决了。它表明，公司的资产账户是虚构的。许多工业企业——美国钢铁公司就是一个典型例子——尽管其股票能按 100% 的平价出售，但股价所代表的都是一些水分——隐藏在企业虚构的账户中。由于这些企业除了盈利能力和未来前景之外，没有"任何东西"可作为支撑，因此，没有哪一位有自尊心的投资者会去考虑它们。）

　　我回到了我的统计员岗位，仍然是一个纯真的年轻人。A.N. 先生不仅经验丰富，事业成功，而且还十分精明。他对 C.-T.-R. 公司的全盘否定给我的印象如此之深刻，以至于我一辈子都没有去购买该公司的股票，即便是在它于 1926 年更名为国际商用机器公司之后。

　　现在，让我们来看更名后的这家公司在 1926 年的情况（这一年的股市处在很高的水平）。当时，公司在资产负债表中首次公布了它的商誉项目——总额高达 1 360 万美元。A.N. 先生以前的观点是正确的。1915 年，普通股背后的权益全都是水分。然而，从那时开始，公司在沃特森（T. L. Watson, Sr.）的领导下，取得了非常不错的业绩。公司的净收入从 69.1 万美元上升到了 370 万美元（增长了 4 倍多），是随后 11 年内的最大增幅。公司的普通股累积获得了十分可观的有形权益，并且进行了 3.6 比 1 的股票分割。新股股息确定为 3 美元，当时的每股收益为 6.39 美元。人们可能会认为，1926 年的股市会对这样一家增长较快而且交易地位很强的公司表现出极大的热情。让我们来看当时的情况。当年股价的波动区间为最低 31 美元，最高 59 美元。45 美元的平均股价与 1915 年时的情况一样：7 倍的市盈率和 6.7% 的股息支付率。31 美元的最低价并没有大大超过其有形资产的账面值；而且，按这一点来看，股价比 11 年以前还要更保守一些。

这些数据很好地说明了过去人们一直持有的投资观点（直到 20 世纪 20 年代，牛市达到高潮之前的观点）。此后发生的情况，可以通过 IBM 公司 10 年期的历史记录来反映。1936 年，公司净收入比 1926 年增加了 1 倍，平均市盈率从 7 倍上升到 17.5 倍。从 1936 年到 1946 年，公司的收入增长了 1.5 倍，但 1946 年的平均市盈率仍然为 17.5 倍。此后，增长速度加快了。1956 年的净收入接近于 1946 年的 4 倍，平均市盈率上升到 32.5 倍。去年，由于净收入的进一步增加，平均市盈率又上升到 42 倍（未考虑外国附属机构的非合并权益）。

当我们仔细分析这些最新的价格数据时，能够看到它们与 40 年前的一些相同点和不同点。工业企业资产负债表中，一度广为流行的名声不好的水分都被挤出去了——首先是通过信息披露，其次是通过账户冲销。但是，股市的估价中又被（投资者和投机者自己）掺入了另一种水分。当 IBM 现在的股价为其账面值的 7 倍而不是其利润的 7 倍时，这一结果实际上与假设该公司完全没有账面值是一样的。换句话讲，这笔数额不大的账面值可以看成是股价中少数的优先股成分，而其余成分正好代表了与以前相同的一种承诺——就好比以前投机者在购买伍尔沃思公司（Woolworth）或美国钢铁公司的普通股时，完全以公司的盈利能力和未来前景为基础一样。

需要顺便指出的是，在 IBM 的市盈率从 7 倍变化为 40 倍的这 30 年里，我所说的存在于大型工业企业中的内生投机因素，有许多都已经消失了；或者至少可以说，它们已经被极大地削弱了。公司的财务地位变得稳固了，资本结构变得稳健了——与以前相比，公司的管理者更加专业，也更加诚实。此外，充分披露信息的要求还消除了多年前存在的一个重大投机因素——来自于信息不透明和不公开的投机因素。

再谈一点亲身感受到的额外话题。在我进入华尔街的头几年，最受欢迎的一只神秘股票就是纽约联合燃气公司（现为联合爱迪生公司）的股票。该公司拥有一家盈利的附属机构——纽约爱迪生公司，但它只报告了从这家机构得到的股息，而没有报告从中获取的全部利润。未报告的爱迪生公司的利润，成为一种不公开的因素，并具有"隐含价值"。我惊奇地发现，这些保密数据实际上可以从该州公共服务委员会每年的文献中找到。只需要去查阅档案记录，就可以把联合燃气公司的实际利润数据在杂志上公布出来。（顺便提一句，所带来的利润增加并不明显。）当时，我的一位老朋友对我说："本，你认为自己能够补充这些数据就了不起了，但是，华尔街不会感谢你的。与信息公开时相比，信息不公开时联合燃气公司的股票，既有更大的吸引力，也有更大的价值。你们这些喜欢到处打探的年轻人将把华尔街毁掉。"

是的，往投机之火上大量浇油的 3 个因素——神秘、操纵和（少量的）保证金——现在已经消失了。但是，我们这些证券分析师亲自创造出的大量估价方法本身是如此的具有投机性，因此，它们正好取代了以前的投机因素。我们现在没有自己的投机性因素了吗？明尼苏达矿业制造公司就正是这方面的一个例子——该公司的普通股，正好说明了与以前一样所存在的新的投机因素。我们来看几个数据。去年，该公司 101 美元的市场价格为其 1956 年利润的 44 倍——1957 年的利润恰好没有任何增长。企业本身的估价为 17 亿美元，其中 2 亿美元为净资产，而高达 15 亿美元的估价代表的是市场所给出的"商誉"价值。我们不知道商誉的价值是如何计算出来的；但是我们的确知道，几个月后，市场将估价调低了大约 4.5 亿美元（大约 30%）。显然，这种大公司的无形资产价值是不可能准确计算出来的。从数学上看，存在着这样一个规律：商誉或未来的盈利能力这一因素越重要，企业的实际价值就越不确定，因此，企业普通股的内在投机性自然也就越严重。

当我们把今天的情况与早些时候进行对比时，应该认识到这些无形要素的估价方面所发生的重大变化。30 多年以前，在确定一般的股价以及正式或合理的估价方面，一致的规则是，对无形要素的估价要比对有形要素的估价更保守。一家优秀的工业企业的有形资产（通常由债券和优先股来代表），应该赚取 6%~8% 的利润；但是，公司的超额利润（或这些利润所带来的无形资产），应该按 15% 来估价。（在伍尔沃思公司 1911 年优先股和普通股的初始发行，以及其他众多的初始发行中，你将能够大致上看到这些比率。）可是，20 世纪 20 年代后，发生了怎样的变化呢？实际上，现在看到的情况正好相反。现在，一家公司想在一般的市场上按整个账面值来出售，其普通股权益一般要赚取10%的利润。但是，超出公司资本10%的超额利润的估价通常都更加大方，即其倍数要高于支持市场账面值所需要的利润基础。因此，权益利润率达15%的公司，其股价会达到利润的13.5%倍，或者是达到其净资产的2倍。这意味着，对10%的资本利润的估价只有10倍，而对另外5%的利润（所谓的"超额利润"）的估价实际上达到了20倍。

现在，对这种相反的估价方法有一个合理的解释——这种解释与人们再次强调预期增长有关系。对资本回报较高的公司的估价更为大方，这不仅是由于公司的盈利能力更强，以及这种盈利所带来的相对稳定性，而且更有可能是由于，更高的资本利润一般是与较好的增长记录和发展前景相伴而行的。因此,在如今,就利润高速增长的公司股票而言，人们真正支付的，并不是以往在某种意义上所认为的地位稳固的盈利企业所带来的商誉，而是这些企业未来良好的利润增长预期。

在此，我要谈一谈对待普通股估价的新态度所涉及的一两个额外的数学问题——我只将简要地谈论这一点。如果（正如许多检验所显示的）市盈率一般会随着盈利能力（账面值的回报率）的增加而增加，那么，这一特征的数学结果就是，价值一般会直接以利润的平方而增加，但是，与账面值的变化相反。这样，很重要并且非常真实的一点在于，有形资产会对一般的市场价值产生抑制作用，而不是价值的来源。来看一个很一般的例子。如果A公司每股20美元的账面值赚取的利润是4美元，而B公司每股100美元的账面值赚取的也是4美元的利润。几乎可以肯定，A公司的股票会以更高的利润乘数出售，因此，其价格也会高于B公司的——比如，A公司的股价为60美元，B公司的股价为35美元。由于假设每股收益相等，因此，下列说法并非完全没有道理：B公司的每股高于A公司的80美元资产，是导致B公司股价比A公司低25美元的原因。

然而，比前面更重要的是数学与股票新的估价方法之间的一般关系。在具备下列三项条件——一是对利润增长率的乐观估计；二是预计这种增长会持续相当长的时间；三是复利所产生的奇妙效果——的基础上，证券分析师就拥有了一种新的点石成金的本领：给真正的"优质股"做出任何想要的估价都可以。在最近发表于《证券分析师》杂志的一篇论文中，我对牛市期间高等数学的盛行进行了评论,并且引用了戴维·杜兰德(David Durand)对成长股价值计算与著名的圣彼得堡悖论(Petersburg Paradox)之间的极为相似之处所进行的分析(这一悖论一直挑战着数学家,使他们困惑了两百多年)。在此,我要指出的是,数学与普通股投资态度的关系上存在着一个特殊的悖论:通常,人们认为数学能够带来精确和可靠的结果;但是,在股市上,越使用复杂和深奥的数学,所得出的结论就越是不确定、越是具有投机性。在华尔街 44 年的从业经历和研究中,除了一些简单的算术和基本的代数之外,我还从未看到过能够可靠地计算出普通股的价值或相关投资策略的方法。每当有人用到微积分或高等代数时,你就应该保持警觉:计算者正在试图以理论代替经验,而且,通常也是在投资的伪装下进行投机。

在如今老练的证券分析师看来,以前的普通股投资似乎是非常简单的。它们重点强调的,似乎总是现在所称的防御型公司或防御型证券——主要是确保困难时期的股息支付不会减少。因此,实力强大的铁路公司(50 年前,它们的普通股是标准的投资对象)在人们心目中的地位,实际上非常类似于近几年的公用事业企业。如果过去的业绩记录表明公司是稳定的,那么,主要的要求就得到了满足。人们不会花太多的精力去预测未来将有可能发生的根本性的不利变化。但是,反过来,特别有利的未来前景,会被精明的投资者看成是应该关注的东西,而不是应该花钱去购买的东西。

实际上,这就意味着投资者不必为良好的长期前景支付高昂的代价。他的所得几乎没有付出额外的代价,而是来自于自己在选择方面所具有的良好的智力和判断力:挑选最好的公司,而不是表面上看上去不错的公司。因为,财务实力、业绩记录和股息稳定性相同的普通股,都是以大致相同的股息收益率来出售的。

这的确是一种短视的观点,但是,其最大的好处在于,它使得过去的普通股投资不仅简单,而且大体上稳妥,并具有较高的盈利。现在,让我最后讲一次亲身的经历。大约在 1920 年,我们的公司发行了一系列名为《投资教训》(Lessons for Investors)的小册子。当然,只有像我们这样 20 多岁的鲁莽分析师才会给这本刊物想出如此自鸣得意和傲慢的名称来。然而,在其中的一篇文章中,我给出了一个较随意的观点:"如果某种普通股是一个极好的投资对象,那么,它也将是一个极好的投机对象。"我的理由是,如果某种普通股如此稳妥而只有极小的损失风险,那么,它一般也具有极好的未来盈利机会。现在,这是一个完全真实的甚至是一个具有价值的发现；但是，它之所以真实，仅仅是因为没有任何人关注它。几年之后，当公众意识到普通股过去的优势使其可以作为长期投资的时候，这些股票很快就会失去这种优势，因为公众的热情所带来的价格水平，会使得它们丧失固有的安全边际，因此，会使得它们被排除在投资级证券之外。当然，此时的重心会偏向于另一个极端，并且很快我们就会看到，一位最受人尊敬的权威人士（在1931年）声称，再也没有哪一种普通股可以作为投资对象了。

在观察这种长期经历时，我们会发现，投资者在资本利得的态度（与收入相比）的转变方面存在着另一种悖论。似乎不言而喻的是，以往的普通股投资者对资本利得不太感兴趣。投资者购买普通股，几乎完全是出于安全和获取收入的目的，而只有投机者自己在关注股价的上涨。如今，我们可以这样讲：投资者越是富有经验、越是精明，他就越少关注股息回报，而把自己的兴趣更多地集中于长期的股价上涨。然而，有人可能会反过来说，正是由于以往的投资者并不关注于未来的资本增值，这才实际上能够保证他获得这笔收入——至少在工业股领域是如此。而且，与此同时，如今的投资者是如此关注未来的预期，因此，他已经在预期上事先支付了高昂的代价。这样，他通过如此多的研究、花费如此大的精力所做出的预测，即使实际上成为现实，也仍然有可能无法给他带来任何利润。如果现实达不到他所预测的程度，实际上他就有可能面临着严重的暂时性（或许甚至是永久性）的亏损。

把过去和现在的态度结合起来考虑，1958年时的分析师（再次以20世纪20年代我的小册子使用过的自命不凡的标题来说）能够得出什么教训呢？人们可能会说，没有太多有价值的教训。我们只能思念以往的好日子了。那时，我们只支付了目前的代价，并且无偿地收获了未来——这是一种"完美"的结合。现在，我们只能沮丧地摇着头说，"那些日子已经一去不复返了。"投资者和证券分析师不是已经把能预知未来结果的智慧树吃掉了吗？这样的话，他们不是把自己永远地逐出伊甸园（在这里，可以按合理的价格获得前景看好的普通股）了吗？要么为前景看好的优质股支付过高的价格，要么以似乎合理的价格购买质量和前景都较差的股票——难道我们永远只有这样一种选择吗？

看起来，情况的确如此。然而，人们甚至还不能确定是否就能处在这种悲观的困境之中。最近，我对通用电气这家巨型企业的长期历史进行了一点研究。

这项研究起源于该公司最近出版的1957年报告中所包含的一项引人注目的内容：一幅反映公司59年内利润和股息状况的图。对于熟悉业务的分析师而言，这些数据并非没有异常。至少，从中可以看出，1947年前，通用电气公司的增长率不是太高，而且非常不稳定。1946年的每股调整利润只比1902年的高30%——52美分对40美分；而且，在这一时期，没有哪一年的利润达到过1902年的2倍。然而，市盈率却从1910和1916年的9倍，上升到了1936年以及1946年的29倍。当然，人们可能会说，1946年的市盈率至少反映了精明的投资者广为人知的先见之明。我们这些分析师当时能够预见，真正的快速增长期将在随后的10年中出现。情况或许是这样的。但是，你们有些人还记得，随后的1947年（这一年通用电气的每股收益非常高），也是市盈率大幅下降的一年。按（3比1分股之前）32美元的最低股价来看，通用电气当期的市盈率实际上又只有9倍；而且，当年的平均价大约只相当于利润的10倍。我们的预测方法，显然在这短短的12个月内失灵了。

这种明显的反常，仅仅发生在11年以前。这使得我对下列看法的完全可靠产生了一点怀疑：分析师大多认为，如今著名的优秀企业的市盈率将始终是很高的——对投资者而言，这也是一个基本事实；而且，投资者也认可和喜欢这种观点。我丝毫不想在这一点上固执己见。我的意思是，我还没有想清楚这个问题，而且你们每个人也必须努力想清楚这个问题。

然而，在最后结束时，我可以从投资和投机的角度，在各种普通股市场的结构方面发表一点明确的看法。过去，普通股的投资特征与企业本身的情况（可以从企业的信用评级中很好地反映出来）是大体一致或相当的。企业的债券和优先股的收益越低，企业的普通股就越有可能达到满意的投资所要求的各项标准，并且购买这种股票所涉及的投机成分就越少。普通股的投机程度和公司的投资信用级别之间的这种关系，可以用从左向右逐渐下降的一条直线来很好地表达。但是，如今我认为，该图应该呈现出U形。左边的公司本身具有投机性和较低的信用级别，其普通股当然也具有很高的投机性——过去一直都是这样的情况。可是，在靠近最右边的地方，公司的信用级别是最高的（因为其过去的记录和未来的前景都很吸引人）。此时，我们发现，股市一般会在这种普通股中不断地引入具有高度投机性的因素——其方法很简单：使股价过高而面对一定程度的风险。

此时，我不得不介绍最近在莎士比亚的一首十四行诗中所发现的一个非常贴切的话题（尽管有些夸张）。诗句是这样的：

> 那些坚守繁文缛节的人
> 岂不都付出了沉重的代价？

回到我所想象的图形中来。这是一个中心区域，在此，购买普通股的投机性成分一般会降到最低。在这一领域，我们能够发现许多地位稳固和实力强劲的公司——它们以往的增长记录与整个国民经济的情况相一致，而且，它们未来的前景显然和以前是相同的。许多时候，这些普通股都可以按适中的价格（相对于其反映的内在价值而言）购买到——除了处在牛市的上升期之外。事实上，由于现在投资者和投机者都喜欢集中购买更有诱惑力的股票，我敢断言，这些居于中间位置的股票的售价，在总体上一般都会大大低于其独立决定的价值。因此，同样的市场偏好（它会使得更被看好的证券丧失安全边际），能够给它们带来安全边际。此外，在这些众多的公司中，能够对过去的业绩进行透彻分析的余地以及对未来前景进行选择的余地，都是很大的；此外，投资的分散化会使得安全保障进一步得到提升。

当法厄同（Phaëthon）坚持驾驭太阳战车时，他的父亲（一位有经验的驾驶者）给了这位新手一些忠告。但他并没有听从这些忠告，因而付出了生命的代价。奥维德（Ovid）用三个词总结了福玻斯·阿波罗（Phoebus Apollo）的忠告：

> *Medius tutissimus ibis*
> （走中间的道路是最安全的）

我认为，这一原则也适用于投资者及从事证券分析的顾问。

5. Aetna Maintenance 公司的历史

关于这个公司的前一部分历史，是来自于我们这本书 1965 年的版本——当时，书中给出的标题是"可怕的案例"。第二部分历史，总结了该公司后来发生的变化。

我们认为,如果在此较为详细地介绍这一"可怕的案例",这会对读者未来在新的普通股发行上的态度产生有利的影响。这个案例来自于标准普尔《股票指南》的第一页,并且以极端的方式反映了1960~1962年股票发行中所存在的显著缺陷:市场严重地高估了这些股票,并且在随后出现崩盘。

1961年11月,Aetna Maintenance公司的154 000份普通股,按每股9美元的价格向公众发售,股价立即上涨到15美元。这次融资之前的每股净资产大约为1.2美元;然而,出售新的股票后的每股净资产上升到了稍高于3美元的水平。

股票融资前的销售额和利润情况如下:

截止时间	销售额($)	普通股净收入($)	每股收益($)
1961年6月	3 615 000	187 000	0.69
(1960年6月)*	(1 527 000)	(25 000)	(0.09)
1959年12月	2 215 000	48 000	0.17
1958年12月	1 389 000	16 000	0.06
1957年12月	1 083 000	21 000	0.07
1956年12月	1 003 000	2 000	0.01

* 6个月的数据。

股票融资后的相关数据为:

1963年6月	$4 681 000	$42 000(赤字)	$0.11(赤字)
1962年6月	4 234 000	149 000	0.36

1962年的股价下跌到2⅔美元,而且1964年的最低价为0.875美元。这一时期没有支付过股息。

评论:这是一笔非常小的公开发行业务。股票的出售(或购买)只是以一年的好光景为基础,此前每一年的经营收益都少得可笑。在这一高度竞争的行业,公司根本无法确保未来的稳定性。在股票发行后立即按高价买入,这些粗心大意的公众购买每一美元利润和每一美元资产所付出的代价,要大大高于购买大多数实力强劲的大公司所付出的代价。诚然,这是一个极端的例子,但绝不是独一无二的。一些没这么严重但无法原谅的高估例子还有许多。

1965~1970年的结果

1965年，公司有了新的兴趣。公司把不赚钱的建筑维修业务出售了，开始进入完全不同的行业：制造电动工具。公司更名为Haydon Switch and Instrument Co.。盈利结果并不引人注目。在1965~1969年的5年间，公司"旧股份"的每股收益平均只有8美分，其中最好的年份（1967年）为34美分。然而，作为一家真正的现代式企业，1968年，它进行了2比1的股票分割。股票的市场价格也以华尔街的方式开始飞速上涨。股价从1964年的0.875美元，上涨到了1968年（股票分割后）等值的16.5美元。现在的股价超过了1961年热情高涨时期的最高纪录。这一次的高估程度比以前更加严重。现在的股票售价，相当于公司惟一最好年份的利润的52倍，大约是其平均利润的200倍。同时，就在新的最高估价出现的这一年，公司再次报告出现了赤字。随后的1969年，股票的购买价降到了1美元。

问题：在1968年支付8美元以上的价格来购买这种股票的傻瓜们，了解公司以前的历史吗？了解公司5年的利润记录吗？了解公司资产的价值（很小）吗？他们知道自己所花的钱，换回了多少价值（或者说是多么可怜的一点价值）吗？他们在乎这些东西吗？对于华尔街经常发生的这种完全弱智、影响广泛和无法避免的灾难性投机，应该由谁来承担责任呢？

6. NVF公司收购Sharon钢铁股份的税收会计

1. 1969年，NVF公司收购了Sharon公司88%的股份，所支付的每股代价是：NVF公司利率为5%的70美元债券（1994年到期），再加上按每股22美元的价格购买1.5股NVF股份的权证。债券最初的市场价值似乎只有其面值的43%，而NVF每股权证的报价为10美元。这意味着Sharon的股东以每股所换取的只有价值为30美元的债券，以及价值为15美元的权证，合计每股为45美元。（这大约相当于Sharon公司1968年的股票平均价，同时也相当于公司当年的收盘价。）Sharon公司的每股账面值为60美元。就Sharon公司被收购的1 415 000股股份而言，其账面值与市场价值之间的差额大约为2 100万美元。

2. 所采用的会计方法是为了达到3个目标：(a) 把债券的发行看作是按43%的面值"出售"的，从而使得公司可以以巨额债券折价（5 400万美元）的摊销来冲抵每年的收入。(实际上，公司可以从9 900万美元的信用债券发行"收入"中，扣除大约15%的年度利息。) (b) 以大致相等的"利润"来冲抵这笔债券折价费用，这表现在一部分收入（Sharon股份45美元的购买价，与该公司60美元的每股账面值之差的十分之一）的税收优惠之中。(反过来，这相当于在每年的收入中必须扣除下列差价的做法：并购活动所支付的价格超出被并购资产账面值的部分。) (c) 这种做法的好处在于，上述两笔年度记录可以使公司最初的一年节省大约90万美元（每股1美元）的所得税，因为债券折扣价的摊销可以从应税收入中扣除，而且"权益超出成本"的摊销不必包含在应税收入中。

3. 这种会计方法，同时反映在NVF公司1969年的合并损益账户和合并资产负债表，以及1968年的预计财务报告中。由于Sharon公司股票的大部分成本都被看成是以权证来支付的，因此，必须把权证的初始市场价值作为普通股股本的一部分。这样，据我们所知，资产负债表中包含了与权证相关的很大一笔价值——在2 200万美元以上（但这项记录只是在注释中有一个说明）。

7. 技术类公司的投资

1971年中期，标准普尔服务公司的信息中包括了大约200家名称以"计算""数据""电子""科学"和"技术"等词开头的公司。它们当中大约有一半提供的是计算机行业的某些服务。它们都在市场上进行交易，或者是已经申请向公众出售股票。

标准普尔1971年9月出版的《股票指南》中，一共包含了46家这样的公司。这些公司中，有26家正在报告有赤字，只有6家的每股收益在1美元以上，而且只有5家正在支付股息。

1968年12月出版的《股票指南》中，有45家公司拥有类似的技术类名称。跟踪这些公司的结果（可以从1971年9月的《股票指南》中看到），我们发现了这样的变化：

公司总数	价格上涨的公司	价格下跌不到一半的公司	价格下跌一半以上的公司	退出《股票指南》的公司
45	2	8	23	12

评论：几乎可以肯定的是，没有包含在1968年《股票指南》中的许多技术类公司，其随后的业绩记录比包含在内的公司要差；同时还可以肯定的是，从《股票指南》中退出的12家公司的业绩，要比保留下来的公司差。这些样本所反映的令人悲哀的结果，无疑很好地代表了整个"技术类"证券的质量和价格变化历史。IBM以及其他少数几家公司的巨大成功，必然导致这一领域新的股票公开发行的大量增加，而这些股票几乎必然要遭受重大的亏损。

尾　注

导　言

1. "存信股"是其销售不需要在证券交易委员会（SEC）注册的股，其购买者要提供一封信函，以表明购买的目的是投资。
2. 这些数据来自穆迪的 AAA 级债券和工业股。

第 1 章

1. 参见：Benjamin Graham, David L. Dodd, Sidney Cottle, and Charles Tatham, McGraw-Hill, 4th. ed., 1962。1934 年《证券分析》这一版在 1996 年被（McGraw-Hill）重印过。
2. 这里的引述来自张伯林（Lawrence Chamberlain）在 1931 年出版的《投资和投机》（*Investment and Speculation*）一书。
3. 来自联邦储备委员会的一项调查。
4. 1965 年版第 8 页。
5. 在此，我们假定一般投资者的最高税率等级为：股息 40%，资本利得 20%。

第 2 章

1. 这些话写在尼克松总统 1971 年 8 月的"冻结"工资和物价这一政策之前——在这一政策之后他实施了"第二阶段"的控制。这些重要的变化似乎证实了上面所表达的观点。
2. 标准普尔 425 种工业股指数的回报率大约为资产价值的 11.5%——导致这一

结果的部分原因在于，该指数中包含了 IBM 这家盈利能力很强的大公司（IBM 不在道琼斯 30 种工业平均指数之中）。

3. 美国电话电报公司 1971 年公布的价格表显示，1970 年住宅电话的费率要稍低于 1960 年。
4. 1970 年 10 月《华尔街日报》的报道。

第 3 章

1. 标准普尔和道琼斯都有单独的公用事业企业平均指数和运输企业（主要是铁路）平均指数。从 1965 年开始，纽约股票交易所编制了一种反映所有上市股份变化情况的指数。
2. 数据来自芝加哥大学证券价格研究中心的研究；这项研究的经费来自一个基金会（Charles E. Merrill Foundation）。
3. 这部分内容首先是在 1971 年年初完成的——当时的道琼斯工业平均指数为 940 点。一项细致的研究，对华尔街普遍持有的相反观点进行了具体的说明——研究得出的结果是，1975 年道琼斯工业平均指数估价的中位数是 1520 点。这一价值水平，相当于 1971 年中期时的 1200 点。1972 年 3 月，道琼斯工业平均指数再次位于 940 点（此前曾经降到 798 点）。这再次证明了格雷厄姆观点的正确。他所提到的这项"细致的研究"过于乐观（将结果提前了 10 年）：直到 1985 年 12 月 13 日，道琼斯工业平均指数才收于 1520 点以上。

第 4 章

1. 产业收入债券（Industrial Revenue Bonds）这种相对较新的金融工具，能够提供较高的免税收益和足够的安全性。它们对积极投资者尤其具有吸引力。

第 5 章

1. 参见：*Practical Formulas for Successful Investing*, Wilfred Funk, Inc., 1953。
2. 在投资决策方面，目前一般采用的数学方法是，以平均价格波动或价格的"波动性"来定义"风险"。比如，可以参见：*An Introduction to Risk and Return,*

by Richard a. Brealey, The M.I.T. Press,1969。我们发现，对稳健的投资决策而言，这样使用"风险"一词是更加有害的，而不是更加有利的——因为它过于强调了市场的波动。

3. 1971 年，道琼斯工业平均指数中的所有 30 家企业都满足这一标准。

第 6 章

1. 1970 年，密尔沃基铁路公司报告有大量的赤字。公司暂停向收益债券支付利息，息票率为 5% 的债券的价格跌到了面值的 10%。

2. 比如：Cities Service 公司第一次发行的价格为 6 美元的优先股，由于没有支付股息，其售价在 1937 年和 1943 年分别降低到 15 和 27 美元（1943 年的累计股息达到每股 60 美元）。1947 年，该股票每股可兑换成 196.50 美元的信用债券（息票率 3%），而且其售价高达 186 美元。

3. 国民经济研究局的一项细致统计研究表明，实际情况就是如此。格雷厄姆在此指的是下列一本书：W. Braddock Hickman, *Corporate Bond Quality and Investor Experience* (Princeton University Press, 1958)。在这本书的启发下，Drexel Burnham Lambert 公司的迈克尔·米尔肯向信用不太可靠的公司提供了大量的高收益债券融资，从而引发了 20 世纪 80 年代末期的杠杆收购和敌意收购浪潮。

4. 从标准普尔《股票指南》中选取的 41 种具有代表性的样本股表明，下跌在 90% 以上（与最高价相比）的有 5 种，下跌 50% 以上的有 30 种，而这 41 种股票整体下跌了大约三分之二。毫无疑问，未被列入《股票指南》的许多股票总体上的下降幅度会更大一些。

第 7 章

1. 比如，参见：Lucile Tomlinson, *Practical Formulas for Successful Investing*; and Sidney Cottle and W. T. Whitman, *Investing Timing: The Formula Approach*。两本书均在 1953 年出版。

2. 为了避免混淆，业绩记录一般的公司，不能仅仅因为预计其未来的业绩将要优于平均水平而被称为成长型公司，或者是将其股票称为"成长股"。格雷厄姆在此指出了一种微妙但是却很重要的区别：如果成长股所定义的公司，是将在未来兴旺起来的公司，那么，这根本就不能成为一个定义，而只是一厢情愿的想法。这好比在赛期结束之前，称某一支参赛队为"冠军"一样。这种一厢情愿的想法如今仍然存在——共同基金中的"成长型"资产组合，把它们持有的对象称为"优于一般增长潜力"或"利润增长有很好的前景"的公司。成长型公司较好的定义是，至少连续5年内，公司每股净利润的年均增长率达到15%或更高。（过去满足这一定义的公司，并不能保证将来也能满足这一定义。）

3. 参见表 7-1。
4. 华尔街有两条古老的谚语，对这种出售股票的行为给予了忠告：一是"树高不过天"，二是"牛市能赚钱，熊市能赚钱，但猪市从来也赚不到钱。"
5. 有两项研究。第一项是我们的一个学生施奈德（H.G.Schneider）对1917~1950年所做的研究，其研究结果发表在1951年6月出版的《金融学》杂志（Journal of Finance）上。第二项是由纽约股票交易所的会员公司Drexel Firestone对1933~1969年所做的研究。承蒙他们的许可，这里使用了他们的数据。
6. 关于1971年的三个特殊例子，请见本书的第332~334页。

第 8 章

1. 或许，除了在合理的价格水平下，开始使用美元成本平均方案之外。
2. 然而，根据道氏理论权威罗斯（Robert M. Ross）提供的信息，最后的两个买入信号（出现在1966年12月和1970年12月），都大大低于以前的售出点位。
3. 在债券和优先股的信用级别方面，穆迪所给出的三个最好的级别为Aaa、Aa和A；标准普尔所给出的三个最好的级别为AAA、AA和A。还有其他一些级别，其中最差的是D。
4. 这种想法已经在欧洲的部分国家得到了采纳——比如，意大利国营电力公司就发行了1980年到期的"担保浮动利率贷款票据"。1971年6月，该公司在纽约宣布，今后6个月内，该票据所支付的年利率将为8.125%。

多伦多道明银行（Toronto-Dominion Bank）1971年6月发行的"利率为7%~8%的信用债券"（1991年到期），就采用了这种灵活的做法。到1976年7月为止，债券的利率为7%，此后的利率为8%；但是，债权持有人有权选择在1976年7月收回本金。

第9章

1. 销售费用一般都是按照销售价的百分比来表示的——销售价中包含了销售费用，从而使得这一百分比看上去比使用净资产价值算出来的要低一些。我们认为，这种销售伎俩有损于这个行业的声望。
2. 参见：*The Money Managers*, by G.E.Kaplan and C.Welles, Random House, 1969。
3. 参见本书第494页对"存信股"的定义。
4. 1852年首次出版时的书名。这本书对过去的"南海泡沫"、郁金香狂热和其他投机狂潮进行了介绍。1932年，伯纳德·巴鲁克（Bernard M. Baruch，他或许是当代惟一一个能持续获得成功的投机者）对该书进行了重印。评论：这就好比亡羊补牢。查尔斯·麦奇（Charles Mackay）的著作《特别受欢迎的幻觉以及大众的疯狂》于1841年首次出版（*Extraordinary Popular Delusions and the Madness of Crowds*, Metro Books，New York，2002）。书中的内容既不使人感到轻松，也不完全准确，只是广泛地分析了许多人是如何经常相信一些非常愚蠢的事情的——比如，铁能够被转化为黄金，妖魔经常会在星期五的晚上出现，通过股市可以迅速致富，等等。关于更符合实际的描述，请参见：Edward Chancellor, *Devil Take the Hindmost*, Farrar, Straus & Giroux, New York, 1999。若想较为轻松地阅读这些内容，请参见：Robert Menschel, *Markets, Mobs, and Mayhem: A Modern Look at the Madness of Crowds*, John Wiley & Sons, New York, 2002。

第10章

1. 这些考试是由注册金融分析师协会（它是金融分析师联合会的其中一个单位）主持的。现在，金融分析师联合会所包含的各个协会，一共拥有50 000多名会员。

2. 为了减少这种风险,纽约股票交易所曾经采纳过一些非常严厉的估价规则[名为"价值削减法"(haircuts)],但显然并没有起到多大的作用。
3. 现在,新的证券发行只能通过符合证券交易委员会相关规则的招股说明书来进行。招股说明书这份文件,必须披露与所发行的证券以及证券发行人相关的所有信息;同时,它使得审慎投资者能够完全准确地了解所发行证券的特点。但是,所要求的大量数据,通常会使得招股说明书过于冗长而令人生畏。通常人们认为,只有少数购买新售证券的个人投资者,才会去认真地阅读招股说明书。因此,个人投资者的投资行为仍然不是取决于自己的判断,而是主要取决于向他们推销这些证券的机构所做出的判断,或者是取决于推销员或账户管理者的建议。

第11章

1. 我们的《证券分析》(*Security Analysis* by Benjamin Graham, David L.Dodd, Sidney Cottle, and Charles Tatham, McGraw-Hill, 4th ed., 1962)这本教材,尽管保留了1934年最初出版时的名称,但书中却包含了大量金融分析内容。
2. 与Charles McGolrick合著,Harper & Row出版社1964年出版;Harper-Business出版社1998年再版。
3. 这些数据来自于所罗门兄弟(Salomon Bros.)这家纽约的大型债券发行公司。
4. 至少,大多数证券分析师和投资者都不能这样做。一些非常优秀的分析师,可能会在这项工作上不断地取得成功——他们事先知道哪些公司值得深入研究,而且有设施和能力去从事这项研究。关于这种方法的详细内容,请参见:Philip Fisher, *Common Stocks and Uncommon Profits,* Harper & Row, 1960。
5. 我们在本书第225页所给出的公式,反映了市盈率与预期增长率之间的关系。
6. 克莱斯勒股票有着优异表现的部分原因,无疑在于1963年这一年内所进行的两次2比1的股票分割——对于一家大公司而言,这是一种史无前例的现象。20世纪80年代初,在李·艾柯卡(Lee Lacocca)的领导下,克莱斯勒取得了三连冠,从濒临破产转变成了美国业绩最佳的股份公司。然而,要想看清那些使大公司起死回生的经理们的真面目,似乎并不容易。1996年,当阿尔·邓拉普(Al Dunlap)在对斯科特纸业公司(Scott Paper Co.)

进行重组（并使其股价在 18 个月内上涨 225%）之后，接管阳光公司（Sunbeam Corp.）时，华尔街几乎尊称他为能够起死回生的人。后来的事实证明，邓拉普是一个骗子——他利用不恰当的会计方法和伪造的财务报表，误导了阳光公司的投资者〔其中包括受人尊敬的货币经理迈克尔·普赖斯（Michael Price）和迈克尔·斯坦哈特（Michael Steinhardt）——这两人曾雇用过他〕。关于对邓拉普职业的敏锐剖析，请参见：John A.Byrne, *Chainsaw*, HarperCollins, New York, 1999。

7. 请注意，我们并不是说，这个公式给出了成长股的"实际价值"；而只是说，它大致给出了现在正流行的复杂计算方法所得出的结果。

第 12 章

1. 在处理权证的稀释方面，我们所建议的方法将在下面进行讨论。我们更愿意把权证的市场价值，看成是整个普通股当期市场价格的一部分。

第 13 章

1. 1972 年 3 月，Emery 公司的股价为其 1971 年利润的 64 倍。

第 14 章

1. 由于多年来众多股票分割的影响，1972 年年初，道琼斯工业平均数中，股票的实际平均价格只有每股 53 美元。

2. 1960 年，29 家工业企业中，有两家企业没有达到流动资产相当于流动负债的两倍这一标准，而且只有两家企业的净流动资产没有超过其负债。到了 1970 年 12 月，这两类企业的数量都从 2 家增加到了 12 家。

3. 但是，需要指出的是，从 1970 年 12 月到 1972 年年初，它们总的市场表现要亚于道琼斯工业平均数。这再一次证明了这样一个事实：没有哪一种系统或方法，能够保证获得最好的市场结果。我们所要求的标准，只能"保证"证券组合购买者得到他应该得到的价值。

4. 结果，我们不得不把大多数的燃气管道股排除在外，因为这些企业的债券发行规模太大。这种做法的合理性在于,购货合约的基础结构能够"确保"债券的偿付;然而,这里所考虑的东西太复杂,因此不适合防御型投资者的需要。

第 15 章

1. 参见:*Mutual Funds and Other Institutional Investors: A New Perspective*, I.Friend, M.Blume, and J.Crockett, McGraw-Hill, 1970。需要指出的是,在我们所研究的基金中,有许多在 1966~1970 年的结果,要稍优于标准普尔 500 股综合指数,并且大大优于道琼斯工业平均数。

2. 个人说明:多年以前,在这家公司的股票还没有表现出焰火般的绚丽时,作者是该公司的"财务副总裁",每年的薪水只有区区 3 000 美元。当时,这家公司真的是在从事焰火生产业务。1929 年年初,格雷厄姆成为 Unexcelled 制造公司(美国最大的焰火生产商)的财务副总监。后来,这家公司变成了一家综合性的化学品公司,从而不再以独立的形式而存在了。

3. 《股票指南》中,没有给出高于 99 倍的市盈率。这种市盈率中的大多数,都是一些奇怪的数学结果——因为利润几乎接近于 0。

第 16 章

1. 1971 年 11 月,福特汽车金融公司同时发行的两种债券,能够很好地说明这一点。一种是收益率为 7.5% 的 20 年期不可转换债券。另一种是求偿权低于第一种的 25 年期债券,其收益率只有 4.5%,但是可以按当时每股 68.5 美元的价格转换为福特汽车公司的股票。为了获得转换权,债券购买者放弃了 40% 的收入,并接受了次级债权人的地位。

2. 请注意,1971 年年底,斯图贝克威士顿公司(Studebaker-Worthington)的普通股售价降低到了 38 美元,而 5 美元的优先股的售价接近于 77 美元。因此,这一年的差价从 2 点扩大到了 20 点,这再一次证明,这种转换是有利的,同时也证明,股市倾向于忽略算术。(顺便要指出的是,1970 年 12 月,优先股超出普通股的一小部分差价,已经被普通股更高的股息所弥补了。)

第 17 章

1. 比如，可以参见下文："Six Flags at Half Mast," by Dr.A.J.Briloff, in *Barron's*, January 11, 1971。

第 18 章

1. 读者可能还记得前面第 358 页中的内容：AAA 公司试图进入这一业务领域，但很快就失败了。在此，格雷厄姆是在表达一种深刻的和看似矛盾的观点：公司赚的钱越多，就越有可能面对新的竞争，因为，公司的高回报向人们清楚地表明，钱赚得很容易。反过来，新的竞争将导致价格的下降和利润的减少。过度狂热的互联网股票购买者，忽视了这一重要的观点——他们认为，早期的获胜者能够永远保持住自己的优势。

第 19 章

1. 分析和研究表明，一般情况下，1 美元的股息支付，比 1 美元的未分配利润，对股价的正面影响更大一些——前者的影响是后者的 4 倍。1950 年之前的一些年份中，公用事业股的情况很好地说明了这一点。股息支付率较低的股票，其市盈率也较低；而且这些股票之所以被证明特别具有吸引力，是因为它们后来的股息增加了。自 1950 年以来，公用事业这一行业的股息支付率大体上是一致的。

第 20 章

1. 对这种观点的支持，请参见：Paul Hallingby, Jr., "Speculative Opportunities in Stock-Purchase Warrants," *Analysts' Journal*, third quarter 1947。

后记

1. 说实话，这笔交易几乎泡汤了，因为合伙人要求确保购买价能得到 100% 的资产价值的担保。大约 5 万美元的会计项目，在后来带来了 3 亿美元的市场回报。一次偶然的幸运让他们获得了一心想要得到的东西。

附录

1. 1958 年 5 月，格雷厄姆在全美金融分析师联合会召开的年会上的发言。

致 谢

My heartfelt gratitude goes to all who helped me update Graham's work, including: Edwin Tan of HarperCollins, whose vision and sparkling energy brought the project to light; Robert Safian, Denise Martin, and Eric Gelman of *Money* Magazine, who blessed this endeavor with their enthusiastic, patient, and unconditional support; my literary agent, the peerless John W. Wright; and the indefatigable Tara Kalwarski of *Money*. Superb ideas and critical readings came from Theodore Aronson, Kevin Johnson, Martha Ortiz, and the staff of Aronson + Johnson + Ortiz, L.P.; Peter L. Bernstein, president, Peter L. Bernstein Inc.; William Bernstein, Efficient Frontier Advisors; John C. Bogle, founder, the Vanguard Group; Charles D. Ellis, founding partner, Greenwich Associates; and Laurence B. Siegel, director of investment policy research, the Ford Foundation. I am also grateful to Warren Buffett; Nina Munk; the tireless staff of the Time Inc. Business Information Research Center; Martin Fridson, chief executive officer, FridsonVision LLC; Howard Schilit, president, Center for Financial Research & Analysis; Robert N. Veres, editor and publisher, *Inside Information;* Daniel J. Fuss, Loomis Sayles & Co.; F. Barry Nelson, Advent Capital Management; the staff of the Museum of American Financial History; Brian Mattes and Gus Sauter, the Vanguard Group; James Seidel, RIA Thomson; Camilla Altamura and Sean McLaughlin of Lipper Inc.; Alexa Auerbach of Ibbotson Associates; Annette Larson of Morningstar; Jason Bram of the Federal Reserve Bank of New York; and one fund manager who wishes to remain anonymous. Above all, I thank my wife and daughters, who bore the brunt of my months of round-the-clock work. Without their steadfast love and forbearance, nothing would have been possible.